逐条解説

障害者
総合支援法

第2版

編集：障害者福祉研究会

中央法規

本書の利用にあたって

1 本書の構成は次の3編からなる。
　第1編　障害者福祉施策の経緯
　第2編　障害者総合支援法逐条解説
　資料編

2 　第2編においては，障害者の日常生活及び社会生活を総合的に支援するための法律（平成30年4月1日施行分までの改正を施した条文）について，解説を行っている。平成31年4月1日及び平成32年4月1日施行分については，改正部分に，下線（＿＿＿）を付して，改正後の条文を別掲するとともに，必要に応じて解説を加えている。なお，各法令規定の掲載にあたっては，平成31年1月1日までに発行された官報を原典とした。

3 　本書中の図表については，厚生労働省の資料に基づき作成している。

逐条解説　障害者総合支援法　第2版●目次

第1編　障害者福祉施策の経緯
第1　支援費制度（契約によるサービス利用の制度）導入前まで／2
第2　支援費制度の創設と施行／3
第3　障害者自立支援法の制定と施行／8
第4　障害者自立支援法等の一部改正法の制定と施行／13
第5　障害者総合支援法の制定と施行／17

第2編　障害者総合支援法逐条解説
第1章　総則 …………………………………………………………………………25
　第1条　目的／25
　第1条の2　基本理念／27
　第2条　市町村等の責務／29
　第3条　国民の責務／31
　第4条　定義／31
　第5条　定義／34
第2章　自立支援給付 ………………………………………………………………60
　第1節　通則 ………………………………………………………………………60
　　第6条　自立支援給付／60
　　第7条　他の法令による給付等との調整／61
　　第8条　不正利得の徴収／65
　　第9条　報告等／65
　　第10条　報告等／66
　　第11条　厚生労働大臣又は都道府県知事の自立支援給付対象サービス等に関する調査等／66
　　第11条の2　指定事務受託法人／68
　　第12条　資料の提供等／70
　　第13条　受給権の保護／70
　　第14条　租税その他の公課の禁止／70
　第2節　介護給付費，特例介護給付費，訓練等給付費，特例訓練等給付費，特定障害者特別給付費及び特例特定障害者特別給付費の支給 ………………72
　　第1款　市町村審査会 ……………………………………………………………72
　　　第15条　市町村審査会／72
　　　第16条　委員／73
　　　第17条　共同設置の支援／74

第18条　政令への委任／75
　第2款　支給決定等 …………………………………………………………………………76
　　　　第19条　介護給付費等の支給決定／76
　　　　第20条　申請／83
　　　　第21条　障害支援区分の認定／87
　　　　第22条　支給要否決定等／88
　　　　第23条　支給決定の有効期間／89
　　　　第24条　支給決定の変更／92
　　　　第25条　支給決定の取消し／94
　　　　第26条　都道府県による援助等／95
　　　　第27条　政令への委任／96
　第3款　介護給付費，特例介護給付費，訓練等給付費及び特例訓練等給付費の支
　　　　　給 ………………………………………………………………………………96
　　　　第28条　介護給付費，特例介護給付費，訓練等給付費及び特例訓練等給付費の支給／96
　　　　第29条　介護給付費又は訓練等給付費／97
　　　　第30条　特例介護給付費又は特例訓練等給付費／104
　　　　第31条　介護給付費等の額の特例／107
　第4款　特定障害者特別給付費及び特例特定障害者特別給付費の支給 ………………108
　　　　第32条及び第33条　削除
　　　　第34条　特定障害者特別給付費の支給／108
　　　　第35条　特例特定障害者特別給付費の支給／114
　第5款　指定障害福祉サービス事業者及び指定障害者支援施設等 ……………………114
　　　　第36条　指定障害福祉サービス事業者の指定／114
　　　　第37条　指定障害福祉サービス事業者の指定の変更／123
　　　　第38条　指定障害者支援施設の指定／124
　　　　第39条　指定障害者支援施設の指定の変更／125
　　　　第40条　削除
　　　　第41条　指定の更新／126
　　　　第41条の2　共生型障害福祉サービス事業者の特例／127
　　　　第42条　指定障害福祉サービス事業者及び指定障害者支援施設等の設置者の責務／133
　　　　第43条　指定障害福祉サービスの事業の基準／135
　　　　第44条　指定障害者支援施設等の基準／135
　　　　第45条　削除
　　　　第46条　変更の届出等／138
　　　　第47条　指定の辞退／139
　　　　第47条の2　都道府県知事等による連絡調整又は援助／139
　　　　第48条　報告等／140
　　　　第49条　勧告，命令等／141
　　　　第50条　指定の取消し等／143
　　　　第51条　公示／145
　第6款　業務管理体制の整備等 ……………………………………………………………146
　　　　第51条の2　業務管理体制の整備等／146
　　　　第51条の3　報告等／146
　　　　第51条の4　勧告，命令等／147
第3節　地域相談支援給付費，特例地域相談支援給付費，計画相談支援給付費及び
　　　　特例計画相談支援給付費の支給 ………………………………………………151

第1款　地域相談支援給付費及び特例地域相談支援給付費の支給 …………151
- 第51条の5　地域相談支援給付費等の相談支援給付決定／151
- 第51条の6　申請／152
- 第51条の7　給付要否決定等／152
- 第51条の8　地域相談支援給付決定の有効期間／153
- 第51条の9　地域相談支援給付決定の変更／155
- 第51条の10　地域相談支援給付決定の取消し／156
- 第51条の11　都道府県による援助等／157
- 第51条の12　政令への委任／157
- 第51条の13　地域相談支援給付費及び特例地域相談支援給付費の支給／158
- 第51条の14　地域相談支援給付費／158
- 第51条の15　特例地域相談支援給付費／160

第2款　計画相談支援給付費及び特例計画相談支援給付費の支給 …………162
- 第51条の16　計画相談支援給付費及び特例計画相談支援給付費の支給／162
- 第51条の17　計画相談支援給付費／162
- 第51条の18　特例計画相談支援給付費／164

第3款　指定一般相談支援事業者及び指定特定相談支援事業者 …………165
- 第51条の19　指定一般相談支援事業者の指定／165
- 第51条の20　指定特定相談支援事業者の指定／166
- 第51条の21　指定の更新／167
- 第51条の22　指定一般相談支援事業者及び指定特定相談支援事業者の責務／167
- 第51条の23　指定地域相談支援の事業の基準／168
- 第51条の24　指定計画相談支援の事業の基準／169
- 第51条の25　変更の届出等／170
- 第51条の26　都道府県知事等による連絡調整又は援助／171
- 第51条の27　報告等／172
- 第51条の28　勧告，命令等／173
- 第51条の29　指定の取消し等／175
- 第51条の30　公示／177

第4款　業務管理体制の整備等 …………178
- 第51条の31　業務管理体制の整備等／178
- 第51条の32　報告等／179
- 第51条の33　勧告，命令等／179

第4節　自立支援医療費，療養介護医療費及び基準該当療養介護医療費の支給 …………183
- 第52条　自立支援医療費の支給認定／183
- 第53条　申請／184
- 第54条　支給認定等／184
- 第55条　支給認定の有効期間／187
- 第56条　支給認定の変更／187
- 第57条　支給認定の取消し／188
- 第58条　自立支援医療費の支給／189
- 第59条　指定自立支援医療機関の指定／196
- 第60条　指定の更新／198
- 第61条　指定自立支援医療機関の責務／198
- 第62条　診療方針／199
- 第63条　都道府県知事の指導／199
- 第64条　変更の届出／199

　　　　第65条　指定の辞退／200
　　　　第66条　報告等／200
　　　　第67条　勧告，命令等／201
　　　　第68条　指定の取消し等／202
　　　　第69条　公示／203
　　　　第70条　療養介護医療費の支給／203
　　　　第71条　基準該当療養介護医療費の支給／206
　　　　第72条　準用／206
　　　　第73条　自立支援医療費等の審査及び支払／206
　　　　第74条　都道府県による援助等／208
　　　　第75条　政令への委任／208
　　第5節　補装具費の支給 …………………………………………………………209
　　　　第76条　補装具費の支給／209
　　第6節　高額障害福祉サービス等給付費の支給 ……………………………213
　　　　第76条の2　高額障害福祉サービス等給付費の支給／213
　　第7節　情報公表対象サービス等の利用に資する情報の報告及び公表 …221
　　　　第76条の3　情報公表対象サービス等の利用に資する情報の報告及び公表／221
第3章　地域生活支援事業 ………………………………………………………231
　　　　第77条　市町村の地域生活支援事業／231
　　　　第77条の2　基幹相談支援センター／236
　　　　第78条　都道府県の地域生活支援事業／237
第4章　事業及び施設 ……………………………………………………………240
　　　　第79条　事業の開始等／240
　　　　第80条　障害福祉サービス事業，地域活動支援センター及び福祉ホームの基準／243
　　　　第81条　報告の徴収等／244
　　　　第82条　事業の停止等／245
　　　　第83条　施設の設置等／246
　　　　第84条　施設の基準／249
　　　　第85条　報告の徴収等／250
　　　　第86条　事業の停止等／251
第5章　障害福祉計画 ……………………………………………………………252
　　　　第87条　基本指針／252
　　　　第88条　市町村障害福祉計画／254
　　　　第88条の2　市町村障害福祉計画／256
　　　　第89条　都道府県障害福祉計画／258
　　　　第89条の2　都道府県障害福祉計画／260
　　　　第89条の3　協議会の設置／263
　　　　第90条　都道府県知事の助言等／263
　　　　第91条　国の援助／263
第6章　費用 ………………………………………………………………………265
　　　　第92条　市町村の支弁／265
　　　　第93条　都道府県の支弁／265
　　　　第94条　都道府県の負担及び補助／266
　　　　第95条　国の負担及び補助／266
　　　　第96条　準用規定／273

第7章　国民健康保険団体連合会の障害者総合支援法関係業務 …………………276
　　第96条の2　連合会の業務／276
　　第96条の3　議決権の特例／277
　　第96条の4　区分経理／278

第8章　審査請求 …………………………………………………………………………279
　　第97条　審査請求／279
　　第98条　不服審査会／281
　　第99条　委員の任期／283
　　第100条　会長／283
　　第101条　審査請求の期間及び方式／284
　　第102条　市町村に対する通知／284
　　第103条　審理のための処分／285
　　第104条　政令等への委任／286
　　第105条　審査請求と訴訟との関係／288

第9章　雑則 ………………………………………………………………………………289
　　第105条の2　連合会に対する監督／289
　　第106条　大都市等の特例／289
　　第107条　権限の委任／290
　　第108条　実施規定／290

第10章　罰則 ………………………………………………………………………………298
　　第109条／298
　　第110条／298
　　第111条／298
　　第112条／298
　　第113条／298
　　第114条／298
　　第115条／299

附　則 ………………………………………………………………………………………301
　　障害者の日常生活及び社会生活を総合的に支援するための法律及び児童福祉法の一部を改正する法律（平成28年改正法）の附則について／301
　　平成28年改正法による他法改正について／305
　　障害者自立支援法制定時の附則について／307
　　障害者自立支援法制定時の他法改正について／315
　　障がい者制度改革推進本部等における検討を踏まえて障害保健福祉施策を見直すまでの間において障害者等の地域生活を支援するための関係法律の整備に関する法律（平成22年整備法）の附則について／332
　　平成22年整備法による他法改正について／350
　　地域社会における共生の実現に向けて新たな障害保健福祉施策を講ずるための関係法律の整備に関する法律（平成24年整備法）の附則について／355
　　平成24年整備法による他法改正について／360

資料編

第1章 法令・通知 …364

- ◉障害者の日常生活及び社会生活を総合的に支援するための法律施行令（平成18年1月25日政令第10号）／364
- ◉障害者の日常生活及び社会生活を総合的に支援するための法律及び児童福祉法の一部を改正する法律の施行に伴う関係政令の整備及び経過措置に関する政令（抄）（平成30年3月22日政令第54号）／400
- ◉障害者の日常生活及び社会生活を総合的に支援するための法律施行規則（平成18年2月28日厚生労働省令第19号）／401
- ◉障害福祉サービス等及び障害児通所支援等の円滑な実施を確保するための基本的な指針（平成29年3月31日厚生労働省告示第116号）／474

【附帯決議・通知】

- ○障害者自立支援法案に対する附帯決議（平成17年7月13日衆議院厚生労働委員会）／504
- ○同（平成17年10月13日参議院厚生労働委員会）／505
- ○障害者自立支援法の施行について（平成18年3月31日社援発第0331006号）／508
- ○障がい者制度改革推進本部等における検討を踏まえて障害保健福祉施策を見直すまでの間において障害者等の地域生活を支援するための関係法律の整備に関する法律の公布及び一部の施行について（平成22年12月10日社援発1210第4号）／518
- ○障がい者制度改革推進本部等における検討を踏まえて障害保健福祉施策を見直すまでの間において障害者等の地域生活を支援するための関係法律の整備に関する法律等の一部の施行について（平成23年9月28日社援発0928第4号）／521
- ○障がい者制度改革推進本部等における検討を踏まえて障害保健福祉施策を見直すまでの間において障害者等の地域生活を支援するための関係法律の整備に関する法律等の施行について（平成24年3月30日社援発0330第41号）／526
- ○地域社会における共生の実現に向けて新たな障害保健福祉施策を講ずるための関係法律の整備に関する法律案に対する附帯決議（平成24年4月18日衆議院厚生労働委員会）／539
- ○同（平成24年6月19日参議院厚生労働委員会）／540
- ○地域社会における共生の実現に向けて新たな障害保健福祉施策を講ずるための関係法律の整備に関する法律の公布について（平成24年6月27日社援発0627第3号）／541
- ○障害者の日常生活及び社会生活を総合的に支援するための法律及び児童福祉法の一部を改正する法律案に対する附帯決議（平成28年5月11日衆議院厚生労働委員会）／547
- ○同（平成28年5月24日参議院厚生労働委員会）／548
- ○「障害者の日常生活及び社会生活を総合的に支援するための法律及び児童福祉法の一部を改正する法律」の公布及び一部の施行について（通知）（平成28年6月3日障発0603第1号）／550

第2章 参考資料 …553

- 第1 障害保健福祉施策の経緯／553
- 第2 障害者総合支援法に基づくサービスの概要／561
- 第3 相談支援／581
- 第4 就労支援／587

第5　利用者負担／591
第6　指定基準・報酬／595
第7　障害福祉計画／597
第8　国庫負担基準／601

第1編
障害者福祉施策の経緯

第1編　障害者福祉施策の経緯

第1　支援費制度（契約によるサービス利用の制度）導入前まで

　戦後制定された児童福祉法（昭和22年法律第164号）及び身体障害者福祉法（昭和24年法律第283号）では、社会福祉制度は、地方公共団体がその判断に基づき給付を決定する措置制度として位置づけられており、対象者は制度上は低所得者層に限定されていないものの、実質的には低所得者を中心に一定の限定した対象者に対する制度と位置づけられていた。

　昭和30年代以降、次第に、社会福祉に関する仕組みについては、高齢者福祉を筆頭に、低所得者対策という色彩だけではなく、利用者のハンディキャップに応じた援護を実施するという色彩を強めていくが、依然として措置という形式は変わらなかった。

　福祉関係法律の見直しは、その後も財政改革や少子高齢化の進行等に対応する改正等が行われたが、やがて、従来の施設収容型の福祉から、地域で多様な生活を送ることができるよう支

図1−1　障害者福祉施策の歴史

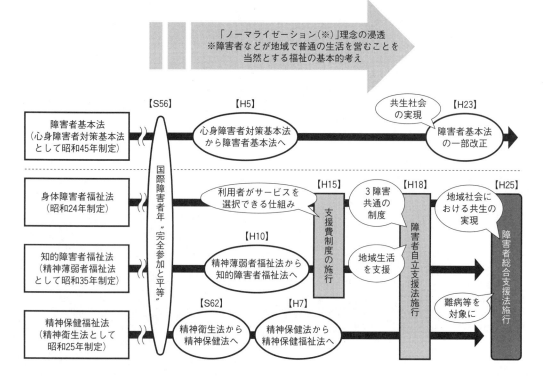

援するという考え方へと変化するなかで，平成9年には，介護保険法（平成9年法律第123号）が成立したほか，保育所の選択制度が導入された。

これにより，福祉制度にも，必要な人が必要なサービスを自ら選択して利用するという仕組みが導入されたのである。

このような流れのなかで，平成12年に社会福祉基礎構造改革が行われた。

社会福祉基礎構造改革は，「個人が人としての尊厳をもって，家庭や地域の中で，障害の有無や年齢にかかわらず，その人らしい安心のある生活を送れるよう自立を支援すること」という基本理念に基づき，①サービスの利用者と提供者の対等な関係の確立，②個人の多様な需要への地域での総合的な支援，③幅広い需要に応える多様な主体の参入促進，④信頼と納得が得られるサービスの質と効率性の確保，⑤情報公開等による事業運営の透明性の確保，⑥増大する費用の公平かつ公正な負担，⑦住民の積極的な参加による福祉文化の創造等，利用者本位の制度とするため，利用者の選択を支援するさまざまな仕組みを構築するという基本的な方向に基づき改革が進められた。

この社会福祉基礎構造改革の一つとして，障害者福祉サービスについては，措置制度から利用契約制度を導入する支援費制度が創設された。

第2 支援費制度の創設と施行

1 支援費制度の施行まで（〜平成15年3月）

支援費制度は，
① 障害者福祉サービスについて，従来の措置制度から，利用契約制度への見直しを行う，
② 身体障害者，知的障害者の施設，居宅サービスに係る事務，障害児の居宅サービスに係る事務を市町村に一元化する（障害児の施設入所に係る事務，精神障害者社会復帰施設に係る事務は都道府県の事務）

など，障害福祉サービスに関して抜本的な見直しを行うものであり，平成12年6月7日に「社会福祉の増進のための社会福祉事業法等の一部を改正する等の法律」（平成12年法律第111号）として公布された後，準備期間を経て，平成15年4月に施行された。

支援費制度においては，従来まで障害者を保護の対象としてとらえ，低所得で家族による支援を十分に受けられない状態を前提とする考え方を転換し，「自己決定」「自己選択」の理念の下で，利用者と事業者が直接向かい合う関係（直接契約）にするという利用者本位の考え方をとることが明確にされた。

このような仕組みの導入により，障害福祉サービスの利用に大きな変化がもたらされ，特にそれまでサービスを利用できなかった人々が自らサービスを選択し，利用できるようになることが見込まれた。

なお，支援費制度の施行準備を進めるなかで，在宅サービスに係る国の経費が裁量的経費のままであり，増大するサービスに対応できるような財政的な仕組みが整備されていなかったこ

とや，サービスの地域格差を狭めるよう，全国的に，より公平・公正に補助金を配分するための「国庫負担基準」の導入等に対してさまざまな懸念が指摘された。

平成15年1月には厚生労働省周辺を障害者団体が取り囲み，「国庫負担基準」の撤回を求めるという事態に至り，国は，「国庫負担基準」は市町村に対する補助基準であることを障害者団体と改めて確認する等の対応を行うこととなった。

2 支援費制度の問題点と対応策の検討（平成15年4月～平成16年9月）

平成15年4月の支援費制度施行後，以下のような問題点が次第に具体的なものとして明らかになってきた。

① サービスの急激な増加と財政上の問題（図1-2，図1-3）

平成15年度には，居宅サービスの利用者が急激に増大した（図1-2）。サービスの利用者が増えることは，支援費制度のねらいでもあったが，一方で，居宅サービスに係る国の経費については，措置制度の頃と同様に裁量的経費であり，財政的な裏づけがないまま，サービス量が増大することとなった。

このため，平成15年度は，流用等により財源を確保したが，居宅サービスの利用者の伸びを踏まえると，その後の財源をどのようにするか検討する必要があった。

② サービスの地域格差（図1-4，表1-1）

支援費制度では，全国統一的なサービスの必要度を測る客観的な尺度がなかったこともあり，地域格差が大きかった。また，知的障害者や精神障害者に対するホームヘルプサービスが約半数の市町村で実施されていない等の問題もあった。

③ 就労支援が進まない現状

養護学校の卒業生の半数以上が福祉施設へ入所しているにもかかわらず，入所施設から一般企業へ就職する人は1％しかおらず，障害者が意欲と能力を活かして働けていない状態もあった。

支援費制度施行前に設置が決定された，「障害者（児）の地域生活支援の在り方に関する検討会」は，平成15年5月26日に第1回が開催され，支援費制度施行後に明らかになってきた状況も踏まえつつ，検討が進められた。計19回にわたる会合を経て，平成16年7月6日に，「障害者（児）の地域生活支援の在り方に関する議論の整理」及び「国庫補助基準及び長時間利用サービスの在り方に関する議論の整理」がとりまとめられた。

この二つの「議論の整理」では，以下のように，支援費制度の問題点等を踏まえ，今後の障害者福祉制度の方向性を定める検討事項がとりまとめられた。

・今後，地域において障害者が暮らす際の広範なニーズを踏まえ，施設の在り方も含めサービス体系全体を再検討すること。

・障害程度やライフステージに応じて必要なサービスを提供できる新しいタイプのグループホームの類型を検討することが必要であること。

・ホームヘルプサービスについて，地域によってサービスの利用量に大きな格差があることか

第1編　障害者福祉施策の経緯

図1−2　ホームヘルプサービス支給決定者数の推移

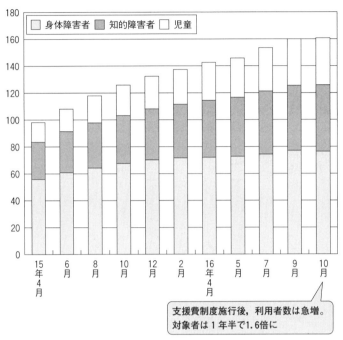

図1−3　在宅サービス予算の状況

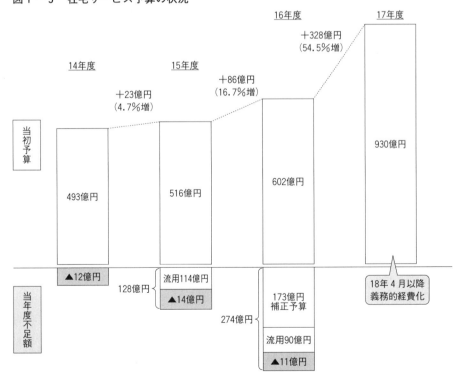

第1編　障害者福祉施策の経緯

ら，サービスの底上げを図ることが必要であること。
・授産施設等から企業等での就労への円滑な移行が可能となるよう，地域における就労支援機能の充実等，一連の就労支援システムの構築を検討すること。
・利用者負担については，扶養義務者負担の見直しとともに，障害者の負担能力に配慮しつつ，施設入所と在宅とのバランスや受けたサービスの量とのバランスを踏まえた適正な負担の在

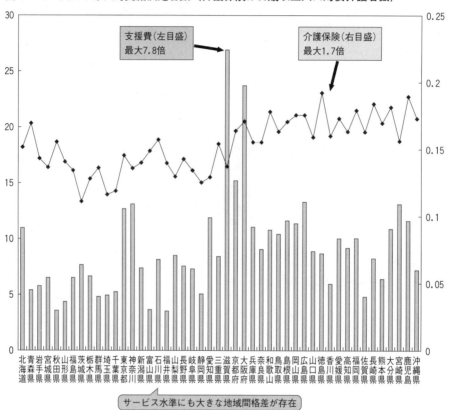

図1－4　人口1万人対支給決定者数（介護保険は65歳以上人口対要介護者数）

サービス水準にも大きな地域間格差が存在

表1－1　ホームヘルプサービス実施市町村数

	14年3月	15年4月	16年3月	16年10月
身体障害者ホームヘルプ	2,283 (72%)	2,328 (73%)	2,447 (78%)	2,067 (83%)
知的障害者ホームヘルプ	986 (30%)	1,498 (47%)	1,780 (56%)	1,656 (66%)
精神障害者ホームヘルプ	―	1,231 (39%)	1,671 (53%)	1,234 (49%)

精神障害者は支援費制度の対象外

障害種別間の格差は大きく，未実施市町村も多数

り方を検討すること。

また，障害者の一般就労等が進まない状況のなかで，就労支援については，平成16年9月29日に，障害者，障害者を支援する者，障害者を雇用する企業，行政等の関係者が集まり，障害者の就労を今後どのような方向で行うべきか検討する「障害者の就労支援に関する有識者懇話会」において，「共働宣言」がとりまとめられた。

さらに，精神保健医療福祉の分野については，数次にわたる精神保健及び精神障害者福祉に関する法律（昭和25年法律第123号。以下「精神保健福祉法」という）の改正や障害者プランの実施等により，一定の改善が図られてきているものの，依然として社会的入院の存在や社会復帰施設・サービスの不足，病床数の多さ，国民の理解不足等の問題が指摘されていた。また，国会では心神喪失等の状態で重大な他害行為を行った者の医療及び観察等に関する法律が審議されたが，その際，社会的入院を10年以内に解消すべく総合的な対策を推進することや，一般精神医療の質を向上させるべきなどの指摘が強くなされていた。このため，社会保障審議会障害者部会精神障害分会は，平成14年12月に「今後の精神保健医療福祉施策について」をとりまとめ，これらの課題を計画的かつ着実に推進するため，厚生労働省精神保健福祉対策本部が設置された。同本部は，平成15年9月に中間報告を，平成16年9月に今後の精神保健医療福祉の見直しに係る具体的な方向性を明らかにするものとして，「精神保健医療福祉の改革ビジョン」[*1]をとりまとめた。

一方，社会保障審議会障害者部会（平成13年12月に設置）では，支援費制度の施行に向けて議論を進めていたが，上述したような支援費制度における問題を踏まえ，平成16年2月2日の第14回社会保障審議会において，今後の障害保健福祉施策を進めるための審議事項が示され，同部会で議論を進めることとされた。

これを踏まえ，第5回障害者部会（平成16年3月2日）から議論を重ね，第15回（平成16年7月13日）に中間的なとりまとめを行った。

中間的なとりまとめでは，障害特性に配慮しつつも，3障害共通の枠組みを構築することや，障害者の就労支援や住まいの確保など障害者の自立支援のための保健福祉施策の体系の在り方，サービスの計画的な整備と財源の在り方等が盛り込まれた。さらに，障害保健福祉施策で，介護保険制度の仕組みを活用することは，現実的な選択肢として，広く国民の間で議論されるべきものとされた。

---

*1　同ビジョンは，「心の健康問題の正しい理解のための普及啓発検討会」報告書（平成16年3月），「精神病床等に関する検討会」最終まとめ（平成16年8月），「精神障害者の地域生活支援の在り方に関する検討会」最終まとめ（平成16年8月）を踏まえてとりまとめられたものである。また，三つの検討会は，同本部の中間とりまとめを受けて設置されたものである。

第3　障害者自立支援法の制定と施行

1　障害者自立支援法の制定（平成17年11月）

　それまでの各検討会等での検討や，社会保障審議会障害者部会の中間まとめ等を踏まえ，厚生労働省は，平成16年10月12日に「今後の障害保健福祉施策について（改革のグランドデザイン案）」を厚生労働省案として社会保障審議会障害者部会に提示した。

　この後，同部会でさらに，障害保健福祉施策の在り方について議論を進め，第23回（平成16年12月27日）には，障害者自立支援法の原案となる「障害者自立支援給付法案」を厚生労働省より示し，第23回，第24回と議論を行った。

　これらの議論を踏まえ，政府は，平成17年2月10日に「障害者自立支援法案」を閣議決定し，第162回通常国会に提出した。

　第162回通常国会では，平成17年4月26日の衆議院本会議で趣旨説明，質疑，4月27日に衆議院厚生労働委員会で提案理由説明がなされた。その後，衆議院厚生労働委員会の質疑を経た後，7月13日に法案及び与党の修正提案が賛成多数で採決され，併せて11項目の附帯決議（資料編：504頁）が採択された。

　衆議院の修正のポイントは，①障害福祉サービスに係る給付その他の支援は，障害者基本法の基本的理念にのっとり行われることを法律の目的規定に明記すること，②自立支援医療に関する規定の施行期日を，平成17年10月1日から平成18年1月1日に変更すること，③施行後3年を目途として行われる法律の規定についての検討は，障害者等の範囲の検討を含むこと，④就労の支援を含めた障害者等の所得の確保に係る施策の在り方についての検討規定を追加すること，であった。

　法案は，7月14日の衆議院本会議で可決の後に参議院に送付され，7月22日に参議院本会議で趣旨説明・質疑，7月26日に参議院厚生労働委員会で提案理由説明が行われ，7月28日には同委員会で審議が行われたが，8月8日郵政法案否決に伴う衆議院の解散により，審議未了による廃案となった。

　障害者自立支援法案は，①第162回国会における衆議院での与党提案による修正内容を盛り込む，②利用者負担に係る改正事項について，施行期日を平成18年1月1日から平成18年4月1日に変更する，の2点について修正したうえで，平成17年9月30日に閣議決定し，第163回国会に提出された。

　法案審議は，参議院先議で行われ，10月5日に参議院本会議で趣旨説明・質疑が行われ，同月6日に参議院厚生労働委員会で提案理由説明・質疑が行われた。その後，質疑を経て，10月13日に原案どおり可決，23項目の附帯決議（資料編：505頁）が採択された。10月14日に参議院本会議で可決，衆議院に送付され，10月18日に衆議院本会議で趣旨説明・質疑が行われ，19日に衆議院厚生労働委員会で提案理由説明が行われた。10月14日に衆議院に送付された際に，民主党による「障害者の自立の支援及び社会参加の促進のための身体障害者福祉法等の一部を改正する法律案」（いわゆる対案）が提出され，衆議院厚生労働委員会で併せて審議されたが，

質疑を経て，10月28日の衆議院厚生労働委員会で，政府提出である「障害者自立支援法案」が原案どおり可決，第162回国会の附帯決議を尊重する旨が確認されたうえで，同月31日の衆議院本会議で可決・成立した。その後，11月7日に公布された。

2 障害者自立支援法の施行

(1) 障害者自立支援法の一部施行（平成18年4月）

障害者自立支援法（平成17年法律第123号）は，2段階に分けて施行されることとされ，その内容は以下のとおりである。なお，支援費制度の抱える問題点をできる限り早期に解決する必要があったことから，法の成立後，施行までのスケジュールは大変タイトなものとなった。

> **第1段階**（平成18年4月1日～）
> ①障害福祉サービスの利用者負担の見直し
> ②国・都道府県の義務的経費化
> ③新たな支給決定（障害程度区分等）の開始（10月までに実施）
> ④公費負担医療の見直し
> **第2段階**（平成18年10月1日～）
> ①施設・事業体系の移行開始（約5年間かけて移行）
> ②児童福祉施設の契約制度への移行，利用者負担の見直し
> ③障害福祉計画の策定（平成18年度中）

このうち，平成18年4月に向けてまず行うこととされたことは，

福祉サービスについては，①障害程度区分認定の具体的な基準の設定，②利用者負担の見直し，③旧体系施設[*2]報酬の見直し，④報酬の見直しに併せて，旧体系施設の基準の見直し（規制緩和等）を実施することである。なお，旧体系のサービス報酬や指定基準の見直しに当たっては，10月以降に実施される新体系サービスの報酬や指定基準とのバランスに配慮がなされた。

また，公費負担医療については，①利用者負担の見直し，②医療機関の指定に向けた準備を進めることであった。

障害程度区分に関しては，平成17年度厚生労働科学研究事業「新たな障害程度区分認定の開発と評価等に関する研究」の一環として行ってきた障害程度区分判定等施行事業の実施結果（速報）を，第28回社会保障審議会障害者部会（平成17年10月5日）に諮り，この実施結果や関係者や有識者の意見を踏まえ，作業が進められた。

障害福祉サービス及び公費負担医療の利用者負担については，法案提出前の第21回社会保障審議会障害者部会から案を諮り，国会審議でも修正等が行われ，障害者自立支援法成立時にはほぼ内容についてひととおりの議論がなされていたほか，障害福祉サービス事業の基準や報酬

[*2] 従来の身体障害者福祉法，知的障害者福祉法，精神保健福祉法に規定されていた身体障害者療護施設，更生施設，授産施設などの施設。3障害に分かれて分類されていた。これらの施設は，平成24年3月31日までの間に，「新体系サービス」といわれる，障害者自立支援法に規定する新たなサービス体系を選択して，移行した。

の見直しの考え方等についても，第21回以降の審議会にその概要を示す等，法案を国会に提出した後，関係団体が集まる場を利用して意見を聴き，その意見を反映させながら作業を進めていた。

　これらの作業を踏まえ，平成18年4月施行分である障害福祉サービス及び公費負担医療における利用者負担，障害程度区分等については，平成18年11月25日から12月9日までパブリックコメントを実施した。

　12月に閣議決定された平成18年度政府予算案では，障害福祉サービスの予算は，対前年度11%増の4375億円を確保したほか，①利用者負担について，一般世帯における負担上限月額を介護保険と同様の3万7200円に引き下げる，②報酬単価の設定に当たって，経済状況を踏まえればマイナス1.3%の改定となるところ，居宅サービス，新サービス体系については，マイナス1.0%改定とすることとされた。

　また，地域生活支援事業については概算要求どおりの額を確保した。

　なお，平成18年度予算については，政府案どおり平成18年3月27日に参議院で可決・成立した。

　厚生労働省では，平成18年度予算案を踏まえ，旧体系・新体系サービスの報酬・基準について，個別のサービスごとに大枠の案を作成し，社会保障審議会障害者部会等での議論を経て，3月3日からパブリックコメントを実施した。

　これらを踏まえ，平成18年4月施行分に関する政令は，平成18年1月20日に閣議決定，同25日に公布され，省令・告示については3月にかけて順次，公布された。

　また，この間，実務的な手続き等については，法案成立前の平成17年6月から翌年3月までの6回にわたる障害保健福祉主管課長会議や1月の全国厚生労働関係部局長会議等を活用して都道府県等へ伝達・意見交換等も行われた。

　こうして，平成18年4月に障害者自立支援法の一部が施行され，利用者負担の見直しや障害程度区分認定等の新しい仕組みが始まった。

(2) **本格施行**（平成18年10月）

　平成18年4月施行後，10月から始まる新体系サービスの報酬・基準について，さらなる検討が進められた。

　10月施行に向け，準備を進めるなかで，
・知的障害者，精神障害者については，障害程度区分判定が低く出ているのではないか，
・就労支援の充実を図るための方策として，工賃控除の拡充などをすべきではないか，
・報酬を日割としたことに関し，激変緩和を行う必要があるのではないか，
・子育て世帯の負担が重いことを踏まえ，障害児の負担軽減を図るべきではないか，
等のさまざまな意見が関係者から出された。

　厚生労働省では，関係者のさまざまな意見を踏まえ，平成18年8月24日に実施された障害保健福祉主管課長会議において，「障害者自立支援法の円滑施行に向けて」として，大きく分けて五つの対策を行うよう，都道府県等に示した（図1－5）。

　ここで示した対策を反映させ，平成18年10月施行の報酬・基準のうち，3月にパブリックコ

図1-5　障害者自立支援法の10月施行に向けた五つの対策
——全国都道府県課長会議（8月24日）に提示した新たな改善策

1．障害程度区分の判定が適切に行われています

○信頼のおける適正な障害程度区分の判定
- 6月末までの判定結果では、二次判定では約3分の1の事例で上位区分への変更が行われており、一次判定（コンピュータ判定）に対する懸念が示されていた知的障害や精神障害については、より多数の事例で変更されていました。
- 判定結果を踏まえて、さらに適正な判定が行われるように、二次判定の変更事例集などを情報提供しました。

2．就労支援をさらに充実させます

○工賃を引き上げ、年金等と併せて自立生活を実現へ
- 工賃が手元に年間28.8万円まで残るようにするなど、収入から工賃を控除する制度を拡充します。
- 現行の授産施設の月額平均工賃額（1万5000円）の倍増を目指す「工賃倍増計画」を実施し、目標工賃も設定します。

○障害者の「働きたい！」気持ちを実現できる新サービスをスタート
- 一般企業での雇用を目指す「就労移行支援事業」
- 支援を受けながら雇用契約を結んで継続的に就労する「就労継続支援事業A型」
  ＊生産性を上げるために障害者以外の者の雇用割合を緩和（定員の2割→定員の最大5割）
- 雇用契約を結ばないけれど、工賃アップを目指しながら継続的に就労する「就労継続支援事業B型」

3．障害児施設の利用者負担を軽減します

○障害児施設の利用者負担の見直し（平成21年3月末までの経過措置）
- 学齢期前の障害児通所施設の利用者負担を、保育所の保育料程度の水準に軽減します。
- 障害児入所施設の利用者負担について、市町村民税額（所得割）が2万円未満の世帯まで、負担軽減措置の対象者を拡充します。

○保護者との絆を深めるための、障害児施設への配慮
- 入所施設においては、帰省時・夏休み時等について、1月につき12日まで報酬上の評価を行います。通所施設や児童デイサービスでは、職員が家庭訪問し、家族への支援を行った際に、報酬を上乗せします。

4．ケアホームなどの新たなサービスを支援します

○地域での生活を支援するグループホーム・ケアホームの充実
- 夜間支援体制を確保しているケアホームの対象者すべてについて、報酬を上乗せします。
- 利用者の入院・帰省を支援した場合の報酬を上乗せします。

○入所施設の支援体制の強化
- 障害程度の低い障害者にも夜勤対応が図れるように、夜間支援体制を充実します。
- 自閉症施設など強度行動障害の者が多数入所する施設についても、実態に即して報酬を改善します。

5．報酬日額化に対応し、円滑な事業運営が行われるようにします

○通所施設が行う通所以外の支援（家庭訪問）の評価
- 利用者が継続して通所できない場合に、施設職員による家庭訪問等の支援について、報酬上の評価をします。引きこもり等に対する支援にもつながります。

○通所施設の定員規制の緩和
- ニーズに応じた利用者の受け入れを可能とする観点から、平成20年3月末まで、定員の10％増までの利用を認めることにします。

○入所施設が行う入院時の支援に関する加算措置の創設
- 入所施設の利用者に対し、入院中の支援を行った場合に、報酬を上乗せします。

○激変緩和措置の取扱の見直し
- 旧体系サービスに係る従前額の80％の最低保障措置について、来年度、再来年度と、保障水準を段階的に引き下げていくこととされていましたが、80％を維持します。

メントを行えなかった新たな事項について，平成18年8月24日から9月15日までパブリックコメントを実施した。

　このような調整を経たのち，平成18年10月施行部分についての関係政省令・告示の作業を進め，「障害者自立支援法施行令等の一部を改正する政令」（平成18年政令第319号）及び「障害者自立支援法の一部の施行に伴う関係政令の整備に関する政令」（平成18年政令第320号）を平成18年9月22日に閣議決定，9月26日に公布し，9月29日に関係省令・告示を公布し，同年10月1日に障害者自立支援法が完全施行された。10月施行分としては，新たなサービス体系に関する報酬・基準や新たなサービスに対応した国庫負担基準，補装具費に関する事項，地域生活支援事業に関する事項や，契約制度に移行する児童福祉施設（障害児に係る部分のみ）等である。

3　障害者自立支援法施行後の対策（平成18年10月〜）

(1)　緊急措置（平成18年12月）

　障害者自立支援法は，就労支援の強化や地域移行の推進等，障害者が地域で安心して暮らせる社会の構築を目指すものであるが，利用者負担の見直しや事業者報酬の日割化といった抜本的な改革内容に対して，法の施行後も関係者からのさまざまな声があった。

　こうしたなかで，厚生労働省においては，法の実施状況を取り急ぎまとめ，平成18年10月23日に公表した。

・給付費については，同年6月における104定点市町村の状況では，前年同月分と比べ，全体で2.5％の増加となっており，このうち居宅サービスは8.5％，地域移行の中核となるグループホームは16.6％の増加となっている。
・サービスの利用実態については，利用者負担を理由とした施設サービスの中止事例は，14府県の単純平均で0.39％（1月当たりでみると0.13％）となっている。
・所得階層区分の認定状況や負担上限等の減免状況をみると，入所においては68.0％の者が個別減免等を受けているのに対し，在宅では社会福祉法人軽減等を受けている者は23.8％にとどまっている。

等の結果が示された。

　障害者自立支援法施行後の与党からの要望や実態調査を踏まえ，政府は，障害者自立支援法の施行が，抜本的な見直しであることに対応して，もう一段の激変緩和措置を講じる必要があるとして，平成20年度までの間，障害者自立支援法を円滑に運用するため，利用者負担のさらなる軽減や，事業者に対する激変緩和措置などの対策を実施することとし，平成18年度補正予算及び平成19年度当初予算にこれを盛り込んだ（18年度補正予算は平成19年2月6日に，19年度当初予算は同年3月26日に成立した）（資料編：556頁）。

　この結果，障害福祉サービスの平成19年度予算は，対前年度比11％増の4873億円となった。

　なお，厚生労働省は，平成18年10月に公表した実態調査結果は，法施行後の状況を取り急ぎではあるが概ね示しているものとしていたが，さらに全国的な状況を調査すべきとの議論があったことから，全都道府県を対象に改めて調査を行った。その結果は，平成19年2月に，以下のとおり公表された。

- 利用者負担を理由とした施設サービス利用の中止（18年3月から10月までの累計）は，47都道府県の加重平均で0.73％（単月では0.09％）であり，これを入所・通所別でみると，入所が0.44％，通所が1.19％であった。
- 通所施設の利用抑制（4月から10月までの累計）は，47都道府県の加重平均で4.75％（単月では0.68％）であった。
- 居宅サービスは，30府県の状況で，利用中止が0.38％（単月では0.05％），利用抑制が0.93％（単月では0.12％）であった。
- 障害児サービスの利用中止（9月と10月の合計）は0.48％（単月では0.24％），利用抑制（10月）は4.77％であった。

(2) **特別対策**（平成20年12月）

　平成19年9月の自由民主党及び公明党の連立政権合意で「障害者自立支援法について抜本的な見直しを検討するとともに，障害福祉基盤の充実を図る」とされ，障害者自立支援法の見直し等について，与党障害者自立支援に関するプロジェクトチームで検討が進められた。平成19年12月に，同プロジェクトチームから緊急に措置すべき事項の提言を受け，障害者自立支援法の抜本的な見直しに向けた緊急措置を決定し，平成20年度以降は，利用者負担のさらなる軽減や，事業者の経営基盤の強化等を行った（資料編：556頁）。

第4　障害者自立支援法等の一部改正法の制定と施行

1　障害者自立支援法等の一部改正法の制定

　障害者自立支援法の施行後，「緊急措置」や「特別対策」といった累次にわたる激変緩和措置が講じられたが，関係者からは，障害者が地域で自立して暮らせるようにするための相談支援や地域移行のための支援の充実や制度の改善を求める声も引き続き出されていた。

　障害者自立支援法については，附則に施行後3年を目途とする検討規定が置かれており，平成20年4月から，社会保障審議会障害者部会で議論が行われ，計19回にわたる議論を経て，同年12月に「障害者自立支援法施行後3年の見直しについて」がとりまとめられた。

　この報告を踏まえ，政府は，利用者負担の見直し，障害者の範囲，障害程度区分の見直し，相談支援の充実，地域における自立支援生活のための支援の充実等を内容とした「障害者自立支援法等の一部を改正する法律案」を平成21年3月31日に閣議決定し，国会に提出した。しかし，この法律案は，当時，衆議院と参議院で多数派が異なる，いわゆるねじれ国会であったこと等から，国会で審議されることなく，平成21年7月の衆議院の解散に伴い，審議未了・廃案となった。

　その後の衆議院議員総選挙で，民主党・社会民主党・国民新党による3党連立政権が発足し，3党連立合意で「「障害者自立支援法」は廃止し，「制度の谷間」がなく，利用者の応能負担を

基本とする総合的な制度をつくる」とされ，新しい法制度の検討が始まることになる（詳細は第5を参照）。

　政府で障害者自立支援法に代わる新たな法制度の検討がスタートする一方，自由民主党及び公明党は，平成21年3月に当時の自公政権下で閣議決定され，国会に提出され，審議未了廃案となった法律案をさらに充実させたうえで，平成22年4月に改めて「障害者自立支援法等の一部を改正する法律案」を議員立法として，衆議院に提出した。これに対して，民主党・社会民主党・国民新党は，新たな法制度のなかで取り扱いを検討することとしていた支給決定の在り方に関連する見直しである障害程度区分の障害支援区分への見直し等を法律案から削除する一方で，その法律案の名称や趣旨から障害者自立支援法の廃止までの間の措置を講ずるための法律とすることを明確にした「障害者自立支援法の廃止を含め障害保健福祉施策を見直すまでの間において障害者等の地域生活を支援するための関係法律の整備に関する法律案」を同年5月に衆議院に提出した。その後，与野党で協議が行われ，民主党・自由民主党・公明党が合意し，すでに提出されていた法律案をそれぞれ撤回したうえで，衆議院厚生労働委員長が提案者となり，「障がい者制度改革推進本部等における検討を踏まえて障害保健福祉施策を見直すまでの間において障害者等の地域生活を支援するための関係法律の整備に関する法律案」が起草され，同年5月31日に衆議院本会議で可決され，参議院に送付された。参議院では，6月1日に厚生労働委員会で可決され，同月3日の参議院本会議で採決が行われる予定となっていたが，同日の午前中，当時の鳩山由紀夫内閣総理大臣が辞任を表明し，本会議がとりやめとなり，その後，会期末まで参議院本会議が開かれなかったため，廃案となった。

　その後，再度，民主党・自由民主党・公明党で協議が行われ，5月に衆議院厚生労働委員長が提出した法律案に，提出時期が遅れたことによる施行期日の修正等軽微な修正を加えたうえで，平成22年11月17日に再度，衆議院厚生労働委員長により，「障がい者制度改革推進本部等における検討を踏まえて障害保健福祉施策を見直すまでの間において障害者等の地域生活を支援するための関係法律の整備に関する法律案」が起草され，翌18日に衆議院本会議で可決され，参議院に送付された。その後，会期末の12月3日に参議院厚生労働委員会で可決され，直ちに緊急上程され，同日の参議院本会議で可決，成立した。

2　障害者自立支援法等の一部改正法の施行

　平成22年12月3日に成立し，同月10日に公布された，障がい者制度改革推進本部等における検討を踏まえて障害保健福祉施策を見直すまでの間において障害者等の地域生活を支援するための関係法律の整備に関する法律（平成22年法律第71号。以下「平成22年整備法」という）の主な内容は次のとおりである（資料編：557頁）。

① 利用者負担の見直し

　　障害福祉サービス等の利用者負担については，障害者自立支援法導入時に定率負担とされ，所得に応じた軽減措置が設けられていた。しかしながら，障害者自立支援法による見直しが急激なものであったこと等から，負担軽減を求める声が強まり，前述のとおり，段階的に利用者負担を引き下げ，平成22年4月以降は，低所得者に係る障害福祉サービス及び補装具の

利用者負担は無料とされていた。

　このような措置により，利用者負担は実質的には，利用者の負担能力に応じた負担となっていたが，予算措置ではなく，法律上も負担能力に応じた負担であることを明確にするために，条文上も応能負担を原則とした。

　また，それまで障害福祉サービスと補装具の利用者負担はそれぞれ負担上限月額が設定されていたが，障害福祉サービスと補装具の利用者負担を合算して，高額障害福祉サービス等給付費の対象とし，負担軽減を図った。

② 障害者の範囲の見直し

　障害者自立支援法に基づく障害福祉サービス等の対象となる障害の範囲は，身体障害者福祉法に規定する身体障害者，知的障害者福祉法にいう知的障害者及び精神保健及び精神障害者福祉に関する法律に規定する精神障害者の3障害に限定されていた。発達障害や高次脳機能障害の者については，概念的には精神障害者に含まれるものの，そのことが十分に浸透しておらず，適切な障害福祉サービスの利用に結びついていないといった課題があり，より適切に障害福祉サービスを受けやすくする観点から，発達障害者については，精神障害者に含まれることを法律で明確化することとした。また，高次脳機能障害については，この改正を受けて，障害者自立支援法に基づき国が定める基本指針（障害福祉サービス及び相談支援並びに市町村及び都道府県の地域生活支援事業の提供体制の整備並びに自立支援給付及び地域生活支援事業の円滑な実施を確保するための基本的な指針（平成18年厚生労働省告示第395号））で精神障害に含まれることを明記した。

③ 相談支援の充実

　障害者の相談支援については，障害者自立支援法施行後も市町村によって取組み状況に差があるとの指摘がなされていた。また，ケアマネジメントを行うために導入されたサービス利用計画作成費の利用者が極めて限られている等，相談支援が十分に行われていないという課題があった。

　このため，地域の相談支援体制の強化を図るため，地域のなかで中核的な役割を果たす基幹相談支援センターを市町村は設置できることとした。また，相談支援事業をはじめとする地域の障害福祉に関するシステムづくりに関し，中核的な役割を果たす協議の場である自立支援協議会を法律上に根拠を設け，設置の促進や運営の活性化を図ることとした。さらに，ケアマネジメントにより障害者をきめ細かく支援していけるようにするため，サービス等利用計画案を支給決定の前に作成し，支給決定の参考とするよう見直すとともに，その対象者を大幅に拡大することとした。

④ 地域における自立した生活のための支援の充実

　障害者自立支援法では，「障害のある人が普通に暮らせる地域づくり」を目指し，障害者の地域移行を進めることとしていたが，施設入所者は微減にとどまり，精神疾患により入院する患者についても大きな変化がみられない等，地域移行が十分に進んでいるとは言い難い状況であった。また，地域移行を進める観点から，グループホームやケアホームを利用する際の助成を設けるべきとの声や障害者の地域生活を支えるために，重度の視覚障害者の同行支援を個別給付化すべきとの声も出ていた。

このため，地域移行や地域定着のための相談支援を個別給付化し，地域移行支援・地域定着支援を創設した。また，特定障害者特別給付費の対象を拡大し，グループホームやケアホームを利用する者への助成制度を創設した。さらに，重度の視覚障害者の移動支援についても，地域での暮らしを支援する観点から，自立支援給付の対象とし，新たに同行援護というサービスを創設した。

⑤　その他

このような見直しに加えて，障害福祉サービス事業の運営をより適正化することが必要との指摘を受け，事業者における法令遵守のための業務管理体制の整備，事業廃止時のサービス確保対策等を規定することとしたほか，成年後見制度利用支援事業の必須事業化等の見直しを行うこととした。

この平成22年整備法による障害者自立支援法の改正は，公布日，平成24年4月1日までの間において政令で定める日，平成24年4月1日の3段階に分けて施行されることとされていた。具体的には，上記の②の見直しが公布日施行，上記①や④（地域移行支援・地域定着支援の創設は除く）が平成24年4月1日までの間において政令で定める日，その他が平成24年4月1日から施行されることとされていた。なお，政府提出時や最初の衆議院厚生労働委員長の起草時の法律案では第2段の施行日と最終施行日（平成24年4月1日）は，最終施行日の方が遅い日となるよう規定されていたが，最終的な衆議院厚生労働委員長の起草時には提出の時期と施行の日との間隔等も踏まえ，第2段の施行日と最終施行日が同時となってもよいように規定された。

平成22年整備法の成立を受けて，政府で，施行の検討を行うこととなったが，法律の成立が平成22年12月3日となったこともあり，平成23年度予算案についての政府内の調整はすでに大詰めを迎えていた。このため，翌年度の予算に改正法の施行の経費を大幅に計上することが難しかったこと等もあり，年末の予算編成での調整の結果，④のうち，同行援護の創設及びグループホーム・ケアホームの助成制度の創設のみを平成23年度予算に計上し，これらの事項は平成23年10月1日から施行することとし，それ以外の事項については，平成24年4月1日から施行することとされた。

これらの施行日を定めるため，障がい者制度改革推進本部等における検討を踏まえて障害保健福祉施策を見直すまでの間において障害者等の地域生活を支援するための関係法律の整備に関する法律の一部の施行期日を定める政令（平成23年政令第295号）が，平成23年9月22日に公布された。また，平成23年10月1日施行とされた一部の事項に係る政令については平成23年7月27日から8月25日まで，省令については平成23年8月12日から9月10日までパブリックコメントを行ったうえで，障がい者制度改革推進本部等における検討を踏まえて障害保健福祉施策を見直すまでの間において障害者等の地域生活を支援するための関係法律の整備に関する法律の一部の施行に伴う関係政令の整備に関する政令（平成23年政令第296号），障がい者制度改革推進本部等における検討を踏まえて障害保健福祉施策を見直すまでの間において障害者等の地域生活を支援するための関係法律の整備に関する法律の一部の施行に伴う関係省令の整備に関する省令（平成23年厚生労働省令第116号）や関係告示が平成23年9月22日に公布され，同年10月1日に施行された。さらに，平成24年4月1日から施行される事項に係る政令事項について

は，平成23年12月13日から平成24年1月11日までパブリックコメントを行ったうえで，障がい者制度改革推進本部等における検討を踏まえて障害保健福祉施策を見直すまでの間において障害者等の地域生活を支援するための関係法律の整備に関する法律の施行に伴う関係政令の整備等及び経過措置に関する政令（平成24年政令第26号）が平成24年2月3日に公布され，省令事項については，平成24年2月13日から3月13日までパブリックコメントを行ったうえで，障がい者制度改革推進本部等における検討を踏まえて障害保健福祉施策を見直すまでの間において障害者等の地域生活を支援するための関係法律の整備に関する法律の施行に伴う関係省令の整備等及び経過措置に関する省令（平成24年厚生労働省令第40号）が平成24年3月28日に公布され，告示事項については，平成24年3月30日に公布され，完全施行された。

第5　障害者総合支援法の制定と施行

1　障害者総合支援法の制定

　平成21年の政権交代後，障害者自立支援法に代わる障害者総合福祉法（仮称）の検討が開始されることとなるが，平成21年12月に内閣総理大臣を本部長とする障がい者制度改革推進会議が設置され，その下に，障がい者制度改革推進会議が開催され，障害者の権利に関する条約（仮称）[*3]の締結に必要な国内法の整備を始めとするわが国の障害者制度の抜本的な改革に向けた検討が開始された。この障がい者制度改革推進会議では，さまざまな障害者に関する制度の改革が議論され，「障害者制度改革の推進のための基本的な方向（第一次意見）」をとりまとめた。これを踏まえ，政府は，「障害者制度改革の推進のための基本的な方向について」を平成22年6月29日に閣議決定した。

　この閣議決定では，「応益負担を原則とする現行の障害者自立支援法（平成17年法律第123号）を廃止し，制度の谷間のない支援の提供，個々のニーズに基づいた地域生活支援体系の整備等を内容とする「障害者総合福祉法」（仮称）の制定に向け，第一次意見に沿って必要な検討を行い，平成24年常会への法案提出，25年8月までの施行を目指す。」とされた。この障害者総合福祉法（仮称）の検討を行うため，障がい者制度改革推進会議の下に，障がい者制度改革推進会議総合福祉部会が平成22年4月に設置され，障害者総合福祉法（仮称）の検討が開始された。

　障がい者制度改革推進会議総合福祉部会では，平成23年8月までに計19回の議論が行われ，同月31日に「障害者総合福祉法の骨格に関する総合福祉部会の提言－新法の制定を目指して－」（以下「骨格提言」という）がとりまとめられた（資料編：558頁）。また，この議論が行われ

[*3]　障害者の権利に関する条約については，日本も平成19年9月28日に署名している。障害者基本法の改正や障害者総合支援法に加えて，「障害を理由とする差別の解消の推進に関する法律」（平成25年法律第65号），「障害者の雇用の促進等に関する法律の一部を改正する法律」（平成25年法律第46号），「精神保健及び精神障害者福祉に関する法律の一部を改正する法律」（平成25年法律第47号）等の成立を経て，平成26年1月20日に批准書を寄託し，同年2月19日に効力を生じた。

ている間に，障がい者制度改革推進会議での議論等を踏まえ，障害の有無にかかわらずすべての国民が共生する社会を実現するため，個々の障害者等に対する支援に加えて，地域社会での共生や社会的障壁の除去を始めとした基本原則を定めること等を盛り込んだ「障害者基本法の一部を改正する法律」（平成23年法律第90号）が成立した。これと前後して，児童や高齢者については既に立法がなされていた虐待防止法制について，障害者についても立法措置が講じられ，「障害者虐待の防止，障害者の養護者に対する支援等に関する法律」（平成23年法律第79号）が平成23年6月17日に成立し，平成24年10月1日から施行されている。

骨格提言や障害者基本法の改正等を踏まえ，厚生労働省で障害者自立支援法に代わる新たな法制度の検討が進められた。また，これと並行して，与党民主党の厚生労働部門会議障がい者ワーキングチームでも新法の議論が進められた。厚生労働省は，平成24年2月7日の同ワーキングチームに新法の厚生労働省案を提示した。同ワーキングチームでは厚生労働省案を踏まえ，さらに法形式やサービス体系の見直し，支給決定の在り方等について議論が重ねられ，厚生労働省案に見直しが加えられた。このような議論を経て，厚生労働省は法律案をとりまとめ，「地域社会における共生の実現に向けて新たな障害保健福祉施策を講ずるための関係法律の整備に関する法律案」（以下「平成24年整備法案」という）を平成24年3月13日に閣議決定し，同日国会に提出された。

法律案の提出を受け，自由民主党及び公明党でも議論が開始され，平成24年3月末から4月上旬にかけて，障害者団体などへのヒアリングや党内での議論を行い，その後，自由民主党及び公明党で協議が行われ，両党から政府提出法律案に対して修正を求める事項がとりまとめられた。これを受けて，4月上旬に民主党，自由民主党及び公明党の3党による協議が行われ，政府提出法律案に修正を加えたうえで成立を図る合意が成立した。

法律案は予算関連法案の審議に続き，審議入りし，平成24年4月17日に衆議院厚生労働委員会で提案理由説明がなされた。その翌18日に，衆議院厚生労働委員会で質疑が行われた後，民主党，自由民主党及び公明党の3党共同提案の修正案が提出され，衆議院厚生労働委員会で法律案及び修正提案が賛成多数で可決され，併せて10項目の附帯決議（資料編：539頁）が採択された。

衆議院での修正のポイントは，①障害程度区分を障害支援区分に見直すこと，②障害者の意思決定支援を明確化すること，③地域生活支援事業に関し，都道府県と市町村の役割分担を明確にすることなどであった。

法律案は，平成24年4月26日の衆議院本会議で可決の後に参議院に送付され，6月19日に参議院厚生労働委員会で提案理由説明・質疑が行われ，同日賛成多数で可決され，併せて10項目の附帯決議（資料編：540頁）が採択された。翌20日に参議院本会議で可決・成立した。

なお，これと併せて，障害者就労施設で就労する障害者等の経済面の自立を進めるため，国等が物品やサービスを調達する際，これらの施設から優先的・積極的に購入することを推進するため「国等による障害者就労施設等からの物品等の調達の推進等に関する法律」（平成24年法律第50号）が成立し，平成25年4月1日から施行されている。

2　障害者総合支援法の施行

　平成22年整備法による障害者自立支援法の抜本的な見直しと，平成24年6月20日に成立し，6月27日に公布された，地域社会における共生の実現に向けて新たな障害保健福祉施策を講ずるための関係法律の整備に関する法律（平成24年法律第51号。以下「平成24年整備法」という）により，障害者自立支援法は障害者総合支援法に代わることとなった。障害者総合支援法と障害者自立支援法で変更された部分の主な内容は次のとおりである（資料編：559頁）。

① 目的・基本理念

　障害者総合支援法の目的の実現のため，障害福祉サービスよる支援に加えて，地域生活支援事業その他の必要な支援を総合的に行うことを定めるとともに，障害者基本法の改正を踏まえた新たな基本理念を創設した。

② 障害者の範囲

　障害者自立支援法では，支援の対象が身体障害者，知的障害者，精神障害者の3障害に限定されていたが，障害者総合支援法では，これらに加えて，一定の難病の者を対象に加えることとした。

③ 障害支援区分

　現行の「障害程度区分」が知的障害，発達障害，精神障害の状態を適切に反映できていないとの指摘を踏まえ，障害の多様な特性その他の心身の状態に応じて必要とされる標準的な支援の度合いを総合的に示す「障害支援区分」とすることとした。

④ 障害福祉サービス

　障害者の高齢化・重度化に対応するとともに，住み慣れた地域における住まいの選択肢を用意する観点から，共同生活介護を共同生活援助に一元化することとした。また，重度訪問介護及び地域移行支援について，それぞれ対象を拡大することとした。

⑤ 障害福祉計画

　障害福祉計画に必ず定める事項に提供体制の確保に係る目標と地域生活支援事業の種類ごとの実施に関する事項を加えるほか，いわゆるPDCAサイクルに沿って障害福祉計画を見直すことを規定する等，サービス提供体制を計画的に整備するための規定を設けた。

⑥ その他

　法の目的に，地域生活支援事業による支援を行うことが明記されたことを受けて，市町村が行う地域生活支援事業を追加するとともに，市町村と都道府県の役割分担を明確化する規定としたほか，障害者の意思決定支援の明確化等を行うこととした。

⑦ 検討規定

　法の制定過程では，前述の障がい者制度改革推進会議総合福祉部会の骨格提言が反映されていないとの声もあったが，障害福祉サービスの在り方や支給決定の在り方等幅広い内容について検討するための検討規定が設けられ，この規定では「全ての国民が，障害の有無によって分け隔てられることなく，相互に人格と個性を尊重し合いながら共生する社会の実現に向けて，障害者等の支援に係る施策を段階的に講ずる」旨が明記された。また，検討に当たっては，障害者及びその家族その他の関係者の意見を反映させるために必要な措置を講ずるこ

とも規定された。

　この障害者総合支援法は，平成25年4月1日，平成26年4月1日の2段階に分けて施行される。具体的には，施行に当たって，地方自治体や事業者等に準備期間を設ける必要がある上記の③や④については平成26年4月1日施行とされ，そのほかが平成25年4月1日から施行されることとされた。

　この法律の成立を受けて，政府で予算要求や制度の検討を行った結果，平成25年4月1日施行とされた事項に係る政令については平成24年11月19日から平成25年1月5日まで，省令については平成24年12月13日から平成25年1月12日までパブリックコメントを行ったうえで，地域社会における共生の実現に向けて新たな障害保健福祉施策を講ずるための関係法律の整備に関する法律の施行に伴う関係政令の整備等に関する政令（平成25年政令第5号），地域社会における共生の実現に向けて新たな障害保健福祉施策を講ずるための関係法律の整備に関する法律の施行に伴う関係省令の整備等に関する省令（平成25年厚生労働省令第4号）や関係告示が平成

図1－6　障害者総合支援法の施行に関わる主な検討課題

1．平成25年4月施行分

障害者の範囲への難病等の追加

難病等の範囲は，厚生科学審議会疾病対策部会難病対策委員会での議論を踏まえ，当面，市町村の補助事業（難病患者等居宅生活支援事業）の対象疾病と同じ範囲とし，対象疾患を定める政令を公布済み。
※新たな難病対策の医療費助成の対象疾患の範囲等に係る検討を踏まえ，今後見直しを行う。

2．平成26年4月施行分

障害支援区分

平成24年度　約200市区町村の協力の下，障害程度区分の認定に関する詳しいデータを収集し，知的障害・精神障害の二次判定での引上げ要因の詳細な分析等を実施。

平成25年度　新たな調査項目による認定調査やこれに基づく障害支援区分の判定について，約100程度の市区町村でモデル事業を実施して，新たな判定式を検討。
また，市区町村が使用する障害支援区分判定ソフトの開発や認定調査員マニュアルの改正も行う。

重度訪問介護の対象拡大

現行の重度の肢体不自由者に加え，重度の知的・精神障害者に対象を拡大予定。今後，事業者の指定基準や報酬の在り方等を検討。

ケアホームのグループホームへの一元化等

今後，事業者の指定基準や報酬の在り方等とともに，外部サービス利用規制の見直しやサテライト型住居の創設についても検討。
※併せて，附帯決議で指摘された小規模入所施設等を含む地域における障害者の居住の支援等の在り方についても検討。

地域移行支援の対象拡大

現行の障害者支援施設等に入所している障害者又は精神科病院に入院している精神障害者に加え，保護施設，矯正施設等を退所する障害者に対象を拡大することを検討。

3．法施行後3年（平成28年4月）を目途とした見直し

常時介護を要する障害者等に対する支援，障害者等の移動の支援，障害者の就労の支援その他の障害福祉サービスの在り方

障害支援区分の認定を含めた支給決定の在り方

障害者の意思決定支援の在り方，障害福祉サービスの利用の観点からの成年後見制度の利用促進の在り方

手話通訳等を行う者の派遣その他の聴覚，言語機能，音声機能その他の障害のため意思疎通支援を図ることに支障がある障害者等に対する支援の在り方

精神障害者及び高齢の障害者に対する支援の在り方

※上記の検討に当たっては，障害者やその家族その他の関係者の意見を反映させる措置を講ずることとされている。

25年1月18日に公布され,同年4月1日に施行された。また,障害者総合支援法が施行される平成25年度の予算は,対前年度比795億円増の8229億円となり,このうち,地域生活支援事業の予算についても,対前年度比10億円増の460億円となった(平成25年度予算は,平成25年5月15日に成立した)。

3 障害者総合支援法施行3年後の見直し

　平成24年整備法の附則規定には,障害者総合支援法の施行後3年を目途に,障害福祉サービスの在り方等について,基本理念を勘案した検討を加え,その結果に応じて所要の措置を講ずべき旨が定められた。これを受け,社会保障審議会障害者部会では,平成27年4月から計19回にわたる検討を重ね,同年12月14日にとりまとめを行っている。このとりまとめを踏まえ,平成28年の通常国会には,障害者総合支援法及び児童福祉法の一部改正法案が提出され,同年5月25日に可決・成立,「障害者の日常生活及び社会生活を総合的に支援するための法律及び児童福祉法の一部を改正する法律」(平成28年法律第65号。以下「平成28年改正法」という)とし

図1-7　障害者の日常生活及び社会生活を総合的に支援するための法律及び児童福祉法の一部を改正する法律(概要)

趣旨　(平成28年5月25日成立・同年6月3日公布)

障害者が自らの望む地域生活を営むことができるよう,「生活」と「就労」に対する支援の一層の充実や高齢障害者による介護保険サービスの円滑な利用を促進するための見直しを行うとともに,障害児支援のニーズの多様化にきめ細かく対応するための支援の拡充を図るほか,サービスの質の確保・向上を図るための環境整備等を行う。

概要

1. 障害者の望む地域生活の支援
   (1) 施設入所支援や共同生活援助を利用していた者等を対象として,定期的な巡回訪問や随時の対応により,円滑な地域生活に向けた相談・助言等を行うサービスを新設する(自立生活援助)
   (2) 就業に伴う生活面の課題に対応できるよう,事業所・家族との連絡調整等の支援を行うサービスを新設する(就労定着支援)
   (3) 重度訪問介護について,医療機関への入院時も一定の支援を可能とする
   (4) 65歳に至るまで相当の長期間にわたり障害福祉サービスを利用してきた低所得の高齢障害者が引き続き障害福祉サービスに相当する介護保険サービスを利用する場合に,障害者の所得の状況や障害の程度等の事情を勘案し,当該介護保険サービスの利用者負担を障害福祉制度により軽減(償還)できる仕組みを設ける

2. 障害児支援のニーズの多様化へのきめ細かな対応
   (1) 重度の障害等により外出が著しく困難な障害児に対し,居宅を訪問して発達支援を提供するサービスを新設する
   (2) 保育所等の障害児に発達支援を提供する保育所等訪問支援について,乳児院・児童養護施設の障害児に対象を拡大する
   (3) 医療的ケアを要する障害児が適切な支援を受けられるよう,自治体において保健・医療・福祉等の連携促進に努めるものとする
   (4) 障害児のサービスに係る提供体制の計画的な構築を推進するため,自治体において障害児福祉計画を策定するものとする

3. サービスの質の確保・向上に向けた環境整備
   (1) 補装具費について,成長に伴い短期間で取り替える必要のある障害児の場合等に貸与の活用も可能とする
   (2) 都道府県がサービス事業所の事業内容等の情報を公表する制度を設けるとともに,自治体の事務の効率化を図るため,所要の規定を整備する

施行期日

平成30年4月1日(2.(3)については公布の日(平成28年6月3日))

て，同年6月3日に公布された。平成28年改正法の施行により，平成30年4月1日より，地域生活を支援する新たなサービス（自立生活援助）や，就労定着に向けた支援を行う新たなサービス（就労定着支援）の創設等の見直しが行われることとなったが，医療的ケアを要する障害児に対する支援については，早期の実施が求められることから公布の日から施行された。

第2編
障害者総合支援法逐条解説

第1章　総則（第1条－第5条）……………………………………………………25
第2章　自立支援給付　…………………………………………………………………60
　第1節　通則（第6条－第14条）／60
　第2節　介護給付費，特例介護給付費，訓練等給付費，特例訓練等給付費，特定障害者特別給付費及び特例特定障害者特別給付費の支給／72
　　第1款　市町村審査会（第15条－第18条）　72
　　第2款　支給決定等（第19条－第27条）　76
　　第3款　介護給付費，特例介護給付費，訓練等給付費及び特例訓練等給付費の支給（第28条－第31条）　96
　　第4款　特定障害者特別給付費及び特例特定障害者特別給付費の支給（第32条－第35条）　108
　　第5款　指定障害福祉サービス事業者及び指定障害者支援施設等（第36条－第51条）　114
　　第6款　業務管理体制の整備等（第51条の2－第51条の4）　146
　第3節　地域相談支援給付費，特例地域相談支援給付費，計画相談支援給付費及び特例計画相談支援給付費の支給／151
　　第1款　地域相談支援給付費及び特例地域相談支援給付費の支給（第51条の5－第51条の15）　151
　　第2款　計画相談支援給付費及び特例計画相談支援給付費の支給（第51条の16－第51条の18）　162
　　第3款　指定一般相談支援事業者及び指定特定相談支援事業者（第51条の19－第51条の30）　165
　　第4款　業務管理体制の整備等（第51条の31－第51条の33）　178
　第4節　自立支援医療費，療養介護医療費及び基準該当療養介護医療費の支給（第52条－第75条）／183
　第5節　補装具費の支給（第76条）／209
　第6節　高額障害福祉サービス等給付費の支給（第76条の2）／213
　第7節　情報公表対象サービス等の利用に資する情報の報告及び公表（第76条の3）／221
第3章　地域生活支援事業（第77条－第78条）……………………………………231
第4章　事業及び施設（第79条－第86条）…………………………………………240
第5章　障害福祉計画（第87条－第91条）…………………………………………252
第6章　費用（第92条－第96条）……………………………………………………265
第7章　国民健康保険団体連合会の障害者総合支援法関係業務（第96条の2－第96条の4）……276
第8章　審査請求（第97条－第105条）………………………………………………279
第9章　雑則（第105条の2－第108条）……………………………………………289
第10章　罰則（第109条－第115条）…………………………………………………298
　附　則　………………………………………………………………………………301

第1章　総則(第1条－第5条)

（目的）
第1条　この法律は，障害者基本法（昭和45年法律第84号）の基本的な理念にのっとり，身体障害者福祉法（昭和24年法律第283号），知的障害者福祉法（昭和35年法律第37号），精神保健及び精神障害者福祉に関する法律(昭和25年法律第123号），児童福祉法（昭和22年法律第164号）その他障害者及び障害児の福祉に関する法律と相まって，障害者及び障害児が基本的人権を享有する個人としての尊厳にふさわしい日常生活又は社会生活を営むことができるよう，必要な障害福祉サービスに係る給付，地域生活支援事業その他の支援を総合的に行い，もって障害者及び障害児の福祉の増進を図るとともに，障害の有無にかかわらず国民が相互に人格と個性を尊重し安心して暮らすことのできる地域社会の実現に寄与することを目的とする。

概要　障害者の日常生活及び社会生活を総合的に支援するための法律(平成17年法律第123号。以下「障害者総合支援法」という）の目的規定である。この法律に基づく支援を総合的に行うことにより，障害の有無にかかわらず，誰もが安心して暮らせる社会の実現を目指すという方向性を規定したものである。

解説
○　障害者総合支援法は，支援費制度の課題を解消すること等を目的に制定された障害者自立支援法に代わる法律である。①障害福祉各法に基づき障害種別ごとに提供されてきた福祉サービスに係る給付（個別給付）を一元化し，②障害者がその希望に応じてさらに働けるよう，就労のための新たなサービスを創設し，③地域の限られた社会資源を活用できるよう，規制緩和を実施し，④公平なサービス利用のための手続きや基準の透明化，明確化を行い，⑤国の在宅サービスに係る費用負担を義務化する，という五つの障害者自立支援法の柱は基本的に維持しつつ，平成23年の障害者基本法（昭和45年法律第84号）の改正等も踏まえ，基本理念の創設や目的の変更等を行うことにより，新たな障害保健福祉施策を講ずるものである。これら各般の措置は，すべて障害者の日常生活又は社会生活を支援し，障害があっても地域で安心して暮らせる社会を構築していくためのものであることをここでは謳っている。

○　また，すでに障害者の日常生活及び社会生活の支援を目的としている障害福祉各

法（身体障害者福祉法（昭和24年法律第283号），知的障害者福祉法（昭和35年法律第37号），精神保健及び精神障害者福祉に関する法律（昭和25年法律第123号。以下「精神保健福祉法」という）及び児童福祉法（昭和22年法律第164号））では，障害種別ごとの定義や，障害種別ごとの専門的な機関，福祉の措置を規定している（福祉サービスに関する給付等の規定は，障害者自立支援法が制定された際，同法に規定されることに伴い，障害福祉各法からは削除されている）。第1条の目的は，これらの障害種別にかかわる基本的な事項や，定義等を定める各法律と，障害者への給付等を定める障害者総合支援法とが相まって，障害者が基本的人権を享有する個人としての尊厳にふさわしい生活を営むことができるようにするほか，すでに，障害者に関する施策の基本的な理念を定めている障害者基本法の基本理念にのっとって各般の施策を行うことを定めている。さらに，障害者総合支援法では，この法律の目的を達するため，障害福祉サービスに係る給付と地域生活支援事業その他の支援を総合的に講ずることを定めている。「その他の支援」には，障害福祉計画に基づくサービス基盤の整備等が含まれる。

○ 障害者総合支援法では，障害者基本法の基本的な理念にのっとり具体的な施策を実施することは，いわば当然のことではあるが，前身となる障害者自立支援法案の衆議院の審議の際（第162回通常国会），第1条の目的に，「障害者基本法の理念にのっとり」という文言を加える法案修正が行われたことを踏まえ，同法案を第163回特別国会に提出する際に目的に盛り込まれ成立したことや，平成23年の障害者基本法の改正により同法に盛り込まれた考え方を障害者総合支援法に取り込む必要があったことを踏まえ，障害者総合支援法でも規定したものである。

○ なお，「その他障害者及び障害児の福祉に関する法律」は特別児童扶養手当等の支給に関する法律（昭和39年法律第134号），身体障害者補助犬法（平成14年法律第49号），障害者虐待の防止，障害者の養護者に対する支援等に関する法律（平成23年法律第79号。以下「障害者虐待防止法」という）等を指している。

○ また，障害者自立支援法制定当初に規定されていた「その有する能力及び適性に応じ」という文言は，障がい者制度改革推進本部等における検討を踏まえて障害保健福祉施策を見直すまでの間において障害者等の地域生活を支援するための関係法律の整備に関する法律（平成22年法律第71号。以下「平成22年整備法」という）による障害者自立支援法の改正の際に，必要な者に必要なサービス量を支給するという理念が明確となるよう削除された。

参考

○**障害者基本法**（昭和45年法律第84号）（抄）

（目的）

第1条 この法律は，全ての国民が，障害の有無にかかわらず，等しく基本的人権を享有するかけがえのない個人として尊重されるものであるとの理念にのつとり，全ての国民が，障害の有無によつて分け隔てられることなく，相互に人格と個性を尊重し合いながら共生する社会を実現するため，障害者の自立及び社会参加の支援等のための

施策に関し，基本原則を定め，及び国，地方公共団体等の責務を明らかにするとともに，障害者の自立及び社会参加の支援等のための施策の基本となる事項を定めること等により，障害者の自立及び社会参加の支援等のための施策を総合的かつ計画的に推進することを目的とする。

（地域社会における共生等）

第3条 第1条に規定する社会の実現は，全ての障害者が，障害者でない者と等しく，基本的人権を享有する個人としてその尊厳が重んぜられ，その尊厳にふさわしい生活を保障される権利を有することを前提としつつ，次に掲げる事項を旨として図られなければならない。

一 全て障害者は，社会を構成する一員として社会，経済，文化その他あらゆる分野の活動に参加する機会が確保されること。

二 全て障害者は，可能な限り，どこで誰と生活するかについての選択の機会が確保され，地域社会において他の人々と共生することを妨げられないこと。

三 全て障害者は，可能な限り，言語（手話を含む。）その他の意思疎通のための手段についての選択の機会が確保されるとともに，情報の取得又は利用のための手段についての選択の機会の拡大が図られること。

（基本理念）

第1条の2 障害者及び障害児が日常生活又は社会生活を営むための支援は，全ての国民が，障害の有無にかかわらず，等しく基本的人権を享有するかけがえのない個人として尊重されるものであるとの理念にのっとり，全ての国民が，障害の有無によって分け隔てられることなく，相互に人格と個性を尊重し合いながら共生する社会を実現するため，全ての障害者及び障害児が可能な限りその身近な場所において必要な日常生活又は社会生活を営むための支援を受けられることにより社会参加の機会が確保されること及びどこで誰と生活するかについての選択の機会が確保され，地域社会において他の人々と共生することを妨げられないこと並びに障害者及び障害児にとって日常生活又は社会生活を営む上で障壁となるような社会における事物，制度，慣行，観念その他一切のものの除去に資することを旨として，総合的かつ計画的に行わなければならない。

概要 障害者基本法の目的や基本原則等を踏まえ，障害者総合支援法で目指すべき基本理念を規定したものである。

解説 ○ 障害者総合支援法は，平成23年の障害者基本法の改正で障害の有無にかかわらず全ての国民が共生する社会を実現するため，個々の障害者等に対する支援に加えて，地域社会での共生や社会的障壁の除去をはじめとした基本原則が定められたこと等を踏まえて，制定されたものである。このため，同法で定められている方向性を障

害者総合支援法でも実施していくことを明らかにするため，法律の基本理念を規定したものである。

○　具体的には，障害者基本法の目的や基本原則として定められている規定のうち，福祉の給付等を定める障害者総合支援法に取り込む必要がある考え方を基本理念とすることとし，

①　全ての国民が，障害の有無にかかわらず，等しく基本的人権を享有するかけがえのない個人として尊重されるものであるとの理念，

②　全ての国民が，障害の有無によって分け隔てられることなく，相互に人格と個性を尊重し合いながら共生する社会の実現，

③　可能な限りその身近な場所において必要な日常生活又は社会生活を営むための支援を受けられること，

④　社会参加の機会の確保，

⑤　どこで誰と生活するかについての選択の機会が確保され，地域社会において他の人々と共生することを妨げられないこと，

⑥　障害者及び障害児にとって日常生活又は社会生活を営む上で障壁となるような社会における事物，制度，慣行，観念その他一切のものの除去（社会的障壁の除去）

といった理念を規定することとした。

○　この基本理念は，障害者総合支援法でも，共生社会を実現していくため，法に基づく支援が，上記のような考え方に沿って行われるよう定めたものであり，障害者基本法の第2章で定める各分野の基本方針のうち，障害者総合支援法に定める支援などの基本となる障害者基本法第14条第5項を具体化するものである。

○　なお，地域社会における共生の実現に向けて新たな障害保健福祉施策を講ずるための関係法律の整備に関する法律案（以下「平成24年整備法案」という）の国会での審議で，③に規定されている「可能な限り」という文言について，行政が必要な支援を行わなくても良いという意味にとらえられるおそれがある等といった指摘がなされたが，国会審議のなかで，「基本的な方向に向けて最大限努力するものである」との答弁がなされている。

> **参考**
>
> ○**障害者基本法**（昭和45年法律第84号）（抄）
>
> 　（医療，介護等）
>
> **第14条**　国及び地方公共団体は，障害者が生活機能を回復し，取得し，又は維持するために必要な医療の給付及びリハビリテーションの提供を行うよう必要な施策を講じなければならない。
>
> 2　国及び地方公共団体は，前項に規定する医療及びリハビリテーションの研究，開発及び普及を促進しなければならない。
>
> 3　国及び地方公共団体は，障害者が，その性別，年齢，障害の状態及び生活の実態に応じ，医療，介護，保健，生活支援その他自立のための適切な支援を受けられるよう

必要な施策を講じなければならない。
　　4　国及び地方公共団体は，第1項及び前項に規定する施策を講ずるために必要な専門的技術職員その他の専門的知識又は技能を有する職員を育成するよう努めなければならない。
　　5　国及び地方公共団体は，医療若しくは介護の給付又はリハビリテーションの提供を行うに当たつては，障害者が，可能な限りその身近な場所においてこれらを受けられるよう必要な施策を講ずるものとするほか，その人権を十分に尊重しなければならない。
　　6　国及び地方公共団体は，福祉用具及び身体障害者補助犬の給付又は貸与その他障害者が日常生活及び社会生活を営むのに必要な施策を講じなければならない。
　　7　国及び地方公共団体は，前項に規定する施策を講ずるために必要な福祉用具の研究及び開発，身体障害者補助犬の育成等を促進しなければならない。

　（市町村等の責務）
第2条　市町村（特別区を含む。以下同じ。）は，この法律の実施に関し，次に掲げる責務を有する。
　一　障害者が自ら選択した場所に居住し，又は障害者若しくは障害児（以下「障害者等」という。）が自立した日常生活又は社会生活を営むことができるよう，当該市町村の区域における障害者等の生活の実態を把握した上で，公共職業安定所その他の職業リハビリテーション（障害者の雇用の促進等に関する法律（昭和35年法律第123号）第2条第7号に規定する職業リハビリテーションをいう。以下同じ。）の措置を実施する機関，教育機関その他の関係機関との緊密な連携を図りつつ，必要な自立支援給付及び地域生活支援事業を総合的かつ計画的に行うこと。
　二　障害者等の福祉に関し，必要な情報の提供を行い，並びに相談に応じ，必要な調査及び指導を行い，並びにこれらに付随する業務を行うこと。
　三　意思疎通について支援が必要な障害者等が障害福祉サービスを円滑に利用することができるよう必要な便宜を供与すること，障害者等に対する虐待の防止及びその早期発見のために関係機関と連絡調整を行うことその他障害者等の権利の擁護のために必要な援助を行うこと。
2　都道府県は，この法律の実施に関し，次に掲げる責務を有する。
　一　市町村が行う自立支援給付及び地域生活支援事業が適正かつ円滑に行われるよう，市町村に対する必要な助言，情報の提供その他の援助を行うこと。
　二　市町村と連携を図りつつ，必要な自立支援医療費の支給及び地域生活支援事業を総合的に行うこと。

三　障害者等に関する相談及び指導のうち，専門的な知識及び技術を必要とするものを行うこと。
四　市町村と協力して障害者等の権利の擁護のために必要な援助を行うとともに，市町村が行う障害者等の権利の擁護のために必要な援助が適正かつ円滑に行われるよう，市町村に対する必要な助言，情報の提供その他の援助を行うこと。
3　国は，市町村及び都道府県が行う自立支援給付，地域生活支援事業その他この法律に基づく業務が適正かつ円滑に行われるよう，市町村及び都道府県に対する必要な助言，情報の提供その他の援助を行わなければならない。
4　国及び地方公共団体は，障害者等が自立した日常生活又は社会生活を営むことができるよう，必要な障害福祉サービス，相談支援及び地域生活支援事業の提供体制の確保に努めなければならない。

概要　障害者総合支援法における市町村，都道府県，国の責務を規定したものである。

解説

○　市町村の責務

市町村は，自立支援給付，地域生活支援事業の実施主体として責務を有する。このため，①関係機関と連携しながら，総合的，計画的な支援を行うこと，②障害者の福祉に関し必要な情報提供，相談等の援助を行うこと，③意思疎通が困難な障害者に対しても必要な便宜を供与するほか，障害者等の権利擁護のための必要な援助を行うことが規定されている。

なお，関係機関との連携とは，就労支援を行う際に，公共職業安定所等の職業紹介機関と連携することや，障害児の居宅介護を行う際に，特別支援学校等の教育機関と連携すること等が想定されている。

○　都道府県の責務

都道府県は，市町村を援助する立場及び自立支援医療費の給付（精神通院医療に係るものに限る）の実施主体として責務を有する。このため，①市町村が行う事業が円滑に行われるよう，市町村に対し，必要な助言などの援助を行うこと，②市町村と連携を図りつつ必要な支援を総合的に行うこと，③専門的な知識・技術を要する相談等を行うこと，④障害者等の権利擁護のための必要な援助及び市町村に対する援助を行うことが規定されている。

ここで規定する「都道府県」には，当然，身体障害者更生相談所や知的障害者更生相談所，児童相談所等の都道府県の機関も含まれるものである。

○　国の責務

国は，市町村及び都道府県を援助する立場として責務を有する。このため，国は，市町村，都道府県に対し，必要な助言等の援助を行うことが規定されている。

○　国及び地方公共団体の責務

国及び地方公共団体は，必要な障害福祉サービス，相談支援及び地域生活支援事業の提供体制の確保に努めなければならない責務を有する。これは，障害者自立支援法の下で，障害福祉計画等に基づくサービス基盤の計画的整備を進めようとしたが，依然として地域間の格差が生じていた状況等を踏まえ，これを改善していく観点から，平成22年整備法による障害者自立支援法の改正で設けられたものである。障害者総合支援法でも，障害福祉計画の強化等を行い，サービス基盤の計画的整備をよりいっそう進める必要があることから，規定しているものである。

（国民の責務）
第3条　すべての国民は，その障害の有無にかかわらず，障害者等が自立した日常生活又は社会生活を営めるような地域社会の実現に協力するよう努めなければならない。

概要　障害者を含め，全国民の責務を規定したものである。

解説　すべての国民は，障害者が自立した生活を営めるよう協力することが求められる。ここで，障害者の自立とは，障害の状態や障害者を取り巻く環境等に応じてさまざまな形がありうるものである。例えば，就労する意欲をもつ障害者が支援を受けて企業等で働くことは，当然に自立という考え方に合致するが，そればかりでなく，障害者がさまざまな社会活動に参加することや重度の障害者が自己の選択に基づいてサービスを利用しながら，地域のなかで最大限その人らしく生きることも含む幅広い概念である。
　障害者総合支援法は，このような障害者の多様な状況を踏まえ，日常生活又は社会生活で自立できるよう支援するものであるが，ここではそのための地域社会の実現に協力するよう，すべての国民に求めている。
　なお，障害者の自立とは，単なる経済的な自立にとどまらない幅広い概念であって，かつ各個々人がその状態に応じてできる限り自己選択できるよう支援していくことが求められるものである。
　また，障害者自立支援法制定当初に規定されていた「その有する能力及び適性に応じ」という文言については，第1条と同様の趣旨から，平成22年整備法による障害者自立支援法の改正の際に削除された。

（定義）
第4条　この法律において「障害者」とは，身体障害者福祉法第4条に規定する身体障害者，知的障害者福祉法にいう知的障害者のうち18歳以上である者及び精神保健及び精神障害者福祉に関する法律第5条に規定する精神障害者（発達障害者

支援法(平成16年法律第167号)第2条第2項に規定する発達障害者を含み,知的障害者福祉法にいう知的障害者を除く。以下「精神障害者」という。)のうち18歳以上である者並びに治療方法が確立していない疾病その他の特殊の疾病であって政令で定めるものによる障害の程度が厚生労働大臣が定める程度である者であって18歳以上であるものをいう。

2　この法律において「障害児」とは,児童福祉法第4条第2項に規定する障害児をいう。

3　この法律において「保護者」とは,児童福祉法第6条に規定する保護者をいう。

4　この法律において「障害支援区分」とは,障害者等の障害の多様な特性その他の心身の状態に応じて必要とされる標準的な支援の度合を総合的に示すものとして厚生労働省令で定める区分をいう。

概要　用語の定義を定めるものである。

解説
○　障害者自立支援法では,障害者及び障害児の定義は,身体障害者福祉法,知的障害者福祉法,精神保健福祉法及び児童福祉法に基づく障害者の範囲と同様の範囲としていた。

○　なお,知的障害者については,知的障害者福祉法において明確な定義規定をおいていないが,これは,①知的障害者についての判定方法及び基準が統一・確立されていないこと,②従来まで定義規定がないまま運用しているところ,定義規定をおくことにより,結果として,従来と異なる範囲を設定することになり,それによる関係者の不利益が大きいこと等を考慮したものである。

　また,発達障害者については,精神障害者に概念的に含まれるものの,これが明らかとはなっておらず,法律に基づく支援が適切に行われないという課題が生じていたこと等から,平成22年整備法による障害者自立支援法の改正で精神障害者には発達障害者が含まれることが明記されている。

○　その後,平成23年の障害者基本法の改正で障害者の定義が見直され,障害者に身体障害,知的障害,精神障害のある者に加えて,「その他の心身の機能障害がある者」が追加され,この具体的な内容について,国会審議で,「難病による心身の機能障害等も含まれる」との答弁がなされた。このため,障害者総合支援法でも,障害者の定義に,身体障害者,知的障害者,精神障害者に加えて,難病等により一定の機能障害がある者を規定することとした。ただし,理念や施策の基本方針を定める障害者基本法と異なり,障害者総合支援法は具体的な給付法であるため,支給決定を行う市町村等で客観的に法の対象であることが明らかになる必要があることから,医師の診断等で客観的に対象が区分できる疾病を対象とすることとした。

○　具体的な難病等の範囲は,厚生労働省の厚生科学審議会疾病対策部会難病対策委員会で検討が進められていた新たな難病対策での医療費助成の対象疾患の範囲等も

参考に検討することとされていたが，障害者総合支援法の平成25年4月の施行に向けて，早急に対象範囲を確定させる必要があったことから，当面の措置として，それまで予算事業（難病患者等居宅生活支援事業）として支援が講じられていた疾病と同じ範囲を対象とする方針が平成24年12月6日の同委員会に示され，これを受けて，障害者の日常生活及び社会生活を総合的に支援するための法律施行令（平成18年政令第10号。以下「令」という）第1条（別表）に130の疾病が定められた。

○ 平成26年に，難病の患者に対する医療に関する法律（平成26年法律第50号。以下「難病法」という）に基づく指定難病にかかる検討を踏まえ，第1項に規定する「特殊の疾病」の要件を定めたことから，指定難病にならい，対象疾病の具体名は告示に規定し，令にはその要件を定める改正を行った。具体的な疾病名については，令第1条の規定に基づき厚生労働大臣が定める特殊の疾病（平成27年厚生労働省告示第292号）に規定されている。なお，この疾病の範囲については，新たな難病対策の医療費助成の対象疾患の範囲等に係る検討を踏まえ，見直しが行われることとされており，平成30年度は359の疾病まで範囲が広がっている。

○ また，「保護者」についても，児童福祉法の定義を引用し，同様の範囲としている。

○ 障害支援区分については，障害者等の障害の多様な特性その他の心身の状態に応じて必要とされる標準的な支援の度合を総合的に示すものとして厚生労働省令で定める区分をいう（第4項）。障害支援区分の審査判定基準は，「障害支援区分に係る市町村審査会による審査及び判定の基準等に関する省令」（平成26年厚生労働省令第5号）において定めているが，「非該当」及び「区分1～6」の定義は，表2-1のようなイメージとなる。

表2-1 障害支援区分の定義

非該当	認定調査の結果や医師意見書により確認された「申請者に必要とされる支援の度合い」が，これまでに「非該当」と判定されるケースが最も多い状態像に相当する場合。
区分1	認定調査の結果や医師意見書により確認された「申請者に必要とされる支援の度合い」が，これまでに「区分1」と判定されるケースが最も多い状態像に相当する場合。
区分2	認定調査の結果や医師意見書により確認された「申請者に必要とされる支援の度合い」が，これまでに「区分2」と判定されるケースが最も多い状態像に相当する場合。
区分3	認定調査の結果や医師意見書により確認された「申請者に必要とされる支援の度合い」が，これまでに「区分3」と判定されるケースが最も多い状態像に相当する場合。
区分4	認定調査の結果や医師意見書により確認された「申請者に必要とされる支援の度合い」が，これまでに「区分4」と判定されるケースが最も多い状態像に相当する場合。
区分5	認定調査の結果や医師意見書により確認された「申請者に必要とされる支援の度合い」が，これまでに「区分5」と判定されるケースが最も多い状態像に相当する場合。
区分6	認定調査の結果や医師意見書により確認された「申請者に必要とされる支援の度合い」が，これまでに「区分6」と判定されるケースが最も多い状態像に相当する場合。

> **参考**
>
> ○**障害者基本法**（昭和45年法律第84号）（抄）
>
> （定義）
>
> **第2条** この法律において，次の各号に掲げる用語の意義は，それぞれ当該各号に定めるところによる。
>
> 一 障害者　身体障害，知的障害，精神障害（発達障害を含む。）その他の心身の機能の障害（以下「障害」と総称する。）がある者であつて，障害及び社会的障壁により継続的に日常生活又は社会生活に相当な制限を受ける状態にあるものをいう。
>
> 二 社会的障壁　障害がある者にとつて日常生活又は社会生活を営む上で障壁となるような社会における事物，制度，慣行，観念その他一切のものをいう。

○　平成18年4月に施行した障害者自立支援法では，支給決定手続きの透明性・公平性を図る観点から，市町村がサービスの種類や量などを決定するための判断材料の一つとして，障害福祉サービスの必要性を明らかにするために障害者の心身の状態を総合的に表す「障害程度区分」が設けられた。

○　しかし，施行後の状況は，特に知的障害者や精神障害者について，コンピュータによる一次判定で低く判定される傾向があり，市町村審査会による二次判定で引き上げられている割合が高く，その特性を反映できていないのではないか，等の課題が指摘されていた。

○　そのため，平成24年6月に成立した地域社会における共生の実現に向けて新たな障害保健福祉施策を講ずるための関係法律の整備に関する法律（平成24年法律第51号。以下「平成24年整備法」という）により，

・　名称を「障害支援区分」に改め

・　定義を「障害者等の障害の多様な特性その他の心身の状態に応じて必要とされる標準的な支援の度合を総合的に示すもの」とするとともに

・　「障害支援区分」の認定が，知的障害者や精神障害者の特性に応じて適切に行われるよう必要な措置を講じた上で，平成26年4月から施行すること

とされた。

第5条　この法律において「障害福祉サービス」とは，居宅介護，重度訪問介護，同行援護，行動援護，療養介護，生活介護，短期入所，重度障害者等包括支援，施設入所支援，自立訓練，就労移行支援，就労継続支援，就労定着支援，自立生活援助及び共同生活援助をいい，「障害福祉サービス事業」とは，障害福祉サービス（障害者支援施設，独立行政法人国立重度知的障害者総合施設のぞみの園法（平成14年法律第167号）第11条第1号の規定により独立行政法人国立重度知的障害者総合施設のぞみの園が設置する施設（以下「のぞみの園」という。）その他厚生労働省令で定める施設において行われる施設障害福祉サービス（施設入所支援

及び厚生労働省令で定める障害福祉サービスをいう。以下同じ。）を除く。）を行う事業をいう。

2　この法律において「居宅介護」とは，障害者等につき，居宅において入浴，排せつ又は食事の介護その他の厚生労働省令で定める便宜を供与することをいう。

3　この法律において「重度訪問介護」とは，重度の肢体不自由者その他の障害者であって常時介護を要するものとして厚生労働省令で定めるものにつき，居宅又はこれに相当する場所として厚生労働省令で定める場所における入浴，排せつ又は食事の介護その他の厚生労働省令で定める便宜及び外出時における移動中の介護を総合的に供与することをいう。

4　この法律において「同行援護」とは，視覚障害により，移動に著しい困難を有する障害者等につき，外出時において，当該障害者等に同行し，移動に必要な情報を提供するとともに，移動の援護その他の厚生労働省令で定める便宜を供与することをいう。

5　この法律において「行動援護」とは，知的障害又は精神障害により行動上著しい困難を有する障害者等であって常時介護を要するものにつき，当該障害者等が行動する際に生じ得る危険を回避するために必要な援護，外出時における移動中の介護その他の厚生労働省令で定める便宜を供与することをいう。

6　この法律において「療養介護」とは，医療を要する障害者であって常時介護を要するものとして厚生労働省令で定めるものにつき，主として昼間において，病院その他の厚生労働省令で定める施設において行われる機能訓練，療養上の管理，看護，医学的管理の下における介護及び日常生活上の世話の供与をいい，「療養介護医療」とは，療養介護のうち医療に係るものをいう。

7　この法律において「生活介護」とは，常時介護を要する障害者として厚生労働省令で定める者につき，主として昼間において，障害者支援施設その他の厚生労働省令で定める施設において行われる入浴，排せつ又は食事の介護，創作的活動又は生産活動の機会の提供その他の厚生労働省令で定める便宜を供与することをいう。

8　この法律において「短期入所」とは，居宅においてその介護を行う者の疾病その他の理由により，障害者支援施設その他の厚生労働省令で定める施設への短期間の入所を必要とする障害者等につき，当該施設に短期間の入所をさせ，入浴，排せつ又は食事の介護その他の厚生労働省令で定める便宜を供与することをいう。

9　この法律において「重度障害者等包括支援」とは，常時介護を要する障害者等であって，その介護の必要の程度が著しく高いものとして厚生労働省令で定めるものにつき，居宅介護その他の厚生労働省令で定める障害福祉サービスを包括的

に提供することをいう。

10　この法律において「施設入所支援」とは，その施設に入所する障害者につき，主として夜間において，入浴，排せつ又は食事の介護その他の厚生労働省令で定める便宜を供与することをいう。

11　この法律において「障害者支援施設」とは，障害者につき，施設入所支援を行うとともに，施設入所支援以外の施設障害福祉サービスを行う施設（のぞみの園及び第1項の厚生労働省令で定める施設を除く。）をいう。

12　この法律において「自立訓練」とは，障害者につき，自立した日常生活又は社会生活を営むことができるよう，厚生労働省令で定める期間にわたり，身体機能又は生活能力の向上のために必要な訓練その他の厚生労働省令で定める便宜を供与することをいう。

13　この法律において「就労移行支援」とは，就労を希望する障害者につき，厚生労働省令で定める期間にわたり，生産活動その他の活動の機会の提供を通じて，就労に必要な知識及び能力の向上のために必要な訓練その他の厚生労働省令で定める便宜を供与することをいう。

14　この法律において「就労継続支援」とは，通常の事業所に雇用されることが困難な障害者につき，就労の機会を提供するとともに，生産活動その他の活動の機会の提供を通じて，その知識及び能力の向上のために必要な訓練その他の厚生労働省令で定める便宜を供与することをいう。

15　この法律において「就労定着支援」とは，就労に向けた支援として厚生労働省令で定めるものを受けて通常の事業所に新たに雇用された障害者につき，厚生労働省令で定める期間にわたり，当該事業所での就労の継続を図るために必要な当該事業所の事業主，障害福祉サービス事業を行う者，医療機関その他の者との連絡調整その他の厚生労働省令で定める便宜を供与することをいう。

16　この法律において「自立生活援助」とは，施設入所支援又は共同生活援助を受けていた障害者その他の厚生労働省令で定める障害者が居宅における自立した日常生活を営む上での各般の問題につき，厚生労働省令で定める期間にわたり，定期的な巡回訪問により，又は随時通報を受け，当該障害者からの相談に応じ，必要な情報の提供及び助言その他の厚生労働省令で定める援助を行うことをいう。

17　この法律において「共同生活援助」とは，障害者につき，主として夜間において，共同生活を営むべき住居において相談，入浴，排せつ又は食事の介護その他の日常生活上の援助を行うことをいう。

18　この法律において「相談支援」とは，基本相談支援，地域相談支援及び計画相談支援をいい，「地域相談支援」とは，地域移行支援及び地域定着支援をいい，「計画相談支援」とは，サービス利用支援及び継続サービス利用支援をいい，「一

般相談支援事業」とは，基本相談支援及び地域相談支援のいずれも行う事業をいい，「特定相談支援事業」とは，基本相談支援及び計画相談支援のいずれも行う事業をいう。

19　この法律において「基本相談支援」とは，地域の障害者等の福祉に関する各般の問題につき，障害者等，障害児の保護者又は障害者等の介護を行う者からの相談に応じ，必要な情報の提供及び助言を行い，併せてこれらの者と市町村及び第29条第2項に規定する指定障害福祉サービス事業者等との連絡調整（サービス利用支援及び継続サービス利用支援に関するものを除く。）その他の厚生労働省令で定める便宜を総合的に供与することをいう。

20　この法律において「地域移行支援」とは，障害者支援施設，のぞみの園若しくは第1項若しくは第6項の厚生労働省令で定める施設に入所している障害者又は精神科病院（精神科病院以外の病院で精神病室が設けられているものを含む。第89条第6項において同じ。）に入院している精神障害者その他の地域における生活に移行するために重点的な支援を必要とする者であって厚生労働省令で定めるものにつき，住居の確保その他の地域における生活に移行するための活動に関する相談その他の厚生労働省令で定める便宜を供与することをいう。

21　この法律において「地域定着支援」とは，居宅において単身その他の厚生労働省令で定める状況において生活する障害者につき，当該障害者との常時の連絡体制を確保し，当該障害者に対し，障害の特性に起因して生じた緊急の事態その他の厚生労働省令で定める場合に相談その他の便宜を供与することをいう。

22　この法律において「サービス利用支援」とは，第20条第1項若しくは第24条第1項の申請に係る障害者等又は第51条の6第1項若しくは第51条の9第1項の申請に係る障害者の心身の状況，その置かれている環境，当該障害者等又は障害児の保護者の障害福祉サービス又は地域相談支援の利用に関する意向その他の事情を勘案し，利用する障害福祉サービス又は地域相談支援の種類及び内容その他の厚生労働省令で定める事項を定めた計画（以下「サービス等利用計画案」という。）を作成し，第19条第1項に規定する支給決定（次項において「支給決定」という。），第24条第2項に規定する支給決定の変更の決定（次項において「支給決定の変更の決定」という。），第51条の5第1項に規定する地域相談支援給付決定（次項において「地域相談支援給付決定」という。）又は第51条の9第2項に規定する地域相談支援給付決定の変更の決定（次項において「地域相談支援給付決定の変更の決定」という。）（以下「支給決定等」と総称する。）が行われた後に，第29条第2項に規定する指定障害福祉サービス事業者等，第51条の14第1項に規定する指定一般相談支援事業者その他の者（次項において「関係者」という。）との連絡調整その他の便宜を供与するとともに，当該支給決定等に係る障害福祉サービス又は

地域相談支援の種類及び内容，これを担当する者その他の厚生労働省令で定める事項を記載した計画（以下「サービス等利用計画」という。）を作成することをいう。

23 この法律において「継続サービス利用支援」とは，第19条第1項の規定により支給決定を受けた障害者若しくは障害児の保護者（以下「支給決定障害者等」という。）又は第51条の5第1項の規定により地域相談支援給付決定を受けた障害者（以下「地域相談支援給付決定障害者」という。）が，第23条に規定する支給決定の有効期間又は第51条の8に規定する地域相談支援給付決定の有効期間内において継続して障害福祉サービス又は地域相談支援を適切に利用することができるよう，当該支給決定障害者等又は地域相談支援給付決定障害者に係るサービス等利用計画（この項の規定により変更されたものを含む。以下同じ。）が適切であるかどうかにつき，厚生労働省令で定める期間ごとに，当該支給決定障害者等の障害福祉サービス又は当該地域相談支援給付決定障害者の地域相談支援の利用状況を検証し，その結果及び当該支給決定に係る障害者等又は当該地域相談支援給付決定に係る障害者の心身の状況，その置かれている環境，当該障害者等又は障害児の保護者の障害福祉サービス又は地域相談支援の利用に関する意向その他の事情を勘案し，サービス等利用計画の見直しを行い，その結果に基づき，次のいずれかの便宜の供与を行うことをいう。

一 サービス等利用計画を変更するとともに，関係者との連絡調整その他の便宜の供与を行うこと。

二 新たな支給決定若しくは地域相談支援給付決定又は支給決定の変更の決定若しくは地域相談支援給付決定の変更の決定が必要であると認められる場合において，当該支給決定等に係る障害者又は障害児の保護者に対し，支給決定等に係る申請の勧奨を行うこと。

24 この法律において「自立支援医療」とは，障害者等につき，その心身の障害の状態の軽減を図り，自立した日常生活又は社会生活を営むために必要な医療であって政令で定めるものをいう。

25 この法律において「補装具」とは，障害者等の身体機能を補完し，又は代替し，かつ，長期間にわたり継続して使用されるものその他の厚生労働省令で定める基準に該当するものとして，義肢，装具，車いすその他の厚生労働大臣が定めるものをいう。

26 この法律において「移動支援事業」とは，障害者等が円滑に外出することができるよう，障害者等の移動を支援する事業をいう。

27 この法律において「地域活動支援センター」とは，障害者等を通わせ，創作的活動又は生産活動の機会の提供，社会との交流の促進その他の厚生労働省令で定

める便宜を供与する施設をいう。
28　この法律において「福祉ホーム」とは，現に住居を求めている障害者につき，低額な料金で，居室その他の設備を利用させるとともに，日常生活に必要な便宜を供与する施設をいう。

概要　各サービス等の定義を規定したものである。

解説　○　障害福祉サービスについて
① 障害者総合支援法に規定するサービスには，さまざまなものがある。このうち，利用者個人に支給されるいわゆる「個別給付」は法上，「自立支援給付」と総称され（第6条参照），それ以外は地域生活支援事業として規定されている。

法第5条第1項は，個別給付のうち，支給決定や事業者の指定で共通する典型的な福祉サービスを「障害福祉サービス」と定義するものである。具体的なサービスは，第2項から第17項までにそれぞれ定義規定があるが，居宅介護，重度訪問介護，同行援護，行動援護，療養介護，生活介護，短期入所，重度障害者等包

図2−1　障害者総合支援法に基づく給付・事業

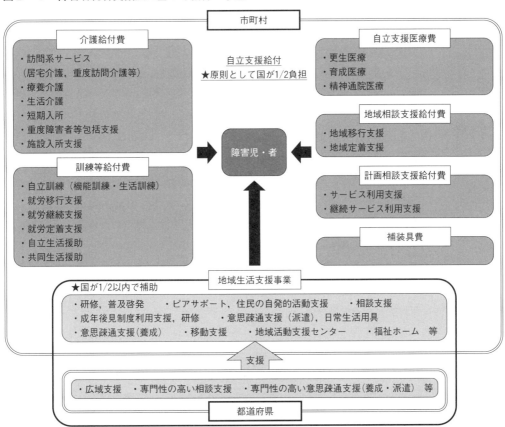

括支援，施設入所支援，自立訓練，就労移行支援，就労継続支援，就労定着支援，自立生活援助及び共同生活援助である（図2－1）。

さらに，障害福祉サービスは，医療に係る療養介護を除き，介護給付費（及び特例介護給付費）と訓練等給付費（及び特例訓練等給付費）に分類されるほか，法律上の分類ではないが，「訪問系サービス」「日中活動系サービス」「居住系サービス」「その他のサービス」の4類型に分類される。

② また，第18項は，個別給付のうち，支給決定や事業者の指定の方法等は共通するが，「障害福祉サービス」とは別に，相談に応ずる事業を「相談支援」と定義するものである。具体的な相談は，基本相談支援，地域相談支援及び計画相談支援である。

また，これらのうち，基本相談支援は障害者又は障害児からの一般的な相談に応ずるものであるが，地域相談支援と計画相談支援は，それぞれ地域相談支援給付費（特例地域相談支援給付費）と計画相談支援給付費（特例計画相談支援給付費）に分類される。

③ 個別給付のほか，自治体等が事業形式によりサービス提供を行うものとしては地域生活支援事業があり，第26項～第28項に移動支援事業，地域活動支援センター及び福祉ホームが規定されている。

④ 以上のとおり，障害福祉サービスは個別給付の中心を占めるものであるが，サービスを実施する主体によって，さらに，「施設障害福祉サービス」とそれ以外のサービスとに分類することができる。

施設障害福祉サービスとは，障害者支援施設等（障害者支援施設，独立行政法人国立重度知的障害者総合施設のぞみの園が設置する施設及び児童福祉施設）が実施する施設入所支援，生活介護，自立訓練，就労移行支援及び就労継続支援B型であり（障害者の日常生活及び社会生活を総合的に支援するための法律施行規則（平成18年厚生労働省令第19号。以下「規則」という）第1条の2参照），施設障害福祉サービス以外の障害福祉サービスを実施する事業を障害福祉サービス事業という（ただし，施設入所支援は障害者支援施設等でしか実施できないことから，障害福祉サービス事業にはなりえない）。なお，同じ生活介護を実施したとしても，障害者支援施設，のぞみの園，児童福祉施設以外（いわゆる入所施設）の主体が実施した場合は，施設障害福祉サービスとは呼ばないことに留意が必要である。また，障害者支援施設は，施設入所支援を必ず実施するほか，これに併せて，生活介護，自立訓練，就労移行支援及び就労継続支援B型のいずれかのサービスを提供する必要がある。

※ なお，障害者自立支援法には，平成18年10月1日時点で施設に入所している者（特定旧法受給者という）が，同法の施行に伴い，施設を出なければならないことがないよう，平成24年3月31日までの間は，入所する施設が新たなサービスを始めたとしても，引き続き入所できる経過措置が設けられていたが，同措置により障害者支援施設に入所していた者については，平成24年4月1日以

降も，当分の間，引き続き同様の条件で入所することができることとされている（規則附則第1条の2）。

このため，経過措置の期間中は，障害者支援施設は，特定旧法受給者に対して行う場合のみ，就労継続支援を施設障害福祉サービスとして行うことができる。

障害者総合支援法におけるのぞみの園が設置する施設及び国立施設の位置づけについて

Ⅰ　のぞみの園の設置する施設の位置づけについて

1　知的障害者福祉法の取扱い

都道府県知事による指定以外は，基本的に，ほかの更生施設，授産施設と取扱いは同じ。

サービスは「知的障害者施設支援」に含まれており，のぞみの園独自の支援はない。

指定基準，都道府県知事による報告，調査等も対象とされている。

2　障害者総合支援法の取扱い

(1) のぞみの園が行うサービスについて

○　障害福祉サービスのうち，

①施設入所支援

②生活介護，自立訓練，就労移行支援，就労継続支援B型のいずれか

を行う。

(2) 設置について

○　のぞみの園は，独立行政法人国立重度知的障害者総合施設のぞみの園法（平成14年法律第167号。以下「のぞみの園法」という）で設置されており，障害者総合支援法で設置される施設ではないため，施設の設置に係る届出や都道府県知事による監督に係る規定は適用されない。

(3) 指定について

○　のぞみの園法に基づき，行う業務が法定されているため，すでに一定の基準が担保されていることから，都道府県知事による指定は行わない。

○　指定されないため，取消し，辞退等の規定は適用しない。

○　障害者総合支援法に基づく給付に係るサービスを行う以上は，一定の基準を常に満たさせる必要があることから，設置者の責務，指定基準，都道府県知事による報告，調査，勧告等に係る規定は適用する。

○　障害者総合支援法に違反した場合等については，都道府県知事が指定の取消しを行えるが，上記のようにのぞみの園は指定を受けていないため，この法律に違反した場合における法人に対する監督は，独立行政法人通則法（平成11年法律第103号）に基づき厚生労働大臣が行う。

参考

○独立行政法人通則法（平成11年法律第103号）（抄）

（報告及び検査）

> **第64条** 主務大臣は，この法律を施行するため必要があると認めるときは，独立行政法人に対し，その業務並びに資産及び債務の状況に関し報告をさせ，又はその職員に，独立行政法人の事務所に立ち入り，業務の状況若しくは帳簿，書類その他の必要な物件を検査させることができる。
> 2　前項の規定により職員が立入検査をする場合には，その身分を示す証明書を携帯し，関係人にこれを提示しなければならない。
> 3　第1項の規定による立入検査の権限は，犯罪捜査のために認められたものと解してはならない。

> Ⅱ　国立施設の取扱いについて
> 　○　以下のとおり，ほかの障害者支援施設と同様の取扱いとする。
> 　○　都道府県知事から指定を受け，指定障害者支援施設となる。
> 　○　国立施設を利用する場合は，市町村が支給決定を行い，要した費用については，市町村が支弁する仕組みに改める。
> 　○　その場合，国，都道府県，市町村の負担割合は，2：1：1とする。
> 　○　利用者負担については，応能負担とし，食費，光熱水費については，実費負担とし，一定の低所得者等については補足給付を支給する。

⑤　このように実施主体によって，サービスの分類を異なる形式にしているのは，同じ障害福祉サービスを実施する場合であっても，サービスの実施主体の位置づけにより，規制の方法が異なることとするためである。

　障害者支援施設については，ほかのサービスとは異なり，昼間も夜間もサービスを実施する主体として位置づけられているものであり，昼だけ又は夜だけのサービスを提供する主体より障害者等の生活に与える影響が大きいことから，より強い規制をするという意味で第一種社会福祉事業として位置づけている。

※　のぞみの園が設置する施設については，入所施設としてのサービスを実施したとしても，別途，独立行政法人として，国が直接に規制をかけていることから，第一種社会福祉事業とはしていない。

⑥　このため，いわゆる入所施設が事業を行う場合は，「施設」として既に一定の規制を行っていることから，施設入所支援と生活介護を行う施設として届出を出せば足り，施設入所支援を行う施設，生活介護を行う施設というようにおのおの実施するものについて届出を行う必要はない。

　一方，障害福祉サービス事業については，第二種社会福祉事業として，第一種社会福祉事業より規制緩和されており，サービスを実施する際には，どの障害福祉サービスを行う事業を実施するのか届け出ることとなる。

　このように，同じ障害福祉サービスであっても，サービスの実施主体によって，実際の手続き上の取扱いが異なることから，第1項において，上記のような分類を行っている（図2－2）。

図2-2 実施主体と障害福祉サービスの関係

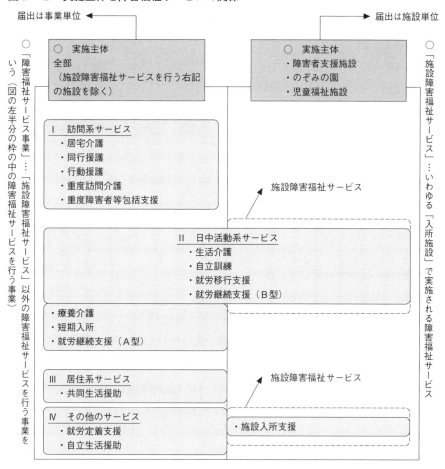

⑦ さらに，法律上の分類ではないが，障害福祉サービスはその提供されるサービスの内容の性質に応じ，「Ⅰ 訪問系サービス」「Ⅱ 日中活動系サービス」及び「Ⅲ 居住系サービス」「Ⅳ その他のサービス」の四つに分類される。また，事業の実施形態は異なるが，移動支援事業は訪問系サービス，地域活動支援センターは日中活動系サービス，福祉ホームは居住系サービス等のサービスに分類されることもある。

⑧ 障害者が24時間同じ事業者からサービスを受ける体系ではなく，障害者が暮らす場と住まう場を分けて，障害者についても，夜住まう場から，訓練等を行う場や就労を行う場，活動を行う場へ日中は通うという仕組みをつくるという考え方から，「日中活動系サービス」（昼間「通う場」としてのサービス）と「居住系サービス」（夜間「住まう場」としてのサービス）に区分されているものである。在宅で生活する障害者等をホームヘルパー等が訪問して行うサービスである訪問系サービスについては，障害者自立支援法では，重度者向けの新たなサービスを創設する等のサービス体系の見直しが行われた。障害者自立支援法に基づくこの新

表2－2　サービス体系（訪問系サービス）の概要

	個別給付		
	居宅介護	重度訪問介護	同行援護
対象者 （判断基準）	障害者又は障害児	重度の肢体不自由者又は重度の知的障害者若しくは精神障害により行動上著しい困難を有する者であって，常時介護を要する障害者	視覚障害により，移動に著しい困難を有する障害者又は障害児
	区分1以上（障害児にあっては，これに相当する心身の状態）である者	区分4以上であって，次のいずれかに該当する者 ①二肢以上に麻痺があり，かつ，区分の認定調査項目のうち「歩行」「移乗」「排尿」「排便」のいずれも「支援が不要」以外と認定されていること ②区分の認定調査項目のうち行動関連項目（12項目）の合計点数が10点以上であること	同行援護アセスメント調査票の調査項目（視力障害，視野障害，夜盲，移動障害）において，移動障害以外で1点以上，かつ，移動障害で1点以上である者
サービス内容	短時間集中的に，主として以下のサービスを提供 ・入浴，排せつ及び食事等の介護 ・調理，洗濯及び掃除等の家事 ・生活等に関する相談及び助言 ・その他生活全般にわたる援助 ※通院等介助や通院等乗降介助を含む。	同一箇所に長時間滞在し，主として以下のサービスを総合的に提供 ・入浴，排せつ及び食事等の介護 ・調理，洗濯及び掃除等の家事 ・その他生活全般にわたる援助 ・外出時における移動中の介護 ※日常生活に生じる様々な介護の事態に対応するための見守り等の支援を含む。 ※平成30年4月より，入院中の病院等におけるコミュニケーション支援等が追加。 ※外出については，通勤，営業活動等の経済活動に係る外出，通年かつ長期にわたる外出及び社会通念上適当でない外出を除く。	外出時に，主として以下のサービスを提供 ・移動に必要な情報の提供（代筆・代読を含む） ・移動の援護，排せつ及び食事等の介護 ・その他外出時に必要な援助 ※外出については，通勤，営業活動等の経済活動に係る外出，通年かつ長期にわたる外出及び社会通念上適当でない外出を除く。
人員配置	従業者：2.5人以上（常勤換算） サービス提供責任者：1人以上（常勤かつ専従の従業者のうちから選任） 管理者：常勤かつ管理業務に従事するもの		

※人員配置等は制度改正等に伴って変更されることがある。

体系サービスへの移行は平成24年整備法案を閣議決定した平成24年3月まで実施されており，障害者総合支援法で大幅にサービス体系を見直した場合，関係者に混乱を生じさせることになる可能性もあったこと等から，一部の見直しを除いて基本的に障害者自立支援法と同様の体系となっている。

Ⅰ　「訪問系サービス」とは，障害福祉サービスのうち，在宅で生活する障害者等に対し，ホームヘルパー等が訪問して行われる居宅介護，重度訪問介護，同行援護，行動援護及び重度障害者等包括支援，そして市町村及び都道府県が地域生活支援事業として行う移動支援事業をいう。

① 居宅介護（第2項）（資料編：561頁）

居宅介護とは，障害者及び障害児（以下「障害者等」という）に対して，

個別給付		地域生活支援事業
行動援護	重度障害者等包括支援	移動支援事業
知的障害又は精神障害により行動上著しい困難を有する障害者又は障害児であって，常時介護を要する者	常時介護を要する障害者又は障害児であって，その介護の必要の程度が著しく高い者	障害者又は障害児であって，市町村が外出時に移動の支援が必要と認めた者
区分3以上であって，区分の認定調査項目のうち行動関連項目（12項目）等の合計点数が10点以上（障害児にあっては，これに相当する心身の状態）である者	区分6（障害児にあっては，これに相当する心身の状態）であって，意思疎通を図ることに著しい支障がある者であって，次の①又は②のいずれかに該当する者 ①重度訪問介護の対象であって，四肢すべてに麻痺があり，寝たきり状態にある障害者のうち，次のいずれかに該当すること ・人工呼吸器による呼吸管理を行っている身体障害者 ・最重度知的障害者 ②区分の認定調査項目のうち行動関連項目（12項目）の合計点数が10点以上であること	市町村において判断
主として以下のサービスを提供 ・行動する際に生じ得る危険等を回避するために必要な援護 ・外出時における移動中の介護 ・排せつ及び食事等の介護その他行動する際に必要な援助 ※外出については，通勤，営業活動等の経済活動に係る外出，通年かつ長期にわたる外出及び社会通念上適当でない外出を除く。	居宅介護，重度訪問介護，同行援護，行動援護，生活介護，短期入所，自立訓練，就労移行支援，就労継続支援，就労定着支援，自立生活援助，共同生活援助のうち2以上のサービスを組み合わせ，包括的に提供	社会生活上必要不可欠な外出及び余暇活動等の社会参加のための外出の際の移動を支援
	従業者：指定障害福祉サービス事業者又は指定障害者支援施設の基準を満たしていること。 サービス提供責任者：次のいずれの要件にも該当する者を1人以上（1人以上は専任かつ常勤） 管理者：常勤かつ管理業務に従事するもの ・相談支援専門員 ・重度障害者等包括支援利用対象者直接処遇に3年以上従事した者	市町村において判断

その居宅において，入浴や食事等の介護を行うサービスである。

「厚生労働省令で定める便宜」とは，入浴，排せつ及び食事等の介護，調理，洗濯及び掃除等の家事並びに生活等に関する相談及び助言その他の生活全般にわたる援助である（規則第1条の3）。

報酬上は，さらに，身体介護（入浴，排せつ又は食事の介護等），家事援助（調理，洗濯，掃除等の家事の援助），通院等介助（通院等のための屋内外における移動等の介助又は通院先での受診等の手続き，移動等の介助。身体介護を伴う場合と伴わない場合がある），通院等乗降介助（通院等のための乗車又は降車の介助）に分かれる。

ⅱ 重度訪問介護（第3項）（資料編：562頁）

重度訪問介護とは，介護が必要な重度の肢体不自由者等に対して，その居宅において，入浴や食事などの介護や，当該者が外出する際にその移動中の介護等を行うサービスである。「厚生労働省令で定める便宜」は居宅介護と同じである（規則第１条の３）。

　当該サービスについては，居宅における介護から移動の介護まで総合的に提供するサービスであり，重度の障害者に対し，比較的長時間にわたって，断続的に介護等を行うものを想定している。従来の日常生活支援及び外出介護に相当するサービスである。

　従前，重度の肢体不自由者に限定されていたものを，平成24年の改正により，「重度の肢体不自由者その他の障害者であって常時介護を要するものとして厚生労働省令で定めるもの」とし，その対象が拡大された。

　具体的な対象は，「重度の肢体不自由者又は重度の知的障害若しくは精神障害により行動上著しい困難を有する障害者であって，常時介護を要するもの」とされた（規則第１条の４）。

　日常的に重度訪問介護を利用している重度の障害者については，医療機関に入院する必要が生じた際にも，引き続き，それまで支援を行ってきたヘルパー等による支援が受けられるよう，障害者の日常生活及び社会生活を総合的に支援するための法律及び児童福祉法の一部を改正する法律（平成28年法律第65号。以下「平成28年改正法」という）により，従前「居宅」及び「外出中」のみ利用可能であった重度訪問介護の訪問先に，「これ（＝居宅）に相当する場所として厚生労働省令で定める場所」が追加された。「厚生労働省令で定める場所」とは，重度訪問介護を受ける障害者が入院又は入所している病院，診療所，助産所，介護老人保健施設及び介護医療院である（規則第１条の４の２）。

　ただし，健康保険法（大正11年法律第70号）との関係から，診察，治療等の医療行為が重度訪問介護による支援の対象とならないことは明らかであり，また，保険医療機関及び保険医療養担当規則（昭和32年厚生省令第15号）第11条の２第１項の規定により，保険医療機関は，その入院患者に対して，患者の負担によって従業者以外の者による看護を受けさせてはならないこととされているため，保険医療機関の従業者ではないヘルパー等は，医療機関に入院している障害者に対して看護を行うこともできない。

　このため，医療機関において重度訪問介護として提供されるヘルパー等の支援は，日常生活及び社会生活を営むために必要なサービス（例えば，機器を使っての病院外の者との通信の際の意思疎通支援）など，看護に該当しない範囲に限定される。

　また報酬上，対象者は障害支援区分６の者に限定されている。

　なお，障害児については，本サービスの対象となっていない。

(ⅲ)　同行援護（第４項）（資料編：563頁）

同行援護とは，重度の視覚障害により，移動に著しい困難を有する障害者等に対して，外出時に，当該障害者等に同行し，代読や代筆といった方法も含め，移動に必要な情報を提供するとともに，移動の援護等を行うサービスである。

「厚生労働省で定める便宜」とは，視覚障害により，移動に著しい困難を有する障害者等につき，外出時において，当該障害者等に同行して行う移動の援護，排せつ及び食事等の介護その他の当該障害者等の外出時に必要な援助である（規則第1条の5）。

このサービスは，平成22年整備法による障害者自立支援法の改正により創設されたサービスで，平成23年10月から提供されている。

従前，身体介護を伴う場合と伴わない場合で報酬が分かれていたが，平成30年度改定で一本化された。

ⅳ 行動援護（第5項）（資料編：564頁）

行動援護とは，てんかん等重度の知的障害又は精神障害により，行動上，著しい困難を有する障害者等であって常時介護が必要なものに対して，当該障害者等が行動する際に生じうる危険を回避するために必要な援護，外出時における移動中の介護，排せつ及び食事等の介護その他の当該障害者等が行動する際に必要な援助を行うサービスである（規則第2条）。

ⅴ 重度障害者等包括支援（第9項）（資料編：565頁）

重度障害者等包括支援とは，常時介護を要する障害者等であって，意思疎通を図ることに著しい支障があるもののうち，四肢の麻痺及び寝たきりの状態にあるもの並びに知的障害又は精神障害により行動上著しい困難を有するものに対して，居宅介護，重度訪問介護，同行援護，行動援護，生活介護，短期入所，自立訓練，就労移行支援，就労継続支援，就労定着支援，自立生活援助及び共同生活援助のうち，2以上のサービスを組み合わせて，包括的に行うサービスである（規則第6条の2，第6条の3）。障害者自立支援法で新たに設けられたサービスである。

なお，重度障害者等包括支援を行う事業者がすべてのサービスを実施しても，ほかの事業者にサービスの一部分を委託して提供することもできる。

重度障害者等包括支援の対象となる障害者等は，その状態像が頻繁に変わりやすく，例えば，日中活動に行く予定をしていても，急な状態の変化等により，在宅で居宅介護を受ける必要が生じること等が頻繁に起こりうる者が想定されている。また，障害が重いため，多くのサービスを利用する必要があるが，サービス利用のためのマネジメントを利用者や家族が行うことが非常に負担になる等の問題がある。

このような問題点を解決するため，重度障害者等包括支援を創設し，重度障害者等包括支援として支給決定されれば，どの範囲内でも，どのサービスでも利用できることとした。ただし，サービス提供に関する責任は重度障害

者等包括支援事業者がもつこととする一方で，サービスの提供の実施については，自ら又はほかの事業者に委託することを可能とし，重度障害者等包括支援事業者が包括的なマネジメントを行うことを可能とした。

報酬については，まとめて重度障害者等包括支援事業者に支払われ，ほかの事業者と連携して行った場合は，事業者間で調整することになる。

ⅵ 移動支援事業（第26項）

障害福祉サービスではなく地域生活支援事業の一つとして，市町村が独自に実施する移動支援事業がある。

同行援護，行動援護，重度訪問介護などの個別給付のサービスで想定している移動は重度の障害者を対象とするサービスである。一方，移動支援事業は，それよりも障害の程度が軽いものを対象としたり，複数のものの移動を同時に支援したり，循環バス等による移動を支援する等の地域の実情に応じた使い方ができる事業とする。

なお，移動支援事業については，第二種社会福祉事業に位置づけられている。

Ⅱ 「日中活動系サービス」とは，主に昼間に障害者等が一定の場所に通って行われる障害福祉サービスである療養介護，生活介護，自立訓練，就労移行支援及び就労継続支援並びに一時的に施設に入所し，サービスの提供を受ける短期入所，そして，市町村及び都道府県が地域生活支援事業として，障害者等が日中に余暇活動や社会参加する場を提供する「地域活動支援センター」をいう。

なお，障害者自立支援法制定時は，障害児を対象とする児童デイサービスが規定されていたが，平成22年整備法による障害者自立支援法及び児童福祉法の改正により，障害児の支援を再編した際に，削除され，児童福祉法に新設された児童発達支援，放課後等デイサービスに移行した。

ⅰ 療養介護（第6項）（資料編：567頁）

療養介護とは，病院等への長期入院による医療的ケアに加え，常時介護が必要な障害者に対し，病院において機能訓練，療養上の管理，看護及び医学的管理の下における介護その他の必要な医療並びに日常生活上の世話を行うサービスである。

また，そのうち医療に係るものは，「療養介護医療」という。

当該サービスについては，医療機関における医療と併せて福祉のサービスが必要な障害者に対し，障害者向けのサービスとして行うものであるため，障害者のみを対象としている（規則第2条の2，第2条の3）。

障害児に対する同種のサービスについては，児童福祉法に基づく児童発達支援センター等で提供されているため，障害児を対象としていない。

ⅱ 生活介護（第7項）（資料編：568頁）

生活介護とは，常時介護が必要な障害者に対して，a．入浴，排せつ及び食事等の介護，b．調理，洗濯及び掃除等の家事，c．生活等に関する相談，助

表2－3　サービス体系（日中活動系サービス）の概要

	個別給付								地域生活支援事業
	療養介護	生活介護	短期入所	自立訓練（機能訓練）	自立訓練（生活訓練）	就労移行支援	就労継続支援A型	就労継続支援B型	地域活動支援センター
対象者	①筋萎縮性側索硬化症（ALS）患者等気管切開を伴う人工呼吸器による呼吸管理を行っている者であって，障害支援区分6の者 ②筋ジストロフィー患者又は重症心身障害者であって，障害支援区分5以上の者	①区分3（障害者支援施設等に入所する場合は区分4）以上である者 ②50歳以上の場合は区分2（障害者支援施設等に入所する場合は区分3）以上である者	①福祉型　区分1以上である障害児にあっては，障害児の障害の程度に応じて厚生労働大臣が定める区分における区分1以上に該当する障害児 ②福祉強化型　厚生労働大臣が定める状態に該当する医療的ケアが必要な障害者及び障害児 ③医療型　遷延性意識障害児・者，筋萎縮性側索硬化症等の運動ニューロン疾患の分類に属する疾患を有する者及び重症心身障害児・者等	地域生活を希望し，身体機能の向上に向け，支援を必要とする障害者	地域生活を希望し，生活能力の向上に向け，支援を必要とする障害者	一般就労を希望し，知識及び能力の向上に向け，支援を必要とする者 ※ただし，65歳以上の者は，65歳に達する前5年間（入院その他やむを得ない事由により障害福祉サービスに係る支給決定を受けていなかった期間を除く。）引き続き障害福祉サービスに係る支給決定を受けていたものであって，65歳に達する前日において就労移行支援に係る支給決定を受けていた者に限る。	雇用契約に基づく就労の機会の提供を希望する者 ※ただし，65歳以上の者は，65歳に達する前5年間（入院その他やむを得ない事由により障害福祉サービスに係る支給決定を受けていなかった期間を除く。）引き続き障害福祉サービスに係る支給決定を受けていたものであって，65歳に達する前日において就労継続支援A型に係る支給決定を受けていた者に限る。	雇用契約によらない就労の機会の提供を希望する者	市町村等が施設の利用が必要と認めた者及び児童
サービス内容	病院において，機能訓練，療養上の管理，看護，医学的管理下における介護及び日常生活上の世話を提供。なお，療養介護のうち医療に係るものを療養介護医療として提供	入浴，排せつ，食事等の介護その他日常生活上の支援を提供	短期間の入所中に入浴・排せつ及び食事等の介護サービスを提供	身体機能の向上のための訓練その他日常生活上の支援を提供	生活能力の向上のための訓練その他日常生活上の支援を提供	就労に必要な知識及び能力の向上のための訓練その他日常生活上の支援を提供	雇用契約に基づく就労の機会その他日常生活上の支援を提供	雇用契約によらない就労の機会その他日常生活上の支援を提供	創造的活動又は生産活動の機会の提供等日常生活に必要な便宜を提供
人員配置	○サービス管理責任者…1人以上 ○医師…健康保険法に規定する厚生労働大臣が定める基準以上 ○看護職員…療養介護の単位ごとに常勤換算で利用者数を2で除した数以上 ○生活支援員…療養介護の単位ごとに常勤換算で利用者数を4で除した数以上（1人以上は常勤）	○サービス管理責任者…1人以上 ○看護職員，OT，PT及び生活支援員の総数…指定生活介護の単位ごとに常勤換算で利用者数を6～3で除した数以上	○従業者…（併設事業所及び空床利用型事業所）本体事業の入所者数と短期入所利用者数の合計数に対して必要とされる数以上。（単独型事業所）当該利用日の利用者数に対し6人につき1人	○サービス管理責任者…1人以上 ○看護職員（1人以上（1人は常勤）），OT又はPT（1人以上）及び生活支援員（1人以上（1人は常勤））の総数…指定自立訓練（機能訓練）事業所ごとに常勤換算で利用者数を6で除した数以上	○サービス管理責任者…1人以上 ○生活支援員…指定自立訓練（生活訓練）の事業所ごとに常勤換算で利用者数を6で除した数以上（宿泊型の場合は10で除した数以上） ○地域移行支援員…1人	○サービス管理責任者…1人以上 ○職業指導員及び生活支援員の総数…指定就労移行支援事業所ごとに常勤換算で利用者数を6で除した数以上 ○就労支援員…指定就労移行支援事業所ごとに常勤換算で利用者数を15で除した数以上	○サービス管理責任者…1人以上 ○職業指導員及び生活支援員の総数…指定就労継続支援A型事業所ごとに常勤換算で利用者数を10で除した数以上	○サービス管理責任者…1人以上 ○職業指導員及び生活支援員の総数…指定就労継続支援B型事業所ごとに常勤換算で利用者数を10で除した数以上	○施設長…1人 ○指導員…2人以上

※人員配置等は制度改正等に伴って変更されることがある。

言その他の日常生活上の支援，d．創作的活動及び生産活動の機会の提供その他の身体機能若しくは生活能力の向上のために必要な支援を行うサービスである。障害者支援施設などの当該サービスを適切に提供できる場所で行われる（規則第2条の4～第2条の6）。

重度の障害児に対する同様のサービスについては，児童福祉法に基づく児童発達支援等で行われているため，障害児を対象とせず，障害者のみを対象としている。

ⅲ 短期入所（第8項）（資料編：566頁）

短期入所とは，居宅においてその介護を行う者が病気になったとき等に，施設に短期間の入所をさせ，入浴，排せつ及び食事の介護その他の必要な支援を行うサービスである（規則第6条）。

「障害者支援施設その他の厚生労働省令で定める施設」とは，障害者支援施設，児童福祉施設その他短期入所を適切に行うことができる施設である（規則第5条）。

ⅳ 自立訓練（第12項）

自立訓練とは，障害者等に対して身体機能又は生活能力の向上のために，一定期間，身体機能又は生活能力の向上のために必要な訓練などを行うサービスである。自立訓練には，2種類あり，従前は，自立訓練（機能訓練）は，身体障害者及び難病等により一定の障害がある者を，自立訓練（生活訓練）は知的障害者及び精神障害者をそれぞれ対象としていたが，平成30年度報酬改定において，両訓練とも障害の区別なく利用可能となった。

a 自立訓練（機能訓練）（資料編：570頁）

身体機能の向上に係るもの。障害者支援施設，サービス提供事業所又は当該者の居宅において理学療法，作業療法その他必要なリハビリテーション，生活等に関する相談及び助言その他の必要な支援を行うもの。1年6か月（頸髄損傷による四肢麻痺などの場合は3年）を標準的な期間とする。

b 自立訓練（生活訓練）（資料編：571頁）

生活能力の向上に係るもの。障害者支援施設やサービス提供事業所，又は障害者の居宅において入浴，排せつ及び食事等に関する自立した日常生活を営むために必要な訓練，生活等に関する相談及び助言その他の必要な支援を行うもの。2年間（長期間入院していた等の障害者にあっては3年間）を標準的な期間とする。

に分類される（規則第6条の6，第6条の7）。

当該サービスについては，地域で自立して暮らすための訓練を行うことをサービスの内容としているため，保護者等のもとで生活を送ることを前提としている障害児を対象とせず，障害者のみを対象としている。

ⅴ 就労移行支援（第13項）（資料編：573頁）

就労移行支援は，企業等での就労を希望する65歳未満の障害者又は65歳以

上の障害者（65歳に達する前5年間（入院その他やむを得ない事由により障害福祉サービスに係る支給決定を受けていなかった期間を除く）引き続き障害福祉サービスに係る支給決定を受けていたものであって，65歳に達する前日において就労移行支援に係る支給決定を受けていたものに限る）であって，通常の事業所に雇用されることが見込まれる者に対して，一定期間，就労に必要な知識や能力の向上のために必要な訓練を行うサービスである。

生産活動，職場体験その他の活動の機会その他の就労に必要な知識及び能力の向上のために必要な訓練，求職活動に関する支援，その適性に応じた職場の開拓，就職後における職場への定着のために必要な相談その他の必要な支援を行う。

「一定期間」については2年間を標準として規定しているが，もっぱらあんまマッサージ指圧師，はり師又はきゅう師の資格を取得させることを目的とする場合には，3年又は5年となっている（規則第6条の8，第6条の9）。

当該サービスについては，企業等で就労するための訓練をサービスとしているため，障害者のみを対象としている。

ⅵ　就労継続支援（第14項）

就労継続支援とは，企業等で就労することは困難な障害者に対して，就労の機会を提供するとともに，作業等を行うことによりその知識や能力の向上を図るサービスである。

当該サービスについては，働きながら訓練を受けることをサービスの内容としているため，障害者のみを対象としている。

就労継続支援は，次の二つの類型に分かれる（規則第6条の10）。

a　就労継続支援A型（資料編：574頁）

原則障害者と雇用契約を結び，働きながら就労訓練を行うもの。

b　就労継続支援B型（資料編：575頁）

障害者と雇用契約を結ばずに，働きながら就労訓練を行うもの。

支援を必要とする障害者も一般企業や，一般企業で働くことが難しい障害者であっても，障害福祉サービス事業者と雇用関係を結んで働くことを目指す方向性にはあるが，すぐに雇用関係を結んで働くことが難しい障害者もいることから，就労継続支援では，A型，B型の2つの類型が設けられている。

ⅶ　地域活動支援センター（第27項）

障害福祉サービスで行う日中活動のサービスは「介護」や「訓練」等の明確な目的をもったものであるが，それ以外の機能として，余暇活動や社会参加をするための場として，設けられた施設をいう。

比較的軽度な利用者を想定していること，また，さまざまな利用形態が可能となるよう，柔軟な使い方ができる地域生活支援事業の一環として，この施設を利用して日中活動を行う。

定員要件を10人以上とし，ほかの障害福祉サービスより要件を緩和し，地

域でより運営しやすくなる形態となっている（社会福祉法（昭和26年法律第45号）第2条第4項第4号，社会福祉法施行令（昭和33年政令第185号）第1条第3号）。

　支援費制度の時代にデイサービスを行っていた事業や，小規模作業所などが地域活動支援センターとして事業を実施することを想定していたものである。

　このような障害者等が集まり，活動する場について，制度上，「施設」として位置づけたのは，自治体が義務として実施する事業を行う場については，なるべく活動を行いやすくするための規制緩和を可能な限り実施することと併せて，必要最低限の要件を設け，一定の水準を確保するためである。このため，地域活動支援センターを経営する事業については，第二種社会福祉事業に位置づけ，一定の規制と優遇を与えることとしている。

Ⅲ　「居住系サービス」には，個別給付の対象となる施設入所支援及び共同生活援助と，地域生活支援事業の一つである福祉ホームがある。

　前者（施設入所支援及び共同生活援助）は，主に障害者に住まいの場を提供するとともに，そこで一定の支援を提供するサービスである。このうち，施設入所支援は，障害者支援施設で行われ，共同生活援助はグループホームと呼ばれる住居で提供される。

　一方，後者（福祉ホーム）は，現に住居を求めている障害者につき，低額な料金で，居室その他の設備を利用させるとともに，日常生活に必要な便宜を供与することにより，障害者の地域生活を支援することを目的として設置される施設である。

ⅰ　施設入所支援（第10項）（資料編：569頁）

　施設入所支援とは，主に夜間において，障害者支援施設，のぞみの園などの施設に障害者を入所させ，入浴，排せつ及び食事等の介護，調理，洗濯及び掃除等の家事及び生活等に関する相談若しくは助言その他の身体機能若しくは生活能力の向上のために必要な支援を行うサービスである。

　対象者は，

a　生活介護を受けている者

b　自立訓練，就労移行支援又は就労継続支援B型の訓練等を受けている者であって，㋐入所させながら訓練等を実施することが必要かつ効果的であると認められるもの，㋑地域における障害福祉サービスの提供体制の状況その他やむをえない事情により，通所によって訓練等を受けることが困難なもの

である（規則第6条の5）。

ⅱ　共同生活援助（第17項）（資料編：578～580頁）

　障害者に対して，その共同生活の場において相談等を行うサービスである。このような住居をグループホームという。

表2-4 サービス体系（居住系サービス）の概要

	個別給付		地域生活支援事業
	施設入所支援	共同生活援助	福祉ホーム
対象者	①生活介護利用者のうち、区分4以上の者（50歳以上の場合は区分3以上） ②自立訓練、就労移行支援、又は就労継続支援B型の利用者のうち、入所させながら訓練等を実施することが必要かつ効果的であると認められる者又は通所によって訓練を受けることが困難な者 ③特定旧法指定施設に入所していた者であって継続して入所している者又は地域における障害福祉サービスの提供体制その他やむを得ない事情により通所によって介護等を受けることが困難な者のうち①若しくは②に該当しない者若しくは就労継続支援A型を利用する者	地域において自立した日常生活を営む上で、相談その他日常生活上の援助が必要な者	家庭環境、住宅事情等の理由により、居宅において生活することが困難な者
サービス内容	施設に入所し、入浴、排泄又は食事の介護等を提供	地域における共同生活住居において、相談その他日常生活上の援助を提供	利用者の日常生活に関する相談、助言等を提供
人員配置	○サービス管理責任者…1人以上 ○休日等の職員…利用者の状況に応じ必要な支援を行うための勤務体制を確保 ○生活支援員…1人以上	○サービス管理責任者…1人以上 ○世話人 ・介護サービス包括型…6：1以上 ・日中サービス支援型…5：1以上 ・外部サービス利用型…6：1以上 ○生活支援員…区分に応じて定められた数以上	○管理人…1人

※人員配置等は制度改正等に伴って変更されることがある。

　従前，共同生活住居で，介護が必要でない場合と必要な場合を共同生活援助と共同生活介護とにより，サービスを別々に設けていたが，障害者の高齢化や重度化に対応するとともに，住み慣れた地域における住まいの選択肢を用意する観点から，平成24年整備法により，共同生活介護を共同生活援助に一元化し，共同生活援助で，日常生活の相談に加えて，入浴，排せつ又は食事の介護その他の日常生活上の援助を行うものとした。

　この見直しにより，共同生活援助で生活していた者が介護が必要な状態になった場合においても，施設を変更したり，支給決定を受け直したりする必要がなくなった。

　また，この法改正と併せて，既存のいわゆる「介護サービス包括型」に加え，外部サービスの利用を前提とした類型として「外部サービス利用型指定共同生活援助」やサテライト型住居が創設された。さらに，平成30年度報酬改定により，重度の障害者への支援を可能とする新たな類型として「日中サー

ビス支援型指定共同生活援助」が創設された。

障害児については，基本的に保護者等と生活することを前提として考えているため，障害者のみを対象としている。なお，障害児について，その者の状況により保護者等と生活することが不適切だと考えられる場合については，児童福祉法に基づき，都道府県等が措置等を行うこととしている。

ⅲ 福祉ホーム（第28項）

福祉ホームは，地域生活支援事業の一環として，低額で障害者等に対し，住居等を提供する施設である。

このような障害者等が住まう場所については，通常のアパートを１室だけ障害者に低額で貸す事業等も，地域生活支援事業における居住支援事業としては位置づけられるが，このような場合についても，施設の要件等を課すことは規制しすぎという面がある。

そこで，障害者等が一定以上の人数（５人以上）集まって住む場所については，「福祉ホーム」として第二種社会福祉事業に位置づけ必要最低限の要件を設け，一定の水準を確保する等の，一定の規制と優遇を与えるものとしている。

Ⅳ 「その他のサービス」には，平成28年改正法により追加された就労定着支援及び自立生活援助がある。多様化するニーズに対応するため，既存のサービスの隙間を埋める形で，平成28年改正法により創設された。ともに特定の目標のために，一定期間にわたり，生活指導等を含んだ訓練的支援を行う障害福祉サービスであることから，訓練等給付に分類される。

ⅰ 就労定着支援（第15項）

就労系障害福祉サービスを利用して一般就労に移行する者は，年々増加している一方，従来の就労移行支援及び就労継続支援においては，いずれも通常の事業所に雇用される（一般就労する）ことを目的とする支援を中心に行ってきた。

このような状況に鑑み，通常の事業所に新たに雇用される障害者を対象として，当該事業所の事業主や障害福祉サービス事業を行う者，医療機関等との連絡調整，必要な生活指導，心身の健康に関する相談等，就労の継続を図るために必要な便宜を供与するサービスとして「就労定着支援」が創設された。

就労定着支援は，障害福祉サービスを受けて一般就労に移行した者のうち，引き続き障害福祉サービスにおいて手厚い職場定着のための支援が必要な者を対象としており，具体的には，生活介護，自立訓練，就労移行支援又は就労継続支援を受けて就職した障害者が対象となる（規則第６条の10の２）。

生活介護等の利用を経て一般就労した者については，指定基準上，当該生活介護事業所等に６ヶ月間の職場への定着支援の（努力）義務があることから当該期間を経た後に就労定着支援の提供が行われることとなる。

表2－5　サービス体系（その他サービス）の概要

	就労定着支援	自立生活援助
対象者	就労移行支援，就労継続支援，生活介護，自立訓練の利用を経て一般就労へ移行した障害者であって，就労に伴う環境変化により生活面・就業面の課題が生じているもののうち一般就労後6月を経過したもの	①障害者支援施設やグループホーム，精神科病院等から地域での一人暮らしに移行した障害者等で，理解力や生活力等に不安がある者 ②現に，一人で暮らしており，自立生活援助による支援が必要な者 ③障害，疾病等の家族と同居しており（障害者同士で結婚している場合を含む），家族による支援が見込めないため，実質的に一人暮らしと同様の状況であり，自立生活援助による支援が必要な者
サービス内容	○障害者との相談を通じて日常生活面及び社会生活面の課題を把握するとともに，企業や関係機関等との連絡調整やそれに伴う課題解決に向けて必要となる支援を実施 ○利用者の自宅・企業等を訪問することにより，月1回以上は障害者との対面支援 ○月1回以上は企業訪問を行うよう努める ○利用期間は3年間（経過後は必要に応じて障害者就業・生活支援センター等へ引き継ぐ）	一定の期間（原則1年間※）にわたり，自立生活援助事業所の従業者が定期的な居宅訪問や随時の通報を受けて行う訪問，当該利用者からの相談対応等より，当該利用者の日常生活における課題を把握し，必要な情報の提供及び助言，関係機関との連絡調整等を行う。 ※市町村審査会における個別審査を経てその必要性を判断した上で適当と認められる場合は更新可能
人員配置	サービス管理責任者…1人以上 就労定着支援員…指定就労定着支援事業所ごとに常勤換算で利用者数を40で除した数以上	サービス管理責任者…1人以上 地域生活支援員…1人以上（利用者数25に対し1人が標準）

　就労定着支援が就業に伴い生じる生活上の変化に対応するための支援であることに鑑み，支援の期間を区切り，就業することに慣れるまでの間に集中的に支援を行うために，利用期間は3年間とされている（規則第6条の10の3）。

　具体的な支援内容は，「障害者が新たに雇用された通常の事業所での就労の継続を図るために必要な当該事業所の事業主，障害福祉サービス事業を行う者，医療機関その他の者との連絡調整，障害者が雇用されることに伴い生ずる日常生活又は社会生活を営む上での各般の問題に関する相談，指導及び助言その他の必要な支援」と規定された（規則第6条の10の4）。

　なお，障害福祉サービス以外の経路で一般就労した場合には，これまで同様，障害者就業・生活支援センターにおける相談支援やジョブコーチ支援など，雇用施策と連携した職場定着の支援が行われることとなる。

ⅱ　自立生活援助（第16項）

　障害の程度が軽く，共同生活を送る必要性が低い障害者のなかには，住み慣れた地域や自由度の高い一人暮らしを希望しているにもかかわらず，グループホームや精神科病院に入居・入院せざるを得ない者が一定程度存在する。

　特に，知的障害者及び精神障害者については，1人で自立した生活を送ろうとする場合に，毎日の服薬を適切に行うことができない，ゴミの片づけができない，買い物の際にだまされてお金を払ってしまう，他人とトラブルに

なっても何が悪いか理解できない等の問題が生じるため，一人暮らしができない者も多い。

このような者は，随時の相談対応や定期的な訪問による生活上の助言といった支援が受けられれば，1人で生活することも十分に可能であり，また，法も，障害者等が「どこで誰と生活するかについての選択の機会が確保され」ることを基本理念としている（第1条の2）ことを踏まえると，一人暮らしを望む障害者には，それを可能とするための支援を行うことが望ましいと考えられる。

このような状況に鑑み，障害者が，グループホーム（共同生活援助）を利用しなくても，地域の民間賃貸住宅等において自立した生活を送ることができるよう，定期的な巡回訪問や随時の訪問要請等への対応により，相談その他の自立のための援助を行うサービスとして「自立生活援助」が創設された。

対象者は，単に障害者支援施設等から退所等をした者だけでなく，「居宅における自立した日常生活を営むために自立生活援助において提供される援助を要する障害者であって，居宅において単身であるため又はその家族と同居している場合であっても当該家族等が障害，疾病等のため，障害者に対し，当該障害者の家族等による居宅における自立した日常生活を営む上での各般の問題に対する支援が見込めない状況にあるもの」とされた（規則第6条の10の5）。

自立生活援助を通じて，自立した生活を開始してから一定の期間にわたって相談・助言・指導等の便宜を集中的に提供し，自立した生活を営むことに関する必要な訓練を行うことにより，生活上の問題を自ら解決する能力を身につけることが可能であると考えられるためであり，また，サービスの利用が漫然と継続されることを防止するため，利用期間は1年間とされている（規則第6条の10の6）。

具体的な支援内容は，「定期的な巡回訪問又は随時通報を受けて行う訪問等の方法による障害者等に係る状況の把握，必要な情報の提供及び助言並びに相談，指定障害福祉サービス事業者等，指定特定相談支援事業者，医療機関等との連絡調整その他の障害者が居宅における自立した日常生活を営むために必要な援助」と規定された（規則第6条の10の7）。

○ 相談支援を行う事業について（第18項）（資料編：581頁）

障害者総合支援法では，障害者等が地域でさまざまな資源を活用しながら，生活することを想定している。このため，相談支援事業によって，どのような地域資源があるのか，どのように活用できるのか等を検討し，地域資源をつなぐ役割や，情報提供，相談，調整等を障害者等のニーズに合わせてコーディネートする相談支援事業の役割が非常に重要となっている。

相談支援事業は，大きく分けて二つある。一つは地域生活支援事業として実施される基本相談支援であり，もう一つはサービス個別給付（地域相談支援給付費や計

画相談支援給付費）として実施される地域相談支援と計画相談支援である。

① 地域生活支援事業として実施される相談支援　➡第77条

　ⅰ　地域の障害者等の福祉に関する各般の問題につき，訪問等の方法による障害者等，障害児の保護者又は介護者に係る状況の把握，必要な情報の提供及び助言並びに相談及び指導

　ⅱ　障害者等，障害児の保護者又は介護者と市町村，指定障害福祉サービス事業者等，医療機関等との連絡調整，地域における障害福祉に関する関係者による連携及び支援の体制に関する協議を行うための会議（協議会等）の設置

等による障害者等，障害児の保護者又は介護者に必要な支援を行うものである（規則第6条の11）。

　なお，協議会の設置その他一般的な相談支援は，地方交付税を財源として地方公共団体の一般財源により実施され，専門的な職員の配置等一般的な相談支援機能の強化を図る事業が国庫補助金の対象となっている。

　このほか，地域生活支援事業においては，権利擁護等を併せて行うことが規定されている。　➡第77条，第78条の解説

② 個別給付として実施される相談支援

　ⅰ　地域相談支援　➡第51条の14

　　　地域相談支援とは，地域定着支援及び地域移行支援とされている。地域移行支援（第20項）は，障害者支援施設等に入所している障害者又は精神科病院に入院している精神障害者につき，住居の確保その他の地域における生活に移行するための活動に関する相談といった便宜を供与するものである。具体的な便宜は，相談に加えて，外出の同行，障害福祉サービス（生活介護，自立訓練，就労移行支援及び就労継続支援に限る）の体験的な利用，体験的な宿泊支援等とされている（規則第6条の12）。

　　　地域移行支援については，従前，サービスの対象は入所施設の入所者か精神科病院の入院患者に限定されていたが，地域移行を進めるべき対象施設がほかにも存在することから，平成24年整備法案の衆議院修正により，「地域における生活に移行するために重点的な支援を必要とする者であって厚生労働省令で定めるもの」が対象に加えられた。

　　　具体的な対象は，以下のとおりである（規則第6条の11の2）。

　　ア　以下の施設に入所（入院）している障害者

　　　・障害者支援施設（第11項）

　　　・のぞみの園（第1項）

　　　・児童福祉施設（規則第1条→児童福祉法第7条第1項）

　　　・病院（規則第2条の3）

　　イ　精神科病院（第20項）に入院している精神障害者

　　ウ　以下の施設に入所している障害者

　　　・救護施設（生活保護法（昭和25年法律第144号）第38条第2項

・更生施設（同条第3項）
エ　以下の施設に収容されている障害者
・刑事施設（刑事収容施設及び被収容者等の処遇に関する法律（平成17年法律第50号）第3条）
・少年院（少年院法（平成26年法律第58号）第3条）
・更生保護施設（更生保護事業法（平成7年法律第86号）第2条第7項）
オ　以下の施設に宿泊している障害者
・保護観察所（法務省設置法（平成11年法律第93号）第15条）に設置若しくは併設された宿泊施設
・更生保護法（平成19年法律第88号）第62条第3項又は第85条第3項の規定による委託を受けた者が当該委託に係る同法第62条第2項の救護又は第85条第1項の更生緊急保護として利用させる宿泊施設（更生保護施設を除く）

　地域定着支援（第21項）は，居宅において単身といった状況で生活する障害者につき，当該障害者との常時の連絡体制を確保し，当該障害者に対し，障害の特性に起因して生じた緊急の事態等の場合に相談その他の便宜を供与するものである。単身以外でも，家族等が障害，疾病のため，緊急時の支援が見込めない場合にも利用できる（規則第6条の13）。

　なお，地域相談支援給付費の給付の対象となるためには，指定一般相談支援事業者を利用し，地域相談支援給付決定を受けている必要がある。

ⅱ　計画相談支援　➡　第51条の17

　計画相談支援とは，サービス利用支援及び継続サービス利用支援とされており，サービス利用支援は，障害者の心身の状況，その置かれている環境，当該障害者等又は障害児の保護者の障害福祉サービス又は地域相談支援の利用に関する意向その他の事情を勘案し，サービス等利用計画案を作成し，支給決定や地域相談支援給付決定等が行われた後に，関係者との連絡調整等の便宜を供与するとともに，サービス等利用計画を作成するものである。

　継続サービス利用支援は，支給決定障害者等が，支給決定の有効期間内において継続して障害福祉サービス又は地域相談支援を適切に利用することができるよう，サービス等利用計画が適切であるかどうかにつき，一定の期間ごとに，利用状況を検証し，その結果及び障害者の心身の状況，その置かれている環境，当該障害者等又は障害児の保護者の障害福祉サービス又は地域相談支援の利用に関する意向などの事情を勘案し，サービス等利用計画の見直しを行い，その結果に基づき，サービス等利用計画の変更等の便宜の供与を行うものである。

　サービス等利用計画案には，支給決定障害者等及びその家族の生活に対する意向，当該支給決定障害者等の総合的な援助の方針及び生活全般の解決すべき課題，提供される障害福祉サービスの目標及びその達成時期，障害福祉サービスの種類，内容，量，日時，利用料及びこれを担当する者並びに障害福祉サービスを提供するうえでの留意事項を記載する。

なお，計画相談支援給付費の給付の対象となるためには，指定特定相談支援事業者を利用し，支給決定障害者等が計画相談支援給付費の支給決定を受けている必要がある。
　　　このほか，指定相談支援事業者は，市町村から委託されれば，第20条に規定する認定調査等を行うことができる。
○　自立支援医療について（第24項）
　　　自立支援医療とは公費負担医療であり，障害者自立支援法の施行前からあった更生医療，育成医療，精神障害者通院医療と同様の範囲のものである（令第1条の2）。保険優先の規定があるため，実質的には，利用者の自己負担分の軽減のためのものとなる。　➡関連条文：第52条～第69条，第73条～第75条
①　身体の障害を除去し，又は軽減して職業能力を増進し，又は日常生活を容易にすること等を目的とした医療（従来の更生医療）
　　ⅰ　実施主体　市町村
　　ⅱ　医療の例
　　　・白内障　　　→水晶体摘出手術
　　　・麻痺障害　　→理学療法，作業療法
　　　・腎機能障害　→人工透析療法
②　身体に障害のある児童又は現存する疾患が将来障害を残すと認められる児童であって，比較的短期間の治療により効果が期待される児童に対して行われる医療（従来の育成医療）
　　ⅰ　実施主体　市町村
　　ⅱ　医療の例
　　　・先天性緑内障（牛眼）→手術等
　　　・先天性耳奇形　　　　→形成術
　　　・先天性心疾患　　　　→弁口，心室心房中隔に対する手術
③　精神障害者の通院医療を促進し，かつ適正な医療を普及させるために行われる通院医療（従来の精神通院医療）
　　ⅰ　実施主体　都道府県
○　補装具について（第25項）　➡第76条の解説

第2章　自立支援給付

第1節　通則(第6条－第14条)

> （自立支援給付）
> **第6条**　自立支援給付は，介護給付費，特例介護給付費，訓練等給付費，特例訓練等給付費，特定障害者特別給付費，特例特定障害者特別給付費，地域相談支援給付費，特例地域相談支援給付費，計画相談支援給付費，特例計画相談支援給付費，自立支援医療費，療養介護医療費，基準該当療養介護医療費，補装具費及び高額障害福祉サービス等給付費の支給とする。

概要　自立支援給付は，いわゆる「個別給付」といわれる給付の総称であり，利用者に支払われるものである。

解説
○　自立支援給付は，介護給付費，特例介護給付費，訓練等給付費，特例訓練等給付費，特定障害者特別給付費，特例特定障害者特別給付費，地域相談支援給付費，特例地域相談支援給付費，計画相談支援給付費，特例計画相談支援給付費，自立支援医療費，療養介護医療費，基準該当療養介護医療費，補装具費及び高額障害福祉サービス等給付費の支給のことをいう。これはすなわち，障害者総合支援法に基づき支給されるいわゆる「個別給付」の総称である。

　なお，利用者に支払われる「給付」という形態でないものとしては，事業者に対し，補助や委託の形で費用が支払われる「事業」がある。

○　障害福祉サービスに係る費用の給付としては，介護給付費，特例介護給付費，訓練等給付費及び特例訓練等給付費があり，利用者に対し，原則，要した費用から，障害者の所得（負担能力）に応じた額を引いた額が支給される（自己負担額については，家計の負担能力その他の事情をしん酌して政令で定める額と障害福祉サービスの提供に要した費用の1割とを比較して，低い方の額とする）。一方，地域相談支援給付費，特例地域相談支援給付費，計画相談支援給付費，特例計画相談支援給付費については，個別給付としてかかった費用の全額（ただし，厚生労働大臣が定める基準が実際に要した費用より低い場合には，当該低い方の額）が支給される。また，受給者については障害福祉サービス同様，法定代理受領により，事業者に全額が支払われる場合がほとんどである。

○　療養介護医療費及び基準該当療養介護医療費については，原則，療養介護のうち，

医療に係るものに要する費用から，障害者の所得（負担能力）に応じた額を引いた額が支給される（自己負担額については，家計の負担能力その他の事情をしん酌して政令で定める額と医療に係るものに要した費用の1割とを比較して，低いほうの額とする）。健康保険等による療養の給付等と給付調整されるため，実際は，健康保険等の自己負担分について給付が行われる。

○　自立支援医療に係る給付は，原則，自立支援医療に要する費用から，障害者の所得（負担能力）に応じた額を引いた額が支給される（自己負担額については，家計の負担能力その他の事情をしん酌して政令で定める額と自立支援医療に要した費用の1割とを比較して，低い方の額とする）が，療養介護医療費と同様に，給付調整された後の自己負担について給付される。

○　補装具に係る給付は補装具費であり，かかった費用から，障害者の所得（負担能力）に応じた額を引いた額が支給される（自己負担額については，家計の負担能力その他の事情をしん酌して政令で定める額と補装具に要した費用の1割とを比較して，低い方の額とする）。

（他の法令による給付等との調整）

第7条　自立支援給付は，当該障害の状態につき，介護保険法（平成9年法律第123号）の規定による介護給付，健康保険法（大正11年法律第70号）の規定による療養の給付その他の法令に基づく給付又は事業であって政令で定めるもののうち自立支援給付に相当するものを受け，又は利用することができるときは政令で定める限度において，当該政令で定める給付又は事業以外の給付であって国又は地方公共団体の負担において自立支援給付に相当するものが行われたときはその限度において，行わない。

概要　いわゆる併給調整の規定であり，同一のサービス内容のものについて，ほかの法令等に基づく給付を受けられる場合は，ほかの法令等に基づく給付を優先するものである。

解説
○　併給調整をされている具体的な給付は，以下のとおりである（令第2条）。
　①　以下の給付で受けることができるもの
　　・健康保険法の規定による療養の給付並びに入院時食事療養費，入院時生活療養費，保険外併用療養費，療養費，訪問看護療養費，移送費，家族療養費，家族訪問看護療養費，家族移送費，特別療養費及び高額療養費
　　・船員保険法（昭和14年法律第73号）の規定による療養の給付並びに入院時食事療養費，入院時生活療養費，保険外併用療養費，療養費，訪問看護療養費，移送費，家族療養費，家族訪問看護療養費，家族移送費及び高額療養費
　　・労働基準法（昭和22年法律第49号。ほかの法律において労働基準法の例による

とされている場合を含む）の規定による療養補償
- 労働者災害補償保険法（昭和22年法律第50号）の規定による療養補償給付及び療養給付
- 船員法（昭和22年法律第100号）の規定による療養補償
- 災害救助法（昭和22年法律第118号）の規定による扶助金（災害救助法施行令（昭和22年政令第225号）の規定による療養扶助金に限る）
- 消防組織法（昭和22年法律第226号）の規定による損害の補償（非常勤消防団員等に係る損害補償の基準を定める政令（昭和31年政令第335号）の規定による療養補償に限る）
- 消防法（昭和23年法律第186号）の規定による損害の補償（非常勤消防団員等に係る損害補償の基準を定める政令の規定による療養補償に限る）
- 水防法（昭和24年法律第193号）の規定による損害の補償（非常勤消防団員等に係る損害補償の基準を定める政令の規定による療養補償に限る）
- 国家公務員災害補償法（昭和26年法律第191号。他の法律において国家公務員災害補償法を準用し，又は同法の例によるとされている場合を含む）の規定による療養補償
- 警察官の職務に協力援助した者の災害給付に関する法律（昭和27年法律第245号）の規定による療養給付
- 海上保安官に協力援助した者等の災害給付に関する法律（昭和28年法律第33号）の規定による療養給付
- 公立学校の学校医，学校歯科医及び学校薬剤師の公務災害補償に関する法律（昭和32年法律第143号）の規定による療養補償
- 証人等の被害についての給付に関する法律（昭和33年法律第109号）の規定による療養給付
- 国家公務員共済組合法（昭和33年法律第128号。他の法律において準用し，又は例による場合を含む）の規定による療養の給付並びに入院時食事療養費，入院時生活療養費，保険外併用療養費，療養費，訪問看護療養費，移送費，家族療養費，家族訪問看護療養費，家族移送費及び高額療養費
- 国民健康保険法（昭和33年法律第192号）の規定による療養の給付並びに入院時食事療養費，入院時生活療養費，保険外併用療養費，療養費，訪問看護療養費，特別療養費，移送費及び高額療養費
- 災害対策基本法（昭和36年法律第223号）の規定による損害の補償（非常勤消防団員等に係る損害補償の基準を定める政令の規定による療養補償に相当するもの又は災害救助法施行令の規定による療養扶助金に相当するものに限る）
- 地方公務員等共済組合法（昭和37年法律第152号）の規定による療養の給付並びに入院時食事療養費，入院時生活療養費，保険外併用療養費，療養費，訪問看護療養費，移送費，家族療養費，家族訪問看護療養費，家族移送費及び高額療養費

- 地方公務員災害補償法（昭和42年法律第121号）の規定による療養補償
- 高齢者の医療の確保に関する法律（昭和57年法律第80号）の規定による療養の給付並びに入院時食事療養費，入院時生活療養費，保険外併用療養費，療養費，訪問看護療養費，特別療養費，移送費及び高額療養費
- 原子爆弾被爆者に対する援護に関する法律（平成6年法律第117号）の規定による医療の給付及び一般疾病医療費
- 介護保険法（平成9年法律第123号）の規定による介護給付，予防給付及び市町村特別給付
- 武力攻撃事態等における国民の保護のための措置に関する法律（平成16年法律第112号）の規定による損害の補償（非常勤消防団員等に係る損害補償の基準を定める政令の規定による療養補償に相当するもの又は災害救助法施行令の規定による療養扶助金に相当するものに限る）
- 新型インフルエンザ等対策特別措置法（平成24年法律第31号）の規定による損害の補償（災害救助法施行令の規定による療養扶助金に相当するものに限る）

② 以下の給付で受けることができるもの（ただし，介護に要する費用を支出して介護を受けた部分に限る）
- 労働者災害補償保険法の規定による介護補償給付及び介護給付
- 消防組織法の規定による損害の補償（非常勤消防団員等に係る損害補償の基準を定める政令の規定による介護補償に限る）
- 消防法の規定による損害の補償（非常勤消防団員等に係る損害補償の基準を定める政令の規定による介護補償に限る）
- 水防法の規定による損害の補償（非常勤消防団員等に係る損害補償の基準を定める政令の規定による介護補償に限る）
- 国家公務員災害補償法（他の法律において国家公務員災害補償法を準用し，又は同法の例によるとされている場合を含む）の規定による介護補償
- 警察官の職務に協力援助した者の災害給付に関する法律の規定による介護給付
- 海上保安官に協力援助した者等の災害給付に関する法律の規定による介護給付
- 公立学校の学校医，学校歯科医及び学校薬剤師の公務災害補償に関する法律の規定による介護補償
- 証人等の被害についての給付に関する法律の規定による介護給付
- 災害対策基本法の規定による損害の補償（非常勤消防団員等に係る損害補償の基準を定める政令の規定による介護補償に相当するものに限る）
- 労働者災害補償保険法等の一部を改正する法律（平成7年法律第35号）附則第8条の規定によりなおその効力を有するものとされる同法附則第7条の規定による改正前の炭鉱災害による一酸化炭素中毒症に関する特別措置法（昭和42年法律第92号）第8条の規定による介護料
- 地方公務員災害補償法の規定による介護補償
- 武力攻撃事態等における国民の保護のための措置に関する法律の規定による損

図2－3　医療保険との併給の場合の例

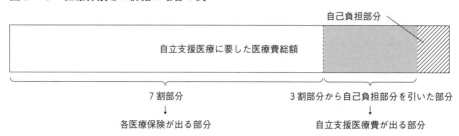

　　　害の補償（非常勤消防団員等に係る損害補償の基準を定める政令の規定による介護補償に相当するものに限る）
　　③　以下の事業で利用することができるもの
　　　・介護保険法の規定による地域支援事業（第1号事業に限る）
○　これらは，どの法令に基づくどの給付が行われた場合に，どの限度において給付を行わないのかを具体的に定めるものである。自立支援医療については，原則として「保険優先」・「他法優先」，すなわち医療保険やその他の法で支払われる部分以外の部分を補完する機能を有するものとして位置づけるため，各医療保険の給付や災害補償関係の法令等について掲げている。
○　介護給付費等についても，災害補償関係法令等に基づく介護サービスに関する給付が行われる場合は，その限度において介護給付費等を行わないものと位置づけていることから，対象となる法令の給付を掲げたものである。
○　介護給付費等と介護保険の併給に関する具体的な取扱いは，「障害者の日常生活及び社会生活を総合的に支援するための法律に基づく自立支援給付と介護保険制度との適用関係等について」（平成19年3月28日障企発第0328002号・障障発第0328002号）に詳細が記載されているが，基本的に，介護保険の被保険者であって，障害福祉サービスに相当する介護保険法に基づくサービスがあり，これを受けることができる場合には，介護保険法に基づくサービスを優先して受けることになる。いわゆる「上乗せ」（量的に介護保険法に基づくサービスでは足りない部分（例えば，身体介護を月50時間必要とする者が，介護保険法から40時間まで給付を受ける場合は，障害福祉サービスから残りの10時間給付する等））と「横出し」（サービスの種類として障害福祉サービスにしか存在しない部分（例えば，就労支援等））を介護給付費等から給付し，重複している部分を介護保険法に基づく給付費から支給するという考え方である。
　しかしながら，障害者の心身の状況等により，個別にさまざまなケースが考えられることから，一律に介護保険法に基づくサービスを優先するのではなく，個別に障害福祉サービスの種類や利用者の状況に応じて障害福祉サービスに相当する介護保険法に基づくサービスを受けられるかどうかを判断することとしている。

(不正利得の徴収)

第8条 市町村（政令で定める医療に係る自立支援医療費の支給に関しては，都道府県とする。以下「市町村等」という。）は，偽りその他不正の手段により自立支援給付を受けた者があるときは，その者から，その自立支援給付の額に相当する金額の全部又は一部を徴収することができる。

2　市町村等は，第29条第2項に規定する指定障害福祉サービス事業者等，第51条の14第1項に規定する指定一般相談支援事業者，第51条の17第1項第1号に規定する指定特定相談支援事業者又は第54条第2項に規定する指定自立支援医療機関（以下この項において「事業者等」という。）が，偽りその他不正の行為により介護給付費，訓練等給付費，特定障害者特別給付費，地域相談支援給付費，計画相談支援給付費，自立支援医療費又は療養介護医療費の支給を受けたときは，当該事業者等に対し，その支払った額につき返還させるほか，その返還させる額に100分の40を乗じて得た額を支払わせることができる。

3　前2項の規定による徴収金は，地方自治法（昭和22年法律第67号）第231条の3第3項に規定する法律で定める歳入とする。

概要　不正利得の場合の徴収規定及び不正利得の場合の事業者に対する加算金を規定するものである。

解説
○　不正利得の場合にその給付に相当する額を徴収することを規定するほか，事業者等に対して，加算金を徴収する旨を規定している。
○　なお，不正利得の徴収における事業者等に対する加算金については，事業者が直接給付を受けることを前提にしているため，法定代理受領が定められている給付（介護給付費，訓練等給付費，特定障害者特別給付費，地域相談支援給付費，計画相談支援給付費，自立支援医療費又は療養介護医療費）に係るものに限定している。

(報告等)

第9条　市町村等は，自立支援給付に関して必要があると認めるときは，障害者等，障害児の保護者，障害者等の配偶者若しくは障害者等の属する世帯の世帯主その他その世帯に属する者又はこれらの者であった者に対し，報告若しくは文書その他の物件の提出若しくは提示を命じ，又は当該職員に質問させることができる。

2　前項の規定による質問を行う場合においては，当該職員は，その身分を示す証明書を携帯し，かつ，関係人の請求があるときは，これを提示しなければならない。

3　第1項の規定による権限は，犯罪捜査のために認められたものと解釈してはな

らない。

第10条 市町村等は，自立支援給付に関して必要があると認めるときは，当該自立支援給付に係る障害福祉サービス，相談支援，自立支援医療，療養介護医療若しくは補装具の販売，貸与若しくは修理（以下「自立支援給付対象サービス等」という。）を行う者若しくはこれらを使用する者若しくはこれらの者であった者に対し，報告若しくは文書その他の物件の提出若しくは提示を命じ，又は当該職員に関係者に対して質問させ，若しくは当該自立支援給付対象サービス等の事業を行う事業所若しくは施設に立ち入り，その設備若しくは帳簿書類その他の物件を検査させることができる。

2　前条第2項の規定は前項の規定による質問又は検査について，同条第3項の規定は前項の規定による権限について準用する。

（厚生労働大臣又は都道府県知事の自立支援給付対象サービス等に関する調査等）

第11条 厚生労働大臣又は都道府県知事は，自立支援給付に関して必要があると認めるときは，自立支援給付に係る障害者等若しくは障害児の保護者又はこれらの者であった者に対し，当該自立支援給付に係る自立支援給付対象サービス等の内容に関し，報告若しくは文書その他の物件の提出若しくは提示を命じ，又は当該職員に質問させることができる。

2　厚生労働大臣又は都道府県知事は，自立支援給付に関して必要があると認めるときは，自立支援給付対象サービス等を行った者若しくはこれらを使用した者に対し，その行った自立支援給付対象サービス等に関し，報告若しくは当該自立支援給付対象サービス等の提供の記録，帳簿書類その他の物件の提出若しくは提示を命じ，又は当該職員に関係者に対して質問させることができる。

3　第9条第2項の規定は前2項の規定による質問について，同条第3項の規定は前2項の規定による権限について準用する。

概要　自立支援給付を行う市町村等が，適正に給付を行うために必要な調査を行うための規定，自立支援給付に要した費用の一部を負担することによる国及び都道府県の調査権限を定めるものである。なお，介護保険法にも同様の規定がある。

解説　○　自立支援給付の実施主体として，適正に行うための調査権限（第9条及び第10条）
市町村等が，自立支援給付に要した費用を支弁することから，その自立支援給付が適正に行われるよう必要な報告を求め，また，調査するための規定である。
① 障害者等に対する調査（第9条関係）
ⅰ 調査対象
a 障害者等，障害児の保護者，障害者等の配偶者又は障害者等の属する世帯

の世帯主その他その世帯に属する者
            b   aであった者
        ⅱ   調査方法
            a   報告を命ずる。
            b   文書その他の物件の提出又は提示を命ずる。
            c   職員に質問をさせる。
            ※   利用者本人の住居等に立入検査を行う報告徴収規定はおいていない。
        ⅲ   罰則等
            市町村等は，条例で，10万円以下の過料を科する規定を設けることができる（第115条第1項関係）。
    ②   自立支援給付対象サービス等を行う者等に対する調査（第10条関係）
        ⅰ   調査対象
            a   自立支援給付に係る障害福祉サービス，相談支援，自立支援医療，療養介護医療又は補装具の販売，貸与若しくは修理（以下「自立支援給付対象サービス等」という）を行う者
            b   aを使用する者
            c   a又はbであった者
        ⅱ   調査方法
            a   報告を命ずる。
            b   文書その他の物件の提出又は提示を命ずる。
            c   職員に関係者に対し質問をさせる。
            d   職員に事務所又は施設に立ち入り，設備又は帳簿書類その他の物件を検査させる。
        ⅲ   罰則等
            市町村等は，条例で，10万円以下の過料を科する規定を設けることができる（第115条第2項関係）。
○   自立支援給付に要した費用の一部を負担することから生ずる調査権限（第11条関係）
    厚生労働大臣又は都道府県知事が，自立支援給付に要した費用の一部を負担することから，その自立支援給付が適正に行われたものかどうかの調査を行うための規定である。
    ①   障害者等に対する調査（第11条第1項関係）
        ⅰ   調査対象
            a   自立支援給付に係る障害者等又は障害児の保護者
            b   aであった者
        ⅱ   調査方法
            a   報告を命ずる。
            b   文書その他の物件の提出又は提示を命ずる。

　　　　　c　職員に質問をさせる。
　　　ⅲ　罰則等
　　　　30万円以下の罰金（第110条関係）
　②　自立支援給付対象サービス等を行う者等に対する調査（第11条第2項関係）
　　　ⅰ　調査対象
　　　　a　自立支援給付対象サービス等を行った者
　　　　b　aを使用した者
　　　※　本調査は事後的に行うため，調査対象は過去に行った者等となる。
　　　ⅱ　調査方法
　　　　a　報告を命ずる。
　　　　b　文書その他の物件の提出又は提示を命ずる。
　　　　c　職員に関係者に対し質問をさせる。
　　　ⅲ　罰則等
　　　　10万円以下の過料（第114条関係）

（指定事務受託法人）

第11条の2　市町村及び都道府県は，次に掲げる事務の一部を，法人であって厚生労働省令で定める要件に該当し，当該事務を適正に実施することができると認められるものとして都道府県知事が指定するもの（以下「指定事務受託法人」という。）に委託することができる。

　一　第9条第1項，第10条第1項並びに前条第1項及び第2項に規定する事務（これらの規定による命令及び質問の対象となる者並びに立入検査の対象となる事業所及び施設の選定に係るもの並びに当該命令及び当該立入検査を除く。）

　二　その他厚生労働省令で定める事務（前号括弧書に規定するものを除く。）

2　指定事務受託法人の役員若しくは職員又はこれらの職にあった者は，正当な理由なしに，当該委託事務に関して知り得た秘密を漏らしてはならない。

3　指定事務受託法人の役員又は職員で，当該委託事務に従事するものは，刑法（明治40年法律第45号）その他の罰則の適用については，法令により公務に従事する職員とみなす。

4　市町村又は都道府県は，第1項の規定により事務を委託したときは，厚生労働省令で定めるところにより，その旨を公示しなければならない。

5　第9条第2項の規定は，第1項の規定により委託を受けて行う同条第1項，第10条第1項並びに前条第1項及び第2項の規定による質問について準用する。

6　前各項に定めるもののほか，指定事務受託法人に関し必要な事項は，政令で定める。

概要 自立支援給付に関する自治体の指導監査に係る事務のうち，公権力の行使に当たらない「質問」や「文書提出の依頼」等について，これらの事務を適切に実施することができるものとして都道府県知事が指定する民間法人（指定事務受託法人）に対し，業務委託を可能とする。なお，介護保険法における「都道府県指定事務受託法人」と類似の制度である。

解説 自治体の指導監査に係る事務の一部を受託することができる「指定事務受託法人」について規定するものである。

第1項

市町村及び都道府県が指定事務受託法人に委託することができる事務は，障害者総合支援法第9条第1項，第10条第1項並びに第11条第1項及び第2項に規定する自立支援給付等に関する事務のうち，これらの規定による指導監査の対象者の選定や命令，立入検査そのものに係る事務を除く事務である。具体的には，定型的な「質問」や「文書提出の依頼」等が委託可能な事務に当たる。なお，第1項第2号に「その他厚生労働省令で定める事務」と規定されているが，厚生労働省令で定める事務として定められているものは現在，存しない。また，指定事務受託法人の指定は一律に都道府県が行うものとされており，市町村が事務を委託する場合は，当該市町村の所在地を所管する都道府県が指定している指定事務受託法人のなかから委託先を選定することとなる。

第2項

指定事務受託法人の役員若しくは職員又はこれらの職にあった者に対する秘密保持義務に関する規定である。

第3項

指定事務受託法人は行政の指導監査事務を受託するものであるため，当該委託事務に従事する指定事務受託法人の役員又は職員に関する罰則の適用については，公務に従事する職員とみなす旨の規定である。

第4項

市町村又は都道府県は，事務を委託したときは，その旨を公示しなければならない旨を定める規定である。

第5項

指定事務受託法人の職員等が指導監査に係る事務の一部を行う場合は，当該職員等は，その身分を示す証明書を携帯し，かつ，関係人の請求があるときは，これを提示しなければならないことを定める規定である。

(資料の提供等)
第12条 市町村等は，自立支援給付に関して必要があると認めるときは，障害者等，障害児の保護者，障害者等の配偶者又は障害者等の属する世帯の世帯主その他その世帯に属する者の資産又は収入の状況につき，官公署に対し必要な文書の閲覧若しくは資料の提供を求め，又は銀行，信託会社その他の機関若しくは障害者の雇用主その他の関係人に報告を求めることができる。

概要 市町村等が負担上限月額等を判断するに当たって，障害者等，障害児の保護者等の資産や収入の状況を把握する必要があることから，官公署や銀行等の金融機関等に資料の提供等を求めることができることを規定したもの。

解説 市町村等は，自立支援給付の負担上限月額等を判断する際には，障害者や障害児の保護者等の課税状況等を把握する必要がある。

基本的に，これらは負担軽減を受ける際に，利用者がこの情報を市町村等に申告することとなるが，これらの状況についても市町村等が自ら調査を行うことを可能とするよう，当該規定を設けたものである。なお，介護保険法や国民健康保険法にも同様の規定がある。

(受給権の保護)
第13条 自立支援給付を受ける権利は，譲り渡し，担保に供し，又は差し押さえることができない。
(租税その他の公課の禁止)
第14条 租税その他の公課は，自立支援給付として支給を受けた金品を標準として，課することができない。

概要 自立支援給付の受給権の保護，自立支援給付に対する公租公課禁止の規定である。

解説 ○ 第13条は，受給権の保護を図るため，自立支援給付の受給権の譲渡等の禁止を定めるものである。

譲渡及び担保権の設定を禁止されることから，相殺，債権質，譲渡担保設定の対象とはなりえない。

また，「差し押さえ」は，国税徴収法(昭和34年法律第147号)による滞納処分としての差押も含むものである。本条に違反してなされた譲渡，担保権の設定及び差押は法律上無効である。

○ 第14条は，自立支援給付に対する公租公課を禁止したものである。
自立支援給付は，障害者，障害児が生活するうえで必要な医療や介護等に係るサー

ビスに関して，障害者の生活を保障し，またその生活の安定を図るために支給するものであり，租税その他の公課を課されることとなれば，障害者，障害児の保護という給付の目的達成を阻む結果となることから，設けられている。
○　また，ほかの医療や介護に関する保険給付等についても，同様の趣旨から，譲渡等の禁止及び公租公課禁止規定が設けられている。

第2節　介護給付費，特例介護給付費，訓練等給付費，特例訓練等給付費，特定障害者特別給付費及び特例特定障害者特別給付費の支給

第1款　市町村審査会（第15条－第18条）

> （市町村審査会）
> **第15条**　第26条第2項に規定する審査判定業務を行わせるため，市町村に第19条第1項に規定する介護給付費等の支給に関する審査会（以下「市町村審査会」という。）を置く。

概要　障害支援区分認定の審査判定業務を行うため，及び支給要否決定に当たり必要に応じて意見を聴く専門機関として設置される市町村審査会の業務に関して規定したものである。

解説
- 市町村審査会は，障害支援区分の審査判定業務を行うとともに，支給要否決定に当たり必要に応じて意見を聴くための障害者の保健福祉に係る学識経験者から構成される専門機関として，市町村に設置される。
- 障害福祉サービスの支給決定には，より客観性，透明性が求められていることから，中立かつ公平な立場で判定等を行う機関として設置されるものである。
- 市町村審査会は，地方自治法上，自治体の附属機関として位置づけられるが，法律上必置とされていることから，設置の根拠となる条例の制定は不要である。

> **参考**
> ○**地方自治法**（昭和22年法律第67号）（抄）
> 〔委員会・委員及び附属の設置〕
> **第138条の4**　普通地方公共団体にその執行機関として普通地方公共団体の長の外，法律の定めるところにより，委員会又は委員を置く。
> 2　普通地方公共団体の委員会は，法律の定めるところにより，法令又は普通地方公共団体の条例若しくは規則に違反しない限りにおいて，その権限に属する事務に関し，規則その他の規程を定めることができる。
> 3　普通地方公共団体は，法律又は条例の定めるところにより，執行機関の附属機関として自治紛争処理委員，審査会，審議会，調査会その他の調停，審査，諮問又は調査のための機関を置くことができる。ただし，政令で定める執行機関については，この限りでない。
> 〔附属機関の職務権限・組織等〕

> 第202条の3　普通地方公共団体の執行機関の附属機関は，法律若しくはこれに基く政令又は条例の定めるところにより，その担任する事項について調停，審査，審議又は調査等を行う機関とする。
> 2　附属機関を組織する委員その他の構成員は，非常勤とする。
> 3　附属機関の庶務は，法律又はこれに基く政令に特別の定があるものを除く外，その属する執行機関において掌るものとする。

○　市町村審査会の設置は，次のような形態が考えられる。
　　①　市町村単独で設置
　　②　広域連合や一部事務組合での対応
　　③　機関の共同設置
　　④　市町村の委託による都道府県審査会の設置

> （委員）
> 第16条　市町村審査会の委員の定数は，政令で定める基準に従い条例で定める数とする。
> 2　委員は，障害者等の保健又は福祉に関する学識経験を有する者のうちから，市町村長（特別区の区長を含む。以下同じ。）が任命する。

概要　市町村審査会の委員数，その要件に関して規定したものである。

解説　○　市町村審査会の委員の定数
　　市町村審査会の委員の定数については，政令で一定の基準を策定し，当該基準に従って市町村が条例を定めることとされている。

> 参考
> ○障害者の日常生活及び社会生活を総合的に支援するための法律施行令（抄）
> （市町村審査会の委員の定数の基準）
> 第4条　法第16条第1項に規定する市町村審査会（以下「市町村審査会」という。）の委員の定数に係る同項に規定する政令で定める基準は，市町村審査会の障害支援区分の審査及び判定の件数その他の事情を勘案して，各市町村（特別区を含む。以下同じ。）が必要と認める数の第8条第1項に規定する合議体を市町村審査会に設置することができる数であることとする。

○　市町村審査会の委員
　　委員は，障害者等の保健福祉に関する学識経験者のなかから，任命することとされている。
　　①　委員の身分は，市町村の非常勤特別職となる。

② 委員構成
　ⅰ 委員は，障害者の実情に通じた者のうちから，障害保健福祉の学識経験を有する者であって，中立かつ公正な立場で審査が行える者を任命する。
　ⅱ 身体障害，知的障害，精神障害，難病等の各分野の均衡に配慮した構成とする。
③ 学識経験を有する者の判断
　ⅰ 委員が学識経験を有しているか否かについては，市町村長の判断による。
　ⅱ 障害者の保健福祉の学識経験を有する者であって，中立かつ公正な立場で審査が行える者であれば，障害者を委員に加えることが望ましい。
④ 市町村との関係
　ⅰ 審査会での審査判定の公平性を確保するために，市町村職員は，原則として委員になることはできない。
　ⅱ ただし，委員の確保が難しい場合は，市町村職員であっても，障害保健福祉の学識経験者であり，かつ認定調査等の事務に直接従事していなければ，委員に委嘱することは差し支えない。
⑤ 認定調査員との兼務
　ⅰ 委員は，原則として当該市町村の認定調査員となれない。
　ⅱ ただし，ほかに適当な者がいない等のやむをえない事情がある場合はこの限りではない。その場合であっても，委員が認定調査を行った対象者の審査判定については，当該委員が所属する合議体では行わない。
⑥ 審査会委員の研修
　委員は，原則として都道府県が実施する審査会委員に対する研修（市町村審査会委員研修）を受講し，審査及び判定の趣旨等を確認する。

（共同設置の支援）

第17条 都道府県は，市町村審査会について地方自治法第252条の7第1項の規定による共同設置をしようとする市町村の求めに応じ，市町村相互間における必要な調整を行うことができる。

2 都道府県は，市町村審査会を共同設置した市町村に対し，その円滑な運営が確保されるように必要な技術的な助言その他の援助をすることができる。

概要 複数の市町村が市町村審査会を共同設置しようとする場合の都道府県による支援に関して規定したものである。

解説
○ 小規模町村など，市町村ごとの市町村審査会の設置が困難な場合に，都道府県による共同設置の調整や助言等についての規定を設けたものである。
○ 介護保険法の介護認定審査会についても同様の規定がある。
○ 特に小規模町村では障害支援区分認定を受ける必要がある障害者数が少ないことから，共同設置等を進める必要があるが，その際，都道府県は，管内で適切な設置

(政令への委任)
第18条 この法律に定めるもののほか，市町村審査会に関し必要な事項は，政令で定める。

概要 市町村審査会に関する第15条から第17条の規定のほか，市町村審査会に関して必要な事項については，政令で定める旨規定したものである。令においては，委員の任期，会議の議決方法等について規定している。

解説 本法の規定以外に，令では，以下の事項を規定している。なお，都道府県審査会については，市町村審査会に関する規定が準用されることとなっている。

参考

○障害者の日常生活及び社会生活を総合的に支援するための法律施行令（抄）
（委員の任期）
第5条 委員の任期は，2年（委員の任期を2年を超え3年以下の期間で市町村が条例で定める場合にあっては，当該条例で定める期間）とする。ただし，補欠の委員の任期は，前任者の残任期間とする。
2 委員は，再任されることができる。
（会長）
第6条 市町村審査会に会長1人を置き，委員の互選によってこれを定める。
2 会長は，会務を総理し，市町村審査会を代表する。
3 会長に事故があるときは，あらかじめその指名する委員が，その職務を代理する。
（会議）
第7条 市町村審査会は，会長が招集する。
2 市町村審査会は，会長及び過半数の委員の出席がなければ，これを開き，議決をすることができない。
3 市町村審査会の議事は，出席した委員の過半数をもって決し，可否同数のときは，会長の決するところによる。
（合議体）
第8条 市町村審査会は，委員のうちから会長が指名する者をもって構成する合議体（以下この条において「合議体」という。）で，審査判定業務（法第26条第2項に規定する審査判定業務をいう。）を取り扱う。
2 合議体に長を1人置き，当該合議体を構成する委員の互選によってこれを定める。
3 合議体を構成する委員の定数は，5人を標準として市町村が定める数とする。
4 合議体は，これを構成する委員の過半数が出席しなければ，会議を開き，議決をすることができない。
5 合議体の議事は，出席した委員の過半数をもって決し，可否同数のときは，長の決するところによる。

> 6　市町村審査会において別段の定めをした場合のほかは，合議体の議決をもって市町村審査会の議決とする。
>
> （都道府県審査会に関する準用）
> **第9条**　第4条から前条までの規定は，法第26条第2項に規定する都道府県審査会について準用する。この場合において，第4条中「各市町村（特別区を含む。以下同じ。）」とあるのは「各都道府県」と，第5条第1項及び前条第3項中「市町村」とあるのは「都道府県」と読み替えるものとする。

第2款　支給決定等(第19条－第27条)

> （介護給付費等の支給決定）
> **第19条**　介護給付費，特例介護給付費，訓練等給付費又は特例訓練等給付費（以下「介護給付費等」という。）の支給を受けようとする障害者又は障害児の保護者は，市町村の介護給付費等を支給する旨の決定（以下「支給決定」という。）を受けなければならない。
> 2　支給決定は，障害者又は障害児の保護者の居住地の市町村が行うものとする。ただし，障害者又は障害児の保護者が居住地を有しないとき，又は明らかでないときは，その障害者又は障害児の保護者の現在地の市町村が行うものとする。
> 3　前項の規定にかかわらず，第29条第1項若しくは第30条第1項の規定により介護給付費等の支給を受けて又は身体障害者福祉法第18条第2項若しくは知的障害者福祉法第16条第1項の規定により入所措置が採られて障害者支援施設，のぞみの園又は第5条第1項若しくは第6項の厚生労働省令で定める施設に入所している障害者及び生活保護法（昭和25年法律第144号）第30条第1項ただし書の規定により入所している障害者（以下この項において「特定施設入所障害者」と総称する。）については，その者が障害者支援施設，のぞみの園，第5条第1項若しくは第6項の厚生労働省令で定める施設又は同法第30条第1項ただし書に規定する施設（以下「特定施設」という。）への入所前に有した居住地（継続して2以上の特定施設に入所している特定施設入所障害者（以下この項において「継続入所障害者」という。）については，最初に入所した特定施設への入所前に有した居住地）の市町村が，支給決定を行うものとする。ただし，特定施設への入所前に居住地を有しないか，又は明らかでなかった特定施設入所障害者については，入所前におけるその者の所在地（継続入所障害者については，最初に入所した特定施設の入所前に有した所在地）の市町村が，支給決定を行うものとする。
> 4　前2項の規定にかかわらず，児童福祉法第24条の2第1項若しくは第24条の24

第1項の規定により障害児入所給付費の支給を受けて又は同法第27条第1項第3号若しくは第2項の規定により措置（同法第31条第5項の規定により同法第27条第1項第3号又は第2項の規定による措置とみなされる場合を含む。）が採られて第5条第1項の厚生労働省令で定める施設に入所していた障害者等が，継続して，第29条第1項若しくは第30条第1項の規定により介護給付費等の支給を受けて，身体障害者福祉法第18条第2項若しくは知的障害者福祉法第16条第1項の規定により入所措置が採られて又は生活保護法第30条第1項ただし書の規定により特定施設に入所した場合は，当該障害者等が満18歳となる日の前日に当該障害者等の保護者であった者（以下この項において「保護者であった者」という。）が有した居住地の市町村が，支給決定を行うものとする。ただし，当該障害者等が満18歳となる日の前日に保護者であった者がいないか，保護者であった者が居住地を有しないか，又は保護者であった者の居住地が明らかでない障害者等については，当該障害者等が満18歳となる日の前日におけるその者の所在地の市町村が支給決定を行うものとする。

5 前2項の規定の適用を受ける障害者等が入所している特定施設は，当該特定施設の所在する市町村及び当該障害者等に対し支給決定を行う市町村に，必要な協力をしなければならない。

概要 障害者又は障害児の保護者は，市町村に介護給付費等の支給決定を受けなければならないことを規定するものである。

また，支給決定は，障害者又は障害児の保護者が居住する市町村が行うこととするが，障害者支援施設等特定施設に入所している場合については，入所前の居住地の市町村が支給決定をする等の特例（いわゆる「居住地特例」）について規定している。

解説 第1項

障害者又は障害児の保護者は，介護給付費等の支給を受けるためには，その支給する旨の市町村の決定（支給決定）を受けなければならない。なお，具体的な支給決定に当たっての手続き，支給決定の流れ，判断基準等については第20条以下に規定されている。

第2項

○ 支給決定は，申請者（障害者又は障害児の保護者）の居住地の市町村で行うことが原則となる。ただし，居住地を有しない，あるいは明らかでない場合は，その者の現在地の市町村となる。

この取扱いは，障害者自立支援法が制定される前の身体障害者福祉法及び知的障害者福祉法の取扱いを踏まえたものである。

○ なお，規定ぶりについては，介護保険や国民健康保険は「住所地」とされている

が，自立支援給付に当たっては被保険者管理が必要ないことから，住民基本台帳の取扱いと連動させるこれらの制度とは異なり，障害者自立支援法が制定される前の取扱い同様，「居住地」としている。

第3項（詳細は「居住地特例等の詳細について」参照）
○ 施設入所者についての，いわゆる居住地特例を設けたものである。
○ これらの内容については，従前から法令上は規定がなかったものの，運用上，認められてきたものであるが，障害者自立支援法の制定に伴い，法令上明確化することとしたものである。
○ 居住地原則を貫いた場合，障害者支援施設等，障害者総合支援法の給付対象となる施設が集中している市町村では，給付費の支給に要する費用が多額なものとなるとともに，市町村間で不公平が生じるとの問題がある。このため，障害者支援施設等に入所するために他市町村から移転する場合は，引き続き，従前居住していた市町村が支給決定及び費用支弁をするよう，特例を設けることとしたものである。また，2以上の施設等に継続して入所する場合も，同様に，最初に施設入所をした前に居住していた市町村が支給決定を行うこととしている。
○ 対象となる施設は，障害者支援施設，のぞみの園，第5条第1項の施設（児童福祉施設），第5条第6項の施設（病院）及び生活保護法第30条第1項ただし書の施設（これらを総称して「特定施設」という）である。これらの特定施設に，障害者自立支援法の施行前に身体障害者福祉法等の措置により入所した場合，障害者自立支援法の介護給付費等の支給を受けて入所した場合及び生活保護法第30条第1項ただし書の規定により入所した場合が対象となる。
○ なお，附則に経過措置を設け，当分の間，共同生活援助を行う住居への入居についても適用している（附則第4条及び第18条第2項）。

第4項
　障害者となる以前（18歳になる以前）から，措置又は契約により，児童福祉施設に入所しており，引き続き特定施設に入所する者について，当該者の給付主体を，当該者が18歳になる日の前日（障害児であったとき）に当該障害児の保護者が居住地を有した市町村とする。

第5項
　居住地特例を運用するためには市町村間の協力が不可欠であり，そのための規定を設けたものである。

居住地特例等の詳細について
1　趣旨及び概要
　(1)　障害者支援施設の設置市町村の介護給付費等の支給に係る負担が過大とならない

よう，障害者支援施設に入所する障害者については，障害者支援施設に居住地がある場合であっても，施設入所前の居住地市町村を，支給決定を行い費用を支弁する者とする。
(2) 一方，共同生活援助（グループホーム）については，住居であり，こうした住居に入居することは，通常の引っ越しと変わりないと考えることが自然であることから，本来こうした特例の対象になじまないものである。

　しかしながら，障害者が地域で暮らすための地域資源として，共同生活住居は不可欠であり，その資源が不足している現状を踏まえると，これらの共同生活住居の整備を促進し，これらが整備されるまでの当分の間，入居前市町村を居住地とする特例を設けることとした。
(3) なお，自立支援医療費の支給に係る支給認定についても，同様の取扱いとしている。
(4) また，これらの居住地特例の施行の日は，それぞれの施設等に関する規定が施行される日としており，すなわち，

・障害者支援施設については，平成18年10月

・共同生活援助を行う住居については，平成18年4月

である。
(5) 平成24年4月からは，障害者となる以前（18歳になる以前）から，措置又は契約により，児童福祉施設に入所しており，引き続き特定施設に入所する者について，当該者の給付主体を，当該者が18歳になる日の前日（障害児であったとき）に当該障害児の保護者が居住地を有した市町村としている。

2　具体的な内容
　(1) 平成18年4月～9月
　　① 障害者自立支援法のうち，介護給付費等の支給決定について施行されるが，障害者支援施設等は未施行であり，対象とすべき施設は，改正前の時点ですでに対象となっている身障療護施設及び生保第30条第1項施設に加え，共同生活援助を行う住居である。
　　② このため，障害者自立支援法第19条第3項の規定を読み替えて，共同生活援助を行う住居を対象施設として追加する経過措置を設けている（附則第4条）。
　　③ また，知的障害者福祉法についても，すでに対象となっている施設に加え，共同生活援助を行う住居を加えることとした（平成18年10月に附則第56条に移行）。
　(2) 平成18年10月～
　　① 障害者支援施設等，介護給付費等で支給対象となる入所施設についてはすべて特定施設として対象となる。

　　　具体的には，ⅰ障害者支援施設，ⅱのぞみの園，ⅲ施設障害福祉サービスを提供しても障害福祉サービス事業者とはならない施設（第5条第1項の施設。児童福祉施設を想定），ⅳ療養介護の対象施設（第5条第5項の施設。病院及び診療所を想定），ⅴ生活保護法第30条第1項ただし書の施設及びⅵ旧法施設である。これらの施設に，障害者自立支援法の施行前に身体障害者福祉法等の措置により

入所した場合，障害者自立支援法の介護給付費等の支給を受けて入所した場合及び生活保護法第30条第1項ただし書の規定により入所した場合が対象となる。
② 共同生活援助を行う住居については，当分の間の経過措置として，障害者自立支援法第19条第3項の規定を当分の間読み替えて，対象の特定施設とする（附則第18条第2項）。
③ 知的障害者福祉法についても，上記ⅰ〜ⅳの施設を対象に加える。また，ⅵの旧法施設については，障害者支援施設とみなされるため（附則第58条第2項），対象施設となる（なお，ⅴについては従前より対象となっている）。また，当分の間，共同生活援助を行う住居を対象として加える（附則第56条第1項）。
④ 身体障害者福祉法についても，上記ⅰ，ⅲ及びⅳの施設を対象に加える。また，ⅵの旧法施設については，障害者支援施設とみなされるため（附則第41条第2項），対象施設となる（なお，ⅴについては従前より対象となっている）。

(3) 平成24年4月〜
① 障害者となる以前（18歳になる以前）から，措置又は契約により，児童福祉施設に入所しており，引き続き特定施設に入所する者について，当該者の給付主体を，当該者が18歳になる日の前日（障害児であったとき）に当該障害児の保護者が居住地を有した市町村とすることとする。
② 児童福祉施設に入所する障害児が18歳以前に，附則第2条の規定の適用により，障害者総合支援法の給付を受けて施設に入所する場合の居住地の取扱いについて（附則第2条）
　　○ 障害者総合支援法では，18歳になる前の障害児についても，特例的に児童相談所からの通知に基づき，当該障害児を障害者とみなして，対象を障害者としている種々のサービスを利用可能としているところ。
　　○ このような障害児については，満18歳となる前に障害福祉サービスを利用することとなるが，特定施設に入所する日の前日に障害児の保護者が有する居住地の市町村が当該障害児に対する給付主体となる。
③ 身体障害者福祉法及び知的障害者福祉法の改正について
　　障害者総合支援法第19条第3項と同様の居住地特例は，身体障害者福祉法第9条及び知的障害者福祉法第9条に設けられていることから，上記と同様の改正をこれらの法律でも実施する。

3 他法における居住地特例等の取扱い
(1) 従来から，住所地特例の対象範囲が異なることから，障害福祉サービスの給付に係る実施主体と，国民健康保険や生活保護の実施主体の対象が異なる場合などがあった。
　　居住地特例を障害者総合支援法に基づく介護給付費等について，法令上明確化したことに伴い，国民健康保険法の住所地特例及び生活保護法の保護の実施機関の特例についても，同様の範囲となるよう改正（上記ⅳについては，すでに対象施設となっていること等から，これらの法律では対象施設として規定しない）。
(2) すなわち，平成18年4月から9月までの間は，共同生活援助を行う住居を対象と

して追加し，平成18年10月時点に，障害者支援施設，旧法施設等を追加する改正を行っている。
(3) なお，平成18年9月までの間の共同生活援助を行う住居については，10月改正となること，読み替えるべき対象がないことから，本則に追加するが，10月以降は附則で当分の間の読替えとして経過的に対象としている。

> **参考**
>
> ○障害者の日常生活及び社会生活を総合的に支援するための法律附則第81条による生活保護法第84条の3に関する経過措置
>
> 第81条　当分の間，附則第79条の規定による改正後の生活保護法（以下この条において「新法」という。）第84条の3中「第18条第2項の規定により障害者の日常生活及び社会生活を総合的に支援するための法律（平成17年法律第123号）」とあるのは「第18条第1項の規定により障害者の日常生活及び社会生活を総合的に支援するための法律（平成17年法律第123号）第5条第17項に規定する共同生活援助（以下この条において「共同生活援助」という。）を行う住居に入居している者若しくは身体障害者福祉法第18条第2項の規定により障害者の日常生活及び社会生活を総合的に支援するための法律」と，「第16条第1項第2号」とあるのは「第15条の4の規定により共同生活援助を行う住居に入居している者若しくは同法第16条第1項第2号」と，「に対する」とあるのは「若しくは共同生活援助を行う住居に入居している者に対する」と，「施設に引き続き入所して」とあるのは「施設又は住居に引き続き入所し，又は入居して」とする。
> 2　前項の規定により読み替えられた新法第84条の3の規定は，附則第1条第2号に掲げる規定の施行の日以後に，同項の規定により読み替えられた新法第84条の3に規定する施設又は住居に入所し，又は入居した者について，適用する。
> 3　（略）

> **参考**
>
> ○障害者の日常生活及び社会生活を総合的に支援するための法律附則第85条による国民健康保険法第116条の2に関する経過措置
>
> 第85条　当分の間，国民健康保険法第116条の2第1項中「又は施設」とあるのは「，施設又は住居」と，同項第3号中「又は」とあるのは「若しくは」と，「入所」とあるのは「入所又は同条第17項に規定する共同生活援助を行う住居への入居」とする。
> 2　前項の規定により読み替えられた国民健康保険法第116条の2の規定は，同条第1項第3号に掲げる入所又は入居をすることにより，附則第1条第2号に掲げる規定の施行の日以後に当該施設又は住居の所在する場所に住所を変更したと認められる国民健康保険の被保険者であって，当該施設又は住居に入所又は入居をした際，当該施設又は住居が所在する市町村以外の市町村の区域内に住所を有していたと認められるものについて，適用する。

> **第5条第8項に規定する短期入所の利用者は居住地特例の対象となるか**
>
> 　第5条第8項において「短期入所」とは，「居宅においてその介護を行う者の疾病その他の理由により，障害者支援施設その他の厚生労働省令で定める施設への短期間の入所を必要とする障害者等につき，当該施設に短期間の入所をさせ，入浴，排せつ又は食事の介護その他の厚生労働省令で定める便宜を供与すること」とされている。
>
> 　ここでいう「その他の厚生労働省令で定める施設」とは，規則第5条において，「児童福祉法第7条第1項に規定する児童福祉施設その他の次条に定める便宜（＝入浴，排せつ及び食事の介護その他必要な支援）の供与を適切に行うことができる施設」（以下「障害者支援施設以外の短期入所提供施設」という。）とされている。
>
> 　「児童福祉法第7条第1項に規定する児童福祉施設その他の次条に定める便宜（＝入浴，排せつ及び食事の介護その他必要な施設）の供与を適切に行うことができる施設」は第19条第3項に列挙されていないため，障害者支援施設以外の短期入所提供施設において短期入所を利用する障害者が居住地特例の対象とならないことは，法制上明らかである。
>
> 　一方，第5条第8項に規定する短期入所を利用する障害者のうち，障害者支援施設においてこれを利用する者のみが居住地特例の対象となるかが問題として残る。
>
> 　この点，法は短期入所を提供する場として，障害者支援施設以外の短期入所提供施設を許容しているにもかかわらず，障害者支援施設で短期入所を利用している者と短期入所提供施設で短期入所を利用している者について，サービスが提供される場が違うというだけで，居住地特例の対象となるか否かについて異なる扱いをするよう，法が要請していると解すべきでないのは明らかである。
>
> 　以上から，利用している場所にかかわらず，第5条第8項に規定する短期入所を利用する障害者は居住地特例の対象とならない。

【平成32年4月1日施行】
　（介護給付費等の支給決定）
第19条　（略）
2　（略）
3　前項の規定にかかわらず，第29条第1項若しくは第30条第1項の規定により介護給付費等の支給を受けて又は身体障害者福祉法第18条第2項若しくは知的障害者福祉法第16条第1項の規定により入所措置が採られて障害者支援施設，のぞみの園又は第5条第1項若しくは第6項の厚生労働省令で定める施設に入所している障害者及び生活保護法（昭和25年法律第144号）第30条第1項ただし書の規定により同法第38条第2項に規定する救護施設（以下この項において「救護施設」という。），同条第3項に規定する更生施設（以下この項において「更生施設」という。）又は同法第30条第1項ただし書に規定するその他の適当な施設（以下この項

において「その他の適当な施設」という。）に入所している障害者（以下この項において「特定施設入所障害者」と総称する。）については，その者が障害者支援施設，のぞみの園，第5条第1項若しくは第6項の厚生労働省令で定める施設又は救護施設，更生施設若しくはその他の適当な施設（以下「特定施設」という。）への入所前に有した居住地（継続して2以上の特定施設に入所している特定施設入所障害者（以下この項において「継続入所障害者」という。）については，最初に入所した特定施設への入所前に有した居住地）の市町村が，支給決定を行うものとする。ただし，特定施設への入所前に居住地を有しないか，又は明らかでなかった特定施設入所障害者については，入所前におけるその者の所在地（継続入所障害者については，最初に入所した特定施設の入所前に有した所在地）の市町村が，支給決定を行うものとする。

4・5　（略）

注　当分の間，第3項の規定の適用については，同項中「又は同法第30条第1項ただし書」とあるのは「，同法第30条第1項ただし書に規定する日常生活支援住居施設（以下この項において「日常生活支援住居施設」という。）又は同項ただし書」と，「更生施設若しくは」とあるのは「更生施設，日常生活支援住居施設若しくは」と読み替えることとなっている（平成30年法律第44号附則第21条）。

　　（申請）
第20条　支給決定を受けようとする障害者又は障害児の保護者は，厚生労働省令で定めるところにより，市町村に申請をしなければならない。
2　市町村は，前項の申請があったときは，次条第1項及び第22条第1項の規定により障害支援区分の認定及び同項に規定する支給要否決定を行うため，厚生労働省令で定めるところにより，当該職員をして，当該申請に係る障害者等又は障害児の保護者に面接をさせ，その心身の状況，その置かれている環境その他厚生労働省令で定める事項について調査をさせるものとする。この場合において，市町村は，当該調査を第51条の14第1項に規定する指定一般相談支援事業者その他の厚生労働省令で定める者（以下この条において「指定一般相談支援事業者等」という。）に委託することができる。
3　前項後段の規定により委託を受けた指定一般相談支援事業者等は，障害者等の保健又は福祉に関する専門的知識及び技術を有するものとして厚生労働省令で定める者に当該委託に係る調査を行わせるものとする。
4　第2項後段の規定により委託を受けた指定一般相談支援事業者等の役員（業務を執行する社員，取締役，執行役又はこれらに準ずる者をいい，相談役，顧問そ

の他いかなる名称を有する者であるかを問わず,法人に対し業務を執行する社員,取締役,執行役又はこれらに準ずる者と同等以上の支配力を有するものと認められる者を含む。第109条第1項を除き,以下同じ。)若しくは前項の厚生労働省令で定める者又はこれらの職にあった者は,正当な理由なしに,当該委託業務に関して知り得た個人の秘密を漏らしてはならない。

5 第2項後段の規定により委託を受けた指定一般相談支援事業者等の役員又は第3項の厚生労働省令で定める者で,当該委託業務に従事するものは,刑法その他の罰則の適用については,法令により公務に従事する職員とみなす。

6 第2項の場合において,市町村は,当該障害者等又は障害児の保護者が遠隔の地に居住地又は現在地を有するときは,当該調査を他の市町村に嘱託することができる。

概要 介護給付費等の支給決定を受けるための手続き等を定める規定である（図2-4,表2-6）。

解説 第1項

○ 介護給付費等を受けようとする障害者又は障害児の保護者は,次に掲げる事項(規則第7条)を記載した申請書を市町村に提出しなければならない。

① 申請に係る障害者又は障害児の保護者の氏名,居住地,生年月日,個人番号及び連絡先

② 申請に係る障害者等が障害児である場合においては,当該障害児の氏名,生年月日,個人番号及び当該障害児の保護者との続柄

③ 申請に係る障害者等に関する介護給付費等及び地域相談支援給付費等の受給の状況

④ 当該申請に係る障害児が現に障害児通所支援又は指定入所支援を利用している場合には,その利用の状況

⑤ 当該申請に係る障害者が現に介護保険法の規定による保険給付に係る居宅サービス（訪問介護,通所介護及び短期入所生活介護に限る）を利用している場合には,その利用の状況

⑥ 当該申請に係る障害福祉サービスの具体的内容

⑦ 主治の医師があるときは,当該医師の氏名並びに当該医師が現に病院若しくは診療所を開設し,若しくは管理し,又は病院若しくは診療所に勤務するものであるときは当該病院又は診療所の名称及び所在地

○ このほか,申請書には,次に掲げる書類を添付しなければならない。ただし,市町村は,当該書類により証明すべき事実を公簿等によって確認することができるときは,省略することができる。

① 負担上限月額の算定のために必要な書類
療養介護に係る介護給付費又は特例介護給付費の支給決定の申請をしようとす

図2-4　支給決定について

障害者の福祉サービスの必要性を総合的に判定するため，支給決定の各段階において，①障害者の心身の状況（障害支援区分），②社会活動や介護者，居住等の状況，③サービスの利用意向，④訓練・就労に関する評価を把握し，支給決定を行う。

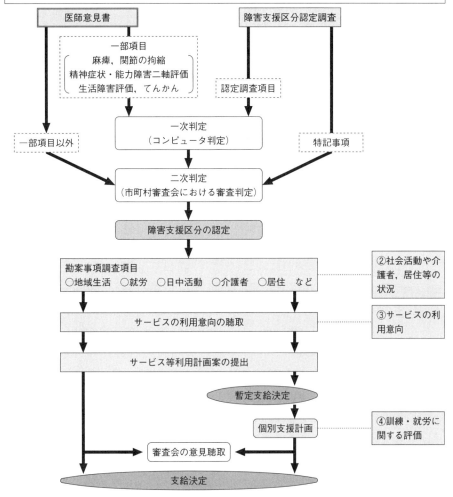

表2-6　支給決定するサービスの種類及び区分

介護給付	訓練等給付
・居宅介護（身体介護，通院介助（身体介護を伴う・身体介護を伴わない），家事援助，通院等乗降介助） ・重度訪問介護 ・同行援護 ・行動援護 ・重度障害者等包括支援 ・短期入所 ・療養介護 ・生活介護 ・施設入所支援	・自立訓練（機能訓練） ・自立訓練（生活訓練） ・宿泊型自立訓練 ・就労移行支援 ・就労移行支援（養成施設） ・就労継続支援A型 ・就労継続支援B型 ・就労定着支援 ・自立生活援助 ・共同生活援助

る障害者は，療養介護医療費に係る負担上限月額及び食費の軽減措置の算定のために必要な事項に関する書類
② 当該申請を行う障害者又は障害児の保護者が現に支給決定を受けている場合には，当該支給決定に係る受給者証
③ 介護給付費及び特例介護給付費の支給決定に係る申請をしようとする障害者にあっては，医師の診断書
○ なお，療養介護医療費については，障害者が療養介護の支給決定を受ければ自動的に，療養介護医療費も受けることとなるため，介護給付費等の申請の際に，併せて，これらに係る額を算定するための書類を提出する必要がある。一方，特定障害者特別給付費（障害者支援施設等における食費等の軽減措置）については，介護給付費等の支給決定を受けるほかに，要件があるため，別途の手続きを定めている。
➡第34条，第35条の解説

第2項～第5項

○ 市町村は，支給決定を行うに当たって，以下の事項を調査する（規則第8条）。
① 第20条第1項の申請に係る障害者等の介護を行う者の状況
② 当該障害者等に関する保健医療サービス又は福祉サービス等（第1項の記載内容の③～⑤に規定する給付に係るサービスを除く）の利用の状況
③ 当該障害者等又は障害児の保護者の障害福祉サービスの利用に関する意向の具体的内容
○ また，この調査は，以下のものに市町村は委託することができる。
① 第34条第1項に規定する指定障害者支援施設等（規則第9条）（第21条第1項の障害支援区分の認定を受けている支給決定障害者等が引き続き当該指定障害者支援施設等を利用する場合に必要となる障害支援区分の認定に限る）
② 第51条の14第1項に規定する指定一般相談支援事業者又は第51条の17第1項第1号に規定する指定特定相談支援事業者のうち当該市町村から委託を受けて第77条第1項第3号に規定する事業を行うもの
③ 介護保険法第24条の2第1項に規定する指定市町村事務受託法人
○ なお，委託されたものが調査を行う場合は，都道府県が行う障害支援区分認定調査員研修を終えたものが行うこととし，調査を行った者や事業者の役員について守秘義務やみなし公務員規定をおいている。

第6項

法第19条第3項の規定の適用を受けている住所地特例対象者など遠隔地の場合については，他市町村に嘱託できることとするものである。

（障害支援区分の認定）
第21条 市町村は，前条第１項の申請があったときは，政令で定めるところにより，市町村審査会が行う当該申請に係る障害者等の障害支援区分に関する審査及び判定の結果に基づき，障害支援区分の認定を行うものとする。
2 市町村審査会は，前項の審査及び判定を行うに当たって必要があると認めるときは，当該審査及び判定に係る障害者等，その家族，医師その他の関係者の意見を聴くことができる。

概要 支給決定を受けようとする障害者等から申請があった場合，市町村は，市町村審査会が判定した結果に基づき障害支援区分の認定を行う。

解説
○ 市町村は，障害者（児童福祉法第63条の２及び第63条の３の規定に基づき15歳以上18歳未満の児童が障害者のみを対象とするサービスを利用する場合及び精神保健福祉センター等の意見に基づき精神障害者である児童が障害者のみを対象とするサービスを利用する場合を含む）から介護給付費（特例介護給付費を含む）又は訓練等給付費（特例訓練等給付費を含み，共同生活援助に係るものに限る）の支給対象となるサービスに係る支給申請（同行援護に係る支給申請のうち「身体介護を伴わない場合」及び共同生活援助に係る支給申請のうち，入浴，排せつ又は食事等の介護を伴わない場合を除く）があったときに障害支援区分の認定を行う。

○ 障害支援区分の審査判定は，大きくコンピュータ判定による一次判定と市町村審査会において判定を行う二次判定に分かれる。審査判定までの流れは次のとおり。

① 障害支援区分認定調査
　障害支援区分の判定等のため，市町村の認定調査員が，申請のあった本人及び保護者等と面接をし，３障害及び難病等対象者共通の調査項目等について認定調査を行う。

② 概況調査
　認定調査に併せて，本人及び家族等の状況や，現在のサービス内容や家族からの介護状況等を調査する。

③ 医師意見書の聴取
　市町村は，市町村審査会に障害支援区分に関する審査及び判定を依頼するに際し，申請に係る障害者の主治医等に対し，当該障害者の疾病，身体の障害内容，精神の状況など，医学的知見から意見（医師意見書）を求める。

④ 一次判定（コンピュータ判定）
　市町村は，認定調査の結果及び医師意見書の一部項目を踏まえ，「障害支援区分に係る市町村審査会による審査及び判定の基準等に関する省令の内容が組み込まれた一次判定用ソフトを活用した一次判定処理を行う。

⑤ 二次判定（市町村審査会での審査判定）
　ア 市町村は，一次判定結果，概況調査，特記事項及び医師意見書をそろえ，市

町村審査会に審査判定を依頼する。
　　　　イ　市町村審査会（合議体）は，一次判定の結果を原案として，特記事項及び医師意見書（一次判定で評価した項目を除く）の内容を総合的に勘案した審査判定を行う。
　　　　ウ　審査判定に際し，市町村審査会が特に必要と認めた場合は，本人，その家族，医師，その他関係者に意見を求めることができる。
　　　　エ　市町村審査会は，審査判定結果を市町村へ通知する。
　⑥　障害支援区分の認定
　　　市町村は，市町村審査会の審査判定結果に基づき，障害支援区分の認定を行う。

参考

○障害者の日常生活及び社会生活を総合的に支援するための法律施行令（抄）
　（障害支援区分の認定手続）
第10条　市町村は，介護給付費，特例介護給付費，訓練等給付費（共同生活援助に係るものに限る。）又は特例訓練等給付費（共同生活援助に係るものに限る。）の支給決定（法第19条第1項に規定する支給決定をいう。以下同じ。）を受けようとする障害者から法第20条第1項の申請があったときは，同条第2項の調査（同条第6項の規定により嘱託された場合にあっては，当該嘱託に係る調査を含む。）の結果その他厚生労働省令で定める事項を市町村審査会に通知し，当該障害者について，その該当する障害支援区分に関し審査及び判定を求めるものとする。
2　市町村審査会は，前項の規定により審査及び判定を求められたときは，厚生労働大臣が定める基準に従い，当該審査及び判定に係る障害者について，障害支援区分に関する審査及び判定を行い，その結果を市町村に通知するものとする。
3　市町村は，前項の規定により通知された市町村審査会の審査及び判定の結果に基づき，障害支援区分の認定をしたときは，その結果を当該認定に係る障害者に通知しなければならない。

　（支給要否決定等）
第22条　市町村は，第20条第1項の申請に係る障害者等の障害支援区分，当該障害者等の介護を行う者の状況，当該障害者等の置かれている環境，当該申請に係る障害者等又は障害児の保護者の障害福祉サービスの利用に関する意向その他の厚生労働省令で定める事項を勘案して介護給付費等の支給の要否の決定（以下この条及び第27条において「支給要否決定」という。）を行うものとする。
2　市町村は，支給要否決定を行うに当たって必要があると認めるときは，厚生労働省令で定めるところにより，市町村審査会又は身体障害者福祉法第9条第7項に規定する身体障害者更生相談所（第74条及び第76条第3項において「身体障害者更生相談所」という。），知的障害者福祉法第9条第6項に規定する知的障害者

更生相談所，精神保健及び精神障害者福祉に関する法律第6条第1項に規定する精神保健福祉センター若しくは児童相談所（以下「身体障害者更生相談所等」と総称する。）その他厚生労働省令で定める機関の意見を聴くことができる。

3 　市町村審査会，身体障害者更生相談所等又は前項の厚生労働省令で定める機関は，同項の意見を述べるに当たって必要があると認めるときは，当該支給要否決定に係る障害者等，その家族，医師その他の関係者の意見を聴くことができる。

4 　市町村は，支給要否決定を行うに当たって必要と認められる場合として厚生労働省令で定める場合には，厚生労働省令で定めるところにより，第20条第1項の申請に係る障害者又は障害児の保護者に対し，第51条の17第1項第1号に規定する指定特定相談支援事業者が作成するサービス等利用計画案の提出を求めるものとする。

5 　前項の規定によりサービス等利用計画案の提出を求められた障害者又は障害児の保護者は，厚生労働省令で定める場合には，同項のサービス等利用計画案に代えて厚生労働省令で定めるサービス等利用計画案を提出することができる。

6 　市町村は，前2項のサービス等利用計画案の提出があった場合には，第1項の厚生労働省令で定める事項及び当該サービス等利用計画案を勘案して支給要否決定を行うものとする。

7 　市町村は，支給決定を行う場合には，障害福祉サービスの種類ごとに月を単位として厚生労働省令で定める期間において介護給付費等を支給する障害福祉サービスの量（以下「支給量」という。）を定めなければならない。

8 　市町村は，支給決定を行ったときは，当該支給決定障害者等に対し，厚生労働省令で定めるところにより，支給量その他の厚生労働省令で定める事項を記載した障害福祉サービス受給者証（以下「受給者証」という。）を交付しなければならない。

　（支給決定の有効期間）

第23条　支給決定は，厚生労働省令で定める期間（以下「支給決定の有効期間」という。）内に限り，その効力を有する。

概要　　市町村での支給決定の手続きで，障害支援区分の認定の後に行われる（ただし，障害支援区分の認定は介護給付又は訓練等給付（共同生活援助に係るものに限る）（同行援護に係る支給申請及び共同生活援助に係る支給申請のうち，入浴，排せつ又は食事等の介護を伴わない場合を除く））支給要否決定の手続きについて，そして，支給が必要とされた場合の障害福祉サービスの量等に関する手続きを定める規定である。

解説　第22条第1項

　　市町村は，障害支援区分だけではなく，その障害者等の置かれている環境等，総合

的な状況を勘案して，支給要否決定を行う。これらの項目は，「勘案事項」といわれるものであり，具体的には，以下のとおり（規則第12条）。

① 第20条第１項の申請に係る障害者等の障害支援区分又は障害の種類及び程度その他の心身の状況
② 当該申請に係る障害者等の介護を行う者の状況
③ 当該申請に係る障害者等に関する介護給付費等の受給の状況
④ 当該申請に係る障害児が現に障害児通所支援又は指定入所支援を利用している場合には，その利用の状況
⑤ 当該申請に係る障害者が現に介護保険法の規定による保険給付に係る居宅サービス（訪問介護，通所介護及び短期入所生活介護に限る）を利用している場合には，その利用の状況
⑥ 当該申請に係る障害者等に関する保健医療サービス又は福祉サービス等（③から⑤までに掲げるものに係るものを除く）の利用の状況
⑦ 当該申請に係る障害者等又は障害児の保護者の障害福祉サービスの利用に関する意向の具体的内容
⑧ 当該申請に係る障害者等の置かれている環境
⑨ 当該申請に係る障害福祉サービスの提供体制の整備の状況

第22条第２項及び第３項

　市町村は，支給要否決定を行うに当たって，市町村審査会のほか，専門機関である身体障害者更生相談所，知的障害者更生相談所，精神保健福祉センター又は児童相談所の意見を求めることができるほか，これらの機関は，必要があるときは，支給要否決定を受ける本人や家族等に意見を聴くことができることとするものである。

第22条第４項，第５項及び第６項

○　市町村は，障害者又は障害児の保護者が第20条第１項の申請をした場合（ただし，当該障害者又は障害児の保護者が介護保険法第８条第24項に規定する居宅介護支援又は同法第８条の２第16項に規定する介護予防支援の対象となる場合には，市町村が必要と認める場合）には，当該申請に係る障害者又は障害児の保護者に対し，指定特定相談支援事業者が作成したサービス等利用計画案の提出を求めるものとしている（第４項関係）。

　これは，指定特定相談支援事業者という障害者の支援の専門家が，本人の適性やサービス利用により達成したい目標を勘案のうえ，サービス等利用計画案を作成させたうえで，障害者等が本人に必要かつ十分なサービスを受けられるようにすることを目的とするものである。

　そして，市町村は，サービス等利用計画案の提出を求めるときは，支給要否決定を行うに当たって当該サービス等利用計画案を提出する必要がある旨並びに当該サービス等利用計画案の提出先及び提出期限を，書面により障害者又は障害児の保

護者に対し通知するものとされている（規則第12条の３）。
○ しかしながら，地域によっては計画相談支援を行う指定特定相談支援事業者が身近にない場合等も想定されることから，
　① 身近な地域に指定特定相談支援事業者がない場合
　② 指定特定相談支援事業者以外の者が作成するサービス等利用計画案の提出を希望する場合
には，指定特定相談支援事業者以外の者が作成するサービス等利用計画案の提出も認めることとしている（第５項関係）。
○ 障害者又は障害児の保護者が提出したサービス等利用計画案については，市町村が支給要否決定で勘案することとする（第６項関係）。

第22条第７項及び第８項
○ 支給決定に当たっては，障害福祉サービスの種類ごとに１か月を単位として，支給量を定めることとされている（規則第13条）。
○ 支給決定障害者等に対しては，次の事項を記載した受給者証を交付する（規則第14条）。
　① 支給決定障害者等の氏名，居住地及び生年月日
　② 当該支給決定に係る障害者等が障害児である場合においては，当該障害児の氏名及び生年月日
　③ 交付の年月日及び受給者証番号
　④ 支給量
　⑤ 支給決定の有効期間
　⑥ 障害支援区分
　⑦ 負担上限月額に関する事項
　⑧ その他必要な事項
　なお，受給者証については事務連絡により参考様式が示されているところであるが，これは法令上定められたものではない。

第23条
○ 支給決定の有効期間は，障害福祉サービスの種類ごとに次のとおりである（規則第15条）。
　① 居宅介護，重度訪問介護，同行援護，行動援護，短期入所，重度障害者等包括支援，自立訓練，就労移行支援（③に掲げるものを除く），就労定着支援及び自立生活援助　１月間から12月間までの範囲内で月を単位として市町村が定める期間
　　・主に在宅でサービスを受けるもの，児童を対象としたサービス（居宅介護，重度訪問介護（障害児は対象外），同行援護，行動援護，短期入所，重度障害者等包括支援）であることから，障害者等の生活の状況等の変化を最も受けやすいものであること，児童に関しては，その状態像の変化が大きいことを考慮し，

短い期間の支給決定期間としているもの。
- 自立訓練，就労移行支援，就労定着支援及び自立生活援助については，一定の目的のための訓練等を実施するものであることから，訓練の成果等を図る観点から，短い期間の支給決定とされている。ただし，さらに引き続き，サービス提供を受けることにより，効果が上がると認められる場合は，再度支給決定を行うこととなる。

② 療養介護，生活介護，施設入所支援，就労継続支援及び共同生活援助　1月間から36月間までの範囲内で月を単位として市町村が定める期間
- 一定の継続した支援を行うことが想定されるサービスについては，ある程度まとまった期間の支援計画を策定することが適切であることから，①よりも長い期間である36月間までの範囲としたもの。

③ 就労移行支援（もっぱらあん摩マッサージ指圧師，はり師又はきゅう師の資格を取得させることを目的として行う場合に限る）　1月間から60月間までの範囲内で月を単位として市町村が定める期間
- 資格取得のための訓練であることから，そのカリキュラムをこなすために必要な期間に合わせて設定されたもの。

④ 旧法施設支援（平成18年10月1日以降に旧法施設支援の支給決定をされたものに限る）
　従来の施設訓練等支援費の支給決定期間と同様に，1月間から36月間までの範囲内で月を単位として市町村が定める期間とされている（規則附則第1条の4第2項）。

※ 支給決定を行った日から当該日が属する月の末日までの期間を上記の期間に合算して得た期間（ただし，支給決定を行った日が月の初日である場合には，①～④の期間）

（支給決定の変更）

第24条　支給決定障害者等は，現に受けている支給決定に係る障害福祉サービスの種類，支給量その他の厚生労働省令で定める事項を変更する必要があるときは，厚生労働省令で定めるところにより，市町村に対し，当該支給決定の変更の申請をすることができる。

2　市町村は，前項の申請又は職権により，第22条第1項の厚生労働省令で定める事項を勘案し，支給決定障害者等につき，必要があると認めるときは，支給決定の変更の決定を行うことができる。この場合において，市町村は，当該決定に係る支給決定障害者等に対し受給者証の提出を求めるものとする。

3　第19条（第1項を除く。），第20条（第1項を除く。）及び第22条（第1項を除く。）の規定は，前項の支給決定の変更の決定について準用する。この場合におい

て，必要な技術的読替えは，政令で定める。
4　市町村は，第2項の支給決定の変更の決定を行うに当たり，必要があると認めるときは，障害支援区分の変更の認定を行うことができる。
5　第21条の規定は，前項の障害支援区分の変更の認定について準用する。この場合において，必要な技術的読替えは，政令で定める。
6　市町村は，第2項の支給決定の変更の決定を行った場合には，受給者証に当該決定に係る事項を記載し，これを返還するものとする。

概要　支給決定の変更を行う場合の手続きを定めるものである。

解説　**第1項**

支給決定障害者等が現在受けている支給量を変更する必要がある場合は，市町村に対し，支給決定の変更の申請をすることができる（規則第16条）。支給決定の変更は，障害状態等や支給決定障害者等の環境の変化により，支給決定を変更する必要がある場合に行うこととなるが，当該支給決定障害者等に係る支給量を変更する必要はないが，障害支援区分認定のみの変更のための申請は想定されていない。ただし，支給決定の変更に伴って，障害支援区分認定の変更が行われることはある（第4項）。

変更申請を行う場合には，以下の事項を記載した申請書を提出する必要がある（規則第17条）。

① 当該申請を行う支給決定障害者等の氏名，居住地，生年月日，個人番号及び連絡先
② 当該申請に係る障害者等が障害児である場合においては，当該障害児の氏名，生年月日，個人番号及び支給決定障害者等との続柄
③ 当該申請に係る障害者等に関する介護給付費等の受給の状況
④ 当該申請に係る障害児が現に障害児通所支援又は指定入所支援を利用している場合には，その利用の状況
⑤ 当該申請に係る障害者が現に介護保険法の規定による保険給付に係る居宅サービス（訪問介護，通所介護及び短期入所生活介護に限る）を利用している場合には，その利用の状況
⑥ 当該申請に係る障害福祉サービスの具体的内容
⑦ 心身の状況の変化その他の当該申請を行う原因となった事由
⑧ その他必要な事項

第2項及び第3項

市町村は，支給決定の変更について，申請のほか，職権によっても行うことができる。この際，支給決定を行う際と同様の事項を勘案して変更する。

第4項及び第5項

支給決定の変更の際は，障害支援区分認定は必ずしも変更しなくてもよいが，市町村が必要に応じて変更する。この場合，初回と同じ手順で変更する。

（支給決定の取消し）

第25条 支給決定を行った市町村は，次に掲げる場合には，当該支給決定を取り消すことができる。

一　支給決定に係る障害者等が，第29条第1項に規定する指定障害福祉サービス等及び第30条第1項第2号に規定する基準該当障害福祉サービスを受ける必要がなくなったと認めるとき。

二　支給決定障害者等が，支給決定の有効期間内に，当該市町村以外の市町村の区域内に居住地を有するに至ったと認めるとき（支給決定に係る障害者が特定施設に入所することにより当該市町村以外の市町村の区域内に居住地を有するに至ったと認めるときを除く。）。

三　支給決定に係る障害者等又は障害児の保護者が，正当な理由なしに第20条第2項（前条第3項において準用する場合を含む。）の規定による調査に応じないとき。

四　その他政令で定めるとき。

2　前項の規定により支給決定の取消しを行った市町村は，厚生労働省令で定めるところにより，当該取消しに係る支給決定障害者等に対し受給者証の返還を求めるものとする。

概要　市町村が支給決定を取り消すことができる場合を定めるものである。

解説　①サービスを受ける必要がなくなったとき，②ほかの市町村に住所を有することとなったとき（住所地特例が適用される場合を除く），③障害者が支給要否決定に必要な調査に応じないとき，④支給決定の申請又は支給決定の変更の申請の際に，虚偽の申請をしたとき（令第14条）に，市町村は支給決定を取り消すことができることとしている。

市町村が支給決定の取消しを行った場合，市町村は支給決定障害者等に対し受給者証の返還を求めることとされている。このときに市町村は，①支給決定の取消しを行った旨，②受給者証を返還する必要がある旨，③受給者証の返還先及び返還期限を書面により通知しなければならないとされている（規則第20条）。

　※　ただし，支給決定の取り消された支給決定障害者等の受給者証がすでに市町村に提出されているときは，市町村は，上記書面の通知に②，③の事項を記載する必要はないとされている。

（都道府県による援助等）

第26条 都道府県は，市町村の求めに応じ，市町村が行う第19条から第22条まで，第24条及び前条の規定による業務に関し，その設置する身体障害者更生相談所等による技術的事項についての協力その他市町村に対する必要な援助を行うものとする。

2　地方自治法第252条の14第１項の規定により市町村の委託を受けて審査判定業務（第21条（第24条第５項において準用する場合を含む。第４項において同じ。），第22条第２項及び第３項（これらの規定を第24条第３項において準用する場合を含む。第４項において同じ。）並びに第51条の７第２項及び第３項（これらの規定を第51条の９第３項において準用する場合を含む。）の規定により市町村審査会が行う業務をいう。以下この条及び第95条第２項第１号において同じ。）を行う都道府県に，当該審査判定業務を行わせるため，介護給付費等の支給に関する審査会（以下「都道府県審査会」という。）を置く。

3　第16条及び第18条の規定は，前項の都道府県審査会について準用する。この場合において，第16条第２項中「市町村長（特別区の区長を含む。以下同じ。）」とあるのは，「都道府県知事」と読み替えるものとする。

4　審査判定業務を都道府県に委託した市町村について第21条並びに第22条第２項及び第３項の規定を適用する場合においては，これらの規定中「市町村審査会」とあるのは，「都道府県審査会」とする。

概要　支給決定に当たり，専門的技術的支援を必要とすることから，都道府県が市町村に必要な援助を行うことや，地方自治法（昭和22年法律第67号）に基づく事務委託を受けた場合は，都道府県審査会を置くことを定めるものである。

解説
○　支給決定を行う場合には，専門的・技術的な事項について，都道府県は，身体障害者更生相談所，知的障害者更生相談所，精神保健福祉センター又は児童相談所等の専門機関による協力を行うこととしている。
○　また，都道府県が地方自治法に基づく事務の委託を受けた場合は，都道府県審査会を設置し，障害支援区分認定等に係る事務を都道府県が実施することとなる。

参考

○**地方自治法**（昭和22年法律第67号）（抄）
　（事務の委託）
第252条の14　普通地方公共団体は，協議により規約を定め，普通地方公共団体の事務の一部を，他の普通地方公共団体に委託して，当該他の普通地方公共団体の長又は同種の委員会若しくは委員をして管理し及び執行させることができる。
２・３　（略）

> （政令への委任）
> **第27条** この款に定めるもののほか，障害支援区分に関する審査及び判定，支給決定，支給要否決定，受給者証，支給決定の変更の決定並びに支給決定の取消しに関し必要な事項は，政令で定める。

概要 支給決定の申請内容の変更，受給者証の再交付等について，政令で定めることを規定しているものである。

解説
- 支給決定の有効期間内に支給決定障害者等の氏名，居住地，生年月日，個人番号及び連絡先（障害児の氏名，生年月日，個人番号及び当該障害児の保護者との続柄）並びに負担上限月額等の算定のために必要な事項を変更したときは，市町村に届け出なければならない。この際，必要な書類及び受給者証を添付しなければならない旨を定めている（令第15条，規則第21条・第22条）。
- 市町村は，受給者証を破り，汚し，又は失った支給決定障害者等から，支給決定の有効期間内において，受給者証の再交付の申請があったときは，受給者証を再交付しなければならない（令第16条，規則第23条）。

第3款　介護給付費，特例介護給付費，訓練等給付費及び特例訓練等給付費の支給（第28条－第31条）

> （介護給付費，特例介護給付費，訓練等給付費及び特例訓練等給付費の支給）
> **第28条** 介護給付費及び特例介護給付費の支給は，次に掲げる障害福祉サービスに関して次条及び第30条の規定により支給する給付とする。
> 　一　居宅介護
> 　二　重度訪問介護
> 　三　同行援護
> 　四　行動援護
> 　五　療養介護（医療に係るものを除く。）
> 　六　生活介護
> 　七　短期入所
> 　八　重度障害者等包括支援
> 　九　施設入所支援
> 2　訓練等給付費及び特例訓練等給付費の支給は，次に掲げる障害福祉サービスに関して次条及び第30条の規定により支給する給付とする。
> 　一　自立訓練
> 　二　就労移行支援

三　就労継続支援
四　就労定着支援
五　自立生活援助
六　共同生活援助

概要　介護給付費及び特例介護給付費の支給の対象となるサービス並びに訓練等給付費及び特例訓練等給付費の支給の対象となるサービスを列挙したものである。

解説
○　障害福祉サービスに係る費用として支払われる給付には，介護給付費及び訓練等給付費がある。
　　介護給付費については，食事や入浴の介助等のいわゆる介護に関する給付であり，訓練等給付費は，就労訓練，生活訓練等の訓練に関する給付である。
○　介護給付費のうち，療養介護については医療と福祉の双方のサービスを提供するものであることから，その対象から医療に係る部分を除いている。医療に係る部分は，療養介護医療費及び基準該当療養介護医療費の支給の対象となる（第70条，第71条）。

（介護給付費又は訓練等給付費）
第29条　市町村は，支給決定障害者等が，支給決定の有効期間内において，都道府県知事が指定する障害福祉サービス事業を行う者（以下「指定障害福祉サービス事業者」という。）若しくは障害者支援施設（以下「指定障害者支援施設」という。）から当該指定に係る障害福祉サービス（以下「指定障害福祉サービス」という。）を受けたとき，又はのぞみの園から施設障害福祉サービスを受けたときは，厚生労働省令で定めるところにより，当該支給決定障害者等に対し，当該指定障害福祉サービス又は施設障害福祉サービス（支給量の範囲内のものに限る。以下「指定障害福祉サービス等」という。）に要した費用（食事の提供に要する費用，居住若しくは滞在に要する費用その他の日常生活に要する費用又は創作的活動若しくは生産活動に要する費用のうち厚生労働省令で定める費用（以下「特定費用」という。）を除く。）について，介護給付費又は訓練等給付費を支給する。

2　指定障害福祉サービス等を受けようとする支給決定障害者等は，厚生労働省令で定めるところにより，指定障害福祉サービス事業者，指定障害者支援施設又はのぞみの園（以下「指定障害福祉サービス事業者等」という。）に受給者証を提示して当該指定障害福祉サービス等を受けるものとする。ただし，緊急の場合その他やむを得ない事由のある場合については，この限りでない。

3　介護給付費又は訓練等給付費の額は，1月につき，第1号に掲げる額から第2

号に掲げる額を控除して得た額とする。
　一　同一の月に受けた指定障害福祉サービス等について，障害福祉サービスの種類ごとに指定障害福祉サービス等に通常要する費用(特定費用を除く。)につき，厚生労働大臣が定める基準により算定した費用の額（その額が現に当該指定障害福祉サービス等に要した費用（特定費用を除く。）の額を超えるときは，当該現に指定障害福祉サービス等に要した費用の額）を合計した額
　二　当該支給決定障害者等の家計の負担能力その他の事情をしん酌して政令で定める額(当該政令で定める額が前号に掲げる額の100分の10に相当する額を超えるときは，当該相当する額)
4　支給決定障害者等が指定障害福祉サービス事業者等から指定障害福祉サービス等を受けたときは，市町村は，当該支給決定障害者等が当該指定障害福祉サービス事業者等に支払うべき当該指定障害福祉サービス等に要した費用（特定費用を除く。）について，介護給付費又は訓練等給付費として当該支給決定障害者等に支給すべき額の限度において，当該支給決定障害者等に代わり，当該指定障害福祉サービス事業者等に支払うことができる。
5　前項の規定による支払があったときは，支給決定障害者等に対し介護給付費又は訓練等給付費の支給があったものとみなす。
6　市町村は，指定障害福祉サービス事業者等から介護給付費又は訓練等給付費の請求があったときは，第3項第1号の厚生労働大臣が定める基準及び第43条第2項の都道府県の条例で定める指定障害福祉サービスの事業の設備及び運営に関する基準（指定障害福祉サービスの取扱いに関する部分に限る。）又は第44条第2項の都道府県の条例で定める指定障害者支援施設等の設備及び運営に関する基準（施設障害福祉サービスの取扱いに関する部分に限る。）に照らして審査の上，支払うものとする。
7　市町村は，前項の規定による審査及び支払に関する事務を国民健康保険法（昭和33年法律第192号）第45条第5項に規定する国民健康保険団体連合会（以下「連合会」という。）に委託することができる。
8　前各項に定めるもののほか，介護給付費及び訓練等給付費の支給並びに指定障害福祉サービス事業者等の介護給付費及び訓練等給付費の請求に関し必要な事項は，厚生労働省令で定める。

概要　介護給付費及び訓練等給付費の支給並びに指定障害福祉サービス事業者等の介護給付費及び訓練等給付費の請求について定めるものである。

解説　第1項

＜介護給付費又は訓練等給付費について＞

○ 障害者総合支援法では，介護保険制度等と同様，サービスを利用する本人に対し，その費用に応じた給付費が支給される仕組みとしている。

すなわち，サービスの利用を希望する障害者又は障害児の保護者は，市町村から介護給付費等に係る支給決定（第19条）を受けたうえで，その有効期間内に，都道府県知事が指定する障害福祉サービス事業を行う者（以下「指定障害福祉サービス事業者」という）若しくは障害者支援施設（以下「指定障害者支援施設」という）から当該指定に係る障害福祉サービスを，又はのぞみの園から施設障害福祉サービスを利用し，これらのサービスに要した費用について，支給決定を行った市町村が，支給量の範囲内において，当該障害者又は障害児の保護者に給付費を支給するというものである。

○ 給付費は，利用者が受けた障害福祉サービスの種類に応じて，居宅介護，重度訪問介護，同行援護，行動援護，療養介護（医療に係るものを除く），生活介護，短期入所，重度障害者等包括支援又は施設入所支援の場合には介護給付費が，自立訓練，就労移行支援，就労継続支援，就労定着支援，自立生活援助又は共同生活援助の場合には訓練等給付費が支給される。

また，市町村は，毎月，介護給付費又は訓練等給付費を支給しなければならないこととしている（規則第24条）。

＜特定費用について＞

○ 利用者が受けたサービス（指定障害福祉サービス等）に係る費用のうち，食事の提供に要する費用，居住や滞在に要する費用等一部の費用は，特定費用として，給付費の支給対象から除いている。

これは，従来の支援費制度では，給付費の対象としていた食事の提供に要する費用等利用者の障害の状況や生活の場いかんにかかわらず必要となる費用[*1]について，障害者総合支援法では，利用者間の負担の均衡を図る観点等から，給付費の対象から除いたものである。

○ なお，指定障害者支援施設又はのぞみの園に入所する低所得者については，その所得状況に応じて，食事の提供に要した費用及び居住に要した費用についても給付費（特定障害者特別給付費。いわゆる「補足給付」）が支給される。

また，施設や事業所を通いにより利用している者や短期入所を利用している者に対しても，厚生労働大臣が定める日までの間，食事の提供に要する費用の一部（人件費相当分）を給付費に加算することにより，負担軽減を行っている。

○ 特定費用の具体的な内容は，以下のとおりである（規則第25条）。

① 療養介護

[*1] 従来の支援費制度では，身体障害者については食事の提供に要する費用が，知的障害者については食事の提供に要する費用や日用品費等の費用が，給付費の対象となっていた。

ⅰ 日用品費
ⅱ その他療養介護において提供される便宜に要する費用のうち，日常生活においても通常必要となるものに係る費用であって，その利用者に負担させることが適当と認められるもの[*2]

② 生活介護
ⅰ 食事の提供に要する費用
ⅱ 創作的活動に係る材料費
ⅲ 生産活動に係る材料費
ⅳ 日用品費
ⅴ その他生活介護において提供される便宜に要する費用のうち，日常生活においても通常必要となるものに係る費用であって，その利用者に負担させることが適当と認められるもの

③ 短期入所
ⅰ 食事の提供に要する費用
ⅱ 光熱水費[*3]
ⅲ 日用品費
ⅳ その他短期入所において提供される便宜に要する費用のうち，日常生活においても通常必要となるものに係る費用であって，その利用者に負担させることが適当と認められるもの

④ 共同生活援助
ⅰ 食材料費
ⅱ 家賃
ⅲ 光熱水費[*3]
ⅳ 日用品費
ⅴ その他共同生活援助において提供される便宜に要する費用のうち，日常生活においても通常必要となるものに係る費用であって，その利用者に負担させることが適当と認められるもの

⑤ 施設入所支援
ⅰ 食事の提供に要する費用
ⅱ 光熱水費[*3]
ⅲ 被服費
ⅳ 日用品費
ⅴ その他施設入所支援において提供される便宜に要する費用のうち，日常生活においても通常必要となるものに係る費用であって，その利用者に負担させる

[*2] 食事の提供に要する費用及び光熱水費は，療養介護医療費で手当てされる。
[*3] 介護保険制度では，光熱水費に相当する費用として，滞在・居住・宿泊に要する費用があるが，これらには，光熱水費に加えて個室利用料が含まれている。

ことが適当と認められるもの
⑥ 自立訓練（宿泊型自立訓練（自立訓練（生活訓練）のうち利用者に対して居室その他の設備において，家事等の日常生活能力を向上するための支援を行うものをいう。以下同じ）を除く）
　ⅰ 食事の提供に要する費用
　ⅱ 日用品費
　ⅲ その他自立訓練（宿泊型自立訓練を除く）において提供される便宜に要する費用のうち，日常生活においても通常必要となるものに係る費用であって，その利用者に負担させることが適当と認められるもの
⑦ 宿泊型自立訓練
　ⅰ 食事の提供に要する費用
　ⅱ 光熱水費*3
　ⅲ 日用品費
　ⅳ その他宿泊型自立訓練において提供される便宜に要する費用のうち，日常生活においても通常必要となるものに係る費用であって，その利用者に負担させることが適当と認められるもの
⑧ 就労移行支援又は就労継続支援
　ⅰ 食事の提供に要する費用
　ⅱ 生産活動に係る材料費
　ⅲ 日用品費
　ⅳ その他就労移行支援又は就労継続支援において提供される便宜に要する費用のうち，日常生活においても通常必要となるものに係る費用であって，その利用者に負担させることが適当と認められるもの

○　こうした給付費の対象から除かれた費用については，事業者は，利用者から直接徴収することとなるが，その際，障害者総合支援法では，事業者の障害福祉サービスの適正な運営を確保する観点から，事業者が利用者に支払いを求めることのできる金銭の範囲等に一定の制限を設けている。
　その範囲は，特定費用の内容とほぼ同様であり，指定障害福祉サービス事業者については障害者の日常生活及び社会生活を総合的に支援するための法律に基づく指定障害福祉サービス事業等の人員，設備及び運営に関する基準（平成18年厚生労働省令第171号）第21条，第54条，第82条，第120条，第159条，第170条，第210条の4等，指定障害者支援施設及びのぞみの園については障害者の日常生活及び社会生活を総合的に支援するための法律に基づく指定障害者支援施設等の人員，設備及び運営に関する基準（平成18年厚生労働省令第172号）第19条等により規定されている。

○　また，施設入所の場合のいわゆる「個室利用料」については，居住に要する費用として原則利用者から徴収すべき性質の費用と考えられるが（介護保険制度で個室利用料を徴収している例），障害者の入所施設の場合，施設整備の際，通常，公費による補助が行われており，これに要する費用を利用者に転嫁することは適切ではな

いと考えられること等から，利用者から徴収しない取扱いとしている。

ただし，利用者が選定する特別な居室（通常定められている居室より付加的な設備等やサービス提供がなされていると認められる居室。当該居室を支援の必要性から利用する場合や施設整備に対して公費補助が行われている場合は除く）の提供を行ったことに伴い必要となる費用については，利用者から徴収することができることとし，その具体的な基準を厚生労働大臣の定める利用者が選定する特別な居室の提供に係る基準（平成18年厚生労働省告示第541号）において定められている。

○ このほか，食事の提供に要する費用，光熱水費及び居室の提供に要する費用に係る利用料等に関する指針（平成18年厚生労働省告示第545号）において，事業者が，利用者から食事の提供に要する費用，光熱水費及び居室の提供に要する費用を徴収するに当たっての手続きや留意事項等が定められている。

第2項

支給決定を受けた障害者又は障害児の保護者（支給決定障害者等）は，サービスを利用するに当たって，あらかじめ事業者に受給者証を提示しなければならないこととしている。これは，利用者に対する給付費の支払いが，法定代理受領により事業者に支払われる仕組みとしていることによる（「第4項及び第5項」参照）。

なお，受給者証の提示は，緊急の場合等やむをえない事由のある場合には，行わなくてもよいこととしている。

第3項
＜利用者負担について＞

○ 第3項は，支給決定障害者等が指定障害福祉サービス等を受けたときに，市町村から支給される介護給付費又は訓練等給付費の額を定めるものである。

具体的には，介護給付費又は訓練等給付費の額は，1月につき，①に掲げる額から②に掲げる額を控除して得た額とする。

① 障害福祉サービスの種類ごとに厚生労働大臣が定める基準（報酬基準）により算定した費用の額（現に要した費用の額がそれ以下の場合には，当該現に要した費用の額）

② 支給決定障害者等の家計の負担能力その他の事情をしん酌して政令で定める額（当該政令で定める額が①に掲げる額の100分の10に相当する額を超えるときは，当該相当する額）

○ つまり，障害者のサービス利用に係る負担については，原則，障害者の所得（負担能力）に応じて定まる仕組み（いわゆる「応能負担」）となっている（自己負担額については，家計の負担能力その他の事情をしん酌して政令で定める額と障害福祉サービスの提供に要した費用の10％とを比較して，低いほうの額としている）。

＜報酬基準について＞

介護給付費又は訓練等給付費の額を算定するに当たって，指定障害福祉サービス

等に通常要する費用の基準として，障害者の日常生活及び社会生活を総合的に支援するための法律に基づく指定障害福祉サービス等及び基準該当障害福祉サービスに要する費用の額の算定に関する基準（平成18年厚生労働省告示第523号）が定められている。

＜負担上限月額について＞

○ 支給決定障害者等の家計の負担能力その他の事情をしん酌して政令で定める額については，支給決定障害者等及び当該支給決定障害者等と同一の世帯に属する者等の所得の状況に応じて定められている。負担上限月額は，支給決定（法第19条）の際，障害福祉サービスの種類等と併せて，決定される。

○ なお，負担上限月額について，負担を行うことにより，生活保護の支給対象となる者については，生活保護の支給対象とならなくなるまで，負担上限月額を引き下げる措置（いわゆる「生保減免措置」）が講じられている（令第17条第1項第4号及び規則第27条）。

第4項及び第5項

介護給付費又は訓練等給付費は，本来的には，市町村から利用者（支給決定障害者等）に対して直接支給されるものである。すなわち，利用者は，事業者に対して，サービスに要した費用を全額支払ったうえで，市町村から給付費の支給を受けるという仕組みである。

しかしながら，この場合，①一時的とはいえ，利用者の負担が非常に重くなることがありうること，②事業者にとっても，利用者から債権を回収するより，市町村から給付費に相当する額を受け取り，残りを利用者から徴収するほうが確実であること等から，市町村は，利用者に代わって，給付費を事業者に支払うことができることとしている（法定代理受領）。

第6項

指定障害福祉サービス事業者等からの給付費の請求に際して，市町村は，第3項第1号の厚生労働大臣が定める基準（障害者の日常生活及び社会生活を総合的に支援するための法律に基づく指定障害福祉サービス等及び基準該当障害福祉サービスに要する費用の額の算定に関する基準（平成18年厚生労働省告示第523号））及び第43条第2項の都道府県の条例で定める指定障害福祉サービスの事業の設備及び運営に関する基準又は第44条第2項の都道府県の条例で定める指定障害者支援施設等の設備及び運営に関する基準に照らして審査のうえ，支払わなければならないこととしている。

第7項

○ 市町村は，第6項の給付費の審査及び支払いに関する事務を国民健康保険団体連合会に委託することができることとしている。

○ 支援費制度では，全国的にデータを把握するための仕組みがなかったことから，

給付費の傾向や利用者の状況などを把握することが困難であった。障害者自立支援法及び障害者総合支援法では，平成19年10月１日より，国民健康保険団体連合会による支払いシステムが導入されたことにより，給付費の請求の事務が簡素化されるとともに，給付費の動向や利用者の状況など障害福祉サービスに係る全国的なデータ整備が可能となっている。

（特例介護給付費又は特例訓練等給付費）

第30条 市町村は，次に掲げる場合において，必要があると認めるときは，厚生労働省令で定めるところにより，当該指定障害福祉サービス等又は第２号に規定する基準該当障害福祉サービス（支給量の範囲内のものに限る。）に要した費用（特定費用を除く。）について，特例介護給付費又は特例訓練等給付費を支給することができる。

一　支給決定障害者等が，第20条第１項の申請をした日から当該支給決定の効力が生じた日の前日までの間に，緊急その他やむを得ない理由により指定障害福祉サービス等を受けたとき。

二　支給決定障害者等が，指定障害福祉サービス等以外の障害福祉サービス（次に掲げる事業所又は施設により行われるものに限る。以下「基準該当障害福祉サービス」という。）を受けたとき。

　イ　第43条第１項の都道府県の条例で定める基準又は同条第２項の都道府県の条例で定める指定障害福祉サービスの事業の設備及び運営に関する基準に定める事項のうち都道府県の条例で定めるものを満たすと認められる事業を行う事業所（以下「基準該当事業所」という。）

　ロ　第44条第１項の都道府県の条例で定める基準又は同条第２項の都道府県の条例で定める指定障害者支援施設等の設備及び運営に関する基準に定める事項のうち都道府県の条例で定めるものを満たすと認められる施設（以下「基準該当施設」という。）

三　その他政令で定めるとき。

2　都道府県が前項第２号イ及びロの条例を定めるに当たっては，第１号から第３号までに掲げる事項については厚生労働省令で定める基準に従い定めるものとし，第４号に掲げる事項については厚生労働省令で定める基準を標準として定めるものとし，その他の事項については厚生労働省令で定める基準を参酌するものとする。

一　基準該当障害福祉サービスに従事する従業者及びその員数

二　基準該当障害福祉サービスの事業に係る居室及び病室の床面積

三 基準該当障害福祉サービスの事業の運営に関する事項であって，障害者又は障害児の保護者のサービスの適切な利用の確保，障害者等の安全の確保及び秘密の保持等に密接に関連するものとして厚生労働省令で定めるもの

四 基準該当障害福祉サービスの事業に係る利用定員

3 特例介護給付費又は特例訓練等給付費の額は，1月につき，同一の月に受けた次の各号に掲げる障害福祉サービスの区分に応じ，当該各号に定める額を合計した額から，それぞれ当該支給決定障害者等の家計の負担能力その他の事情をしん酌して政令で定める額（当該政令で定める額が当該合計した額の100分の10に相当する額を超えるときは，当該相当する額）を控除して得た額を基準として，市町村が定める。

一 指定障害福祉サービス等 前条第3項第1号の厚生労働大臣が定める基準により算定した費用の額（その額が現に当該指定障害福祉サービス等に要した費用（特定費用を除く。）の額を超えるときは，当該現に指定障害福祉サービス等に要した費用の額）

二 基準該当障害福祉サービス 障害福祉サービスの種類ごとに基準該当障害福祉サービスに通常要する費用（特定費用を除く。）につき厚生労働大臣が定める基準により算定した費用の額（その額が現に当該基準該当障害福祉サービスに要した費用（特定費用を除く。）の額を超えるときは，当該現に基準該当障害福祉サービスに要した費用の額）

4 前3項に定めるもののほか，特例介護給付費及び特例訓練等給付費の支給に関し必要な事項は，厚生労働省令で定める。

概要 特例介護給付費及び特例訓練等給付費の支給について定めるものである。

解説 第1項及び第2項

○ 市町村は，支給決定を受けた障害者又は障害児の保護者（支給決定障害者等）が，第29条第1項及び第2項に定める手続きによらずに障害福祉サービスを利用した場合に，必要があると認めるときは，サービスに要した費用について，支給量の範囲内で，給付費を支給することができることとしている。

○ 支給される給付費は，介護給付費又は訓練等給付費と同様，利用者が受けた障害福祉サービスの種類に応じて，居宅介護，重度訪問介護，同行援護，行動援護，療養介護（医療に係るものを除く），生活介護，短期入所，重度障害者等包括支援又は施設入所支援の場合には特例介護給付費が，自立訓練，就労移行支援，就労継続支援，就労定着支援，自立生活援助又は共同生活援助の場合には特例訓練等給付費が支給される（第28条第1項及び第2項）。

なお，食事の提供に要する費用等特定費用が給付費の対象外とされているのは，

○ 市町村が，特例介護給付費又は特例訓練等給付費を支給することができる場合は，次のとおりである。
   ① 支給決定障害者等が，支給決定に係る申請をした日から当該支給決定の効力が生じた日の前日までの間に，緊急その他やむを得ない理由により指定障害福祉サービス等（指定障害福祉サービス又は施設障害福祉サービス）を受けたとき
   ② 支給決定障害者等が，次に掲げる事業所又は施設により行われる指定障害福祉サービス等以外の障害福祉サービス（基準該当障害福祉サービス）を受けたとき
      ⅰ 市町村が，第43条第1項の都道府県の条例で定める基準又は同条第2項の都道府県の条例で定める指定障害福祉サービスの事業の設備及び運営に関する基準に定める事項のうち都道府県の条例で定めるものを満たすと認める事業を行う事業所（基準該当事業所）
      ⅱ 市町村が，第44条第1項の都道府県の条例で定める基準又は同条第2項の都道府県の条例で定める指定障害者支援施設等の設備及び運営に関する基準に定める事項のうち都道府県の条例で定めるものを満たすと認める事業を行う施設（基準該当施設）
   ③ 支給決定障害者等が，支給決定に係る申請をした日から当該支給決定の効力が生じた日の前日までの間に，緊急その他やむを得ない理由により②の基準該当障害福祉サービスを受けたとき（令第18条）
○ 都道府県が基準該当事業所及び基準該当施設に係る条例を定めるに当たっては，次の①から③までに掲げる事項については厚生労働省令で定める基準に従い定めるものとし，④に掲げる事項については厚生労働省令で定める基準を標準として定めるものとし，その他の事項については厚生労働省令で定める基準を参酌するものとする（第2項）。
   ① 基準該当障害福祉サービスに従事する従業者及びその員数
   ② 基準該当障害福祉サービスの事業に係る居室及び病室の床面積
   ③ 基準該当障害福祉サービスの事業の運営に関する事項であって，障害者又は障害児の保護者のサービスの適切な利用の確保，障害者等の安全の確保及び秘密の保持等に密接に関連するものとして厚生労働省令で定めるもの
   ④ 基準該当障害福祉サービスの事業に係る利用定員

第3項

○ 特例介護給付費又は特例訓練等給付費の額は，1月につき，
   ① 指定障害福祉サービス等の場合には，第29条第3項の厚生労働大臣が定める基準により算定した費用の額（現に要した費用の額がそれ以下の場合には，当該現に要した費用の額）から，当該支給決定障害者等の家計の負担能力その他の事情をしん酌して政令で定める額（当該政令で定める額が当該合計した額の100分の10に相当する額を超えるときは，当該相当する額）を控除して得た額

② 基準該当障害福祉サービスの場合には，障害福祉サービスの種類ごとに厚生労働大臣が定める基準により算定した費用の額（現に要した費用の額がそれ以下の場合には，当該現に要した費用の額）から，当該支給決定障害者等の家計の負担能力その他の事情をしん酌して政令で定める額（当該政令で定める額が当該合計した額の100分の10に相当する額を超えるときは，当該相当する額）を控除して得た額

を基準として，市町村が定めることとしている。

○ ①及び②の額を算定するに当たっての基準は，障害者の日常生活及び社会生活を総合的に支援するための法律に基づく指定障害福祉サービス等及び基準該当障害福祉サービスに要する費用の額の算定に関する基準（平成18年厚生労働省告示第523号）により定められている。

○ なお，特例介護給付費又は特例訓練等給付費の支給については，介護給付費又は訓練等給付費とは異なり（第29条第4項及び第5項），利用者は，原則どおり「償還払い方式」により給付費の支給を受けることとなる。このため，特例介護給付費又は特例訓練等給付費の支給の申請に当たっては，支給を受けようとする給付費の額のほか，その額を証明する書類を添付しなければならないこととしている（規則第31条）。

ただし，この場合でも，実務上の手続きとして，利用者の同意の下，事業者と市町村が契約を結び，事業者による代理受領を行うことは可能である。

（介護給付費等の額の特例）

第31条 市町村が，災害その他の厚生労働省令で定める特別の事情があることにより，障害福祉サービスに要する費用を負担することが困難であると認めた支給決定障害者等が受ける介護給付費又は訓練等給付費の支給について第29条第3項の規定を適用する場合においては，同項第2号中「額)」とあるのは，「額)の範囲内において市町村が定める額」とする。

2 前項に規定する支給決定障害者等が受ける特例介護給付費又は特例訓練等給付費の支給について前条第3項の規定を適用する場合においては，同項中「を控除して得た額を基準として，市町村が定める」とあるのは，「の範囲内において市町村が定める額を控除して得た額とする」とする。

概要 災害その他の特別の事情がある場合に，市町村が介護給付費等の額を増加させることができることを定めるものである。

解説 ○ 災害その他の特別の事情により，利用者又はその属する世帯の主たる生計維持者の負担能力が著しく低下する場合に，市町村の判断により，支給決定障害者等に係る負担を減少させることができることとしている。

なお、国民健康保険や介護保険でも同様の取扱いがなされている。
○ 災害その他の特別の事情としては、次のとおりとしている（規則第32条）。
① 支給決定障害者等又はその属する世帯（特定支給決定障害者（支給決定障害者等であって、指定障害者支援施設等に入所する20歳以上の障害者又は療養介護に係る支給決定を受けた20歳以上の障害者に限る。②において同じ）にあっては、当該特定支給決定障害者及びその配偶者に限る）の生計を主として維持する者が、震災、風水害、火災その他これらに類する災害により、住宅、家財又はその財産について著しい損害を受けたこと
② 支給決定障害者等の属する世帯（特定支給決定障害者にあっては、当該特定支給決定障害者及びその配偶者に限る。③④において同じ）の生計を主として維持する者が死亡したこと、又はその者が心身に重大な障害を受け、若しくは長期間入院したことにより、その者の収入が著しく減少したこと
③ 支給決定障害者等の属する世帯の生計を主として維持する者の収入が、事業又は業務の休廃止、事業における著しい損失、失業等により著しく減少したこと
④ 支給決定障害者等の属する世帯の生計を主として維持する者の収入が、干ばつ、冷害、凍霜害等による農作物の不作、不漁その他これに類する理由により著しく減少したこと

第4款　特定障害者特別給付費及び特例特定障害者特別給付費の支給（第32条－第35条）

（特定障害者特別給付費の支給）
第34条　市町村は、施設入所支援、共同生活援助その他の政令で定める障害福祉サービス（以下この項において「特定入所等サービス」という。）に係る支給決定を受けた障害者のうち所得の状況その他の事情をしん酌して厚生労働省令で定めるもの（以下この項及び次条第1項において「特定障害者」という。）が、支給決定の有効期間内において、指定障害者支援施設若しくはのぞみの園（以下「指定障害者支援施設等」という。）に入所し、又は共同生活援助を行う住居に入居して、当該指定障害者支援施設等又は指定障害福祉サービス事業者から特定入所等サービスを受けたときは、当該特定障害者に対し、当該指定障害者支援施設等又は共同生活援助を行う住居における食事の提供に要した費用又は居住に要した費用（同項において「特定入所等費用」という。）について、政令で定めるところにより、特定障害者特別給付費を支給する。
2　第29条第2項及び第4項から第7項までの規定は、特定障害者特別給付費の支給について準用する。この場合において、必要な技術的読替えは、政令で定める。
3　前2項に定めるもののほか、特定障害者特別給付費の支給及び指定障害者支

> 施設等又は指定障害福祉サービス事業者の特定障害者特別給付費の請求に関し必要な事項は，厚生労働省令で定める。

概要 指定障害者支援施設等における食事の提供に要した費用及び居住に要した費用に対する特定障害者特別給付費の支給について定めるものである。

解説 障害者総合支援法では，サービス利用に係る費用について負担能力に応じて負担を求めることとしているが，施設入所者の食費や居住に要する費用（食費・光熱水費）についても，どこで暮らしていても必ずかかる費用であることから，利用者が自ら負担することとしている。その際，低所得者に係る負担を軽減するため，特定障害者特別給付費（いわゆる「補足給付」）を支給することとしたものである。

なお，施設や事業所を通いにより利用する者や短期入所を利用する者に係る食事に要する費用については，厚生労働大臣が定める日までの間，食事の提供に要する費用の一部（人件費相当分）を給付費に加算（食事提供体制加算）することにより，負担軽減を行っている。

特定障害者特別給付費の支給の対象となるサービス，対象者，支給額の算定方法，申請手続き等については，令，規則及び厚生労働省告示で定められている。その概要は以下のとおりである。

(1) 特定障害者特別給付費の支給の対象となるサービス（令第20条，規則第34条の2）

特定障害者特別給付費は，食事や居住に要する費用に対して支給されるものであることから，その支給の対象となるサービス（特定入所等サービス）は，施設入所支援，共同生活援助，重度障害者等包括支援としている。

※1 共同生活援助に係る支給決定を受けた者については，共同生活を営むべき住居において共同生活援助の提供を受ける場合には，必ず，家賃や光熱水費等が発生することとなる。地域移行を進めるという政策的観点から，施設入所者と同様に，市町村民税非課税世帯に属する者について，介護給付費等の対象とならない特定費用について，補足給付を支給している。

※2 介護保険制度では，入所支援のほか，短期入所サービスについても，食事や居住に要する費用に対する給付がなされているが，障害者総合支援法の短期入所については，介護保険制度と異なり，緊急時の対応等ごく短期の利用を前提としていることから，特定障害者特別給付費の支給の対象外としている（ただし，施設や事業所を通いにより利用する者と同様，食事の提供に要する費用の一部を給付費に加算（食事提供体制加算）することにより，低所得者に対する負担軽減を図っている）。

(2) 特定障害者特別給付費の支給の対象者（規則第34条）

特定障害者特別給付費は，低所得者の負担を軽減するために支給されるものであることから，その支給の対象者（特定障害者）は，

① 施設入所支援に係る支給決定を受けた障害者については，20歳未満の者及び20歳以上の市町村民税世帯非課税者・生活保護受給者（令第17条第4号）

② 共同生活援助又は重度障害者等包括支援に係る支給決定を受けた障害者については，市町村民税世帯非課税者・生活保護受給者（令第17条第4号）
としている。
(3) 特定障害者特別給付費の支給額の算定方法（令第21条等）
① 特定障害者特別給付費の支給額の算定方法
特定障害者特別給付費の支給額は，以下のとおりである（令第21条第1項）。
ⅰ 指定障害者支援施設等から特定入所等サービスを受けた特定障害者
ア 指定障害者支援施設等における食事の提供及び居住に要する平均的な費用の額を勘案して厚生労働大臣が定める費用の額（食費等の基準費用額）
から，
イ 平均的な家計における食費及び居住に要する費用の状況並びに障害者の所得の状況その他の事情を勘案して厚生労働大臣が定める方法により算定する額（食費等の負担限度額）
を控除して得た額（その額が現に食事の提供及び居住に要した費用の額を超えるときは，当該現に食事の提供及び居住に要した費用の額）（令第21条第1項第1号）
ⅱ 指定障害福祉サービス事業者から特定入所等サービスを受けた特定障害者
共同生活援助を行う住居における居住に要する平均的な費用の額を勘案して厚生労働大臣が定める費用の額（居住費の基準費用額）に相当する額（その額が現に居住に要した費用の額を超えるときは，当該現に居住に要した費用の額）（令第21条第1項第2号）
② 食費等の基準費用額及び食費等の負担限度額
ⅰ 指定障害者支援施設等から特定入所等サービスを受けた特定障害者
上記①ⅰアの食費等の基準費用額は，5万3500円（月額）としている（障害者の日常生活及び社会生活を総合的に支援するための法律施行令第21条第1項第1号の規定に基づき食費等の基準費用額として厚生労働大臣が定める費用の額（平成18年厚生労働省告示第531号））。
他方，①ⅰイの食費等の負担限度額は，障害者の年齢等によりその算定方法が異なる。具体的には以下のとおりである（障害者の日常生活及び社会生活を総合的に支援するための法律施行令第21条第1項第1号の規定に基づき厚生労働大臣が定める食費等の負担限度額の算定方法（平成19年厚生労働省告示第133号））。
ア 20歳以上の者
20歳以上の者については，障害基礎年金2級のみの所得の場合であっても，少なくとも2万5000円（月額）が食費・光熱水費以外に要する費用（その他生活費）として手元に残るよう，食費等の負担限度額を設定している。具体的には，利用者の所得が月額6万6667円未満の場合には，当該所得から2万5000円を除いた額を食費等の負担限度額とし，利用者の所得が月額6万6667

円を超える場合には，6万6667円からその他生活費2万5000円を除いた4万1667円に，6万6667円を超える部分の50％の額を加えた額を食費等の負担限度額としている。

なお，その他生活費として手元に残す2万5000円の水準については，60歳以上65歳未満の者及び障害基礎年金1級受給者の場合には，就労が困難であることを考慮し2万8000円，65歳以上の場合には，さらに介護保険料の負担を考慮し，3万円としている。

また，利用者の所得を算定するに当たって，当該利用者に就労収入がある場合には，障害者の働くことへのインセンティブを促進する観点から，特例として，月額2万4000円までの就労収入の全額及びこれを超える就労収入がある場合にはさらにその30％相当額を所得から控除すること（いわゆる「工賃控除」）を認めている。

イ 20歳未満の者

20歳未満の者については，本人がまだ障害年金を受給しておらず，実際には保護者が食費等の費用を負担することとなると想定されることから，こうした事情を踏まえた算定方法としている。具体的には，平均的な家計における食費及び居住に要する費用から，食費・光熱水費以外に要する費用（その他生活費）を控除して得た額を食費等の負担限度額としている。

平均的な家計における食費及び居住に要する費用については，家計調査のデータを参考として，生活保護受給者又は市町村民税世帯非課税者の場合には5万円（月額），それ以外の者の場合には7万9000円（月額）としている。他方，食費・光熱水費以外に要する費用については，同様に家計調査のデータを参考にして，2万5000円（月額。18歳未満の場合には教育費を加味し3万4000円）としている。

これにより，20歳未満の者に係る食費等の負担限度額は，生活保護受給者，市町村民税世帯非課税者の場合には「5万円」から，「特定障害者が受けた障害福祉サービスに係る法第29条第3項第1号に定める額×3.04（ただし，上限は1万5000円）」及び「2万5000円（18歳未満の場合には教育費を加味し3万4000円）」を控除した額，市町村民税世帯課税者の場合には「7万9000円」から，「特定障害者が受けた障害福祉サービスに係る法第29条第3項第1号に定める額×3.04（ただし，上限は3万7200円）」及び「2万5000円（18歳未満の場合には3万4000円）」を控除した額となる。

ⅱ 指定障害福祉サービス事業者から特定入所等サービスを受けた特定障害者

居住費の基準費用額は，1万円（月額）としている（障害者の日常生活及び社会生活を総合的に支援するための法律施行令第21条第1項第2号の規定に基づき居住費の基準費用額として厚生労働大臣が定める費用の額（平成23年厚生労働省告示第354号））。

③ 食費等の基準費用額若しくは食費等の負担限度額を算定する方法又は居住費の

基準費用額の改定等

　食費等の基準費用額若しくは食費等の負担限度額を算定する方法又は居住費の基準費用額については，厚生労働大臣は，指定障害者支援施設等における食事の提供若しくは居住に要する費用又は共同生活援助を行う住居における居住に要する費用の状況その他の事情が著しく変動したときは，速やかにこれらを改定しなければならないこととしている（令第21条第2項）。

　また，利用者が，食費等の負担限度額を超える負担をすることのないよう，指定障害者支援施設等が，食費・光熱水費として，限度額を超える金額の支払いを受けた場合には，特定障害者特別給付金を支給しないこととしている（令第21条第3項）。

　なお，指定障害者支援施設等は，特定障害者特別給付費について，介護給付費等と同様，利用者に代わって，市町村から直接支払いを受けることができることとしている（いわゆる「法定代理受領」。令第21条の2）。

(4) 特定障害者特別給付費の支給の申請等（規則第34条の3等）

　特定障害者特別給付費の支給を受けようとする者は，以下を内容とする申請書及び添付書類を市町村に提出しなければならないこととしている（規則第34条の3第1項及び第2項）。

ア　申請書
　・当該申請に係る特定障害者の氏名，居住地，生年月日，個人番号及び連絡先
　・サービスを受けている指定障害者支援施設等又は指定障害者福祉サービス事業者の名称
　・上記(2)の対象者に該当する旨

イ　添付書類
　・上記(2)の対象者に該当する者であることを証する書類（市町村が，公簿等によって確認することができるときは，省略することが可能）
　・受給者証
　・食費等の負担限度額の算定のために必要な事項に関する書類（施設入所支援に係る支給決定を受けた特定障害者に限る）
　・入居している共同生活援助を行う住居に係る居住に要する費用の額を証する書類（共同生活援助又は重度障害者等包括支援に係る支給決定を受けた特定障害者に限る）

　また，市町村は，特定障害者特別給付費の支給の決定を行ったときは，受給者証に特定障害者特別給付費の額及び支給期間を記載することとしているほか（規則第34条の3第3項），支給期間内に，特定障害者特別給付費の額の算定のために必要な事項について変更があったときは，申請者は，変更があった事項とその変更内容等を記載した届出書に受給者証を添えて市町村に提出しなければならないこととしている（規則第34条の3第4項）。

　このほか，規則で，特定障害者特別給付費の額の変更（規則第34条の5）や特定

障害者特別給付費の支給の取消し（規則第34条の6）に関する手続きが定められている。

> **参考**
>
> ○障害者の日常生活及び社会生活を総合的に支援するための法律施行規則（抄）
>
> （特定障害者特別給付費の額の変更）
>
> **第34条の5** 市町村は，特定障害者の所得の状況等に変更があったときは，第34条の3第3項第1号に掲げる事項の変更を行うことができる。この場合において，同号に掲げる事項について変更を行った市町村は，次の各号に掲げる事項を書面により特定障害者に通知し，受給者証の提出を求めるものとする。
>
> 一　第34条の3第3項第1号に掲げる事項を変更した旨
> 二　受給者証を提出する必要がある旨
> 三　受給者証の提出先及び提出期限
>
> 2　前項の特定障害者の受給者証が既に市町村に提出されているときは，市町村は，同項の規定にかかわらず，同項の通知に同項第2号及び第3号に掲げる事項を記載することを要しない。
>
> 3　市町村は，第34条の3第3項第1号に掲げる事項に変更を行った場合には，受給者証にその旨を記載し，これを返還するものとする。
>
> （特定障害者特別給付費等の支給の取消し）
>
> **第34条の6** 市町村は，次の各号に掲げる場合には，特定障害者特別給付費及び特例特定障害者特別給付費（以下この条において「特定障害者特別給付費等」という。）の支給を行わないことができる。
>
> 一　特定障害者が，法第34条第1項及び第35条第1項の規定に基づき特定障害者特別給付費等の支給を受ける必要がなくなったと認めるとき。
> 二　特定障害者が，第34条の3第3項第2号に規定する期間内に，当該市町村以外の市町村の区域内に居住地を有するに至ったと認めるとき。
>
> 2　前項の規定により特定障害者特別給付費等の支給を行わないこととした市町村は，次の各号に掲げる事項を書面により当該特定障害者特別給付費等に係る特定障害者に通知し，受給者証の提出を求めるものとする。
>
> 一　特定障害者特別給付費等の支給を行わないこととした旨
> 二　受給者証を提出する必要がある旨
> 三　受給者証の提出先及び提出期限
>
> 3　前項の特定障害者の受給者証が既に市町村に提出されているときは，市町村は，同項の規定にかかわらず，同項の通知に同項第2号及び第3号に掲げる事項を記載することを要しない。
>
> 4　市町村は，第1項の特定障害者特別給付費等の支給を行わないこととした場合には，受給者証にその旨を記載し，これを返還するものとする。

(特例特定障害者特別給付費の支給)
第35条 市町村は，次に掲げる場合において，必要があると認めるときは，特定障害者に対し，当該指定障害者支援施設等若しくは基準該当施設又は共同生活援助を行う住居における特定入所等費用について，政令で定めるところにより，特例特定障害者特別給付費を支給することができる。
　一　特定障害者が，第20条第1項の申請をした日から当該支給決定の効力が生じた日の前日までの間に，緊急その他やむを得ない理由により指定障害福祉サービス等を受けたとき。
　二　特定障害者が，基準該当障害福祉サービスを受けたとき。
2　前項に定めるもののほか，特例特定障害者特別給付費の支給に関し必要な事項は，厚生労働省令で定める。

概要　指定障害者支援施設等若しくは基準該当施設又は共同生活援助を行う住居における食事の提供に要した費用及び居住に要した費用に対する特例特定障害者特別給付費の支給について定めるものである。

解説　本条は，特定障害者（第34条第1項に規定する特定障害者をいう）が，支給決定の効力が生ずる前に，緊急やむをえない理由により指定障害福祉サービス等を受けた場合又は基準該当障害福祉サービスを受けた場合に，食費や居住に要する費用に対して特例特定障害者特別給付費が支給されることとなる。

　なお，特例介護給付費等と同様，特例特定障害者特別給付費の支払いについても，代理受領に関する規定はおかれていない。

　このほか，規則において，特例特定障害者特別給付費の支給の申請に関する規定がおかれている。具体的には，特例特定障害者特別給付費の支給を受けようとする者は，その氏名，居住地，生年月日，個人番号，連絡先及び受給者証番号のほか，特例特定障害者特別給付費の額を記載した申請書（当該額を証する書類を添付）を市町村に提出しなければならないこととしている（規則第34条の4）。

第5款　指定障害福祉サービス事業者及び指定障害者支援施設等（第36条－第51条）

（指定障害福祉サービス事業者の指定）
第36条　第29条第1項の指定障害福祉サービス事業者の指定は，厚生労働省令で定めるところにより，障害福祉サービス事業を行う者の申請により，障害福祉サービスの種類及び障害福祉サービス事業を行う事業所（以下この款において「サービス事業所」という。）ごとに行う。

2　就労継続支援その他の厚生労働省令で定める障害福祉サービス（以下この条及び次条第１項において「特定障害福祉サービス」という。）に係る第29条第１項の指定障害福祉サービス事業者の指定は，当該特定障害福祉サービスの量を定めてするものとする。

3　都道府県知事は，第１項の申請があった場合において，次の各号（療養介護に係る指定の申請にあっては，第７号を除く。）のいずれかに該当するときは，指定障害福祉サービス事業者の指定をしてはならない。

一　申請者が都道府県の条例で定める者でないとき。

二　当該申請に係るサービス事業所の従業者の知識及び技能並びに人員が，第43条第１項の都道府県の条例で定める基準を満たしていないとき。

三　申請者が，第43条第２項の都道府県の条例で定める指定障害福祉サービスの事業の設備及び運営に関する基準に従って適正な障害福祉サービス事業の運営をすることができないと認められるとき。

四　申請者が，禁錮以上の刑に処せられ，その執行を終わり，又は執行を受けることがなくなるまでの者であるとき。

五　申請者が，この法律その他国民の保健医療若しくは福祉に関する法律で政令で定めるものの規定により罰金の刑に処せられ，その執行を終わり，又は執行を受けることがなくなるまでの者であるとき。

五の二　申請者が，労働に関する法律の規定であって政令で定めるものにより罰金の刑に処せられ，その執行を終わり，又は執行を受けることがなくなるまでの者であるとき。

六　申請者が，第50条第１項（同条第３項において準用する場合を含む。以下この項において同じ。），第51条の29第１項若しくは第２項又は第76条の３第６項の規定により指定を取り消され，その取消しの日から起算して５年を経過しない者（当該指定を取り消された者が法人である場合においては，当該取消しの処分に係る行政手続法（平成５年法律第88号）第15条の規定による通知があった日前60日以内に当該法人の役員又はそのサービス事業所を管理する者その他の政令で定める使用人（以下「役員等」という。）であった者で当該取消しの日から起算して５年を経過しないものを含み，当該指定を取り消された者が法人でない場合においては，当該通知があった日前60日以内に当該者の管理者であった者で当該取消しの日から起算して５年を経過しないものを含む。）であるとき。ただし，当該指定の取消しが，指定障害福祉サービス事業者の指定の取消しのうち当該指定の取消しの処分の理由となった事実及び当該事実の発生を防止するための当該指定障害福祉サービス事業者による業務管理体制の整備についての取組の状況その他の当該事実に関して当該指定障害福祉サービス事業

者が有していた責任の程度を考慮して，この号本文に規定する指定の取消しに該当しないこととすることが相当であると認められるものとして厚生労働省令で定めるものに該当する場合を除く。

七　申請者と密接な関係を有する者（申請者（法人に限る。以下この号において同じ。）の株式の所有その他の事由を通じて当該申請者の事業を実質的に支配し，若しくはその事業に重要な影響を与える関係にある者として厚生労働省令で定めるもの（以下この号において「申請者の親会社等」という。），申請者の親会社等が株式の所有その他の事由を通じてその事業を実質的に支配し，若しくはその事業に重要な影響を与える関係にある者として厚生労働省令で定めるもの又は当該申請者が株式の所有その他の事由を通じてその事業を実質的に支配し，若しくはその事業に重要な影響を与える関係にある者として厚生労働省令で定めるもののうち，当該申請者と厚生労働省令で定める密接な関係を有する法人をいう。）が，第50条第1項、第51条の29第1項若しくは第2項又は第76条の3第6項の規定により指定を取り消され，その取消しの日から起算して5年を経過していないとき。ただし，当該指定の取消しが，指定障害福祉サービス事業者の指定の取消しのうち当該指定の取消しの処分の理由となった事実及び当該事実の発生を防止するための当該指定障害福祉サービス事業者による業務管理体制の整備についての取組の状況その他の当該事実に関して当該指定障害福祉サービス事業者が有していた責任の程度を考慮して，この号本文に規定する指定の取消しに該当しないこととすることが相当であると認められるものとして厚生労働省令で定めるものに該当する場合を除く。

八　申請者が，第50条第1項、第51条の29第1項若しくは第2項又は第76条の3第6項の規定による指定の取消しの処分に係る行政手続法第15条の規定による通知があった日から当該処分をする日又は処分をしないことを決定する日までの間に第46条第2項又は第51条の25第2項若しくは第4項の規定による事業の廃止の届出をした者（当該事業の廃止について相当の理由がある者を除く。）で，当該届出の日から起算して5年を経過しないものであるとき。

九　申請者が，第48条第1項（同条第3項において準用する場合を含む。）又は第51条の27第1項若しくは第2項の規定による検査が行われた日から聴聞決定予定日（当該検査の結果に基づき第50条第1項又は第51条の29第1項若しくは第2項の規定による指定の取消しの処分に係る聴聞を行うか否かの決定をすることが見込まれる日として厚生労働省令で定めるところにより都道府県知事が当該申請者に当該検査が行われた日から10日以内に特定の日を通知した場合における当該特定の日をいう。）までの間に第46条第2項又は第51条の25第2項若しくは第4項の規定による事業の廃止の届出をした者（当該事業の廃止について

相当の理由がある者を除く。）で，当該届出の日から起算して5年を経過しないものであるとき。

十　第8号に規定する期間内に第46条第2項又は第51条の25第2項若しくは第4項の規定による事業の廃止の届出があった場合において，申請者が，同号の通知の日前60日以内に当該届出に係る法人（当該事業の廃止について相当の理由がある法人を除く。）の役員等又は当該届出に係る法人でない者（当該事業の廃止について相当の理由がある者を除く。）の管理者であった者で，当該届出の日から起算して5年を経過しないものであるとき。

十一　申請者が，指定の申請前5年以内に障害福祉サービスに関し不正又は著しく不当な行為をした者であるとき。

十二　申請者が，法人で，その役員等のうちに第4号から第6号まで又は第8号から前号までのいずれかに該当する者のあるものであるとき。

十三　申請者が，法人でない者で，その管理者が第4号から第6号まで又は第8号から第11号までのいずれかに該当する者であるとき。

4　都道府県が前項第1号の条例を定めるに当たっては，厚生労働省令で定める基準に従い定めるものとする。

5　都道府県知事は，特定障害福祉サービスにつき第1項の申請があった場合において，当該都道府県又は当該申請に係るサービス事業所の所在地を含む区域（第89条第2項第2号の規定により都道府県が定める区域をいう。）における当該申請に係る種類ごとの指定障害福祉サービスの量が，同条第1項の規定により当該都道府県が定める都道府県障害福祉計画において定める当該都道府県若しくは当該区域の当該指定障害福祉サービスの必要な量に既に達しているか，又は当該申請に係る事業者の指定によってこれを超えることになると認めるとき，その他の当該都道府県障害福祉計画の達成に支障を生ずるおそれがあると認めるときは，第29条第1項の指定をしないことができる。

概要　指定障害福祉サービス事業者の指定及び欠格事由等について定めるものである。

解説　第1項

○　介護給付費又は訓練等給付費は，都道府県知事が自立支援給付の対象となる事業者等を指定し，支給決定を受けた障害者等が当該指定事業者等の提供したサービスを利用したときに支給される。これは，介護給付費又は訓練等給付費を支給するに当たって，サービス提供者に指定制度を設けることにより，提供されるサービスの質を担保することとしたものである。

○　この事業者等の指定については，地域主権戦略大綱（平成22年6月22日閣議決定）に基づき，平成24年4月以降は地方自治法施行令（昭和22年政令第16号）等に規定

する大都市特例により，都道府県，指定都市（同令第174条の32），中核市（同令第174条の49の12）が行っている。
○ 指定障害福祉サービス事業者の指定は，障害福祉サービス事業を行う者の申請により，障害福祉サービスの種類及び事業所ごとに行う。申請に当たっての具体的な手続きについては，規則第34条の7から第34条の19までに定められている。

第2項及び第5項
○ 障害福祉サービス等のうち，第36条第2項の「厚生労働省令で定める障害福祉サービス」（以下「特定障害福祉サービス」という）については，供給量の調整等を行う必要性があることから，いわゆる総量規制の対象となっており，指定障害福祉サービス事業者の指定申請に当たっては，申請に係る特定障害福祉サービスの量を定めてしなければならないものとし（第2項），当該特定障害福祉サービスがすでに都道府県障害福祉計画で定める量を超えている又は当該申請に係る事業者の指定によってこれを超えることとなるとき等は指定をしないことができることとしている（第5項）。なお，指定都市又は中核市の市長が特定障害福祉サービスに係る指定又は指定の更新を行う場合は，あらかじめ都道府県知事の同意を得なければならない（地方自治法施行令第174条の32第3項又は第174条の49の12第2項において読み替えて適用される第1項（第41条第4項において準用する場合を含む））。
○ 特定障害福祉サービスは，現在生活介護，就労継続支援A型及び就労継続支援B型が規定されている（規則第34条の20）が，これは，これらのサービスが，身体障害者福祉法等に基づいて設置されていた旧体系施設からの移行状況も踏まえながら，供給量の調整等を行いつつ計画的に整備を行っていく必要があるサービスであるためである。

第3項及び第4項
○ 指定障害福祉サービス事業者の指定に係る欠格事由については，介護サービスを提供する制度であり，すでに同様の指定制度を設けている介護保険制度が参考になるものと考えられたため，介護保険制度と同様の欠格事由を設けている。

＜第1号に規定する都道府県の条例で定める者について＞
○ 都道府県は指定障害福祉サービス事業者等の指定を行うこととしているが，指定障害福祉サービス事業者等が，都道府県の条例で定める者でない場合は，都道府県はその指定をしてはならないとされている。
○ これは，地域主権戦略大綱（平成22年6月22日閣議決定）に基づき，事業に参入できる主体について，できる限り指定を行う都道府県等において主体的に要件を定めることができるようにする観点から，欠格要件のうち，申請者の法人格の有無に関するものは，都道府県が条例で定めることとされたものである。ただし，指定障害福祉サービス事業については，社会福祉事業とされている等事業の安定的な経営が求められ，一定の要件をナショナルミニマムの観点から保障する必要があること

から，条例において制定する事項については，厚生労働省令で定める基準に従うものとしている（第4項）。厚生労働省令で定める基準としては，療養介護に係る指定又は短期入所（病院又は診療所により行われるものに限る）に係る指定を除き，法人であることとされている（規則第34条の21）。

＜第5号に規定する政令で定める法律について＞（令第22条）

○　第5号は，申請者が障害者総合支援法その他国民の保健医療若しくは福祉に関する法律で政令で定めるものの規定により罰金の刑を受けて5年を経過しない者であるときに，これを欠格事由として定めるものである。障害者総合支援法のみならず，政令でほかの法律を定めているのは，障害者総合支援法に関連するほかの法律において障害者の身体及び生命にかかわるサービスを提供するサービス事業者又はサービスを提供する有資格者として罰金を受けたり，処分に違反した場合は，指定障害福祉サービス事業者としても，今後とも，同じく障害者の身体及び生命にかかわるサービスを高い倫理性をもちつつ，適切に行えるものと期待することができないためである。

○　このため，政令で定める法律としては，以下の二つの基準を満たすものであって，罰金刑が定められているものとしている。

　①　障害者総合支援法と直接関係する法律
　　　対象者，サービス内容等の観点から，当該法律に係る制度が障害者総合支援法に係る制度と一致又は大きく重なる法律
　②　障害福祉サービスに関連の深いサービス事業者又はサービス提供に係る資格を規制する法律

○　なお，指定障害福祉サービス事業者については，福祉サービスのみ提供するものと，福祉サービスと医療サービスを併せて提供するもの（療養介護）があるため，療養介護を提供するものについては，福祉サービスに関連する法律に加え，医療サービスに関連する法律を規定している。

⑴　療養介護以外の障害福祉サービスのみを提供する場合（令第22条第1項）
　　①　障害者総合支援法と直接関係する法律
　　　ⅰ　障害者の福祉に関する法律（障害者福祉制度に係る法律等）
　　　　児童福祉法，身体障害者福祉法，精神保健福祉法，社会福祉士及び介護福祉士法（昭和62年法律第30号），精神保健福祉士法（平成9年法律第131号），社会福祉法，障害者虐待防止法，児童買春，児童ポルノに係る行為等の規制及び処罰並びに児童の保護等に関する法律（平成11年法律第52号。以下「児童買春・児童ポルノ禁止法」という），児童虐待の防止等に関する法律（平成12年法律第82号。以下「児童虐待防止法」という），子ども・子育て支援法（平成24年法律第65号）（知的障害者福祉法は罰金刑なし）
　　　ⅱ　制度的に障害者総合支援法における障害者福祉制度と大きく重なる法律
　　　　介護保険法，老人福祉法（昭和38年法律第133号），生活保護法
　　②　サービス事業者を規制する法律

ⅰ　サービス事業者を規制する法律

　　児童福祉法，身体障害者福祉法，精神保健福祉法，社会福祉法，障害者虐待防止法，介護保険法，老人福祉法，就学前の子どもに関する教育，保育等の総合的な提供の推進に関する法律（平成18年法律第77号。以下「認定こども園法」という），民間あっせん機関による養子縁組のあっせんに係る児童の保護等に関する法律（平成28年法律第110号）（知的障害者福祉法，発達障害者支援法（平成16年法律第167号）は罰金刑なし）

ⅱ　サービス提供に係る資格を規制する法律

　　社会福祉士及び介護福祉士法，精神保健福祉士法，公認心理師法（平成27年法律第68号），国家戦略特別区域法（平成25年法律第107号。保育士に係るもの）

　以上より，障害者総合支援法，児童福祉法，身体障害者福祉法，精神保健福祉法，生活保護法，社会福祉法，老人福祉法，社会福祉士及び介護福祉士法，介護保険法，精神保健福祉士法，児童買春・児童ポルノ禁止法，児童虐待防止法，認定こども園法，障害者虐待防止法，子ども・子育て支援法，国家戦略特別区域法，公認心理師法，民間あっせん機関による養子縁組のあっせんに係る児童の保護等に関する法律が定められている。

(2)　療養介護を提供する場合（令第22条第2項）

　医療サービスも併せて提供していることから，(1)に規定するものに加え，以下のものを考慮する。

①　障害者も対象とする医療サービスに関する法律であって制度的に療養介護医療と重なる法律

　　医療法（昭和23年法律第205号），医薬品，医療機器等の品質，有効性及び安全性の確保等に関する法律（昭和35年法律第145号。以下「医薬品医療機器等法」という），健康保険法，介護保険法，難病法，医師法（昭和23年法律第201号），歯科医師法（昭和23年法律第202号），保健師助産師看護師法（昭和23年法律第203号），薬剤師法（昭和35年法律第146号）

※　単なる給付に関する事項のみを定める国民健康保険法，国家公務員共済組合法，地方公務員等共済組合法，私立学校教職員共済法（昭和28年法律第245号）等は対象とならない。

②　サービス事業者を規制する法律

ⅰ　医療サービス事業者を規制する法律

　　医薬品医療機器等法，再生医療等の安全性の確保等に関する法律（平成25年法律第85号。以下「再生医療法」という），健康保険法（保険医療機関関係），介護保険法（訪問看護ステーション関係），難病法，臨床研究法（平成29年法律第16号）

ⅱ　医療サービスに係る資格を規制する法律

　　医師法，歯科医師法，保健師助産師看護師法，薬剤師法

以上より，(1)に規定するものに加え，医師法，歯科医師法，保健師助産師看護師法，医療法，医薬品医療機器等法，薬剤師法，再生医療法，難病法，臨床研究法が定められている。

＜第5号の2に規定する労働法規の遵守について＞（令第22条の2）

○ 介護人材を確保するとともに，利用者に対して質の高いサービスを提供していくためには，報酬の引上げや交付金の交付による介護従事者の処遇改善だけでなく，事業者に労働法規を遵守させることが効果的であることから，平成22年整備法による障害者自立支援法の改正により，事業所等の欠格事由として，労働基準法等の労働法規に違反して罰金刑に処せられている場合，労働保険料を滞納している場合等が追加された。

○ 具体的には，以下の法律の規定が定められている。

① 労働基準法第117条，第118条第1項（同法第6条及び第56条の規定に係る部分に限る），第119条（同法第16条，第17条，第18条第1項及び第37条の規定に係る部分に限る）及び第120条（同法第18条第7項及び第23条から第27条までの規定に係る部分に限る）の規定並びにこれらの規定に係る同法第121条の規定

② 最低賃金法（昭和34年法律第137号）第40条の規定及び同条の規定に係る同法第42条の規定

③ 賃金の支払の確保等に関する法律（昭和51年法律第34号）第18条の規定及び同条の規定に係る同法第20条の規定

＜欠格事由となる第6号の政令で定める使用人について＞（令第23条）

○ 当該事業所を管理する立場にいる者について，5年以内に指定が取り消されるような不正な行為等をしている場合は，当該事業所において適正なサービス提供が行われることが難しいと考えられるため，政令で定める使用人は，サービス事業所を管理する者とされている。

＜第6号ただし書に規定する業務管理体制の整備を担保とした連座制適用の除外について＞

○ 指定・更新を受けようとする申請者が，過去に指定の取消し処分を受けた事業者であっても，取消し処分の理由となった事実及び当該事実の発生を防止するため，業務管理体制の整備に係る取組み状況等当該事実に係る事業者の責任の程度を考慮し，指定・更新の欠格事由に該当しないことが相当と認められる場合には，当該申請について，指定権者は指定・更新をするものとする。

○ 指定の取消しに該当しないこととすることが相当であると認められるものは，厚生労働大臣，都道府県知事又は市町村長が法第51条の3第1項その他の規定による報告等の権限を適切に行使し，当該指定の取消しの処分の理由となった事実及び当該事実の発生を防止するための当該指定事業者等（指定障害福祉サービス事業者及び指定障害者支援施設等の設置者をいう。以下同じ）による業務管理体制の整備についての取組みの状況その他の当該事実に関して，当該指定事業者等が有していた責任の程度を確認した結果，当該指定事業者等が当該指定の取消しの理由となった

事実について組織的に関与していると認められない場合に係るものとされている（規則第34条の20の2）。

＜第7号の申請者と密接な関係がある者が指定取消しを受けた場合の欠格事由について＞

○ 指定取消しを受けた法人が，当該法人の障害福祉サービス事業をグループ内の他の法人へ事業譲渡等し，指定申請することで，新規指定を受け障害福祉サービス事業を継続するといった実質的に処分逃れと見られる行為等を防止することを目的としている。

○ 第7号に規定する申請者の親会社等（以下「申請者の親会社等」という）は，次に掲げる者とされている（規則第34条の20の3第1項）。

① 申請者（株式会社である場合に限る）の議決権の過半数を所有している者

② 申請者（持分会社（会社法（平成17年法律第86号）第575条第1項に規定する持分会社をいう）である場合に限る）の資本金の過半数を出資している者

③ 申請者の事業の方針の決定に関して，①・②に掲げる者と同等以上の支配力を有すると認められる者

○ 第7号の厚生労働省令で定める申請者の親会社等がその事業を実質的に支配し，又はその事業に重要な影響を与える関係にある者は，次に掲げる者とされている（規則第34条の20の3第2項）。

① 申請者の親会社等（株式会社である場合に限る）が議決権の過半数を所有している者

② 申請者の親会社等（持分会社である場合に限る）が資本金の過半数を出資している者

③ 事業の方針の決定に関する申請者の親会社等の支配力が①・②に掲げる者と同等以上と認められる者

○ 第7号の厚生労働省令で定める申請者がその事業を実質的に支配し，又はその事業に重要な影響を与える関係にある者は，次に掲げる者とされている（規則第34条の20の3第3項）。

① 申請者（株式会社である場合に限る）が議決権の過半数を所有している者

② 申請者（持分会社である場合に限る）が資本金の過半数を出資している者

③ 事業の方針の決定に関する支配力が，①・②に掲げる者と同等以上と認められる者

○ 第7号の厚生労働省令で定める密接な関係を有する法人は，次の各号のいずれにも該当する法人とされている（規則第34条の20の3第4項）。

① 申請者の重要な事項に係る意思決定に関与し，又は申請者若しくは申請者の親会社等が重要な事項に係る意思決定に関与している者であること。

② 第29条第1項，第51条の14第1項又は第51条の17第1項第1号の規定により都道府県知事又は市町村長の指定を受けた者であること。

③ 次のイからチまでに掲げる指定の申請者の区分に応じ，それぞれイからホまでに定める障害福祉サービスを行っていた者，ヘに定める障害者支援施設を設置し

ていた者又はト若しくはチに定める地域相談支援若しくは計画相談支援を行っていた者であること。

イ　障害福祉サービス（居宅介護，重度訪問介護，同行援護及び行動援護に限る。以下このイにおいて同じ）に係る指定の申請者　指定障害福祉サービスに該当する障害福祉サービスのうちいずれか一以上のサービス

ロ　障害福祉サービス（生活介護（施設障害福祉サービスとして提供される場合を除く）及び短期入所に限る。以下このロにおいて同じ）に係る指定の申請者　指定障害福祉サービスに該当する障害福祉サービスのうちいずれか一以上のサービス

ハ　重度障害者等包括支援に係る指定の申請者　指定障害福祉サービスに該当する重度障害者等包括支援

ニ　障害福祉サービス（自立生活援助及び共同生活援助に限る。以下このニにおいて同じ）に係る指定の申請者　指定障害福祉サービスに該当する障害福祉サービスのうちいずれか一以上のサービス

ホ　障害福祉サービス（自立訓練，就労移行支援，就労継続支援及び就労定着支援に限り，施設障害福祉サービスとして提供される場合を除く。以下このホにおいて同じ）に係る指定の申請者　指定障害福祉サービスに該当する障害福祉サービスのうちいずれか一以上のサービス

ヘ　障害者支援施設に係る指定の申請者　指定障害者支援施設

ト　地域相談支援に係る指定の申請者　指定地域相談支援

チ　計画相談支援に係る指定の申請者　指定計画相談支援

＜第9号の立入検査中に事業廃止届を提出した事業者に対する欠格事由について＞

○　指定権者による立入検査が行われた日から10日以内に事業者に通知が届いた日から，指定権者が指定の取消しの処分に係る聴聞通知を行うか否かの決定を行う日として通知に定めた日までの間に，廃止届を提出してきた事業者であって，当該届出の日から5年を経過しないものについて，事業所の破産等のような廃止することがやむを得ないと認められる相当の理由のある場合を除き，指定権者は，障害福祉サービス事業者としての指定・更新を拒否することとされている。

（指定障害福祉サービス事業者の指定の変更）

第37条　指定障害福祉サービス事業者は，第29条第1項の指定に係る特定障害福祉サービスの量を増加しようとするときは，厚生労働省令で定めるところにより，同項の指定の変更を申請することができる。

2　前条第3項から第5項までの規定は，前項の指定の変更の申請があった場合について準用する。この場合において，必要な技術的読替えは，政令で定める。

概要　指定障害福祉サービス事業者のうち，特定障害福祉サービス（生活介護，就労継続

支援A型及び就労継続支援B型）を行う事業者の障害福祉サービスの量の変更に関する規定である。

解説

○ 特定障害福祉サービス（生活介護，就労継続支援A型及び就労継続支援B型）に関しては，都道府県が，供給量を調整することとされている。このため，指定障害福祉サービス事業者の指定のときだけではなく，事業者がこれらの量（利用定員）を増加する場合についても，都道府県知事に指定の変更の申請が必要である旨を規定するものである。

○ 本条による指定の変更申請は，供給量を調整等する必要があるサービスについて設けられているものであることから，指定の変更申請が必要とされるのは，特定障害福祉サービスを増加する場合に限られる。したがって，特定障害福祉サービスを減少させる場合については，指定の変更の届出は必要なく，第46条第1項に基づき，運営規程(指定障害福祉サービス基準等により利用定員を定めることとなっている)に係る変更の届出を行えば足りる。

○ なお，本条の申請は供給量（利用定員）に関する変更の申請であるため，適正に事業を実施できるかを確認する観点等から，申請に当たっては，事業者の名称等のほか，利用定員，事業所の平面図及び設備の概要並びに当該事業に係る従業者の勤務の体制及び勤務形態を提出しなければならない（規則第34条の22）。

○ また，当該特定障害福祉サービスがすでに都道府県障害福祉計画で定める量を超えている又は当該申請に係る事業者の指定によってこれを超えることとなるとき等は指定の変更をしないことができることとしている（第2項）。さらに，指定の変更については，第36条第3項に定める欠格事由が適用されている（第2項）。

（指定障害者支援施設の指定）

第38条 第29条第1項の指定障害者支援施設の指定は，厚生労働省令で定めるところにより，障害者支援施設の設置者の申請により，施設障害福祉サービスの種類及び当該障害者支援施設の入所定員を定めて，行う。

2 都道府県知事は，前項の申請があった場合において，当該都道府県における当該申請に係る指定障害者支援施設の入所定員の総数が，第89条第1項の規定により当該都道府県が定める都道府県障害福祉計画において定める当該都道府県の当該指定障害者支援施設の必要入所定員総数に既に達しているか，又は当該申請に係る施設の指定によってこれを超えることになると認めるとき，その他の当該都道府県障害福祉計画の達成に支障を生ずるおそれがあると認めるときは，第29条第1項の指定をしないことができる。

3 第36条第3項及び第4項の規定は，第29条第1項の指定障害者支援施設の指定について準用する。この場合において，必要な技術的読替えは，政令で定める。

概要 障害者支援施設の指定及び欠格事由等について定めるものである。

解説 第1項及び第2項

○ 障害者支援施設についても，指定障害福祉サービス事業者と同様の趣旨により，都道府県知事による指定制度が設けられている。

○ 指定障害者支援施設の指定は，施設の設置者の申請により行うが（具体的な申請手続きについては規則第34条の24に規定），指定に当たっては，当該障害者支援施設で行われる施設障害福祉サービスの種類及び当該障害者支援施設の入所定員を定めて行うこととしている（第1項）。

○ 指定障害者支援施設が行う施設障害福祉サービスについては，地域移行を進める観点等から，その供給量の調整等を行う必要があるため，いわゆる総量規制の対象となっており，指定に当たっては，当該施設障害福祉サービスがすでに都道府県障害福祉計画で定める入所定員の総数を超えている又は当該申請に係る施設の指定によってこれを超えることとなるとき等は，指定をしないことができることとされている（第2項）。なお，指定都市又は中核市の市長が指定障害者支援施設に係る指定又は指定の更新を行う場合は，あらかじめ都道府県知事の同意を得なければならない（地方自治法施行令第174条の32第3項又は第174条の49の12第2項において読み替えて適用される第1項（第41条第4項において準用する場合を含む））。

第3項

指定障害者支援施設の指定に係る欠格事由については，指定制度が設けられている趣旨が指定障害福祉サービスと同様であること等を踏まえ，指定障害福祉サービス事業者の指定に係る欠格事由を準用することとしている。

障害者支援施設についても，平成24年4月以降，申請者の欠格要件のうち，申請者の法人格の有無に関するものは都道府県が条例で定めることとされた。ただし，障害者支援施設については，条例の制定に当たって，従うべき基準として厚生労働省令で法人であることと定められている（規則第34条の24の2）。

なお，第3項に規定する読替えについては，令第24条の2に規定がある。

（指定障害者支援施設の指定の変更）

第39条 指定障害者支援施設の設置者は，第29条第1項の指定に係る施設障害福祉サービスの種類を変更しようとするとき，又は当該指定に係る入所定員を増加しようとするときは，厚生労働省令で定めるところにより，同項の指定の変更を申請することができる。

2　前条第2項及び第3項の規定は，前項の指定の変更の申請があった場合について準用する。この場合において，必要な技術的読替えは，政令で定める。

第2編　障害者総合支援法逐条解説

概要　指定障害者支援施設が行う施設障害福祉サービスの種類又は入所定員の変更に関する規定である。

解説
○　指定障害者支援施設の入所定員に関しては，都道府県において，その数を調整することとされている。このため，施設障害福祉サービスの種類の変更又は指定に係る入所定員の増加をする場合についても，都道府県知事に指定の変更の申請が必要な旨を規定するものである。入所定員の増加について指定の変更の申請が必要とされるのは，供給量の調整が必要となる生活介護の定員の増加の場合である（規則第34条の25）。

　したがって，それ以外の変更（施設障害福祉サービスの入所定員の減少，生活介護以外の施設障害福祉サービスの増加）については，第46条第2項に基づき，運営規程に係る変更の届出を行えば足りる。

○　なお，本条の申請は，施設障害福祉サービス及び入所定員に関する変更であるため，適正に事業を実施できるかを確認する観点等から，事業者の名称等のほか，利用者の推定数，事業所の平面図及び設備の概要並びに当該申請に係る事業に係る従業者の勤務の体制及び勤務形態を，さらに施設障害福祉サービスの変更の申請の場合にあっては提供する施設障害福祉サービスの種類を，指定に係る入所定員の変更の申請の場合にあっては入所定員を届け出なければならない（規則第34条の25）。

○　当該施設障害福祉サービスが，すでに都道府県障害福祉計画で定める入所定員の総数を超えている又は当該申請に係る施設の指定によってこれを超えることとなるとき等は，指定の変更をしないことができることとしている（第2項）。また，指定の変更については，第38条第3項に定める欠格事由が適用されている（第2項）。なお，第2項に規定する読替えについては，令第24条の4に規定がある。

（指定の更新）

第41条　第29条第1項の指定障害福祉サービス事業者及び指定障害者支援施設の指定は，6年ごとにそれらの更新を受けなければ，その期間の経過によって，それらの効力を失う。

2　前項の更新の申請があった場合において，同項の期間（以下この条において「指定の有効期間」という。）の満了の日までにその申請に対する処分がされないときは，従前の指定は，指定の有効期間の満了後もその処分がされるまでの間は，なおその効力を有する。

3　前項の場合において，指定の更新がされたときは，その指定の有効期間は，従前の指定の有効期間の満了の日の翌日から起算するものとする。

4　第36条及び第38条の規定は，第1項の指定の更新について準用する。この場合において，必要な技術的読替えは，政令で定める。

概要 指定障害福祉サービス事業者等の指定の更新に関する規定である。

解説
○ 指定障害福祉サービス事業者及び指定障害者支援施設の指定については，介護サービスを提供する制度であり，すでに同様の指定制度を設けている介護保険制度が参考になるものと考えられたため，介護保険制度と同様の更新制度が設けられている。

○ 都道府県における事務処理の遅れ等により指定が更新されないことがないよう，更新の申請をした後，新たな指定が行われるまでは，従前の指定が新たな指定がなされるまでの間，効力を有することとしている（第2項）。この場合における更新後の指定の有効期間は，従前の指定の有効期間終了後の翌日からとなる（第3項）。

○ 指定の更新の申請については，新規の指定に係る規定が準用されており（第4項），この場合に必要な読替えが，令第25条に規定されている。

○ なお，本条の規定は，指定の有効期間を6年間と定めるものであり，指定の更新を6年未満で行うことを妨げるものではない。したがって，同一事業所で複数の障害福祉サービス等に係る指定を受けており，各々の有効期限が異なっている場合に，手続を効率的に行うためにいずれかの指定の有効期限に合わせてすべての指定の更新を申請することも可能である。

（共生型障害福祉サービス事業者の特例）

第41条の2 居宅介護，生活介護その他厚生労働省令で定める障害福祉サービスに係るサービス事業所について，児童福祉法第21条の5の3第1項の指定（当該サービス事業所により行われる障害福祉サービスの種類に応じて厚生労働省令で定める種類の同法第6条の2の2第1項に規定する障害児通所支援に係るものに限る。）又は介護保険法第41条第1項本文の指定（当該サービス事業所により行われる障害福祉サービスの種類に応じて厚生労働省令で定める種類の同法第8条第1項に規定する居宅サービスに係るものに限る。），同法第42条の2第1項本文の指定（当該サービス事業所により行われる障害福祉サービスの種類に応じて厚生労働省令で定める種類の同法第8条第14項に規定する地域密着型サービスに係るものに限る。），同法第53条第1項本文の指定（当該サービス事業所により行われる障害福祉サービスの種類に応じて厚生労働省令で定める種類の同法第8条の2第1項に規定する介護予防サービスに係るものに限る。）若しくは同法第54条の2第1項本文の指定（当該サービス事業所により行われる障害福祉サービスの種類に応じて厚生労働省令で定める種類の同法第8条の2第12項に規定する地域密着型介護予防サービスに係るものに限る。）を受けている者から当該サービス事業所に係る第36条第1項（前条第4項において準用する場合を含む。）の申請があった場

合において，次の各号のいずれにも該当するときにおける第36条第3項（前条第4項において準用する場合を含む。以下この項において同じ。）の規定の適用については，第36条第3項第2号中「第43条第1項の」とあるのは「第41条の2第1項第1号の指定障害福祉サービスに従事する従業者に係る」と，同項第3号中「第43条第2項」とあるのは「第41条の2第1項第2号」とする。ただし，申請者が，厚生労働省令で定めるところにより，別段の申出をしたときは，この限りでない。

一 当該申請に係るサービス事業所の従業者の知識及び技能並びに人員が，指定障害福祉サービスに従事する従業者に係る都道府県の条例で定める基準を満たしていること。

二 申請者が，都道府県の条例で定める指定障害福祉サービスの事業の設備及び運営に関する基準に従って適正な障害福祉サービス事業の運営をすることができると認められること。

2 都道府県が前項各号の条例を定めるに当たっては，第1号から第3号までに掲げる事項については厚生労働省令で定める基準に従い定めるものとし，第4号に掲げる事項については厚生労働省令で定める基準を標準として定めるものとし，その他の事項については厚生労働省令で定める基準を参酌するものとする。

一 指定障害福祉サービスに従事する従業者及びその員数

二 指定障害福祉サービスの事業に係る居室の床面積

三 指定障害福祉サービスの事業の運営に関する事項であって，障害者又は障害児の保護者のサービスの適切な利用の確保，障害者等の適切な処遇及び安全の確保並びに秘密の保持等に密接に関連するものとして厚生労働省令で定めるもの

四 指定障害福祉サービスの事業に係る利用定員

3 第1項の場合において，同項に規定する者が同項の申請に係る第29条第1項の指定を受けたときは，その者に対しては，第43条第3項の規定は適用せず，次の表の上欄に掲げる規定の適用については，これらの規定中同表の中欄に掲げる字句は，それぞれ同表の下欄に掲げる字句とする。

第29条第6項	第43条第2項	第41条の2第1項第2号
第43条第1項	都道府県	第41条の2第1項第1号の指定障害福祉サービスに従事する従業者に係る都道府県
第43条第2項	指定障害福祉サービスの事業	第41条の2第1項第2号の指定障害福祉サービ

第2章 自立支援給付

		の事業
第49条第1項第1号	第43条第1項の	第41条の2第1項第1号の指定障害福祉サービスに従事する従業者に係る
第49条第1項第2号	第43条第2項	第41条の2第1項第2号
第50条第1項第3号	第43条第1項の	第41条の2第1項第1号の指定障害福祉サービスに従事する従業者に係る
第50条第1項第4号	第43条第2項	第41条の2第1項第2号

4 第1項に規定する者であって，同項の申請に係る第29条第1項の指定を受けたものから，次の各号のいずれかの届出があったときは，当該指定に係る指定障害福祉サービスの事業について，第46条第2項の規定による事業の廃止又は休止の届出があったものとみなす。
　一　児童福祉法第21条の5の3第1項に規定する指定通所支援の事業（当該指定に係るサービス事業所において行うものに限る。）に係る同法第21条の5の20第4項の規定による事業の廃止又は休止の届出
　二　介護保険法第41条第1項に規定する指定居宅サービスの事業（当該指定に係るサービス事業所において行うものに限る。）に係る同法第75条第2項の規定による事業の廃止又は休止の届出
　三　介護保険法第53条第1項に規定する指定介護予防サービスの事業（当該指定に係るサービス事業所において行うものに限る。）に係る同法第115条の5第2項の規定による事業の廃止又は休止の届出

5 第1項に規定する者であって，同項の申請に係る第29条第1項の指定を受けたものは，介護保険法第42条の2第1項に規定する指定地域密着型サービスの事業（当該指定に係るサービス事業所において行うものに限る。）又は同法第54条の2第1項に規定する指定地域密着型介護予防サービスの事業（当該指定に係るサービス事業所において行うものに限る。）を廃止し，又は休止しようとするときは，厚生労働省令で定めるところにより，その廃止又は休止の日の1月前までに，その旨を当該指定を行った都道府県知事に届け出なければならない。この場合において，当該届出があったときは，当該指定に係る指定障害福祉サービスの事業について，第46条第2項の規定による事業の廃止又は休止の届出があったものとみなす。

概要　共生型障害福祉サービス事業者の特例に関する規定である。

解説 ○ 障害福祉制度は，障害者総合支援法第１条に規定するとおり，障害者及び障害児が基本的人権を享有する個人としての尊厳にふさわしい日常生活又は社会生活を営むことができるよう，必要な障害福祉サービスに係る給付，地域生活支援事業その他の支援を総合的に行うこととしている。また，障害児のみを対象とする障害福祉のサービスは，児童全般に関する施策との関係も強いため，児童福祉法に定められている。

　一方，加齢に伴って生ずる心身の変化に起因する疾病等により要介護状態となり介護等を要する者に対する給付及び支援については，介護保険法等の規定に基づいて行われ，介護保険法による給付を受け，又は利用することができるときは障害者総合支援法に基づく給付を政令で定める限度において行わないこととされている（法第７条）。

○ このように，介護保険制度，障害者に対する福祉制度及び障害児に対する福祉制度とは，それぞれ独立の法律に基づき，分立して制度化されているところである。しかし，少子高齢化・人口減少により，分立した制度の下でそれぞれのサービスの提供に当たる人材や利用者を確保することが困難になると見込まれており，地域の実情に応じて，対象者や福祉の分野をまたがる柔軟なサービス提供を行えるよう支援することで，利用者のサービス利用の機会の一層の確保をしていく必要がある。

○ こうした課題に対応するため，地域包括ケアシステムの強化のための介護保険法等の一部を改正する法律（平成29年法律第52号。平成30年４月１日施行）により，障害福祉サービスについて，その指定の申請があった場合に，当該申請に係る事業者が，障害福祉サービスに応当する居宅サービス，地域密着型サービス，介護予防サービス及び地域密着型介護予防サービス（居宅サービス等）に係る介護保険法の指定又は障害児通所支援に係る児童福祉法の指定を受けているときは，障害福祉サービスに係る指定基準を全て満たさずとも，別途定める指定基準を満たしていれば，障害福祉サービスに係る指定を行うことができることとされた。

○ なお，同様の規定が，介護保険法及び児童福祉法にも設けられた。

第１項

○ 本条は，障害者総合支援法の下で提供されるサービスのうち，介護保険法の下で提供されるサービスに相当するものや，児童福祉法に基づく障害児通所支援と一体的に行うことが想定されるものについて，指定の特例を設けようとするものである。

○ したがって，すべての障害福祉サービスが対象となるものではなく，障害福祉サービス等に応当する居宅サービス等・障害児通所支援が存在するものに対象が限定される。その具体的な範囲については，表２－７のとおりである（規則第34条の26の２～第34条の26の７）。

○ 指定の申請事項のうち，障害福祉サービスに応当する居宅サービス等・障害児通所支援に係る指定の申請項目と対応する事項については，手続の省略・簡素化がなされている（規則第34条の７第５項（第34条の14第４項及び第34条の15第４項にお

表2－7 サービスの具体的な範囲

	障害者福祉		介護保険・障害児福祉
①ホームヘルプ	居宅介護 重度訪問介護	⇔	訪問介護
②デイサービス	生活介護 自立訓練	⇔	通所介護 地域密着型通所介護
		⇔	児童発達支援 放課後等デイサービス
③ショートステイ	短期入所	⇔	短期入所生活介護 介護予防短期入所生活介護
④一体的サービス※	生活介護 自立訓練 短期入所	←	小規模多機能型居宅介護 介護予防小規模多機能型居宅介護 看護小規模多機能型居宅介護 　児童発達支援 　放課後等デイサービス

※指定に係る基準（サービスを提供する従業者の資格）等の関係から，指定小規模多機能型居宅介護事業者等が，共生型居宅介護・共生型重度訪問介護を行うことはできないこととされた。

表2－8 都道府県・大都市・一般市町村が有する指定権限

指定サービス 指定権者	障害者総合支援法	介護保険法		児童福祉法
	障害福祉サービス	居宅サービス 介護予防サービス	地域密着型サービス 地域密着型介護予防サービス	障害児通所支援
都道府県	○	○	×	○
指定都市 児童相談所設置市	○	○	○	○
中核市	○	○	○	× ※平成31年4月1日より○
一般市町村	×	×	○	×

いて準用），第34条の9第4項及び第5項並びに第34条の11第4項及び第5項）。

○ なお，平成30年4月1日現在，都道府県，大都市（指定都市・児童相談所設置市・中核市）及び一般市町村が有する指定権限は表2－8のとおり。

○ そのため，規則第34条の7第5項等は，規則第70条等の規定により読み替えて適用される場合も含め，指定権者が一致しない場合等には，以下のとおりの整理となる。

① 一般市町村において，指定地域密着型サービス事業者又は指定地域密着型介護予防サービス事業者（指定地域密着型サービス事業者等）が，共生型の特例により指定障害福祉サービス事業者又は指定障害児通所支援事業者の指定を受けようとする場合（又はその逆）

　→ 対応する事項については，指定地域密着型サービス事業者等に係る指定の申請書等の写しを都道府県知事に提出することにより行わせることができる（又はその逆）。

② 中核市において，指定障害児通所支援事業者が，共生型の特例により指定障害福祉サービス事業者，指定居宅サービス事業者，指定介護予防サービス事業者又は指定地域密着型サービス事業者等の指定を受けようとする場合（又はその逆）
　（平成30年度限り）

→ 対応する事項については，指定障害児通所支援事業者に係る指定の申請書等の写しを都道府県知事に提出することにより行わせることができる（又はその逆）。
③ その他
→ 対応する事項については，指定○○に係る指定の申請を以て，共生型の特例による指定の申請については省略可。
○ なお，第43条に規定する基準による通常の指定障害福祉サービス事業者としての指定を受ける場合など，本条に規定する特例による指定を不要とする場合は，規則第34条の26の8に規定する事項を記載した申出書を都道府県知事に提出することとなる。

第2項

○ 現行の障害者総合支援法第43条第3項においては，指定障害福祉サービス事業者につき，都道府県等が条例を定めるに当たり踏まえるべき基準を，その内容に応じて，従うべき基準，標準及び参酌基準の3類型に分けて厚生労働省令（障害者の日常生活及び社会生活を総合的に支援するための法律に基づく指定障害福祉サービスの事業等の人員，設備及び運営に関する基準）に委任している。
○ 共生型障害福祉サービス事業者についても，この3類型に関する整理には変更はないことから，そのまま同項の整理が踏襲されている。

第3項

○ 本条による特例により指定を受けた事業者については，その指定の際の基準に特例を設けているため，指定を受けた後に共生型障害福祉サービス事業者が遵守すべき基準やそれに違反した際に指定を取り消すこととなる基準についても，特例に係る基準とする必要があることから，読替規定が置かれた。
○ また，基準を都道府県の条例で定めるに当たっては厚生労働省令で定める基準に従う等すべきことを規定しており，これと重複する第43条第3項の規定については，その適用を外すこととされた。

第4項

○ 本条は，介護保険法や児童福祉法に基づく指定を受けていることに着目して特例を認めるものであることから，これらの指定に係る事業が休廃止された場合には，特例を認める必要性も失われることとなる。このため，居宅サービス等の事業や障害児通所支援の事業について休廃止届があったときは，障害者総合支援法による休廃止届があったものとみなすこととされた。
○ なお，本条の規定は地方自治法施行令第174条の32等により読み替えて適用される場合も含め，指定権者が一致しない場合等には，以下のとおりの整理となる。
① 一般市町村において，共生型の特例により指定障害福祉サービス事業者又は指

定障害児通所支援事業者の指定を受けた指定地域密着型サービス事業者等が，指定地域密着型サービスの事業又は指定地域密着型介護予防サービスの事業を休廃止しようとする場合（又はその逆）

→ 当該休廃止の届出を都道府県知事にも行う（又はその逆）。

② 中核市において，共生型の特例により指定障害福祉サービス事業者，指定居宅サービス事業者，指定介護予防サービス事業者又は指定地域密着型サービス事業者等の指定を受けた指定障害児通所支援事業者が，指定障害児通所支援の事業を休廃止しようとする場合（又はその逆）（平成30年度限り）

→ 当該休廃止の届出を中核市の市長にも行う（又はその逆）。

③ その他

→ 大都市において，指定○○事業の休廃止の届出があった場合には，共生型の特例による指定××事業の休廃止の届出とみなす。

（指定障害福祉サービス事業者及び指定障害者支援施設等の設置者の責務）

第42条 指定障害福祉サービス事業者及び指定障害者支援施設等の設置者（以下「指定事業者等」という。）は，障害者等が自立した日常生活又は社会生活を営むことができるよう，障害者等の意思決定の支援に配慮するとともに，市町村，公共職業安定所その他の職業リハビリテーションの措置を実施する機関，教育機関その他の関係機関との緊密な連携を図りつつ，障害福祉サービスを当該障害者等の意向，適性，障害の特性その他の事情に応じ，常に障害者等の立場に立って効果的に行うように努めなければならない。

2 指定事業者等は，その提供する障害福祉サービスの質の評価を行うことその他の措置を講ずることにより，障害福祉サービスの質の向上に努めなければならない。

3 指定事業者等は，障害者等の人格を尊重するとともに，この法律又はこの法律に基づく命令を遵守し，障害者等のため忠実にその職務を遂行しなければならない。

概要 指定事業者等の責務を規定したものである。

解説 ○ 障害者のためのサービスは，利用者が障害者であること，利用者は施設等を生活の場とし，ほかに生活の場となる住居をもたない場合もあることといった特殊性があり，利用者と事業者及び施設との立場が対等ではない場合もある。

また，事業者及び施設は，サービスの提供に関して多くの情報や知識を有しているのに対し，利用者はそれと同程度の情報や知識を持ち合わせていない。

○ このようなサービスについての利用者と事業者との間の契約は，事業者がより高

い意識と専門性をもって利用者のためにサービスを提供するという，利用者と事業者との信頼関係が前提にあって成り立っているものである。

　　　したがって，事業者及び施設は，サービスの提供に当たっては，事業又は施設の基準を遵守することはもとより，利用者の意思や立場を常に遵守する忠実義務が当然にして求められる。

○　このため，事業者及び施設について，障害者等の人格を尊重するとともに，この法律又はこの法律に基づく命令を遵守し，障害者等のため忠実にその職務を遂行しなければならないことを義務として規定し（第3項），これらの義務に違反したと認められるときは，都道府県知事がその指定を取り消すことができることとしている（第50条第1項第2号）（これは，介護保険制度と同様の仕組みである）。

○　また，これらの義務に加え，
　①　事業者又は施設は，自立した日常生活又は社会生活を営むことができるよう，就労を希望する障害者に対してサービスを提供する際には公共職業安定所と，また障害児及び障害児の保護者に対してサービスを提供する際には障害児の通う特別支援学校等の教育機関と緊密な連携をとりつつ，利用者の意向，適性，障害の特性に応じ，効果的に行うよう努めること，
　②　事業者又は施設は，その提供するサービスの質の向上に努めること，
　を努力義務として規定している（第1項及び第2項）。

○　平成23年の障害者基本法の改正により，支援する側の判断のみで相談等の支援を進めるのではなく，当事者の意思決定を支援することにも配慮しながら支援を進めていく必要があるとの観点から，障害者基本法第23条に，障害者及びその家族等に対する相談業務，成年後見制度等のための施策の実施又は制度の利用の際には，障害者の意思決定の支援に配慮することが明記されたことを踏まえ，障害者総合支援法では，事業者に対し，障害者等の意思決定支援に配慮することが努力義務として追加された。

○　また，指定事業者等のサービス提供に対する姿勢として，意思の表明が難しい知的障害者や精神障害者をはじめ，常に障害者等の立場に立って行うことについても努力義務として規定することとされた。

参考

○**障害者基本法**（昭和45年法律第84号）（抄）

　（相談等）

第23条　国及び地方公共団体は，障害者の意思決定の支援に配慮しつつ，障害者及びその家族その他の関係者に対する相談業務，成年後見制度その他の障害者の権利利益の保護等のための施策又は制度が，適切に行われ又は広く利用されるようにしなければならない。

2　国及び地方公共団体は，障害者及びその家族その他の関係者からの各種の相談に総合的に応ずることができるようにするため，関係機関相互の有機的連携の下に必要な相談体制の整備を図るとともに，障害者の家族に対し，障害者の家族が互いに支え合

うための活動の支援その他の支援を適切に行うものとする。

（指定障害福祉サービスの事業の基準）

第43条　指定障害福祉サービス事業者は，当該指定に係るサービス事業所ごとに，都道府県の条例で定める基準に従い，当該指定障害福祉サービスに従事する従業者を有しなければならない。

2　指定障害福祉サービス事業者は，都道府県の条例で定める指定障害福祉サービスの事業の設備及び運営に関する基準に従い，指定障害福祉サービスを提供しなければならない。

3　都道府県が前2項の条例を定めるに当たっては，第1号から第3号までに掲げる事項については厚生労働省令で定める基準に従い定めるものとし，第4号に掲げる事項については厚生労働省令で定める基準を標準として定めるものとし，その他の事項については厚生労働省令で定める基準を参酌するものとする。

　一　指定障害福祉サービスに従事する従業者及びその員数
　二　指定障害福祉サービスの事業に係る居室及び病室の床面積
　三　指定障害福祉サービスの事業の運営に関する事項であって，障害者又は障害児の保護者のサービスの適切な利用の確保，障害者等の適切な処遇及び安全の確保並びに秘密の保持等に密接に関連するものとして厚生労働省令で定めるもの
　四　指定障害福祉サービスの事業に係る利用定員

4　指定障害福祉サービス事業者は，第46条第2項の規定による事業の廃止又は休止の届出をしたときは，当該届出の日前1月以内に当該指定障害福祉サービスを受けていた者であって，当該事業の廃止又は休止の日以後においても引き続き当該指定障害福祉サービスに相当するサービスの提供を希望する者に対し，必要な障害福祉サービスが継続的に提供されるよう，他の指定障害福祉サービス事業者その他関係者との連絡調整その他の便宜の提供を行わなければならない。

（指定障害者支援施設等の基準）

第44条　指定障害者支援施設等の設置者は，都道府県の条例で定める基準に従い，施設障害福祉サービスに従事する従業者を有しなければならない。

2　指定障害者支援施設等の設置者は，都道府県の条例で定める指定障害者支援施設等の設備及び運営に関する基準に従い，施設障害福祉サービスを提供しなければならない。

3　都道府県が前2項の条例を定めるに当たっては，次に掲げる事項については厚生労働省令で定める基準に従い定めるものとし，その他の事項については厚生労

> 働省令で定める基準を参酌するものとする。
> 一　施設障害福祉サービスに従事する従業者及びその員数
> 二　指定障害者支援施設等に係る居室の床面積
> 三　指定障害者支援施設等の運営に関する事項であって，障害者のサービスの適切な利用，適切な処遇及び安全の確保並びに秘密の保持に密接に関連するものとして厚生労働省令で定めるもの
> 4　指定障害者支援施設の設置者は，第47条の規定による指定の辞退をするときは，同条に規定する予告期間の開始日の前日に当該施設障害福祉サービスを受けていた者であって，当該指定の辞退の日以後においても引き続き当該施設障害福祉サービスに相当するサービスの提供を希望する者に対し，必要な施設障害福祉サービスが継続的に提供されるよう，他の指定障害者支援施設等の設置者その他関係者との連絡調整その他の便宜の提供を行わなければならない。

概要　指定障害福祉サービス事業者及び指定障害者支援施設は，基準に従い，サービスを提供しなければならないことを規定している。

解説　第43条第1項～第3項，第44条第1項～第3項

○　指定障害福祉サービス事業者（指定障害者支援施設等の設置者）は，都道府県の条例で定める基準に従い，障害福祉サービス（施設障害福祉サービス）に従事する従業者を有しなければならず，また，都道府県の条例で定める設備及び運営に関する基準に従い，障害福祉サービスを提供しなければならない。

○　都道府県が指定障害福祉サービスに係る上記条例を定めるに当たっては，次の①から③までに掲げる事項については厚生労働省令で定める基準に従い定めるものとし，④に掲げる事項については厚生労働省令で定める基準を標準として定めるものとし，その他の事項については厚生労働省令で定める基準を参酌するものとする。

①　指定障害福祉サービスに従事する従業者及びその員数
②　指定障害福祉サービスの事業に係る居室及び病室の床面積
③　指定障害福祉サービスの事業の運営に関する事項であって，障害者又は障害児の保護者のサービスの適切な利用の確保，障害者等の適切な処遇及び安全の確保並びに秘密の保持等に密接に関連するものとして厚生労働省令で定めるもの
④　指定障害福祉サービスの事業に係る利用定員

○　また，都道府県が施設障害福祉サービスに係る上記条例を定めるに当たっては，次に掲げる事項については厚生労働省令で定める基準に従い定めるものとし，その他の事項については厚生労働省令で定める基準を参酌するものとしている。

①　施設障害福祉サービスに従事する従業者及びその員数
②　指定障害者支援施設等に係る居室の床面積
③　指定障害者支援施設等の運営に関する事項であって，障害者のサービスの適切な利用，適切な処遇及び安全の確保並びに秘密の保持に密接に関連するものとし

て厚生労働省令で定めるもの
○ 第43条第3項に規定する厚生労働省令で定める基準は，「障害者の日常生活及び社会生活を総合的に支援するための法律に基づく指定障害福祉サービスの事業等の人員，設備及び運営に関する基準」，第44条第3項に規定する厚生労働省令で定める基準は，「障害者の日常生活及び社会生活を総合的に支援するための法律に基づく指定障害者支援施設等の人員，設備及び運営に関する基準」である。
○ いずれも地域の限られた社会資源を活用できるようにするとともに，サービスの質の向上を図ることができるよう，支援費制度等に比べ，以下のような規制緩和を行いつつ，上記厚生労働省令が設定されている。
　① 運営基準の緩和
　　制度を抜本的に見直し，一つの施設で異なる障害をもつ人にサービス提供できるよう規制緩和（特定の障害種別を対象にサービス提供することも可能）
　② 施設基準の緩和
　　障害福祉サービスの拠点として，空き教室や空き店舗，民家の活用ができるよう施設基準を緩和
　③ 運営主体の緩和
　　通所サービスについて，社会福祉法人のみならずNPO法人等も参入可能になるよう運営主体の規制を緩和
　④ 既存のサービスの活用
　　施設，事業体系を再編し，法定外の事業であった小規模作業所のうち，良質なサービスを提供するものについては，新たなサービス体系の下でサービス提供できるよう，都道府県の障害福祉計画に基づいて計画的に移行

第43条第4項，第44条第4項
○ 事業者が事業の廃止又は休止の届出をした際に，事業者や施設の設置者に対し，利用者に対する継続的な障害福祉サービスの提供に係る便宜提供義務を課している。対象となる利用者の具体的な範囲は，障害福祉サービスについては，届出前1月以内に利用していた者，障害者支援施設については，指定の辞退の予告期間（第47条において3か月間とされている）の前日に利用していた者とされている。
○ 平成30年4月1日より，当該便宜提供義務に基づき，指定障害福祉サービス事業の廃止又は休止の届出事項及び指定障害者支援施設の指定の辞退の申出事項のうち，当該指定障害福祉サービスを受けている者等に対する措置について，以下のとおり明確化された（規則第34条の23第4項，第34条の26第2項）。
　① 現にサービスを受けている者に対する措置（の概要）
　② 現にサービスを受けている者の氏名，連絡先，受給者証番号及び引き続き当該サービスに相当するサービスの提供を希望する旨の申出の有無
　③ 引き続き当該サービスに相当するサービスの提供を希望する者に対し，必要なサービスを継続的に提供する他の指定障害福祉サービス事業者等の名称

> （変更の届出等）
>
> **第46条** 指定障害福祉サービス事業者は，当該指定に係るサービス事業所の名称及び所在地その他厚生労働省令で定める事項に変更があったとき，又は休止した当該指定障害福祉サービスの事業を再開したときは，厚生労働省令で定めるところにより，10日以内に，その旨を都道府県知事に届け出なければならない。
>
> 2　指定障害福祉サービス事業者は，当該指定障害福祉サービスの事業を廃止し，又は休止しようとするときは，厚生労働省令で定めるところにより，その廃止又は休止の日の1月前までに，その旨を都道府県知事に届け出なければならない。
>
> 3　指定障害者支援施設の設置者は，設置者の住所その他の厚生労働省令で定める事項に変更があったときは，厚生労働省令で定めるところにより，10日以内に，その旨を都道府県知事に届け出なければならない。

概要　指定障害福祉サービス事業者及び指定障害者支援施設が都道府県知事に届出を行わなければならない場合についての規定である。

解説

第1項

- 指定障害福祉サービス事業者は，名称のほか，事務所の所在地，利用者の推定数，運営規程等サービスの適正な提供のために必要な事項について変更があった場合又は休止した当該指定障害福祉サービスの事業を再開した場合については，10日以内に，都道府県知事に届け出なければならないこととされている。
- 変更があった場合に届出を行わなければならない項目等については，規則第34条の23第1項から第3項までに規定されている。
- なお，指定障害福祉サービス事業者が，本項による変更の届出ではなく，指定の変更の申請を必要とする場合については，法第37条の解説を参照されたい。

第2項

- 指定障害福祉サービス事業者は，当該指定障害福祉サービスの事業を廃止し，又は休止しようとするときは，厚生労働省令で定めるところにより，その廃止又は休止の日の1月前までに，その旨を都道府県知事に届け出なければならない。取消し処分等に係る聴聞通知前に，処分逃れを目的とした廃止届の提出を防止するとともに，突然事業が廃止されることによる利用者への悪影響を極力防止し，利用者保護を図ることを目的としている。
- 指定障害福祉サービスの事業を廃止し，又は休止しようとする場合に届出を行わなければならない項目等については，規則第34条の23第4項に規定されている。

第3項

- 指定障害者支援施設は，施設の名称及び所在地，設置者の名称及び住所等のほか，

定款等，提供する施設障害福祉サービスの種類，利用者の推定数，運営規程等，サービスの適正な提供のために必要な事項について変更があった場合については，10日以内に都道府県知事に届け出なければならないものとされている。

○ 変更があった場合に届出を行わなければならない項目等については，規則第34条の26に規定されている。

○ なお，指定障害者支援施設の設置者が，本項による変更の届出ではなく，指定の変更の申請を必要とする場合については，法第39条の解説を参照されたい。

（指定の辞退）

第47条 指定障害者支援施設は，3月以上の予告期間を設けて，その指定を辞退することができる。

概要 指定障害者支援施設が指定を辞退する場合についての規定である。

解説 ○ 指定障害者支援施設は，障害者が入所して昼間も夜間もサービスを実施する主体であるため，急に事業を廃止すると，入所している障害者に対する影響が大きいことから，3か月以上の予告期間を設け，入所する障害者が次にサービスを受ける先を探す時間等を確保することとしたものである。

○ 指定障害者支援施設の指定を辞退しようとする場合に申出を行わなければならない項目等については，規則第34条の26第2項に規定されている。

（都道府県知事等による連絡調整又は援助）

第47条の2 都道府県知事又は市町村長は，第43条第4項又は第44条第4項に規定する便宜の提供が円滑に行われるため必要があると認めるときは，当該指定障害福祉サービス事業者，指定障害者支援施設の設置者その他の関係者相互間の連絡調整又は当該指定障害福祉サービス事業者，指定障害者支援施設の設置者その他の関係者に対する助言その他の援助を行うことができる。

2 厚生労働大臣は，同一の指定障害福祉サービス事業者又は指定障害者支援施設の設置者について2以上の都道府県知事が前項の規定による連絡調整又は援助を行う場合において，第43条第4項又は第44条第4項に規定する便宜の提供が円滑に行われるため必要があると認めるときは，当該都道府県知事相互間の連絡調整又は当該指定障害福祉サービス事業者若しくは指定障害者支援施設の設置者に対する都道府県の区域を超えた広域的な見地からの助言その他の援助を行うことができる。

概要 都道府県知事等による連絡調整又は援助についての規定である。

解説
○ 事業者が第43条第4項又は第44条第4項に規定するサービス確保のための措置を講ずる場合，都道府県知事は指定権者として当該事業者を指導する立場から，また，市町村長は支給決定権者として，また，援護の実施者として障害者等を保護すべき立場から，当該事業者，利用者を引き継ぐ事業者，障害福祉サービス事業者間の連絡調整や，これらの者に対する助言等の援助を行うことができる。

○ 事業者が，複数の都道府県に所在する事業所を同時に廃止する場合は，複数の都道府県知事及び関係する市町村が同一の事業者に関して同時に上記のような支援を行うこととなる。このような場合で，円滑なサービス確保を図るために厚生労働大臣が関与することが必要と認められる場合には，厚生労働大臣が，支援を行う都道府県知事間の連絡調整や，広域的観点からの事業者に対する助言等を行うことができる。

（報告等）

第48条 都道府県知事又は市町村長は，必要があると認めるときは，指定障害福祉サービス事業者若しくは指定障害福祉サービス事業者であった者若しくは当該指定に係るサービス事業所の従業者であった者（以下この項において「指定障害福祉サービス事業者であった者等」という。）に対し，報告若しくは帳簿書類その他の物件の提出若しくは提示を命じ，指定障害福祉サービス事業者若しくは当該指定に係るサービス事業所の従業者若しくは指定障害福祉サービス事業者であった者等に対し出頭を求め，又は当該職員に関係者に対して質問させ，若しくは当該指定障害福祉サービス事業者の当該指定に係るサービス事業所，事務所その他当該指定障害福祉サービスの事業に関係のある場所に立ち入り，その設備若しくは帳簿書類その他の物件を検査させることができる。

2 第9条第2項の規定は前項の規定による質問又は検査について，同条第3項の規定は前項の規定による権限について準用する。

3 前2項の規定は，指定障害者支援施設等の設置者について準用する。この場合において，必要な技術的読替えは，政令で定める。

概要 都道府県知事又は市町村長の指定事業者等に対する調査権限を定めるものである。

解説
○ 都道府県知事については，指定事業者等の指定を行うこととされていること，市町村長については，介護給付費等の支給に係る指定障害福祉サービス等を行った指定事業者等について指定基準に従い適正な事業の運営を行っていないと認めるときは，都道府県知事に対して通知を行わなければならないものとされていることから

（第49条第6項），都道府県知事及び市町村長が，これらの業務を適正に行うため，報告徴収等必要な調査を行うことができるものとしたものである。介護保険法にも同様の規定がある。

○　具体的な調査対象等については，以下のとおりである。指定障害福祉サービス事業者に係る内容については，指定障害者支援施設の設置者について準用されている（第3項）。

① 調査対象
　イ　指定障害福祉サービス事業者
　ロ　当該指定に係るサービス事業所の従業員
　ハ　指定障害福祉サービス事業者であった者
　ニ　当該指定に係るサービス事業所の従業員であった者

② 調査方法
　イ　①のイ，ハ及びニに対し報告を命ずる。
　ロ　①のイ，ハ及びニに対し帳簿書類その他の物件の提出又は提示を命ずる。
　ハ　①のイからニまでに対し出頭を求める。
　ニ　職員に関係者に対し質問をさせる。
　ホ　職員に指定に係る事業所に立入り，その設備又は帳簿書類その他の物件を検査させる。

③ 報告命令等に従わない場合の効果
　指定の取消し（第50条第1項第6号及び第7号関係）及び30万円以下の罰金（第111条関係）（法人等について両罰規定がある）の対象

○　なお，第3項に規定する読替え（指定障害者支援施設等の設置者）は，令第25条の2に規定がある。

（勧告，命令等）

第49条　都道府県知事は，指定障害福祉サービス事業者が，次の各号に掲げる場合に該当すると認めるときは，当該指定障害福祉サービス事業者に対し，期限を定めて，当該各号に定める措置をとるべきことを勧告することができる。

一　当該指定に係るサービス事業所の従業者の知識若しくは技能又は人員について第43条第1項の都道府県の条例で定める基準に適合していない場合　当該基準を遵守すること。

二　第43条第2項の都道府県の条例で定める指定障害福祉サービスの事業の設備及び運営に関する基準に従って適正な指定障害福祉サービスの事業の運営をしていない場合　当該基準を遵守すること。

三　第43条第4項に規定する便宜の提供を適正に行っていない場合　当該便宜の提供を適正に行うこと。

2 　都道府県知事は，指定障害者支援施設等の設置者が，次の各号（のぞみの園の設置者にあっては，第3号を除く。以下この項において同じ。）に掲げる場合に該当すると認めるときは，当該指定障害者支援施設等の設置者に対し，期限を定めて，当該各号に定める措置をとるべきことを勧告することができる。
　一　指定障害者支援施設等の従業者の知識若しくは技能又は人員について第44条第1項の都道府県の条例で定める基準に適合していない場合　当該基準を遵守すること。
　二　第44条第2項の都道府県の条例で定める指定障害者支援施設等の設備及び運営に関する基準に従って適正な施設障害福祉サービスの事業の運営をしていない場合　当該基準を遵守すること。
　三　第44条第4項に規定する便宜の提供を適正に行っていない場合　当該便宜の提供を適正に行うこと。
3 　都道府県知事は，前2項の規定による勧告をした場合において，その勧告を受けた指定事業者等が，前2項の期限内にこれに従わなかったときは，その旨を公表することができる。
4 　都道府県知事は，第1項又は第2項の規定による勧告を受けた指定事業者等が，正当な理由がなくてその勧告に係る措置をとらなかったときは，当該指定事業者等に対し，期限を定めて，その勧告に係る措置をとるべきことを命ずることができる。
5 　都道府県知事は，前項の規定による命令をしたときは，その旨を公示しなければならない。
6 　市町村は，介護給付費，訓練等給付費又は特定障害者特別給付費の支給に係る指定障害福祉サービス等を行った指定事業者等について，第1項各号又は第2項各号（のぞみの園の設置者にあっては，第3号を除く。）に掲げる場合のいずれかに該当すると認めるときは，その旨を当該指定に係るサービス事業所又は施設の所在地の都道府県知事に通知しなければならない。

概要　指定障害福祉サービス事業者の指定等に関して，都道府県知事の勧告・命令等の権限を規定するものである。

解説
○　支援費制度では，都道府県知事は，不正を行う指定事業者に対する強制力のある行政処分の方法として，「指定の取消し」しか手段がなく，指定の取消しに至る前の実効性のある改善指導の手段が限られていた。
○　このため，都道府県知事が，より実態に即した指導監督や行政処分を行うことができるよう，指定の取消しに加えて，以下のような指導監督の仕組みを規定したものである（介護保険制度にも同様の規定がある）。

① 都道府県知事は，指定事業者が人員の員数並びに設備及び運営に関する基準に従って適正な運営をしていないと認めるときは，当該指定事業者に対し，期限を定めて，基準を遵守すべきことを勧告することができる。また，第43条第4項又は第44条第4項に規定する便宜の提供を適正に行っていないと認めるときは，当該指定事業者に対し，期限を定めて，当該便宜の提供を適正に行うことを勧告することができる。

② 都道府県知事は，指定事業者が期限内に勧告に従わなかったときは，その旨を公表することができる。

③ 都道府県知事は，勧告を受けた指定事業者が，正当な理由がなくて勧告に係る措置をとらなかったときは，当該指定事業者に対し，期限を定めて，その勧告に係る措置をとるべきことを命ずることができる。

④ 都道府県知事は，③の命令をした場合には，利用者の適切なサービス選択の機会を確保するため，その旨を公示しなければならない。

（指定の取消し等）

第50条 都道府県知事は，次の各号のいずれかに該当する場合においては，当該指定障害福祉サービス事業者に係る第29条第1項の指定を取り消し，又は期間を定めてその指定の全部若しくは一部の効力を停止することができる。

一 指定障害福祉サービス事業者が，第36条第3項第4号から第5号の2まで，第12号又は第13号のいずれかに該当するに至ったとき。

二 指定障害福祉サービス事業者が，第42条第3項の規定に違反したと認められるとき。

三 指定障害福祉サービス事業者が，当該指定に係るサービス事業所の従業者の知識若しくは技能又は人員について，第43条第1項の都道府県の条例で定める基準を満たすことができなくなったとき。

四 指定障害福祉サービス事業者が，第43条第2項の都道府県の条例で定める指定障害福祉サービスの事業の設備及び運営に関する基準に従って適正な指定障害福祉サービスの事業の運営をすることができなくなったとき。

五 介護給付費若しくは訓練等給付費又は療養介護医療費の請求に関し不正があったとき。

六 指定障害福祉サービス事業者が，第48条第1項の規定により報告又は帳簿書類その他の物件の提出若しくは提示を命ぜられてこれに従わず，又は虚偽の報告をしたとき。

七 指定障害福祉サービス事業者又は当該指定に係るサービス事業所の従業者が，第48条第1項の規定により出頭を求められてこれに応ぜず，同項の規定に

よる質問に対して答弁せず，若しくは虚偽の答弁をし，又は同項の規定による検査を拒み，妨げ，若しくは忌避したとき。ただし，当該指定に係るサービス事業所の従業者がその行為をした場合において，その行為を防止するため，当該指定障害福祉サービス事業者が相当の注意及び監督を尽くしたときを除く。

八　指定障害福祉サービス事業者が，不正の手段により第29条第1項の指定を受けたとき。

九　前各号に掲げる場合のほか，指定障害福祉サービス事業者が，この法律その他国民の保健医療若しくは福祉に関する法律で政令で定めるもの又はこれらの法律に基づく命令若しくは処分に違反したとき。

十　前各号に掲げる場合のほか，指定障害福祉サービス事業者が，障害福祉サービスに関し不正又は著しく不当な行為をしたとき。

十一　指定障害福祉サービス事業者が法人である場合において，その役員等のうちに指定の取消し又は指定の全部若しくは一部の効力の停止をしようとするとき前5年以内に障害福祉サービスに関し不正又は著しく不当な行為をした者があるとき。

十二　指定障害福祉サービス事業者が法人でない場合において，その管理者が指定の取消し又は指定の全部若しくは一部の効力の停止をしようとするとき前5年以内に障害福祉サービスに関し不正又は著しく不当な行為をした者であるとき。

2　市町村は，自立支援給付に係る指定障害福祉サービスを行った指定障害福祉サービス事業者について，前項各号のいずれかに該当すると認めるときは，その旨を当該指定に係るサービス事業所の所在地の都道府県知事に通知しなければならない。

3　前2項の規定は，指定障害者支援施設について準用する。この場合において，必要な技術的読替えは，政令で定める。

概要　指定障害福祉サービス事業者等の指定の取消しに関する規定である。

解説
○　指定障害福祉サービス事業者等の指定に係る取消し事由については，介護サービスを提供する制度であり，既に同様の指定制度を設けている介護保険制度が参考になるものと考えられたため，介護保険制度と同様の取消し事由を設けている。

＜第1項第9号に定めるその他国民の保健医療若しくは福祉に関する法律で政令で定めるものについて＞
○　その他国民の保健医療若しくは福祉に関する法律で政令で定めるものについては，第36条第3項第5号で定める法律と基本的に同じ考え方で規定されている。

○ ただし，第36条第3項第5号では，罰金の刑に処せられた場合が規定されているため，罰金の刑が規定されていない法律は除かれている。このため，第36条第3項第5号の規定に基づくものに加え，罰金が規定されていない法律も含め，以下のような法律が規定されている（令第26条）。

① 指定障害福祉サービス事業者（療養介護を除く），指定障害者支援施設に関し，以下の法律に違反又は命令，処分に違反した場合に取消し事由となるもの

児童福祉法，身体障害者福祉法，精神保健福祉法，生活保護法，社会福祉法，知的障害者福祉法，老人福祉法，社会福祉士及び介護福祉士法，介護保険法，精神保健福祉士法，発達障害者支援法，児童買春・児童ポルノ禁止法，児童虐待防止法，認定こども園法，障害者虐待防止法，子ども・子育て支援法，国家戦略特別区域法（保育士に係るもの），公認心理師法，民間あっせん機関による養子縁組のあっせんに係る児童の保護等に関する法律

（欠格事由に規定されていないものは，罰金刑が規定されていない知的障害者福祉法，発達障害者支援法）

② 指定障害福祉サービス事業者のうち療養介護を提供するもの

①に規定するものに加え，以下の法律

健康保険法，医師法，歯科医師法，保健師助産師看護師法，医療法，医薬品医療機器等法，薬剤師法，再生医療法，難病法，臨床研究法

（欠格事由に規定されていないものは，罰金刑が規定されていない健康保険法）

○ なお，市町村は，自立支援給付に係る指定障害福祉サービスを行った指定障害福祉サービス事業者について，取消し事由のいずれかに該当すると認めるときは，その旨を当該指定に係るサービス事業所の所在地の都道府県知事に通知しなければならないものとしている（第2項）。

（公示）

第51条 都道府県知事は，次に掲げる場合には，その旨を公示しなければならない。

一 第29条第1項の指定障害福祉サービス事業者又は指定障害者支援施設の指定をしたとき。

二 第46条第2項の規定による事業の廃止の届出があったとき。

三 第47条の規定による指定障害者支援施設の指定の辞退があったとき。

四 前条第1項（同条第3項において準用する場合を含む。）又は第76条の3第6項の規定により指定障害福祉サービス事業者又は指定障害者支援施設の指定を取り消したとき。

概要　都道府県知事が，指定障害福祉サービス事業者及び指定障害者支援施設の指定を

|解説| ○ 利用者は指定事業者等を選択して，サービスを受けることから，利用者はどの事業者等が指定されており，又は事業を休止等しているのか把握する必要がある。
　　　○ このため，都道府県知事においては，事業者の指定の状況を公示し，利用者がすぐに指定障害福祉サービスの提供を受けることができる事業者等がわかるようにする必要があることから設けられたものである。

第6款　業務管理体制の整備等（第51条の2－第51条の4）

（業務管理体制の整備等）

第51条の2　指定事業者等は，第42条第3項に規定する義務の履行が確保されるよう，厚生労働省令で定める基準に従い，業務管理体制を整備しなければならない。

2　指定事業者等は，次の各号に掲げる区分に応じ，当該各号に定める者に対し，厚生労働省令で定めるところにより，業務管理体制の整備に関する事項を届け出なければならない。

　一　次号及び第3号に掲げる指定事業者等以外の指定事業者等　都道府県知事

　二　当該指定に係る事業所又は施設が一の地方自治法第252条の19第1項の指定都市（以下「指定都市」という。）の区域に所在する指定事業所等　指定都市の長

　三　当該指定に係る事業所若しくは施設が2以上の都道府県の区域に所在する指定事業者等（のぞみの園の設置者を除く。第4項，次条第2項及び第3項並びに第51条の4第5項において同じ。）又はのぞみの園の設置者　厚生労働大臣

3　前項の規定により届出をした指定事業者等は，その届け出た事項に変更があったときは，厚生労働省令で定めるところにより，遅滞なく，その旨を当該届出をした厚生労働大臣，都道府県知事又は指定都市の長（以下この款において「厚生労働大臣等」という。）に届け出なければならない。

4　第2項の規定による届出をした指定事業者等は，同項各号に掲げる区分の変更により，同項の規定により当該届出をした厚生労働大臣等以外の厚生労働大臣等に届出を行うときは，厚生労働省令で定めるところにより，その旨を当該届出をした厚生労働大臣等にも届け出なければならない。

5　厚生労働大臣等は，前3項の規定による届出が適正になされるよう，相互に密接な連携を図るものとする。

（報告等）

第51条の3　前条第2項の規定による届出を受けた厚生労働大臣等は，当該届出をした指定事業者等（同条第4項の規定による届出を受けた厚生労働大臣等にあっ

ては,同項の規定による届出をした指定事業者等を除く。)における同条第1項の規定による業務管理体制の整備に関して必要があると認めるときは,当該指定事業者等に対し,報告若しくは帳簿書類その他の物件の提出若しくは提示を命じ,当該指定事業者等若しくは当該指定事業者等の従業者に対し出頭を求め,又は当該職員に関係者に対して質問させ,若しくは当該指定事業者等の当該指定に係る事業所若しくは施設,事務所その他の指定障害福祉サービス等の提供に関係のある場所に立ち入り,その設備若しくは帳簿書類その他の物件を検査させることができる。

2　厚生労働大臣又は指定都市の長が前項の権限を行うときは,当該指定事業者等に係る指定を行った都道府県知事(次条第5項において「関係都道府県知事」という。)と密接な連携の下に行うものとする。

3　都道府県知事は,その行った又はその行おうとする指定に係る指定事業者等における前条第1項の規定による業務管理体制の整備に関して必要があると認めるときは,厚生労働大臣又は指定都市の長に対し,第1項の権限を行うよう求めることができる。

4　厚生労働大臣又は指定都市の長は,前項の規定による都道府県知事の求めに応じて第1項の権限を行ったときは,厚生労働省令で定めるところにより,その結果を当該権限を行うよう求めた都道府県知事に通知しなければならない。

5　第9条第2項の規定は第1項の規定による質問又は検査について,同条第3項の規定は第1項の規定による権限について準用する。

(勧告,命令等)

第51条の4　第51条の2第2項の規定による届出を受けた厚生労働大臣等は,当該届出をした指定事業者等(同条第4項の規定による届出を受けた厚生労働大臣等にあっては,同項の規定による届出をした指定事業者等を除く。)が,同条第1項の厚生労働省令で定める基準に従って適正な業務管理体制の整備をしていないと認めるときは,当該指定事業者等に対し,期限を定めて,当該厚生労働省令で定める基準に従って適正な業務管理体制を整備すべきことを勧告することができる。

2　厚生労働大臣等は,前項の規定による勧告をした場合において,その勧告を受けた指定事業者等が,同項の期限内にこれに従わなかったときは,その旨を公表することができる。

3　厚生労働大臣等は,第1項の規定による勧告を受けた指定事業者等が,正当な理由がなくてその勧告に係る措置をとらなかったときは,当該指定事業者等に対し,期限を定めて,その勧告に係る措置をとるべきことを命ずることができる。

4　厚生労働大臣等は,前項の規定による命令をしたときは,その旨を公示しなけ

> ればならない。
> 5　厚生労働大臣又は指定都市の長は，指定事業者等が第3項の規定による命令に違反したときは，厚生労働省令で定めるところにより，当該違反の内容を関係都道府県知事に通知しなければならない。

概要　指定事業者等の業務管理体制の整備等について定めるものである。

解説
○　障害福祉サービス事業者は，厚生労働省令で定める基準に従って，業務管理体制を整備しなければならない。厚生労働省令で定める基準は，次のとおりである（規則第34条の27）。
　①　指定を受けている事業所及び施設の数が1以上20未満の指定事業者等（のぞみの園の設置者を除く）については，法令を遵守するための体制の確保に係る責任者（以下「法令遵守責任者」という）の選任をすること。
　②　指定を受けている事業所及び施設の数が20以上100未満の指定事業者等（のぞみの園の設置者を除く）については，法令遵守責任者の選任をすること及び業務が法令に適合することを確保するための規程を整備すること。
　③　指定を受けている事業所及び施設の数が100以上の指定事業者等（のぞみの園の設置者を除く）並びにのぞみの園の設置者については，法令遵守責任者の選任をすること，業務が法令に適合することを確保するための規程を整備すること及び業務執行の状況の監査を定期的に行うこと。

○　指定に係る事業所若しくは施設が一の指定都市の区域に所在する指定事業者等については指定都市の長，指定に係る事業所若しくは施設が2以上の都道府県の区域に所在する指定事業者等又はのぞみの園の設置者については厚生労働大臣，それ以外の指定事業者等については都道府県知事に対して，業務管理体制の整備に関する事項を届け出なければならない。

○　指定事業者等から届出を受けた厚生労働大臣，都道府県知事，指定都市の長（以下「厚生労働大臣等」という。）は，業務管理体制の整備に関して必要があると認めるときは，指定事業者等への質問，報告聴取，立入検査を行うものとする。また，厚生労働省令で定める基準に従って業務管理体制の整備を行っていないと認めるときは改善勧告・改善命令を行う。

○　厚生労働大臣，指定都市の長は，質問，報告聴取，立入検査等の権限を行使する際には，関係都道府県知事と密接な連携を図り，事業者が改善命令に違反し，かつ，引き続き違反するおそれがあると認めるときは，関係都道府県知事に通知する。

○　指導監督権者の事業者が業務管理体制の整備に係る立入検査等を拒んだような場合には，規制の実効性を担保する観点から，罰則を科すこととしている（第111条）。

図2－5　事業者の業務管理体制の監督体制

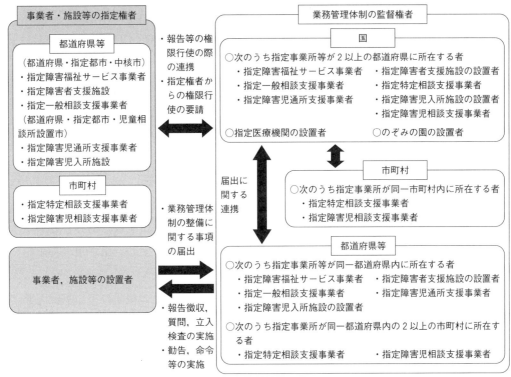

※図には児童福祉法に基づくものも含む。

【平成31年4月1日施行】

（業務管理体制の整備等）

第51条の2　（略）

2　指定事業者等は，次の各号に掲げる区分に応じ，当該各号に定める者に対し，厚生労働省令で定めるところにより，業務管理体制の整備に関する事項を届け出なければならない。

一　次号から第4号までに掲げる指定事業者等以外の指定事業者等　都道府県知事

二　（略）

三　当該指定に係る事業所又は施設が一の地方自治法第252条の22第1項の中核市（以下「中核市」という。）の区域に所在する指定事業者等　中核市の長

四　当該指定に係る事業所若しくは施設が2以上の都道府県の区域に所在する指定事業者等（のぞみの園の設置者を除く。第4項，次条第2項及び第3項並びに第51条の4第5項において同じ。）又はのぞみの園の設置者　厚生労働大臣

3　前項の規定により届出をした指定事業者等は，その届け出た事項に変更があっ

たときは，厚生労働省令で定めるところにより，遅滞なく，その旨を当該届出をした厚生労働大臣，都道府県知事又は指定都市若しくは中核市の長（以下この款において「厚生労働大臣等」という。）に届け出なければならない。

4・5　（略）

（報告等）

第51条の3　（略）

2　厚生労働大臣又は指定都市若しくは中核市の長が前項の権限を行うときは，当該指定事業者等に係る指定を行った都道府県知事（次条第5項において「関係都道府県知事」という。）と密接な連携の下に行うものとする。

3　都道府県知事は，その行った又はその行おうとする指定に係る指定事業者等における前条第1項の規定による業務管理体制の整備に関して必要があると認めるときは，厚生労働大臣又は指定都市若しくは中核市の長に対し，第1項の権限を行うよう求めることができる。

4　厚生労働大臣又は指定都市若しくは中核市の長は，前項の規定による都道府県知事の求めに応じて第1項の権限を行ったときは，厚生労働省令で定めるところにより，その結果を当該権限を行うよう求めた都道府県知事に通知しなければならない。

5　（略）

（勧告，命令等）

第51条の4　（略）

2～4　（略）

5　厚生労働大臣又は指定都市若しくは中核市の長は，指定事業者等が第3項の規定による命令に違反したときは，厚生労働省令で定めるところにより，当該違反の内容を関係都道府県知事に通知しなければならない。

概要　指定事業者等の業務管理体制の整備に関する事項の届出受理者に中核市の長を追加する等の改正を行うものである。

解説
○　指定に係る事業所若しくは施設が一の中核市の区域に所在する指定事業者等については中核市の長に対して，業務管理体制の整備に関する事項を届け出なければならないこととする。

○　中核市の長に指定事業者等への質問，報告聴取，立入検査権が付与され，指定事業者等に対する改善勧告・改善命令も行うこととなる。

○　中核市の長は質問，報告聴取，立入検査等の権限を行使する際には，関係都道府県知事と密接な連携を図り，事業者が改善命令に違反し，かつ，引き続き違反するおそれがあると認めるときは，関係都道府県知事に通知する。

第3節　地域相談支援給付費，特例地域相談支援給付費，計画相談支援給付費及び特例計画相談支援給付費の支給

第1款　地域相談支援給付費及び特例地域相談支援給付費の支給(第51条の5－第51条の15)

> （地域相談支援給付費等の相談支援給付決定）
> **第51条の5**　地域相談支援給付費又は特例地域相談支援給付費（以下「地域相談支援給付費等」という。）の支給を受けようとする障害者は，市町村の地域相談支援給付費等を支給する旨の決定（以下「地域相談支援給付決定」という。）を受けなければならない。
> 2　第19条（第1項を除く。）の規定は，地域相談支援給付決定について準用する。この場合において，必要な技術的読替えは，政令で定める。

概要　地域相談支援給付費等の支給を受けようとする障害者は，市町村の地域相談支援給付決定を受けなければならないことを規定するものである。

解説
○　地域相談支援給付費又は特例地域相談支援給付費（以下「地域相談支援給付費等」という）の支給を受けようとする障害者は，市町村の地域相談支援給付費等を支給する旨の決定（以下「地域相談支援給付決定」という）を受けなければならない。

○　地域相談支援給付決定を行う市町村については，障害福祉サービスと同様に，申請者の居住地（居住地を有しない，あるいは明らかでない場合については，その者の現在地）の市町村が行うことを原則とすることとするため，第19条第2項を準用することとしている（第2項）。また，障害福祉サービスと同様に，第19条第3項を準用することにより，地域相談支援についても，居住地特例を適用することとしている。これは，地域移行支援の対象者が，基本的に第19条第3項に規定する「特定施設」に入所していることが想定されるため，当該特定施設の所在市町村への過重な負担がかかることを防ぐものである。なお，居住地特例を運用するためには市町村間の協力が不可欠であることから第4項を準用し，障害児施設からの継続入所者については第3項と同様に特定の市町村に過重な負担がかからないよう第5項を準用することとしている。地域相談支援給付決定に関する読替えについては，令第26条の3に規定されている。

> （申請）
> **第51条の6** 地域相談支援給付決定を受けようとする障害者は，厚生労働省令で定めるところにより，市町村に申請しなければならない。
> 2 　第20条（第1項を除く。）の規定は，前項の申請について準用する。この場合において，必要な技術的読替えは，政令で定める。

概要 　地域相談支援給付費等の給付についての手続きを定める規定である。

解説 　第1項
　○　地域相談支援給付決定を受けようとする障害者は，次に掲げる事項（規則第34条の31第1項）を記載した申請書を，市町村に提出しなければならない。
　　① 　当該申請を行う障害者の氏名，居住地，生年月日，個人番号及び連絡先
　　② 　当該申請に係る障害者に関する介護給付費等及び地域相談支援給付費等の受給の状況
　　③ 　当該申請に係る地域相談支援の具体的内容
　　④ 　主治の医師があるときは，当該医師の氏名並びに当該医師が現に病院若しくは診療所を開設し，若しくは管理し，又は病院若しくは診療所に勤務するものであるときは当該病院又は診療所の名称及び所在地
　○　申請を行う障害者が現に地域相談支援給付決定を受けている場合には，申請書に当該地域相談支援給付決定に係る地域相談支援受給者証を添付しなければならないこととされている（規則第34条の31第2項）。

第2項
　○　地域相談支援の申請に係る障害者について，障害福祉サービスの申請に係る第20条の規定を準用することにより，適切な地域相談支援給付費の給付の要否の決定を行うことができるようにすることとする。地域相談支援給付決定の申請に関する読替えについては，令第26条の4に規定されている。

> （給付要否決定等）
> **第51条の7** 　市町村は，前条第1項の申請があったときは，当該申請に係る障害者の心身の状態，当該障害者の地域相談支援の利用に関する意向その他の厚生労働省令で定める事項を勘案して地域相談支援給付費等の支給の要否の決定（以下この条及び第51条の12において「給付要否決定」という。）を行うものとする。
> 2 　市町村は，給付要否決定を行うに当たって必要があると認めるときは，厚生労働省令で定めるところにより，市町村審査会，身体障害者更生相談所等その他厚

生労働省令で定める機関の意見を聴くことができる。

3　市町村審査会，身体障害者更生相談所等又は前項の厚生労働省令で定める機関は，同項の意見を述べるに当たって必要があると認めるときは，当該給付要否決定に係る障害者，その家族，医師その他の関係者の意見を聴くことができる。

4　市町村は，給付要否決定を行うに当たって必要と認められる場合として厚生労働省令で定める場合には，厚生労働省令で定めるところにより，前条第1項の申請に係る障害者に対し，第51条の17第1項第1号に規定する指定特定相談支援事業者が作成するサービス等利用計画案の提出を求めるものとする。

5　前項の規定によりサービス等利用計画案の提出を求められた障害者は，厚生労働省令で定める場合には，同項のサービス等利用計画案に代えて厚生労働省令で定めるサービス等利用計画案を提出することができる。

6　市町村は，前2項のサービス等利用計画案の提出があった場合には，第1項の厚生労働省令で定める事項及び当該サービス等利用計画案を勘案して給付要否決定を行うものとする。

7　市町村は，地域相談支援給付決定を行う場合には，地域相談支援の種類ごとに月を単位として厚生労働省令で定める期間において地域相談支援給付費等を支給する地域相談支援の量（以下「地域相談支援給付量」という。）を定めなければならない。

8　市町村は，地域相談支援給付決定を行ったときは，当該地域相談支援給付決定障害者に対し，厚生労働省令で定めるところにより，地域相談支援給付量その他の厚生労働省令で定める事項を記載した地域相談支援受給者証（以下「地域相談支援受給者証」という。）を交付しなければならない。

（地域相談支援給付決定の有効期間）

第51条の8　地域相談支援給付決定は，厚生労働省令で定める期間（以下「地域相談支援給付決定の有効期間」という。）内に限り，その効力を有する。

概要　市町村における地域相談支援給付費等の給付要否決定の手続きについて，そして給付が必要とされた場合の地域相談支援の量等に関する手続きを定める規定である。

解説　**第51条の7第1項**

市町村は，その障害者の置かれている環境等，総合的な状況を勘案して，地域相談支援給付費等の支給に係る給付要否決定を行う。具体的な項目については，以下のとおり（規則第34条の35）。

① 法第51条の6第1項の申請に係る障害者の障害の種類及び程度その他の心身の状況

② 当該申請に係る障害者に関する地域相談支援給付費等の受給の状況

③ 当該申請に係る障害者に関する保健医療サービス又は福祉サービス等（②に係る

ものを除く）の利用の状況
④ 当該申請に係る障害者の地域相談支援の利用に関する意向の具体的内容
⑤ 当該申請に係る障害者の置かれている環境
⑥ 当該申請に係る地域相談支援の提供体制の整備の状況

第51条の7第2項・第3項

　市町村は，給付要否決定を行うに当たって，市町村審査会のほか，専門機関である身体障害者更生相談所，知的障害者更生相談所，精神保健福祉センター又は児童相談所の意見を求めることができるほか，これらの機関は，必要があるときは，給付要否決定を受ける本人や家族等に意見を聴くことができることとするものである。

第51条の7第4項～第6項

○　市町村は，障害者が第51条の6第1項の申請をした場合（ただし，当該障害者が介護保険法第8条第24項に規定する居宅介護支援又は同法第8条の2第16項に規定する介護予防支援の対象となる場合には，市町村が必要と認める場合）には，当該申請に係る障害者に対し，指定特定相談支援事業者が作成したサービス等利用計画案の提出を求めるものとしている（第4項関係）。

　これは，指定特定相談支援事業者という障害者の支援の専門家が，本人の適性やサービス利用により達成したい目標を勘案のうえ，サービス等利用計画案を作成させたうえで，障害者が本人に必要かつ十分なサービスを受けられるようにすることを目的とするものである。

　そして，市町村は，サービス等利用計画案の提出を求めるときは，給付要否決定を行うに当たって当該サービス等利用計画案を提出する必要がある旨並びに当該サービス等利用計画案の提出先及び提出期限を，書面により障害者又は障害児の保護者に対し通知するものとしている（規則第34条の37）。

○　しかしながら，地域によっては計画相談支援を行う指定特定相談支援事業者が身近にない場合等も想定されることから，
　① 身近な地域に指定特定相談支援事業者がない場合
　② 指定特定相談支援事業者以外の者が作成するサービス等利用計画案の提出を希望する場合
には，指定特定相談支援事業者以外の者が作成するサービス等利用計画案の提出も認めることとしている（第5項関係）。

○　障害者が提出したサービス等利用計画案については，市町村が給付要否決定において勘案することとしている（第6項関係）。

第51条の7第7項・第8項

○　地域相談支援給付決定に当たっては，地域相談支援の種類ごとに1か月を単位として，支給量を定めることとしている（規則第34条の40）。

○ 地域相談支援給付決定障害者に対しては，次の事項を記載した地域相談支援受給者証を交付することとしている（規則第34条の41）。
① 地域相談支援給付決定障害者の氏名，居住地及び生年月日
② 交付の年月日及び地域相談支援受給者証番号
③ 地域相談支援給付量
④ 地域相談支援給付決定の有効期間
⑤ その他必要な事項

第51条の8

○ 地域相談支援給付決定の有効期間は，地域相談支援給付決定を行った日から当該日が属する月の末日までの期間と次に掲げる地域相談支援の種類の区分に応じて規定する期間を合算して得た期間としている（規則第34条の42）。
① 地域移行支援　1月間から6月間までの範囲内で月を単位として市町村が定める期間
② 地域定着支援　1月間から12月間までの範囲内で月を単位として市町村が定める期間

（地域相談支援給付決定の変更）

第51条の9　地域相談支援給付決定障害者は，現に受けている地域相談支援給付決定に係る地域相談支援の種類，地域相談支援給付量その他の厚生労働省令で定める事項を変更する必要があるときは，厚生労働省令で定めるところにより，市町村に対し，当該地域相談支援給付決定の変更の申請をすることができる。

2　市町村は，前項の申請又は職権により，第51条の7第1項の厚生労働省令で定める事項を勘案し，地域相談支援給付決定障害者につき，必要があると認めるときは，地域相談支援給付決定の変更の決定を行うことができる。この場合において，市町村は，当該決定に係る地域相談支援給付決定障害者に対し地域相談支援受給者証の提出を求めるものとする。

3　第19条（第1項を除く。），第20条（第1項を除く。）及び第51条の7（第1項を除く。）の規定は，前項の地域相談支援給付決定の変更の決定について準用する。この場合において，必要な技術的読替えは，政令で定める。

4　市町村は，第2項の地域相談支援給付決定の変更の決定を行った場合には，地域相談支援受給者証に当該決定に係る事項を記載し，これを返還するものとする。

概要　地域相談支援給付決定の変更を行う場合の手続きを定めるものである。

解説 第1項

　地域相談支援給付決定障害者が現在受けている地域相談支援給付量を変更する必要がある場合は，市町村に対し，地域相談支援給付決定の変更申請をすることができる（規則第34条の43）。地域相談支援給付決定の変更は，障害状態等や地域相談支援給付決定障害者の環境の変化により，地域相談支援給付決定を変更する必要がある場合に行うこととなる。

　変更申請を行う場合には，以下の事項を記載した申請書を提出する必要がある（規則第34条の44）。

① 当該申請を行う地域相談支援給付決定障害者の氏名，居住地，生年月日，個人番号及び連絡先
② 当該申請に係る障害者に関する地域相談支援給付費等の受給の状況
③ 当該申請に係る地域相談支援の具体的内容
④ 心身の状況の変化その他の当該申請を行う原因となった事由
⑤ その他必要な事項

第2項・第3項

　市町村は，地域相談支援給付決定の変更について，申請のほか，職権によっても行うことができる。この際，地域相談支援給付決定を行う際と同様の事項を勘案して変更する。地域相談支援給付決定の変更の決定に関する読替えについては，令第26条の5に規定されている。

（地域相談支援給付決定の取消し）

第51条の10　地域相談支援給付決定を行った市町村は，次に掲げる場合には，当該地域相談支援給付決定を取り消すことができる。

一　地域相談支援給付決定に係る障害者が，第51条の14第1項に規定する指定地域相談支援を受ける必要がなくなったと認めるとき。

二　地域相談支援給付決定障害者が，地域相談支援給付決定の有効期間内に，当該市町村以外の市町村の区域内に居住地を有するに至ったと認めるとき（地域相談支援給付決定に係る障害者が特定施設に入所することにより当該市町村以外の市町村の区域内に居住地を有するに至ったと認めるときを除く。）。

三　地域相談支援給付決定に係る障害者が，正当な理由なしに第51条の6第2項及び前条第3項において準用する第20条第2項の規定による調査に応じないとき。

四　その他政令で定めるとき。

2　前項の規定により地域相談支援給付決定の取消しを行った市町村は，厚生労働省令で定めるところにより，当該取消しに係る地域相談支援給付決定障害者に対

し地域相談支援受給者証の返還を求めるものとする。

概要 市町村が地域相談支援給付決定を取り消すことができる場合を定めるものである。

解説 ①指定地域相談支援を受ける必要がなくなったとき，②ほかの市町村に住所を有することとなったとき（住所地特例が適用される場合を除く），③障害者が給付要否決定に必要な調査に応じないとき，④地域相談支援給付決定の申請又は地域相談支援給付決定の変更の申請の際に，虚偽の申請をしたとき（令第26条の６）に，市町村は地域相談支援給付決定を取り消すことができることとしている。

市町村が地域相談支援給付決定の取消しを行った場合，市町村は地域相談支援給付決定障害者に対し地域相談支援受給者証の返還を求めることとされている。このときに市町村は，①地域相談支援給付決定の取消しを行った旨，②地域相談支援受給者証を返還する必要がある旨，③地域相談支援受給者証の返還先及び返還期限を，書面により通知しなければならないとされている（規則第34条の49）。

※ ただし，地域相談支援給付決定の取り消された地域相談支援給付決定障害者の地域相談支援受給者証がすでに市町村に提出されているときは，市町村は，上記書面の通知に②，③の事項を記載する必要はないとされている。

（都道府県による援助等）
第51条の11 都道府県は，市町村の求めに応じ，市町村が行う第51条の５から第51条の７まで，第51条の９及び前条の規定による業務に関し，その設置する身体障害者更生相談所等による技術的事項についての協力その他市町村に対する必要な援助を行うものとする。

概要 地域相談支援給付決定に当たり，専門的技術的支援を必要とすることから，都道府県が市町村に必要な援助を行うことを定めるものである。

解説 地域相談支援給付決定を行う場合には，専門的・技術的な事項について，都道府県は，身体障害者更生相談所，知的障害者更生相談所又は精神保健福祉センター等の専門機関による協力を行うこととしている。

（政令への委任）
第51条の12 第51条の５から前条までに定めるもののほか，地域相談支援給付決定，給付要否決定，地域相談支援受給者証，地域相談支援給付決定の変更の決定及び地域相談支援給付決定の取消しに関し必要な事項は，政令で定める。

概要 地域相談支援給付決定の申請内容の変更，地域相談支援受給者証の再交付等につい

解説 ○ 地域相談支援給付決定の有効期間内に地域相談支援給付決定障害者の氏名，居住地，個人番号及び連絡先を変更したときは，市町村に届け出なければならない（令第26条の7，規則第34条の47）。

○ 市町村は，地域相談支援受給者証を破り，汚し，又は失った地域相談支援給付決定障害者から，地域相談支援給付決定の有効期間内において，地域相談支援受給者証の再交付の申請があったときは，地域相談支援受給者証を再交付しなければならない（令第26条の8，規則第34条の50）。

（地域相談支援給付費及び特例地域相談支援給付費の支給）

第51条の13 地域相談支援給付費及び特例地域相談支援給付費の支給は，地域相談支援に関して次条及び第51条の15の規定により支給する給付とする。

概要 地域相談支援給付費及び特例地域相談支援給付費の支給の対象となるサービスを規定したものである。

解説 地域相談支援に係る費用として支払われる給付には，地域相談支援給付費及び特例地域相談支援給付費がある。

（地域相談支援給付費）

第51条の14 市町村は，地域相談支援給付決定障害者が，地域相談支援給付決定の有効期間内において，都道府県知事が指定する一般相談支援事業を行う者（以下「指定一般相談支援事業者」という。）から当該指定に係る地域相談支援（以下「指定地域相談支援」という。）を受けたときは，厚生労働省令で定めるところにより，当該地域相談支援給付決定障害者に対し，当該指定地域相談支援（地域相談支援給付量の範囲内のものに限る。以下この条及び次条において同じ。）に要した費用について，地域相談支援給付費を支給する。

2　指定地域相談支援を受けようとする地域相談支援給付決定障害者は，厚生労働省令で定めるところにより，指定一般相談支援事業者に地域相談支援受給者証を提示して当該指定地域相談支援を受けるものとする。ただし，緊急の場合その他やむを得ない事由のある場合については，この限りでない。

3　地域相談支援給付費の額は，指定地域相談支援の種類ごとに指定地域相談支援に通常要する費用につき，厚生労働大臣が定める基準により算定した費用の額（その額が現に当該指定地域相談支援に要した費用の額を超えるときは，当該現に指定地域相談支援に要した費用の額）とする。

4　地域相談支援給付決定障害者が指定一般相談支援事業者から指定地域相談支援を受けたときは，市町村は，当該地域相談支援給付決定障害者が当該指定一般相談支援事業者に支払うべき当該指定地域相談支援に要した費用について，地域相談支援給付費として当該地域相談支援給付決定障害者に支給すべき額の限度において，当該地域相談支援給付決定障害者に代わり，当該指定一般相談支援事業者に支払うことができる。

5　前項の規定による支払があったときは，地域相談支援給付決定障害者に対し地域相談支援給付費の支給があったものとみなす。

6　市町村は，指定一般相談支援事業者から地域相談支援給付費の請求があったときは，第3項の厚生労働大臣が定める基準及び第51条の23第2項の厚生労働省令で定める指定地域相談支援の事業の運営に関する基準（指定地域相談支援の取扱いに関する部分に限る。）に照らして審査の上，支払うものとする。

7　市町村は，前項の規定による審査及び支払に関する事務を連合会に委託することができる。

8　前各項に定めるもののほか，地域相談支援給付費の支給及び指定一般相談支援事業者の地域相談支援給付費の請求に関し必要な事項は，厚生労働省令で定める。

概要　地域相談支援給付費の支給及び指定一般相談支援事業者の地域相談支援給付費の請求について定めるものである。

解説

第1項

　地域相談支援の利用を希望する障害者は，市町村から地域相談支援給付決定を受けたうえで，その有効期間内に，都道府県知事が指定する一般相談支援事業を行う者（以下「指定一般相談支援事業者」という）から当該指定に係る地域相談支援を利用したときは，これに要した費用について，地域相談支援給付決定を行った市町村が，地域相談支援給付量の範囲内で，当該障害者に給付費を支給するというものである。そして市町村は，毎月，地域相談支援給付費を支給しなければならないこととしている（規則第34条の51）。

第2項

　地域相談支援給付決定を受けた地域相談支援給付決定障害者は，地域相談支援を利用するに当たって，あらかじめ事業者に地域相談支援受給者証を提示しなければならないこととしている。これは，利用者に対する給付費の支払いが，法定代理受領により事業者に支払われる仕組みとしていることによる。

　なお，受給者証の提示は，緊急の場合等やむをえない事由のある場合には，行わなくてもよいこととしている。

第3項

　地域相談支援給付費の額は，指定地域相談支援の種類ごとに厚生労働大臣が定める基準により算定した費用の額（現に要した費用の額がそれ以下の場合には，当該現に要した費用の額）としている。

　そして，地域相談支援給付費の額を算定するに当たって，指定地域相談支援に通常要する費用の基準として，障害者の日常生活及び社会生活を総合的に支援するための法律に基づく指定地域相談支援に要する費用の額の算定に関する基準（平成24年厚生労働省告示第124号）が定められている。

第4項・第5項

　地域相談支援給付費は，本来的には，市町村から利用者（地域相談支援給付決定障害者）に対して直接支給されるものである。すなわち，利用者は，事業者に対して，サービスに要した費用を全額支払ったうえで，市町村から給付費の支給を受けるという仕組みである。

　しかしながら，この場合，①一時的とはいえ，利用者の負担が非常に重くなることがありうること，②事業者にとっても，利用者から債権を回収するより，市町村から給付費に相当する額を受け取り，残りを利用者から徴収するほうが確実であること等から，市町村は，利用者に代わって，給付費を事業者に支払うことができることとしている（法定代理受領）。

第6項

　指定一般相談支援事業者からの給付費の請求に際して，市町村は，第3項の厚生労働大臣が定める基準（障害者の日常生活及び社会生活を総合的に支援するための法律に基づく指定地域相談支援に要する費用の額の算定に関する基準（平成24年厚生労働省告示第124号））及び第51条の23第2項の厚生労働省令で定める指定地域相談支援の事業の運営に関する基準（指定地域相談支援の取扱いに関する部分に限る）に照らして審査のうえ，支払わなければならないこととしている。

第7項

　市町村は，第6項の給付費の審査及び支払いに関する事務を国民健康保険団体連合会に委託することができることとしている。

（特例地域相談支援給付費）

第51条の15　市町村は，地域相談支援給付決定障害者が，第51条の6第1項の申請をした日から当該地域相談支援給付決定の効力が生じた日の前日までの間に，緊急その他やむを得ない理由により指定地域相談支援を受けた場合において，必要があると認めるときは，厚生労働省令で定めるところにより，当該指定地域相談

支援に要した費用について，特例地域相談支援給付費を支給することができる。
2 　特例地域相談支援給付費の額は，前条第3項の厚生労働大臣が定める基準により算定した費用の額（その額が現に当該指定地域相談支援に要した費用の額を超えるときは，当該現に指定地域相談支援に要した費用の額）を基準として，市町村が定める。
3 　前2項に定めるもののほか，特例地域相談支援給付費の支給に関し必要な事項は，厚生労働省令で定める。

概要　特例地域相談支援給付費の支給について定めるものである。

解説　第1項
- ○ 市町村は，地域相談支援給付決定を受けた地域相談支援給付決定障害者が，第51条の14に定める手続きによらずに地域相談支援を利用した場合に，必要があると認めるときは，地域相談支援に要した費用について，支給量の範囲内において，給付費を支給することができることとしている。
- ○ 支給される給付費は，地域相談支援給付費と同様，利用者が受けた地域相談支援の種類に応じて，特例地域相談支援給付費が支給される。
- ○ 市町村が，特例地域相談支援給付費を支給することができる場合は，地域相談支援給付決定障害者が，地域相談支援給付決定に係る申請をした日から当該地域相談支援給付決定の効力が生じた日の前日までの間に，緊急その他やむを得ない理由により指定地域相談支援を受けたときである。

第2項
- ○ 特例地域相談支援給付費の額は，第51条の14第3項の厚生労働大臣が定める基準により算定した費用の額（現に要した費用の額がそれ以下の場合には，当該現に要した費用の額）を基準として，市町村が定めることとしている。
- ○ なお，特例地域相談支援給付費の支給については，地域相談支援給付費とは異なり（第51条の14第4項及び第5項），利用者は，原則どおり「償還払い方式」により給付費の支給を受けることとなる。このため，特例地域相談支援給付費の支給の申請に当たっては，支給を受けようとする給付費の額のほか，その額を証明する書類を添付しなければならないこととしている（規則第34条の53）。

　ただし，この場合でも，実務上の手続きとして，利用者の同意の下，事業者と市町村が契約を結び，事業者による代理受領を行うことは可能である。

第2款　計画相談支援給付費及び特例計画相談支援給付費の支給（第51条の16－第51条の18）

> （計画相談支援給付費及び特例計画相談支援給付費の支給）
> **第51条の16**　計画相談支援給付費及び特例計画相談支援給付費の支給は，計画相談支援に関して次条及び第51条の18の規定により支給する給付とする。

概要　計画相談支援給付費及び特例計画相談支援給付費の支給の対象となるサービスを規定したものである。

解説　計画相談支援に係る費用として支払われる給付には，計画相談支援給付費及び特例計画相談支援給付費がある。

> （計画相談支援給付費）
> **第51条の17**　市町村は，次の各号に掲げる者（以下「計画相談支援対象障害者等」という。）に対し，当該各号に定める場合の区分に応じ，当該各号に規定する計画相談支援に要した費用について，計画相談支援給付費を支給する。
> 一　第22条第4項（第24条第3項において準用する場合を含む。）の規定により，サービス等利用計画案の提出を求められた第20条第1項若しくは第24条第1項の申請に係る障害者若しくは障害児の保護者又は第51条の7第4項（第51条の9第3項において準用する場合を含む。）の規定により，サービス等利用計画案の提出を求められた第51条の6第1項若しくは第51条の9第1項の申請に係る障害者　市町村長が指定する特定相談支援事業を行う者（以下「指定特定相談支援事業者」という。）から当該指定に係るサービス利用支援（次項において「指定サービス利用支援」という。）を受けた場合であって，当該申請に係る支給決定等を受けたとき。
> 二　支給決定障害者等又は地域相談支援給付決定障害者　指定特定相談支援事業者から当該指定に係る継続サービス利用支援（次項において「指定継続サービス利用支援」という。）を受けたとき。
> 2　計画相談支援給付費の額は，指定サービス利用支援又は指定継続サービス利用支援（以下「指定計画相談支援」という。）に通常要する費用につき，厚生労働大臣が定める基準により算定した費用の額（その額が現に当該指定計画相談支援に要した費用の額を超えるときは，当該現に指定計画相談支援に要した費用の額）とする。
> 3　計画相談支援対象障害者等が指定特定相談支援事業者から指定計画相談支援を

受けたときは，市町村は，当該計画相談支援対象障害者等が当該指定特定相談支援事業者に支払うべき当該指定計画相談支援に要した費用について，計画相談支援給付費として当該計画相談支援対象障害者等に対し支給すべき額の限度において，当該計画相談支援対象障害者等に代わり，当該指定特定相談支援事業者に支払うことができる。

4 前項の規定による支払があったときは，計画相談支援対象障害者等に対し計画相談支援給付費の支給があったものとみなす。

5 市町村は，指定特定相談支援事業者から計画相談支援給付費の請求があったときは，第2項の厚生労働大臣が定める基準及び第51条の24第2項の厚生労働省令で定める指定計画相談支援の事業の運営に関する基準（指定計画相談支援の取扱いに関する部分に限る。）に照らして審査の上，支払うものとする。

6 市町村は，前項の規定による審査及び支払に関する事務を連合会に委託することができる。

7 前各項に定めるもののほか，計画相談支援給付費の支給及び指定特定相談支援事業者の計画相談支援給付費の請求に関し必要な事項は，厚生労働省令で定める。

概要 計画相談支援給付費の支給及び指定特定相談支援事業者の計画相談支援給付費の請求について定めるものである。

解説 第1項
市町村は，次に掲げる者（以下「計画相談支援対象障害者等」という）に対し，計画相談支援に要した費用について，計画相談支援給付費を支給することとしている。

① 支給決定又は地域相談支援給付決定の申請に当たり，サービス等利用計画案の提出を求められた障害者又は障害児の保護者　市町村長が指定する特定相談支援事業を行う者（以下「指定特定相談支援事業者」という）から当該指定に係るサービス利用支援（以下「指定サービス利用支援」という）を利用したときであって，当該申請に係る支給決定等を受けたとき。

② 支給決定障害者等又は地域相談支援給付決定障害者　指定特定相談支援事業者から当該指定に係る継続サービス利用支援（以下「指定継続サービス利用支援」という）を受けたとき。

第2項
計画相談支援給付費の額は，指定サービス利用支援又は指定継続サービス利用支援（以下「指定計画相談支援」という）に通常要する費用につき，厚生労働大臣が定める基準により算定した費用の額（現に要した費用の額がそれ以下の場合には，当該現に要した費用の額）としている。

そして，計画相談支援給付費の額を算定するに当たって，指定計画相談支援に通常

要する費用の基準として，障害者の日常生活及び社会生活を総合的に支援するための法律に基づく指定計画相談支援に要する費用の額の算定に関する基準（平成24年厚生労働省告示第125号）が定められている。

第3項・第4項

　計画相談支援給付費は，本来的には，市町村から利用者（計画相談支援対象障害者等）に対して直接支給されるものである。すなわち，利用者は，事業者に対して，サービスに要した費用を全額支払ったうえで，市町村から給付費の支給を受けるという仕組みである。

　しかしながら，この場合，①一時的とはいえ，利用者の負担が非常に重くなることがありうること，②事業者にとっても，利用者から債権を回収するより，市町村から給付費に相当する額を受け取り，残りを利用者から徴収するほうが確実であること等から，市町村は，利用者に代わって，給付費を事業者に支払うことができることとしている（法定代理受領）。

第5項

　指定特定相談支援事業者からの給付費の請求に際して，市町村は，第2項の厚生労働大臣が定める基準（障害者の日常生活及び社会生活を総合的に支援するための法律に基づく指定計画相談支援に要する費用の額の算定に関する基準（平成24年厚生労働省告示第125号））及び第51条の24第2項の厚生労働省令で定める指定計画相談支援の事業の運営に関する基準（指定計画相談支援の取扱いに関する部分に限る）に照らして審査のうえ，支払わなければならないこととしている。

第6項

　市町村は，第5項の給付費の審査及び支払いに関する事務を国民健康保険団体連合会に委託することができることとしている。

（特例計画相談支援給付費）

第51条の18　市町村は，計画相談支援対象障害者等が，指定計画相談支援以外の計画相談支援（第51条の24第1項の厚生労働省令で定める基準及び同条第2項の厚生労働省令で定める指定計画相談支援の事業の運営に関する基準に定める事項のうち厚生労働省令で定めるものを満たすと認められる事業を行う事業所により行われるものに限る。以下この条において「基準該当計画相談支援」という。）を受けた場合において，必要があると認めるときは，厚生労働省令で定めるところにより，基準該当計画相談支援に要した費用について，特例計画相談支援給付費を支給することができる。

> 2 　特例計画相談支援給付費の額は，当該基準該当計画相談支援について前条第2項の厚生労働大臣が定める基準により算定した費用の額（その額が現に当該基準該当計画相談支援に要した費用の額を超えるときは，当該現に基準該当計画相談支援に要した費用の額）を基準として，市町村が定める。
> 3 　前2項に定めるもののほか，特例計画相談支援給付費の支給に関し必要な事項は，厚生労働省令で定める。

概要　特例計画相談支援給付費の支給について定めるものである。

解説　第1項
- 　市町村は，計画相談支援対象障害者等が，指定計画相談支援以外の計画相談支援（第51条の24第1項の厚生労働省令で定める基準及び同条第2項の厚生労働省令で定める指定計画相談支援の事業の運営に関する基準に定める事項のうち，厚生労働省令で定めるものを満たすと認められる事業を行う事業所により行われるものに限る。以下「基準該当計画相談支援」という）を利用した場合に，必要があると認めるときは，基準該当計画相談支援に要した費用について，給付費を支給することができることとしている。

第2項
- 　特例地域相談支援給付費の額は，第51条の17第2項の厚生労働大臣が定める基準により算定した費用の額（現に要した費用の額がそれ以下の場合には，当該現に要した費用の額）を基準として，市町村が定めることとしている。
- 　なお，特例計画相談支援給付費の支給については，計画相談支援給付費とは異なり（第51条の17第3項及び第4項），利用者は，原則どおり「償還払い方式」により給付費の支給を受けることとなる。
- 　現在，基準該当計画相談支援が満たすべき事項（厚生労働省令）は定められていない。

第3款　指定一般相談支援事業者及び指定特定相談支援事業者（第51条の19－第51条の30）

> （指定一般相談支援事業者の指定）
> **第51条の19**　第51条の14第1項の指定一般相談支援事業者の指定は，厚生労働省令で定めるところにより，一般相談支援事業を行う者の申請により，地域相談支援の種類及び一般相談支援事業を行う事業所（以下この款において「一般相談支援事業所」という。）ごとに行う。

> 2 第36条第3項（第4号，第10号及び第13号を除く。）の規定は，第51条の14第1項の指定一般相談支援事業者の指定について準用する。この場合において，第36条第3項第1号中「都道府県の条例で定める者」とあるのは，「法人」と読み替えるほか，必要な技術的読替えは，政令で定める。

概要 指定一般相談支援事業者の指定及び欠格事由等に関する規定である。

解説
○ 指定一般相談支援事業者の指定は，一般相談支援事業を行う者の申請により，地域相談支援の種類及び一般相談支援事業を行う事業所（以下「一般相談支援事業所」という）ごとに行う。申請に当たっての具体的な手続きについては，規則第34条の57に定められている。

○ 指定一般相談支援事業者の指定に係る欠格事由については，指定障害福祉サービスの指定に係る欠格事由を準用することとしている。ただし，相談支援を行う者については中立性や安定性が求められることから，申請者の法人格の有無を都道府県の条例には委ねず法律上「都道府県の条例で定める者」を「法人」と読み替えている。なお，第2項の読替えについては，令第26条の9に規定がある。

> （指定特定相談支援事業者の指定）
> **第51条の20** 第51条の17第1項第1号の指定特定相談支援事業者の指定は，厚生労働省令で定めるところにより，総合的に相談支援を行う者として厚生労働省令で定める基準に該当する者の申請により，特定相談支援事業を行う事業所（以下この款において「特定相談支援事業所」という。）ごとに行う。
> 2 第36条第3項（第4号，第10号及び第13号を除く。）の規定は，第51条の17第1項第1号の指定特定相談支援事業者の指定について準用する。この場合において，第36条第3項第1号中「都道府県の条例で定める者」とあるのは，「法人」と読み替えるほか，必要な技術的読替えは，政令で定める。

概要 指定特定相談支援事業者の指定及び欠格事由等に関する規定である。

解説
○ 指定特定相談支援事業者の指定は，総合的に相談支援を行う者として厚生労働省令で定める基準に該当する者の申請により，特定相談支援事業を行う事業所（以下この款において「特定相談支援事業所」という）ごとに行う。申請に当たっての具体的な手続きについては，規則第34条の59第1項に定められている。
　総合的に相談支援を行う者として厚生労働省令で定める基準は，下記のとおりとされている（規則第34条の59第2項）。

① 障害者の日常生活及び社会生活を総合的に支援するための法律に基づく指定計画相談支援の事業の人員及び運営に関する基準（平成24年厚生労働省令第28号）第19条に規定する運営規程において，事業の主たる対象とする障害の種類を定めていないこと（事業の主たる対象とする障害の種類を定めている場合であって，他の指定特定相談支援事業者と連携することにより事業の主たる対象としていない種類の障害についても対応できる体制を確保している場合又は身近な地域に指定特定相談支援事業者がない場合に該当することを含む）

② 法第89条の3第1項に規定する協議会に定期的に参加する等医療機関や行政機関等の関係機関との連携体制を確保していること

③ 特定相談支援事業所において，相談支援専門員に対し，計画的な研修又は当該特定相談支援事業所における事例の検討等を行う体制を整えていること

○ 指定特定相談支援事業者の指定に係る欠格事由については，指定障害福祉サービスの指定に係る欠格事由を準用することとしている。ただし，相談支援を行う者については中立性や安定性が求められることから，申請者の法人格の有無を都道府県の条例には委ねず法律上「都道府県の条例で定める者」を「法人」と読み替えている。なお，第2項の読替えについては，令第26条の13に規定がある。

（指定の更新）
第51条の21 第51条の14第1項の指定一般相談支援事業者及び第51条の17第1項第1号の指定特定相談支援事業者の指定は，6年ごとにそれらの更新を受けなければ，その期間の経過によって，それらの効力を失う。

2 第41条第2項及び第3項並びに前2条の規定は，前項の指定の更新について準用する。この場合において，必要な技術的読替えは，政令で定める。

概要 指定一般相談支援事業者及び指定特定相談支援事業者の指定の更新に関する規定である。

解説 ○ 指定の更新の申請については，指定障害福祉サービス事業者及び指定障害者支援施設の指定に係る更新の申請に係る規定並びに指定一般相談支援事業者及び指定特定相談支援事業者の新規指定に係る規定が準用されており（第2項），この場合に必要な読替えが，令第26条の15に規定されている。

○ なお，第41条に規定する指定障害福祉サービス事業者の指定の更新同様に6年以内に更新の申請を行うことが可能である（127頁参照）。

（指定一般相談支援事業者及び指定特定相談支援事業者の責務）
第51条の22 指定一般相談支援事業者及び指定特定相談支援事業者（以下「指定相談支援事業者」という。）は，障害者等が自立した日常生活又は社会生活を営むこ

とができるよう，障害者等の意思決定の支援に配慮するとともに，市町村，公共職業安定所その他の職業リハビリテーションの措置を実施する機関，教育機関その他の関係機関との緊密な連携を図りつつ，相談支援を当該障害者等の意向，適性，障害の特性その他の事情に応じ，常に障害者等の立場に立って効果的に行うように努めなければならない。
2　指定相談支援事業者は，その提供する相談支援の質の評価を行うことその他の措置を講ずることにより，相談支援の質の向上に努めなければならない。
3　指定相談支援事業者は，障害者等の人格を尊重するとともに，この法律又はこの法律に基づく命令を遵守し，障害者等のため忠実にその職務を遂行しなければならない。

概要　指定一般相談支援事業者及び指定特定相談支援事業者の責務を規定したものである。

解説
○　指定事業者等と同様に，指定一般相談支援事業者及び指定特定相談支援事業者について，障害者等の人格を尊重するとともに，この法律又はこの法律に基づく命令を遵守し，障害者等のため忠実にその職務を遂行しなければならないことを義務として規定し（第3項），これらの義務に違反したと認められるときは，都道府県知事がその指定を取り消すことができることとしている（第51条の29第1項第2号及び同条第2項第2号）。
○　また，これらの義務に加え，
　①　指定一般相談支援事業者及び指定特定相談支援事業者（以下「指定相談支援事業者」という）は，障害者等が自立した日常生活又は社会生活を営むことができるよう，市町村，公共職業安定所その他の職業リハビリテーションの措置を実施する機関，教育機関その他の関係機関との緊密な連携を図りつつ，相談支援を当該障害者等の意向，適性，障害の特性その他の事情に応じ，効果的に行うよう努めること，
　②　指定相談支援事業者は，その提供する相談支援の質の評価を行うことその他の措置を講ずることにより，相談支援の質の向上に努めること
　を努力義務として規定している（第1項及び第2項）。
○　指定障害福祉サービス事業者と同様，平成23年の障害者基本法の改正で障害者の意思決定の支援に配慮することが明記されたことを踏まえ，障害者総合支援法では，事業者に対し，障害者等の意思決定支援に配慮することを努力義務として課すとともに，常に障害者等の立場に立って支援を行うことも努力義務として課している。

（指定地域相談支援の事業の基準）
第51条の23　指定一般相談支援事業者は，当該指定に係る一般相談支援事業所ごと

に，厚生労働省令で定める基準に従い，当該指定地域相談支援に従事する従業者を有しなければならない。
2　指定一般相談支援事業者は，厚生労働省令で定める指定地域相談支援の事業の運営に関する基準に従い，指定地域相談支援を提供しなければならない。
3　指定一般相談支援事業者は，第51条の25第2項の規定による事業の廃止又は休止の届出をしたときは，当該届出の日前1月以内に当該指定地域相談支援を受けていた者であって，当該事業の廃止又は休止の日以後においても引き続き当該指定地域相談支援に相当するサービスの提供を希望する者に対し，必要な地域相談支援が継続的に提供されるよう，他の指定一般相談支援事業者その他関係者との連絡調整その他の便宜の提供を行わなければならない。

（指定計画相談支援の事業の基準）

第51条の24　指定特定相談支援事業者は，当該指定に係る特定相談支援事業所ごとに，厚生労働省令で定める基準に従い，当該指定計画相談支援に従事する従業者を有しなければならない。
2　指定特定相談支援事業者は，厚生労働省令で定める指定計画相談支援の事業の運営に関する基準に従い，指定計画相談支援を提供しなければならない。
3　指定特定相談支援事業者は，次条第4項の規定による事業の廃止又は休止の届出をしたときは，当該届出の日前1月以内に当該指定計画相談支援を受けていた者であって，当該事業の廃止又は休止の日以後においても引き続き当該指定計画相談支援に相当するサービスの提供を希望する者に対し，必要な計画相談支援が継続的に提供されるよう，他の指定特定相談支援事業者その他関係者との連絡調整その他の便宜の提供を行わなければならない。

概要　指定相談支援事業者は，基準に従い，サービスを提供しなければならないことを規定している。

解説　○　指定相談支援事業者は，厚生労働省令で定める基準に従い，指定地域相談支援（指定計画相談支援）に従事する従業者を有しなければならず，また，厚生労働省令で定める指定地域相談支援（指定計画相談支援）の事業の運営に関する基準に従い，指定地域相談支援（指定計画相談支援）を提供しなければならない（第51条の23第1項及び第2項並びに第51条の24第1項及び第2項）。

○　第51条の23第1項及び第2項に規定する厚生労働省令で定める基準は，「障害者の日常生活及び社会生活を総合的に支援するための法律に基づく指定地域相談支援の事業の人員及び運営に関する基準」（平成24年厚生労働省令第27号），第51条の24第1項及び第2項に規定する厚生労働省令で定める基準は，「障害者の日常生活及び社会生活を総合的に支援するための法律に基づく指定計画相談支援の事業の人員及び運営に関する基準」である。

○ 指定相談支援事業者が事業の廃止又は休止の届出をした際に，事業者に対し，利用者に対する継続的なサービスの提供に係る便宜提供義務を課している。対象となる利用者の具体的な範囲は，指定地域相談支援及び指定計画相談支援を届出前1月以内に利用していた者とする（第51条の23第3項及び第51条の24第3項）。

指定一般相談支援事業者及び指定特定相談支援事業者についても指定障害福祉サービス事業者（第43条第4項）及び指定障害者支援施設（第44条第4項）と同様に，平成30年4月1日より当該便宜提供義務に基づき，事業の休止又は廃止の届出事項のうち，現に指定地域相談を受けている者に対する措置について，内容が明確化された（規則第34条の58第3項及び第34条の60第3項）（137頁参照）。

○ なお，指定相談支援事業者に係る基準については，相談支援を行う者に中立性や安定性が求められることも踏まえ，都道府県の条例に委ねるのではなく，厚生労働省令で定めることとしている。

（変更の届出等）

第51条の25 指定一般相談支援事業者は，当該指定に係る一般相談支援事業所の名称及び所在地その他厚生労働省令で定める事項に変更があったとき，又は休止した当該指定地域相談支援の事業を再開したときは，厚生労働省令で定めるところにより，10日以内に，その旨を都道府県知事に届け出なければならない。

2　指定一般相談支援事業者は，当該指定地域相談支援の事業を廃止し，又は休止しようとするときは，厚生労働省令で定めるところにより，その廃止又は休止の日の1月前までに，その旨を都道府県知事に届け出なければならない。

3　指定特定相談支援事業者は，当該指定に係る特定相談支援事業所の名称及び所在地その他厚生労働省令で定める事項に変更があったとき，又は休止した当該指定計画相談支援の事業を再開したときは，厚生労働省令で定めるところにより，10日以内に，その旨を市町村長に届け出なければならない。

4　指定特定相談支援事業者は，当該指定計画相談支援の事業を廃止し，又は休止しようとするときは，厚生労働省令で定めるところにより，その廃止又は休止の日の1月前までに，その旨を市町村長に届け出なければならない。

概要　指定相談支援事業者が都道府県知事・市町村長に届出を行わなければならない場合についての規定である。

解説　第1項・第3項

○ 指定相談支援事業者は，名称のほか，事務所の所在地等サービスの適正な提供のために必要な事項について変更があった場合又は休止した当該指定地域相談支援又は指定計画相談支援の事業を再開した場合については，10日以内に，都道府県知事・市町村長に届け出なければならないこととされている。

○ 変更があった場合に届出を行わなければならない項目等について，指定一般相談支援事業者の名称等の変更の届出等については規則第34条の58第1項及び第2項に，指定特定相談支援事業者の名称等の変更の届出等については規則第34条の60第1項及び第2項に規定されている。

第2項・第4項
○ 指定相談支援事業者は，当該指定地域相談支援又は指定計画相談支援の事業を廃止し，又は休止しようとするときは，厚生労働省令で定めるところにより，その廃止又は休止の日の1月前までに，その旨を指定一般相談支援事業者については都道府県知事，指定特定相談支援事業者については市町村長に届け出なければならない。取消し処分等に係る聴聞通知前に，処分逃れを目的とした廃止届の提出を防止するとともに，突然事業が廃止されることによる利用者への悪影響を極力防止し，利用者保護を図ることを目的としている。

○ 指定地域相談支援又は指定計画相談支援の事業を廃止し，又は休止しようとする場合に届出を行わなければならない項目等について，指定一般相談支援事業者については規則第34条の58第3項に，指定特定相談支援事業者については規則第34条の60第3項に規定されている。

（都道府県知事等による連絡調整又は援助）
第51条の26 第47条の2の規定は，指定一般相談支援事業者が行う第51条の23第3項に規定する便宜の提供について準用する。
2 市町村長は，指定特定相談支援事業者による第51条の24第3項に規定する便宜の提供が円滑に行われるため必要があると認めるときは，当該指定特定相談支援事業者その他の関係者相互間の連絡調整又は当該指定特定相談支援事業者その他の関係者に対する助言その他の援助を行うことができる。

概要 都道府県知事等による連絡調整又は援助についての規定である。

解説
○ 事業者が第51条の23第3項又は第51条の24第3項に規定するサービス確保のための措置を講ずる場合，指定一般相談支援事業者については都道府県知事が，指定特定相談支援事業者については市町村長が指定権者として当該事業者を指導する立場から，また，市町村長は支給決定権者として，また，援護の実施者として障害者等を保護すべき立場から，当該事業者，利用者を引き継ぐ事業者，障害福祉サービス事業者間の連絡調整や，これらの者に対する助言等の援助を行うことができることとする。

○ 指定一般相談支援事業者が，複数の都道府県に所在する事業所を同時に廃止する場合，複数の都道府県知事及び関係する市町村が同一の事業者に関して同時に上記

のような支援を行うこととなる。このような場合で，円滑なサービス確保を図るために厚生労働大臣が関与することが必要と認められる場合には，厚生労働大臣が，支援を行う都道府県知事間の連絡調整や，広域的観点からの事業者に対する助言等を行うことができる。

（報告等）

第51条の27 都道府県知事又は市町村長は，必要があると認めるときは，指定一般相談支援事業者若しくは指定一般相談支援事業者であった者若しくは当該指定に係る一般相談支援事業所の従業者であった者（以下この項において「指定一般相談支援事業者であった者等」という。）に対し，報告若しくは帳簿書類その他の物件の提出若しくは提示を命じ，指定一般相談支援事業者若しくは当該指定に係る一般相談支援事業所の従業者若しくは指定一般相談支援事業者であった者等に対し出頭を求め，又は当該職員に関係者に対して質問させ，若しくは当該指定一般相談支援事業者の当該指定に係る一般相談支援事業所，事務所その他当該指定地域相談支援の事業に関係のある場所に立ち入り，その設備若しくは帳簿書類その他の物件を検査させることができる。

2 市町村長は，必要があると認めるときは，指定特定相談支援事業者若しくは指定特定相談支援事業者であった者若しくは当該指定に係る特定相談支援事業所の従業者であった者（以下この項において「指定特定相談支援事業者であった者等」という。）に対し，報告若しくは帳簿書類その他の物件の提出若しくは提示を命じ，指定特定相談支援事業者若しくは当該指定に係る特定相談支援事業所の従業者若しくは指定特定相談支援事業者であった者等に対し出頭を求め，又は当該職員に関係者に対して質問させ，若しくは当該指定特定相談支援事業者の当該指定に係る特定相談支援事業所，事務所その他当該指定計画相談支援の事業に関係のある場所に立ち入り，その設備若しくは帳簿書類その他の物件を検査させることができる。

3 第9条第2項の規定は前2項の規定による質問又は検査について，同条第3項の規定は前2項の規定による権限について準用する。

概要 都道府県知事又は市町村長の指定一般相談支援事業者等に対する調査権限及び市町村長の指定特定相談支援事業者等に対する調査権限を定めるものである。

解説 ○ 都道府県知事については指定一般相談支援事業者の指定を行うこととされていること，市町村長については地域相談支援給付費及び特例地域相談支援給付費の支給に係る指定地域相談支援を行った指定一般相談支援事業者について，指定基準に従い適正な事業の運営を行っていないと認めるときは，都道府県知事に対して通知を

行わなければならないものとされていることから（法第51条の28第6項），都道府県知事及び市町村長が，これらの業務を適正に行うため，報告徴収等必要な調査を行うことができるものとしたものである（第1項）。

　また，指定特定相談支援事業者については，市町村長が指定特定相談支援事業者の指定を行うこととされていることから，これらの業務を適正に行うため，市町村長が報告徴収等必要な調査を行うことができるものとしたものである（第2項）。

○　具体的な調査対象等については以下のとおりである。
　①　調査対象
　　イ　指定一般相談支援事業者・指定特定相談支援事業者
　　ロ　当該指定に係る一般相談支援事業所・特定相談支援事業所の従業者
　　ハ　指定一般相談支援事業者・指定特定相談支援事業者であった者
　　ニ　当該指定に係る一般相談支援事業所・特定相談支援事業所の従業者であった者
　②　調査方法
　　イ　①のイ，ハ及びニに対し報告を命ずる。
　　ロ　①のイ，ハ及びニに対し帳簿書類その他の物件の提出又は提示を命ずる。
　　ハ　①のイからニまでに対し出頭を求める。
　　ニ　職員に関係者に対し質問をさせる。
　　ホ　職員に指定に係る事業所に立入り，その設備又は帳簿書類その他の物件を検査させる。
　③　報告命令等に従わない場合の効果
　　指定の取消し（第51条の29第1項第6号及び第7号並びに同条第2項第6号及び第7号関係）及び30万円以下の罰金（第111条関係）（法人等について両罰規定がある）の対象となる。

（勧告，命令等）

第51条の28　都道府県知事は，指定一般相談支援事業者が，次の各号に掲げる場合に該当すると認めるときは，当該指定一般相談支援事業者に対し，期限を定めて，当該各号に定める措置をとるべきことを勧告することができる。

一　当該指定に係る一般相談支援事業所の従業者の知識若しくは技能又は人員について第51条の23第1項の厚生労働省令で定める基準に適合していない場合　当該基準を遵守すること。

二　第51条の23第2項の厚生労働省令で定める指定地域相談支援の事業の運営に関する基準に従って適正な指定地域相談支援の事業の運営をしていない場合　当該基準を遵守すること。

三　第51条の23第3項に規定する便宜の提供を適正に行っていない場合　当該便

宜の提供を適正に行うこと。
2　市町村長は，指定特定相談支援事業者が，次の各号に掲げる場合に該当すると認めるときは，当該指定特定相談支援事業者に対し，期限を定めて，当該各号に定める措置をとるべきことを勧告することができる。
　一　当該指定に係る特定相談支援事業所の従業者の知識若しくは技能又は人員について第51条の24第１項の厚生労働省令で定める基準に適合していない場合　当該基準を遵守すること。
　二　第51条の24第２項の厚生労働省令で定める指定計画相談支援の事業の運営に関する基準に従って適正な指定計画相談支援の事業の運営をしていない場合　当該基準を遵守すること。
　三　第51条の24第３項に規定する便宜の提供を適正に行っていない場合　当該便宜の提供を適正に行うこと。
3　都道府県知事は，第１項の規定による勧告をした場合において，市町村長は，前項の規定による勧告をした場合において，その勧告を受けた指定相談支援事業者が，前２項の期限内にこれに従わなかったときは，その旨を公表することができる。
4　都道府県知事は，第１項の規定による勧告を受けた指定一般相談支援事業者が，正当な理由がなくてその勧告に係る措置をとらなかったとき，市町村長は，第２項の規定による勧告を受けた指定特定相談支援事業者が，正当な理由がなくてその勧告に係る措置をとらなかったときは，当該指定相談支援事業者に対し，期限を定めて，その勧告に係る措置をとるべきことを命ずることができる。
5　都道府県知事又は市町村長は，前項の規定による命令をしたときは，その旨を公示しなければならない。
6　市町村は，地域相談支援給付費の支給に係る指定地域相談支援を行った指定一般相談支援事業者について，第１項各号に掲げる場合のいずれかに該当すると認めるときは，その旨を当該指定に係る一般相談支援事業所の所在地の都道府県知事に通知しなければならない。

概要　指定相談支援事業者の指定等に関して，都道府県知事又は市町村長の勧告・命令等の権限を規定するものである。

解説　○　指定一般相談支援事業者については都道府県知事が，指定特定相談支援事業者については市町村長が，指定の取消しに至る前の実効性のある改善指導の手段として，実態に即した指導監督や行政処分を行うことができるよう，指定の取消しに加えて，以下のような指導監督の仕組みを規定したものである。
　　①　都道府県知事（市町村長）は，指定一般相談支援事業者（指定特定相談支援事

業者）が人員の員数並びに設備及び運営に関する基準に従って適正な運営をしていないと認めるときは，当該事業者に対し，期限を定めて，基準を遵守すべきことを勧告することができる。また，第51条の23第3項（第51条の24第3項）に規定する便宜の提供を適正に行っていないと認めるときは，当該事業者に対し，期限を定めて，当該便宜の提供を適正に行うことを勧告することができる。

② 都道府県知事（市町村長）は，指定一般相談支援事業者（指定特定相談支援事業者）が期限内に勧告に従わなかったときは，その旨を公表することができる。

③ 都道府県知事（市町村長）は，勧告を受けた指定一般相談支援事業者（指定特定相談支援事業者）が，正当な理由がなくて勧告に係る措置をとらなかったときは，当該指定事業者に対し，期限を定めて，その勧告に係る措置をとるべきことを命ずることができる。

④ 都道府県知事（市町村長）は，③の命令をした場合には，利用者の適切なサービス選択の機会を確保するため，その旨を公示しなければならない。

（指定の取消し等）
第51条の29 都道府県知事は，次の各号のいずれかに該当する場合においては，当該指定一般相談支援事業者に係る第51条の14第1項の指定を取り消し，又は期間を定めてその指定の全部若しくは一部の効力を停止することができる。

一 指定一般相談支援事業者が，第51条の19第2項において準用する第36条第3項第5号，第5号の2又は第12号のいずれかに該当するに至ったとき。

二 指定一般相談支援事業者が，第51条の22第3項の規定に違反したと認められるとき。

三 指定一般相談支援事業者が，当該指定に係る一般相談支援事業所の従業者の知識若しくは技能又は人員について，第51条の23第1項の厚生労働省令で定める基準を満たすことができなくなったとき。

四 指定一般相談支援事業者が，第51条の23第2項の厚生労働省令で定める指定地域相談支援の事業の運営に関する基準に従って適正な指定地域相談支援の事業の運営をすることができなくなったとき。

五 地域相談支援給付費の請求に関し不正があったとき。

六 指定一般相談支援事業者が，第51条の27第1項の規定により報告又は帳簿書類その他の物件の提出若しくは提示を命ぜられてこれに従わず，又は虚偽の報告をしたとき。

七 指定一般相談支援事業者又は当該指定に係る一般相談支援事業所の従業者が，第51条の27第1項の規定により出頭を求められてこれに応ぜず，同項の規定による質問に対して答弁せず，若しくは虚偽の答弁をし，又は同項の規定による

検査を拒み，妨げ，若しくは忌避したとき。ただし，当該指定に係る一般相談支援事業所の従業者がその行為をした場合において，その行為を防止するため，当該指定一般相談支援事業者が相当の注意及び監督を尽くしたときを除く。

八　指定一般相談支援事業者が，不正の手段により第51条の14第1項の指定を受けたとき。

九　前各号に掲げる場合のほか，指定一般相談支援事業者が，この法律その他国民の福祉に関する法律で政令で定めるもの又はこれらの法律に基づく命令若しくは処分に違反したとき。

十　前各号に掲げる場合のほか，指定一般相談支援事業者が，地域相談支援に関し不正又は著しく不当な行為をしたとき。

十一　指定一般相談支援事業者の役員又はその一般相談支援事業所を管理する者その他の政令で定める使用人のうちに指定の取消し又は指定の全部若しくは一部の効力の停止をしようとするとき前5年以内に地域相談支援に関し不正又は著しく不当な行為をした者があるとき。

2　市町村長は，次の各号のいずれかに該当する場合においては，当該指定特定相談支援事業者に係る第51条の17第1項第1号の指定を取り消し，又は期間を定めてその指定の全部若しくは一部の効力を停止することができる。

一　指定特定相談支援事業者が，第51条の20第2項において準用する第36条第3項第5号，第5号の2又は第12号のいずれかに該当するに至ったとき。

二　指定特定相談支援事業者が，第51条の22第3項の規定に違反したと認められるとき。

三　指定特定相談支援事業者が，当該指定に係る特定相談支援事業所の従業者の知識若しくは技能又は人員について，第51条の24第1項の厚生労働省令で定める基準を満たすことができなくなったとき。

四　指定特定相談支援事業者が，第51条の24第2項の厚生労働省令で定める指定計画相談支援の事業の運営に関する基準に従って適正な指定計画相談支援の事業の運営をすることができなくなったとき。

五　計画相談支援給付費の請求に関し不正があったとき。

六　指定特定相談支援事業者が，第51条の27第2項の規定により報告又は帳簿書類その他の物件の提出若しくは提示を命ぜられてこれに従わず，又は虚偽の報告をしたとき。

七　指定特定相談支援事業者又は当該指定に係る特定相談支援事業所の従業者が，第51条の27第2項の規定により出頭を求められてこれに応ぜず，同項の規定による質問に対して答弁せず，若しくは虚偽の答弁をし，又は同項の規定による検査を拒み，妨げ，若しくは忌避したとき。ただし，当該指定に係る特定相談

支援事業所の従業者がその行為をした場合において，その行為を防止するため，当該指定特定相談支援事業者が相当の注意及び監督を尽くしたときを除く。

八　指定特定相談支援事業者が，不正の手段により第51条の17第1項第1号の指定を受けたとき。

九　前各号に掲げる場合のほか，指定特定相談支援事業者が，この法律その他国民の福祉に関する法律で政令で定めるもの又はこれらの法律に基づく命令若しくは処分に違反したとき。

十　前各号に掲げる場合のほか，指定特定相談支援事業者が，計画相談支援に関し不正又は著しく不当な行為をしたとき。

十一　指定特定相談支援事業者の役員又はその特定相談支援事業所を管理する者その他の政令で定める使用人のうちに指定の取消し又は指定の全部若しくは一部の効力の停止をしようとするとき前5年以内に計画相談支援に関し不正又は著しく不当な行為をした者があるとき。

3　市町村は，地域相談支援給付費の支給に係る指定地域相談支援を行った指定一般相談支援事業者について，第1項各号のいずれかに該当すると認めるときは，その旨を当該指定に係る一般相談支援事業所の所在地の都道府県知事に通知しなければならない。

概要　指定相談支援事業者の指定の取消しに関する規定である。

解説
○　指定相談支援事業者の指定に係る取消し事由については，指定障害福祉サービス事業者及び指定障害者支援施設と同様の取消し事由を設けている。

○　なお，地域相談支援給付費の支給に係る指定地域相談支援を行った指定一般相談支援事業者について，取消し事由のいずれかに該当すると認めるときは，その旨を当該指定に係る一般相談支援事業所の所在地の都道府県知事に通知しなければならないものとしている（第3項）。

（公示）

第51条の30　都道府県知事は，次に掲げる場合には，その旨を公示しなければならない。

一　第51条の14第1項の指定一般相談支援事業者の指定をしたとき。

二　第51条の25第2項の規定による事業の廃止の届出があったとき。

三　前条第1項又は第76条の3第6項の規定により指定一般相談支援事業者の指定を取り消したとき。

> 2 市町村長は，次に掲げる場合には，その旨を公示しなければならない。
> 　一　第51条の17第1項第1号の指定特定相談支援事業者の指定をしたとき。
> 　二　第51条の25第4項の規定による事業の廃止の届出があったとき。
> 　三　前条第2項の規定により指定特定相談支援事業者の指定を取り消したとき。

概要　都道府県知事又は市町村長が，指定一般相談支援事業者又は指定特定相談支援事業者の指定を行ったとき，取消しを行ったときは公示しなければならないことを規定している。

解説
○　利用者は指定相談支援事業者を選択して，サービスを受けることから，利用者はどの事業者が指定されており，又は事業を休止等しているのか把握する必要がある。
○　このため，事業者の指定の状況を公示し，利用者がすぐに相談支援の提供を受けることができる事業者がわかるようにする必要があることから設けられたものである。

第4款　業務管理体制の整備等（第51条の31－第51条の33）

> （業務管理体制の整備等）
> **第51条の31**　指定相談支援事業者は，第51条の22第3項に規定する義務の履行が確保されるよう，厚生労働省令で定める基準に従い，業務管理体制を整備しなければならない。
> 2　指定相談支援事業者は，次の各号に掲げる区分に応じ，当該各号に定める者に対し，厚生労働省令で定めるところにより，業務管理体制の整備に関する事項を届け出なければならない。
> 　一　次号から第4号までに掲げる指定相談支援事業者以外の指定相談支援事業者　都道府県知事
> 　二　特定相談支援事業のみを行う指定特定相談支援事業者であって，当該指定に係る事業所が一の市町村の区域に所在するもの　市町村長
> 　三　当該指定に係る事業所が一の指定都市の区域に所在する指定相談支援事業者（前号に掲げるものを除く。）　指定都市の長
> 　四　当該指定に係る事業所が2以上の都道府県の区域に所在する指定相談支援事業者　厚生労働大臣
> 3　前項の規定により届出をした指定相談支援事業者は，その届け出た事項に変更があったときは，厚生労働省令で定めるところにより，遅滞なく，その旨を当該届出をした厚生労働大臣，都道府県知事，指定都市の長又は市町村長（以下この款において「厚生労働大臣等」という。）に届け出なければならない。
> 4　第2項の規定による届出をした指定相談支援事業者は，同項各号に掲げる区分

の変更により，同項の規定により当該届出をした厚生労働大臣等以外の厚生労働大臣等に届出を行うときは，厚生労働省令で定めるところにより，その旨を当該届出をした厚生労働大臣等にも届け出なければならない。

5　厚生労働大臣等は，前3項の規定による届出が適正になされるよう，相互に密接な連携を図るものとする。

（報告等）

第51条の32　前条第2項の規定による届出を受けた厚生労働大臣等は，当該届出をした指定相談支援事業者（同条第4項の規定による届出を受けた厚生労働大臣等にあっては，同項の規定による届出をした指定相談支援事業者を除く。）における同条第1項の規定による業務管理体制の整備に関して必要があると認めるときは，当該指定相談支援事業者に対し，報告若しくは帳簿書類その他の物件の提出若しくは提示を命じ，当該指定相談支援事業者若しくは当該指定相談支援事業者の従業者に対し出頭を求め，又は当該職員に関係者に対して質問させ，若しくは当該指定相談支援事業者の当該指定に係る事業所，事務所その他の指定地域相談支援若しくは指定計画相談支援の提供に関係のある場所に立ち入り，その設備若しくは帳簿書類その他の物件を検査させることができる。

2　厚生労働大臣が前項の権限を行うときは当該指定一般相談支援事業者に係る指定を行った都道府県知事（以下この項及び次条第5項において「関係都道府県知事」という。）又は当該指定特定相談支援事業者に係る指定を行った市町村長（以下この項及び次条第5項において「関係市町村長」という。）と，都道府県知事が前項の権限を行うときは関係市町村長と，指定都市の長が同項の権限を行うときは関係都道府県知事と密接な連携の下に行うものとする。

3　都道府県知事は，その行った又はその行おうとする指定に係る指定一般相談支援事業者における前条第1項の規定による業務管理体制の整備に関して必要があると認めるときは，厚生労働大臣又は指定都市の長に対し，市町村長は，その行った又はその行おうとする指定に係る指定特定相談支援事業者における同項の規定による業務管理体制の整備に関して必要があると認めるときは，厚生労働大臣又は都道府県知事に対し，第1項の権限を行うよう求めることができる。

4　厚生労働大臣，都道府県知事又は指定都市の長は，前項の規定による都道府県知事又は市町村長の求めに応じて第1項の権限を行ったときは，厚生労働省令で定めるところにより，その結果を当該権限を行うよう求めた都道府県知事又は市町村長に通知しなければならない。

5　第9条第2項の規定は第1項の規定による質問又は検査について，同条第3項の規定は第1項の規定による権限について準用する。

（勧告，命令等）

第51条の33 第51条の31第2項の規定による届出を受けた厚生労働大臣等は，当該届出をした指定相談支援事業者（同条第4項の規定による届出を受けた厚生労働大臣等にあっては，同項の規定による届出をした指定相談支援事業者を除く。）が，同条第1項の厚生労働省令で定める基準に従って適正な業務管理体制の整備をしていないと認めるときは，当該指定相談支援事業者に対し，期限を定めて，当該厚生労働省令で定める基準に従って適正な業務管理体制を整備すべきことを勧告することができる。

2　厚生労働大臣等は，前項の規定による勧告をした場合において，その勧告を受けた指定相談支援事業者が，同項の期限内にこれに従わなかったときは，その旨を公表することができる。

3　厚生労働大臣等は，第1項の規定による勧告を受けた指定相談支援事業者が，正当な理由がなくてその勧告に係る措置をとらなかったときは，当該指定相談支援事業者に対し，期限を定めて，その勧告に係る措置をとるべきことを命ずることができる。

4　厚生労働大臣等は，前項の規定による命令をしたときは，その旨を公示しなければならない。

5　厚生労働大臣，都道府県知事又は指定都市の長は，指定相談支援事業者が第3項の規定による命令に違反したときは，厚生労働省令で定めるところにより，当該違反の内容を関係都道府県知事又は関係市町村長に通知しなければならない。

概要　指定相談支援事業者の業務管理体制の整備等について定めるものである。

解説
○　指定相談支援事業者は，厚生労働省令で定める基準に従って，業務管理体制を整備しなければならないものとする。厚生労働省令で定める基準は，次のとおりである（規則第34条の61）。
　①　指定を受けている事業所の数が1以上20未満の指定相談支援事業者については，法令遵守責任者の選任をすること。
　②　指定を受けている事業所の数が20以上100未満の指定相談支援事業者については，法令遵守責任者の選任をすること及び業務が法令に適合することを確保するための規程を整備すること。
　③　指定を受けている事業所の数が100以上の指定相談支援事業者については，法令遵守責任者の選任をすること，業務が法令に適合することを確保するための規程を整備すること及び業務執行の状況の監査を定期的に行うこと。
○　指定に係る事業所が一の指定都市の区域に所在する指定相談支援事業者については指定都市の長，指定に係る事業所が2以上の都道府県の区域に所在する指定相談支援事業者については厚生労働大臣，指定に係る事業所が一の市町村の区域に所在

する特定相談支援事業のみを行う指定特定相談支援事業者については市町村長，それ以外の指定相談支援事業者については都道府県知事に対して，業務管理体制の整備に関する事項を届け出なければならない。

○　指定相談支援事業者から届出を受けた厚生労働大臣，都道府県知事，指定都市の長，市町村長（以下「厚生労働大臣等」という）は，業務管理体制の整備に関して必要があると認めるときは，指定相談支援事業者への質問，報告聴取，立入検査権を付与するものとする。また，厚生労働省令で定める基準に従って業務管理体制の整備を行っていないと認めるときは，改善勧告・改善命令を行うものとする。

○　厚生労働大臣等は，質問，報告聴取，立入検査権等の権限を行使する際には，関係都道府県知事又は関係市町村長と密接な連携を図り，事業者が改善命令に違反し，かつ，引き続き違反するおそれがあると認めるときは，厚生労働大臣，都道府県知事，指定都市の長から関係都道府県知事又は関係市町村長に通知するものとする。

○　指導監督権者の事業者が業務管理体制の整備に係る立入検査等を拒んだような場合には，規制の実効性を担保する観点から，罰則を科すこととしている（第111条）。

【平成31年4月1日施行】
（業務管理体制の整備等）

第51条の31　（略）

2　指定相談支援事業者は，次の各号に掲げる区分に応じ，当該各号に定める者に対し，厚生労働省令で定めるところにより，業務管理体制の整備に関する事項を届け出なければならない。

一　次号から第5号までに掲げる指定相談支援事業者以外の指定相談支援事業者　都道府県知事

二・三　（略）

四　当該指定に係る事業所が一の中核市の区域に所在する指定相談支援事業者（第2号に掲げるものを除く。）　中核市の長

五　当該指定に係る事業所が2以上の都道府県の区域に所在する指定相談支援事業者　厚生労働大臣

3　前項の規定により届出をした指定相談支援事業者は，その届け出た事項に変更があったときは，厚生労働省令で定めるところにより，遅滞なく，その旨を当該届出をした厚生労働大臣，都道府県知事，指定都市若しくは中核市の長又は市町村長（以下この款において「厚生労働大臣等」という。）に届け出なければならない。

4・5　（略）

（報告等）

第51条の32　（略）

2　厚生労働大臣が前項の権限を行うときは当該指定一般相談支援事業者に係る指定を行った都道府県知事（以下この項及び次条第5項において「関係都道府県知事」という。）又は当該指定特定相談支援事業者に係る指定を行った市町村長（以下この項及び次条第5項において「関係市町村長」という。）と，都道府県知事が前項の権限を行うときは関係市町村長と，指定都市又は中核市の長が同項の権限を行うときは関係都道府県知事と密接な連携の下に行うものとする。

3　都道府県知事は，その行った又はその行おうとする指定に係る指定一般相談支援事業者における前条第1項の規定による業務管理体制の整備に関して必要があると認めるときは，厚生労働大臣又は指定都市若しくは中核市の長に対し，市町村長は，その行った又はその行おうとする指定に係る指定特定相談支援事業者における同項の規定による業務管理体制の整備に関して必要があると認めるときは，厚生労働大臣又は都道府県知事に対し，第1項の権限を行うよう求めることができる。

4　厚生労働大臣，都道府県知事又は指定都市若しくは中核市の長は，前項の規定による都道府県知事又は市町村長の求めに応じて第1項の権限を行ったときは，厚生労働省令で定めるところにより，その結果を当該権限を行うよう求めた都道府県知事又は市町村長に通知しなければならない。

5　（略）

（勧告，命令等）

第51条の33　（略）

2～4　（略）

5　厚生労働大臣，都道府県知事又は指定都市若しくは中核市の長は，指定相談支援事業者が第3項の規定による命令に違反したときは，厚生労働省令で定めるところにより，当該違反の内容を関係都道府県知事又は関係市町村長に通知しなければならない。

概要　指定相談支援事業者の業務管理体制の整備に関する事項の届出受理者に中核市の長を追加する等の改正を行うものである。

解説　
○　指定に係る事業所が一の中核市の区域に所在する指定相談支援事業者については中核市の長に対して，業務管理体制の整備に関する事項を届け出なければならない。

○　中核市の長に指定相談支援事業者への質問，報告聴取，立入検査権が付与され，指定相談支援事業者に対する改善勧告・改善命令も行うこととなる。

○　中核市の長は，質問，報告聴取，立入検査権等の権限を行使する際には，関係都道府県知事と密接な連携を図り，事業者が改善命令に違反し，かつ，引き続き違反するおそれがあると認めるときは関係都道府県知事に通知する。

第4節　自立支援医療費，療養介護医療費及び基準該当療養介護医療費の支給(第52条－第75条)

> （自立支援医療費の支給認定）
> **第52条**　自立支援医療費の支給を受けようとする障害者又は障害児の保護者は，市町村等の自立支援医療費を支給する旨の認定（以下「支給認定」という。）を受けなければならない。
> 2　第19条第2項の規定は市町村等が行う支給認定について，同条第3項から第5項までの規定は市町村が行う支給認定について準用する。この場合において，必要な技術的読替えは，政令で定める。

概要　自立支援医療費の支給を受けようとする障害者等は，市町村等の自立支援医療費を支給する旨の認定（支給認定）を受けなければならないことを規定したものである（第1項）。

また，自立支援医療費の支給認定について，第19条第2項から第5項までの規定を準用することとしている（第2項）。

解説　自立支援医療とは，障害者等につき，その心身の障害の状態の軽減を図り，自立した日常生活又は社会生活を営むために必要な医療（公費負担医療）であり，①身体障害児の健全な育成を図るために，身体障害児（18歳未満）に対して行われる生活の能力を得るために必要な医療である育成医療，②身体障害者の自立と社会経済活動への参加の促進を図るため，身体障害者に対して行われるその更生のために必要な医療である更生医療，③精神障害の適正な医療の普及を図るため，精神障害者に対して行われる精神通院医療がある。

これは，障害者自立支援法が制定される前の児童福祉法に基づく育成医療，身体障害者福祉法に基づく更生医療，精神保健福祉法に基づく通院医療について，利用者負担の仕組み，支給認定等の手続きを共通化したものである。

第1項

自立支援医療費の支給を受けようとする障害者又は障害児の保護者は，市町村等の自立支援医療費を支給する旨の認定（支給認定）を受けなければならない。

市町村等とは第8条第1項に定義があり，育成医療及び更生医療の実施主体である市町村及び政令で定める医療（令第3条において，精神通院医療を規定）の実施主体である都道府県を総称したものである（大都市特例により，精神通院医療は都道府県・指定都市が実施主体となっている）。

第2項

市町村等が行う支給認定について，介護給付費等の支給決定を行うべき市町村を特

定するための規定である第19条第２項から第５項までの規定を準用することとしている。

第19条第３項から第５項までについては，市町村が行う支給認定についてのみ準用することとしている。しかしながら，都道府県が行う精神通院医療の支給認定についても，市町村が行う支給認定における取扱いと同様，「居住地」とは入所している施設の所在地ではなく，施設入所前に有した居住地を意味しているものとして，運用上，施設入所者については，施設入所前の居住地の自治体が支給認定を行うこととしている。

支給認定に関する読替えについては，令第27条に規定がある。

（申請）

第53条 支給認定を受けようとする障害者又は障害児の保護者は，厚生労働省令で定めるところにより，市町村等に申請をしなければならない。

2　前項の申請は，都道府県が支給認定を行う場合には，政令で定めるところにより，当該障害者又は障害児の保護者の居住地の市町村（障害者又は障害児の保護者が居住地を有しないか，又はその居住地が明らかでないときは，その障害者又は障害児の保護者の現在地の市町村）を経由して行うことができる。

概要　障害者又は障害児の保護者が，自立支援医療費の支給認定を受けようとする際の申請に関して規定したものである。

解説　**第１項**

自立支援医療費の支給認定を受けようとする障害者又は障害児の保護者は，市町村等に申請をしなければならない。申請書の記載事項，申請書に添付しなければならない書類については，規則第35条及び「自立支援医療費の支給認定について」（平成18年３月３日障発第0303002号厚生労働省社会・援護局障害保健福祉部長通知）に詳細に規定されている。

第２項

申請について，都道府県が支給認定を行う精神通院医療は，申請に係る障害者又は障害児の保護者の居住地の市町村を経由して行うことができる。

（支給認定等）

第54条 市町村等は，前条第１項の申請に係る障害者等が，その心身の障害の状態からみて自立支援医療を受ける必要があり，かつ，当該障害者等又はその属する世帯の他の世帯員の所得の状況，治療状況その他の事情を勘案して政令で定める基準に該当する場合には，厚生労働省令で定める自立支援医療の種類ごとに支給

認定を行うものとする。ただし，当該障害者等が，自立支援医療のうち厚生労働省令で定める種類の医療を，戦傷病者特別援護法（昭和38年法律第168号）又は心神喪失等の状態で重大な他害行為を行った者の医療及び観察等に関する法律（平成15年法律第110号）の規定により受けることができるときは，この限りでない。
2　市町村等は，支給認定をしたときは，厚生労働省令で定めるところにより，都道府県知事が指定する医療機関（以下「指定自立支援医療機関」という。）の中から，当該支給認定に係る障害者等が自立支援医療を受けるものを定めるものとする。
3　市町村等は，支給認定をしたときは，支給認定を受けた障害者又は障害児の保護者（以下「支給認定障害者等」という。）に対し，厚生労働省令で定めるところにより，次条に規定する支給認定の有効期間，前項の規定により定められた指定自立支援医療機関の名称その他の厚生労働省令で定める事項を記載した自立支援医療受給者証（以下「医療受給者証」という。）を交付しなければならない。

概要　市町村等が自立支援医療費の受給申請をした障害者又は障害児の保護者に対して，支給認定をする際の手続き・基準等について規定したものである。

解説　**第1項**

市町村等は，申請者の心身の障害の状態からみて，自立支援医療を受ける必要があり，かつ，当該障害者等又はその属する世帯のほかの世帯員のうち政令で定める者の所得の状況，治療状況その他の事情を勘案して政令で定める基準に該当する場合には，自立支援医療の種類ごとに支給認定を行う。自立支援医療の種類は規則第36条で，育成医療，更生医療，精神通院医療を規定している。

支給認定に係る政令で定める基準については，令第29条（及び同条において委任する規則第38条から第39条まで）に規定している。具体的には，法第58条第1項に規定する指定自立支援医療のあった月の属する年度（指定自立支援医療のあった月が4月から6月までの場合にあっては，前年度）分の自立支援医療を受ける者（受診者）の属する「世帯」の市町村民税額（所得割）[*4]の合計額が23万5000円未満の者である。なお，生計を同一としているほかの「世帯員」の所得の状況が，考慮されるべき重要な要素であると考えられるため，「世帯」の税額を合算することとしているが，自立支援医療費の支給に係る「世帯」の単位については，「医療保険の加入単位」，すなわち「受診者と同じ医療保険に加入する者」を範囲としている（図2－6を参照）。

＊4　市町村民税からは，地方税法（昭和25年法律第226号）第328条の規定によって課する所得割を除くものとする。これは，退職金に対する市町村民税について，収入を勘案する対象から外すということを意味しているところ，
　このような収入は，①一時的な所得であること，②健康保険法等ほかの法令の規定でも所得勘案の際に除外していること，から本条においても，市町村民税から地方税法第328条の規定によって課する所得割を除くものとする。

図2-6　自立支援医療における「世帯」について

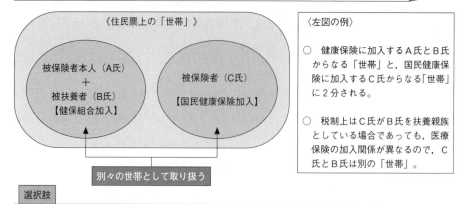

　これは，自立支援医療制度は，基本的には医療保険の自己負担部分を助成する機能を持っており，医療保険における自己負担の上限額等は，同じ医療保険に加入する者を単位として設定している（注：各世帯の所得を勘案する場合に現行の医療保険制度のなかでは，各医療保険に加入している者のみしか把握できないこと）という実態に着目したことによる。

　また，障害者と同一の世帯に属する親，兄弟，子ども等がいる場合にあっても，その親，兄弟，子ども等が，税制と医療保険のいずれにおいても障害者を扶養していないという条件を満たしているときは，障害者本人及びその配偶者の所得に基づくことも選択できることとしている。

　さらに，戦傷病者特別援護法（昭和38年法律第168号）又は心神喪失等の状態で重大な他害行為を行った者の医療及び観察等に関する法律の規定により自立支援医療のうち厚生労働省令で定める種類の医療（更生医療及び精神通院医療（規則第37条参照））を受けることができるときは，全額公費で自立支援医療に相当する医療を受けられるため，支給認定を行わないこととする。

第2項

　支給認定をしたときは，指定自立支援医療機関のなかから，自立支援医療を受けるものを定めることとする。これは，自立支援医療については，医療に関して一定の質が確保される指定自立支援医療機関で行われることが必要であり，かつ，良好な治療関係の継続や医療費の管理上の必要性から，自立支援医療を受ける医療機関を指定自立支援医療機関のなかから定めることとするものである。

なお，規則第40条に具体的な手続きを規定しており，本人から希望として申請された指定自立支援医療機関を参考としつつ，本人が自立支援医療を受けることが相当と認められるものを定めることとしている。

第3項

支給認定障害者等に対しては医療受給者証を交付する。医療受給者証には，本条に定めるもののほか，規則第41条に規定する事項を記載しなければならない。

なお，精神通院医療に係る医療受給者証の交付については，市町村を経由して行うことができる（令第30条及び規則第42条参照）。

医療受給者証の再交付に関しては，令第33条及び規則第48条参照。

（支給認定の有効期間）

第55条 支給認定は，厚生労働省令で定める期間（以下「支給認定の有効期間」という。）内に限り，その効力を有する。

概要 支給認定の有効期間について規定したものである。

解説 支給認定の有効期間は，1年以内であって，支給認定に係る障害者等の心身の障害の状態からみて指定自立支援医療を受けることが必要な期間（規則第43条）内に限り，その効力を有するものとする。なお，育成医療・更生医療については，対象となる医療の性質から，運用上原則3か月以内としているところである（「自立支援医療費の支給認定について」平成18年3月3日障発第0303002号厚生労働省社会・援護局障害保健福祉部長通知）。

（支給認定の変更）

第56条 支給認定障害者等は，現に受けている支給認定に係る第54条第2項の規定により定められた指定自立支援医療機関その他の厚生労働省令で定める事項について変更の必要があるときは，厚生労働省令で定めるところにより，市町村等に対し，支給認定の変更の申請をすることができる。

2 市町村等は，前項の申請又は職権により，支給認定障害者等につき，同項の厚生労働省令で定める事項について変更の必要があると認めるときは，厚生労働省令で定めるところにより，支給認定の変更の認定を行うことができる。この場合において，市町村等は，当該支給認定障害者等に対し医療受給者証の提出を求めるものとする。

3 第19条第2項の規定は市町村等が行う前項の支給認定の変更の認定について，

同条第3項から第5項までの規定は市町村が行う前項の支給認定の変更の認定について準用する。この場合において，必要な技術的読替えは，政令で定める。

4 市町村等は，第2項の支給認定の変更の認定を行った場合には，医療受給者証に当該認定に係る事項を記載し，これを返還するものとする。

> **概要** 支給認定の変更に関して規定したものである。

> **解説** 支給認定障害者等は，自立支援医療を受けるべき指定自立支援医療機関等の事項（規則第44条）について変更が必要な場合に，支給認定の変更を申請できる（第1項）。また，支給認定の変更は，市町村等による職権でも可能である（第2項）。支給認定の変更については，支給認定の際と同様の手続きによって行われる（第3項）。支給認定の変更の認定に関する読替えについては，令第31条に規定がある。支給認定の変更を行った場合，市町村等は，提出された医療受給者証に変更事項を反映したうえで，これを返還することとしている（第4項）。

（支給認定の取消し）

第57条 支給認定を行った市町村等は，次に掲げる場合には，当該支給認定を取り消すことができる。

一 支給認定に係る障害者等が，その心身の障害の状態からみて自立支援医療を受ける必要がなくなったと認めるとき。

二 支給認定障害者等が，支給認定の有効期間内に，当該市町村等以外の市町村等の区域内に居住地を有するに至ったと認めるとき（支給認定に係る障害者が特定施設に入所することにより当該市町村以外の市町村の区域内に居住地を有するに至ったと認めるときを除く。）。

三 支給認定に係る障害者等が，正当な理由なしに第9条第1項の規定による命令に応じないとき。

四 その他政令で定めるとき。

2 前項の規定により支給認定の取消しを行った市町村等は，厚生労働省令で定めるところにより，当該取消しに係る支給認定障害者等に対し医療受給者証の返還を求めるものとする。

> **概要** 支給認定の取消しに関して規定したものである。

> **解説** 心身の障害の状態からみて自立支援医療を受ける必要がなくなった場合（第1項第1号），ほかの市町村に居住地を有することとなった場合（第1項第2号），障害者等

が第9条第1項の命令に従わない場合（第1項第3号），障害児の保護者，障害者等の配偶者や世帯員が第9条第1項の命令に従わない場合（令第34条第1号），虚偽の申請の場合（令第34条第2号）には，市町村等は支給認定の取消しを行うことができる（第1項）。支給認定の取消しを行ったときは，市町村等は，医療受給者証の返還を求めるものとする（第2項）。

なお，医療受給者証の返還を求める場合の手続きは規則第49条参照。

（自立支援医療費の支給）

第58条 市町村等は，支給認定に係る障害者等が，支給認定の有効期間内において，第54条第2項の規定により定められた指定自立支援医療機関から当該指定に係る自立支援医療（以下「指定自立支援医療」という。）を受けたときは，厚生労働省令で定めるところにより，当該支給認定障害者等に対し，当該指定自立支援医療に要した費用について，自立支援医療費を支給する。

2 指定自立支援医療を受けようとする支給認定障害者等は，厚生労働省令で定めるところにより，指定自立支援医療機関に医療受給者証を提示して当該指定自立支援医療を受けるものとする。ただし，緊急の場合その他やむを得ない事由のある場合については，この限りでない。

3 自立支援医療費の額は，1月につき，第1号に掲げる額（当該指定自立支援医療に食事療養（健康保険法第63条第2項第1号に規定する食事療養をいう。以下この項において同じ。）が含まれるときは，当該額及び第2号に掲げる額の合算額，当該指定自立支援医療に生活療養（同条第2項第2号に規定する生活療養をいう。以下この項において同じ。）が含まれるときは，当該額及び第3号に掲げる額の合算額）とする。

一 同一の月に受けた指定自立支援医療（食事療養及び生活療養を除く。）につき健康保険の療養に要する費用の額の算定方法の例により算定した額から，当該支給認定障害者等の家計の負担能力，障害の状態その他の事情をしん酌して政令で定める額（当該政令で定める額が当該算定した額の100分の10に相当する額を超えるときは，当該相当する額）を控除して得た額

二 当該指定自立支援医療（食事療養に限る。）につき健康保険の療養に要する費用の額の算定方法の例により算定した額から，健康保険法第85条第2項に規定する食事療養標準負担額，支給認定障害者等の所得の状況その他の事情を勘案して厚生労働大臣が定める額を控除した額

三 当該指定自立支援医療（生活療養に限る。）につき健康保険の療養に要する費用の額の算定方法の例により算定した額から，健康保険法第85条の2第2項に規定する生活療養標準負担額，支給認定障害者等の所得の状況その他の事情を

勘案して厚生労働大臣が定める額を控除した額
4　前項に規定する療養に要する費用の額の算定方法の例によることができないとき，及びこれによることを適当としないときの自立支援医療に要する費用の額の算定方法は，厚生労働大臣の定めるところによる。
5　支給認定に係る障害者等が指定自立支援医療機関から指定自立支援医療を受けたときは，市町村等は，当該支給認定障害者等が当該指定自立支援医療機関に支払うべき当該指定自立支援医療に要した費用について，自立支援医療費として当該支給認定障害者等に支給すべき額の限度において，当該支給認定障害者等に代わり，当該指定自立支援医療機関に支払うことができる。
6　前項の規定による支払があったときは，支給認定障害者等に対し自立支援医療費の支給があったものとみなす。

概要　自立支援医療費の支給に関し，対象となる医療や費用の額の設定方法等について規定したものである。

解説
第1項
　市町村等は，支給認定障害者等が支給認定の有効期間内に，指定自立支援医療機関から自立支援医療を受けたときに，その医療に要した費用について支給する。

第2項
　指定自立支援医療を受けようとする障害者等は，その都度，指定自立支援医療機関に医療受給者証を提示して医療を受ける。なお，緊急の場合等については，提示せずとも医療を受けることは可能だが，この場合には指定自立支援医療を受けようとする障害者等の自己負担の状況を確認することが困難であるため，窓口での支払いも含め，医療機関等で適宜の対応を行うこととなる（第5項及び第6項参照）。

第3項
○　自立支援医療費の額は，入院時の食事療養，生活療養の部分を除き，健康保険の療養に要する費用の額の算定方法の例により算定した額から，支給認定障害者等の家計の負担能力，障害の状態その他の事情をしん酌して政令で定める額（当該政令で定める額が当該算定した額の100分の10に相当する額を超えるときは，当該相当する額）を控除して得た額となる。ただし，自己負担の家計に与える影響や障害の状態を考慮して，所得状況等に応じて，月額の利用者負担上限を設定し，上限を超えた場合には当該超えた部分について自立支援医療費を支給することとする。
○　利用者負担上限月額については，令第35条において規定しており，図2－7のとおり，各「世帯」の所得に応じて，それぞれ負担上限月額を設けている。
　　また，医療上の必要性から継続的に相当額の医療費負担が生ずる場合（いわゆる「重度かつ継続」に該当する者（以下「高額治療継続者」という））についても，月

額の負担の上限を設けることが適切であることから，中間所得層に，5000円又は1万円（一定所得以上については経過措置として2万円）の上限を設定している。高額治療継続者の範囲は，以下のとおりである。

① 疾病，症状等から対象となる者
・精神…統合失調症，躁うつ病・うつ病，てんかん，認知症等の脳機能障害若しくは薬物関連障害（依存症等）を有する者，又は集中・継続的な医療を要する者として精神医療に一定以上の経験を有する医師が判断した者
・更生・育成…腎臓機能・小腸機能・免疫機能・心臓機能障害（心臓移植後の抗免疫療法に限る）・肝臓の機能障害（肝臓移植後の抗免疫療法に限る）の者

② 疾病等にかかわらず，高額な費用負担が継続することから対象となる者
・精神・更生・育成…医療保険の多数該当の者

○ 自立支援医療に係る自己負担の負担上限月額については，受診者の属する「世帯」の収入や受診者の収入に応じて，以下の5区分に設定している。

① 生活保護　0円
② 低所得1　2500円
③ 低所得2　5000円
④ 中間所得層　医療保険の自己負担限度額（公費負担あり）
⑤ 一定所得以上　医療保険の自己負担限度額（公費負担なし）

なお，所得区分④又は所得区分⑤に該当する場合であって，受診者が「高額治療継続者」に該当するときにおける負担上限月額については，受診者の属する「世帯」の収入に応じて，以下の区分としている。

④' 中間所得層1　5000円
④" 中間所得層2　1万円
⑤' 一定所得以上　2万円

（所得区分⑤'は平成33年3月31日までの経過的特例）

図2−7　自立支援医療の対象者，自己負担の概要

1　対象者
　更生医療，育成医療，精神通院医療の対象者であって一定所得未満の者
2　給付水準
　自己負担については応能負担（☐部分）。ただし，入院時の食費・生活療養費（標準負担額）については自己負担。

一定所得以下			中間所得層		一定所得以上
生活保護世帯	市町村民税非課税 本人収入≦80万	市町村民税非課税 本人収入>80万	市町村民税<3万3000 （所得割）	3万3000≦市町村民税<23万5000 （所得割）	23万5000≦市町村民税（所得割）
生活保護 負担0円	低所得1 負担上限額 2,500円	低所得2 負担上限額 5,000円	中間所得層 負担上限額：医療保険の自己負担限度額		一定所得以上 公費負担の対象外 （医療保険の負担割合・負担限度額）
			育成医療の経過措置		
			負担上限額 5,000円	負担上限額 10,000円	
			重度かつ継続		
			中間所得層1 負担上限額 5,000円	中間所得層2 負担上限額 10,000円	一定所得以上(重継) 負担上限額 20,000円

また，所得区分④に該当する場合であって，育成医療の受診者が，高額治療継続者に該当しないときの負担の上限月額については，受診者の属する「世帯」の収入に応じて，以下の区分としている。

④' 中間所得層（育成医療）Ⅰ　5000円

④" 中間所得層（育成医療）Ⅱ　1万円

（「所得区分④' 中間所得層（育成医療）Ⅰ」及び「④" 中間所得層（育成医療）Ⅱ」は，平成33年3月31日までの経過的特例）

○　各所得区分の留意事項等は，次のとおり。

(1) 所得区分①

　所得区分のうち①生活保護の対象は，受診者の属する世帯が生活保護法による生活保護受給世帯（以下「生活保護世帯」という）若しくは中国残留邦人等の円滑な帰国の促進及び永住帰国後の自立の支援に関する法律（平成6年法律第30号）による支援給付受給世帯（以下「支援給付世帯」という）である場合又は生活保護法による要保護世帯若しくは中国残留邦人等の円滑な帰国の促進及び永住帰国後の自立の支援に関する法律による要支援世帯であって，②低所得1の負担上限額を適用としたならば保護又は支援を必要とする状態となる世帯である場合とする。

(2) 所得区分②

　所得区分のうち②低所得1の対象は，受診者の属する「世帯」が市町村民税世帯非課税世帯[*5]であって，受給者に係る次に掲げる収入の合計金額が80万円以下

[*5] 「市町村民税世帯非課税世帯」とは，受診者の属する「世帯」の世帯員（世帯員の具体的な範囲は，自立支援医療費支給認定通則実施要綱（平成18年3月3日障発第0303002号）第5の1による）が自立支援医療を受ける日の属する年度（自立支援医療を受ける日の属する月が4月から6月である場合にあっては，前年度）分の地方税法の規定による市町村民税（同法の規定による特別区民税を含むものとし，同法第328条の規定によって課する所得割を除く。以下同じ）が課されていない者（次に掲げる者を含むものとし，当該市町村民税の賦課期日において同法の施行地に住所を有しない者を除く）である世帯をいう。
・市町村の条例で定めるところにより当該市町村民税を免除された者
・地方税法第292条第1項第11号イ中「夫と死別し，若しくは夫と離婚した後婚姻をしていない者又は夫の生死の明らかでない者で政令で定めるもの」とあるのを「婚姻によらないで母となった女子であって，現に婚姻をしていないもの」と読み替えた場合に同法第295条第1項（第2号に係る部分に限る。以下同じ）の規定により当該市町村民税が課されないこととなる者，又は，同法第292条第1項第12号中「妻と死別し，若しくは妻と離婚した後婚姻をしていない者又は妻の生死の明らかでない者で政令で定めるもの」とあるのを「婚姻によらないで父となった男子であって，現に婚姻をしていないもの」と読み替えた場合に同法第295条第1項の規定により当該市町村民税が課されないこととなる者（当該者に係る非課税の取扱いを「寡婦（夫）控除等のみなし適用（非課税）」という。以下同じ）。なお，「現に婚姻をしていないもの」の「婚姻」には，当該市町村民税の額の算定に係る所得を計算する対象となる年の12月31日時点において，届出をしていないが，事実上婚姻関係と同様の事情にある場合を含むものとする。

である場合であって，かつ，所得区分が①生活保護の対象ではない場合であるものとする。

- 地方税法上の合計所得金額[*6]

（合計所得金額がマイナスとなる者については，0とみなして計算する）
- 所得税法上の公的年金等の収入金額[*7]
- その他厚生労働省令で定める給付[*8]

(3) 所得区分③

所得区分のうち③低所得2の対象は，受診者の属する「世帯」が市町村民税世帯非課税世帯（均等割及び所得割双方が非課税）である場合であって，かつ，所得区分が①生活保護及び②低所得1の対象ではない場合であるものとする。

(4) 所得区分④

所得区分のうち④中間所得層の対象となるのは，受診者の属する「世帯」に属する者の市町村民税額（所得割）の合計が23万5000円未満の場合であって，かつ，所得区分が①生活保護，②低所得1及び③低所得2の対象ではない場合であるものとする。

(注)　「所得割」の額を算定する場合には，次によること。
- 地方税法等の一部を改正する法律（平成22年法律第4号）第1条の規定による改正前の地方税法第292条第1項第8号に規定する扶養親族（16歳未満の者に限る（以下「扶養親族」という））及び同法第314条の2第1項第11号に規定する特定扶養親族（19歳未満の者に限る（以下「特定扶養親族」という））があるときは，同号に規定する額（扶養親族に係るもの及び特定扶養親族に係るもの（扶養親族に係る額に相当するものを除く）に限る）に同法第314条の3第1項に規定する所得割の税率を乗じて得た額を控除するものとする。
- 地方税法第318条に規定する賦課期日において指定都市（地方自治法第252条の19第1項の指定都市をいう。以下同じ）の区域内に住所を有する者であるときは，これらの者を指定都市以外の市町村の区域内に住所を有する者とみなして，所得割の額を算定するものとする。
- 地方税法第292条第1項第11号イ中「夫と死別し，若しくは夫と離婚した後婚姻をしていない者又は夫の生死の明らかでない者で政令で定めるもの」とあるのを「婚姻によらないで母となった女子であって，現に婚姻をしていないもの」と読み替えた場合に同号イに該当する所得割の納税義務者であるとき，又は，同項第12号中「妻と死別し，若しくは妻と離婚した後婚姻をしていない者又は妻の生死の明らかでない者で政令で定めるもの」とあるのを「婚姻によらないで父となった男子であって，現に婚姻をしていないもの」と読み替えた場合に同号に該当する所得割の納税義務者であるときは，同法第314条の2第1項第8号に規定する額（当該者が同法第292条第1項第11号イ中「夫と死別し，若しくは夫と離婚した後婚姻をしていない者又は夫の生死の明らかでない者で政令で定めるもの」と

[*6]　地方税法第292条第1項第13号に規定する合計所得金額をいう。

[*7]　所得税法（昭和40年法律第33号）第35条第2項第1号に規定する公的年金等の収入金額をいう。

[*8]　規則第54条各号に掲げる各給付の合計金額をいう。

あるのを「婚姻によらないで母となった女子であって，現に婚姻をしていないもの」と読み替えた場合に同法第314条の2第3項に該当する者であるときは，同項に規定する額）に同法第314条の3第1項に規定する率を乗じて得た額を控除するものとする（当該控除の取扱いを「寡婦（夫）控除等のみなし適用（控除）」という。以下同じ）。なお，「現に婚姻をしていないもの」の「婚姻」には，当該所得割の額の算定に係る所得を計算する対象となる年の12月31日時点において，届出をしていないが，事実上婚姻関係と同様の事情にある場合を含むものとする。

(5) 所得区分⑤

所得区分のうち⑤一定所得以上の対象となるのは，受診者の属する「世帯」に属する者の市町村民税額（所得割）の合計が23万5000円以上の場合であるものとする。

(6) 所得区分④'中間所得層1

所得区分のうち④'中間所得層1の対象となるのは，④中間所得層の対象のうち，受診者が重度かつ継続に該当し，かつ，受診者の属する「世帯」に属する者の市町村民税額（所得割）の合計が3万3000円未満である場合であるものとする。

(7) 所得区分④"中間所得層2

所得区分のうち④"中間所得層2の対象となるのは，④中間所得層の対象のうち，受診者が重度かつ継続に該当し，かつ，受診者の属する「世帯」に属する者の市町村民税額（所得割）の合計が3万3000円以上23万5000円未満の場合であるものとする。

(8) 所得区分④'中間所得層（育成医療）Ⅰ

所得区分のうち④'中間所得層（育成医療）Ⅰの対象となるのは，④中間所得層の対象のうち，育成医療に係る申請であり，かつ，受診者の属する「世帯」に属する者の市町村民税額（所得割）の合計が3万3000円未満である場合であるものとする。

(9) 所得区分④"中間所得層（育成医療）Ⅱ

所得区分のうち④"中間所得層（育成医療）Ⅱの対象となるのは，④中間所得層の対象のうち，育成医療に係る申請であり，かつ，受診者の属する「世帯」に属する者の市町村民税額（所得割）の合計が3万3000円以上23万5000円未満の場合であるものとする。

(10) 所得区分⑤'

所得区分のうち⑤'一定所得以上（重度かつ継続）の対象となるのは，⑤一定所得以上の対象のうち，受給者が重度かつ継続に該当する場合であるものとする。

○ 負担上限月額は，自立支援医療の種類ごとに設定することとしており，例えば，同時に更生医療と精神通院医療を受ける者が所得区分②であれば，更生医療について毎月2500円を上限として医療費の1割を負担しつつ，精神通院医療についても，別途毎月2500円を上限として医療費の1割を負担することとしている。

これは，①（障害者に対する公費負担医療という側面は共通しているものの）育

成医療,更生医療及び精神通院医療の対象とする医療内容がそれぞれ異なること,及び②仮に負担上限月額を自立支援医療で一本化した場合には,身体障害のための医療と精神障害のための医療を別の医療機関で受診した場合等の事務手続きが煩雑になることが想定されること等による。

なお,自立支援医療費の受給者について,市町村民税額等から設定される負担上限月額に基づき自己負担額を支払うことによって,生活保護が必要とされる場合であって,かつ,より低い負担上限月額が適用されれば生活保護を必要としなくなることが想定される場合については,より低い負担上限月額を適用し,生活保護に移行することを防止することとしている。

また,自立支援医療における食事療養及び生活療養については,医療保険制度における標準負担額と同額を自己負担としているが,①生活保護を受けている者,及び②食事療養又は生活療養に係る自己負担額を0円とすれば生活保護を受ける必要がない者については,自己負担額が0円となるよう自立支援医療費を支給することとしている(「障害者の日常生活及び社会生活を総合的に支援するための法律第58条第3項第2号の厚生労働大臣が定める額」(平成18年厚生労働省告示第156号),「障害者の日常生活及び社会生活を総合的に支援するための法律第58条第3項第3号の厚生労働大臣が定める額」(平成18年厚生労働省告示第571号)参照)。

第4項

高齢者に対する医療等,健康保険の例により医療費の額を算定することが適当でないときには,厚生労働大臣が別に定める方法(「障害者の日常生活及び社会生活を総合的に支援するための法律第58条第4項の規定による自立支援医療に要する費用の額の算定方法及び同法第62条第2項の規定による診療方針」(平成18年厚生労働省告示第157号))により,医療費の額を算定する。

第5項及び第6項

支給認定に係る障害者等が指定自立支援医療機関から指定自立支援医療を受けたときは,自立支援医療費の支給は,市町村等が支給認定を受けた障害者等に支給することとされているが(第1項),当該支給認定障害者等が指定自立支援医療機関に支払うべき自立支援医療に要した費用について,市町村等が当該支給認定障害者等に代わり,自立支援医療費(公費)分を当該指定自立支援医療機関に支払うことができる(いわゆる法定代理受領)。この場合,支給認定障害者等に対し自立支援医療費の支給があったものとみなされる。この規定により,自立支援医療を受けた障害者等は,指定自立支援医療機関の窓口では,自立支援医療制度における自己負担分のみを支払うことになる。

第2編　障害者総合支援法逐条解説

> （指定自立支援医療機関の指定）
> **第59条**　第54条第2項の指定は，厚生労働省令で定めるところにより，病院若しくは診療所（これらに準ずるものとして政令で定めるものを含む。以下同じ。）又は薬局の開設者の申請により，同条第1項の厚生労働省令で定める自立支援医療の種類ごとに行う。
> 2　都道府県知事は，前項の申請があった場合において，次の各号のいずれかに該当するときは，指定自立支援医療機関の指定をしないことができる。
> 　一　当該申請に係る病院若しくは診療所又は薬局が，健康保険法第63条第3項第1号に規定する保険医療機関若しくは保険薬局又は厚生労働省令で定める事業所若しくは施設でないとき。
> 　二　当該申請に係る病院若しくは診療所若しくは薬局又は申請者が，自立支援医療費の支給に関し診療又は調剤の内容の適切さを欠くおそれがあるとして重ねて第63条の規定による指導又は第67条第1項の規定による勧告を受けたものであるとき。
> 　三　申請者が，第67条第3項の規定による命令に従わないものであるとき。
> 　四　前3号のほか，当該申請に係る病院若しくは診療所又は薬局が，指定自立支援医療機関として著しく不適当と認めるものであるとき。
> 3　第36条第3項（第1号から第3号まで及び第7号を除く。）の規定は，指定自立支援医療機関の指定について準用する。この場合において，必要な技術的読替えは，政令で定める。

概要　本条は，自立支援医療を行う指定自立支援医療機関の指定について，規定したものである。

解説　第1項

指定自立支援医療機関の指定は，病院若しくは診療所（これらに準ずるものとして，令第36条で，健康保険法に規定する指定訪問看護事業者，介護保険法に規定する指定居宅サービス事業者（訪問看護を行う者に限る）又は指定介護予防サービス事業者（介護予防訪問看護を行う者に限る）を規定）又は薬局の開設者の申請により，自立支援医療の種類ごと（育成医療，更生医療及び精神通院医療）に行う。

なお，大都市特例に係る規定により，育成医療及び更生医療については，政令指定都市の市長及び中核市の市長まで，精神通院医療については，政令指定都市の市長まで指定に係る権限が委譲されている（地方自治法施行令第174条の32第1項，第174条の49の12第1項，第2項参照）。

申請時提出する申請書の記載事項については，規則第57条及び「指定自立支援医療機関の指定について」（平成18年3月3日障精発第0303005号厚生労働省社会・援護局

障害保健福祉部精神保健福祉課長通知）を参照。

第2項

指定しないことができる場合を列挙したものである。

・第1号　健康保険法の保険医療機関等でないとき。厚生労働省令で定める事業所又は施設は，訪問看護ステーション等（規則第58条）をいう。

・第2号　自立支援医療費の支給に関し診療等の内容の適切さを欠くおそれがあるとして，重ねて都道府県知事の指導（第63条）や勧告（第67条）を受けたものであるとき。

・第3号　申請者が都道府県知事の命令（第67条）に従わないとき。

・第4号　指定自立支援医療機関として著しく不適当と認めるものであるとき。

第3項

指定障害福祉サービス事業者等の指定要件に関して規定する第36条第3項（第1号から第3号まで及び第7号を除く）のうち指定自立支援医療機関にも準用すべき事項について規定したもの。

第36条第3項（令第37条により読み替えたもの）

・第4号　申請者が，禁錮以上の刑に処せられ，その執行を終わり，又は執行を受けることがなくなるまでの者であるとき。

・第5号　申請者が，障害者総合支援法や児童福祉法，医師法，歯科医師法，保健師助産師看護師法，医療法，身体障害者福祉法，精神保健福祉法，生活保護法，医薬品医療機器等法，薬剤師法，再生医療法，難病法，臨床研究法，介護保険法，障害者虐待防止法，国家戦略特別区域法（保育士に係るもの）の規定により罰金の刑に処せられ，その執行を終わり，又は執行を受けることがなくなるまでの者であるとき。

・第5号の2　申請者が，労働基準法，最低賃金法，賃金の支払の確保等に関する法律の規定であって政令で定めるもの（令第22条の2）により罰金の刑に処せられ，その執行を終わり，又は執行を受けることがなくなるまでの者であるとき。

・第6号　申請者が，第68条第1項の規定により指定自立支援医療機関の指定を取り消され，その取消しの日から起算して5年を経過しない者であるとき（第68条第1項の規定による指定自立支援医療機関の指定の取消しの処分に係る聴聞の通知の前60日以内に，当該法人の役員若しくは医療機関の管理者（以下「役員等」という）又は法人でない者の管理者であった者で，当該取消しの日から起算して5年を経過しないものを含む）。

・第8号　申請者が，第68条第1項の規定による指定の取消しの処分に係る行政手続法第15条の規定による通知があった日から当該処分をする日又は処分をしないことを決定する日までの間に令第40条の規定による指定の辞退の申出

- ・第9号及び第10号　申請者が，第68条第1項の規定による指定の取消しの処分に係る聴聞の通知があった日から当該処分をする日又は処分をしないことを決定する日までに，令第40条の規定による指定自立支援医療機関の指定の辞退の申出をした者や，聴聞の通知の前60日以内に当該申出に係る法人の役員等又は法人でない者の管理者であった者で，当該申出の日から起算して5年を経過しないものであるとき（当該指定の辞退について相当の理由がある者は除かれる）。
- ・第11号　申請者が，指定の申請前5年以内に自立支援医療に関し不正又は著しく不当な行為をした者であるとき。
- ・第12号及び第13号　申請者が，法人の役員等や法人でない場合の管理者が，第4号から第6号まで又は第8号から第11号までのいずれかに該当する者であるとき。

（指定の更新）

第60条　第54条第2項の指定は，6年ごとにその更新を受けなければ，その期間の経過によって，その効力を失う。

2　健康保険法第68条第2項の規定は，前項の指定の更新について準用する。この場合において，必要な技術的読替えは，政令で定める。

概要　指定自立支援医療機関の指定の更新について規定したものである。

解説　第1項

指定は，6年ごとに更新を受けなければ，その効力を失う。6年は，健康保険法の保険医療機関の更新期間と同様の期間である。

第2項

健康保険法第68条第2項（保険医療機関又は保険薬局の指定の更新）の規定を準用するもの。指定自立支援医療機関は6年ごとに更新の申請を行い，各都道府県等より指定・更新を受けることとなるが，一定の要件を満たす医療機関（規則第59条参照）についてのみ，特段の申出がなければ自動的に更新の申請があったものとみなされる。

（指定自立支援医療機関の責務）

第61条　指定自立支援医療機関は，厚生労働省令で定めるところにより，良質かつ適切な自立支援医療を行わなければならない。

概要 指定自立支援医療機関の責務について，規定したものである。

解説 指定自立支援医療機関は，厚生労働省令で定めるところにより，良質かつ適切な自立支援医療を行わなければならない。具体的な指針については，「指定自立支援医療機関（育成医療・更生医療）療養担当規程」（平成18年2月28日厚生労働省告示第65号），「指定自立支援医療機関（精神通院医療）療養担当規程」（平成18年2月28日厚生労働省告示第66号）を参照。

（診療方針）

第62条 指定自立支援医療機関の診療方針は，健康保険の診療方針の例による。

2 前項に規定する診療方針によることができないとき，及びこれによることを適当としないときの診療方針は，厚生労働大臣が定めるところによる。

概要 指定自立支援医療機関の診療方針について，規定したものである。

解説 指定自立支援医療機関の診療方針は，健康保険の診療方針の例によるものとし，それができないとき等（高齢者医療の場合等）についての診療方針は，厚生労働大臣が定めるところによる（「障害者の日常生活及び社会生活を総合的に支援するための法律第58条第4項の規定による自立支援医療に要する費用の額の算定方法及び同法第62条第2項の規定による診療方針」（平成18年3月28日厚生労働省告示第157号）を参照）。

（都道府県知事の指導）

第63条 指定自立支援医療機関は，自立支援医療の実施に関し，都道府県知事の指導を受けなければならない。

概要 指定自立支援医療機関は自立支援医療の実施に関し，都道府県知事の指導を受けなければならない旨規定したものである。

解説 指定自立支援医療機関は，自立支援医療の実施に関し，都道府県知事の指導を受けなければならない。重ねて指導を受けた場合には，第68条第1項第1号の規定により指定の取消し要件に該当し，指定が取り消される等の場合がある。

（変更の届出）

第64条 指定自立支援医療機関は，当該指定に係る医療機関の名称及び所在地その他厚生労働省令で定める事項に変更があったときは，厚生労働省令で定めるところにより，その旨を都道府県知事に届け出なければならない。

概要 指定自立支援医療機関が，申請事項等に変更があった場合に変更の届出を行わなければならない旨規定したものである。

解説 指定自立支援医療機関は，医療機関の名称及び所在地等に変更があったときは，その旨を都道府県知事に届け出なければならない。変更の届出を行うべき事項及び変更の届出の手続きについては，規則第61条から第63条まで及び「指定自立支援医療機関の指定について」（平成18年3月3日障精発第0303005号厚生労働省社会・援護局障害保健福祉部精神保健福祉課長通知）を参照。

（指定の辞退）

第65条 指定自立支援医療機関は，1月以上の予告期間を設けて，その指定を辞退することができる。

概要 指定自立支援医療機関が指定を受けた後，辞退できる旨規定したものである。

解説 指定自立支援医療機関は，1月以上の予告期間を設けて，その指定を辞退することができる。当該自立支援医療機関に入院している患者がいること等を考慮し，1月前の予告を要件としている。なお，1月前としたのは，障害者自立支援法制定前の身体障害者福祉法の指定医療機関と同様の期間を設定したものである。

（報告等）

第66条 都道府県知事は，自立支援医療の実施に関して必要があると認めるときは，指定自立支援医療機関若しくは指定自立支援医療機関の開設者若しくは管理者，医師，薬剤師その他の従業者であった者（以下この項において「開設者であった者等」という。）に対し報告若しくは診療録，帳簿書類その他の物件の提出若しくは提示を命じ，指定自立支援医療機関の開設者若しくは管理者，医師，薬剤師その他の従業者（開設者であった者等を含む。）に対し出頭を求め，又は当該職員に関係者に対して質問させ，若しくは指定自立支援医療機関について設備若しくは診療録，帳簿書類その他の物件を検査させることができる。

2　第9条第2項の規定は前項の規定による質問又は検査について，同条第3項の規定は前項の規定による権限について準用する。

3　指定自立支援医療機関が，正当な理由がなく，第1項の規定による報告若しくは提出若しくは提示をせず，若しくは虚偽の報告をし，又は同項の規定による検査を拒み，妨げ，若しくは忌避したときは，都道府県知事は，当該指定自立支援医療機関に対する市町村等の自立支援医療費の支払を一時差し止めることを指示し，又は差し止めることができる。

概要 都道府県知事は，職権で指定自立支援医療機関やその開設者であった者等に対し，報告等を命じることができる旨規定したものである。

解説

第1項

都道府県知事は，自立支援医療の実施に関して必要があると認めるときは，指定自立支援医療機関や指定自立支援医療機関の開設者であった者等に対し報告等を命じ，指定自立支援医療機関の開設者等に対し出頭を求め，又は指定自立支援医療機関について設備若しくは診療録，帳簿書類その他の物件を検査させることができる。

第2項

第1項に基づいて行う報告・検査等について，自立支援給付に関する第9条の規定を準用するもの。

第3項

指定自立支援医療機関が，正当な理由がなく，報告等に応じない等の場合には，都道府県知事は，指定自立支援医療機関に対する市町村等の自立支援医療費の支払を一時差し止めることを指示し，又は差し止めることができる。

（勧告，命令等）

第67条 都道府県知事は，指定自立支援医療機関が，第61条又は第62条の規定に従って良質かつ適切な自立支援医療を行っていないと認めるときは，当該指定自立支援医療機関の開設者に対し，期限を定めて，第61条又は第62条の規定を遵守すべきことを勧告することができる。

2 都道府県知事は，前項の規定による勧告をした場合において，その勧告を受けた指定自立支援医療機関の開設者が，同項の期限内にこれに従わなかったときは，その旨を公表することができる。

3 都道府県知事は，第1項の規定による勧告を受けた指定自立支援医療機関の開設者が，正当な理由がなくてその勧告に係る措置をとらなかったときは，当該指定自立支援医療機関の開設者に対し，期限を定めて，その勧告に係る措置をとるべきことを命ずることができる。

4 都道府県知事は，前項の規定による命令をしたときは，その旨を公示しなければならない。

5 市町村は，指定自立支援医療を行った指定自立支援医療機関の開設者について，第61条又は第62条の規定に従って良質かつ適切な自立支援医療を行っていないと認めるときは，その旨を当該指定に係る医療機関の所在地の都道府県知事に通知しなければならない。

概要　指定自立支援医療機関が，第62条に規定する診療方針に反し，良質かつ適切な自立支援医療を行っていないと認めるときは，指定障害福祉サービス事業者と同様に，勧告や命令を行うことができること等を定めるものである。

（指定の取消し等）
第68条　都道府県知事は，次の各号のいずれかに該当する場合においては，当該指定自立支援医療機関に係る第54条第2項の指定を取り消し，又は期間を定めてその指定の全部若しくは一部の効力を停止することができる。
一　指定自立支援医療機関が，第59条第2項各号のいずれかに該当するに至ったとき。
二　指定自立支援医療機関が，第59条第3項の規定により準用する第36条第3項第4号から第5号の2まで，第12号又は第13号のいずれかに該当するに至ったとき。
三　指定自立支援医療機関が，第61条又は第62条の規定に違反したとき。
四　自立支援医療費の請求に関し不正があったとき。
五　指定自立支援医療機関が，第66条第1項の規定により報告若しくは診療録，帳簿書類その他の物件の提出若しくは提示を命ぜられてこれに従わず，又は虚偽の報告をしたとき。
六　指定自立支援医療機関の開設者又は従業者が，第66条第1項の規定により出頭を求められてこれに応ぜず，同項の規定による質問に対して答弁せず，若しくは虚偽の答弁をし，又は同項の規定による検査を拒み，妨げ，若しくは忌避したとき。ただし，当該指定自立支援医療機関の従業者がその行為をした場合において，その行為を防止するため，当該指定自立支援医療機関の開設者が相当の注意及び監督を尽くしたときを除く。
2　第50条第1項第8号から第12号まで及び第2項の規定は，前項の指定自立支援医療機関の指定の取消し又は効力の停止について準用する。この場合において，必要な技術的読替えは，政令で定める。

概要　都道府県知事による指定自立支援医療機関の取消し等について定めるものである。

解説　指定自立支援医療機関の取消し等の要件は，指定の非該当要件に該当する場合，指定自立支援医療機関が診療方針等に違反したとき，自立支援医療費の請求に関し不正があったとき，第66条第1項に規定する報告命令等に従わなかったときのほか，指定障害福祉サービス事業者の指定取消し要件の一部（第50条第1項第8号から第12号まで及び第2項の規定）を準用している。指定自立支援医療機関の指定の取消し又は効

力の停止に関する読替えについては，令第41条に規定がある。

> （公示）
> 第69条　都道府県知事は，次に掲げる場合には，その旨を公示しなければならない。
> 一　第54条第2項の指定自立支援医療機関の指定をしたとき。
> 二　第64条の規定による届出（同条の厚生労働省令で定める事項の変更に係るものを除く。）があったとき。
> 三　第65条の規定による指定自立支援医療機関の指定の辞退があったとき。
> 四　前条の規定により指定自立支援医療機関の指定を取り消したとき。

概要　都道府県知事は，指定自立支援医療機関について，指定をしたとき，変更の届出があったとき，指定の辞退があったとき，指定を取り消したときに，その旨公示しなければならない旨規定したものである。

> （療養介護医療費の支給）
> 第70条　市町村は，介護給付費（療養介護に係るものに限る。）に係る支給決定を受けた障害者が，支給決定の有効期間内において，指定障害福祉サービス事業者等から当該指定に係る療養介護医療を受けたときは，厚生労働省令で定めるところにより，当該支給決定に係る障害者に対し，当該療養介護医療に要した費用について，療養介護医療費を支給する。
> 2　第58条第3項から第6項までの規定は，療養介護医療費について準用する。この場合において，必要な技術的読替えは，政令で定める。

概要　療養介護医療費の支給について定めるものである。

解説　＜療養介護医療費＞

療養介護とは，医療を要する障害者であって常時介護を要するものにつき，主として昼間において，病院において行われる機能訓練，療養上の管理，看護，医学的管理の下における介護及び日常生活上の世話の供与をいい，このうち，医療に係るものを療養介護医療という（第5条第6項）。

療養介護のうち福祉サービスに要する費用については，ほかの障害福祉サービスと同様，介護給付費又は特例介護給付費が支給されるが，療養介護医療については，療養介護医療費が支給される。これは，療養介護医療に要する費用については，自立支援医療と同様，健康保険の対象となる医療費であることから，介護給付費等とは異なる給付費としているものである。

療養介護医療費の額については，自立支援医療費の額を定める規定（第58条第3項）が準用されている。具体的には，次のアからウまでに掲げる額の合計額としている。

ア　指定療養介護医療（食事療養及び生活療養を除く）について，健康保険の療養に要する費用の額の算定方法の例により算定した額から，支給決定障害者等の家計の負担能力，障害の状態その他の事情をしん酌して政令で定める額（当該政令で定める額が当該算定した額の100分の10に相当する額を超えるときは，当該相当する額）を控除して得た額

イ　食事療養について健康保険の療養に要する費用の額の算定方法の例により算定した額から，食事療養標準負担額（健康保険法第85条第2項）等を勘案して厚生労働大臣が定める額を控除した額

ウ　生活療養について健康保険の療養に要する費用の額の算定方法の例により算定した額から，生活療養標準負担額（健康保険法第85条の2第2項）等を勘案して厚生労働大臣が定める額を控除した額

＜負担上限月額＞

療養介護医療に係る負担上限月額は，以下のとおりである（令第42条の4第1項）。

ア　市町村民税世帯課税者：4万200円

イ　市町村民税世帯非課税者（ウに掲げる者を除く）（低所得2）：2万4600円

ウ　市町村民税世帯非課税者のうち，支給決定障害者等の年収が80万円以下であるもの（低所得1）：1万5000円

エ　生活保護受給者：0円

他方，療養介護のうち福祉サービスに係る負担上限月額については，ほかの障害福祉サービスと同様，上記アからエまでの区分に応じて，3万7200円，2万4600円，1万5000円，0円としている。

＜負担軽減措置＞

このように，療養介護については，福祉部分に係る負担上限月額と療養介護医療に係る負担上限月額というように，上限額が二つ存在しているが，家計に与える影響に配慮し，それぞれ上限額を引き下げる措置を講じている。引き下げは，療養介護が入院サービスである関係から，施設入所者と同様，20歳未満の者（障害者の保護者が利用料を負担）と20歳を超える者（障害者本人が利用料を負担）とで負担軽減措置の内容を異にしている。

なお，ほかの障害福祉サービスと同様，負担を行うことにより生活保護受給者になることがないよう，要保護状態にならなくなるまで負担上限月額を引き下げる措置（生保減免措置）を講じている。

① 20歳未満の者に係る負担軽減措置

20歳未満の者（18，19歳の者）については，未成年であることを踏まえ，家庭の負担に配慮した軽減を行っている。具体的には，次のアからウまでに掲げる額の合計額が，家計における1人当たりの平均的な支出額として厚生労働大臣が定める額を上回る場合に，療養介護医療に係る負担上限月額を引き下げることとし，その額

は，当該厚生労働大臣が定める額から次のア及びウに掲げる額の合計額を控除した額としている（令第42条の4第2項，規則第64条の4）。

ア　療養介護（福祉部分）に係る負担額
イ　療養介護医療に係る負担額及び食事療養標準負担額
ウ　食事及び居住に要する費用以外のその他日常生活に要する費用の額（その他生活費）

　この「厚生労働大臣が定める額」は，生活保護受給者，市町村民税世帯非課税者（低所得1，低所得2）又は市町村民税世帯課税者（市町村民税の所得割の額が年間28万円未満であるものに限る）の場合には5万円，市町村民税世帯課税者（市町村民税の所得割の額が年間28万円以上であるものに限る）の場合には7万9000円としている（障害者の日常生活及び社会生活を総合的に支援するための法律施行令第42条の4第2項の規定に基づき家計における1人当たりの平均的な支出額として厚生労働大臣が定める額（平成19年厚生労働省告示第134号））。

　ウの「食事及び居住に要する費用以外のその他日常生活に要する費用の額」（その他生活費）は，2万5000円としている（障害者の日常生活及び社会生活を総合的に支援するための法律施行令第42条の4第2項第3号の規定に基づき食事及び居住に要する費用以外のその他日常生活に要する費用の額として厚生労働大臣が定める額（平成18年厚生労働省告示第534号））。

② 20歳以上の者に係る負担軽減措置

　20歳以上の者については，本人が利用料の負担を行うこととなるが，障害者の場合，資産が少なく，負担能力の低い者がいることを踏まえ，個別の収入に応じて（福祉サービス及び療養介護医療に係る）負担上限月額を引き下げる措置を講じている。その際，負担を行ってもなお2万5000円（障害基礎年金1級受給者，60歳以上65歳未満の者，65歳以上で療養介護利用者の場合には2万8000円）がその他生活費として手元に残るようにしている。

　負担上限月額の引き下げは，月収（認定月収額）が，療養介護（福祉部分）に係る負担額，食事療養標準負担額，生活療養標準負担額並びに食事及び居住に要する費用以外のその他日常生活に要する費用の額（その他生活費）の合計額を下回る場合には，ア）療養介護医療に係る負担上限月額は，0円，イ）療養介護（福祉部分）に係る負担上限月額は，月収から，食事療養標準負担額，生活療養標準負担額及びその他生活費を除いた額としている。

　他方，月収が，療養介護（福祉部分）に係る負担額，食事療養標準負担額，生活療養標準負担額及びその他生活費の合計額を上回る場合には，療養介護医療に係る負担上限月額のみが引き下げの対象となり，その額は，月収と，療養介護（福祉部分）に係る負担額，食事療養標準負担額，生活療養標準負担額及びその他生活費の合計額との差額としている（規則附則第11条の2）。

(基準該当療養介護医療費の支給)

第71条 市町村は，特例介護給付費（療養介護に係るものに限る。）に係る支給決定を受けた障害者が，基準該当事業所又は基準該当施設から当該療養介護医療（以下「基準該当療養介護医療」という。）を受けたときは，厚生労働省令で定めるところにより，当該支給決定に係る障害者に対し，当該基準該当療養介護医療に要した費用について，基準該当療養介護医療費を支給する。

2 第58条第3項及び第4項の規定は，基準該当療養介護医療費について準用する。この場合において，必要な技術的読替えは，政令で定める。

概要 基準該当療養介護医療費の支給について定めるものである。

解説 市町村は，療養介護に係る特例介護給付費（第30条）の支給決定を受けた障害者が，基準該当事業所又は基準該当施設から基準該当療養介護医療を受けたときは，当該障害者に対して，当該基準該当療養介護医療に要した費用について，基準該当療養介護医療費を支給することとしている。

また，基準該当療養介護医療費の額については，療養介護医療費と同様，自立支援医療費の額を定める規定（第58条第3項及び第4項）が準用されている。

(準用)

第72条 第61条及び第62条の規定は，療養介護医療を行う指定障害福祉サービス事業者等又は基準該当療養介護医療を行う基準該当事業所若しくは基準該当施設について準用する。

概要 療養介護医療を行う指定障害福祉サービス事業者等又は基準該当療養介護医療を行う基準該当障害福祉サービス事業所について，指定自立支援医療機関の責務や診療方針に関する規定（第61条及び第62条）を準用する旨，規定したものである。

(自立支援医療費等の審査及び支払)

第73条 都道府県知事は，指定自立支援医療機関，療養介護医療を行う指定障害福祉サービス事業者等又は基準該当療養介護医療を行う基準該当事業所若しくは基準該当施設（以下この条において「公費負担医療機関」という。）の診療内容並びに自立支援医療費，療養介護医療費及び基準該当療養介護医療費（以下この条及び第75条において「自立支援医療費等」という。）の請求を随時審査し，かつ，公

費負担医療機関が第58条第5項（第70条第2項において準用する場合を含む。）の規定によって請求することができる自立支援医療費等の額を決定することができる。
2　公費負担医療機関は，都道府県知事が行う前項の決定に従わなければならない。
3　都道府県知事は，第1項の規定により公費負担医療機関が請求することができる自立支援医療費等の額を決定するに当たっては，社会保険診療報酬支払基金法（昭和23年法律第129号）に定める審査委員会，国民健康保険法に定める国民健康保険診療報酬審査委員会その他政令で定める医療に関する審査機関の意見を聴かなければならない。
4　市町村等は，公費負担医療機関に対する自立支援医療費等の支払に関する事務を社会保険診療報酬支払基金，連合会その他厚生労働省令で定める者に委託することができる。
5　前各項に定めるもののほか，自立支援医療費等の請求に関し必要な事項は，厚生労働省令で定める。
6　第1項の規定による自立支援医療費等の額の決定については，審査請求をすることができない。

概要　自立支援医療費等の審査及び支払について規定したものである。

解説

第1項

指定自立支援医療機関からの報酬請求に際しては，都道府県知事は，健康保険の療養の額の算定方法の例に従い，その自立支援医療費等の額を決定する。

第3項

自立支援医療費等の額の決定に際しては，社会保険診療報酬支払基金法に定める審査委員会，国民健康保険法に定める国民健康保険診療報酬審査委員会その他の政令で定める医療に関する審査機関の意見を聴かなければならない。

政令で定める医療に関する審査委員会については，令第43条で，社会保険診療報酬支払基金法に規定する特別審査委員会，国民健康保険法第45条第6項に規定する厚生労働大臣が指定する法人（社団法人国民健康保険中央会）に設置される診療報酬の審査に関する組織及び介護保険法に規定する介護給付費審査委員会を規定している。

第4項

市町村等は，公費負担医療機関に対する自立支援医療費等の支払に関する事務を社会保険診療報酬支払基金，国民健康保険団体連合会その他厚生労働省令で定める者（社団法人国民健康保険中央会）に委託することができる。

第5項

本条に定めるもののほか,自立支援医療費等の請求に関し必要な事項は,規則第65条に規定されている。規則第65条では,市町村等が第1項の規定に基づき医療費の審査を行うこととしている場合には,指定自立支援医療機関の診療報酬の請求及び当該指定自立支援医療機関からの請求に基づき市町村等が診療報酬を支払う際,社会保険診療報酬支払基金法に定める特別審査委員会等の意見を聴かなければならない旨規定している。

第6項

自立支援医療費等の額の決定については,審査請求をすることができない。

（都道府県による援助等）

第74条 市町村は,支給認定又は自立支援医療費を支給しない旨の認定を行うに当たって必要があると認めるときは,厚生労働省令で定めるところにより,身体障害者更生相談所その他厚生労働省令で定める機関の意見を聴くことができる。

2 都道府県は,市町村の求めに応じ,市町村が行うこの節の規定による業務に関し,その設置する身体障害者更生相談所その他厚生労働省令で定める機関による技術的事項についての協力その他市町村に対する必要な援助を行うものとする。

概要 市町村は,支給認定を行うに当たって必要があると認めるときは,身体障害者更生相談所等に意見を聴くことができ,都道府県は,市町村の求めに応じ,市町村が行う自立支援医療費の支給に関する業務に関し,身体障害者更生相談所等の機関による技術的事項についての協力等必要な援助を行う旨規定したものである。

解説 本条第2項に規定するその他厚生労働省令で定める機関は,規則第65条の2で,知的障害者更生相談所及び児童相談所を規定している。

（政令への委任）

第75条 この節に定めるもののほか,支給認定,医療受給者証,支給認定の変更の認定及び支給認定の取消しその他自立支援医療費等に関し必要な事項は,政令で定める。

概要 本法に定めるもののほか,自立支援医療費等に関し必要な事項については,政令へ委任する旨規定したものである。

第5節　補装具費の支給(第76条)

> **第76条**　市町村は，障害者又は障害児の保護者から申請があった場合において，当該申請に係る障害者等の障害の状態からみて，当該障害者等が補装具の購入，借受け又は修理（以下この条及び次条において「購入等」という。）を必要とする者であると認めるとき（補装具の借受けにあっては，補装具の借受けによることが適当である場合として厚生労働省令で定める場合に限る。）は，当該障害者又は障害児の保護者（以下この条において「補装具費支給対象障害者等」という。）に対し，当該補装具の購入等に要した費用について，補装具費を支給する。ただし，当該申請に係る障害者等又はその属する世帯の他の世帯員のうち政令で定める者の所得が政令で定める基準以上であるときは，この限りでない。
>
> 2　補装具費の額は，1月につき，同一の月に購入等をした補装具について，補装具の購入等に通常要する費用の額を勘案して厚生労働大臣が定める基準により算定した費用の額（その額が現に当該補装具の購入等に要した費用の額を超えるときは，当該現に補装具の購入等に要した費用の額。以下この項において「基準額」という。）を合計した額から，当該補装具費支給対象障害者等の家計の負担能力その他の事情をしん酌して政令で定める額（当該政令で定める額が基準額を合計した額の100分の10に相当する額を超えるときは，当該相当する額）を控除して得た額とする。
>
> 3　市町村は，補装具費の支給に当たって必要があると認めるときは，厚生労働省令で定めるところにより，身体障害者更生相談所その他厚生労働省令で定める機関の意見を聴くことができる。
>
> 4　第19条第2項から第5項までの規定は，補装具費の支給に係る市町村の認定について準用する。この場合において，必要な技術的読替えは，政令で定める。
>
> 5　厚生労働大臣は，第2項の規定により厚生労働大臣の定める基準を適正なものとするため，必要な調査を行うことができる。
>
> 6　前各項に定めるもののほか，補装具費の支給に関し必要な事項は，厚生労働省令で定める。

概要　補装具費の支給に関する規定を定めるものである。

解説　○　障害者自立支援法の施行前は，補装具は，市町村から補装具製作業者に製作（修理）を委託し，その製作・修理に要する費用を市町村が支払っていたが，この仕組みの場合，補装具の利用者と補装具制作業者との関係が明確ではないとの指摘があった。

○ そこで，障害者自立支援法及び障害者総合支援法では，補装具の購入等に係る当事者間の契約制を導入することにより，利用者と事業者との対等な関係によりサービスが受けられるような仕組みとしている。

○ この仕組みは，利用者から申請があった場合に，実施主体である市町村が個別に判断し，補装具の購入等が必要と認められたときは，その費用の一部を補装具費として利用者に支給するものである。

※ 利用者の費用負担が一時的に大きくならないよう，利用者が代理受領の委任をしている補装具業者へ利用者の自己負担分を除いた額を市町村が直接支払う代理受領方式も可能としている。

○ 利用者負担については，所得に応じて一定の負担上限月額を設定している。

○ なお，補装具については，購入を原則としつつ，平成30年4月1日からは，以下の場合に限り，借受けによることも可能とした。

① 身体の成長に伴い，短期間で補装具等の交換が必要であると認められる場合
② 障害の進行により，補装具の短期間の利用が想定される場合
③ 補装具等の購入に先立ち，複数の補装具等の比較検討が必要であると認められる場合

※ 必ずしも借受けを優先するものではない。

第1項

○ 補装具費の支給については，障害福祉サービスに係る介護給付費等や自立支援医療費等と別に，障害者又は障害児の保護者が市町村に申請を行う。

市町村は，申請に係る障害者等の障害の状態からみて必要と認める場合に，補装具費の支給を行うが，障害者等本人又は世帯（対象とする範囲は政令で定める）の市町村民税の所得割の額が46万円以上の者については支給対象としない。

<政令で定める範囲について>

○ 政令で定める範囲については，障害者等の属する世帯の他の世帯員（障害者である場合にあっては，その配偶者に限る）とする（令第43条の2）。

障害者とその配偶者を一体のものとしているのは，民法上も，配偶者については，ほかの親族とは異なり，扶助義務が課せられており，生活が一体であるべき者として取り扱われているため，これについても，生計を別としていると取り扱うことは適当ではないと考えられるためである。また，障害者の親からの自立意識が強いこと等を踏まえて，このような取扱いを設けた趣旨を踏まえ，障害児の保護者については，当該取扱いは認めないこととする。

<所得割46万円以上を支給の対象外とした理由>

○ 平成15年度国民生活基礎調査における上位所得10％に相当する額が年収約1200万円であった。

○ これを，同一世帯に障害者が1人いる3人世帯として，地方税法に規定する所得割に換算し，所得割46万円としたものである。

第2項

○ 補装具費の額は、1月につき、購入等に通常要する費用の額を勘案して厚生労働大臣が定めた基準（現に要した費用の額が当該基準額以下の場合には、当該現に要した費用の額）から補装具費支給対象障害者等の家計の負担能力その他の事情をしん酌して政令で定める額（当該政令で定める額が上記基準額の100分の10に相当する額を超えるときは、当該相当する額）とする。

○ 補装具費支給対象障害者等の家計の負担能力その他の事情をしん酌して政令で定める額は、市町村民税世帯非課税者・生活保護受給者については0円であり、それ以外の者については3万7200円とする（令第43条の3）。

○ また、補装具に関する負担をしたならば生活保護の対象となるが、負担額を減免すれば、生活保護の対象とならないものについては、生活保護の対象とならなくなるまで軽減を行う（規則第65条の4）。

＜大臣が定める基準等について＞

○ 補装具を個別給付として位置づけるに当たって、個別の障害者に対する身体機能の補完等、定義を明確化した。具体的には、以下の三つの要件をすべて満たすものとする（規則第6条の20）。

① 障害者等の身体機能を補完し、又は代替し、かつ、その身体への適合を図るように製作されたものであること。

② 障害者等の身体に装着することにより、その日常生活において又は就労若しくは就学のために、同一の製品につき長期間にわたり継続して使用されるものであること。

③ 医師等による専門的な知識に基づく意見又は診断に基づき使用されることが必要とされるものであること。

（参考）

※日常生活用具給付等事業

　補装具とは異なり、その個別性に着目するのではなく、むしろ、障害者等が必要なものとして、幅広く利用できる用具を想定している。このような考え方から、国が一定の要件を示したうえで、具体的な品目や、対象者については、地域の実情に合わせて柔軟な取り扱いができる地域生活支援事業として実施することとした。

○ 補装具費に関する基準については、「補装具の種目、購入等に要する費用の額の算定等に関する基準」（平成18年厚生労働省告示第528号）にその品目及び基準額が規定されている。

第3項

市町村が補装具費の支給を行う際の身体障害者更生相談所等への意見聴取規定である。

市町村は、身体障害者更生相談所のほか、指定自立支援医療機関（精神通院医療に

係るものを除く），保健所に意見を聴くことができる（規則第65条の8第1項）。
　また，身体障害者更生相談所等は，市町村に意見を述べるほか，補装具の販売事業者，貸付け事業者又は修理事業者に対し，必要な助言及び指導を行うことができる（規則第65条の8第2項）。

第4項
　補装具費の支給認定を行う市町村については，介護給付費等と同様，原則として申請者の居住地の市町村で行い，障害者支援施設等へ入所している障害者については，施設入所前の市町村とする等の取扱い（介護給付費等と同様，居住地特例を適用する）とする。

第5項
　補装具費の費用額の基準（基準額）を適正なものとするため，厚生労働大臣が調査できる旨の規定である。

第6節　高額障害福祉サービス等給付費の支給
（第76条の2）

> **第76条の2**　市町村は，次に掲げる者が受けた障害福祉サービス及び介護保険法第24条第2項に規定する介護給付等対象サービスのうち政令で定めるもの並びに補装具の購入等に要した費用の合計額（それぞれ厚生労働大臣が定める基準により算定した費用の額（その額が現に要した費用の額を超えるときは，当該現に要した額）の合計額を限度とする。）から当該費用につき支給された介護給付費等及び同法第20条に規定する介護給付等のうち政令で定めるもの並びに補装具費の合計額を控除して得た額が，著しく高額であるときは，当該者に対し，高額障害福祉サービス等給付費を支給する。
> 一　支給決定障害者等
> 二　65歳に達する前に長期間にわたり障害福祉サービス（介護保険法第24条第2項に規定する介護給付等対象サービスに相当するものとして政令で定めるものに限る。）に係る支給決定を受けていた障害者であって，同項に規定する介護給付等対象サービス（障害福祉サービスに相当するものとして政令で定めるものに限る。）を受けているもの（支給決定を受けていない者に限る。）のうち，当該障害者の所得の状況及び障害の程度その他の事情を勘案して政令で定めるもの
> 2　前項に定めるもののほか，高額障害福祉サービス等給付費の支給要件，支給額その他高額障害福祉サービス等給付費の支給に関し必要な事項は，障害福祉サービス及び補装具の購入等に要する費用の負担の家計に与える影響を考慮して，政令で定める。

概要　高額障害福祉サービス等給付費の支給に関する規定を定めるものである。

解説　障害者総合支援法では，同一の世帯に支給決定障害者等が複数いる場合等，支給決定障害者等（令第43条の4第5項各号に掲げる要件のいずれにも該当する者を除く）の属する世帯でのサービス利用に係る負担額が著しく高額であるときは，市町村は，当該支給決定障害者等に対して，高額障害福祉サービス等給付費を支給することとされている。これは，サービス利用に係る負担額について，支給決定障害者等本人のみならず，その属する世帯全体への影響に配慮して設けられたものであり，介護保険制度等ほかの社会保障制度とも共通する仕組みである。高額障害福祉サービス等給付費の支給の対象となるサービス及び費用，支給要件並びに支給額については，政令に定められている。その概要は以下のとおりである。

＜高額障害福祉サービス等給付費の対象となるサービス及び介護給付費等（令第43条の４）＞

高額障害福祉サービス等給付費は，支給決定障害者等の属する世帯について，

① その世帯員が，障害福祉サービス（第５条第１項）を利用する場合
② その世帯員が，障害福祉サービスとともに，介護保険法における居宅サービス等（同法第51条に規定する居宅サービス，地域密着型サービス及び施設サービス並びに同法第61条に規定する介護予防サービス及び地域密着型介護予防サービス（いずれもこれらに相当するサービスを含む）をいう）を利用する場合
③ その世帯員が，補装具の購入等をした場合

に支給される。

※ 世帯員が，介護保険法における居宅サービス等のみを利用する場合には，対象とならないことに留意。

また，高額障害福祉サービス等給付費は，上記のサービスに要する費用から，これらのサービス利用に対して支給された介護給付費等（第19条第１項）及び介護保険法における介護サービス費等（同法第51条に規定する居宅介護サービス費，特例居宅介護サービス費，地域密着型介護サービス費，特例地域密着型介護サービス費，施設介護サービス費，特例施設介護サービス費及び高額介護サービス費並びに同法第61条に規定する介護予防サービス費，特例介護予防サービス費，地域密着型介護予防サービス費，特例地域密着型介護予防サービス費及び高額介護予防サービス費をいう）並びに補装具費の合計額を除いた額に対して支給される。

＜支給要件（令第43条の５第１項から第５項まで及び第43条の６）＞

① 高額障害福祉サービス等給付費は，次のアからオまでに掲げる額を合算した額（利用者負担世帯合算額）が一定の限度額（高額障害福祉サービス等給付費算定基準額）を超える場合に支給される（令第43条の５第１項から第５項まで）。

　ア　同一の世帯に属する支給決定障害者等が同一の月に利用した障害福祉サービスに係る負担額を合計した額
　イ　同一の世帯に属する補装具費支給対象障害者等が同一の月に購入等をした補装具に係る負担額を合計した額
　ウ　同一の世帯に属する支給決定障害者等が同一の月に利用した介護保険法における居宅サービス等に係る負担額を合計した額
　エ　同一の世帯に属する通所給付決定保護者（児童福祉法第６条の２第８項に規定する通所給付決定保護者をいう）が同一の月に利用した児童福祉法における障害児通所支援に係る負担額を合計した額
　オ　同一の世帯に属する入所給付決定保護者（児童福祉法第24条の３第６項に規定する入所給付決定保護者をいう）が同一の月に利用した児童福祉法における指定入所支援に係る負担額を合計した額

② また，高額障害福祉サービス等給付費算定基準額は，負担上限月額が０円の者は０円であり，それ以外の者については３万7200円とされている（令第43条の６）。

＜支給額（令第43条の5第1項から第5項まで）＞

高額障害福祉サービス等給付費は，(2)に掲げる支給要件を満たす世帯について，当該世帯に属する（個々の）支給決定障害者等に対して月ごとに支給される。具体的には，支給決定障害者等の属する世帯におけるサービス利用に係る負担額の合計（利用者負担世帯合算額）から，限度額（高額障害福祉サービス等給付費算定基準額）を控除した額を，個々の支給決定障害者等に係る負担額（支給決定障害者等利用者負担合算額）に応じて按分した額が支給される。

○高額障害福祉サービス等給付費の算定式
- 高額障害福祉サービス等給付費＝（利用者負担世帯合算額－高額障害福祉サービス等給付費算定基準額）×支給決定障害者等按分率
- 支給決定障害者等按分率＝支給決定障害者等利用者負担合算額／利用者負担世帯合算額

＜高額障害福祉サービス等給付費の支給の特例（令第43条の5第2項及び第3項）＞

① 限度額（高額障害福祉サービス等給付費算定基準額）が0円となる者であって，その属する世帯の支給決定障害者等が同一の月に利用した介護保険法における居宅サービス等に係る負担額を合計した額が当該限度額を超えることとなるときは，介護保険法における居宅サービス等に係る負担額の合計額を0円まで引き下げて，高

図2－8　高額障害福祉サービス等給付費等について

【基本的な仕組み】
- 高額障害福祉サービス等給付費，高額障害児通所給付費及び高額障害児入所給付費（以下「高額費」と総称する。）の利用者負担世帯合算額の合算対象に補装具に係る利用者負担を新たに加える。
- 高額費算定基準額は，従来と同様，市町村民税課税世帯は37,200円，それ以外は0円とする。

【具体例】
○ 前提
　父親A，母親B（障害者），息子C（障害児）の3人家族で，Cが障害児通所支援を利用（Aが通所給付決定保護者）し，Bが障害福祉サービス及び補装具を利用（Bが支給決定障害者等及び補装具費支給対象障害者等）する場合であって，世帯の高額費算定基準額Xが37,200円である場合

○ 合算の仕組み
　高額費は，利用者負担世帯合算額と高額費算定基準額の差額を支給対象とする。

　　　改正後の利用者負担世帯合算額Y　80,000円（①＋②＋③）

| ①障害児通所支援に係る利用者負担　30,000円 | ②障害福祉サービスに係る利用者負担　20,000円 | ③補装具に係る利用者負担　30,000円 |

　　　改正前の利用者負担世帯合算額Z　50,000円（①＋②）

→　この事例における改正後の高額費支給対象額は42,800円（Y－X）（改正前は12,800円（Z－X））

○ 支給額
　A又はBに対する支給額は，高額費支給対象額を通所給付決定保護者按分率，支給決定障害者等按分率（A，Bに係る利用者負担を利用者負担世帯合算額でそれぞれ除して得た率）で按分した額とする。
　Aに支給される高額障害児通所給付費　　　　　42,800円 × ① ／ Y ＝ 16,050円
　Bに支給される高額障害福祉サービス等給付費　42,800円 ×（②＋③）／ Y ＝ 26,750円

※一人の障害児の保護者が障害福祉サービス，障害児通所支援又は指定入所支援のうちいずれか2つ以上のサービスを利用する場合，その負担上限月額は利用するサービスの負担上限月額のうち最も高い額とする特例を設ける。

額障害福祉サービス等給付費を算定する（令第43条の5第2項）。

　これは，障害者総合支援制度と介護保険制度において高額費の限度額が異なる場合について，両制度間で支給額の均衡を図る必要があるからである。

② 負担上限月額が9300円又は4600円の支給決定障害者等が同一の月に受けたサービスに係る

　A　介護給付費等に係る負担額（令第43条の5第1項第1号に掲げる額)，

　B　障害児通所給付費等に係る負担額（支給決定を受けた障害児の保護者が通所給付決定保護者である場合における当該通所給付決定保護者が同一の月に受けたサービスに係るものとする）及び

　C　障害児入所給付費に係る負担額（支給決定を受けた障害児の保護者が入所給付決定保護者である場合における当該入所給付決定保護者が同一の月に受けたサービスに係るものとする）

を合算した額が負担上限月額（支給決定を受けた障害児の保護者が通所給付決定保護者又は入所給付決定保護者である場合にあっては，特定保護者負担上限月額[*9]）を超えるときは，当該支給決定障害者等に対して高額障害福祉サービス等給付費を支給するものとし，その額は，次に掲げる額を合算した額とする。

ⅰ）当該支給決定障害者等に係るA～Cに掲げる額を合算した額から負担上限月額を控除して得た額（支給決定を受けた障害児の保護者が通所給付決定保護者又は入所給付決定保護者である場合にあっては，その額に障害児保護者按分率（通所給付決定保護者又は入所給付決定保護者である支給決定障害者等が同一の月に受けたサービスに係る令第43条の5第1項第1号に掲げる額を同号，同項第4号及び同項第5号に掲げる額を合算した額で除して得た率をいう）を乗じて得た額とする）

ⅱ）調整後利用者負担世帯合算額[*10]から令第43条の5第1項の高額障害福祉サービス等給付費算定基準額を控除して得た額（その額が零を下回る場合には，零とする）に支給決定障害者等按分率を乗じて得た額

＜高額障害福祉サービス等給付費の支給対象の拡大について＞

1　趣旨

[*9]　「特定保護者負担上限月額」とは，次のア，イに掲げる支給決定障害者等の区分に応じ定める額とする。ただし，当該支給決定障害者等が次のア，イのいずれにも該当するときは，いずれか高い額とする。
　ア　通所給付決定保護者である支給決定障害者等　当該通所給付決定保護者に係る児童福祉法施行令（昭和23年政令第74号）第24条に規定する障害児通所支援負担上限月額に相当する額
　イ　入所給付決定保護者である支給決定障害者等　当該入所給付決定保護者に係る児童福祉法施行令第27条の2に規定する障害児入所支援負担上限月額に相当する額

[*10]　「調整後利用者負担世帯合算額」とは，利用者負担世帯合算額から同一の世帯に属する支給決定障害者等（特定支給決定障害者にあっては，当該特定支給決定障害者及びその配偶者である支給決定障害者等に限る）に係るA～Cに掲げる額を合算した額から負担上限月額を控除して得た額を控除して得た額をいう。

○ 障害福祉サービスに係る利用者負担については，法施行以降，累次に渡って軽減措置が行われてきたところであり，結果として，現在は，介護保険制度と比較しても低水準の利用者負担が設定されている[*11]。

○ 一方で，障害者総合支援法第7条では，介護保険法の介護給付，健康保険による療養給付，労災補償・公務災害補償等のうち，自立支援給付（障害福祉サービスを含む概念）に相当するものを受けることができる場合には，介護給付等を受けることができる限度において，自立支援給付を支給しない（介護給付等を受けることができない範囲についてのみ支給する）こととされており，このため，障害者は，65歳に達することにより，一般的に介護給付等を利用し始めることになる。

○ このような障害者にとっては，65歳に達することで，所得の増加や生活費の減少等の生活が楽になる要素がないにもかかわらず，障害福祉サービスと介護保険法の介護給付等との利用者負担が異なるため，福祉サービスを継続して利用するに当たって，65歳を境にして利用者負担が増加することになる。

○ 上記のような状況を改善し，介護保険サービスの円滑な利用を促進するため，平成28年改正法により本条が改正され，新たな高額障害福祉サービス等給付費の類型（「新高額」）が創設された（平成30年4月1日施行）。

2 **対象者**（令第43条の4第5項及び第6項）

○ 新高額の対象者は以下に掲げる要件のいずれにも該当する障害者（「特定給付対象者」）とされた。

① 65歳に達する日前5年間（入院その他やむを得ない事由により介護保険相当障害福祉サービスに係る支給決定を受けていなかった期間を除く）引き続き介護保険相当障害福祉サービス（居宅介護，重度訪問介護，生活介護及び短期入所）に係る支給決定を受けていたこと。

② 障害者及び当該障害者と同一の世帯に属するその配偶者が，当該障害者が65歳に達する日の前日の属する年度（当該障害者が65歳に達する日の前日の属する月

表2-9 各給付の利用者負担の限度額

単位：(円)	障害福祉サービス	補装具	介護給付等	高額給付費算定基準額
一般2	37,200	37,200	37,200（※1）	37,200
一般1	9,300（※2）	37,200	37,200	37,200
低所得2	0	0	24,600	0
低所得1	0	0	15,000	0
生活保護	0	0	15,000	0

※1 現役並み所得者については，44,400円
※2 入所系のサービスを利用している場合については37,200円

[*11] 障害者総合支援法が施行された平成18年4月の時点では，障害福祉サービスの利用者負担は，介護保険制度と同様に，原則1割負担であり，利用者負担の限度額も介護保険法の介護給付等と同水準であった（表2-9参照）。

が4月から6月までの場合にあっては，前年度）において市町村民税非課税者又は生活保護受給者に該当していたこと。
③ 65歳に達する日の前日において障害支援区分（障害程度区分）が2以上（規則第65条の9の4）に該当していたこと。
④ 65歳に達するまでに介護保険法による保険給付を受けていなかったこと。

○ 当該特定給付対象者が，以下の場合に該当した場合に，新高額が給付される。
　(65歳以降に)特定給付対象者及び同一の世帯に属するその配偶者が障害福祉相当介護保険サービス（訪問介護，通所介護，短期入所生活介護，地域密着型通所介護及び小規模多機能型居宅介護並びにこれらに相当するサービス）のあった月の属する年度（当該障害者が65歳に達する日の前日の属する月が4月から6月までの場合にあっては，前年度）において市町村民税非課税者又は生活保護受給者[*12]に該当すること。

3　給付額（令第43条の5第6項及び第7項）

○ 介護保険法に基づく高額介護サービス費及び高額医療合算介護サービス費により減額された後の障害福祉相当介護保険サービスの利用者負担額が給付される。

[*12] 生活保護受給者については，生活保護法に基づく介護扶助が支給されるため，実質的に負担はないが，同法による給付等は，同法第4条第2項に規定する「他法優先原則」が適用される（最後のセーフティネットであるため，他の法令に基づく給付等が優先される）ため，新高額の支給対象としている。

参考①　令第43条の5第6項に規定する高額障害福祉サービス等給付費の支給対象者について

〈改正前〉

《対象者》
法第76条の2①

支給決定障害者等	
市町村民税非課税世帯 生活保護受給世帯 令第17条Ⅳ 月額負担上限　0円	市町村民税課税世帯 令第17条Ⅰ～Ⅲ 月額負担上限　4,600～37,200円
（既存の）高額障害福祉サービス等給付費 令第43条の5① ※ただし，市町村民税非課税世帯・生活保護受給世帯は計算上<u>0円</u> 令第43条の6Ⅱ	

〈改正後〉

《一部改正法により追加》 法第76条の2①Ⅱ	※支給決定障害者等のうち令第43条の4⑤各号の要件を満たす者	《既存の対象者》 法第76条の2①Ⅰ	
支給決定を 受けていない者のうち 令第43条の4⑤各号の 要件を満たす者	※	支給決定障害者等	
		市町村民税非課税世帯 生活保護受給世帯 令第17条Ⅳ 月額負担上限　0円	市町村民税課税世帯 令第17条Ⅰ～Ⅲ 月額負担上限　4,600～37,200円
（新規の） 高額障害福祉サービス等給付費 令第43条の5⑥		（既存の） 高額障害福祉サービス等給付費 令第43条の5①	
（介護保険サービスの利用者負担軽減）		（障害福祉サービスの利用者負担軽減）	

障害福祉サービスから介護保険サービスへ
移行することに伴う負担増の軽減を図る範囲

参考②　第43条の5第6項による算定額

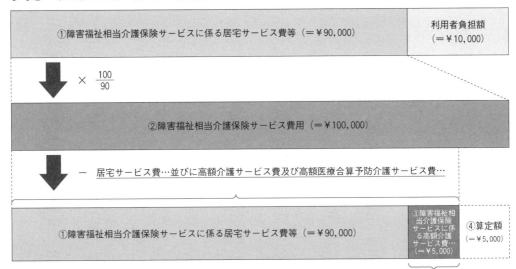

③の算定額

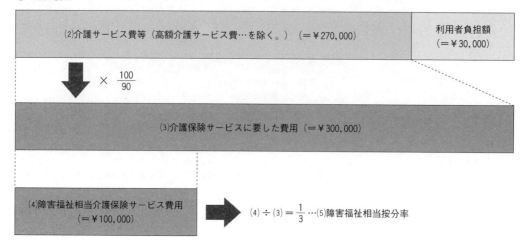

第7節 情報公表対象サービス等の利用に資する情報の報告及び公表（第76条の3）

第76条の3 指定障害福祉サービス事業者，指定一般相談支援事業者及び指定特定相談支援事業者並びに指定障害者支援施設等の設置者（以下この条において「対象事業者」という。）は，指定障害福祉サービス等，指定地域相談支援又は指定計画相談支援（以下この条において「情報公表対象サービス等」という。）の提供を開始しようとするとき，その他厚生労働省令で定めるときは，厚生労働省令で定めるところにより，情報公表対象サービス等情報（その提供する情報公表対象サービス等の内容及び情報公表対象サービス等を提供する事業者又は施設の運営状況に関する情報であって，情報公表対象サービス等を利用し，又は利用しようとする障害者等が適切かつ円滑に当該情報公表対象サービス等を利用する機会を確保するために公表されることが適当なものとして厚生労働省令で定めるものをいう。第8項において同じ。）を，当該情報公表対象サービス等を提供する事業所又は施設の所在地を管轄する都道府県知事に報告しなければならない。

2　都道府県知事は，前項の規定による報告を受けた後，厚生労働省令で定めるところにより，当該報告の内容を公表しなければならない。

3　都道府県知事は，前項の規定による公表を行うため必要があると認めるときは，第1項の規定による報告が真正であることを確認するのに必要な限度において，当該報告をした対象事業者に対し，当該報告の内容について，調査を行うことができる。

4　都道府県知事は，対象事業者が第1項の規定による報告をせず，若しくは虚偽の報告をし，又は前項の規定による調査を受けず，若しくは調査を妨げたときは，期間を定めて，当該対象事業者に対し，その報告を行い，若しくはその報告の内容を是正し，又はその調査を受けることを命ずることができる。

5　都道府県知事は，指定特定相談支援事業者に対して前項の規定による処分をしたときは，遅滞なく，その旨をその指定をした市町村長に通知しなければならない。

6　都道府県知事は，指定障害福祉サービス事業者若しくは指定一般相談支援事業者又は指定障害者支援施設の設置者が第4項の規定による命令に従わないときは，当該指定障害福祉サービス事業者，指定一般相談支援事業者又は指定障害者支援施設の指定を取り消し，又は期間を定めてその指定の全部若しくは一部の効力を停止することができる。

7　都道府県知事は，指定特定相談支援事業者が第4項の規定による命令に従わな

い場合において，当該指定特定相談支援事業者の指定を取り消し，又は期間を定めてその指定の全部若しくは一部の効力を停止することが適当であると認めるときは，理由を付して，その旨をその指定をした市町村長に通知しなければならない。

8 都道府県知事は，情報公表対象サービス等を利用し，又は利用しようとする障害者等が適切かつ円滑に当該情報公表対象サービス等を利用する機会の確保に資するため，情報公表対象サービス等の質及び情報公表対象サービス等に従事する従業者に関する情報（情報公表対象サービス等情報に該当するものを除く。）であって厚生労働省令で定めるものの提供を希望する対象事業者から提供を受けた当該情報について，公表を行うよう配慮するものとする。

概要 指定障害福祉サービス等に係る情報公表制度に関する規定である。

解説
○ 平成28年改正法により，サービス利用者に対して指定事業所（サービス提供者）に関する情報を提供し，利用者による事業者の選択や利便性の向上を図ること等を目的として，介護保険法や子ども・子育て支援法における情報公表制度の例に倣い，指定事業所から都道府県知事に対し，サービスの提供に関する人員・設備・施設等の情報，サービスに関する各種データ（実績）等を報告させ，都道府県知事がこれを公表する仕組みが創設された。

○ 運用においては，全国統一的なプラットフォームとして，独立行政法人福祉医療機構が運営するWAMNET上に障害福祉サービス等情報公表システムが設けられている。

第1項
○ 指定事業者は，下記のとおり，都道府県知事（指定都市は指定都市の市長，中核市は中核市の市長）に対して報告をしなければならない。なお，報告の手続は，都道府県知事が定めるところによる（規則第65条の9の7）。
① 報告が必要なとき
・指定障害福祉サービス等，指定地域相談支援又は指定計画相談支援（以下「情報公表対象サービス等」という）の提供を開始しようとするとき
・都道府県知事が定めるとき（災害その他報告を行うことができないことにつき正当な理由がある事業所を除く）（規則第65条の9の6）
② 報告する内容
・情報公表対象サービス等の内容
・情報公表対象サービス等を提供する事業者又は施設の運営状況に関する情報であって，情報公表対象サービス等を利用し，又は利用しようとする障害者等が適切かつ円滑に当該指定対象サービス等を利用する機会を確保するために公表

されることが適当なものとして厚生労働省令で定めるもの（規則第65条の9の8，別表第1号，別表第2号（都道府県知事が定めるときのみ））
○ 大都市については，当該大都市が有する指定権限に紐付き，事業者から報告を受け，公表等を行う。

第2項
○ 都道府県知事は，上記の報告を受けた場合は，当該報告の内容を公表しなければならない。なお，公表の手続は，指定事業者からの報告を受けた後，当該報告の内容を公表するものとし，ただし，都道府県知事が調査を行ったときは，当該調査の結果を公表することをもって，当該報告の内容を公表したものとみなす（規則第65条の9の9）。

第3項～第7項
○ 都道府県知事は，報告された情報について，事実かどうかを調査するために必要があると認めるときは，報告をした事業者に対し，調査を行うことができる。
○ この際，都道府県知事は，報告の対象事業者が報告をせず，若しくは虚偽の報告をし，又は調査を受けず，若しくは調査を妨げたときは，期間を定めて，報告を行うこと等を命ずることができる。
○ 都道府県知事は，対象事業者のうち，市町村長が指定権限を有する指定特定相談支援事業者に対して上記の命令をしたときは，遅滞なく，その旨を，当該対象事業者の指定をした市町村長に通知しなければならない。
○ なお，都道府県知事は，対象事業者のうち，都道府県知事が指定権限を有する指定障害福祉サービス事業者等が上記の命令に従わないときは，指定を取り消し，又は期間を定めてその指定の全部若しくは一部の効力を停止することができる。
○ また，対象事業者のうち，市町村長が指定権限を有する指定特定相談支援事業者が上記の命令に従わない場合において，指定を取り消し，又は期間を定めてその指定の全部若しくは一部の効力を停止することが適当であると認めるときは，理由を付して，その旨を当該市町村長に通知しなければならない。

第8項
○ 障害者等が適切かつ円滑に情報公表対象サービス等を利用する機会を確保できるようにするためには，指定事業者の従業者に関する情報の公表が推進されることによって，事業者の雇用管理の取り組みが進み，提供されるサービスの質が向上することが重要である。
○ このため，介護保険法や子ども・子育て支援法における情報公表制度と同様に，公表の義務の対象となる情報以外の情報（情報公表対象サービス等の質及び従業者に関する情報であって，情報公表対象サービス等の質及び従業者に関する情報として都道府県知事が定めるもの（規則第65条の9の10））であっても，指定事業者から

提供された情報を公表するよう配慮するべき旨の配慮義務が都道府県知事に課されている。

> **参考**
>
> ○**障害福祉サービス等情報公表制度の施行について**（平成30年4月23日障障発0423第1号）（抄）
>
> 　別　紙
>
> Ⅱ　実施主体等
> 　2．実施体制の整備
> 　　　情報公表制度に係る事務は，障害者総合支援法及び児福法に基づく都道府県等の自治事務であり，都道府県知事等は，事業者から報告された障害福祉サービス等情報の受理，調査，公表等の事務（以下「情報公表事務」という。）を的確に行う体制を整備する必要がある。
> 　　　当該事務は，都道府県知事等が自ら行うことを基本とするが，適切な事務運営が可能であり，当該事務を実施するに相応しい中立的かつ公共性のある法人に対して委託することは差し支えない。ただし，当該事務の実施に当たり，特定の事業者に偏ることのない中立・公正な事務が実施される必要があることから，委託先の選定については，特に次の点に留意すること。
> 　　・　当該法人が障害福祉サービス等を自ら提供していないこと
> 　　・　当該法人の役員等，構成員又は職員の多数が，障害福祉サービス等を現に提供する事業者の役員等，構成員又は職員でないこと
> 　　・　当該法人の行う他の事業が情報公表事務の公正かつ的確な実施に支障を及ぼすおそれのないこと
> 　　・　安定的な事務運営が可能であること。
> 　　　また，事務の委託に当たっては，相互に緊密な連携・協力を図り実施することとし，事業者から報告された障害福祉サービス等情報の公表を行うかの最終的な判断は，都道府県知事等が行うものとする。
> 　　　なお，次に掲げる事務については都道府県知事等が実施すること。
> 　　・　障害者総合支援法第76条の3第3項及び児童福祉法第33条の18第3項に基づく調査
> 　　・　障害者総合支援法第76条の3第4項及び児童福祉法第33条の18第4項に基づく報告若しくは報告内容の是正又は調査実施命令
> 　　・　障害者総合支援法第76条の3第6項及び児童福祉法第33条の18第6項に基づく指定取消し又は指定の効力の停止
> Ⅲ　障害福祉サービス等情報公表制度の実施方法等
> 　3．報告に関する実施要綱等の策定
> 　　　都道府県知事等は，事業者から障害福祉サービス等情報が円滑に報告されるよう，管轄する地域の障害福祉サービス等の提供状況を勘案し，基準日，実施期間，報告対象，報告の方法及び報告期限等を示した実施要綱等を毎年度策定する。当該実施

要綱等の策定に当たっては，次によるものとする。
(1) 実施要綱等策定の目的
　　本制度については，都道府県知事等が，事業者から報告される障害福祉サービス等情報の受理，調査，情報の公表等の事務を毎年度実施するに当たり，当該事務を効率的かつ円滑に行う観点から，実施要綱等を策定するものである。
(2) 実施要綱等の策定者
　　実施要綱等の策定者は，都道府県知事等とする。
(3) 実施要綱等の内容
　　実施要綱等の内容は，次のとおりとする。
　ア　基準日
　　　実施要綱等の基準日は，速やかな制度の施行を行う観点から，4月1日とする。
　イ　実施期間
　　　実施期間は，実施要綱等を毎年定めることから，4月1日以降の1年間とする。
　ウ　報告の対象となる事業者
　　　障害者総合支援法第76条の3第1項及び児福法第33条の18第1項の規定により，新たに指定障害福祉サービス等の提供を開始しようとする事業者については，指定障害福祉サービス等の提供を開始しようとするときに報告の対象となる。
　　　また，障害者総合支援法第76条の3第1項及び障害者総合支援法施行規則第65条の9の6並びに児福法第33条の18第1項及び児福則第36条の30の2の規定により，災害その他都道府県知事等に対し情報公表対象サービス等の報告を行うことができないことにつき正当な理由がある事業者を除き，実施要綱等で定める基準日より前において指定障害福祉サービス等を提供している事業者が報告の対象となる。
　エ　報告の方法
　　　事業者が，都道府県知事等へ障害福祉サービス等情報を報告する方法について定めるものとする。
　オ　報告の開始
　　　報告の開始日は，実施要綱等に規定する基準日以降の期間内において，各都道府県等の実情に応じて適宜定めるものとするが，
　　・基準日より前において指定障害福祉サービス等を提供している事業者については，報告を求める年度（以下「報告年度」という。）の5月初日
　　・基準日以降，新たに指定障害福祉サービス等の提供を開始しようとする事業者については，指定障害福祉サービス事業者等の指定を受けた日
　　　とすることが適当である。
　カ　報告の期限
　　　報告期限は，実施要綱等に規定する基準日以降の期間内において，各都道府県等の実情に応じて適宜定めるものとするが，情報公表に係る事務を円滑に行う観点から，

・基準日より前において指定障害福祉サービス等を提供している事業者については，報告年度の7月末日
・基準日以降，新たに指定障害福祉サービス等の提供を開始しようとする事業者については，指定障害福祉サービス事業者等の指定を受けた日から1か月以内

とすることが適当である。

キ　公表の時期

障害福祉サービス等情報の公表の実施時期については，実施要綱等に規定する基準日以降の期間内において，各都道府県等の実情に応じて適宜定めるものとするが，

・基準日より前において指定障害福祉サービス等を提供している事業者については，報告後2か月以内
・基準日以降，新たに指定障害福祉サービス等の提供を開始しようとする事業者については，報告後1か月以内

とすることが適当である。

ク　その他都道府県知事等が必要と認める事項

前記ア～キ以外の事項についても，都道府県等において，個別に必要と認める事項については，適宜，各都道府県知事等の判断により実施要綱等に定めることとする。

(4)　その他実施要綱等に定めることが適当な事項

以下については，必要に応じて，実施要綱等に定めることとする。

ア　障害福祉サービス等情報の更新の取扱い

(ア)　法人及び事業所等の名称，所在地，電話番号，FAX番号，ホームページ及びメールアドレスについては，指定障害福祉サービス等事業所の情報として重要な事項であるため，事業者は，当該事項について修正又は変更のあったときに，都道府県知事等に報告を行うこととする。

(イ)　上記(ア)以外の情報については，年1回の定期的な報告で足りることとするが，各都道府県知事等の判断により，変更時の随時更新を求めることとしても差し支えない。

イ　是正命令を受けた事業者に係る障害福祉サービス等情報の取扱い

事業者は，都道府県知事等から，障害者総合支援法第76条の3第4項及び児福法第33条の18第4項の規定に基づく報告，報告の内容の是正又は調査を命じられた事業者に係る障害福祉サービス等情報について，都道府県知事等の指示により，調査又は公表を行うこと。

(5)　実施要綱等の公表

都道府県知事等は，実施要綱等を定めたときは，利用者及び事業者に対して，実施要綱等の内容を周知するため，これを公表する。

4．事業者による報告

(1)　報告する情報の作成時期

事業者が報告する障害福祉サービス等情報は，当該情報の項目ごとに特に時期を定めるもののほか，事業者ごとの報告の提出期限前の可及的新しい情報について作成するものとする。

(2) 報告の時期

事業者が障害福祉サービス等情報を報告する時期は，各都道府県知事等が策定した実施要綱等に定める報告期限までに行うものとする。

(3) 報告の内容

ア　実施要綱に定める基準日より前に，サービス提供実績のある事業者については，障害者総合支援法施行規則第65条の9の8及び児福則第36条の30の4の規定に基づき，別添1基本情報〔略〕及び別添2運営情報〔略〕を報告する。

イ　基準日以降に，新たに指定障害福祉サービス等の提供を開始しようとする事業者については，別添1基本情報を報告する。

5．調査の実施

(1) 調査の目的

障害者総合支援法第76条の3第3項及び児福法第33条の18第3項の規定による調査は，利用者保護等の観点から，都道府県知事等が事業者から報告された障害福祉サービス等情報の根拠となる事実を確認するために行うものである。

(2) 調査の実施時期

事業者から報告された障害福祉サービス等情報の内容に係る調査については，都道府県知事等が公表を行うため必要と認める場合に実施することとするが，調査を実施することが適当な場合としては，次のような場合が考えられる。

・　報告された内容に虚偽が疑われるとき
・　公表内容について，利用者から苦情等があったとき
・　指定障害福祉サービス等に係る実地指導を行うとき
・　その他（食中毒や感染症の発生，火災，虐待等の問題が生じたとき等）

(3) 調査の実施方法

ア　基本的事項

(ｱ) 調査の実施体制

調査は，職員1名以上で行うものとする。

(ｲ) 調査の内容

調査は，基本情報及び運営情報について確認を行うものとする。

(ｳ) 調査の方法

調査は，事業者を訪問し，当該調査に関して事業者を代表する者との面接調査の方法によって行うことが望ましいが，面接調査以外の方法により適正な調査が実施できる場合については，その他の方法により行う。

イ　具体的事項

(ｱ) 面接調査の方法

a　調査の時点及び期間

調査の時点は，報告日現在とする。また，過去の実績等の調査対象期間

は，報告された情報の作成日の前1年間とする。
              b 基本情報の調査方法に係る共通的事項
                調査は，当該情報の内容が確認できる記録等の書類や事業所内外の目視等により確認するものとする。
              c 運営情報の調査方法に係る共通的事項
                ① 調査は，運営情報において，実施していると報告のあった事項について，その具体的な方法の確認を行うものとする。
                ② 具体的な方法を確認するに当たっては，当該取組の実施の有無を確認するものとし，取組の実施内容に関する良し悪しの評価，改善指導等を行わないものとする。
                ③ 具体的な方法を確認するに当たり，利用者ごとの記録等の事実確認を行う場合については，当該記録等の原本を1件確認することで足りるものとする。
                ④ 具体的な方法を確認するに当たっては，紙，電子媒体等の形式は問わないものとする。
                ⑤ 研修会等の実施記録の確認に当たっては，少なくとも，当該研修会等の題目，開催日，出席者及び実施内容の概要を確認するものとする。
                ⑥ 各種研修については，事業者が自ら実施するもの又は外部の研修へ参加させるものの別を問わないものである。
        (イ) 調査の終了
            調査の終了時においては，調査結果について，事実誤認がないこと及び調査結果がそのまま公表されるものであることについて事業者の同意を得るものとする。当該同意をもって，調査が終了するものとする。
    (4) 調査事務に関する留意点
        本制度における調査は，事業者が自らの責任で報告する障害福祉サービス等情報について，都道府県知事等が必要と認める場合に当該情報の事実確認を行うための仕組みであり，当該調査による事実確認により，事業者が実施する取組の良し悪しや，事業者自体を評価する仕組みではないことに留意すること。
6．情報の公表
  (1) 手続き
      都道府県知事等は，実施要綱等に基づき，事業者が提供する指定障害福祉サービス等の種類・事業所ごとの基本情報及び運営情報を公表する。また，調査を実施した場合には，当該調査結果について公表する。
  (2) 公表の方法等
      都道府県知事等が行う情報の公表方法は，次によるものとする。
      ア インターネットによる公表
          都道府県知事等は，管轄の事業者の障害福祉サービス等情報を公平に公表するとともに，極めて多くの事業者の情報の中から，利用者が必要な情報を抽出し，適切に比較検討することを支援するため，インターネットによる公表を行

うものとする。

　　また，都道府県知事等は，インターネットによる公表情報が適切に障害福祉サービス等の利用者等に伝わるよう，利用者の家族，市区町村，相談支援事業者等に対し，本制度の活用について普及啓発に努めるものとする。
　　イ　その他の公表方法
　　　都道府県知事等は，利用者等からの要請に応じて，紙媒体による情報提供，閲覧等についても行うものとする。
　　ウ　事業者による公表
　　　事業者は，公表する障害福祉サービス等情報について，障害福祉サービス事業所等の見やすい場所に掲示するなど，利用者等への情報提供に努めるものとする。
　　　また，利用者等が希望する場合は，事業者は，利用者等のサービスの選択に資すると認められる重要事項を記した文書に，公表する障害福祉サービス等情報を添付することが望ましい。
7．任意設定情報の公表等
　都道府県知事等が定めた任意設定情報について，事業者から提供を受けた場合は，障害者総合支援法第76条の3第8項及び児福法第33条の18第8項の規定に基づき公表を行うよう配慮するものであることから，事業者からの提供を推進する観点からも，積極的に公表することが望ましい。
　なお，任意設定情報についても調査の対象とすることが望ましい。
8．苦情等の対応
　(1)　苦情等対応窓口の公表
　　都道府県知事等は，あらかじめ，利用者等からの苦情等に対応する窓口，担当者等を定め，公表するものとする。
　(2)　苦情等の対応方法
　　ア　総合的な窓口
　　　都道府県知事等は，事業者から報告された障害福祉サービス等情報を公表することから，当該公表情報に関する利用者からの苦情等の対応の総合的な窓口を設ける必要がある。
　　イ　基本的な対応
　　　公表されている情報（以下「公表情報」という。）に関する利用者等からの苦情等については，事業者に対する照会等を行い，適切な説明が得られた場合は，利用者等に対し説明を行うことが適当である。また，この場合，公表情報の訂正が必要な場合は，事業者から公表情報の訂正の報告を受けた後，速やかに公表するものとする。
　　　事業所から適切な説明が得られなかった場合，都道府県知事等は，障害者総合支援法第76条の3第4項及び児福法第33条の18第4項の規定に基づく報告内容の是正命令等の対応について検討することが適当である。
　　ウ　苦情等に関する対応経過の記録等

都道府県知事等は，利用者等からの苦情等に関する対応の経過を記録するものとする。

第3章　地域生活支援事業(第77条－第78条)

（市町村の地域生活支援事業）

第77条　市町村は，厚生労働省令で定めるところにより，地域生活支援事業として，次に掲げる事業を行うものとする。

一　障害者等の自立した日常生活及び社会生活に関する理解を深めるための研修及び啓発を行う事業

二　障害者等，障害者等の家族，地域住民等により自発的に行われる障害者等が自立した日常生活及び社会生活を営むことができるようにするための活動に対する支援を行う事業

三　障害者等が障害福祉サービスその他のサービスを利用しつつ，自立した日常生活又は社会生活を営むことができるよう，地域の障害者等の福祉に関する各般の問題につき，障害者等，障害児の保護者又は障害者等の介護を行う者からの相談に応じ，必要な情報の提供及び助言その他の厚生労働省令で定める便宜を供与するとともに，障害者等に対する虐待の防止及びその早期発見のための関係機関との連絡調整その他の障害者等の権利の擁護のために必要な援助を行う事業（次号に掲げるものを除く。）

四　障害福祉サービスの利用の観点から成年後見制度を利用することが有用であると認められる障害者で成年後見制度の利用に要する費用について補助を受けなければ成年後見制度の利用が困難であると認められるものにつき，当該費用のうち厚生労働省令で定める費用を支給する事業

五　障害者に係る民法（明治29年法律第89号）に規定する後見，保佐及び補助の業務を適正に行うことができる人材の育成及び活用を図るための研修を行う事業

六　聴覚，言語機能，音声機能その他の障害のため意思疎通を図ることに支障がある障害者等その他の日常生活を営むのに支障がある障害者等につき，意思疎通支援（手話その他厚生労働省令で定める方法により当該障害者等とその他の者の意思疎通を支援することをいう。以下同じ。）を行う者の派遣，日常生活上の便宜を図るための用具であって厚生労働大臣が定めるものの給付又は貸与その他の厚生労働省令で定める便宜を供与する事業

七　意思疎通支援を行う者を養成する事項
　　　八　移動支援事業
　　　九　障害者等につき，地域活動支援センターその他の厚生労働省令で定める施設に通わせ，創作的活動又は生産活動の機会の提供，社会との交流の促進その他の厚生労働省令で定める便宜を供与する事業
　２　都道府県は，市町村の地域生活支援事業の実施体制の整備の状況その他の地域の実情を勘案して，関係市町村の意見を聴いて，当該市町村に代わって前項各号に掲げる事業の一部を行うことができる。
　３　市町村は，第１項各号に掲げる事業のほか，現に住居を求めている障害者につき低額な料金で福祉ホームその他の施設において当該施設の居室その他の設備を利用させ，日常生活に必要な便宜を供与する事業その他の障害者等が自立した日常生活又は社会生活を営むために必要な事業を行うことができる。

概要　市町村が行う地域生活支援事業について定めるものである。

解説
○　障害者総合支援法の規定するサービスには，実施形態（費用の手当方法等）が二つある。一つ目は，サービスを実施した場合に，個人に給付を行う仕組み（個別給付（自立支援給付））によるものであり，二つ目は，自治体が事業を実施（委託等する場合を含む）するものである。地域生活支援事業は，後者の類型であり，市町村又は都道府県が事業を実施するものである（表２−10）。

○　また，地域生活支援事業は，個別給付のような個別の明確なニーズに対応する給付とは異なり，市町村や都道府県が地域の実情や利用者の状況に応じて柔軟な形態による事業を効率的・効果的に実施できるようにしているものである。

表２−10　地域生活支援事業と個別給付との違い

	地域生活支援事業 （相談支援，意思疎通支援，日常生活用具の給付等，移動支援，地域活動支援センター等）	個別給付 （ホームヘルプ，ショートステイ，自立訓練，就労移行支援等）
性格	地域の実情や利用者の状況に応じて，自治体が柔軟な形態で実施することが可能な事業	介護，就労訓練といった個別の明確なニーズに対応した給付
費用の流れ	自治体が実施（自治体は自ら事業を実施，又は事業者に事業を委託等により実施）	利用者本人に対する給付（実際には，事業者が代理受領）
利用者	実施主体の裁量	障害支援区分認定（注），支給決定が必要 （注：介護給付は18歳以上のみ必要，訓練等給付は認定無し）
利用料	実施主体の裁量	応能負担
事業実施に当たっての基準	実施主体の裁量（一部設備運営基準有り：地域活動支援センター，福祉ホーム）	指定基準，設備運営基準等有り
財源	補助金（一部交付税措置有り） （負担割合：国１／２以内，県・市１／４以内）	負担金 （負担割合：国１／２，県・市１／４）

○ このため，個別給付のように，全国一律の指定事業者に関する基準や，報酬額の基準を設けず，事業の内容やその事業を重点的に実施するか等地域で独自に設定できるような仕組みとなっている。また，財源についても，地域生活支援事業のなかで財源配分を自由に行うことができるよう，統合補助金としている。

このほか，以下のような点が地域生活支援事業の特徴といえる。

［地域の特性］　地理的条件や社会資源の状況
［柔軟な形態］　①委託契約，広域連合等の活用
　　　　　　　②突発的なニーズに臨機応変に対応が可能
　　　　　　　③個別給付では対応できない複数の利用者への対応が可能

○ なお，事業の実施形態としては，自治体が自ら実施するほか，事業者等への委託等により実施することもできる。また，複数の市町村が連携し，広域的に実施することもできる。

○ 地域生活支援事業は，市町村が行うものと都道府県が行うものがあり，本条は市町村が行う地域生活支援事業を定めるものである。障害者総合支援法では，法の目的に，自立支援給付と並んで，地域生活支援事業の実施が掲げられたことに伴い，障害者自立支援法に定められていた事業に加えて，新たに五つの事業が規定された。また，平成24年整備法案の衆議院での修正で，特に意思疎通支援に係る市町村と都道府県の役割分担を明確化する観点からの修正が加えられている。

○ なお，地域生活支援事業として実施した事業の利用者負担は，実施主体の判断による。しかし，利用者に利用料を求めるに当たっては，従来の利用者負担の状況や，個別給付における利用者負担の状況等を踏まえ，低所得者のサービス利用に支障が生じないように配慮することが望まれるものである。

第1項

○ 市町村が必ず実施する事業（必須事業）として，以下の事業を法定化している。

・第1号：障害者等の自立した日常生活及び社会生活に関する理解を深めるための研修及び啓発

　地域での共生を実現していくために，障害者等を受け入れる側の地域社会で障害福祉サービス等の障害者総合支援法に基づく支援が理解されるよう，研修会の実施や普及啓発のための大会の開催等を実施するものである。なお，広域的に実施する場合も想定されることから，前述のとおり，複数の市町村が連携して実施することも想定される。

・第2号：障害者等，障害者等の家族，地域住民等により自発的に行われる障害者等の地域生活を支援する活動に対する支援

　第1号と同様，地域での共生を実現していくために，障害者等の地域での生活を支援するために行われるピアサポート，地域の無償ボランティアによる活動等を支援するものである。

・第3号：第5条第19項に規定される相談支援及び虐待の防止及びその早期発見の

ための連絡調整，権利擁護等のために必要な援助
協議会の設置や，相談支援等を実施するものである。
・第4号：成年後見制度の利用に係る費用の助成
　成年後見制度を利用することで，障害者等の障害福祉サービスの利用が円滑にいく場合であって，成年後見制度の利用に要する費用の負担が困難な場合等に，これに係る費用を助成するものである。なお，この事業は，平成22年整備法による障害者自立支援法の改正の際に追加されたものである。
・第5号：成年後見制度に係る者の育成及び活用のための研修
　成年後見制度の利用を促進する観点から，知的障害者福祉法第28条の2による地方公共団体の体制整備と併せて，法人後見を担うための関係者への研修等を実施するものである。
・第6号：第6号については，大きく分けて以下の二つの事業が規定されている。
　(1) 意思疎通支援（手話通訳，要約筆記等）
　　→聴覚，言語機能，音声機能，視覚，失語，知的，発達，高次脳機能，重度の身体などの障害や難病のため，意思疎通支援を図ることに支障がある障害者等に，手話通訳，要約筆記等の方法により，障害者等とその他の者の意思疎通を支援する手話通訳者，要約筆記者等の派遣等を行い意思疎通の円滑化を図るものである。
　(2) 日常生活用具の給付・貸与
　　→補装具とは異なり，その個別性に着目するのではなく，むしろ，障害者等が幅広く利用できる用具を想定している。このため，日常生活用具の給付等については，国が一定の要件を示したうえで，具体的な品目や，対象者については，地域の実情に合わせて柔軟な取扱いができる地域生活支援事業として実施することとしたものである。
　　具体的な日常生活用具の要件は以下のとおり（「障害者の日常生活及び社会生活を総合的に支援するための法律第77条第1項第2号の規定に基づき厚生労働大臣が定める日常生活上の便宜を図るための用具」（平成18年厚生労働省告示第529号））である。
　　① 障害者等が安全かつ容易に使用できるもので，実用性が認められるもの
　　② 障害者等の日常生活上の困難を改善し，自立を支援し，かつ，社会参加を促進すると認められるもの
　　③ 用具の製作，改良又は開発に当たって障害に関する専門的な知識や技術を要するもので，日常生活品として一般に普及していないもの
　　また，用具の用途及び形状は表2-11のとおりである。
※第6号の規定については，いずれも，障害者等の日常生活上の困難を補う便宜を供与する事業を規定しているものとしてまとめられている。
・第7号：意思疎通支援を行う者の養成
　意思疎通支援を行う人材の養成を行うものである。市町村が行う事業は，一般

表2-11　日常生活用具の用途及び形状

介護・訓練支援用具	特殊寝台，特殊マットその他の障害者等の身体介護を支援する用具並びに障害児が訓練に用いるいす等のうち，障害者等及び介助者が容易に使用することができるものであって，実用性のあるもの
自立生活支援用具	入浴補助用具，聴覚障害者用屋内信号装置その他の障害者等の入浴，食事，移動等の自立生活を支援する用具のうち，障害者等が容易に使用することができるものであって，実用性のあるもの
在宅療養等支援用具	電気式たん吸引器，盲人用体温計その他の障害者等の在宅療養等を支援する用具のうち，障害者等が容易に使用することができるものであって，実用性のあるもの
情報・意思疎通支援用具	点字器，人工喉頭その他の障害者等の情報収集，情報伝達，意思疎通等を支援する用具のうち，障害者等が容易に使用することができるものであって，実用性のあるもの
排泄管理支援用具	ストーマ装具その他の障害者等の排泄管理を支援する用具及び衛生用品のうち，障害者等が容易に使用することができるものであって，実用性のあるもの
居宅生活動作補助用具	障害者等の居宅生活動作等を円滑にする用具であって，設置に小規模な住宅改修を伴うもの

的な意思疎通支援を行う者の養成であり，手話奉仕員等が想定される。

・第8号：移動支援

障害者等が円滑に外出できるよう，障害者等の移動を支援する事業である。

・第9号：地域活動支援センターにおいて日中活動を行う事業

地域活動支援センターは，障害者等を通わせ，創作的活動又は生産活動の機会の提供，社会との交流の促進等の提供を行う施設であり，ここでは当該施設で日中活動を提供する事業が規定されている。

この事業を実施するに当たって，地域活動支援センターは定められている基準（「障害者の日常生活及び社会生活を総合的に支援するための法律に基づく地域活動支援センターの設備及び運営に関する基準」（平成18年厚生労働省令第175号））の定員要件や設備基準を満たす必要があるが，国では，この基準以上のサービス提供をする場合の例示等を通知で示している。

第2項

○　第1項に定められた事業は，市町村の意見を聴いて，都道府県が実施することもできることを規定している。

○　第1項に定められた事業は，市町村が実施することとされている事業であるが，地域の状況等によっては，市町村が実施できない場合等もあることから，その場合でも，障害者等に対し，事業が実施されないことがないよう，都道府県が実施できることを規定している。

第3項

○　市町村は，第1項に規定する事業のほか，障害者に対し，福祉ホーム等による居住の場を提供する事業等，障害者等の自立した生活を送るために必要な事業を行うことができることを規定している。

第2編　障害者総合支援法逐条解説

○　障害者が地域で暮らすために，住まいの場を整備することは重要であることから，地域生活支援事業において，福祉ホームなどにより，居住の場を提供する事業を行うことができることとした。

このほか，市町村において必要と考えられる事業を実施できることとしており，国では，通知で例示している（「地域生活支援事業等の実施について」（平成18年8月1日障発第0801002号））。

（基幹相談支援センター）

第77条の2　基幹相談支援センターは，地域における相談支援の中核的な役割を担う機関として，前条第1項第3号及び第4号に掲げる事業並びに身体障害者福祉法第9条第5項第2号及び第3号，知的障害者福祉法第9条第5項第2号及び第3号並びに精神保健及び精神障害者福祉に関する法律第49条第1項に規定する業務を総合的に行うことを目的とする施設とする。

2　市町村は，基幹相談支援センターを設置することができる。

3　市町村は，一般相談支援事業を行う者その他の厚生労働省令で定める者に対し，第1項の事業及び業務の実施を委託することができる。

4　前項の委託を受けた者は，第1項の事業及び業務を実施するため，厚生労働省令で定めるところにより，あらかじめ，厚生労働省令で定める事項を市町村長に届け出て，基幹相談支援センターを設置することができる。

5　基幹相談支援センターを設置する者は，第1項の事業及び業務の効果的な実施のために，指定障害福祉サービス事業者等，医療機関，民生委員法（昭和23年法律第198号）に定める民生委員，身体障害者福祉法第12条の3第1項又は第2項の規定により委託を受けた身体障害者相談員，知的障害者福祉法第15条の2第1項又は第2項の規定により委託を受けた知的障害者相談員，意思疎通支援を行う者を養成し，又は派遣する事業の関係者その他の関係者との連携に努めなければならない。

6　第3項の規定により委託を受けて第1項の事業及び業務を実施するため基幹相談支援センターを設置する者（その者が法人である場合にあっては，その役員）若しくはその職員又はこれらの職にあった者は，正当な理由なしに，その業務に関して知り得た秘密を漏らしてはならない。

概要　市町村が設置する基幹相談支援センターの業務，委託等について定めるものである。

解説　○　相談支援については，障害者自立支援法施行後も，同法に基づく相談支援に加えて，身体障害者福祉法，知的障害者福祉法，精神保健福祉法に基づく相談もあり，

運用上，必ずしも一元的に行われていなかった。しかし，地域生活への移行や，地域生活への定着を進めていくには，さらに相談支援を充実する必要があった。
○　このような観点から，平成22年整備法による障害者自立支援法の改正により，総合的な相談に応じ，地域の中核的な相談支援を担う機関として，基幹相談支援センターが規定された。その後，障害者虐待防止法も成立し，虐待防止や権利擁護の必要性もよりいっそう高まるなか，障害者総合支援法では，地域の関係者等との連携も新たに規定されている。

第1項
○　基幹相談支援センターの業務を規定するものである。障害者総合支援法に基づく相談支援と各法に基づく相談支援を総合的に行うことが規定されている。

第2項～第4項・第6項
○　基幹相談支援センターの設置及び委託について規定するものである。基幹相談支援センターは，市町村が設置することができることとされており，市町村の実情に応じて設置することで差し支えないが，上記の趣旨等を踏まえ，できる限り設置されることが期待される。
○　この基幹相談支援センターの業務及び事業については，既存の民間の相談支援事業者等の活用も図りながら，効果的に設置していくことが望ましいことから，一般相談支援事業者等に委託することができることとしている。また，市町村から，業務及び事業の委託を受けた者は，市町村に届け出て，基幹相談支援センターを設置することができる。
○　なお，委託を受けて，基幹相談支援センターを設置した場合，設置者（法人の場合はその役員）や職員（過去に職員であった者も含む）には守秘義務が課せられ，違反した場合には罰則が適用される。

第5項
○　基幹相談支援センターが実施する総合的な相談業務の実効性をさらに高めるために，地域の指定障害福祉サービス事業者等，医療機関，民生委員，身体障害者相談員，知的障害者相談員等関係者と連携を図るよう努めることが規定されている。

（都道府県の地域生活支援事業）
第78条　都道府県は，厚生労働省令で定めるところにより，地域生活支援事業として，第77条第1項第3号，第6号及び第7号に掲げる事業のうち，特に専門性の高い相談支援に係る事業及び特に専門性の高い意思疎通支援を行う者を養成し，又は派遣する事業，意思疎通支援を行う者の派遣に係る市町村相互間の連絡調整その他の広域的な対応が必要な事業として厚生労働省令で定める事業を行うもの

> とする。
> 2 都道府県は，前項に定めるもののほか，障害福祉サービス又は相談支援の質の向上のために障害福祉サービス若しくは相談支援を提供する者又はこれらの者に対し必要な指導を行う者を育成する事業その他障害者等が自立した日常生活又は社会生活を営むために必要な事業を行うことができる。

概要 都道府県が実施する地域生活支援事業について定めるものである。

解説
○ 都道府県は，専門性・広域的な対応が必要な以下の事業を行う。
  ① 専門性の高い相談支援に係る事業
    厚生労働省令に規定されている事業は以下のとおり（規則第65条の15）。
    ⅰ 主として居宅において日常生活を営む障害児に係る療育指導
    ⅱ 発達障害者支援センター（発達障害者支援法第14条第1項に規定する発達障害者支援センター）の設置運営
    このほか，通知で，高次脳機能障害者支援普及事業等を示している。
    これらは，発達障害者や児童等，日常生活の相談のみならず，専門性が必要な者に対する対応を想定したものである。
  ② 特に専門性の高い意思疎通支援を行う者を養成し，又は派遣する事業，意思疎通支援を行う者の派遣に係る市町村相互間の連絡調整
    市町村が一般的な意思疎通支援を行う者の養成を行うのに対して，都道府県は手話通訳者や要約筆記者等専門的な意思疎通支援を行う者の養成や障害者等が法律相談を行う場合等に専門用語を通訳できる者の派遣，盲ろう者の支援員の養成及び派遣等を行うこととしている。また，市町村をまたがる場合の派遣等について，障害者等の円滑な支援に資するよう，市町村相互間の連絡調整の実施が規定されている（図2-9）。
○ また，このほか，広域的な対応が必要な事業を厚生労働省令で規定できることとなっている。
○ このほか，サービス提供者等の養成研修等，都道府県が必要と認めた事業を実施できる。国では，通知において事業の例を示している（「地域生活支援事業等の実施について」（平成18年8月1日障発第0801002号））。実施形態は，都道府県が自ら実施するほか，団体等に委託等することによっても実施できる。

図2-9　意思疎通支援者の養成・派遣の概要

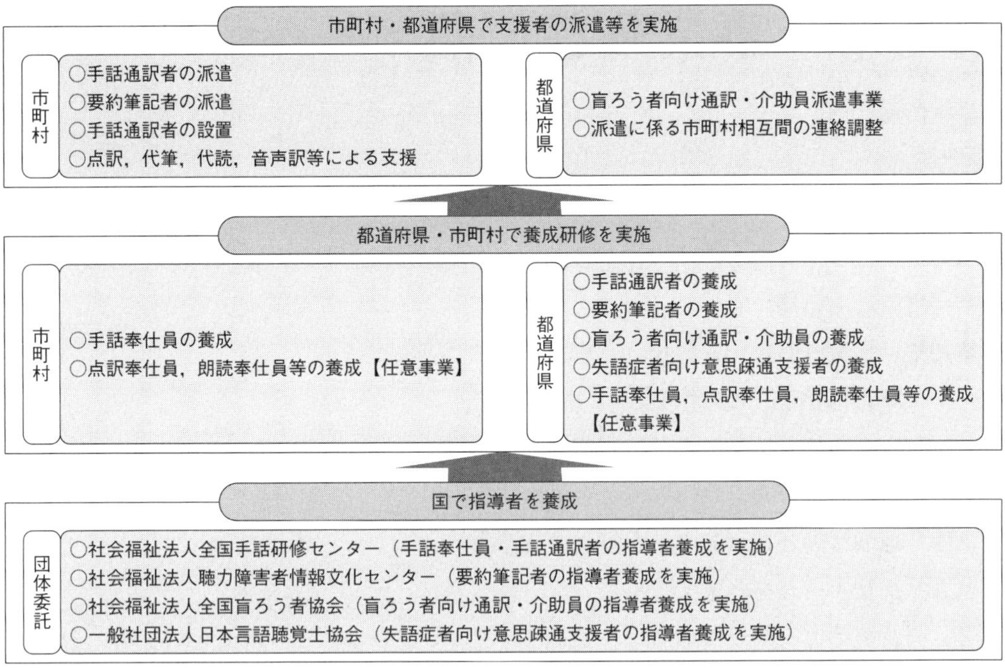

市町村・都道府県で支援者の派遣等を実施

市町村
- 手話通訳者の派遣
- 要約筆記者の派遣
- 手話通訳者の設置
- 点訳，代筆，代読，音声訳等による支援

都道府県
- 盲ろう者向け通訳・介助員派遣事業
- 派遣に係る市町村相互間の連絡調整

↑

都道府県・市町村で養成研修を実施

市町村
- 手話奉仕員の養成
- 点訳奉仕員，朗読奉仕員等の養成【任意事業】

都道府県
- 手話通訳者の養成
- 要約筆記者の養成
- 盲ろう者向け通訳・介助員の養成
- 失語症者向け意思疎通支援者の養成
- 手話奉仕員，点訳奉仕員，朗読奉仕員等の養成【任意事業】

↑

国で指導者を養成

団体委託
- 社会福祉法人全国手話研修センター（手話奉仕員・手話通訳者の指導者養成を実施）
- 社会福祉法人聴力障害者情報文化センター（要約筆記者の指導者養成を実施）
- 社会福祉法人全国盲ろう者協会（盲ろう者向け通訳・介助員の指導者養成を実施）
- 一般社団法人日本言語聴覚士協会（失語症者向け意思疎通支援者の指導者養成を実施）

第4章　事業及び施設(第79条－第86条)

> （事業の開始等）
> **第79条**　都道府県は，次に掲げる事業を行うことができる。
> 　一　障害福祉サービス事業
> 　二　一般相談支援事業及び特定相談支援事業
> 　三　移動支援事業
> 　四　地域活動支援センターを経営する事業
> 　五　福祉ホームを経営する事業
> 2　国及び都道府県以外の者は，厚生労働省令で定めるところにより，あらかじめ，厚生労働省令で定める事項を都道府県知事に届け出て，前項各号に掲げる事業を行うことができる。
> 3　前項の規定による届出をした者は，厚生労働省令で定める事項に変更が生じたときは，変更の日から1月以内に，その旨を都道府県知事に届け出なければならない。
> 4　国及び都道府県以外の者は，第1項各号に掲げる事業を廃止し，又は休止しようとするときは，あらかじめ，厚生労働省令で定める事項を都道府県知事に届け出なければならない。

概要　障害者総合支援法に定める事業のうち社会福祉法に定める第二種社会福祉事業について，都道府県並びに国及び都道府県以外の者に係る事業の開始等のための手続きを定めるものである。

解説
　○　第1項に掲げる事業は，社会福祉法で第二種社会福祉事業とされており，同法に規定する社会福祉事業としての規制を受けることとなるが，本条では，これらの事業について，社会福祉事業一般に係る規制とは別に，障害福祉サービスとしての規制をかける観点から必要となる事項を規定している。
　○　具体的には，社会福祉法では，国及び都道府県以外の者が本条第1項に規定する事業を開始する場合又は廃止した場合には，事業の開始又は廃止の日から1か月以内に都道府県知事に届け出なければならないとしているが，障害者総合支援法では，事前に都道府県知事に届け出る必要があることとしている。
　○　なお，第1項は都道府県に対して適用され，第2項から第4項までは国及び都道

府県以外の者に対して適用されている。これは，都道府県が第1項に掲げる事業を行う場合は，設置者と届出を受ける者が同一の主体となることから，届出に係る規定を設けていないものである。

○ なお，第4章の規定は，大都市特例により，指定都市・中核市も都道府県と同様の役割を担っている。

参考

○**社会福祉法**（昭和26年法律第45号）（抄）

（定義）

第2条 この法律において「社会福祉事業」とは，第一種社会福祉事業及び第二種社会福祉事業をいう。

2　次に掲げる事業を第一種社会福祉事業とする。

　一～三　（略）

　四　障害者の日常生活及び社会生活を総合的に支援するための法律（平成17年法律第123号）に規定する障害者支援施設を経営する事業

　五～七　（略）

3　次に掲げる事業を第二種社会福祉事業とする。

　一～四　（略）

　四の二　障害者の日常生活及び社会生活を総合的に支援するための法律に規定する障害福祉サービス事業，一般相談支援事業，特定相談支援事業又は移動支援事業及び同法に規定する地域活動支援センター又は福祉ホームを経営する事業

　五～十三　（略）

4　（略）

（第二種社会福祉事業）

第69条 国及び都道府県以外の者は，第二種社会福祉事業を開始したときは，事業開始の日から1月以内に，事業経営地の都道府県知事に第67条第1項各号に掲げる事項を届け出なければならない。

2　前項の規定による届出をした者は，その届け出た事項に変更を生じたときは，変更の日から1月以内に，その旨を当該都道府県知事に届け出なければならない。その事業を廃止したときも，同様とする。

注　第69条は，平成30年6月8日法律第44号により次のように改正され，平成32年4月1日から施行。

（住居の用に供するための施設を必要としない第二種社会福祉事業の開始等）

第69条 国及び都道府県以外の者は，住居の用に供するための施設を必要としない第二種社会福祉事業を開始したときは，事業開始の日から1月以内に，事業経営地の都道府県知事に第67条第1項各号に掲げる事項を届け出なければならない。

2　（略）

（適用除外）

第74条 第62条から第71条まで並びに第72条第1項及び第3項の規定は，他の法律によって，その設置又は開始につき，行政庁の許可，認可又は行政庁への届出を要するものとされている施設又は事業については，適用しない。

○ 事業の開始等に係る具体的な届出事項は,厚生労働省令において定められている。

> **参考**
>
> **開始の際に届ける事項**
> ○障害者の日常生活及び社会生活を総合的に支援するための法律施行規則（抄）
> 　（障害福祉サービス事業等に関する届出）
> **第66条**　法第79条第2項に規定する厚生労働省令で定める事項は,次の各号に掲げる事項とする。
> 　一　事業の種類(障害福祉サービス事業を行おうとする者にあっては,障害福祉サービスの種類を含む。)及び内容
> 　二　経営者の氏名及び住所（法人であるときは,その名称及び主たる事務所の所在地）
> 　三　条例,定款その他の基本約款
> 　四　職員の定数及び職務の内容
> 　五　主な職員の氏名及び経歴
> 　六　事業を行おうとする区域（市町村の委託を受けて事業を行おうとする者にあっては,当該市町村の名称を含む。）
> 　七　障害福祉サービス事業（療養介護,生活介護,短期入所,重度障害者等包括支援（施設を必要とする障害福祉サービスに係るものに限る。),自立訓練,就労移行支援又は就労継続支援に限る。),地域活動支援センターを経営する事業又は福祉ホームを経営する事業を行おうとする者にあっては,当該事業の用に供する施設の名称,種類（短期入所を行おうとする場合に限る。),所在地及び利用定員
> 　八　事業開始の予定年月日
> 2　法第79条第2項の規定による届出は,収支予算書及び事業計画書を提出することにより行うものとする。ただし,都道府県知事が,インターネットを利用してこれらの内容を閲覧することができる場合は,この限りでない。
>
> **変更の際に届ける事項**
> ○障害者の日常生活及び社会生活を総合的に支援するための法律施行規則（抄）
> **第67条**　法第79条第3項に規定する厚生労働省令で定める事項は,前条第1項各号に掲げる事項とする。
>
> **廃止・休止の際に届ける事項**
> ○障害者の日常生活及び社会生活を総合的に支援するための法律施行規則（抄）
> **第68条**　法第79条第4項に規定する厚生労働省令で定める事項は,次の各号に掲げる事項とする。
> 　一　廃止し,又は休止しようとする年月日
> 　二　廃止又は休止の理由
> 　三　現に便宜を受け,又は入所している者に対する措置
> 　四　休止しようとする場合にあっては,休止の予定期間

> （障害福祉サービス事業，地域活動支援センター及び福祉ホームの基準）
>
> **第80条** 都道府県は，障害福祉サービス事業（施設を必要とするものに限る。以下この条及び第82条第2項において同じ。），地域活動支援センター及び福祉ホームの設備及び運営について，条例で基準を定めなければならない。
>
> 2 都道府県が前項の条例を定めるに当たっては，第1号から第3号までに掲げる事項については厚生労働省令で定める基準に従い定めるものとし，第4号に掲げる事項については厚生労働省令で定める基準を標準として定めるものとし，その他の事項については厚生労働省令で定める基準を参酌するものとする。
>
> 一 障害福祉サービス事業に従事する従業者及びその員数並びに地域活動支援センター及び福祉ホームに配置する従業者及びその員数
>
> 二 障害福祉サービス事業に係る居室及び病室の床面積並びに福祉ホームに係る居室の床面積
>
> 三 障害福祉サービス事業の運営に関する事項であって，障害者の適切な処遇及び安全の確保並びに秘密の保持に密接に関連するものとして厚生労働省令で定めるもの並びに地域活動支援センター及び福祉ホームの運営に関する事項であって，障害者等の安全の確保及び秘密の保持に密接に関連するものとして厚生労働省令で定めるもの
>
> 四 障害福祉サービス事業，地域活動支援センター及び福祉ホームに係る利用定員
>
> 3 第1項の障害福祉サービス事業を行う者並びに地域活動支援センター及び福祉ホームの設置者は，同項の基準を遵守しなければならない。

概要 第79条第1項に掲げる事業のうち，施設を必要とするもの（一部の障害福祉サービス事業，地域活動支援センター，福祉ホーム）の設備及び運営に係る基準に関する規定である。

解説

○ 障害福祉サービス事業のうち療養介護，生活介護，自立訓練，就労移行支援及び就労継続支援，地域活動支援センター並びに福祉ホームについては，サービス提供に当たって施設（建物）を必要とすることから，適正な事業の運営を担保するため，その設備及び運営について都道府県が条例で基準を定めなければならないこととしている。

○ 都道府県が前項の条例を定めるに当たっては，障害福祉サービス事業については「障害者の日常生活及び社会生活を総合的に支援するための法律に基づく障害福祉サービス事業の設備及び運営に関する基準」（平成18年厚生労働省令第174号）（いわゆる最低基準）に従い，標準とし，又は参酌するものとする。

※ なお，「障害者の日常生活及び社会生活を総合的に支援するための法律に基づく

第2編　障害者総合支援法逐条解説

指定障害福祉サービス事業等の人員，設備及び運営に関する基準」等（いわゆる指定基準）があるが，これらは，障害者総合支援法に基づく給付を支払う対象となるサービスの質を担保する必要があることから設けられているものである。

○　地域活動支援センターについては「障害者の日常生活及び社会生活を総合的に支援するための法律に基づく地域活動支援センターの設備及び運営に関する基準」，福祉ホームについては「障害者の日常生活及び社会生活を総合的に支援するための法律に基づく福祉ホームの設備及び運営に関する基準」（平成18年厚生労働省令第176号）が定められている。

（報告の徴収等）

第81条　都道府県知事は，障害者等の福祉のために必要があると認めるときは，障害福祉サービス事業，一般相談支援事業，特定相談支援事業若しくは移動支援事業を行う者若しくは地域活動支援センター若しくは福祉ホームの設置者に対して，報告若しくは帳簿書類その他の物件の提出若しくは提示を求め，又は当該職員に関係者に対して質問させ，若しくはその事業所若しくは施設に立ち入り，その設備若しくは帳簿書類その他の物件を検査させることができる。

2　第9条第2項の規定は前項の規定による質問又は検査について，同条第3項の規定は前項の規定による権限について準用する。

概要　第79条第1項に掲げる事業を行う者に対する都道府県知事の調査権限を定めるものである。

解説　都道府県知事は，第79条第1項に掲げる事業の停止等を行うこととされていることから，本条で，その業務が適正に行われるよう，報告徴収等必要な調査権限を認めている。介護保険法にも同様の規定がある。

①　調査対象
　　イ　障害福祉サービス事業者，一般相談支援事業，特定相談支援事業者又は移動支援事業を行う者
　　ロ　地域活動支援センター又は福祉ホームの設置者

②　調査方法
　　イ　①のイ及びロに対し報告を命ずる。
　　ロ　①のイ及びロに対し帳簿書類その他の物件の提出又は提示を命ずる。
　　ハ　職員に関係者に対し質問をさせる。
　　ニ　職員に事務所又は施設に立ち入り，設備又は帳簿書類その他の物件を検査させる。

③　報告命令等に従わない場合の効果
　　事業の停止等（第82条関係）の対象となる。

（事業の停止等）

第82条 都道府県知事は，障害福祉サービス事業，一般相談支援事業，特定相談支援事業又は移動支援事業を行う者が，この章の規定若しくは当該規定に基づく命令若しくはこれらに基づいてする処分に違反したとき，その事業に関し不当に営利を図り，若しくはその事業に係る者の処遇につき不当な行為をしたとき，又は身体障害者福祉法第18条の2，知的障害者福祉法第21条若しくは児童福祉法第21条の7の規定に違反したときは，その事業を行う者に対して，その事業の制限又は停止を命ずることができる。

2 都道府県知事は，障害福祉サービス事業を行う者又は地域活動支援センター若しくは福祉ホームの設置者が，この章の規定若しくは当該規定に基づく命令若しくはこれらに基づいてする処分に違反したとき，当該障害福祉サービス事業，地域活動支援センター若しくは福祉ホームが第80条第1項の基準に適合しなくなったとき，又は身体障害者福祉法第18条の2，知的障害者福祉法第21条若しくは児童福祉法第21条の7の規定に違反したときは，その事業を行う者又はその設置者に対して，その施設の設備若しくは運営の改善又はその事業の停止若しくは廃止を命ずることができる。

概要 第79条第1項に掲げる事業を行う者に対する都道府県知事による事業の制限，停止等の命令に関する規定である。

解説
○ 都道府県知事は，障害福祉サービス事業（施設を必要としない事業），一般相談支援事業，特定相談支援事業又は移動支援事業を行う者が，
① 第4章の規定やこれらの規定に基づく命令・処分に違反したとき
② 不当に営利を図り又は事業に係る者の処遇につき不当な行為をしたとき
③ 身体障害者福祉法，知的障害者福祉法又は児童福祉法に規定する措置の受託義務に違反したとき
は，その事業の制限又は停止を命じることができることとしている。

○ また，障害福祉サービス事業（施設を必要とする事業）を行う者又は地域活動支援センター若しくは福祉ホームの設置者が，
① 第4章の規定やこれらの規定に基づく命令・処分に違反したとき
② 第80条第1項の基準に適合しなくなったとき
③ 身体障害者福祉法，知的障害者福祉法又は児童福祉法に規定する措置の受託義務に違反したとき
は，事業を行う者又は設置者に対して，設備，運営の改善又は事業の停止又は廃止を命じることができることとしている。

○ これらの事業は第二種社会福祉事業であるため，社会福祉法では，改善命令，許可の取消し等の対象となる要件が定められているが，本条では，これらの要件に加

えて，身体障害者福祉法等に規定する措置の受託義務に違反した場合の停止等を規定したものである。

（施設の設置等）

第83条 国は，障害者支援施設を設置しなければならない。

2 都道府県は，障害者支援施設を設置することができる。

3 市町村は，あらかじめ厚生労働省令で定める事項を都道府県知事に届け出て，障害者支援施設を設置することができる。

4 国，都道府県及び市町村以外の者は，社会福祉法（昭和26年法律第45号）の定めるところにより，障害者支援施設を設置することができる。

5 前各項に定めるもののほか，障害者支援施設の設置，廃止又は休止に関し必要な事項は，政令で定める。

概要 障害者支援施設について，国，都道府県，市町村並びに国，都道府県及び市町村以外の者に係る施設の設置等のための手続きを定めるものである。

解説
○ 第1項は，障害者自立支援法の施行前に身体障害者福祉法に定められていた国による身体障害者更生援護施設の設置について，三障害の一元化に伴い，これと同様の規定をおいたものである。

○ 第2項から第4項までの規定は，都道府県，市町村並びに国，都道府県及び市町村以外の者に係る施設の設置の手続きを定めたものであるが，これについては，

① 都道府県は，障害者支援施設の届出の受理や許可を行う主体であることから特段の手続きを定めていない，

② 市町村は，地方公共団体であることや障害者総合支援法に基づく介護給付費等の支給の主体であること等，障害福祉サービスを担う中心的な役割を果たしていることを考慮し，特別の手続きにより施設を設置することができることとした，

③ 国，都道府県及び市町村以外の者は，社会福祉法第62条第2項から第6項までの規定に基づき，施設を設置することができること

としたものである。

○ 市町村が障害者支援施設を設置する場合等の手続きは，以下のとおりである。

> **参考**
>
> ○障害者の日常生活及び社会生活を総合的に支援するための法律施行令（抄）
>
> 第43条の7 市町村は，その設置した障害者支援施設を休止し，又は廃止しようとするときは，あらかじめ，都道府県知事に届け出なければならない。
>
> 2 市町村長（特別区の区長を含む。）は，当該市町村において，その設置した障害者支援施設の名称若しくは所在地を変更し，又は当該施設の建物，設備若しくは事業内容に重大な変更を加えたときは，速やかに，都道府県知事に報告しなければな

らない。

○**障害者の日常生活及び社会生活を総合的に支援するための法律施行規則**（抄）

（障害者支援施設に関する届出）

第68条の2　法第83条第3項に規定する厚生労働省令で定める事項は，次の各号に掲げる事項とする。

一　施設の名称及び所在地
二　施設障害福祉サービスの種類及び内容
三　建物の規模及び構造並びにその図面及び設備の概要
四　事業内容及び運営の方法
五　利用定員
六　職員の定員及び主な職員の履歴書
七　収支予算書
八　事業の開始の予定年月日

第68条の3　令第43条の7第1項の規定により障害者支援施設を休止し，又は廃止しようとするときは，市町村は，次に掲げる事項を都道府県知事に届け出なければならない。

一　施設の休止又は廃止の理由及びその予定期日
二　現に便宜を受け，又は入所している者に対する措置
三　施設の建物及び設備の処分

○　国，都道府県及び市町村以外の者が障害者支援施設を設置する場合の手続きは，以下のとおりである。

参考

○**社会福祉法**（昭和26年法律第45号）（抄）

（定義）

第2条　この法律において「社会福祉事業」とは，第一種社会福祉事業及び第二種社会福祉事業をいう。

2　次に掲げる事業を第一種社会福祉事業とする。

一～三　（略）
四　障害者の日常生活及び社会生活を総合的に支援するための法律（平成17年法律第123号）に規定する障害者支援施設を経営する事業
五～七　（略）

3・4　（略）

（施設の設置）

第62条　市町村又は社会福祉法人は，施設を設置して，第一種社会福祉事業を経営しようとするときは，その事業の開始前に，その施設（以下「社会福祉施設」という。）を設置しようとする地の都道府県知事に，次に掲げる事項を届け出なければならない。

一　施設の名称及び種類
二　設置者の氏名又は名称，住所，経歴及び資産状況
三　条例，定款その他の基本約款
四　建物その他の設備の規模及び構造
五　事業開始の予定年月日
六　施設の管理者及び実務を担当する幹部職員の氏名及び経歴
七　福祉サービスを必要とする者に対する処遇の方法

2　国，都道府県，市町村及び社会福祉法人以外の者は，社会福祉施設を設置して，第一種社会福祉事業を経営しようとするときは，その事業の開始前に，その施設を設置しようとする地の都道府県知事の許可を受けなければならない。

3　前項の許可を受けようとする者は，第1項各号に掲げる事項のほか，次に掲げる事項を記載した申請書を当該都道府県知事に提出しなければならない。
一　当該事業を経営するための財源の調達及びその管理の方法
二　施設の管理者の資産状況
三　建物その他の設備の使用の権限
四　経理の方針
五　事業の経営者又は施設の管理者に事故があるときの処置

4　都道府県知事は，第2項の許可の申請があつたときは，第65条の規定により都道府県の条例で定める基準に適合するかどうかを審査するほか，次に掲げる基準によって，その申請を審査しなければならない。
一　当該事業を経営するために必要な経済的基礎があること。
二　当該事業の経営者が社会的信望を有すること。
三　実務を担当する幹部職員が社会福祉事業に関する経験，熱意及び能力を有すること。
四　当該事業の経理が他の経理と分離できる等その性格が社会福祉法人に準ずるものであること。
五　脱税その他不正の目的で当該事業を経営しようとするものでないこと。

5　都道府県知事は，前項に規定する審査の結果，その申請が，同項に規定する基準に適合していると認めるときは，社会福祉施設設置の許可を与えなければならない。

6　都道府県知事は，前項の許可を与えるに当たって，当該事業の適正な運営を確保するために必要と認める条件を付することができる。

注　第62条見出しは，平成30年6月8日法律第44号により次のように改正され，平成32年4月1日から施行。

> (社会福祉施設の設置)
> **第62条**　(略)
> 2～6　(略)

(変更)
第63条　前条第1項の規定による届出をした者は，その届け出た事項に変更を生じたときは，変更の日から1月以内に，その旨を当該都道府県知事に届け出なければな

2　前条第2項の規定による許可を受けた者は，同条第1項第4号，第5号及び第7号並びに同条第3項第1号，第4号及び第5号に掲げる事項を変更しようとするときは，当該都道府県知事の許可を受けなければならない。

3　前条第4項から第6項までの規定は，前項の規定による許可の申請があった場合に準用する。

注　第63条見出しは，平成30年6月8日法律第44号により次のように改正され，平成32年4月1日から施行。

> （社会福祉施設に係る届出事項等の変更）
> **第63条**　（略）
> 2～3　（略）

（廃止）

第64条　第62条第1項の規定による届出をし，又は同条第2項の規定による許可を受けて，社会福祉事業を経営する者は，その事業を廃止しようとするときは，廃止の日の1月前までに，その旨を当該都道府県知事に届け出なければならない。

注　第64条見出しは，平成30年6月8日法律第44号により次のように改正され，平成32年4月1日から施行。

> （社会福祉施設の廃止）
> **第64条**　（略）

（施設の基準）

第84条　都道府県は，障害者支援施設の設備及び運営について，条例で基準を定めなければならない。

2　都道府県が前項の条例を定めるに当たっては，第1号から第3号までに掲げる事項については厚生労働省令で定める基準に従い定めるものとし，第4号に掲げる事項については厚生労働省令で定める基準を標準として定めるものとし，その他の事項については厚生労働省令で定める基準を参酌するものとする。

一　障害者支援施設に配置する従業者及びその員数

二　障害者支援施設に係る居室の床面積

三　障害者支援施設の運営に関する事項であって，障害者の適切な処遇及び安全の確保並びに秘密の保持に密接に関連するものとして厚生労働省令で定めるもの

四　障害者支援施設に係る利用定員

3　国，都道府県及び市町村以外の者が設置する障害者支援施設については，第1項の基準を社会福祉法第65条第1項の基準とみなして，同法第62条第4項，第65条第3項及び第71条の規定を適用する。

第2編　障害者総合支援法逐条解説

概要　障害者支援施設の設備及び運営に係る基準に関する規定である。

解説
○　障害者支援施設について，適正な事業の運営を担保するため，その設備及び運営について都道府県が条例で基準を定めなければならないこととしている。
○　都道府県が第1項の条例を定めるに当たっては，「障害者の日常生活及び社会生活を総合的に支援するための法律に基づく障害者支援施設の設備及び運営に関する基準」（平成18年厚生労働省令第177号）（いわゆる最低基準）に従い，標準とし，又は参酌するものとする。
○　なお，国，都道府県及び市町村以外の者が行う施設を必要とする第一種社会福祉事業については，社会福祉法でも，施設の最低基準を定めなければならないこととされているが，本条第1項に基づく基準を社会福祉法に基づく最低基準とみなして同法の関連規定を適用することとしている。

（報告の徴収等）
第85条　都道府県知事は，市町村が設置した障害者支援施設の運営を適切にさせるため，必要があると認めるときは，当該施設の長に対して，必要と認める事項の報告若しくは帳簿書類その他の物件の提出若しくは提示を求め，又は当該職員に関係者に対して質問させ，若しくはその施設に立ち入り，設備若しくは帳簿書類その他の物件を検査させることができる。
2　第9条第2項の規定は前項の規定による質問又は検査について，同条第3項の規定は前項の規定による権限について準用する。

概要　市町村が設置した障害者支援施設に対する都道府県知事による調査権限を定めるものである。

解説　都道府県知事は，市町村が設置する障害者支援施設の事業の停止等を行うこととされていることから，本条では，その業務が適正に行われるよう，報告徴収等必要な調査権限を認めている。
①　調査方法
　イ　施設の長に対し必要と認める事項の報告を求める。
　ロ　施設の長に対し帳簿書類その他の物件の提出又は提示を求める。
　ハ　職員に関係者に対して質問をさせる。
　ニ　職員に施設に立ち入り，設備又は帳簿書類その他の物件を検査させる。
②　報告命令等に従わない場合の効果
　　事業の停止等（第86条関係）の対象となる。
※　国，都道府県，市町村以外の者に対しては，社会福祉法第70条の規定に基づき，都道府県知事が報告徴収等を行うこととしている。

> （事業の停止等）
>
> **第86条** 都道府県知事は，市町村が設置した障害者支援施設について，その設備又は運営が第84条第１項の基準に適合しなくなったと認め，又は法令の規定に違反すると認めるときは，その事業の停止又は廃止を命ずることができる。
>
> 2　都道府県知事は，前項の規定による処分をするには，文書をもって，その理由を示さなければならない。

概要　市町村が設置した障害者支援施設に対する都道府県知事による事業の停止等の命令に関する規定である。

解説　都道府県知事は，市町村が設置した障害者支援施設が，

① その設備又は運営が第84条第１項の基準に適合しなくなったとき

② 法令の規定に違反するとき

は，その事業の停止又は廃止を命ずることができることとしている。

　また，都道府県知事は，これらの処分を行うに当たっては，文書により，その理由を示すことが求められる。

第5章　障害福祉計画(第87条-第91条)

（基本指針）

第87条　厚生労働大臣は，障害福祉サービス及び相談支援並びに市町村及び都道府県の地域生活支援事業の提供体制を整備し，自立支援給付及び地域生活支援事業の円滑な実施を確保するための基本的な指針（以下「基本指針」という。）を定めるものとする。

2　基本指針においては，次に掲げる事項を定めるものとする。

　一　障害福祉サービス及び相談支援の提供体制の確保に関する基本的事項

　二　障害福祉サービス，相談支援並びに市町村及び都道府県の地域生活支援事業の提供体制の確保に係る目標に関する事項

　三　次条第1項に規定する市町村障害福祉計画及び第89条第1項に規定する都道府県障害福祉計画の作成に関する事項

　四　その他自立支援給付及び地域生活支援事業の円滑な実施を確保するために必要な事項

3　基本指針は，児童福祉法第33条の19第1項に規定する基本指針と一体のものとして作成することができる。

4　厚生労働大臣は，基本指針の案を作成し，又は基本指針を変更しようとするときは，あらかじめ，障害者等及びその家族その他の関係者の意見を反映させるために必要な措置を講ずるものとする。

5　厚生労働大臣は，障害者等の生活の実態，障害者等を取り巻く環境の変化その他の事情を勘案して必要があると認めるときは，速やかに基本指針を変更するものとする。

6　厚生労働大臣は，基本指針を定め，又はこれを変更したときは，遅滞なく，これを公表しなければならない。

概要　市町村及び都道府県の障害福祉計画のために厚生労働大臣が定める基本指針について定めるものである。

解説　○　障害保健福祉施策については，平成15年度以降，措置制度から契約制度へと転換した支援費制度の下で，利用者数が飛躍的に増加する等サービス量の拡充が図られ

た。

　しかしながら，居宅介護事業等について未実施の市町村が見られたほか，精神障害者のためのサービスについては，支援費制度の対象となっていなかった等，その立ち後れが指摘されていた。また，長年にわたり障害福祉サービスを支えてきた福祉施設や事業体系は，利用者の入所期間の長期化等により，その本来の機能と利用者の実態が乖離する等の状況が指摘されたほか，地域生活移行や就労支援といった新たな課題への対応も必要となっていた。さらに，障害者等の地域生活を支えていくために障害福祉サービスと並んで欠くことのできない相談支援体制についても，その整備状況に大きな地域格差が見られた。

　障害者自立支援法では，こうした状況に対応して，障害者及び障害児が，自立した日常生活又は社会生活を営むことができるよう，必要な障害福祉サービスや相談支援等の全国的な均てん化を目指し，福祉施設や事業体系の抜本的な見直しと併せて，市町村及び都道府県に対しサービスの量の見込みを定める障害福祉計画の作成を義務づけた。

　この結果，障害者自立支援法の施行後，障害福祉サービスや相談支援等は着実に増加してきたが，依然として，地域によって，障害者の地域移行への取り組みやサービス基盤の整備に格差が生じている現状であった。このような課題を踏まえ，障害者総合支援法では，障害者自立支援法よりもサービス基盤の計画的整備をより実効的にするために，障害者自立支援法の枠組みをさらに強化するための規定が追加された。

○　また，平成28年改正法において障害児福祉計画の策定が義務づけられたのを機に，基本指針の見直しがなされ，平成29年に基本指針を定める大臣告示の全部改正が行われた。

○　このような経緯の結果，平成29年改正後の障害者総合支援法に基づき厚生労働大臣が定める基本指針（以下「新指針」という）には，障害者自立支援法に基づき厚生労働大臣が定めた基本指針（以下「旧指針」という）も踏まえ，以下のような事項を定めている。

　①　障害福祉サービス及び相談支援の提供体制の確保に関する基本的事項

　　　旧指針では，障害福祉計画の基本的理念等を定めていたが，新指針でも，地域間格差の均てん化といった考え方等の，障害福祉計画の基本的理念等を引き続き定める。また，平成28年の「ニッポン一億総活躍プラン」を踏まえ，「地域共生社会」の実現に向けて推進すべき取組等も盛り込むこととする。

　②　障害福祉サービス，相談支援並びに市町村及び都道府県の地域生活支援事業の提供体制の確保に係る目標に関する事項

　　　地域のサービス基盤整備を効果的に進めるため，障害福祉計画に定める各地方公共団体の目標の基礎となる以下の目標を新たに設定することとされた。ⅰ福祉施設の入所者の地域生活への移行，ⅱ精神障害にも対応した地域包括ケアシステムの構築，ⅲ地域生活支援拠点の整備，ⅳ福祉施設から一般就労への移行等，ⅴ

障害児支援の提供体制の整備等を定める。
③ 計画の作成に関する事項
障害福祉計画に定めなければならない事項，定めるよう努めなければならない事項等，障害福祉計画の内容に関する事項や障害福祉計画を作成又は変更しようとする際の手続き等を定める。
④ その他必要な事項
上記①から③までの事項に加えて，障害福祉計画を定める際に必要な事項を定める。

○ 第4項では，厚生労働大臣は，基本指針の作成又は変更に当たっては，あらかじめ，関係者の意見を反映させるための措置を講ずることとされている。これは，全国の地方公共団体が定める障害福祉計画の基礎となる基本指針に，障害当事者，家族，障害福祉サービス事業者，地方公共団体等の障害者総合支援法の運営に関わる幅広い者の意見を反映させることが重要であることから，設けられた規定である。

○ 第5項では，厚生労働大臣は，障害者等の生活の実態，障害者等を取り巻く環境の変化その他の事情を勘案して必要があると認めるときに，速やかに基本指針を変更することとされている。これは，障害福祉計画でも規定された，いわゆるPDCAサイクルを基本指針にも取り入れたものである。具体的には，国が行う障害者に関する実態調査等を通じ，厚生労働大臣は，障害者の生活の実態等を把握し，これを踏まえ，その結果を障害福祉計画の作成又は変更に反映させることができるよう適時適切に基本指針を見直さなければならない。この規定は，障害者総合支援法で新たに設けられた規定である。

○ なお，市町村及び都道府県が計画を作成するに当たっては，厚生労働大臣が定める基本指針に即しつつ，各地域の実情を勘案することとされている。

○ 市町村及び都道府県が作成する障害福祉計画に定めなければならない事項は，第88条第2項並びに第89条第2項に規定されている事項のほか，各条第1項に基づき基本指針に規定されている事項である。また，障害福祉計画に定めるよう努めなければならない事項は，第88条第3項及び第89条第3項に規定されている事項である。
なお，市町村及び都道府県の創意工夫により，基本指針に定められているもののほか，独自の事項を障害福祉計画に定めることは可能である。

（市町村障害福祉計画）
第88条 市町村は，基本指針に即して，障害福祉サービスの提供体制の確保その他この法律に基づく業務の円滑な実施に関する計画（以下「市町村障害福祉計画」という。）を定めるものとする。
2 市町村障害福祉計画においては，次に掲げる事項を定めるものとする。
一 障害福祉サービス，相談支援及び地域生活支援事業の提供体制の確保に係る

目標に関する事項

二　各年度における指定障害福祉サービス，指定地域相談支援又は指定計画相談支援の種類ごとの必要な量の見込み

三　地域生活支援事業の種類ごとの実施に関する事項

3　市町村障害福祉計画においては，前項各号に掲げるもののほか，次に掲げる事項について定めるよう努めるものとする。

一　前項第2号の指定障害福祉サービス，指定地域相談支援又は指定計画相談支援の種類ごとの必要な見込量の確保のための方策

二　前項第2号の指定障害福祉サービス，指定地域相談支援又は指定計画相談支援及び同項第3号の地域生活支援事業の提供体制の確保に係る医療機関，教育機関，公共職業安定所その他の職業リハビリテーションの措置を実施する機関その他の関係機関との連携に関する事項

4　市町村障害福祉計画は，当該市町村の区域における障害者等の数及びその障害の状況を勘案して作成されなければならない。

5　市町村は，当該市町村の区域における障害者等の心身の状況，その置かれている環境その他の事情を正確に把握した上で，これらの事情を勘案して，市町村障害福祉計画を作成するよう努めるものとする。

6　市町村障害福祉計画は，児童福祉法第33条の20第1項に規定する市町村障害児福祉計画と一体のものとして作成することができる。

7　市町村障害福祉計画は，障害者基本法第11条第3項に規定する市町村障害者計画，社会福祉法第107条第1項に規定する市町村地域福祉計画その他の法律の規定による計画であって障害者等の福祉に関する事項を定めるものと調和が保たれたものでなければならない。

8　市町村は，市町村障害福祉計画を定め，又は変更しようとするときは，あらかじめ，住民の意見を反映させるために必要な措置を講ずるよう努めるものとする。

9　市町村は，第89条の3第1項に規定する協議会（以下この項及び第89条第7項において「協議会」という。）を設置したときは，市町村障害福祉計画を定め，又は変更しようとする場合において，あらかじめ，協議会の意見を聴くよう努めなければならない。

10　障害者基本法第36条第4項の合議制の機関を設置する市町村は，市町村障害福祉計画を定め，又は変更しようとするときは，あらかじめ，当該機関の意見を聴かなければならない。

11　市町村は，市町村障害福祉計画を定め，又は変更しようとするときは，第2項に規定する事項について，あらかじめ，都道府県の意見を聴かなければならない。

12　市町村は，市町村障害福祉計画を定め，又は変更したときは，遅滞なく，これ

を都道府県知事に提出しなければならない。

第88条の2　市町村は，定期的に，前条第2項各号に掲げる事項（市町村障害福祉計画に同条第3項各号に掲げる事項を定める場合にあっては，当該各号に掲げる事項を含む。）について，調査，分析及び評価を行い，必要があると認めるときは，当該市町村障害福祉計画を変更することその他の必要な措置を講ずるものとする。

概要　市町村及び都道府県は基本指針に即し，各地域の実情を勘案した計画を作成することとなる。第88条から第89条の2では，市町村及び都道府県が定める障害福祉計画について規定したものである。

解説
○　第88条第2項及び第3項では，市町村の障害福祉計画に定める事項が規定されている。
　①　障害福祉計画に定めなければならない事項（第2項）
　　ア　障害福祉サービス，相談支援及び地域生活支援事業の提供体制の確保に係る目標に関する事項
　　　　厚生労働大臣が定める基本指針で目標に関する事項を定めることとされたことを踏まえ，市町村の障害福祉計画でも目標を定めることとなる。具体的には，基本指針に定められている①福祉施設から地域生活へ移行した者の数，②施設入所者の削減数，③精神科病院入院患者の退院率等である。
　　イ　各年度における指定障害福祉サービス，指定地域相談支援又は指定計画相談支援の種類ごとの必要な量の見込み
　　　　計画期間中の各年度の指定障害福祉サービス，指定地域相談支援又は指定計画相談支援の種類ごとの必要なサービス量を定めることとなる。定める際には，基本指針を参考としつつ，地域の実情を踏まえて設定することとなる。
　　ウ　地域生活支援事業の種類ごとの実施に関する事項
　　　　市町村が実施する地域生活支援事業に関して，その実施内容，各年度における事業の種類ごとの実施に関する考え方及び量の見込み，各事業の見込量の確保のための方策，その他実施に必要な事項を定めることとなる。この事項については，平成24年度から，いったん定めるよう努める事項とされたが，平成24年整備法案の審議過程で衆議院により修正が加えられ，市町村の実施する地域生活支援事業について，未実施市町村が依然として残っている状況等にかんがみ，未実施の市町村の計画的な解消等の理由から，障害者総合支援法では，定めなければならない事項とされた。
　②　障害福祉計画に定めるよう努めなければならない事項（第3項）
　　ア　指定障害福祉サービス，指定地域相談支援又は指定計画相談支援の種類ごとの必要な見込量の確保のための方策
　　　　市町村は，必ず障害福祉計画に定めるサービスの必要量を確保するため，指

定障害福祉サービス，指定地域相談支援又は指定計画相談支援の事業を行う者の確保に関する方策を定めるよう努めることとなる。この場合には，事業を行う意向を有する事業者の把握に努めたうえで，広く情報提供を行う等により多様な事業者の参入を促進する等の工夫を図ることが必要である。また，指定地域相談支援及び指定計画相談支援は，平成24年度から施行されたものであり，まだ，十分な整備が行われていないことから，特に留意することが必要である。

　　イ　指定障害福祉サービス，指定地域相談支援又は指定計画相談支援及び地域生活支援事業の提供体制の確保に係る医療機関，教育機関，公共職業安定所その他の職業リハビリテーションの措置を実施する機関その他の関係機関との連携に関する事項

　　　市町村は，障害福祉計画に定められた事項の実施をより実効的に行うため，障害者総合支援法に基づく支援に密接に関係する教育機関，医療機関，職業リハビリテーション機関との連携に関する事項を定めることとなる。具体的には，福祉施設から一般就労への移行を実現するための障害福祉サービスと公共職業安定所との連携や重度障害者に対する適切な支援を提供するための医療機関と障害福祉サービスとの連携等が想定される。

○　第88条第４項及び第５項で，市町村は，障害福祉計画の作成に当たって，障害者等の数及びその障害の状況を勘案するとともに，障害者等の心身の状況，その置かれている環境その他の事情を正確に把握したうえで，これらの事情を勘案するよう努めることとされている。これは，市町村が把握しうる障害者や障害児の数といった客観的な指標を勘案してサービスの必要量等を定めることは言うまでもないが，これに加えて，市町村自らが，できる限り潜在的なサービス必要量等を正確に把握したうえで，作成するよう努めることを求めるものである。第５項は，障害者総合支援法で新たに設けられた規定である。

○　第88条第８項で，市町村は，市町村障害福祉計画を定め，又は変更しようとするときは，あらかじめ，住民の意見を反映させるために必要な措置を講ずるよう努めることとされている。具体的には障害福祉計画の作成に当たって，サービスを利用する障害者等をはじめ，事業者，雇用，教育，医療等の幅広い分野の関係者から構成される障害福祉計画作成委員会等の意見集約の場の設置，その際の公募その他の適切な方法による地域住民の参画，インターネット等の活用によるパブリックコメントの実施，公聴会（タウンミーティング）の開催，アンケートの実施等が考えられる。

　　なお，第88条第９項で，障害者総合支援法第89条の３第１項の協議会を設置する市町村は，あらかじめ当該協議会の意見を聴くよう努めなければならないとされていること及び第88条第10項において，障害者基本法第36条第４項の合議制の機関を設置する市町村は，あらかじめ当該機関の意見を聴かなければならないとされていることから，前述の障害福祉計画作成委員会等の意見集約の場として，これらの機関を活用することも考えられる。

○　第88条第11項で，市町村は，市町村障害福祉計画を定め，又は変更しようとするときは，第88条第２項に規定する事項について，あらかじめ，都道府県の意見を聴かなければならないとされており，また，第90条第１項において都道府県知事は，市町村に対し，市町村障害福祉計画の作成上の技術的事項について，必要な助言をすることができるとされている。

　市町村が障害福祉計画を作成するに当たっては，前述のとおり，第88条第２項で定めることとされている事項を定めるほか，基本指針に即して計画を作成するよう定められているため，例えば，市町村が法律に定められた事項を定めていない場合や基本指針に即していない計画を定めた場合，第88条第11項及び第90条第１項を根拠として，都道府県は，当該市町村に対し，基本指針に即した計画を作成するよう意見や助言を行うことができる。

○　第88条第12項で，市町村は，市町村障害福祉計画を定め，又は変更したときは，遅滞なく，これを都道府県知事に提出しなければならないとされている。この際の提出は必ずしも冊子（製本）による必要はないが，最終的には紙媒体での提出が想定されている（第89条第９項の都道府県障害福祉計画の厚生労働大臣への提出に際しても同様である）。

　なお，市町村障害福祉計画は，第88条第12項のとおり，都道府県知事に提出するのみで足り，厚生労働大臣に提出することは不要である。

○　第88条の２で，市町村は，障害福祉計画に定める事項について，調査，分析及び評価を行い，必要があると認めるときは，当該障害福祉計画の変更等必要な措置を講ずることとされている。これは障害者自立支援法では規定されていなかったものであるが，サービス基盤の計画的な整備を実効的に進めるためには，障害福祉計画を作成した市町村が実態把握を行い，その結果を分析・評価し，適時適切に見直すことが必要であるため，そのための取組みを行うことを障害者総合支援法で新たに規定したものである（いわゆるPDCAサイクルの導入）。

　なお，定期的に実施することとされているが，どの程度の期間で調査，分析及び評価を行うかについては，地域の実情に応じて実施することとなる。また，この規定に基づき必要な措置を講ずる場合，必ずしも障害福祉計画の変更に限らず，運用面の見直し等状況に応じた対応を行うことも可能である。

（都道府県障害福祉計画）

第89条　都道府県は，基本指針に即して，市町村障害福祉計画の達成に資するため，各市町村を通ずる広域的な見地から，障害福祉サービスの提供体制の確保その他この法律に基づく業務の円滑な実施に関する計画（以下「都道府県障害福祉計画」という。）を定めるものとする。

２　都道府県障害福祉計画においては，次に掲げる事項を定めるものとする。

一　障害福祉サービス，相談支援及び地域生活支援事業の提供体制の確保に係る

目標に関する事項
　二　当該都道府県が定める区域ごとに当該区域における各年度の指定障害福祉サービス，指定地域相談支援又は指定計画相談支援の種類ごとの必要な量の見込み
　三　各年度の指定障害者支援施設の必要入所定員総数
　四　地域生活支援事業の種類ごとの実施に関する事項
3　都道府県障害福祉計画においては，前項各号に掲げる事項のほか，次に掲げる事項について定めるよう努めるものとする。
　一　前項第2号の区域ごとの指定障害福祉サービス又は指定地域相談支援の種類ごとの必要な見込量の確保のための方策
　二　前項第2号の区域ごとの指定障害福祉サービス，指定地域相談支援又は指定計画相談支援に従事する者の確保又は資質の向上のために講ずる措置に関する事項
　三　指定障害者支援施設の施設障害福祉サービスの質の向上のために講ずる措置に関する事項
　四　前項第2号の区域ごとの指定障害福祉サービス又は指定地域相談支援及び同項第4号の地域生活支援事業の提供体制の確保に係る医療機関，教育機関，公共職業安定所その他の職業リハビリテーションの措置を実施する機関その他の関係機関との連携に関する事項
4　都道府県障害福祉計画は，児童福祉法第33条の22第1項に規定する都道府県障害児福祉計画と一体のものとして作成することができる。
5　都道府県障害福祉計画は，障害者基本法第11条第2項に規定する都道府県障害者計画，社会福祉法第108条第1項に規定する都道府県地域福祉支援計画その他の法律の規定による計画であって障害者等の福祉に関する事項を定めるものと調和が保たれたものでなければならない。
6　都道府県障害福祉計画は，医療法（昭和23年法律第205号）第30条の4第1項に規定する医療計画と相まって，精神科病院に入院している精神障害者の退院の促進に資するものでなければならない。
7　都道府県は，協議会を設置したときは，都道府県障害福祉計画を定め，又は変更しようとする場合において，あらかじめ，協議会の意見を聴くよう努めなければならない。
8　都道府県は，都道府県障害福祉計画を定め，又は変更しようとするときは，あらかじめ，障害者基本法第36条第1項の合議制の機関の意見を聴かなければならない。
9　都道府県は，都道府県障害福祉計画を定め，又は変更したときは，遅滞なく，

> これを厚生労働大臣に提出しなければならない。
>
> **第89条の2** 都道府県は，定期的に，前条第2項各号に掲げる事項（都道府県障害福祉計画に同条第3項各号に掲げる事項を定める場合にあっては，当該各号に掲げる事項を含む。）について，調査，分析及び評価を行い，必要があると認めるときは，当該都道府県障害福祉計画を変更することその他の必要な措置を講ずるものとする。

解説　○　第89条第2項及び第3項各号に都道府県の障害福祉計画に定める事項が規定されている。

① 障害福祉計画に定めなければならない事項（第2項）

　ア　障害福祉サービス，相談支援及び地域生活支援事業の提供体制の確保に係る目標に関する事項

　　厚生労働大臣が定める基本指針で目標に関する事項を定めることとされたことを踏まえ，都道府県の障害福祉計画でも目標を定めることとなる。具体的には，基本指針に定められている①福祉施設から地域生活へ移行した者の数，②施設入所者の削減数，③精神科病院入院患者の退院率等である。また，都道府県の障害福祉計画では，市町村が設定した目標を踏まえて，目標設定をすることとなる。

　イ　当該都道府県が定める区域ごとに当該区域における各年度の指定障害福祉サービス，指定地域相談支援又は指定計画相談支援の種類ごとの必要な量の見込み

　　計画期間中の各年度の指定障害福祉サービス，指定地域相談支援又は指定計画相談支援の種類ごとの必要なサービス量を定めることとなる。その際には，市町村障害福祉計画の数値を区域ごとに集計したものを基本として，これをさらに都道府県全域で集計した結果が，都道府県障害福祉計画の見込みの数値と整合性がとれるよう，市町村と調整することが必要となる。

　ウ　各年度の指定障害者支援施設の必要入所定員総数

　　各年度の指定障害者支援施設の必要入所定員総数を定めることとなる。具体的には，基本指針を基礎として，数値目標や県外利用者数等を考慮して設定することが必要となる。

　　なお，必要入所定員総数については，原則として，都道府県単位で設定する必要があるが，これに加えて，各都道府県の必要に応じて，圏域（都道府県が定める区域）単位で定めることも差し支えない。

　エ　地域生活支援事業の種類ごとの実施に関する事項

　　都道府県が実施する地域生活支援事業に関して，その実施内容，各年度における事業の種類ごとの実施に関する考え方及び量の見込み，各事業の見込量の確保のための方策，その他実施に必要な事項を定めることとなる。この事項に

ついては，平成24年度から，いったん定めるよう努める事項とされたが，平成24年整備法案の審議過程で衆議院により修正が加えられ，都道府県の実施する地域生活支援事業について，専門的な意思疎通支援を行う者の養成や派遣の都道府県での確実な実施等の理由から，障害者総合支援法では，定めなければならない事項とされた。

② 障害福祉計画に定めるよう努めなければならない事項（第3項）

ア 指定障害福祉サービス又は指定地域相談支援の種類ごとの必要な見込量の確保のための方策

都道府県は必ず障害福祉計画に定めるサービスの見込量を確保するため，指定障害福祉サービス又は指定地域相談支援の事業を行う者の確保に関する方策を定めるよう努めることとなる。この場合には，事業を行う意向を有する事業者の把握に努めたうえで，広く情報提供を行う等により多様な事業者の参入を促進する等の工夫を図ることが必要である。なお，指定計画相談支援を担う指定特定相談支援事業者の指定は市町村長の権限とされているため，都道府県がそのサービス見込量の確保に責任を持つことができないため，指定計画相談支援の必要な見込量の確保のための方策については，定めるよう努めるべき事項に規定されていない。

イ 指定障害福祉サービス，指定地域相談支援又は指定計画相談支援に従事する者の確保又は資質の向上及び指定障害者支援施設の施設障害福祉サービスの質の向上のために講ずる事項

指定障害福祉サービス，指定地域相談支援又は指定計画相談支援及び指定障害者支援施設の施設障害福祉サービス（以下「指定障害福祉サービス等」という）の提供に当たって基本となるのは人材であるため，国，都道府県，市町村及び指定障害福祉サービス等の事業者は，指定障害福祉サービス等に係る人材の養成，提供されるサービスに対する第三者による評価，障害者等の権利擁護に向けた取組み等を総合的に推進することが求められる。こうした取組みを効果的に実施するために，地域の実情に応じ，指定障害福祉サービス等の事業者，雇用，教育，医療等の関連する分野の関係者等を含めた協議会等のネットワークを構築し，関係者の連携の下，取組みを進めることが必要である。

○ 平成30年4月より，児童福祉法に基づき，都道府県障害児福祉計画が作成されることとなった。都道府県障害福祉計画は当該障害児福祉計画と一体のものとして作成することができる（第6項）。

○ 第89条第7項で，障害者総合支援法第89条の3第1項の協議会を設置する都道府県は，あらかじめ当該協議会の意見を聴くよう努めなければならないとされていること及び第89条第8項において，障害者基本法第36条第1項の合議制の機関を設置する都道府県は，あらかじめ当該機関の意見を聴かなければならないとされている。現在，すべての都道府県に協議会が設置されており，第89条第7項については，すべての都道府県に適用されるものである。

○ 第89条の２で，都道府県は，障害福祉計画に定める事項について，調査，分析及び評価を行い，必要があると認めるときは，当該障害福祉計画の変更等必要な措置を講ずることとされている。これは障害者自立支援法では規定されていなかったものであるが，サービス基盤の計画的な整備を実効的に進めるためには，障害福祉計画を作成した都道府県が実態把握を行い，その結果を分析・評価し，適時適切に見直すことが必要であるため，そのための取組みを行うことを障害者総合支援法で新たに規定したものである。(いわゆるPDCAサイクルの導入)

なお，定期的に実施することとされているが，どの程度の期間で調査，分析及び評価を行うかについては，地域の実情に応じて実施することで差し支えない。また，この規定に基づき必要な措置を講ずる場合，必ずしも障害福祉計画の変更を行わなくとも，運用面の見直し等状況に応じた対応を行うことで差し支えない。

参考

○**障害者基本法**（昭和45年法律第84号）（抄）

（都道府県等における合議制の機関）

第36条　都道府県（地方自治法（昭和22年法律第67号）第252条の19第１項の指定都市（以下「指定都市」という。）を含む。以下同じ。）に，次に掲げる事務を処理するため，審議会その他の合議制の機関を置く。

一　都道府県障害者計画に関し，第11条第５項（同条第９項において準用する場合を含む。）に規定する事項を処理すること。

二　当該都道府県における障害者に関する施策の総合的かつ計画的な推進について必要な事項を調査審議し，及びその施策の実施状況を監視すること。

三　当該都道府県における障害者に関する施策の推進について必要な関係行政機関相互の連絡調整を要する事項を調査審議すること。

２　前項の合議制の機関の委員の構成については，当該機関が様々な障害者の意見を聴き障害者の実情を踏まえた調査審議を行うことができることとなるよう，配慮されなければならない。

３　前項に定めるもののほか，第１項の合議制の機関の組織及び運営に関し必要な事項は，条例で定める。

４　市町村（指定都市を除く。）は，条例で定めるところにより，次に掲げる事務を処理するため，審議会その他の合議制の機関を置くことができる。

一　市町村障害者計画に関し，第11条第６項（同条第９項において準用する場合を含む。）に規定する事項を処理すること。

二　当該市町村における障害者に関する施策の総合的かつ計画的な推進について必要な事項を調査審議し，及びその施策の実施状況を監視すること。

三　当該市町村における障害者に関する施策の推進について必要な関係行政機関相互の連絡調整を要する事項を調査審議すること。

５　第２項及び第３項の規定は，前項の規定により合議制の機関が置かれた場合に準用する。

(協議会の設置)

第89条の3 地方公共団体は，単独で又は共同して，障害者等への支援の体制の整備を図るため，関係機関，関係団体並びに障害者等及びその家族並びに障害者等の福祉，医療，教育又は雇用に関連する職務に従事する者その他の関係者（次項において「関係機関等」という。）により構成される協議会を置くように努めなければならない。

2　前項の協議会は，関係機関等が相互の連絡を図ることにより，地域における障害者等への支援体制に関する課題について情報を共有し，関係機関等の連携の緊密化を図るとともに，地域の実情に応じた体制の整備について協議を行うものとする。

概要　障害者総合支援法に基づく福祉サービス等の支援体制の整備を進めるための，関係機関等からなる協議会について規定するものである。

解説
○　本条は，関係機関が集まり，障害者等に関する情報を交換し，地域の障害者等の支援体制を充実・強化していくための協議会について定めるものである。この協議会については，平成22年整備法による障害者自立支援法の改正の際に法定化された自立支援協議会について，名称を地方公共団体の判断により変更できるよう協議会として規定したものである。

○　平成22年整備法による障害者自立支援法の改正がなされるまでは，自立支援協議会は，各地方公共団体が独自の判断で設置していたが，地域の障害者等の支援体制を充実・強化していく観点から，法定化された。しかし，この当時は任意設置の規定であり，障害者等に関する支援体制の整備を更に効果的に進めることが求められていたことから，地方公共団体ができる限り設置することとなるよう，障害者総合支援法では，協議会の設置を地方公共団体の努力義務としたものである。

○　この協議会には，障害者等やその家族に加えて，障害者総合支援法に基づく支援にかかわる事業者，教育や就労の関係者等地域の実情に応じた関係者を参画させることが想定される。

(都道府県知事の助言等)

第90条　都道府県知事は，市町村に対し，市町村障害福祉計画の作成上の技術的事項について必要な助言をすることができる。

2　厚生労働大臣は，都道府県に対し，都道府県障害福祉計画の作成の手法その他都道府県障害福祉計画の作成上の重要な技術的事項について必要な助言をすることができる。

(国の援助)

第91条 国は，市町村又は都道府県が，市町村障害福祉計画又は都道府県障害福祉計画に定められた事業を実施しようとするときは，当該事業が円滑に実施されるように必要な助言その他の援助の実施に努めるものとする。

概要 第90条及び第91条は，障害福祉計画の作成あるいはその実施に当たって，都道府県及び国の助言等について規定したものである。

解説 前述のとおり，例えば，市町村が法律に定められた事項を定めていない場合や基本指針に即していない計画を定めた場合，都道府県は，当該市町村に対し，基本指針に即した計画を作成するよう助言を行うことができる。これと同様に，都道府県が法律に定められた事項を定めていない場合や基本指針に即していない計画を定めた場合，国は，当該都道府県に対し，基本指針に即した計画を作成するよう助言を行うことができる。

第6章　費用（第92条－第96条）

> （市町村の支弁）
> **第92条**　次に掲げる費用は，市町村の支弁とする。
> 一　介護給付費等，特定障害者特別給付費及び特例特定障害者特別給付費（以下「障害福祉サービス費等」という。）の支給に要する費用
> 二　地域相談支援給付費，特例地域相談支援給付費，計画相談支援給付費及び特例計画相談支援給付費（第94条第1項において「相談支援給付費等」という。）の支給に要する費用
> 三　自立支援医療費（第8条第1項の政令で定める医療に係るものを除く。），療養介護医療費及び基準該当療養介護医療費の支給に要する費用
> 四　補装具費の支給に要する費用
> 五　高額障害福祉サービス等給付費の支給に要する費用
> 六　市町村が行う地域生活支援事業に要する費用
> （都道府県の支弁）
> **第93条**　次に掲げる費用は，都道府県の支弁とする。
> 一　自立支援医療費（第8条第1項の政令で定める医療に係るものに限る。）の支給に要する費用
> 二　都道府県が行う地域生活支援事業に要する費用

概要　市町村及び都道府県が支弁する費用について定めるものである。

解説　福祉サービス又は相談支援にかかる費用については，障害種別にかかわらず，市町村が実施主体となることとしたため，市町村が費用を支弁することとなる。
　一方，自立支援医療については，実施主体が都道府県であるものがあり，その場合には都道府県が費用を支弁することとなる。

第92条
　市町村が事務を行うものについて，その費用を市町村が支弁することを定めるものである。これには，まず以下の自立支援給付が該当する。
第1号　障害福祉サービスにかかる費用

第2号　相談支援にかかる費用
第3号　自立支援医療のうち，更生医療及び育成医療にかかる費用
　　　　療養介護医療にかかる費用
第4号　補装具にかかる費用
第5号　サービス利用に係る負担額が著しく高額である場合に支給する高額障害福祉サービス等給付費にかかる費用
また，地域生活支援事業の費用も市町村が支弁することとなる。
第6号　市町村が行う地域生活支援事業の費用

第93条
　都道府県が事務を行うものについて，その費用を都道府県が支弁することを定めるものである。自立支援医療のうち，都道府県が支給事務を行うものは，令第3条で，精神通院医療とされている。これらにかかる費用（第1号）のほか，都道府県が行う地域生活支援事業の費用が該当する（第2号）。

（都道府県の負担及び補助）

第94条　都道府県は，政令で定めるところにより，第92条の規定により市町村が支弁する費用について，次に掲げるものを負担する。
　一　第92条第1号，第2号及び第5号に掲げる費用のうち，国及び都道府県が負担すべきものとして当該市町村における障害福祉サービス費等及び高額障害福祉サービス等給付費の支給に係る障害者等の障害支援区分ごとの人数，相談支援給付費等の支給に係る障害者等の人数その他の事情を勘案して政令で定めるところにより算定した額（以下「障害福祉サービス費等負担対象額」という。）の100分の25
　二　第92条第3号及び第4号に掲げる費用のうち，その100分の25
2　都道府県は，当該都道府県の予算の範囲内において，政令で定めるところにより，第92条の規定により市町村が支弁する費用のうち，同条第6号に掲げる費用の100分の25以内を補助することができる。

（国の負担及び補助）

第95条　国は，政令で定めるところにより，次に掲げるものを負担する。
　一　第92条の規定により市町村が支弁する費用のうち，障害福祉サービス費等負担対象額の100分の50
　二　第92条の規定により市町村が支弁する費用のうち，同条第3号及び第4号に掲げる費用の100分の50
　三　第93条の規定により都道府県が支弁する費用のうち，同条第1号に掲げる費

用の100分の50
2 国は，予算の範囲内において，政令で定めるところにより，次に掲げるものを補助することができる。
一 第19条から第22条まで，第24条及び第25条の規定により市町村が行う支給決定に係る事務の処理に要する費用（地方自治法第252条の14第1項の規定により市町村が審査判定業務を都道府県審査会に委託している場合にあっては，当該委託に係る費用を含む。）並びに第51条の5から第51条の7まで，第51条の9及び第51条の10の規定により市町村が行う地域相談支援給付決定に係る事務の100分の50以内
二 第92条及び第93条の規定により市町村及び都道府県が支弁する費用のうち，第92条第6号及び第93条第2号に掲げる費用の100分の50以内

概要 市町村及び都道府県が支弁する費用について，都道府県及び国が補助又は負担する額などを定めるものである（表2-12）。

解説
○ 支援費制度においては，個別給付であっても，居宅サービスにかかる費用は補助規定であった。このため，サービスの伸びに対して，予算の不足等が生じることもあり，この課題を解消するため，障害者自立支援法では，個別給付の費用はすべて義務的に負担することとした。障害者総合支援法でも，この考え方と同様，福祉サービス等の給付にかかる費用はすべて義務的に負担することとしている。

○ また，平成22年整備法による障害者自立支援法の改正により創設された相談支援に関する個別給付の費用についても，すべて義務的に負担することとしている。

○ 第94条第1項，第95条第1項は，都道府県又は国の負担規定である。

① 第94条第1項第1号及び第95条第1項第1号について

障害福祉サービス，相談支援又は高額障害福祉サービス等給付費に関する費用負担に関する規定である。

市町村が支弁した費用について，国及び都道府県は，障害支援区分等ごとに設定された額（障害福祉サービス費等負担対象額（下記参照））の2分の1（国），4分の1（都道府県）を負担することとしている（いわゆる国庫負担基準）。このため，障害福祉サービスの種類及び給付費によっては，市町村が支弁した費用のすべてが国・都道府県による負担の対象となるわけではない（令第44条）。

支援費制度では，居宅サービスの費用のうち，いわゆるホームヘルプサービスにかかる費用に関しては，国庫補助基準があったところであるが，これは限られた国の財源を効果的に配分し，サービス水準の底上げを図るためのものであった。

障害者総合支援法では，「補助」ではなく，「負担」であるが，同じように，サービス水準の底上げを図るために，国庫負担基準が設けられている（基準の詳細については，下記「1 障害福祉サービス費等負担対象額」の部分を参照）。

② 第94条第1項第2号及び第95条第1項第2号について

表2−12　障害者総合支援法における負担規定について

	障害福祉サービス関係	相談支援関係	公費負担医療関係	
規定内容	介護給付費，特例介護給付費，訓練等給付費，特例訓練等給付費，特定障害者特別給付費及び特例特定障害者特別給付費（障害福祉サービス費等）の支給	地域相談支援給付費，特例地域相談支援給付費，計画相談支援給付費及び特例計画相談支援給付費（相談支援給付費等）の支給	自立支援医療費（法第8条第1項の政令で定める医療*2に係るものを除く），療養介護医療費及び基準該当療養介護医療費の支給	自立支援医療費の支給（法第8条第1項の政令で定める医療*2に係るものに限る）
市町村の支弁	第92条第1号	第92条第2号	第92条第3号	―
都道府県の支弁	―	―	―	第93条第1号
都道府県の負担・補助	第94条第1項第1号（「障害福祉サービス費等負担対象額」の100分の25負担）	第94条第1項第1号（「障害福祉サービス費等負担対象額」の100分の25負担）	第94条第1項第2号（100分の25負担）	―
国の負担・補助	第95条第1項第1号（「障害福祉サービス費等負担対象額」の100分の50市町村に負担）	第95条第1項第1号（「障害福祉サービス費等負担対象額」の100分の50市町村に負担）	第95条第1項第2号（100分の50市町村に負担）	第95条第1項第3号（100分の50市町村に負担）

	補装具	高額障害福祉サービス等給付費	地域生活支援事業	
規定内容	補装具費の支給	高額障害福祉サービス等給付費	市町村の地域生活支援事業	都道府県の地域生活支援事業
市町村の支弁	第92条第4号	第92条第5号	第92条第6号	―
都道府県の支弁	―	―	―	第93条第2号
都道府県の負担・補助	第94条第1項第2号（100分の25負担）	第94条第1項第1号（「障害福祉サービス費等負担対象額」の100分の25負担）	第94条第2項（予算の範囲内で，100分の25以内を補助できる）	―
国の負担・補助	第95条第1項第2号（100分の50市町村に負担）	第95条第1項第1号（「障害福祉サービス費等負担対象額」の100分の25負担）	第95条第2項第2号（予算の範囲内で，100分の50以内を市町村に補助できる）	第95条第2項第2号（予算の範囲内で，100分の50以内を都道府県に補助できる）

*1　上記以外に，国の事務費補助として，市町村審査会（都道府県審査会を含む）の事務費について予算の範囲内で，100分の50以内を補助できる（第95条第2項第1号）。
*2　精神通院医療（令第3条）。

　　　自立支援医療（更生医療及び育成医療），療養介護医療，補装具費に要する費用に関するものについては，法律上，市町村が支弁した費用全額を国（2分の1），都道府県（4分の1）が負担することとしている。
　③　第95条第1項第3号について
　　　都道府県が支弁した費用について，国が2分の1負担することとしているものであり，自立支援医療（精神通院医療）に要する費用が該当する。
○　第94条第2項及び第95条第2項については，国及び都道府県の補助規定である。地域生活支援事業及び審査判定業務に必要な事務費用が該当する。このうち，市町村が行う地域生活支援事業は，市町村が支弁した費用について，国（2分の1以内）と都道府県（4分の1以内），都道府県が行う地域生活支援事業は都道府県が支弁した費用について，国（2分の1以内），審査判定業務は，事務処理費用について，国（2分の1以内）がそれぞれ補助することとしている。

＜負担規定（個別給付）に係る規定について＞
1　障害福祉サービス費等負担対象額について（資料編：601頁）。
○　障害福祉サービス費等負担対象額とは，障害福祉サービスにかかる給付として障害福祉サービス費等（介護給付費等，特定障害者特別給付費，特例特定障害者特別給付費），相談支援給付費等（地域相談支援給付費，特例地域相談支援給付費，計画相談支援給付費，特例計画相談支援給付費），高額障害福祉サービス等給付費について，国及び都道府県が負担すべきものとして当該市町村における当該費用の支給にかかる障害者等の障害程度区分ごとの人数その他の事情を勘案して政令で定めるところにより算定した額である。

　　これは，市町村が支弁した介護給付費のうち，かかった費用のすべての2分の1又は4分の1を国又は都道府県が負担するのではなく，一定の範囲について国又は都道府県が負担することとしているものである。

○　障害者自立支援法及び障害者総合支援法では，国の費用負担を「義務化」することで財源の裏付けを強化する一方で，「義務化」といっても無条件ですべてを負担することは困難であり，障害福祉に関する国と地方自治体間の役割分担を前提に限りある国費を公平に配分し，市町村間のサービスのばらつきをなくし，市町村に対する国庫負担（精算基準）の上限を定めるため国庫負担基準を定めている。

○　これは個人のサービスの上限ではなく，市町村に対する国庫負担（精算基準）の上限であり，介護の必要度が高い者が多い市町村には，その人数に応じて国庫負担を行える仕組みであるとともに，同じ市町村のなかでサービスの利用が少ないほうから多いほうに回すことが可能という柔軟な仕組みにしている。

○　重度障害者の割合が一定以上であること等により，訪問系サービスの支給額が国庫負担基準を超過している市町村については，地域生活支援事業により助成を行うとともに，国庫負担基準をなお超過する市町村には，障害者総合支援事業費補助金による重度訪問介護等の利用促進に係る市町村事業（指定都市，中核市，特別区は除く）により，国が財政支援を行っている。この基準額については，サービスの種類に応じ，障害支援区分ごとに設定されている。

○　なお，平成29年度末までは「従前額保障」が設定されており，平成17年度の補助実績を国庫負担基準が下回る場合は，従前の補助実績を下回らないよう，負担することとされていた。

○　障害福祉サービス費等負担対象額については，算定する際に，三つの区分がある。
　①　障害支援区分等ごとに一定の額を定めるもの
　　→訪問系サービスのうち，いわゆるホームヘルプサービス及びこれに類似するもの。地域格差が大きく，国が一定の水準を示すことにより，サービス水準の底上げを図るもの。これらについては，市町村が支弁した額全額を負担するという仕組みとしておらず，一定の基準と市町村が支弁した額を比較して低いほうの額を負担することとしている。

　　　令第44条第3項第1号で定める訪問サービスは，同様の障害支援区分であって

も，1人当たりの支給量が月600時間支給されている市町村もあれば，月50時間である市町村もあり，特に地域格差が大きいサービスとされている。

○ 対象となる給付費
・居宅介護，重度訪問介護，同行援護，行動援護，重度障害者等包括支援に係る給付費　→いわゆるホームヘルプサービス及びこれに類するサービス
・常時介護を要する障害者等であって，その介護の必要の程度が著しく高いものとして厚生労働大臣が定める者が利用する障害福祉サービスにかかる給付費　→重度障害者等包括支援対象者（以下の状態像の者）であるが，重度障害者等包括支援を利用せず，ほかの障害福祉サービスを利用している者が利用する障害福祉サービス

> **重度障害者等包括支援対象者像**
>
> 　障害支援区分が区分6（障害児にあっては，これに相当する心身の状態）に該当し，意思疎通を図ることに著しい支障がある者であって，以下のA又はBのいずれかに該当する利用者
>
> A　注1の要件すべてに該当し，かつ，四肢すべてに麻痺があり，かつ，寝たきりの状態にある者のうち，注2のうちいずれかに該当する者
> 　（注1）
> 　　・二肢以上に麻痺等があること
> 　　・認定調査票における以下の㈠から㈣までに掲げる調査項目のいずれかについて，それぞれ㈠から㈣までに掲げる状態のいずれか1つに認定されていること。
> 　　　㈠ 2-5　「2．何かにつかまればできる」又は「3．できない」
> 　　　㈡ 2-6　「2．見守り等」，「3．一部介助」又は「4．全介助」
> 　　　㈢ 4-5　「2．見守り等」，「3．一部介助」又は「4．全介助」
> 　　　㈣ 4-6　「2．見守り等」，「3．一部介助」又は「4．全介助」
> 　（注2）
> 　　・気管切開を伴う人工呼吸器による呼吸管理を行っている者
> 　　・最重度の知的障害のある者
> B　「厚生労働大臣が定める基準」（平成18年厚生労働省告示第543号）に定める基準による者

○ 国又は都道府県の負担の対象となる額
・アで示す基準額とイで示す支給に要した費用の額から寄付金その他の収入の額を控除した額とを比較して少ない方の額
　ア　①障害者等の障害支援区分，②ほかの法律の規定により受けることができるサービスの量（例えば介護保険法による給付）等を勘案して厚生労働大臣が定める基準にそれぞれのサービスごとに，当該介護給付費等の支給に係る障害福祉サービスを受けた障害者等の人数を乗じ

て算定した額(「厚生労働大臣が定める障害福祉サービス費等負担対象額に関する基準等」(平成18年厚生労働省告示第530号))

→具体的な算定方法は,

例えば,A,B,Cという対象者の区分ごとに単位数が設定されていることから,その区分ごとの単位数に利用者数の人数を乗じる。

A　100単位×Aの利用者数(例えば,30人)＝3000単位
B　50単位×Bの利用者数(例えば,20人)＝1000単位
C　30単位×Cの利用者数(例えば,10人)＝300単位

それぞれの対象者区分については,その障害の程度等によって,標準的に必要なサービス量を勘案して設定されていることから,流用できない(例えば,Aの対象者に係る費用が3500単位,Bの対象者に係る費用が500単位であったとしても,Aの対象者に係る費用の500単位分をBの対象者分に回せない)。

したがって,当該市町村における国庫補助基準額は,3000単位＋1000単位＋300単位＝4300単位となり,このすべての額をどの利用者分としてもできることとなる。

イ　当該介護給付費等の支給に要した費用の額

居宅介護,重度訪問介護,同行援護,行動援護,重度障害者等包括支援に係る給付費

② かかった費用のすべてについて国・都道府県の負担の対象となるもの
・①に規定する介護給付費等以外の介護給付費等
・特定障害者特別給付費,特例特定障害者特別給付費
・相談支援給付費等
・高額障害福祉サービス等給付費

→①以外のサービス(施設で提供されるサービスや,相談支援にかかる給付,食費等の負担軽減を図る給付等)の負担額を定めるもの。例えば,施設で提供されるサービスであれば,一定の施設に入所,通所することが決定されれば,1人当たりにおける支給量の差は生じない。

相談支援にかかる給付費,低所得者の負担を軽減するための給付費であるもの等については,全額負担の対象とする。

2　自立支援医療費,療養介護医療費,補装具費の負担規定について

いずれも,市町村が支弁した費用の国が2分の1,都道府県が4分の1を負担する。この際,この費用のために収入があった場合の費用を除く。

また,都道府県が支給する自立支援給付については,国が2分の1を負担する。

＜補助に関する規定＞

1　地域生活支援事業に関する補助について

市町村が行った地域生活支援事業に関し,その費用について国が2分の1以内,

都道府県が4分の1以内を，また，都道府県が行った地域生活支援事業に関し，国がその費用の2分の1以内を補助する。

2　支給決定に係る事務処理に要する費用の補助について

国は，市町村が行う支給決定に係る事務処理に要する費用について補助できることが規定されている。

毎年度，これに要する費用から，これの費用のための収入を除いた額を補助の対象とすることを規定する。

参考

○障害者の日常生活及び社会生活を総合的に支援するための法律施行令（抄）

（障害福祉サービス費等負担対象額に係る都道府県及び国の負担）

第44条　都道府県は，法第94条第1項の規定により，毎年度，障害福祉サービス費等負担対象額（同項第1号に規定する障害福祉サービス費等負担対象額をいう。以下この条において同じ。）の100分の25を負担する。

2　国は，法第95条第1項の規定により，毎年度，障害福祉サービス費等負担対象額の100分の50を負担する。

3　障害福祉サービス費等負担対象額は，各市町村につき，その支弁する次の各号に掲げる費用の区分に応じ，当該各号に定める額の合算額とする。

一　障害福祉サービス費等（法第92条第1号に規定する障害福祉サービス費等をいう。）の支給に要する費用　次のイ又はロに掲げる費用の区分に応じ、当該イ又はロに定める額を合算して得た額

イ　介護給付費等（居宅介護，重度訪問介護，同行援護，行動援護，重度障害者等包括支援及び常時介護を要する障害者等であって，その介護の必要の程度が著しく高いものとして厚生労働大臣が定める者が利用する障害福祉サービスに係るものに限る。）の支給に要する費用　当該介護給付費等について障害者等の障害支援区分，他の法律の規定により受けることができるサービスの量その他の事情を勘案して厚生労働大臣が定める基準に基づき当該介護給付費等の支給に係る障害福祉サービスを受けた障害者等の人数に応じ算定した額又は当該介護給付費等の支給に要した費用の額（その費用のための寄附金その他の収入があるときは，当該収入の額を控除した額）のいずれか低い額

ロ　介護給付費等（イに掲げるものを除く。），特定障害者特別給付費及び特例特定障害者特別給付費の支給に要する費用　当該介護給付費等，特定障害者特別給付費及び特例特定障害者特別給付費の支給に要した費用の額（その費用のための寄附金その他の収入があるときは，当該収入の額を控除した額）

二　相談支援給付費等（法第92条第2号に規定する相談支援給付費等をいう。）の支給に要する費用　当該相談支援給付費等の支給に要した費用の額（その費用のための寄附金その他の収入があるときは，当該収入の額を控除した額）

三　高額障害福祉サービス等給付費の支給に要する費用　当該高額障害福祉サービス等給付費の支給に要した費用の額（その費用のための寄附金その他の収入があるときは，当該収入の額を控除した額）

(自立支援医療費等に係る都道府県及び国の負担)
第45条 法第94条第1項の規定により，毎年度都道府県が市町村に対して負担する同項第2号の額は，自立支援医療費，療養介護医療費，基準該当療養介護医療費及び補装具費（次項において「自立支援医療費等」という。）の支給に要する費用の額から，その年度におけるその費用のための寄附金その他の収入の額を控除した額につき，厚生労働大臣が定める基準によって算定した額とする。

2 法第95条第1項の規定により，毎年度国が市町村又は都道府県に対して負担する同項第2号又は第3号の額は，自立支援医療費等の支給に要する費用の額から，その年度におけるその費用のための寄附金その他の収入の額を控除した額につき，厚生労働大臣が定める基準によって算定した額とする。

(地域生活支援事業に係る都道府県及び国の補助)
第45条の2 法第94条第2項の規定により，毎年度都道府県が市町村に対して補助する同項の額は，市町村が行う地域生活支援事業に要する費用の額から，その年度におけるその費用のための寄附金その他の収入の額を控除した額につき，厚生労働大臣が定める基準によって算定した額とする。

2 法第95条第2項の規定により，毎年度国が市町村又は都道府県に対して補助する同項第2号の額は，市町村又は都道府県が行う地域生活支援事業に要する費用の額から，その年度におけるそれらの費用のための寄附金その他の収入の額を控除した額につき，厚生労働大臣が定める基準によって算定した額とする。

(市町村が行う支給決定に係る事務の処理に要する費用に係る国の補助)
第45条の3 法第95条第2項の規定により，毎年度国が市町村に対して補助する同項第1号の額は，市町村が行う支給決定に係る事務の処理に要する費用（地方自治法（昭和22年法律第67号）第252条の14第1項の規定により市町村が審査判定業務を都道府県審査会に委託している場合にあっては，当該委託に係る費用を含む。）の額及び市町村が行う地域相談支援給付決定に係る事務の額の合計額から，その年度におけるその費用のための寄附金その他の収入の額を控除した額につき，厚生労働大臣が定める基準によって算定した額とする。

(準用規定)
第96条 社会福祉法第58条第2項から第4項までの規定は，国有財産特別措置法（昭和27年法律第219号）第2条第2項第3号の規定又は同法第3条第1項第4号及び第2項の規定により普通財産の譲渡又は貸付けを受けた社会福祉法人に準用する。

概要 助成が行われた社会福祉法人に関する規定を国有財産特別措置法（昭和27年法律第219号）の規定により普通財産の譲渡又は貸付を受けた社会福祉法人に準用するものである。

> **参考**
>
> ○**社会福祉法**（昭和26年法律第45号）（抄）
>
> （助成等）
>
> **第58条** 国又は地方公共団体は，必要があると認めるときは，厚生労働省令又は当該地方公共団体の条例で定める手続に従い，社会福祉法人に対し，補助金を支出し，又は通常の条件よりも当該社会福祉法人に有利な条件で，貸付金を支出し，若しくはその他の財産を譲り渡し，若しくは貸し付けることができる。ただし，国有財産法（昭和23年法律第73号）及び地方自治法第237条第2項の規定の適用を妨げない。
>
> 2 前項の規定により，社会福祉法人に対する助成がなされたときは，厚生労働大臣又は地方公共団体の長は，その助成の目的が有効に達せられることを確保するため，当該社会福祉法人に対して，次に掲げる権限を有する。
>
> 　一　事業又は会計の状況に関し報告を徴すること。
>
> 　二　助成の目的に照らして，社会福祉法人の予算が不適当であると認める場合において，その予算について必要な変更をすべき旨を勧告すること。
>
> 　三　社会福祉法人の役員が法令，法令に基づいてする行政庁の処分又は定款に違反した場合において，その役員を解職すべき旨を勧告すること。
>
> 3 国又は地方公共団体は，社会福祉法人が前項の規定による措置に従わなかったときは，交付した補助金若しくは貸付金又は譲渡し，若しくは貸し付けたその他の財産の全部又は一部の返還を命ずることができる。
>
> 4 第56条第9項から第11項までの規定は，第2項第3号の規定により解職を勧告し，又は前項の規定により補助金若しくは貸付金の全部若しくは一部の返還を命令する場合に準用する。

> **参考**
>
> ○**国有財産特別措置法**（昭和27年法律第219号）（抄）
>
> （無償貸付）
>
> **第2条**　（略）
>
> 2 普通財産は，次の各号に掲げる場合においては，当該各号の地方公共団体，社会福祉法人，学校法人又は更生保護法人に対し，政令で定めるところにより，無償で貸し付けることができる。
>
> 　一・二　（略）
>
> 　三　地方公共団体において，障害者の日常生活及び社会生活を総合的に支援するための法律（平成17年法律第123号）第5条第11項に規定する障害者支援施設のうち政令で定めるものの用に供するとき，又は社会福祉法人において，次に掲げる用のうち1若しくは2以上の用に主として供する施設の用に供するとき（ハに掲げる用に供する場合には，ハに掲げる用に併せてイ又はロに掲げる用に供するときに限る。）。
>
> 　　イ　身体障害者福祉法（昭和24年法律第283号）の規定に基づき市町村の委託を受けて行う当該委託に係る措置の用
>
> 　　ロ　知的障害者福祉法（昭和35年法律第37号）の規定に基づき市町村の委託を受け

　　　　て行う当該委託に係る措置の用
　　　ハ　障害者の日常生活及び社会生活を総合的に支援するための法律の規定による介護給付費，特例介護給付費，訓練等給付費又は特例訓練等給付費の支給に係る者に対する障害福祉サービス（同法第5条第7項に規定する生活介護，同条第12項に規定する自立訓練，同条第13項に規定する就労移行支援又は同条第14項に規定する就労継続支援に限る。）の用
　四～七　（略）
3　国有財産法第22条第2項及び第3項の規定は，前2項の規定により普通財産を無償で貸し付ける場合に準用する。
　（減額譲渡又は貸付）
第3条　普通財産は，次の各号に掲げる場合においては，当該各号の地方公共団体又は法人に対し，時価からその5割以内を減額した対価で譲渡し，又は貸し付けることができる。
　一～三　（略）
　四　学校法人，社会福祉法人，更生保護法人又は日本赤十字社において学校施設，社会福祉事業施設，更生保護事業施設又は日本赤十字社の業務の用に供する施設の用に供するとき。
2　前項第4号の場合においては，学校法人にあっては私立学校法第59条の規定により助成を行うことができる場合，社会福祉法人にあっては社会福祉法第58条第1項の規定により助成を行うことができる場合又は生活保護法第74条第1項，児童福祉法第56条の2第1項若しくは老人福祉法第24条第2項の規定により補助を行うことができる場合，更生保護法人にあっては更生保護事業法第58条の規定により補助を行うことができる場合，日本赤十字社にあっては日本赤十字社法（昭和27年法律第305号）第39条第1項の規定により助成を行うことができる場合に限り，前項の規定を適用する。

第7章　国民健康保険団体連合会の障害者総合支援法関係業務
（第96条の2－第96条の4）

> （連合会の業務）
> **第96条の2**　連合会は，国民健康保険法の規定による業務のほか，第29条第7項（第34条第2項において準用する場合を含む。），第51条の14第7項及び第51条の17第6項の規定により市町村から委託を受けて行う介護給付費，訓練等給付費，特定障害者特別給付費，地域相談支援給付費及び計画相談支援給付費の審査及び支払に関する業務を行う。

概要　国民健康保険団体連合会が行う障害者総合支援法に係る業務について定めるものである。

解説
○　障害者自立支援法の制定時には，施行までの期間が短かったこと等から，経過的に国民健康保険団体連合会以外の営利を目的としない法人に給付の支払事務を委託することが可能であった。このため，本条のように給付費の支払いを特定の団体の事務として規定してはいなかった。

○　しかしながら，障害者自立支援法が施行され一定期間が経過し，経過措置が終了し，給付費の支払事務がすべての国民健康保険団体連合会に委託されていること等を踏まえ，平成22年整備法による障害者自立支援法の改正で，介護保険法や高齢者の医療の確保に関する法律と同様に国民健康保険団体連合会の業務を規定することとした。

○　障害者総合支援法でも，引き続き，給付費の支払について，国民健康保険団体連合会の業務として規定するとともに，平成28年改正法により改正された障害者総合支援法の規定により，給付費の審査に関する事務についても国民健康保険団体連合会が実施することとなった。

具体的には以下の支払業務が国民健康保険団体連合会の法律上の業務として規定されている。

①　介護給付費の支払（第29条第4項）
②　訓練等給付費の支払（第29条第4項）
③　特定障害者特別給付費の支払（第34条第2項で準用する第29条第4項）
④　地域相談支援給付費の支払（第51条の14第4項）

⑤ 計画相談支援給付費の支払（法第51条の17第3項）

> （議決権の特例）
> **第96条の3** 連合会が前条の規定により行う業務（次条において「障害者総合支援法関係業務」という。）については，国民健康保険法第86条において準用する同法第29条の規定にかかわらず，厚生労働省令で定めるところにより，規約をもって議決権に関する特段の定めをすることができる。

概要 国民健康保険団体連合会の議決権の特例を定めるものである。

解説 国民健康保険団体連合会が行う障害者総合支援法関係業務に係る議決権の特例を定めるものである。具体的な要件は，以下のとおり，規則に定められている。

① 障害者総合支援法の業務に関して，円滑な意思決定を行うことができるよう，議決権を有する者から障害者総合支援法の規定による業務と関連性のない国民健康保険組合を代表する者を除くこと。
② 障害者総合支援法の業務に関して，円滑な意思決定を行うことができるよう，委託可能な業務に関して，一部事務組合や広域連合を設けた場合には，当該一部事務組合や広域連合を代表する者を代表とすることができること。

参考

○障害者の日常生活及び社会生活を総合的に支援するための法律施行規則（抄）
（国民健康保険団体連合会の議決権の特例）
第68条の4 国民健康保険団体連合会は，法第96条の2の規定により行う業務に関する国民健康保険法第86条において準用する同法第29条の規定による議決権を有する者について，規約の定めるところにより，総会又は代議員会の議員のうち，同法第3条第2項に規定する国民健康保険組合を代表する者を除くことができる。
2 国民健康保険団体連合会は，法第96条の2の規定により行う業務に関する国民健康保険法第86条において準用する同法第29条の規定による議決権を有する者について，規約の定めるところにより，市町村が法第29条第7項（法第34条第2項において準用する場合を含む。），法第51条の14第7項及び法第51条の17第6項の規定により国民健康保険団体連合会に委託する事務に関して地方自治法第284条第1項に規定する一部事務組合又は広域連合を設けた場合には，総会又は代議員会の議員を，会員たる保険者（国民健康保険組合を除く。）を代表する者に代えて，当該一部事務組合又は広域連合を代表する者とすることができる。

> （区分経理）
> **第96条の4** 連合会は，障害者総合支援法関係業務に係る経理については，その他の経理と区分して整理しなければならない。

概要 国民健康保険団体連合会の区分経理を定めるものである。

解説 国民健康保険団体連合会が行う障害者総合支援法関係業務に関し，他の法律に基づく業務等と経理を区分することを定めるものである。

第8章　審査請求(第97条－第105条)

> （審査請求）
> **第97条**　市町村の介護給付費等又は地域相談支援給付費等に係る処分に不服がある障害者又は障害児の保護者は，都道府県知事に対して審査請求をすることができる。
> 2　前項の審査請求は，時効の中断に関しては，裁判上の請求とみなす。

概要　障害者又は障害児の障害福祉サービス又は地域相談支援が適切に確保されるよう，障害者又は障害児の保護者が市町村の行った介護給付費等又は地域相談支援給付費等に係る処分に不服がある場合に，都道府県が客観的な立場から当該処分の適否について迅速に審査を行うこととしている。

解説
○　市町村の介護給付費等又は地域相談支援給付費等に係る処分は，市町村がその責任で行うものであり，不服審査に関する一般規則を定める行政不服審査法によれば，その処分に対する不服審査は，本来，処分庁である市町村長への審査請求により行うこととなる。

しかしながら，処分庁による不服審査は，一般的に処分を肯定的に判断する傾向があることや，類似の制度である国民健康保険や介護保険でも，特例的に都道府県に設置する審査会（国民健康保険審査会，介護保険審査会）に審査請求できることとしていることを踏まえ，本法でも，都道府県知事に審査請求ができることとし，障害者又は障害児の保護者の支給決定等を受ける権利利益の保護にいっそう配慮したものである。

○　審査請求の対象となる処分は「介護給付費等又は地域相談支援給付費等に係る処分」であり，具体的には次に掲げるものが対象となる。
①　障害支援区分に関する処分
　　障害支援区分の認定は，それ自体独立した行政処分であり，支給決定の勘案事項の一つとして介護給付費等に係る処分に該当する。
　・障害支援区分の認定（第21条第1項）
　・障害支援区分の変更認定（第24条第4項）
②　支給決定に係る処分
　　支給決定（支給量等の決定）に関する処分と支払決定（サービス利用後の具体的な請求に対する支出決定）に関する処分のいずれもが含まれる。具体的には，

以下のとおり。

　ア　支給要否決定に関する処分
　　・介護給付費等の支給要否決定（第22条第１項）
　イ　支給決定に関する処分
　　・支給決定（障害福祉サービスの種類，支給量，有効期間の決定）（第22条第７項）
　　・支給決定の変更の決定（第24条第２項）
　　・支給決定の取消しの決定（第25条第１項）
　ウ　支払決定に関する処分
　　・介護給付費（第29条第１項）
　　・特例介護給付費（第30条第１項）
　　・訓練等給付費（第29条第１項）
　　・特例訓練等給付費（第30条第１項）

③　利用者負担に係る処分

　利用者負担は，給付と表裏の関係にあることから，利用者負担に係る決定は，「介護給付費等に係る処分」に該当する。具体的には，以下のものが対象となる。

　ア　利用者負担上限月額に関する決定（第29条第３項）
　イ　利用者負担の災害減免等の決定（第31条）
　ウ　高額障害福祉サービス等給付費の給付決定（第76条の２第１項）
　エ　補足給付の決定
　　・特定障害者特別給付費（第34条第１項）
　　・特例特定障害者特別給付費（第35条第１項）

④　地域相談支援給付決定に係る処分

　地域相談支援給付決定（地域相談支援給付量等の決定）に関する処分と支払決定（サービス利用後の具体的な請求に対する支出決定）に関する処分のいずれもが含まれる。具体的には，以下のとおり。

　ア　支給要否決定に関する処分
　　・地域相談支援給付費等の支給要否決定（第51条の７第１項）
　イ　地域相談支援給付決定に関する処分
　　・地域相談支援給付決定（地域相談支援の種類，地域相談支援給付量，地域相談支援給付決定の有効期間の決定）（第51条の７第７項）
　　・地域相談支援給付決定の変更の決定（第51条の９第２項）
　　・地域相談支援給付決定の取消しの決定（第51条の10第１項）
　ウ　支払決定に関する処分
　　・地域相談支援給付費（第51条の14第１項）
　　・特例地域相談支援給付費（第51条の15第１項）

○　介護給付費等に係る処分について審査請求ができる者は，障害者又は障害児の保護者である。また，地域相談支援給付費等に係る処分について審査請求ができる者

は，障害者である。したがって，障害福祉サービス事業者，障害者支援施設，一般相談支援事業所等は，自ら審査請求人となって審査請求をすることはできないが，行政不服審査法（平成26年法律第68号）第12条第1項の規定により代理人となることは可能である。

○ 第2項は，審査請求は，時効の中断に関しては裁判上の請求とみなす旨を規定している。裁判上の請求とは，民法第7章に定める時効の中断事由となる裁判上の請求をいう。

したがって，例えば，障害者又は障害児の保護者が給付費の支給について審査請求を行った場合には，審査請求を行った日をもって給付費の支給に係る請求権の時効の進行が中断し，当該審査請求の裁決が確定したときは，再び一から進行を始める。

【平成32年4月1日（※）施行】
（審査請求）
第97条 （略）
2 前項の審査請求は，時効の<u>完成猶予及び更新</u>に関しては，裁判上の請求とみなす。
※ 民法の一部を改正する法律（平成29年法律第44号）の施行の日（平成29年政令第309号）

概要 時効の中断の概念の見直しのための改正である。

解説 「民法の一部を改正する法律」（平成29年法律第44号）により，時効の中断（停止）の概念の見直しが行われた。時効の中断の効果は時効の「完成猶予」（本来の時効期間の満了が過ぎたとしても時効が完成しないこと）及び「更新」（経過した時効期間がリセットされ，新たな時効期間が開始されること）であるが，内容・発生時期等が異なることから，新たにこれら2つの事由によって整理された。

（不服審査会）
第98条 都道府県知事は，条例で定めるところにより，前条第1項の審査請求の事件を取り扱わせるため，障害者介護給付費等不服審査会（以下「不服審査会」という。）を置くことができる。
2 不服審査会の委員の定数は，政令で定める基準に従い，条例で定める員数とする。
3 委員は，人格が高潔であって，介護給付費等又は地域相談支援給付費等に関する処分の審理に関し公正かつ中立な判断をすることができ，かつ，障害者等の保健又は福祉に関する学識経験を有する者のうちから，都道府県知事が任命する。

第2編　障害者総合支援法逐条解説

概要　都道府県知事は，介護給付費等又は地域相談支援給付費等に係る処分に関する審査請求の審理を公正かつ適正に行うため，障害者等の保健又は福祉に関する学識経験を有する者で構成する不服審査会を置くことができることとしている。

解説
○　介護保険法では，介護保険審査会が審査を行うこととされているが，障害者総合支援法では，地方分権の趣旨を踏まえ，どのような体制で不服申立ての審査を行うかについては，最終的には都道府県の判断とし，不服審査会の設置については，法律上任意としている。ただし，審査請求の内容には，認定された障害程度区分や非定型的な支給決定など，市町村が，決定に際して専門的な審査判定機関である市町村審査会の判断を経ているものが含まれることから，都道府県でも，専門的な立場からの審査判定の適否等を審査できる専門性を有する機関に判断を仰ぐことが適切であり，したがって，設置されることが望ましいものと考えられている。

○　不服審査会の設置には，その設置根拠となる条例の制定が必要となる。設置条例は，単独の条例でも，附属機関を一本化した条例がある場合にはその条例に加える形でも差し支えない。設置条例には，設置する旨のほか，委員の定数，その他法令に定めのない事項のうち第104条の規定に基づき不服審査会に関する必要な事項を規定する。

○　不服審査会の委員の定数は，政令で定める基準に従い，条例で定める員数とする（第2項）。政令で定める基準は，令第46条で，「不服審査会の介護給付費等又は地域相談支援給付費等に係る処分に関する審査請求の事件の件数その他の事情を勘案して，各都道府県が必要と認める数の合議体を設置することができる数」とすることを規定している（合議体については，第104条を参照）。

　具体的な委員数は，審査請求のうち不服審査会に付議する見込み件数とその件数の処理に必要な審査体制（必要と見込まれる開催回数と合議体の数等）を勘案して，各都道府県で決定することとなる。

　なお，1合議体当たりの標準的な委員数は，市町村審査会と同様に，複数の障害を対象とすることなどを考慮して5人としている。

○　委員は，人格が高潔であって，介護給付費等又は地域相談支援給付費等に関する処分の審理に関し公正かつ中立な判断をすることができ，かつ，障害者等の保健又は福祉に関する学識経験を有する者のうちから，都道府県知事が任命する（第3項）。委員構成については，身体障害，知的障害，精神障害等の各分野のバランスのとれたものとすることが望ましいと考えられる。また，職種については，市町村審査会と同様，特に限定はされないので，法律上の要件，障害種別毎のバランス等を勘案して各都道府県で適宜判断することとなる。

　なお，委員は市町村審査会の委員や認定調査員とは兼務しないことが望ましいが，やむをえず兼務する場合は，当該者がかかわった事案については審理から除斥する（合議体メンバーの差替え又は不参加）取扱いとすることが適当である。

○　障害支援区分や支給決定等に関する処分に対する審査請求があった場合には，その適否を審査するための基礎資料となる専門的な事項を調査する必要がある場合も

考えられるため，審査委員以外に不服審査会に専門的な調査員（介護保険法第188条に規定する専門調査員に相当するもの）を置くことも差し支えない。また，第103条に基づき，個別に，医師その他都道府県知事の指定する者に診断その他の調査をさせることも可能である。

○　都道府県が，審査請求の事件を取り扱わせるため，条例に定めて不服審査会を置く場合でも，都道府県知事が審査庁として審査請求を受理し，裁決を行うこととなる。すなわち，不服審査会は，都道府県知事が付議した審査請求事案を審理し，都道府県知事に審理結果を答申する諮問機関として位置づけられるものであり，都道府県知事は，その答申を尊重して裁決を行う必要がある。

○　なお，不服審査会を設置した場合でも，都道府県知事は，すべての審査請求事案を付議しなければならないものではなく，障害保健福祉に係る専門的な審査を要すると認められる事案等に限定することは可能である。付議する事案を限定する場合については，設置条例に付議する範囲を定めておくことが適当と考えられる。

　　付議を要しないものとする事案の参考例をあげれば，以下のとおりであるが，あくまで例であり，都道府県が自らの審査体制等を勘案してその範囲を定めることとなる。

・審査請求が不適法であり，却下するとき。
・審査請求の内容が利用者負担に関するものであるとき。
・その他都道府県知事が障害保健福祉に係る専門的な審査を要しないと認めるとき。

（委員の任期）
第99条　委員の任期は，3年とする。ただし，補欠の委員の任期は，前任者の残任期間とする。
2　委員は，再任されることができる。

概要　委員の任期等について規定したものである。

解説　委員の任期は，類似の審査会である国民健康保険審査会及び介護保険審査会の委員の任期と同様，3年とし，再任を可能としたものである。

（会長）
第100条　不服審査会に，委員のうちから委員が選挙する会長1人を置く。
2　会長に事故があるときは，前項の規定に準じて選挙された者が，その職務を代行する。

概要 不服審査会の会長と会長の職務代行者について規定したものである。

解説
○ 第1項は不服審査会の会長の選出方法を定めたものである。「委員が選挙する」とは，いわゆる「互選」であり，委員間の協議，投票等いずれの方法によっても差し支えない。

○ 第2項は，会長職務代行者に関する規定であり，会長に事故があるときに会長の職務を代行する者として，会長と同様に互選により決定する。職務代行者は，会長の選出時にあらかじめ選出しておく方法が通例と考えられるが，選出時期は，各々の不服審査会の判断するところによる。

（審査請求の期間及び方式）
第101条 審査請求は，処分があったことを知った日の翌日から起算して3月以内に，文書又は口頭でしなければならない。ただし，正当な理由により，この期間内に審査請求をすることができなかったことを疎明したときは，この限りでない。

概要 審査請求の期間及び方式について規定したものである。

解説
○ 審査請求ができる期間は，行政不服審査法第18条第1項に定める原則と同様，原則として3月間である。

○ 審査請求期間については，行政不服審査法に定める一般原則と特に異なる取扱いを定めるものではない。「処分があったことを知った日」の運用及び「正当な理由があるとき」の疎明についても同様である。

○ 審査請求の方式は，書面を原則とする行政不服審査法の特例として，口頭によっても行うことができることとしている。

○ 審査請求の方式に関する部分は，行政不服審査法第19条第1項に規定する「審査請求は，他の法律……に口頭ですることができる旨の定めがある場合を除き，政令で定めるところにより，審査請求書を提出してしなければならない」のほかの法律の定めに該当する規定であり，書面以外に口頭によっても行うことができる。

○ 口頭により審査請求があった場合は，行政不服審査法第20条に定めるところにより，都道府県知事は「審査請求録取書」を作成し，これを陳述人（審査請求人）に読み聞かせて誤りのないことを確認し，押印をさせなければならない。障害者総合支援法に基づく審査請求では，視覚障害者をはじめとして口頭による審査請求のニーズが比較的高いものと考えられるため，適切な対応が求められるところである。

（市町村に対する通知）
第102条 都道府県知事は，審査請求がされたときは，行政不服審査法（平成26年法

律第68号）第24条の規定により当該審査請求を却下する場合を除き，原処分をした市町村及びその他の利害関係人に通知しなければならない。

概要 都道府県知事が審査請求を受理した際に行う市町村等に対する通知に関する規定である。

解説
○ 令第49条において，「法第102条の規定による通知は，審査請求書の副本若しくは写し又は行政不服審査法第21条第2項に規定する審査請求録取書の写しを送付することにより行わなければならない」こととされている。また，行政不服審査法第29条第1項において，「審理員は，審査庁から指名されたときは，直ちに，審査請求書又は審査請求録取書の写しを処分庁等に送付しなければならない。ただし，処分庁等が審査庁である場合には，この限りでない」こととされ，また，同条第2項において「審理員は，相当の期間を定めて，処分庁等に対し，弁明書の提出を求めるものとする」こととされており，市町村への通知に際しては，処分に関与していないなど一定の要件を満たす審理員が，通常，審査請求書等の副本の送付と併せて，弁明書の提出を求めることとなる。

○ なお，審査請求は，都道府県知事に対して行うことを原則とするが，行政不服審査法第21条第1項の規定により処分庁を経由して行うこともできる。その場合，経由をする処分庁は直ちに審査請求書等の正本を審査庁に送付することとなるので，市町村への改めての通知は要さず，期限を指定して弁明書の提出を求める。

（審理のための処分）
第103条 都道府県知事は，審理を行うため必要があると認めるときは，審査請求人若しくは関係人に対して報告若しくは意見を求め，その出頭を命じて審問し，又は医師その他都道府県知事の指定する者（次項において「医師等」という。）に診断その他の調査をさせることができる。
2 都道府県は，前項の規定により出頭した関係人又は診断その他の調査をした医師等に対し，政令で定めるところにより，旅費，日当及び宿泊料又は報酬を支給しなければならない。

概要 行政不服審査法に定める審査庁の審理のための行為を，障害者総合支援法の審査請求内容に照らして具体的に規定したものである。

解説
○ 審査請求の審理に際し，審査庁は，行政不服審査法に定めるところにより，調査，鑑定，審尋等を行うことができることとされており，第1項に規定する調査等は行政不服審査法に基づいて行うことができるものである。一方，介護給付費等又は地域相談支援給付費等に係る処分に関する審査請求では，障害支援区分の認定，支給量，地域相談支援給付量に関するものが主に想定されるところであり，障害者等の

心身の状況や障害福祉サービスの利用ニーズ等が処分に適切に反映されているか否かが争点となることが予想される。このため，審査請求人のほか，障害者の家族やサービスを提供している施設・事業所の職員等に関係人として報告若しくは意見を求めたり，医師等をして障害者等の心身の状況を改めて診断等させることができることを入念的に明記したものである。

○ 医師等については，あらかじめ審査請求に関する診断等をする者として任命をしておく方法でも，事案が生ずる都度依頼をする方法でも，いずれでも差し支えない。

○ 第1項の規定により出頭した関係人や調査をした医師等に対しては，旅費，日当及び宿泊料又は報酬を支払うものとする。令第50条に規定するところにより，旅費，日当及び宿泊料については，地方自治法第207条の規定に基づく条例による実費弁償の例によるものとし，報酬については，条例の定めるところによるものとしている。

（政令等への委任）

第104条 この章及び行政不服審査法に定めるもののほか，審査請求の手続に関し必要な事項は政令で，不服審査会に関し必要な事項は当該不服審査会を設置した都道府県の条例で定める。

概要 審査請求に関しては，この章及び行政不服審査法に定めるもののほか，政令又は都道府県の条例に定めて行うことを規定したものである。

解説

○ これまでも解説してきたとおり，本章は，行政不服審査制度の一般法である行政不服審査法の特別規定に該当する。したがって，本章に定めがあるものは，本章の規定が優先されるが，本章に定めのないものは，行政不服審査法が適用になる。

主な規定を例示すれば，
・審理員（第9条）
・代理人による審査請求（第12条）
・審査請求書の記載事項（第19条第2項）
・執行停止（第25条）
・審査請求の取下げ（第27条）
・弁明書の提出，反論書の提出（第29条及び第30条）
・審査請求人等からの求めがあった場合の意見陳述（第31条）
・裁決（第50条〜第52条）
・教示（第82条及び第83条）
などである。

○ 審査請求の手続きに関する政令については，令第5章（第46条から第50条まで）に定めている。
具体的には，以下のとおりである。

障害者の日常生活及び社会生活を総合的に支援するための法律施行令（抄）

（不服審査会の委員の定数の基準）

第46条 法第98条第1項に規定する不服審査会（以下「不服審査会」という。）の委員の定数に係る同条第2項に規定する政令で定める基準は，不服審査会の介護給付費等又は地域相談支援給付費等（第51条の5第1項に規定する地域相談支援給付費等をいう。）に係る処分に関する審査請求の事件の件数その他の事情を勘案して，各都道府県が必要と認める数の第48条第1項に規定する合議体を不服審査会に設置することができる数であることとする。

（会議）

第47条 不服審査会は，会長が招集する。

2 不服審査会は，会長及び過半数の委員の出席がなければ，これを開き，議決をすることができない。

3 不服審査会の議事は，出席した委員の過半数をもって決し，可否同数のときは，会長の決するところによる。

＜解説＞

○ 不服審査会（全体会）の議事は，基本的には会長を含む出席した委員の過半数をもって決するものとし，可否同数の場合は，会長が可否を決するものとする。

（合議体）

第48条 不服審査会は，委員のうちから不服審査会が指名する者をもって構成する合議体（以下この条において「合議体」という。）で，審査請求の事件を取り扱う。

2 合議体のうち，会長がその構成に加わるものにあっては，会長が長となり，その他のものにあっては，不服審査会の指名する委員が長となる。

3 合議体を構成する委員の定数は，5人を標準として都道府県が定める数とする。

4 合議体は，これを構成する委員の過半数が出席しなければ，会議を開き，議決をすることができない。

5 合議体の議事は，出席した委員の過半数をもって決し，可否同数のときは，長の決するところによる。

6 不服審査会において別段の定めをした場合のほかは，合議体の議決をもって不服審査会の議決とする。

＜解説＞

○ 不服審査会が審査請求の事件を取り扱う場合は，審査会が指名する者で構成する合議体で行う。合議体に属する委員の不服審査会による指名は，不服審査会（全体会）で行うこととなるが，あらかじめ扱う合議体並びにその委員構成及び長を定めておく方法，案件が生ずる都度案件の内容に応じて定める方法のいずれでも差し支えない。

○ 合議体を構成する委員の定数は，三障害を対象とすることから5人を標準として都道府県が定める数としている。審理の質が確保されると都道府県が判断する場合には，5人よりも少ない人数を定めることは可能であるが，3人を下回ることは適

当ではない。
○ 合議体の議事は，基本的には長を含む出席した委員の過半数をもって決するものとし，可否同数の場合は，長が可否を決するものとする。

（市町村等に対する通知）
第49条 法第102条の規定による通知は，審査請求書の副本若しくは写し又は行政不服審査法（平成26年法律第68号）第21条第2項に規定する審査請求録取書の写しを送付することにより行わなければならない。
（関係人に対する旅費等）
第50条 都道府県が法第103条第2項の規定により支給すべき旅費，日当及び宿泊料については，地方自治法第207条の規定に基づく条例による実費弁償の例によるものとし，報酬については，条例の定めるところによる。

（審査請求と訴訟との関係）
第105条 第97条第1項に規定する処分の取消しの訴えは，当該処分についての審査請求に対する裁決を経た後でなければ，提起することができない。

概要 行政事件訴訟法（昭和37年法律第139号）に基づき行うことができる処分の取消しの訴えに関し，いわゆる「審査請求前置主義」を定めたものである。

解説
○ 行政事件訴訟法第8条第1項では，「処分の取消しの訴えは，当該処分につき法令の規定により審査請求をすることができる場合においても，直ちに提起することを妨げない。ただし，法律に当該処分についての審査請求に対する裁決を経た後でなければ処分の取消しの訴えを提起することができない旨の定めがあるときは，この限りではない」旨が規定されており，当該ただし書きのいわゆる「審査請求前置主義」を定めたものである。したがって，第97条第1項に規定する処分すなわち介護給付費等又は地域相談支援給付費等に係る処分に不服があり，処分の取消しの訴えをしようとする場合でも，まずは第97条第1項に基づく審査請求をしなければならない。
○ ただし，次の各号の一に該当するときは，審査請求の裁決を経ないで，処分の取消しの訴えを提起することができる（行政事件訴訟法第8条第2項）。
　① 審査請求があった日から3か月を経過しても裁決がないとき。
　② 処分，処分の執行又は手続の続行により生ずる著しい損害を避けるため緊急の必要があるとき。
　③ その他裁決を経ないことにつき正当な理由があるとき。
○ 審査請求については行政手続法に定める標準処理期間の適用はないが，審査請求があった場合には，都道府県知事は，概ね3か月以内を目途に裁決をすることを目安とすることが適当であろう。

第9章　雑則（第105条の2－第108条）

> （連合会に対する監督）
> **第105条の2**　連合会について国民健康保険法第106条及び第108条の規定を適用する場合において，これらの規定中「事業」とあるのは，「事業（障害者の日常生活及び社会生活を総合的に支援するための法律（平成17年法律第123号）第96条の3に規定する障害者総合支援法関係業務を含む。）」とする。

概要　連合会に対する監督権限について定めるものである。

解説　国民健康保険団体連合会が行う障害者総合支援法関係業務についても，国民健康保険法に基づき，厚生労働大臣又は都道府県知事が行う報告の徴収，事業状況の報告等監督の対象とすることが定められている。

> （大都市等の特例）
> **第106条**　この法律中都道府県が処理することとされている事務に関する規定で政令で定めるものは，指定都市及び地方自治法第252条の22第1項の中核市（以下「中核市」という。）並びに児童福祉法第59条の4第1項に規定する児童相談所設置市（以下「児童相談所設置市」という。）においては，政令で定めるところにより，指定都市若しくは中核市又は児童相談所設置市（以下「指定都市等」という。）が処理するものとする。この場合においては，この法律中都道府県に関する規定は，指定都市等に関する規定として指定都市等に適用があるものとする。

概要　都道府県が行うこととされている事務のうち，指定都市及び中核市並びに児童相談所設置市で処理することとされる事務（いわゆる「大都市特例」）を定めるものである。

解説　政令は令第51条，地方自治法施行令第174条の32及び第174条の49の12に規定されている。

実際には，政令において児童相談所設置市で処理することとされている事務はない。
平成24年4月以降は，指定障害福祉サービス事業者等に係る指定や指導監督の業務

について，大都市の特例として，指定都市及び中核市が処理することとされている。具体的な障害者総合支援法に係る事務分担は291頁以下のとおり。

なお，本条による大都市特例とは別に関与の特例として，地方自治法第252条の19第2項及び第252条の22第2項の規定により，指定都市及び中核市が設置する施設や行う事業に係る都道府県知事の命令等に関する本法の規定は適用されないこととなっている（地方自治法施行令第174条の32第4項及び第174条の49の12第3項）。

【平成31年4月1日施行】
（大都市等の特例）
第106条 この法律中都道府県が処理することとされている事務に関する規定で政令で定めるものは，指定都市及び中核市並びに児童福祉法第59条の4第1項に規定する児童相談所設置市（以下「児童相談所設置市」という。）においては，政令で定めるところにより，指定都市若しくは中核市又は児童相談所設置市（以下「指定都市等」という。）が処理するものとする。この場合においては，この法律中都道府県に関する規定は，指定都市等に関する規定として指定都市等に適用があるものとする。

（権限の委任）
第107条 この法律に規定する厚生労働大臣の権限は，厚生労働省令で定めるところにより，地方厚生局長に委任することができる。
2 前項の規定により地方厚生局長に委任された権限は，厚生労働省令で定めるところにより，地方厚生支局長に委任することができる。

概要 権限の委任規定を定めるものである。

解説 現在，この規定に基づき厚生労働大臣から地方厚生局長に委任されている権限は，指定障害福祉サービス事業者等の業務管理体制の整備に係る権限（第51条の3第1項及び第4項，第51条の4，第51条の32第1項及び第4項並びに第51条の33）がある。

（実施規定）
第108条 この法律に特別の規定があるものを除くほか，この法律の実施のための手続その他その執行について必要な細則は，厚生労働省令で定める。

概要 事務の実施のために必要な事項について厚生労働省令に定める旨を規定している。

障害者総合支援法に係る事務分担表

条項	事務		都道府県	指定都市	中核市	市町村
第8条第1項及び第2項	自立支援給付に関する不正利得の徴収	育成医療に係る自立支援医療費の支給に関するもの	―	○	○	○
		精神通院医療に係る自立支援医療費の支給に関するもの	○	○（大都市特例）	―	―
		その他の給付に関するもの	―	○	○	○
第9条第1項	自立支援給付に関する障害者等に対する質問等	育成医療に係る自立支援医療費の支給に関するもの	―	○	○	○
		精神通院医療に係る自立支援医療費の支給に関するもの	○	○（大都市特例）	―	―
		その他の給付に関するもの	―	○	○	○
第10条第1項	自立支援給付に関する自立支援給付対象サービス等を行う者等に対する質問等	育成医療に係る自立支援医療費の支給に関するもの	―	○	○	○
		精神通院医療に係る自立支援医療費の支給に関するもの	○	○（大都市特例）	―	―
		その他の給付に関するもの	―	○	○	○
第11条第1項及び第2項	自立支援給付対象サービス等に関する質問等	育成医療に係る自立支援医療費の支給に関するもの	○	―	―	―
		精神通院医療に係る自立支援医療費の支給に関するもの	○	○	―	―
		その他の自立支援給付	○	―	―	―
第11条の2	指定事務受託法人への事務委託		○	○	○	○
第12条	自立支援給付に関する官公署等に対する報告の求め	育成医療に係る自立支援医療費の支給に関するもの	―	○	○	○
		精神通院医療に係る自立支援医療費の支給に関するもの	○	○（大都市特例）	―	―
		その他の給付に関するもの	―	○	○	○
第15条	市町村審査会の設置		―	○	○	○
第17条	市町村審査会の共同設置に係る市町村への支援		○	―	―	―
第19条第2項から第4項まで	介護給付費等の支給決定		―	○	○	○
第20条第2項及び第6項	支給決定に係る調査（他の市町村に嘱託する場合を含む）		―	○	○	○
第21条第1項	障害支援区分の認定		―	○	○	○
第22条第1項,第2項,第7項及び第8項	介護給付費等の支給要否決定,専門機関の意見聴取,支給期間・支給量の決定,受給者証の交付		―	○	○	○
第22条第4項及び第6項	サービス等利用計画案の提出の求め,サービス等利用計画案の勘案		―	○	○	○
第24条第2項,第3項（第19条第2項から第4項まで,第20条第2項・第6項,第22条第2項,第4項,第6項から第8項までを準用）,第4項及び第6項	支給決定の変更の決定,当該変更の決定に係る調査,専門機関の意見聴取,サービス等利用計画案の提出の求め,当該変更の決定の際の障害程度区分の認定,当該変更の決定後の受給者証の返還等		―	○	○	○

条項	事務	都道府県	指定都市	中核市	市町村
第25条	支給決定の取消し,当該取消しの際の受給者証の返還の求め	—	○	○	○
第26条第1項及び第2項	介護給付費等の支給決定等に係る市町村に対する必要な援助,都道府県審査会の設置	○	—	—	—
第29条第1項,第4項,第6項及び第7項	介護給付費及び訓練等給付費の支給,事業者への支払,請求の審査・支払,支払の国民健康保険団体連合会への委託	—	○	○	○
第29条第1項	障害福祉サービス事業を行う者及び障害者支援施設の指定	○	○（大都市特例）	○（大都市特例）	—
第30条第1項	特例介護給付費及び特例訓練等給付費の支給	—	○	○	○
第30条第1項第2号	基準該当事業所及び基準該当施設に係る条例で定める基準の制定	○	○（大都市特例）	○（大都市特例）	—
第34条第1項及び第2項（第29条第4項,第6項及び第7項を準用）	特定障害者特別給付費の支給,事業者への支払,請求の審査・支払,支払の国民健康保険団体連合会への委託	—	○	○	○
第35条第1項	特例特定障害者特別給付費の支給	—	○	○	○
第36条第3項及び第5項	障害福祉サービス事業を行う者の指定	○	○（大都市特例）	○（大都市特例）	—
第36条第3項第1号	障害福祉サービス事業を行う者に係る条例で定める欠格要件の制定	○	○（大都市特例）	○（大都市特例）	—
第37条第2項（第36条第3項及び第5項を準用）	障害福祉サービス事業を行う者の指定の変更	○	○（大都市特例）	○（大都市特例）	—
第38条第2項,第3項（第36条第3項を準用）	障害者支援施設の指定	○	○（大都市特例）	○（大都市特例）	—
第39条第2項（第38条第2項及び第3項を準用）	障害者支援施設の指定の変更	○	○（大都市特例）	○（大都市特例）	—
第41条第4項（第36条第3項,第5項,第38条第2項,第3項を準用）	指定障害福祉サービス事業者及び指定障害者支援施設の指定の更新	○	○（大都市特例）	○（大都市特例）	—
第43条第1項	条例で定める指定障害福祉サービスの事業の基準の制定	○	○（大都市特例）	○（大都市特例）	—
第44条第1項	条例で定める指定障害者支援施設等の基準の制定	○	○（大都市特例）	○（大都市特例）	—
第47条の2第1項	指定障害福祉サービス事業者等に対する助言その他の援助	○	○	○	○
第48条第1項（第3項で準用する場合を含む）	指定障害福祉サービス事業者及び指定障害者支援施設の設置者等に対する質問等	○	○	○	○

条項	事務	都道府県	指定都市	中核市	市町村
第49条第1項,第3項から第5項まで	指定障害福祉サービス事業者に対する勧告,当該勧告に従わない事業者の公表,措置命令,当該措置命令の公示	◯	◯(大都市特例)	◯(大都市特例)	―
第49条第2項,第3項から第5項まで	指定障害者支援施設等の設置者に対する勧告,当該勧告に従わない設置者の公表,措置命令,当該措置命令の公示	◯	◯(大都市特例)	◯(大都市特例)	―
第49条第6項	指定事業者等が不正をした場合の通知	―	◯	◯	◯
第50条第1項(第3項で準用する場合を含む)	指定障害福祉サービス事業者及び指定障害者支援施設の指定の取消し	◯	◯(大都市特例)	◯(大都市特例)	―
第50条第2項(第3項で準用する場合を含む)	指定障害福祉サービス事業者及び指定障害者支援施設が指定の取消事由に該当した場合の通知	―	◯	◯	◯
第51条	指定障害福祉サービス事業者の指定等の公示	◯	◯(大都市特例)	◯(大都市特例)	―
第51条の3第1項及び第3項	業務管理体制の整備に関する指定事業者等への質問等,厚生労働大臣等に対する権限行使の求め	◯	◯	―※1	―
第51条の4第1項から第4項まで	業務管理体制の整備に関する指定事業者等への勧告,当該勧告に従わない指定事業者等の公表,措置命令,当該措置命令の公示	◯	◯	―※1	―
第51条の5第2項(第19条第2項から第4項までを準用)	地域相談支援給付費等の相談支援給付決定	―	◯	◯	◯
第51条の6第2項(第20条第2項及び第6項を準用)	相談支援給付決定に係る調査(他の市町村に嘱託する場合を含む)	―	◯	◯	◯
第51条の7第1項,第2項,第4項及び第6項から第8項まで	地域相談支援給付費等の給付要否決定,専門機関の意見聴取,サービス等利用計画案の提出の求め,サービス等利用計画案の勘案,支給期間・支給量の決定,地域相談支援受給者証の交付	―	◯	◯	◯
第51条の9第2項,第3項(第19条第2項から第4項まで,第20条第2項,第4項,第51条の7第2項,第4項,第6項から第8項までを準用)及び第4項	地域相談支援給付決定の変更の決定,当該変更の決定に係る調査,専門機関の意見聴取,サービス等利用計画案の提出の求め,当該変更の決定後の地域相談支援受給者証の返還等	―	◯	◯	◯
第51条の10第1項及び第2項	地域相談支援給付決定の取消し,当該取消しの際の地域相談支援受給者証の返還の求め	―	◯	◯	◯
第51条の11	地域相談支援給付費等の給付要否決定等に係る市町村に対する必要な援助	◯	―	―	―

条項	事務	都道府県	指定都市	中核市	市町村
第51条の14第1項、第4項、第6項及び第7項	地域相談支援給付費の支給、事業者への支払、請求の審査・支払、支払の国民健康保険団体連合会への委託	―	○	○	○
第51条の14第1項	一般相談支援事業を行う者の指定	○	○（大都市特例）	○（大都市特例）	―
第51条の15第1項	特例地域相談支援給付費の支給	―	○	○	○
第51条の17第1項、第3項、第5項及び第6項	計画相談支援給付費の支給、事業者への支払、請求の審査・支払、支払の国民健康保険団体連合会への委託	―	○	○	○
第51条の17第1項	特定相談支援事業を行う者の指定	―	○	○	○
第51条の18第1項	特例計画相談支援給付費の支給	―	○	○	○
第51条の19第2項（第36条第3項を準用）	一般相談支援事業を行う者の指定	○	○（大都市特例）	○（大都市特例）	―
第51条の20第2項（第36条第3項を準用）	特定相談支援事業を行う者の指定	―	○	○	○
第51条の21第2項（第51条の19第2項及び第51条の20第2項を準用）	指定一般相談支援事業者及び指定特定相談支援事業者の指定の更新 指定一般相談支援事業者に係るもの	○	○（大都市特例）	○（大都市特例）	―
	指定特定相談支援事業者に係るもの	―	○	○	○
第51条の26第2項	指定特定相談支援事業者等に対する助言その他の援助	―	○	○	○
第51条の27第1項	指定一般相談支援事業者等に対する質問等	○	○	○	○
第51条の27第2項	指定特定相談支援事業者等に対する質問等	―	○	○	○
第51条の28第1項及び第3項から第5項まで	指定一般相談支援事業者に対する勧告、当該勧告に従わない事業者の公表、措置命令、当該措置命令の公示	○	○（大都市特例）	○（大都市特例）	―
第51条の28第2項から第5項まで	指定特定相談支援事業者に対する勧告、当該勧告に従わない事業者の公表、措置命令、当該措置命令の公示	―	○	○	○
第51条の28第6項	指定一般相談支援事業者が不正をした場合の通知	―	○	○	―
第51条の29第1項	指定一般相談支援事業者の指定の取消し	○	○（大都市特例）	○（大都市特例）	―
第51条の29第2項	指定特定相談支援事業者の指定の取消し	―	○	○	○
第51条の29第3項	指定一般相談支援事業者が指定の取消事由に該当した場合の通知	―	○	○	○
第51条の30第1項	指定一般相談支援事業者の指定等の公示	○	○（大都市特例）	○（大都市特例）	―

第9章 雑則

条項	事務		都道府県	指定都市	中核市	市町村
第51条の30第2項	指定特定相談支援事業者の指定等の公示		―	○	○	○
第51条の31	業務管理体制の整備に関する指定相談支援事業者への質問等		○	○	― ※1	―
第51条の32第1項から第4項まで	業務管理体制の整備に関する指定相談支援事業者への勧告,当該勧告に従わない指定相談支援事業者の公表,措置命令,当該措置命令の公示		○	○	― ※1	―
第52条第2項（第19条第2項から第4項までを準用）	自立支援医療費の支給認定	育成医療に係るもの	―	○	○	○
		更生医療に係るもの	―	○	○	○
		精神通院医療に係るもの	○	○ (大都市特例)	―	―
第54条第1項から第3項まで	自立支援医療の支給認定,自立支援医療を受ける指定自立支援医療の選定,医療受給者証の交付	育成医療に係るもの	―	○	○	○
		更生医療に係るもの	―	○	○	○
		精神通院医療に係るもの	○	○ (大都市特例)	―	―
第56条第2項,第3項（第19条第2項から第4項までを準用）及び第4項	支給認定の変更の決定,当該変更の決定後の医療受給者証の返還	育成医療に係るもの	―	○	○	○
		更生医療に係るもの	―	○	○	○
		精神通院医療に係るもの	○	○ (大都市特例)	―	―
第57条	支給認定の取消し,当該取消しの際の医療受給者証の返還の求め	育成医療に係るもの	―	○	○	○
		更生医療に係るもの	―	○	○	○
		精神通院医療に係るもの	○	○ (大都市特例)	―	―
第58条第1項及び第5項	自立支援医療費の支給,指定自立支援医療機関事業者への支払	育成医療に係るもの	―	○	○	○
		更生医療に係るもの	―	○	○	○
		精神通院医療に係るもの	○	○ (大都市特例)	―	―
第59条第2項及び第3項（第36条第3項を準用）	指定自立支援医療機関の指定	育成医療及び更生医療に係るもの	○	○ (大都市特例)	○ (大都市特例)	―
		精神通院医療に係るもの	○	○ (大都市特例)	―	―
第66条第1項及び第3項	指定自立支援医療機関等に対する質問等,自立支援医療費の一時差し止め	育成医療及び更生医療に係るもの	○	○ (大都市特例)	○ (大都市特例)	―
		精神通院医療に係るもの	○	○ (大都市特例)	―	―
第67条第1項から第4項まで	指定自立支援医療機関の開設者に対する勧告,当該勧告に従わない設置者の公表,措置命令,当該措置命令の公示	育成医療及び更生医療に係るもの	○	○ (大都市特例)	○ (大都市特例)	―
		精神通院医療に係るもの	○	○ (大都市特例)	―	―
第67条第5項	指定自立支援医療機関が適切な医療を行っていない場合の通知		―	○	○	○
第68条第1項及び第2項（第50条第1項を準用）	指定自立支援医療機関の指定の取消し等	育成医療及び更生医療に係るもの	○	○ (大都市特例)	○ (大都市特例)	―
		精神通院医療に係るもの	○	○ (大都市特例)	―	―

第2編　障害者総合支援法逐条解説

条項	事務		都道府県	指定都市	中核市	市町村
第68条第2項（第50条第2項を準用）	指定自立支援医療機関が指定の取消事由に該当した場合の通知		—	○	○	○
第69条	指定自立支援医療機関の指定等の公示	育成医療及び更生医療に係るもの	○	○（大都市特例）	○（大都市特例）	—
		精神通院医療に係るもの	○	○（大都市特例）	—	—
第70条第1項及び第2項（第58条第5項を準用）	療養介護医療費の支給，指定障害福祉サービス事業者への支払		—	○	○	○
第71条第1項	基準該当療養介護医療費の支給		—	○	○	○
第73条第1項及び第3項	自立支援医療費等の額の決定，当該決定に当たっての審査機関の意見聴取	育成医療及び更生医療に係るもの	○	○（大都市特例）	○（大都市特例）	—
		精神通院医療に係るもの	○	○（大都市特例）	—	—
第73条第4項	自立支援医療費等の支払の委託	育成医療に係るもの	—	○	○	○
		更生医療に係るもの	—	○	○	○
		精神通院医療に係るもの	○	○（大都市特例）	—	—
		療養介護医療費及び基準該当療養介護医療費に係るもの	—	○	○	○
第74条第1項	支給認定等を行う際の専門機関の意見聴取		—	○	○	○
第74条第2項	自立支援医療費等の業務に関し市町村に対する必要な援助		○	—	—	—
第76条第1項，第3項及び第4項（第19条第2項から第5項までを準用）	補装具費の支給，当該補装具費の支給に当たっての専門機関の意見聴取		—	○	○	○
第76条の2第1項	高額障害福祉サービス等給付費の支給		—	○	○	○
第76条の3	情報等公表対象サービス等の利用に資する情報の公表，調査，改善命令等		○	—	—	—
第77条第1項及び第3項	市町村の地域生活支援事業の実施（必須事業及び任意事業）		—	○	○	○
第77条第2項	市町村の地域生活支援事業の一部実施		○	—	—	—
第77条の2第2項及び第3項	基幹相談支援センターの設置，業務の委託		—	○	○	○
第78条第1項	都道府県の地域生活支援事業の実施（必須事業）		○	○（大都市特例）	○（大都市特例）	—
第78条第2項	都道府県の地域生活支援事業の実施（任意事業）		○	—	—	—
第79条第1項	障害福祉サービス事業等の開始		○	○（大都市特例）	○（大都市特例）	—
第79条第2項及び第4項	障害福祉サービス事業等の開始の際の届出，廃止する際の届出		—	—	—	○
第79条第3項	障害福祉サービス事業等の変更の届出		—	—	—	○
第80条第1項	条例で定める障害福祉サービスの事業等の基準の制定		○	○（大都市特例）	○（大都市特例）	—

第9章 雑則

条項	事務	都道府県	指定都市	中核市	市町村
第81条第1項	障害福祉サービス事業等を行う者に対する質問等	○	○（大都市特例）※2	○（大都市特例）※2	―
第82条	障害福祉サービス事業等を行う者に対する事業停止命令等	○	○（大都市特例）※2	○（大都市特例）※2	―
第83条第2項	障害者支援施設の設置	○	○（大都市特例）	○（大都市特例）	―
第83条第3項	障害者支援施設の届出,設置	―	―	―	○
第84条第1項	条例で定める障害者支援施設の基準の制定	○	○（大都市特例）	○（大都市特例）	―
第85条第1項	障害者支援施設の長に対する質問等	○	○（大都市特例）	○（大都市特例）	―
第86条	障害者支援施設の停止又は廃止,当該停止又は廃止の理由の提示	○	○（大都市特例）	○（大都市特例）	―
第88条	市町村障害福祉計画の作成,区域の状況把握,住民の意見反映措置,協議会の意見聴取,都道府県の意見聴取等	―	○	○	○
第88条の2	市町村障害福祉計画の調査,分析,評価,見直し	―	○	○	○
第89条	都道府県障害福祉計画の作成,協議会の意見聴取,厚生労働大臣への届出等	○	―	―	―
第89条の2	都道府県障害福祉計画の調査,分析,評価,見直し	○	―	―	―
第89条の3	協議会の設置	○	○	○	○
第90条第1項	市町村障害福祉計画の作成上の技術的事項について必要な助言	○	―	―	―
第98条	障害者介護給付費等不服審査会の設置,委員の定数を定める条例の制定,委員の任命	○	―	―	―
第102条	審査請求を受理した際の関係者への通知	○	―	―	―
第103条	不服審査のための調査等,当該調査等に係る関係人等への旅費等の支給	○	―	―	―

※1 平成31年4月より「○」。
※2 当該市の区域内に都道府県が設置するものを除く。

第10章　罰則（第109条－第115条）

第109条　市町村審査会,都道府県審査会若しくは不服審査会の委員若しくは連合会の役員若しくは職員又はこれらの者であった者が，正当な理由なしに，職務上知り得た自立支援給付対象サービス等を行った者の業務上の秘密又は個人の秘密を漏らしたときは，1年以下の懲役又は100万円以下の罰金に処する。

2　第11条の2第2項，第20条第4項（第24条第3項，第51条の6第2項及び第51条の9第3項において準用する場合を含む。）又は第77条の2第6項の規定に違反した者は，1年以下の懲役又は100万円以下の罰金に処する。

第110条　第11条第1項の規定による報告若しくは物件の提出若しくは提示をせず，若しくは虚偽の報告若しくは虚偽の物件の提出若しくは提示をし，又は同項の規定による当該職員の質問若しくは第11条の2第1項の規定により委託を受けた指定事務受託法人の職員の第11条第1項の規定による質問に対して，答弁せず，若しくは虚偽の答弁をした者は，30万円以下の罰金に処する。

第111条　第48条第1項（同条第3項において準用する場合を含む。），第51条の3第1項，第51条の27第1項若しくは第2項若しくは第51条の32第1項の規定による報告若しくは物件の提出若しくは提示をせず，若しくは虚偽の報告若しくは虚偽の物件の提出若しくは提示をし，又はこれらの規定による当該職員の質問に対して，答弁せず，若しくは虚偽の答弁をし，若しくはこれらの規定による検査を拒み，妨げ，若しくは忌避した者は，30万円以下の罰金に処する。

第112条　法人の代表者又は法人若しくは人の代理人，使用人その他の従業者が，その法人又は人の業務に関して前条の違反行為をしたときは,行為者を罰するほか，その法人又は人に対しても，同条の刑を科する。

第113条　正当な理由なしに，第103条第1項の規定による処分に違反して，出頭せず，陳述をせず，報告をせず，若しくは虚偽の陳述若しくは報告をし，又は診断その他の調査をしなかった者は，30万円以下の罰金に処する。ただし，不服審査会の行う審査の手続における請求人又は第102条の規定により通知を受けた市町村その他の利害関係人は，この限りでない。

第114条　第11条第2項の規定による報告若しくは物件の提出若しくは提示をせず，若しくは虚偽の報告若しくは虚偽の物件の提出若しくは提示をし，又は同項の規

定による当該職員の質問若しくは第11条の2第1項の規定により委託を受けた指定事務受託法人の職員の第11条第2項の規定による質問に対して，答弁せず，若しくは虚偽の答弁をした者は，10万円以下の過料に処する。

第115条　市町村等は，条例で，正当な理由なしに，第9条第1項の規定による報告若しくは物件の提出若しくは提示をせず，若しくは虚偽の報告若しくは虚偽の物件の提出若しくは提示をし，又は同項の規定による当該職員の質問若しくは第11条の2第1項の規定により委託を受けた指定事務受託法人の職員の第9条第1項の規定による質問に対して，答弁せず，若しくは虚偽の答弁をした者に対し10万円以下の過料を科する規定を設けることができる。

2　市町村等は，条例で，正当な理由なしに，第10条第1項の規定による報告若しくは物件の提出若しくは提示をせず，若しくは虚偽の報告若しくは虚偽の物件の提出若しくは提示をし，又は同項の規定による当該職員の質問若しくは第11条の2第1項の規定により委託を受けた指定事務受託法人の職員の第10条第1項の規定による質問に対して，答弁せず，若しくは虚偽の答弁をし，若しくは同項の規定による検査を拒み，妨げ，若しくは忌避した者に対し10万円以下の過料を科する規定を設けることができる。

3　市町村は，条例で，第24条第2項，第25条第2項，第51条の9第2項又は第51条の10第2項の規定による受給者証又は地域相談支援受給者証の提出又は返還を求められてこれに応じない者に対し10万円以下の過料を科する規定を設けることができる。

概要　罰則について定める。

解説　ほかの法令とのバランスを図り，罰則を規定している。

第109条
職務上知り得た秘密を漏らした場合の罰則である。

第110条
第11条参照。

第111条
第48条，第51条の3，第51条の27，第51条の32参照。

第112条
法人の代表者についても，報告等に応じない場合には，罰金が課される。

第113条

第103条参照。

第114条

第11条参照。

第115条

○　第9条，第10条参照。

○　受給者証又は地域相談支援受給者証の提出又は返還に応じない場合には，市町村は，条例で過料を科す規定を設けることができる。

附　則

障害者の日常生活及び社会生活を総合的に支援するための法律及び児童福祉法の一部を改正する法律（平成28年改正法）の附則について

附　則（平成28年6月3日法律第65号）

> （施行期日）
> 第1条　この法律は，平成30年4月1日から施行する。ただし，第2条中児童福祉法第56条の6第1項の次に一項を加える改正規定並びに附則第10条及び第11条の規定は，公布の日から施行する。

概要　この法律の施行の日（以下「施行日」という）を定める規定である。

解説
○　平成28年改正法の本施行は，新たなサービスの創設や既存のサービスの内容の変更を伴うこと，情報公表制度の創設や国保連への審査事務の委託についても，都道府県や国保連における施行準備が必要であることを踏まえ，平成30年度障害福祉サービス等報酬改定の施行と同じ，平成30年4月1日施行とされた。

○　児童福祉法に新たに加えられた，「人工呼吸器を装着している障害児その他の日常生活を営むために医療を要する状態にある障害児」（医療的ケア児）への支援の体制整備等に関する地方公共団体の努力義務規定（児童福祉法第56条の6第2項）については，特段の準備等が不要であり，かつ，早期に施行されることが適当であることから，公布日施行とされた。また，施行前の準備に関する規定（附則第8条）や経過措置の政令委任規定（附則第10条）についても，一般的に公布日施行とされることから，公布日施行とされた。

> （検討）
> 第2条　政府は，この法律の施行後3年を目途として，この法律による改正後の障害者の日常生活及び社会生活を総合的に支援するための法律（以下「障害者総合

支援法」という。）及び児童福祉法の規定について，その施行の状況等を勘案しつつ検討を加え，必要があると認めるときは，その結果に基づいて必要な措置を講ずるものとする。

概要 法の見直しの検討を定めるものである。

解説 規制の新設を伴う法律改正を行う際には，施行後5年以内の検討規定を設けることが通例となっているが，今般の法律改正においても，情報公表制度の創設に伴う障害福祉サービス事業者等の都道府県知事への報告の義務付けなど，規制の新設を含む内容であることから，施行後3年を目処とする検討規定が設けられた。

（障害者総合支援法の一部改正に伴う経過措置）
第3条　この法律の施行の日（以下「施行日」という。）前に行われた障害者総合支援法第29条第1項に規定する指定障害福祉サービス等（次項において「指定障害福祉サービス等」という。）に係る同条第1項の規定による介護給付費又は訓練等給付費の支給については，なお従前の例による。
2　施行日前に行われた障害者総合支援法第30条第1項第1号の規定による指定障害福祉サービス等又は同項第2号に規定する基準該当障害福祉サービスに係る同項の規定による特例介護給付費又は特例訓練等給付費の支給については，なお従前の例による。
第4条　第1条の規定による改正後の障害者総合支援法（以下「新障害者総合支援法」という。）第76条の規定は，施行日以後に新障害者総合支援法第5条第25項に規定する補装具の購入，借受け又は修理をした者について適用し，施行日前に第1条の規定による改正前の障害者総合支援法（以下この条及び次条において「旧障害者総合支援法」という。）第5条第23項に規定する補装具の購入又は修理をした者に対する旧障害者総合支援法第76条第1項に規定する補装具費の支給については，なお従前の例による。
第5条　新障害者総合支援法第76条の2の規定は，施行日以後に同条第1項に規定するサービスを受けた者及び新障害者総合支援法第5条第25項に規定する補装具の購入，借受け又は修理をした者について適用し，施行日前に旧障害者総合支援法第76条の2第1項に規定するサービスを受けた者及び旧障害者総合支援法第5条第23項に規定する補装具の購入又は修理をした者に対する旧障害者総合支援法第76条の2第1項に規定する高額障害福祉サービス等給付費の支給については，なお従前の例による。

| 概要 | 給付費の支給に関する経過措置を定めるものである。

| 解説 | ○ 施行日をもって，重度訪問介護の提供場所の拡大，補装具費の支給対象の拡大，高額給付費の支給対象（補装具関係）及び支給対象者の拡大等が行われ，各給付費の内容が変更されることになる。
○ 給付費については，介護給付費等の請求に関する省令（平成18年厚生労働省令第170号）第5条等の規定により，各月分の給付費の請求を翌月10日までに行わなければならないこととしており，その後，給付費の審査を経て，実際の支給は請求月の更に翌月に行われている。
○ このため，施行日前に行われたサービス等について，施行日以後に給付費の支給が行われる場合があるが，この際の給付費の支給が改正前の規定に基づいて行われることを明確にするため，施行日前に行われたサービス等に係る給付費の支給について，なお従前の例によることとされた。

第6条 この法律の施行の際現に障害者総合支援法第29条第1項，第51条の14第1項又は第51条の17第1項第1号の指定を受け，新障害者総合支援法第76条の3第1項に規定する情報公表対象サービス等の提供を開始している者についての同項の規定の適用については，同項中「指定障害福祉サービス等，指定地域相談支援又は指定計画相談支援（以下この条において「情報公表対象サービス等」という。）の提供を開始しようとするとき，その他厚生労働省令」とあるのは「厚生労働省令」と，「情報公表対象サービス等の内容」とあるのは「指定障害福祉サービス等，指定地域相談支援又は指定計画相談支援（以下「情報公表対象サービス等」という。）の内容」とする。

| 概要 | 情報公表制度に関する経過措置を定めるものである。

| 解説 | ○ 情報公表制度においては，対象事業者がサービスの提供を開始するときに，都道府県知事に報告をしなければならないこととされており，このため，この制度が施行される際に，現にサービスを提供している事業者にあって，施行日の時点で，報告義務が不履行の状態になる（サービスを提供しているのに報告していない状態になる）と解釈されるおそれがある。
○ このため，これを回避するための経過措置が設けられた。

(施行前の準備)
第10条 この法律を施行するために必要な条例の制定又は改正,障害者総合支援法第29条第1項の指定障害福祉サービス事業者(新障害者総合支援法第5条第15項に規定する就労定着支援又は同条第16項に規定する自立生活援助に係るものに限る。)の指定及び児童福祉法第21条の5の3第1項の指定障害児通所支援事業者(新児童福祉法第6条の2の2第5項に規定する居宅訪問型児童発達支援に係るものに限る。)の指定の準備並びに新児童福祉法第33条の19の規定による基本指針の作成,新児童福祉法第33条の20の規定による市町村障害児福祉計画の作成及び新児童福祉法第33条の22の規定による都道府県障害児福祉計画の作成の準備は,この法律の施行前においても行うことができる。

概要 準備行為に関する規定である。

解説
○ 平成28年6月3日に公布された平成28年改正法の施行日は,平成30年4月1日とされ,同日をもって都道府県等の新サービスに係る指定障害福祉サービス事業者の指定権限や児童福祉法に基づく障害児福祉計画の策定の義務が生じることとなるが,これらの制度の円滑な施行のために施行日前においても,指定基準が定める条例の制定や計画策定のための審議会等への意見聴取等を行うことができることとされた。

○ なお,新サービスに係る指定基準を定める都道府県の条例の制定が万が一施行日以後となった場合のことを踏まえ,当該条例が制定施行される日又は平成31年3月31日のいずれか早い日までの間は,厚生労働省令で定める基準を当該条例で定められた基準とみなすこととされた(障害者の日常生活及び社会生活を総合的に支援するための法律及び児童福祉法の一部を改正する法律の施行に伴う関係政令の整備及び経過措置に関する政令(平成30年政令第54号)第17条及び18条)。

(政令への委任)
第11条 この附則に規定するもののほか,この法律の施行に伴い必要な経過措置は,政令で定める。

概要 政令への委任を定めるものである。

解説
○ 主な政令委任事項は以下のとおり。
・ 高額障害福祉サービス等給付費の対象として新たに追加される者の要件及び給付額

・指定事務受託法人の指定の手続，指定事務受託法人の名称等の変更の届出，指定事務受託法人に対する報告聴取，指定事務受託法人の指定の取消し，指定事務受託法人を指定したとき等の公示等
・特定障害児通所支援の量を増加すること等を伴う指定の変更の申請を行う場合における，指定の申請に係る規定の技術的読替え
○ これらについては，障害者の日常生活及び社会生活を総合的に支援するための法律及び児童福祉法の一部を改正する法律の施行に伴う関係政令の整備及び経過措置に関する政令（平成30年政令第54号）によって規定された。

平成28年改正法による他法改正について

児童福祉法

1　居宅訪問型児童発達支援の創設（第6条の2の2第5項関係）
○ 障害児に対する療育については，児童福祉法により，障害児を施設に通所させて支援しているが，通所が困難な障害児の居宅を訪問し，発達支援等の便宜を提供するサービス（居宅訪問型児童発達支援）が創設された。

2　保育所等訪問支援の支援対象の拡大（第6条の2の2第6項関係）
○ 「保育所等訪問支援」については，保育所等に通う障害児に対して，療育の専門家が当該保育所等を訪問し，他の児童との集団生活への適応のための専門的な支援等を行っている。
○ 乳児院等の入所施設に入所する障害児についても「保育所等訪問支援」を利用することができるよう，支援の対象となる障害児の範囲を施設入所者まで拡大された。

3　障害児のサービスに関する計画の作成（第33条の19から第33条の25まで関係）
○ 障害者総合支援法においては，法に基づくサービスの提供体制を計画的に確保することができるよう，市町村及び都道府県がそれぞれ障害福祉計画を策定し，サービスの種類ごとの必要な見込量や提供体制の確保に係る目標等を定めるものとしている。
○ これについて，児童福祉法に基づく障害児に対するサービスについても，サービスを提供する体制を計画的に整備していく必要があり，そのためには，計画の策定が必要不可欠であることから，児童福祉法に障害児福祉計画の作成に関する規定を新設し，サービスの種類ごとに必要な見込量や提供体制の確保に係る目標等を定めることとされた。

4　医療的ケア児に対する各種支援の連携（第56条の6第2項関係）
○ 医療的ケア児については，障害児に該当する場合でも障害児の保護者等がそれを知らず，適切な支援が行われていないとの指摘がある。
○ このような現状に鑑み，地方公共団体は，医療的ケア児が心身の状況に応じた適切な医療，

保健，福祉その他の各関連分野の支援を受けられるよう，当該各関連分野の支援を行う機関との連絡調整を行うため，必要な措置を講ずるよう努めることとされた。

5 その他
○ 法と同様の改正（指定事務受託法人制度の創設，国民健康保険団体連合会への給付費の審査の委託及びサービス提供者の情報公表制度の創設）がなされた。

障害者自立支援法制定時の附則について

※既に効力を失っているものは掲載していない。また解説は，平成22年整備法や平成24年整備法による改正に伴う最低限の修正のほかは，制定時の内容である。

附　則（平成17年11月7日法律第123号）

（施行期日）
第1条　この法律は，平成18年4月1日から施行する。ただし，次の各号に掲げる規定は，当該各号に定める日から施行する。

一　附則第24条，第44条，第101条，第103条，第116条から第118条まで及び第122条の規定　公布の日〔平成17年11月7日〕

二　第5条第1項（居宅介護，行動援護，児童デイサービス，短期入所及び共同生活援助に係る部分を除く。），第3項，第5項，第6項，第9項から第15項まで，第17項及び第19項から第22項まで，第2章第1節（サービス利用計画作成費，特定障害者特別給付費，特例特定障害者特別給付費，療養介護医療費，基準該当療養介護医療費及び補装具費の支給に係る部分に限る。），第28条第1項（第2号，第4号，第5号及び第8号から第10号までに係る部分に限る。）及び第2項（第1号から第3号までに係る部分に限る。），第32条，第34条，第35条，第36条第4項（第37条第2項において準用する場合を含む。），第38条から第40条まで，第41条（指定障害者支援施設及び指定相談支援事業者の指定に係る部分に限る。），第42条（指定障害者支援施設等の設置者及び指定相談支援事業者に係る部分に限る。），第44条，第45条，第46条第1項（指定相談支援事業者に係る部分に限る。）及び第2項，第47条，第48条第3項及び第4項，第49条第2項及び第3項並びに同条第4項から第7項まで（指定障害者支援施設等の設置者及び指定相談支援事業者に係る部分に限る。），第50条第3項及び第4項，第51条（指定障害者支援施設及び指定相談支援事業者に係る部分に限る。），第70条から第72条まで，第73条，第74条第2項及び第75条（療養介護医療及び基準該当療養介護医療に係る部分に限る。），第2章第4節，第3章，第4章（障害福祉サービス事業に係る部分を除く。），第5章，第92条第1号（サービス利用計画作成費，特定障害者特別給付費及び特例特定障害者特別給付費の支給に係る部分に限る。），第2号（療養介護医療費及び基準該当療養介護医療費の支給に係る部分に限る。），第3号及び第4号，第93条第2号，第94条第1項第2号（第92条第3号に係る部分に限る。）及び第2項，第95条第1項第2号（第92条第2

号に係る部分を除く。）及び第2項第2号，第96条，第110条（サービス利用計画作成費，特定障害者特別給付費，特例特定障害者特別給付費，療養介護医療費，基準該当療養介護医療費及び補装具費の支給に係る部分に限る。），第111条及び第112条（第48条第1項の規定を同条第3項及び第4項において準用する場合に係る部分に限る。）並びに第114条並びに第115条第1項及び第2項（サービス利用計画作成費，特定障害者特別給付費，特例特定障害者特別給付費，療養介護医療費，基準該当療養介護医療費及び補装具費の支給に係る部分に限る。）並びに附則第18条から第23条まで，第26条，第30条から第33条まで，第35条，第39条から第43条まで，第46条，第48条から第50条まで，第52条，第56条から第60条まで，第62条，第65条，第68条から第70条まで，第72条から第77条まで，第79条，第81条，第83条，第85条から第90条まで，第92条，第93条，第95条，第96条，第98条から第100条まで，第105条，第108条，第110条，第112条，第113条及び第115条の規定　平成18年10月1日
三　附則第63条，第66条，第97条及び第111条の規定　平成24年4月1日

概要　施行日を定める規定である。

解説
○　障害者自立支援法は，平成18年4月1日と10月1日に分けて施行された。ただし，一部の規定の施行日は，「公布の日（第1号）」「平成24年4月1日（第3号）」とされている。
　　※　なお，平成24年4月1日とは旧法の施設に関する経過措置が終了する日である。
○　本法は，従来の児童福祉法，身体障害者福祉法，精神保健福祉法及び知的障害者福祉法の各法に根拠をおいて実施されている障害福祉施策のうち，障害種別を超えた制度設計が可能なものを統合して，新たに自立支援給付や地域生活支援事業として再構築したものである。したがって，その内容は旧法の改正も含め大きなものとなり，その施行には十分な準備作業や周知期間を要する一方で，関係者からは，制度を安定的なものとするため準備の整ったものから極力早期に施行することが求められたところである。このため，必要に応じて経過的な措置を講じながら，可能なものから一部施行を進めていくこととされた。

＜施行期日の概要＞
1　公布日
・施行前準備行為
・精神分裂病に係る用語整理
2　平成18年4月施行
○　自立支援医療費
・自立支援医療に係る定義

- ・給付の通則
- ・自立支援医療に係る支給認定
- ・自立支援医療機関の指定
- ・費用負担（自立支援医療費に係る部分）
- ・大都市特例，罰則等
  - ○ 制度の主要部分
    - ・目的，責務，定義の主要部分，給付の通則
    - ・障害者給付審査会及び支給決定
    - ・介護給付，訓練等給付，特例介護給付，特例訓練等給付
    - ・高額障害福祉サービス費
    - ・障害福祉サービス事業者の指定，届出等
    - ・費用負担
    - ・審査請求
  - ○ なお，身体障害者福祉法及び知的障害者福祉法による施設訓練等支援費についても，定率負担の導入，いわゆる補足給付や高額費の導入等を実施。
  - ○ 大都市特例のうち，児童相談所設置市に係る部分
- 3　平成18年10月施行
  - ○ 障害者支援施設に係る介護給付等，補装具給付など
    - ・介護給付等のうち施設に係る介護給付等
    - ・特定入所者特別給付，特例特定入所者特別給付，サービス利用計画作成費
    - ・療養介護医療費，基準該当療養介護医療費
    - ・補装具費
    - ・障害者支援施設，相談支援事業者等の指定，届出等
    - ・地域生活支援事業
    - ・障害福祉計画
  - ○ なお，児童福祉法における障害児施設給付費についても，18年10月より実施。

（自立支援給付の特例）

第2条　児童福祉法第63条の2及び第63条の3の規定による通知に係る児童は，第19条から第25条まで，第29条から第31条まで，第34条，第35条，第51条の5から第51条の10まで，第51条の14，第51条の15，第70条，第71条，第76条の2，第92条，第94条及び第95条の規定の適用については，障害者とみなす。

2　前項の規定により障害者とみなされた障害児であって，特定施設へ入所する前日において，児童福祉法第24条の2第1項の規定により障害児入所給付費の支給を受けて又は同法第27条第1項第3号若しくは第2項の規定により措置（同法第31条第5項の規定により同法第27条第1項第3号又は第2項の規定による措置と

みなされる場合を含む。）が採られて第5条第1項の厚生労働省令で定める施設に入所していた障害児に係る第19条第4項の規定の適用については，同項中「当該障害者等が満18歳となる日の前日に当該障害者等の保護者であった者（以下この項において「保護者であった者」という。）」とあるのは「当該障害児が特定施設へ入所する日の前日に当該障害児の保護者」と，同項ただし書中「当該障害者等が満18歳となる日の前日」とあるのは「当該障害児が特定施設へ入所する日の前日」と，「保護者であった者」とあるのは「当該障害児の保護者」と読み替えるものとする。

概要 自立支援給付における15歳以上の障害児に関する特例を定めるものである。

解説
○ 児童福祉法第63条の2や第63条の3の規定により，15歳以上の障害児について，児童相談所長が障害者のサービスを受けることが適当と認めるときは，その旨を市町村長に通知することができることとされており，これを受け，本法において，この通知に係る障害児を障害者とみなして適用する。

○ 障害者を対象とするサービスは，職業的・社会的な自立を目指すため，介護等に加え，就労への移行に向けた支援や地域で自立して暮らすための支援を行うものであり，一方，障害児を対象とするサービスは，障害児特有のニーズがあることを踏まえ，児童に適したサービスを提供するための基準を設定し，介護等に加え，療育的な支援や虐待への対応といった支援を行っている。

○ 一方，15歳以上の障害児のなかには特別支援学校の中等部を卒業して直ちに就職を目指す者もおり，このような者については，児童福祉法に基づくサービスよりも，職業的・社会的な自立に向けた就労訓練などの障害者を対象としたサービスを必要とする場合がある。

○ このような判断については，15歳以上の障害児が障害者のサービスを利用することは，当該児童の発達の状態，生活環境等の状況を総合的に把握したうえで，当該児童の健全な発達を妨げないかという専門的な判断に基づき行われるべきものであるため，当該判断は，児童に関する専門的な機関である児童相談所長が行うこととする。

○ このようなことから，障害福祉サービス（障害者を対象とするもの）や障害者支援施設を15歳以上の障害児が利用する場合について，児童相談所長がその適否を判断して市町村長に通知する仕組みを導入する。

＜18歳未満の精神障害者について＞
○ 上記の取扱いについては，児童相談所長の通知により行うこととされているが，精神障害に関する相談等は，年齢を問わず従来から精神保健福祉法第6条第1項に基づき各都道府県に設置されている精神保健分野の専門機関である精神保健福祉センター等が行っているところである。

○ このため，児童相談所の通知に限らず，精神保健福祉センターの意見その他の事情を勘案して市町村が認める場合には利用できるようにする必要があるため，障害者総合支援法施行令附則第3条において，精神保健福祉センター等においても，意見を述べることができることとしている。

> 参考
> ○障害者の日常生活及び社会生活を総合的に支援するための法律施行令（抄）
> 　附　則
> （18歳未満の精神障害者の障害福祉サービスの利用の特例）
> **第3条**　当分の間，法附則第2条の規定の適用については，同条中「児童は，」とあるのは，「児童又は第22条第2項の規定による精神保健福祉センターの意見その他の事情を勘案して障害福祉サービス（障害者のみを対象とするものに限る。）を利用することが適当であると市町村が認めた精神障害者である児童は，」とする。

（検討）
第3条　政府は，この法律の施行後3年を目途として，この法律及び障害者等の福祉に関する他の法律の規定の施行の状況，障害児の児童福祉施設への入所に係る実施主体の在り方等を勘案し，この法律の規定について，障害者等の範囲を含め検討を加え，その結果に基づいて必要な措置を講ずるものとする。
2　政府は，この法律の施行後5年を経過した場合において，第2章第2節第5款，第3節及び第4節の規定の施行の状況について検討を加え，その結果に基づいて必要な措置を講ずるものとする。
3　政府は，障害者等の福祉に関する施策の実施の状況，障害者等の経済的な状況等を踏まえ，就労の支援を含めた障害者等の所得の確保に係る施策の在り方について検討を加え，その結果に基づいて必要な措置を講ずるものとする。

概要　障害者自立支援法の見直しの検討などを定めるものである。

解説　第1項
○　政府は，法律の施行後3年を目途として，
・障害者自立支援法，障害者等の福祉に関するほかの法律の規定の施行の状況（身体障害者福祉法，知的障害者福祉法，精神保健福祉法，児童福祉法など）
・障害児の児童福祉施設への入所に係る実施主体の在り方等
を勘案して，この法律の規定について，障害者等の範囲を含め検討を加え，必要な措置を講じることとする。
　障害児の児童福祉施設への入所に係る実施主体の在り方については，現在，都道府県が行うこととされており，ほかの障害者等の福祉サービスの実施主体や虐待に

対する対応などを含め，検討を行う必要があることから，本条において規定されている（下記参照）。

また，障害者等の範囲については，発達障害者や，高次脳機能障害，難病などのいわゆる制度の「谷間」とされている者や，知的障害者の定義をおくことなどについて国会等において議論が行われたことを踏まえ，第162回国会において与党修正が行われ，規定されたものである。

障害者自立支援法に併せて行った児童福祉法の見直しに関する考え方

1　児童福祉施設の見直しの方向性

○　従来，障害児の福祉施設の利用については，①行政処分として入所の措置が採られており，また，②都道府県が事務の主体となっていたところである。

○　今般の障害児の福祉施設の利用に関する基本的な方向性は，身体障害者等と同様であり，障害者のサービスと同様に，⑴保護者等が自らサービスを選択できる仕組みである契約制度へ移行するとともに，⑵身近な地方公共団体である市町村へ権限を委譲する。また，⑶障害者の施設の見直しに準じ，障害児に係る児童福祉施設についても，その機能に併せて施設体系を見直すこととしたものである。

⑴　障害児に係る児童福祉施設の利用契約制度の導入について

①　平成15年度より，障害児の「居宅」サービスについて支援費制度による契約制度が導入されたことに伴い，自らがサービスを選択するという意識が醸成されてきたこと，

②　障害児に係る児童福祉施設については，障害者・児地域療育支援センター事業や自閉症・発達障害者支援センターの設置など，障害児に係る専門的な相談機関が充実され，施設の選択，利用の時期の適否等についても，児童相談所以外にも専門的な情報提供を行うシステムが整いつつあること

等を踏まえ，施設の利用契約制度を18年10月より導入することとした。

⑵　障害児の施設利用に関する事務の市町村への委譲について

①　平成17年4月より，市町村の児童相談の役割が明確化され，被虐待児等の要保護児童に対する支援のネットワークの運営等により，虐待の予防や早期発見を促進することとされたが，これらの取組みについて，市町村における基盤の整備が図られるまで一定程度の時間が必要であると考えられること

②　障害児については，施設利用に係る判断について高度な専門性が要求される場面が多いこと

等から，障害児を含めた児童の専門的相談機関であり，障害児に係る児童福祉施設の措置権限を有する児童相談所を所管する都道府県が障害児に係る施設利用に係る事務（支給決定等）を行うこととしたものである。ただし，市町村における虐待等に関する体制の基盤の整備が図られた後の約5年後を目途に，虐待等を受けている障害児の保護等に係る市町村と都道府県の役割を踏まえ，所要の手配を行ったうえで，障害児に係る児童施設の利用に関する権限を市町村に移すことを想定している。

(3) 障害児に係る児童福祉施設の機能の見直しについて

現在，虐待による親子分離のため入所している障害の軽い児童や，より手厚い支援が必要な障害の程度が重い児童，保護者とともに療育的な指導が必要とされる児童など，さまざまな児童が同一の施設に入所しており，それぞれのニーズに対応できる施設体系となっていない。

このため，児童福祉施設については，子育て支援（療育の支援），機能訓練，療養支援（医療型）など，その機能に合わせて施設を再編し，障害児のニーズに的確に対応した支援が提供される体系に見直すことなど，そのサービスの在り方を検討する。

これらの機能の見直しについては，児童福祉施設のサービス体系を大幅に見直すこととなることから，障害児に係る児童福祉施設の利用に関する権限の市町村への委譲と合わせて検討することとされている。

2 障害者自立支援法と障害児に係る児童福祉施設サービスの関係の整理について

○ 障害者自立支援法においては，身近な市町村がサービスを行うこと，また，障害者自らがサービスを選択し，障害者の支援の必要度に応じた適切なサービス提供を行うことが基本的な枠組みとなっている。

○ 障害児に係る児童福祉施設については，今般の見直しにより，見直しの第1段階として，18年10月より，措置制度から，利用契約制度へ移行することとするが，市町村への権限委譲や施設機能の見直しに関しては，5年後を目途に行うこととしている。

○ このため，18年10月においては，その機能の見直しの途上であり，障害者自立支援法の基本的な枠組みと合致したものとなっていないため，今後，5年後を目途に行われる，市町村への権限委譲及び障害児に係る児童福祉施設の機能の再編に合わせて障害者自立支援法に規定することが適当であると考えられる。このため，今回の改正においては児童福祉法に引き続き規定を残すこととしている。

第2項

障害者自立支援法においては，サービスの質を確保するため，障害福祉サービスを行う事業者等に対し，基準を課すとともに，指定を行っている。

一方で，これらは，事業者に対する規制を課すものであることから，規制の見直しという観点から，5年後に検討を行うものである。

第3項

○ 政府は，
・障害者等の福祉に関する施策の実施の状況
・障害者等の経済的な状況等
を踏まえ，就労の支援を含めた障害者等の所得の確保に係る施策の在り方について検討を加えるものとする。

第2編　障害者総合支援法逐条解説

- ○　国会において，利用者負担が増加するのであれば，所得の確保の施策についても併せて検討すべきであるとの意見があり，第162回国会において，与党修正により加えられた規定である。ただし，単に利用者負担の増加分を金銭給付の増額により補うということでは，障害者の自立を支援するということにはならない。このため，まずは就労支援を十分行うことが必要であり，その趣旨が附則にも規定されているものである。
- ○　なお，第3項においては，3年後などの期限が付されていないが，参議院厚生労働委員会の附帯決議において，「社会保障に関する制度全般についての一体的な見直しと併せて，……3年以内にその結論を得ること」とされている。

（特定施設入所障害者に関する経過措置）

第18条　附則第41条第1項又は第58条第1項の規定によりなお従前の例により運営をすることができることとされた附則第41条第1項に規定する身体障害者更生援護施設又は附則第58条第1項に規定する知的障害者援護施設（附則第52条の規定による改正前の知的障害者福祉法第21条の8に規定する知的障害者通勤寮を除く。）は，障害者支援施設とみなして，第19条第3項及び第4項の規定を適用する。

2　附則第1条第2号に掲げる規定の施行の日以後，当分の間，第19条第3項中「第18条第2項」とあるのは「第18条」と，「第16条第1項の規定により入所措置」とあるのは「第15条の4若しくは第16条第1項の規定により入所若しくは入居の措置」と，「又は第5条第1項」とあるのは「若しくは第5条第1項」と，「定める施設に入所して」とあるのは「定める施設に入所し，又は共同生活援助を行う住居に入居して」と，「又は同法」とあるのは「，共同生活援助を行う住居又は同法」と，「入所前」とあるのは「入所又は入居の前」と，「特定施設に入所して」とあるのは「特定施設に入所又は入居をして」と，「入所した」とあるのは「入所又は入居をした」と，同条第4項中「第18条第2項」とあるのは「第18条」と，「第16条第1項の規定により入所措置」とあるのは「第15条の4若しくは第16条第1項の規定により入所若しくは入居の措置」と，「入所した」とあるのは「入所又は入居をした」と，同条第5項中「入所して」とあるのは「入所し，又は入居して」とする。

概要　居住地特例を定めるものである。

解説　平成18年10月1日分の規定。なお，障害者総合支援法の平成26年4月分の施行に伴い，一部改正がなされている。

障害者自立支援法制定時の他法改正について

第1 児童福祉法

1 障害児施設給付費等の創設及び障害児施設の利用契約制度への移行

(1) ①平成15年度より，障害児の居宅サービスについて支援費制度による契約制度が導入されたことに伴い，自らがサービスを選択するという意識が醸成されてきた。また，これに加え，②障害児福祉については，障害者・児地域療育支援センター事業や自閉症・発達障害者支援センターの設置等，障害児に係る専門的な相談機関が充実し，施設の選択，利用の時期の適否等についても，児童相談所以外にも専門的な情報提供を行うシステムが整いつつある。

(2) こうした状況を踏まえれば，専門的な療育機関である障害児に係る児童福祉施設（障害児施設）についても，各種の相談支援機関等からの情報に基づき，保護者等がサービスを自ら選択できる仕組みとしていくことが，障害者自立支援法を始めとする障害福祉サービス全般に通じる基本的理念に沿うものである。このため，障害児施設についても，利用者とサービス提供者が対等の立場で契約する仕組みを導入することとした。

2 障害児施設給付費等（第24条の2～第24条の23）

(1) 障害児施設給付費，高額障害児施設給付費及び特定入所障害児食費等給付費（第24条の2～第24条の4，第24条の6～第24条の8）

　イ 障害児施設を契約で利用できることとしたことに伴い，障害児が障害児施設から支援を受ける場合に，都道府県が障害児の保護者に障害児施設給付費を支給することとし，給付に係る手続き等を定めるものである。

　ロ 利用者負担については月額の上限を設けているが，同一の世帯に複数の者を対象とする利用者負担が生じる場合等について，家計の負担が過重とならないよう，高額障害児施設給付費を支給することとしている。

　ハ 障害児施設給付費には食費及び居住費は含まれていないため，障害児施設に入所する者のうち，その保護者の所得その他の事情に応じて，食事及び居住費に係る特定障害児食費等給付費を支給する。

(2) 災害減免の規定（第24条の5）

　災害その他の特別な事情により，利用者負担が困難であると認めたときは，都道府県が定めた額を減額することができることとした。

(3) 指定知的障害児施設等（第24条の9～第24条の18）

　障害児施設給付費の対象となるサービスを行うための施設を都道府県知事が指定することとし，指定の要件，指定施設の責務，指定施設に対する都道府県知事の勧告・命令，指定の取消し等について定めるものである。

(4) 都道府県による利用の調整等（第24条の19）

　障害児施設が契約制度になったことに伴い，障害児及びその保護者がサービスを円滑に利

(5) 障害児施設医療費（第24条の20～第24条の23）

医療機関である障害児施設に入所する者の障害に係る医療費について，自己負担が過重なものとならないよう，入所者の保護者の所得の状況に応じて障害児施設医療費を支給する規定を創設した。

(6) 負担規定（第49条の2～第53条）

障害児施設給付費等の創設に伴い，支弁規定及び負担規定にこれらの給付に関する事項を追加している。

(7) 不当利得の徴収（第57条の2）

障害児施設給付費等の創設に伴い，これらの給付を不当に利得した者に対する金銭の徴収や返還について定めるものである。

(8) 障害児の保護者等に関する調査等（第57条の3，第57条の4）

障害児施設給付費の利用者負担額の上限設定や高額障害児施設給付費及び特定入所障害児食費等給付費の支給に当たって，都道府県が給付決定保護者の所得の状況等を的確に把握することができるよう，障害児の保護者等に報告や物件の提出を命じることや関係機関に資料の提供を求めることができる規定を創設するものである。

(9) 差し押さえ禁止規定（第57条の5）

障害児施設給付費等の創設に伴い，これらの給付を差し押さえることができない旨の規定を設けている。

(10) 罰則（第62条，第62条の3）

都道府県の報告徴収等に応じない施設関係者については30万円以下の罰金に処することとし，また，都道府県の報告徴収等に応じないか，施設受給者証の返還義務に応じない障害児の保護者等については10万円以下の過料を科することができることとしている。

※ 利用者負担の軽減の仕組みについては，基本的に，障害者自立支援法における仕組みと同様である。

3 障害児の施設入所措置に係る児童相談所長の裁量（第27条第1項第3号）

○ 障害児の施設入所に関しては，
① 被虐待等の要保護児童に係る取扱いについて，市町村における取組みの基盤の整備がまだ十分とはいえないこと
② 処遇に関する判断について専門性が要求される場面が多いこと
等から，障害児を含めた児童の専門的相談機関であり，障害児施設について措置権限を有する児童相談所を所管している都道府県が支給決定を行うこととしている。

○ 障害児の場合，保護者が児童の障害を心理的に受容できず，心理士や保健師などの専門家の介入がなければ，適切なサービスに結びつかないケースがあることから，居宅サービスについては「やむを得ない事由によりサービスを受けることが著しく困難な場合」の例外的な措置として，契約ではなく市町村の措置により，障害児をサービスに結びつけることとしている（第21条の25，平成15年障発第0606002号通知）。

○ これに対し，障害児施設については，障害児の療育に係る専門的機関であることに加え，保護者によるネグレクトや虐待があった場合の親子分離の手段としても用いられており，こうした多様なケースにおける障害児施設の利用の適否の判断については，①高度の専門性に基づく臨機応変の判断が必要とされるとともに，②施設について入所措置を行う児童相談所は，居宅サービスについて措置を行う市町村に比べて，専門性が極めて高いことから，措置に係る裁量について市町村よりも広い範囲を認めることが適切であると考えられる。

○ このような点を踏まえると，障害児施設への入所措置は，「やむを得ない事由によりサービスを受けることが著しく困難な場合」に限定することなく，現行の児童福祉法第27条第1項第3号により，児童相談所の措置に係る権限をそのまま適用することが適当であるとしたものである。

4 障害児施設給付等の延長措置等（第63条の3の2）

(1) 措置制度における入所期間の延長（第31条第2項，第3項）（図2－10）

○ 児童福祉法上の児童は満18歳に達するまでの者であるが，第31条第2項及び第3項の規定により，都道府県が障害児施設への入所措置をとることができる期間を満20歳まで延長するとともに，国の設置する知的障害児施設や重症心身障害児施設については，満20歳を超えて引き続き入所措置をとることができることとされている。

○ また，第63条の2の規定により，第31条第2項の規定にかかわらず，当分の間，入所者のうち障害の程度が重い者について，満20歳に達した後も入所措置をとることができるとともに，第63条の3の規定により，当分の間，満18歳を超えている者であっても，新たに

図2－10 措置制度における在所期間の延長措置について

施設	区分	18歳～20歳	20歳～
知的障害児施設	国以外	第31条第2項	第63条の2第1項（重度）
	国	第31条第2項	
盲ろうあ児施設		第31条第2項	
肢体不自由児施設		第31条第3項	第63条の2第2項（重度）
重症心身障害児施設		第31条第3項	第63条の3第1項
指定医療機関	肢体不自由児	第31条第3項	第63条の2第2項（重度）
	重症心身障害児	第31条第3項	

重症心身障害児施設への入所措置をとることができることとしている。

○　これらの措置は，障害の程度が非常に重いために在宅で生活を送ることが困難な場合，障害者の施設に空きがない場合，その者に合った機能をもつ障害者のサービスがない場合（特に重症心身障害児施設等のように医療機関において治療を受けながら，介護等の福祉サービスを受けられる類型が現在の障害者のサービスには存在しない）等，障害の重い者や治療を併せて必要とする者に対するサービスを提供できる基盤が整備されていないこと，そのようなサービス類型が制度的に位置づけられていないことなどにより，満18歳を超えて，障害児施設において受けていた措置に代わるものを受けることができない状況があるため，設けられたものである。

(2) 利用契約制度下における取扱いについて

○　今回の改正で障害児施設を契約により利用する仕組みが導入されたが，満18歳以上の者が障害児施設を利用する場合についても，適切なサービスが見つかるまでの経過的な対応として行われているだけであり，虐待等に対する高度・専門的な対応が必要とされているわけではないので，必ずしも都道府県の入所措置による必要はなく，契約により利用することを可能とすることが適当である。

○　このため，今回の改正において，措置制度における経過的な取扱いと同様に満18歳を超えても障害児の施設を契約により利用できる仕組みを導入している。

○　なお，基本的には満18歳を超えた者は，適切なサービス利用という観点から，障害者のサービスを受けることが望ましいため，障害者自立支援法に基づく療養介護（医療機関で治療と併せて介護等のサービスが行われるサービス類型）等を利用できる場合には，障害児施設給付費の支給の特例的な延長は行わない旨も併せて規定している。

※　現状では，重症心身障害児施設に入所する者の9割弱，肢体不自由児施設に入所する者の約1割が18歳以上であるが，障害者向けのサービスとして医療機関において治療を受けながら，介護等の福祉サービスを受けることができる類型が存在しないことが大きな要因であると考えられる。

○　また，障害者自立支援法附則第3条に規定している3年後の見直しの際に，併せて満18歳以上であって，引き続き障害児施設に入所する者の在り方についても，見直しを行う旨を規定した。

第2　身体障害者福祉法の改正

○　支援費制度による契約制度に基づく給付体系及び関連規定は障害者自立支援法へ移行するため，削除しており，身体障害者福祉法には，
① 身体障害者手帳に関する規定
② 身体障害者物品の購買等に関する規定
③ 身体障害者更生援護施設のうち，個別給付の対象とならない身体障害者社会参加支援施設に関する規定
④ やむをえない措置に関する規定

などの規定が残されている。

このうち、障害者自立支援法の改正に関連する規定は、③、④の規定である。

1 身体障害者更生援護施設の身体障害者社会参加支援施設への改称（第5条等）

改正前の身体障害者福祉法第5条第1項は、身体障害者更生施設、身体障害者療護施設、身体障害者福祉ホーム、身体障害者授産施設、身体障害者福祉センター、補装具製作施設、盲導犬訓練施設及び視聴覚障害者情報提供施設の8施設を「身体障害者更生援護施設」と総称していたところである。

このうち、身体障害者更生施設、身体障害者療護施設、身体障害者福祉ホーム及び身体障害者授産施設の4施設が障害者自立支援法の障害者支援施設に関する規定の施行に伴い廃止され、従来の身体障害者更生援護施設の範囲が大幅に縮小することから、「身体障害者更生援護施設」に代えて、残る4施設を表すのにふさわしい新たな総称を創設している。

現行の施設の総称に使われている「更生援護」とは、身体障害者福祉法第3条第1項で定義しているとおり、「身体障害者の自立と社会経済活動への参加を促進するための援助と必要な保護」のことを意味する。

一方、身体障害者福祉法に残る身体障害者福祉センター、補装具製作施設、盲導犬訓練施設及び視聴覚障害者情報提供施設の4施設は、「身体障害者の自立と社会経済活動への参加を促進するための援助」を目的とした施設ではあるが、廃止される4施設と比べ、「必要な保護」を行うという性格はあまり有していない。

このため、身体障害者福祉センター、補装具製作施設、盲導犬訓練施設及び視聴覚障害者情報提供施設の4施設の総称は、「身体障害者の自立と社会経済活動への参加を促進するための援助」を簡潔に言い表した「身体障害者社会参加支援施設」としたものである。

2 措置に関する規定について（第18条）

(1) 平成18年4月1日施行

医療と介護等を合わせて受けられるサービスである療養介護は、18年10月から障害者自立支援法に基づき実施されるが、このようなサービスについては早急に開始することが求められていることから、医療を必要とする身体障害者に対し、医療と介護等を合わせて行う措置を市町村が国立高度専門医療センター等に委託できる規定を先行的に設けるものである。

(2) 平成18年10月1日施行

療養介護が施行されたことに伴い、利用を必要とする障害者等についても、やむをえない場合のみ措置を行うことに改めるものである。

第1項については、入所施設に入所する以外の場合、第2項については、入所又は入院する（療養介護を利用する）場合に限るものである。

第1項については、在宅で、日中活動系サービス又は訪問系サービスを措置する場合を想定しているため、できる規定となっており、第2項については、入所又は入院であるため、市町村は措置しなければならないものとされている。

なお、この措置については、本人が契約することができない場合等に、障害者等の福祉の

ため，市町村が行政処分により障害福祉サービスを受けさせるものである。

第1項の場合については，政令に基準が定められており，この基準を満たす場合に措置を行う。

> **参考**
>
> ○**身体障害者福祉法施行令**（昭和24年法律第283号）（抄）
> （居宅介護等に関する措置の基準）
> **第18条** 法第18条第1項に規定する措置のうち障害者自立支援法第5条第2項に規定する居宅介護，同条第3項に規定する重度訪問介護又は同条第9項に規定する重度障害者等包括支援（以下この条において「居宅介護等」という。）の措置は，当該身体障害者が居宅において日常生活を営むことができるよう，当該身体障害者の身体その他の状況及びその置かれている環境に応じて適切な居宅介護等を提供し，又は居宅介護等の提供を委託して行うものとする。
>
> （生活介護等に関する措置の基準）
> **第19条** 法第18条第1項に規定する措置のうち障害者自立支援法第5条第6項に規定する生活介護，同条第13項に規定する自立訓練，同条第14項に規定する就労移行支援又は同条第15項に規定する就労継続支援（以下この条において「生活介護等」という。）の措置は，当該身体障害者の身体その他の状況及び置かれている環境に応じて適切な生活介護等を提供することができる施設を選定して行うものとする。
>
> （短期入所に関する措置の基準）
> **第20条** 法第18条第1項に規定する措置のうち障害者自立支援法第5条第8項に規定する短期入所（以下この条において「短期入所」という。）の措置は，当該身体障害者の身体その他の状況及びその置かれている環境に応じて適切な短期入所を提供することができる施設を選定して行うものとする。

※ 身体障害者福祉法上，共同生活援助等の措置を規定しない理由について

共同生活援助等については，共同生活を営むべき住居において，相談や食事等の介助等を行うサービスであるが，共同生活は，個々人の自由な時間，判断が制限される等，一定の制約の下で生活することとなる。

知的障害者や精神障害者の場合は，共同生活による利用者同士の助け合いが支援として有効であるとされているが，身体障害者の場合はむしろ個々の利用者に適した支援が必要とされており，こういった観点等から利用契約によるサービスに対し，給付を行うことについても，関係者の間にも慎重な意見がある。

このような慎重な意見があるものについて，行政処分である措置について規定をおくことについては，関係者からの反発も想定されるため，今後，検討を進め，関係者のコンセンサスがとれた時点で政令においても措置することが適切であると考えられることから，今般の改正においては，身体障害者福祉法の措置は規定をおいていない。

なお，緊急に，在宅で生活できない場合については，障害者支援施設等への入所措置により対応できるものである。

第3 精神保健及び精神障害者福祉に関する法律の改正

○ 障害の種別にかかわりのない共通の自立支援のための福祉サービス等については，障害者自立支援法へ移行するため，ホームヘルプサービス等ほかの障害と共通するサービスを規定する条項は削除している。また，従来精神保健福祉法に基づき実施されていた精神障害者の通院公費負担制度についても，障害者自立支援法に基づく自立支援医療へ移行するため，削除した。

○ 障害者自立支援法においては，自立支援給付の提供主体となる施設・事業者に対し，質の高いサービスを提供する観点から，改善命令にかかわらず勧告に従わない場合における公表制度に関する規定が盛り込まれている（第49条参照）が，これと同様の趣旨に基づき，精神科病院における入院患者の適正な処遇を確保するため，都道府県知事の監督権限を強化し，悪質な医療機関についてその名称等を公表するなどの規定を盛り込むこととした。

○ このほか，市町村に精神保健福祉相談員を置くことができるものとされたほか，医療保護入院及び応急入院等に係る特例措置の導入等，精神障害者に対する適切な地域医療等の確保等を図るための改正を行った。

第4 知的障害者福祉法の改正

支援費制度による契約制度に基づく給付体系及び関連規定は障害者自立支援法へ移行するため，削除した。このため，同法には，やむをえない措置に関する規定等が残っている。

第5 その他関係法令の改正

1 社会福祉法の一部改正

(1) 障害者自立支援法附則第61条による一部改正（平成18年4月施行）

〔第二種社会福祉事業に追加するもの〕

・障害福祉サービス事業（4月から9月までの間の経過的な事業を含む）

〔第二種社会福祉事業から削除するもの〕

→障害者自立支援法の障害福祉サービス事業へ移行したため，削除している。

・児童居宅介護等事業，児童デイサービス事業及び児童短期入所事業
・身体障害者居宅介護等事業，身体障害者デイサービス事業及び身体障害者短期入所事業
・知的障害者居宅介護等事業，知的障害者デイサービス事業，知的障害者短期入所事業及び知的障害者地域生活援助事業
・精神障害者居宅生活支援事業

(2) 障害者自立支援法附則第62条による一部改正（平成18年10月施行）

〔第一種社会福祉事業に追加するもの〕

→10月から新たに始まるサービスを規定するものである。

→経過措置として運営できる施設を社会福祉事業であることを明確化するため，規定して

　　　　いる。
　　　・障害者支援施設を経営する事業
　　　・従前の例により運営できる身体障害者更生援護施設を経営する事業
　　　・従前の例により運営できる知的障害者援護施設を経営する事業
　　〔第一種社会福祉事業から削除するもの〕
　　　→経過的に運営できる施設又は10月から新たに始まる施設・サービスへ移行することから，削除している。
　　　・身体障害者更生施設，身体障害者療護施設，身体障害者福祉ホーム及び身体障害者授産施設を経営する事業
　　　・知的障害者更生施設，知的障害者授産施設，知的障害者福祉ホーム及び知的障害者通勤寮を経営する事業
　　〔第二種社会福祉事業に追加するもの〕
　　　→10月から新たに始まるサービス・施設を規定するものである。
　　　→経過措置として運営できる施設を社会福祉事業であることを明確化するため，規定している。
　　　・相談支援事業及び移動支援事業
　　　・地域活動支援センター及び福祉ホームを経営する事業
　　　・従前の例により運営できる精神障害者社会復帰施設を経営する事業
　　〔第二種社会福祉事業から削除するもの〕
　　　→4月～9月までの間のみのサービスを削除している。
　　　→障害者自立支援法へ移行するサービス等を削除する。
　　　・経過的な障害福祉サービス事業
　　　・障害児相談支援事業，身体障害者相談支援事業及び知的障害者相談支援事業，知的障害者デイサービスセンターを経営する事業
　　　・精神障害者社会復帰施設を経営する事業
(3)　障害者自立支援法附則第63条による一部改正（平成24年4月1日施行）
　　　→経過期間の終了に伴い，廃止される施設を社会福祉事業から削除している。
　　〔第一種社会福祉事業から削除するもの〕
　　　・従前の例により運営できる身体障害者更生援護施設を経営する事業
　　　・従前の例により運営できる知的障害者援護施設を経営する事業
　　〔第二種社会福祉事業から削除するもの〕
　　　・従前の例により運営できる精神障害者社会復帰施設を経営する事業
　　※　社会福祉施設職員等退職手当共済法の一部改正(障害者自立支援法附則第64条～第66条)においても，特定社会福祉事業や社会福祉施設の範囲について同様の改正を行っている。

2　心神喪失等の状態で重大な他害行為を行った者の医療及び観察等に関する法律の一部改正

(1)　障害者自立支援法附則第71条による一部改正（平成18年4月施行）
　　　心神喪失等の状態で重大な他害行為を行った者の医療及び観察等に関する法律（平成15年

法律第110号。以下「医療観察法」という）は，心神喪失等の状態で重大な他害行為を行った者に対し，継続的かつ適切な医療及びその確保のために必要な観察及び指導を行うことによって，その病状等の改善を図り，もってその社会復帰を促進することをその目的としている。

かかる法の目的から，裁判所において通院決定を受けた対象者や，指定入院医療機関への入院を経て退院許可決定を受けた対象者が，地域での処遇において関係機関からのさまざまな援助を受けながら社会復帰を促進することが極めて重要となり，このため，法は，対象者の地域処遇に第一義的な責任を有する保護観察所の長に，対象者が指定入院医療機関に入院している間より退院後の生活環境の調整を行わせ（第101条第1項），並びに退院後等においては地域での処遇を受ける対象者の処遇に関する実施計画を定めさせ（第104条第2項），及び地域における援助が実施計画に基づいて適正かつ円滑に実施されるよう，関係機関相互の緊密な連携の確保に努めさせる（第108条第1項）こととしている。

保護観察所の長は，上記の規定の目的を達成するため，以下の要素を活用しながら対象者の地域における処遇の確保を図ることとされている。

① 生活環境の調整（第101条）
　ⅰ 指定入院医療機関の管理者による援助
　ⅱ 都道府県及び市町村による精神保健福祉法第47条，第49条その他の精神障害者の保健及び福祉に関する法令の規定に基づく援助
② 処遇の実施計画（第104条），関係機関相互の連携の確保（第108条）
　ⅰ 指定通院医療機関の管理者による医療
　ⅱ 社会復帰調整官が実施する精神保健観察
　ⅲ 指定通院医療機関の管理者による援助
　ⅳ 都道府県及び市町村による精神保健福祉法第47条，第49条その他の精神障害者の保健及び福祉に関する法令の規定に基づく援助
　ⅴ その他通院決定等を受けた者に対してなされる援助（第104条のみ）

ところで，これらの規定に掲げられている各種の援助中，精神保健福祉法第47条及び第49条が掲げられているのは，都道府県又は市町村が関係法令に基づき行う援助の例示であるが，これは，これらの規定に基づく相談指導や社会復帰施設及び居宅生活支援事業等の利用等のためのあっせん・調整等が，現行の精神保健福祉法において都道府県又は市町村が果たす典型的な援助の手法であるとみなされたからである[*1]。

今般，障害者自立支援法が制定されることに伴い，同法の規定によって提供される自立支援給付や地域生活支援事業は，対象者が地域において処遇を受ける際に必要不可欠なものになると想定され，とりわけ同法第29条に規定する介護給付費や訓練等給付費の支給はハンディキャップを有する医療観察法の対象者の地域生活の根幹を形成するものと考えられる[*2]ことから，同条の規定について，精神保健福祉法第47条及び第49条と同様，医療観察法

[*1] 現行の精神保健福祉法においては，地方自治体が社会復帰施設や居宅生活支援事業等の利用を決定する仕組みが法律上規定されていない。

第101条第1項等の規定に例示として追加することとした。

(2) 改正後の姿

① 生活環境の調整（第101条）
  ⅰ 指定入院医療機関の管理者による援助
  ⅱ 都道府県及び市町村による精神保健福祉法第47条，第49条，障害者自立支援法第29条その他の精神障害者の保健及び福祉に関する法令の規定に基づく援助

② 処遇の実施計画（第104条），関係機関相互の連携の確保（第108条）
  ⅰ 指定通院医療機関の管理者による医療
  ⅱ 社会復帰調整官が実施する精神保健観察
  ⅲ 指定通院医療機関の管理者による援助
  ⅳ 都道府県及び市町村による精神保健福祉法第47条，第49条，障害者自立支援法第29条その他の精神障害者の保健及び福祉に関する法令の規定に基づく援助
  ⅴ その他通院決定等を受けた者に対してなされる援助（第104条のみ）

3 船員保険法等の一部改正

(1) 障害者自立支援法附則第72条～第76条による一部改正（平成18年10月施行）

従来，身体障害者療護施設に入所している場合は，次の①～⑤の給付を支給しないこととされている。

① 船員保険法に基づく介護料
② 労働者災害補償保険法に基づく介護補償給付及び介護給付
③ 国家公務員災害補償法に基づく介護補償
④ 特別児童扶養手当等の支給に関する法律に基づく特別障害者手当
⑤ 地方公務員災害補償法に基づく介護補償

障害者自立支援法の施行による施設体系の見直しに伴い，従来の身体障害者療護施設に相当するものとして，障害者支援施設に入所して生活介護を受けている場合は，①～⑤の給付を支給しないこととした。

また，従前の例により運営できる身体障害者療護施設に入所している場合については，①～⑤の各法律に基づく省令や告示に規定し，①～⑤の給付の支給を停止することとした。

4 介護保険法施行法の一部改正

(1) 障害者自立支援法附則第77条による一部改正（平成18年10月施行）

従来，身体障害者療護施設に入所している者は，介護保険の被保険者から除外する扱いとされていたところである。

障害者自立支援法の施行による施設体系の見直しに伴い，従来の身体障害者療護施設に相

＊2 ただし，自立支援給付のうち，自立支援医療のうち政令で定めるもの（精神通院医療を想定）の利用については，医療観察法により通院医療を受けることができる者を適用除外としている。

当するものとして，障害者支援施設に入所して生活介護を受けている者は，介護保険の被保険者から除外する扱いとした。

また，従前の例により運営できる身体障害者療護施設に入所している者については，省令に規定し，被保険者から除外することとした。

参考

○**介護保険法施行規則**（平成11年厚生省令第36号）（抄）

（施行法第11条第1項に規定する厚生労働省令で定めるもの等）

第170条　施行法第11条第1項の指定障害者支援施設に入所している者又は障害者支援施設に入所している者のうち厚生労働省令で定めるものは，障害者自立支援法第19条第1項の規定による支給決定（同法第5条第6項に規定する生活介護（以下この条において「生活介護」という。）及び同法第5条第11項に規定する施設入所支援（次項において「施設入所支援」という。）に係るものに限る。）を受けて同法第29条第1項に規定する指定障害者支援施設（次項において「指定障害者支援施設」という。）に入所している身体障害者又は身体障害者福祉法第18条第2項の規定により障害者自立支援法第5条第12項に規定する障害者支援施設（生活介護を行うものに限る。次項において「障害者支援施設」という。）に入所している身体障害者とする。

2　施行法第11条第1項の特別の理由がある者で厚生労働省令で定めるものは，次に掲げる施設に入所し，又は入院している者とする。

一　児童福祉法（昭和22年法律第164号）第43条の4に規定する重症心身障害児施設

二　児童福祉法第7条第6項の厚生労働大臣が指定する医療機関（当該指定に係る治療等を行う病床に限る。）

三　独立行政法人国立重度知的障害者総合施設のぞみの園法（平成14年法律第167号）第11条第1号の規定により独立行政法人国立重度知的障害者総合施設のぞみの園が設置する施設

四　国立及び国立以外のハンセン病療養所

五　生活保護法第38条第1項第1号に規定する救護施設

六　労働者災害補償保険法（昭和22年法律第50号）第29条第1項第2号に規定する被災労働者の受ける介護の援護を図るために必要な事業に係る施設（同法に基づく年金たる保険給付を受給しており，かつ，居宅において介護を受けることが困難な者を入所させ，当該者に対し必要な介護を提供するものに限る。）

七　障害者支援施設（知的障害者福祉法第16条第1項第2号の規定により入所している知的障害者に係るものに限る。）

八　指定障害者支援施設（障害者自立支援法第19条第1項の規定による支給決定（生活介護及び施設入所支援に係るものに限る。）を受けて入所している知的障害者及び精神障害者に係るものに限る。）

九　障害者自立支援法第29条第1項の指定障害福祉サービス事業者であって，障害者自立支援法施行規則第2条の3に規定する施設（同法第5条第5項に規定する療養介護を行うものに限る。）

5 生活保護法及び国民健康保険法の一部改正

居住地特例に関する改正を行うものである（障害者自立支援法附則第78条～第85条）。

➡ 第19条参照

6 激甚災害に対処するための特別の財政援助等に関する法律等の一部改正

身体障害者福祉法及び知的障害者福祉法の規定による施設整備の国庫負担割合のかさ上げについて規定している法律の規定を整備するものである。

(1) 障害者自立支援法附則第86条・第88条・第90条による一部改正（平成18年10月施行）

身体障害者福祉法及び知的障害者福祉法の規定による施設整備の国庫負担のかさ上げについて規定している次の①～③の法律について，障害者自立支援法の施行による施設体系の見直しに伴い，それぞれの対象施設を改めるものである。

なお，いずれも，従前かさ上げ規定の対象となっていた施設と同様の範囲の施設が規定されるように改正している。

規定については，

・沖縄振興特別措置法（平成14年法律第14号）については，障害者自立支援法に障害者支援施設の設置，整備に係る国の負担，補助が規定されないことから，補助率のかさ上げの規定についても，法律上は規定しないが，新たに予算補助事業に関する規定に「障害者支援施設の設置に係る事業」を位置づけることとし，

・ほかの法律については，予算補助事業を位置づける規定が存在しないことから，障害者自立支援法に伴ってかさ上げ規定を削除した。

① 激甚災害に対処するための特別の財政援助等に関する法律
   ⅰ 身体障害者更生援護施設を身体障害者社会参加支援施設に改める。
   ⅱ 知的障害者更生施設及び知的障害者授産施設を削る。
   ⅲ 障害者支援施設，地域活動支援センター，福祉ホーム及び障害福祉サービス（生活介護，自立訓練，就労移行支援及び就労継続支援に限る）の事業の用に供する施設を新たに加えている。

② 地震防災対策特別措置法
   ⅰ 重度の肢体不自由者を入所させる身体障害者更生施設及び身体障害者療護施設を削る。
   ⅱ 知的障害者更生施設（通所施設を除く）を削る。
   ⅲ 生活介護又は自立訓練を行う障害者支援施設を新たに加えている。

③ 沖縄振興特別措置法
   ⅰ 身体障害者更生援護施設を身体障害者社会参加支援施設に改めるものである。
      →なお，平成18年度地方へ税源移譲の対象となったため，削除され，予算補助の対象となる施設として規定されている。
   ⅱ 知的障害者援護施設を削るものである。

(2) 障害者自立支援法附則第87条・第89条〔経過措置〕（平成18年10月施行）

従前の例により運営できる身体障害者更生援護施設及び知的障害者援護施設（知的障害者

通勤寮を除く）については，障害者支援施設とみなして，激甚災害に対処するための特別の財政援助等に関する法律（昭和37年法律第150号）を適用することとした。

また，従前の例により運営できる重度の肢体不自由者を入所させる身体障害者更生施設，身体障害者療護施設及び知的障害者更生施設（通所施設を除く）については，障害者支援施設とみなして，地震防災対策特別措置法（平成7年法律第111号）を適用することとしている。

7 国有財産特別措置法の一部改正

国有財産の無償貸付を受けられる施設の見直しを行うものである。

(1) 障害者自立支援法附則第99条による一部改正（平成18年10月施行）

障害者自立支援法の施行による施設体系の見直しや児童福祉法の改正による障害者施設支援の実施に伴い，国有財産の無償貸付を受けられる施設として，次の施設（①及び③については社会福祉法人が設置するもの，②については地方公共団体が設置するもの）を加えることとしたものである。

① 児童福祉法の障害児施設支援の用に供する施設
② 障害者支援施設のうち政令で定めるもの
③ 障害者自立支援法の生活介護，自立訓練，就労移行支援又は就労継続支援の用に供する施設（併せて身体障害者福祉法又は知的障害者福祉法に基づく市町村の措置委託の用に供する施設に限る）

③において，生活介護，自立訓練，就労移行支援又は就労継続支援の用に供する施設に限っているのは，従来の対象施設（身体障害者施設支援又は知的障害者施設支援の用に供する施設）に相当するもののみを新たな対象施設とする趣旨である。

また，措置委託の用に供する施設に限定している趣旨は，

① 従来から利用契約制度による利用だけではなく，措置による入所も受け入れるような公益性の高い施設であることを前提として無償貸与の対象としていたことから，従来までの公益性の高い施設であるという趣旨を守ることができること，
② 精神障害者については，福祉の措置がないため，精神障害者のみが利用する施設が対象外となることから，いたずらに対象施設が拡大することにはならないこと（精神障害者社会復帰施設は，従前は無償貸与の対象施設となっていない）

である。なお，市町村の措置委託の用に供する施設とは，現に措置委託の用に供されている必要はなく，身体障害者福祉法又は知的障害者福祉法の措置委託の受託義務がかかる施設はすべて対象となる。

(2) 障害者自立支援法附則第100条〔経過措置〕（平成18年10月施行）

従前の例により運営できる身体障害者更生援護施設及び知的障害者援護施設（具体的には政令で定める）については，障害者支援施設とみなして，国有財産特別措置法による国有財産の無償貸付の対象施設とすることとした。

8　戦傷病者特別援護法の一部改正

戦傷病者特別援護法の更生医療を行う医療機関を改める。

⑴　障害者自立支援法附則第106条による一部改正（平成18年4月施行）

戦傷病者特別援護法の更生医療の給付は，身体障害者福祉法の更生医療の指定医療機関に委託して行うものとされているが，これを障害者自立支援法の指定自立支援医療機関に委託して行うものとした。

9　消費税法の一部改正

⑴　障害者自立支援法附則第109条による一部改正（平成18年4月施行）

消費税の課税対象となる資産の譲渡等に該当するものとして，障害者自立支援法の自立支援医療を追加するほか，児童福祉法の育成医療，身体障害者福祉法の更生医療，精神保健福祉法の通院医療を課税対象から削除することとした。

⑵　障害者自立支援法附則第110条による一部改正（平成18年10月施行）

消費税の課税対象となる資産の譲渡等に該当するものとして，障害者自立支援法の療養介護医療及び基準該当療養介護医療を追加するものである。

また，同様に消費税の課税対象となる資産の譲渡等に該当するものとして，次の①～③の事業として行われる資産の譲渡等を追加するとともに，身体障害者授産施設，知的障害者授産施設並びに精神障害者授産施設及び精神障害者福祉工場を課税対象から削除している。

①　障害者支援施設を経営する事業
②　地域活動支援センターを経営する事業
③　障害福祉サービス事業（生活介護，就労移行支援又は就労継続支援を行う事業に限る）

従前の例により運営できる身体障害者授産施設，知的障害者授産施設並びに精神障害者授産施設及び精神障害者福祉工場については，政令に規定[*3]し，引き続き課税対象とする。

⑶　障害者自立支援法附則第111条による一部改正（平成24年4月1日施行）

社会福祉法第2条第2項第3号の2が同項第4号となることに伴い，同号を引用している消費税法の規定を整理するものである。

⑷　改正の具体的内容

①　消費税法施行令（昭和63年政令第360号）第14条第7号（障害児施設医療費の支給に係る医療の追加等）

平成18年10月より，障害児に係る児童福祉施設（以下「障害児施設」という）が利用契約制度に移行することに伴い，医療機関である障害児施設に入所する者の障害に係る医療費について，自己負担が過重なものとならないよう，入所者の保護者の所得の状況に応じ

[*3]　消費税法施行令における改正

消費税法（昭和63年法律第108号）第6条において，国内において行われる資産の譲渡等のうち，別表第1に掲げるものには，消費税を課さないこととされている。

障害者自立支援法の一部施行に伴う影響がないよう，これまで非課税の対象となっていた医療，資産の譲渡等に類するもの等について，引き続きすべて法の対象となるよう規定を整備するものである。

て障害児施設医療費を支給する規定を創設したところ（児童福祉法第24条の20）。このような規定の趣旨に鑑みれば，障害児施設医療費の支給に関しても，ほかの医療と同様，消費税の非課税措置とすることが望ましいことから，障害児施設医療費の支給に係る医療を消費税非課税対象に加える改正を行うこととしたものである。

② 消費税法施行令第14条の2第4項（従前の例により運営できる身体障害者授産施設等を追加）

ⅰ 現在，法別表第1第7号ロにおいては，非課税となる資産の譲渡等として，社会福祉法第2条（定義）に規定する社会福祉事業等として行われる資産の譲渡等（身体障害者授産施設，知的障害者授産施設，精神障害者授産施設，精神障害者福祉工場（以下「身体障害者授産施設等」という）を経営する事業において授産活動としての作業に基づき行われるもの及び政令で定めるものは除く）と定められており，身体障害者授産施設等は課税対象とされているところ。

ⅱ 障害者自立支援法の施行に伴い，法において，次のア～ウの事業として行われる資産の譲渡等を消費税の課税対象として加えるとともに，身体障害者授産施設等は課税対象から削除されるところ（障害者自立支援法附則第110条）。このため，従前の例により運営できる身体障害者授産施設等については，政令において規定し，引き続き課税対象とすることとした。

ア 障害者支援施設を経営する事業
イ 地域活動支援センターを経営する事業
ウ 障害福祉サービス事業（生活介護，就労移行支援又は就労継続支援に限る）

ⅲ これを受け，消費税法施行令第14条の2第4号において，従前の例により運営できる身体障害者授産施設を経営する事業において生産活動としての作業に基づき生産された資産の譲渡等を，引き続き課税対象とするため，所要の規定を整備している。

10 地域における多様な需要に応じた公的賃貸住宅等の整備等に関する特別措置法の一部改正

障害者自立支援法の共同生活援助を行う事業の用に供する施設を，地域における多様な需要に応じた公的賃貸住宅等の整備等に関する特別措置法の公共公益施設とした。

(1) 障害者自立支援法附則第119条による一部改正（平成18年4月施行）

地方公共団体が定める「地域における多様な需要に応じた公的賃貸住宅等の整備等に関する計画」（以下「地域住宅計画」という）に記載された公営住宅建替事業であって，公共公益施設等を併せて整備するものについては，戸数に関する施行要件の特例が認められる。

このような特例が認められる公共公益施設の対象として，知的障害者地域生活援助事業の用に供する施設が規定されているが，障害者自立支援法の施行に伴い，これを同法の共同生活援助を行う事業の用に供する施設に改めることとしたものである。

具体的には，地域における多様な需要に応じた公的賃貸住宅等の整備等に関する特別措置法施行令（平成17年政令第257号。以下「地域賃貸整備特措令」という）第6条においては，公営住宅建替事業の施行の要件に関する特例（緩和）に係る公共公益施設が定められているところ。

障害者自立支援法の一部施行に伴う影響がないよう，これまで法の対象となっていた公共公益施設の対象とされている施設を，引き続きすべて法の対象となるよう規定を整備するものである。

> **参考**
>
> ○**公営住宅法**（昭和26年法律第193号）（抄）
>
> **第36条** （略）
>
> 三 公営住宅建替事業により新たに整備すべき公営住宅の戸数が当該事業により除却すべき公営住宅の戸数以上であること。ただし，当該土地の区域において道路，公園その他の都市施設に関する都市計画が定められている場合，当該土地の区域において新たに社会福祉法（昭和26年法律第45号）第62条第１項に規定する社会福祉施設又は公共賃貸住宅を整備する場合その他特別の事情がある場合には，<u>当該除却すべき公営住宅のうち次条第１項の承認の申請をする日において入居者の存する公営住宅の戸数を超えれば足りる</u>。

① 地域における多様な需要に応じた公的賃貸住宅等の整備等に関する特別措置法施行令の一部改正について（地域賃貸整備特措令第２条第１号～第４号，第８号関係）

② 地域賃貸整備特措令第２条第１号

知的障害者相談支援事業は障害者自立支援法の相談支援事業になることに伴い，所要の改正を行う。

③ 地域賃貸整備特措令第２条第２号

障害児相談支援事業は障害者自立支援法の相談支援事業になることに伴い，所要の改正を行う。

④ 地域賃貸整備特措令第２条第３号

身体障害者相談支援事業は障害者自立支援法の相談支援事業になることに伴い，所要の改正を行う。

⑤ 地域賃貸整備特措令第２条第４号

精神障害者生活訓練施設，精神障害者授産施設は，生活介護，自立訓練，就労移行支援又は就労継続支援を行う施設に移行する。

また，精神障害者福祉ホームは，障害者自立支援法の共同生活介護，共同生活援助又は福祉ホームに移行する。さらに，精神障害者地域生活支援センターは障害者自立支援法の地域活動支援センター及び相談支援事業に移行する。

なお，精神障害者福祉工場（雇用契約を締結し，社会復帰の促進等を図るための施設）は公共公益施設から除かれていることから，地域賃貸整備特措令第２条第９号において，就労継続支援を行う事業から障害者と雇用契約を締結して利用するものを除くことが必要である。

このため，就労継続支援（主として公的賃貸住宅等の居住者に便宜を供与するものとして国土交通省令で定めるものに限る）と規定することとする（戸数施行要件が緩和されている趣旨は，公営住宅と令第２条で定められる施設とを併せて整備することで入居者の福祉等を増進するとともに，障害者等の地域住宅への要請等に資するということである。こ

改正の内容

旧	・知的障害者相談支援事業の用に供する施設 ・障害児相談支援事業の用に供する施設 ・身体障害者相談支援事業の用に供する施設 ・精神障害者生活訓練施設，精神障害者授産施設，精神障害者福祉ホーム，精神障害者地域生活支援センター ・児童デイサービス，短期入所，共同生活援助又は障害者デイサービスを行う事業の用に供する施設
新	・障害福祉サービス事業（生活介護，児童デイサービス，短期入所，共同生活介護，自立訓練，就労移行支援，就労継続支援（一定のものを除く），共同生活援助に限る）の用に供する施設 ・相談支援事業の用に供する施設 ・地域活動支援センター ・福祉ホーム

のため，地域における多様な需要に応じた公的賃貸住宅等の整備等に関する特別措置法施行令第2条で定めることとなる公共公益施設は，何人でも利用することが可能である施設が想定されているところ，精神障害者福祉工場は雇用契約を締結することから，その対象から除外しているところである）。

(2) 障害者自立支援法附則第120条〔経過措置〕（平成18年4月施行）

施行日前に定められた地域住宅計画に記載された公営住宅建替事業であって，知的障害者地域生活援助事業の用に供する施設を併せて整備するものは，施行日において，障害者自立支援法の共同生活援助を行う事業の用に供する施設を併せて整備するものとみなす経過措置を設けるものである。

障がい者制度改革推進本部等における検討を踏まえて障害保健福祉施策を見直すまでの間において障害者等の地域生活を支援するための関係法律の整備に関する法律（平成22年整備法）の附則について

※既に効力を失っているものは掲載していない。また解説は，平成24年整備法による改正に伴う最低限の修正のほかは，平成22年整備法施行時の内容である。

附　則（平成22年12月10日法律第71号）

（施行期日）
第1条　この法律は，平成24年4月1日から施行する。ただし，次の各号に掲げる規定は，当該各号に定める日から施行する。
一　第1条の規定，第2条中障害者自立支援法目次の改正規定（「第31条」を「第31条の2」に改める部分に限る。第3号において同じ。），同法第1条の改正規定，同法第2条第1項第1号の改正規定，同法第3条の改正規定，同法第4条第1項の改正規定，同法第2章第2節第3款中第31条の次に1条を加える改正規定，同法第42条第1項の改正規定，同法第77条第1項第1号の改正規定（「，その有する能力及び適性に応じ」を削る部分に限る。第3号において同じ。）並びに同法第77条第3項及び第78条第2項の改正規定，第4条中児童福祉法第24条の11第1項の改正規定並びに第10条の規定並びに次条並びに附則第37条及び第39条の規定　公布の日〔平成22年12月10日〕
二　削除
三　第2条の規定（障害者自立支援法目次の改正規定，同法第1条の改正規定，同法第2条第1項第1号の改正規定，同法第3条の改正規定，同法第4条第1項の改正規定，同法第2章第2節第3款中第31条の次に1条を加える改正規定，同法第42条第1項の改正規定，同法第77条第1項第1号の改正規定並びに同法第77条第3項及び第78条第2項の改正規定を除く。），第4条の規定（児童福祉法第24条の11第1項の改正規定を除く。）及び第6条の規定並びに附則第4条から第10条まで，第19条から第21条まで，第35条（第1号に係る部分に限る。），第40条，第42条，第43条，第46条，第48条，第50条，第53条，第57条，第60条，第62条，第64条，第67条，第70条及び第73条の規定　平成24年4月1日までの間において政令で定める日〔平成23年10月1日・平成24年4月1日〕

概要 施行日を定める規定である。

解説 ＜施行の方式＞
○ 今般の改正法については，平成18年から施行された障害者自立支援法その他の関係法律の施行状況を踏まえ，制度全般についての見直しを実施するものである。

このため，①相談支援体制の強化，障害児支援に係る実施主体の変更等施行までに十分な準備期間を必要とするもの，②介護保険法並びの事業者規制の在り方等適切な準備期間を確保しつつ，制度間のバランスを取る観点等から早急に対応を行う必要があるもの，③精神障害者に発達障害者が含まれることを明示する規定など施行までの準備期間を必要としないもの等，その内容は様々である。

このような状況を踏まえ，改正の内容に応じ，関係者への周知などの準備期間を含めた適切な施行日を設定しながら，一方で，可能なものについては極力早期に実施するため，内容に応じた多段階の施行方式とする。

＜施行日の概要＞

改正法は，必要な準備期間の差異，早期対応の必要性等を総合的に勘案し，以下の3段階に分けて施行する。

1 公布の日

障害者自立支援法の対象である障害者に「発達障害」を明記する規定については特段の施行準備を要しないことから，公布の日（平成22年12月10日）に施行することとする。

2 平成24年4月1日までの間において政令で定める日

① 障害者自立支援法における新規給付の創設関係（同行援護，グループホーム・ケアホームへの補足給付の創設），

② 利用者負担関係（利用者負担の規定の見直し，高額障害福祉サービス費の補装具に係る負担を含めた再編），

③ 介護保険法と同様の事業者規制の規定の整備，

④ 自立支援協議会の法定化，

⑤ 精神保健福祉法及び精神保健福祉士法の見直し（一般相談支援の創設（平成24年4月1日施行）に伴うものを除く）

については，比較的準備期間を必要としない一方で，可能な限り早急に対応する必要があることから，平成24年4月1日までの間において政令で定める日（平成23年10月1日・平成24年4月1日）に施行することとする。

なお，当該改正は主に給付費の創設・再編にかかわるものであり，障害者自立支援法施行時には，国保連による給付費の請求・支払いシステムの構築に1年6月程度を見込んでいること，介護保険法及び老人福祉法等の一部を改正する法律（平成20年法律第42号）の施行日が，法律の公布の日から起算して1年を超えない範囲内において政令で定める日とする等，これと同程度の準備期間を想定しておく必要があり，これを「平成24年4月1日までの間」と規定するものである。

3 平成24年4月1日

① 相談支援に係る見直し（サービス利用計画の対象拡大，支給決定手続の見直し，地域移行・地域定着に係る給付の創設，精神保健福祉法及び精神保健福祉士法の見直し（地域移行相談支援の創設に伴うものに限る）），

② 障害児支援に係る見直し（通所サービスに係る実施主体の変更，在園期間延長の特例の撤廃等），

については，十分な施行準備期間を設け，平成24年4月1日施行とする。

特に，①については，サービス利用計画を障害福祉サービス利用者すべてに作成する必要がある等，これらの相談支援業務に係る人材の確保等実施体制の整備に時間を要すると考えられること，②については，通所サービスに係る実施主体を都道府県から市町村に変更する等実施体制の整備に時間を要すると考えられること等から，上記のような十分な施行準備期間を設ける必要がある。

なお，障害者自立支援法では，障害福祉サービスの基盤を計画的に強化していくため障害福祉計画を作成することとされているが，第2期障害福祉計画の終了期間が平成24年3月31日とされていることから，第3期計画においてこれらの改正を反映した計画を作成することとし，これに合わせ施行日を平成24年4月1日とするものである。

（検討）

第2条 政府は，障害保健福祉施策を見直すに当たって，難病の者等に対する支援及び障害者等に対する移動支援の在り方について必要な検討を加え，その結果に基づいて必要な措置を講ずるものとする。

概要 法の見直しの検討を定めるものである。

解説 政府は，障害保健福祉施策を見直すに当たって，難病の者等に対する支援及び障害者等に対する移動支援の在り方について必要な検討を加え，その結果に基づいて必要な措置を講ずるものとする。

（指定知的障害児施設等に入所又は入院をしていた者に対する配慮等）

第3条 政府は，この法律の施行の日（以下「施行日」という。）前に旧児童福祉法（附則第22条第2項に規定する旧児童福祉法をいう。）第24条の2第1項に規定する指定知的障害児施設等（附則第35条において「指定知的障害児施設等」という。）に入所又は入院をしていた者が，この法律の施行により障害福祉サービス（障害者自立支援法第5条第1項に規定する障害福祉サービスをいう。以下この条にお

いて同じ。）を利用することとなる場合において，これらの者が必要とする障害福祉サービスが適切に提供されるよう，障害者自立支援法第43条第1項及び第2項並びに第44条第1項及び第2項の基準の設定に当たっての適切な配慮その他の必要な措置を講ずるように努めなければならない。

概要　指定知的障害児施設等に入所又は入院していた者に対するサービスの確保について定めるものである。

解説　今般の見直しにより，原則満18歳以上で障害児施設に入所している者等については，平成24年4月1日の施行日をもって，児童福祉法上の障害児施設に入所し続けることができなくなり，障害者自立支援法のサービスに移行することとなる。

　このため，政府は，上記見直しによる移行後においても，これらの者が継続的かつ適切なサービスを受けられるように必要な措置を講ずるように努めなければならない旨を規定するものである。

＜対象者＞
　主に今般の見直しに伴い，現在入所している児童福祉法の施設から障害者自立支援法のサービスに移行する必要が生じる者である。
　具体的には，施行日前において，都道府県知事が指定する指定知的障害児施設等（知的障害児施設，知的障害児通園施設，盲ろうあ児施設，肢体不自由児施設若しくは重症心身障害児施設又は指定医療機関）に入所又は入院をしている者である。

＜必要な措置＞
　必要な措置としては，「指定障害福祉サービスの事業等の人員，設備及び運営に関する基準」（障害者自立支援法第43条第1項及び第2項の基準）及び「指定障害者支援施設等の人員，設備及び運営に関する基準」（障害者自立支援法第44条第1項及び第2項）において，指定知的障害児施設等から移行する者に関する規定を設けること，②指定知的障害児施設等から移行する者を受け入れるに当たって，事業者が施設の改修等を必要とする場合の財政上の支援（報酬上の評価），等を想定している。

（障害者自立支援法の一部改正に伴う経過措置）
第4条　附則第1条第3号に掲げる規定の施行の日前に行われた第2条の規定による改正前の障害者自立支援法（以下この条から附則第6条まで及び附則第8条から第10条までにおいて「旧自立支援法」という。）第29条第1項に規定する指定障害福祉サービス等（次項及び附則第10条第3項において「指定障害福祉サービス等」という。）に係る旧自立支援法第29条第1項及び第31条の規定による介護給付費又は訓練等給付費の支給については，なお従前の例による。
2　附則第1条第3号に掲げる規定の施行の日前に行われた旧自立支援法第30条第

1項第1号の規定による指定障害福祉サービス等又は同項第2号に規定する基準該当障害福祉サービスに係る同項及び旧自立支援法第31条の規定による特例介護給付費又は特例訓練等給付費の支給については，なお従前の例による。
3　附則第1条第3号に掲げる規定の施行の日前に行われた旧自立支援法第33条第1項に規定する障害福祉サービス及び介護保険法第24条第2項に規定する介護給付等対象サービスのうち政令で定めるものに係る旧自立支援法第33条第1項の規定による高額障害福祉サービス費の支給については，なお従前の例による。

概要　給付費の支給に関する経過措置を定めるものである。

解説

○　平成24年4月1日までの間において政令で定める日（以下「第3号施行日」という）をもって，障害者自立支援法第29条第3項及び第4項その他の類似する規定及び高額障害福祉サービス費の規定が変更となる。

○　一方，サービスに係る給付費は，サービスを提供した月の翌月の10日までに請求しなければならないこととされており（介護給付費等の請求に関する省令第5条），実際の給付はこの請求月の翌月に行われているところである。

○　このため，上記第3号施行日以降に第3号施行日以前の規定に基づく給付がなされることになるが，この際に行われる給付について，第3号施行日前の規定に基づくものであるか，あるいは第3号施行日後の規定に基づくものであるかについて疑義が生じることから，これを明確にする規定を設ける必要があり，取扱いに疑義が生じないよう，第3号施行日以前に行われたこれらの規定に係る費用の支給については，なお従前の例による旨を規定する。

給付費の名称	附則の規定条項
（障害者自立支援法：第3号施行日施行分）	
①　介護給付費又は訓練等給付費	第4条第1項
②　特例介護給付費又は特例訓練等給付費	第4条第2項
③　高額障害福祉サービス費	第4条第3項
④　自立支援医療費	第8条第1項
⑤　療養介護医療費	第8条第2項
⑥　基準該当療養介護医療費	第8条第3項
⑦　補装具費	第10条第1項
⑧　介護給付費（旧法施設）	第10条第2項
⑨　介護給付費又は訓練等給付費	第10条第3項
（障害者自立支援法：平成24年4月1日施行分）	
⑩　介護給付費（児童デイサービスに係るもの）	第14条第1項
⑪　特例介護給付費（児童デイサービスに係るもの）	第14条第2項
⑫　サービス利用計画作成費	第14条第3項
⑬　高額障害福祉サービス等給付費（児童デイサービスに係るもの）	第17条

第5条 附則第1条第3号に掲げる規定の施行の日前に行われた旧自立支援法第36条第1項（旧自立支援法第40条において準用する場合を含む。），第37条第1項，第38条第1項又は第39条第1項の指定又は指定の変更の申請であって，同号に掲げる規定の施行の際，指定又は指定の変更がなされていないものについてのこれらの処分については，なお従前の例による。

概要 指定の申請等に関する経過措置を定めるものである。

解説 第3号施行日をもって，事業者の指定及び更新に係る規定が変更されることとなるが，通常，事業者の指定及び指定の変更（以下「指定等」という）の申請については，申請書を提出してから1～2か月程度の期間を経て，指定等の可否が決定されることになるため，改正法の施行前になされた指定等の申請について，改正法の施行までに指定等の処分がなされていない場合が想定される。

このような場合における当該指定等の申請の取扱いに疑義が生じないよう，改正法の施行前になされた指定等の申請の取扱いについては，なお従前の例によることを規定する。

なお，障害者自立支援法では，指定の更新の申請手続きについても規定しているところであるが，当該指定の更新は6年ごとに行われることとされており，本規定の施行までに指定の更新手続きは行われない（障害者自立支援法の施行が平成18年からであるため）ことから，当該申請については特段の経過措置を設ける必要はない。

第6条 第2条の規定による改正後の障害者自立支援法（以下この条及び次条において「新自立支援法」という。）第36条第3項第7号（新自立支援法第37条第2項，第38条第3項（新自立支援法第39条第2項及び第41条第4項において準用する場合を含む。），第40条（新自立支援法第41条第4項において準用する場合を含む。）及び第41条第4項において準用する場合を含む。以下この条において同じ。）の規定は，同号に規定する申請者と密接な関係を有する者が附則第1条第3号に掲げる規定の施行の日前に旧自立支援法第50条第1項（同条第3項及び第4項において準用する場合を含む。）の規定により指定を取り消され，又は同日前に発生した事実を理由として同日後に新自立支援法第50条第1項（同条第3項及び第4項において準用する場合を含む。）の規定により指定を取り消され，これらの取消しの日から起算して5年を経過しない法人である場合については，適用しない。

概要 指定の取消しに関する経過措置を定めるものである。

解説 第3号施行日をもって，事業者の指定及び更新に係る規定が変更されることとなるが，通常，事業者の指定及び指定の変更（以下「指定等」という）の申請については，申請書を提出してから1〜2か月程度の期間を経て，指定等の可否が決定されることになるため，改正法の施行前になされた指定等の申請について，改正法の施行までに指定等の処分がなされていない場合が想定される。

第7条 新自立支援法第46条第2項の規定は，附則第1条第3号に掲げる規定の施行の日から起算して1月を経過する日以後にその事業を廃止し，若しくは休止する障害者自立支援法第29条第1項に規定する指定障害福祉サービス事業者又は同法第32条第1項に規定する指定相談支援事業者について適用し，同日前にその事業を廃止し，若しくは休止した同法第29条第1項に規定する指定障害福祉サービス事業者又は同法第32条第1項に規定する指定相談支援事業者については，なお従前の例による。

概要 廃止又は休止の届出に関する経過措置を定めるものである。

解説 第3号施行日をもって，指定障害福祉サービス事業者及び指定相談支援事業者に対して「事業を廃止し，又は休止しようとするときは，その廃止又は休止の日の1か月前までに，その旨を都道府県知事に届けなければならない」旨を規定することとしている。

※ 指定障害者支援施設や指定知的障害児施設等については3か月以上，指定自立支援医療機関については1か月以上の猶予をもって指定の辞退を行うことができるとされており，これらの施設については改めて上記のような規定は設けない。

これについて，いつの時点の「事業を廃止し，又は休止しようとする場合」から改正法による改正後の規定を適用するかについて疑義が生じることから，これを「施行日から起算して1月を経過した日以後に事業を廃止し，又は休止する事業者」について適用することとし，その日前に事業を廃止し，又は休止した事業者については従前どおりの取扱い（事後10日以内に届出）とする。

第8条 附則第1条第3号に掲げる規定の施行の日前に行われた旧自立支援法第58条第1項に規定する指定自立支援医療に係る同項の規定による自立支援医療費の支給については，なお従前の例による。

2 附則第1条第3号に掲げる規定の施行の日前に行われた旧自立支援法第70条第1項に規定する療養介護医療に係る同項の規定による療養介護医療費の支給については，なお従前の例による。

3 　附則第1条第3号に掲げる規定の施行の日前に行われた旧自立支援法第71条第1項に規定する基準該当療養介護医療に係る同項の規定による基準該当療養介護医療費の支給については，なお従前の例による。

概要　自立支援医療費等の支給に関する経過措置を定めるものである。

解説　第3号施行日前に行われた指定自立支援医療に係る自立支援医療費の支給について，なお従前の例によることを規定する。
　また，医療費の支給について自立支援医療費の条項を準用している療養介護医療費及び特例療養介護医療費に係る経過措置についても，併せて本条で規定する。

第9条　附則第1条第3号に掲げる規定の施行の日前に行われた旧自立支援法第59条第1項の指定の申請であって，同号に掲げる規定の施行の際，指定がなされていないものについての当該処分については，なお従前の例による。

概要　指定自立支援医療機関の指定の申請等に関する経過措置を定めるものである。

解説　附則第5条関係と同趣旨により，第3号施行日前に行われた指定自立支援医療機関の指定の申請（平成22年整備法第2条の規定による改正前の障害者自立支援法（以下「旧障法」という）第59条第1項）に係る処分が行われていない場合の処分について，なお従前の例によることを規定する。

第10条　附則第1条第3号に掲げる規定の施行の日前に行われた旧自立支援法第76条第1項に規定する補装具の購入又は修理に係る同項の規定による補装具費の支給については，なお従前の例による。
2 　附則第1条第3号に掲げる規定の施行の日前に行われた旧自立支援法附則第21条第1項に規定する指定旧法施設支援（次項において「指定旧法施設支援」という。）に係る同条第1項の規定による介護給付費の支給については，なお従前の例による。
3 　附則第1条第3号に掲げる規定の施行の日前に行われた旧自立支援法附則第22条第3項の規定による指定旧法施設支援又は指定障害福祉サービス等に係る同項の規定による介護給付費又は訓練等給付費の支給については，なお従前の例による。

> **概要** 補装具費，指定旧法施設支援に係る介護給付費の支給等に関する経過措置を定めるものである。

> **解説** 第3号施行日前に行われた補装具の購入又は修理に係る補装具費の支給（旧障法第76条第1項）について，なお従前の例によることを規定する。
> 　第3号施行日前に行われた指定旧法施設支援に係る介護給付費の支給（旧障法附則第21条第1項）について，なお従前の例によることを規定する。
> 　また，第3号施行日前に行われた特定旧法受給者に対する指定旧法施設支援及び指定障害福祉サービス等に係る介護給付費又は訓練等給付費の支給（旧障法附則第22条第3項）について，なお従前の例によることを規定する。

第11条　第3条の規定による改正後の障害者自立支援法（以下「新自立支援法」という。）附則第18条第2項において読み替えられた新自立支援法第19条第4項（新自立支援法第51条の5第2項において準用する場合及び新自立支援法附則第2条第2項において読み替えて適用する場合を含む。以下この条において同じ。）の規定は，施行日以後に継続して新自立支援法第19条第3項に規定する特定施設に入所又は入居をすることにより，当該特定施設の所在する場所に居住地を変更したと認められる同条第4項の障害者等について適用する。

> **概要** 居住地特例に関する経過措置を定めるものである。

> **解説** 施行日以降に施設に入所した者が居住地の変更を行う場合に適用することとし，すでに施設に入所しており，給付の実施主体が決定している障害者についてまで適用するものではない旨を規定し，適用関係を明確にすることとする。

第12条　新自立支援法第20条及び第22条（これらの規定を新自立支援法第24条第3項において準用する場合を含む。次項において同じ。）の規定は，施行日以後に行われた新自立支援法第20条第1項又は第24条第1項の申請について適用し，施行日前に行われた第3条の規定による改正前の障害者自立支援法（以下「旧自立支援法」という。）第20条第1項又は第24条第1項の申請については，なお従前の例による。
2　新自立支援法第20条及び第22条の規定にかかわらず，施行日前に行われた旧自立支援法第19条第1項に規定する支給決定の効力を有する期間は，なお従前の例による。

> **概要** 支給決定手続き等に関する経過措置を定めるものである。

解説 第1項
○ 今般の見直しにより，支給決定手続きにケアマネジメントを導入することとしており，市町村は必要と認められる場合には，申請者に支給決定の際にはサービス利用計画案を提出することを求め，市町村は当該計画案を勘案して支給決定することとしている。
○ 一方，支給決定の申請から支給決定に至るまでには，通常1か月程度の期間を要することから，施行日前の平成24年4月1日までに行った申請について，当該施行日以降に支給要否決定の処分がなされることが想定されるが，このようなケースにおいて改正後の規定を適用するかどうかなど，当該支給決定の手続きをどの時点から適用するかについて明確にする必要がある。
○ このため，改正法による改正後の支給決定の申請手続きは，平成24年4月1日以降にサービス利用に係る支給決定の申請があった場合に適用し，当該施行日以前の申請に係る手続き及び処分については，なお従前の例によることを規定する。

第2項
○ なお，従来の支給決定手続きにより支給決定を受けた者についての当該支給決定の効力は継続するものとし，障害程度区分の有効期間，支給決定の有効期間などの効力はそのまま継続させることとしている。

第13条 旧自立支援法第20条第2項後段の規定により同項の調査の委託を受けた同項に規定する指定相談支援事業者等の役員若しくは同条第3項の厚生労働省令で定める者又はこれらの職にあった者に係る同条第4項の規定による当該委託業務に関して知り得た個人の秘密を漏らしてはならない義務については，施行日以後も，なお従前の例による。

概要 守秘義務の継続を定めるものである。

解説 今般の見直しにより，相談支援事業者が一般相談支援事業者となることに伴い，支給決定に係る調査業務の委託を受けた場合に相談支援事業者に課せられていた守秘義務の守るべき義務について，なお従前の例によることを定めたもの。

第14条 施行日前に行われた旧自立支援法第29条第1項に規定する指定障害福祉サービス等（次項において「指定障害福祉サービス等」という。）であって，旧自立支援法第5条第8項に規定する児童デイサービスに係るものについての旧自立支援法第29条第1項及び第31条の規定による介護給付費の支給については，なお従前の例による。

> 2　施行日前に行われた旧自立支援法第30条第1項第1号の規定による指定障害福祉サービス等又は同項第2号に規定する基準該当障害福祉サービスであって，旧自立支援法第5条第8項に規定する児童デイサービスに係るものについての旧自立支援法第30条第1項及び第31条の規定による特例介護給付費の支給については，なお従前の例による。
>
> 3　施行日前に行われた旧自立支援法第32条第1項に規定する指定相談支援に係る同項の規定によるサービス利用計画作成費の支給については，なお従前の例による。

概要　給付費の支給に関する経過措置を定めるものである。

解説
- ○　施行日前に行われた児童デイサービスに係る給付費の支給について，なお従前の例によることを規定する。
- ○　具体的には，以下の支給について，なお従前の例によることを規定する。
  - ①　施行日前に行われた旧障法第29条第1項に規定する指定障害福祉サービス等のうち児童デイサービスに係るものについての同項及び第31条の規定による介護給付費の支給
  - ②　施行日前に行われた旧障法第30条第1項第1号に規定する指定障害福祉サービス等又は同項第2号の基準該当障害福祉サービスのうち児童デイサービスに係るものについての同項及び第31条の規定による特例介護給付費の支給
- ○　また，相談支援事業についても事業の再編を行うことに伴って，現行の給付規定がなくなることから，施行日前に行われた指定相談支援に係る給付費（サービス利用計画作成費）の支給について，なお従前の例によることを規定する。
  - ・　施行日前に行われた旧障法第32条に規定する指定相談支援に係る同条の規定によるサービス利用計画の支給

> **第15条**　この法律の施行の際現に旧自立支援法第32条第1項の指定を受けている者は，施行日に，新自立支援法第51条の14第1項の指定を受けたものとみなす。
>
> 2　前項の規定により新自立支援法第51条の14第1項の指定を受けたものとみなされた者に係る同項の指定は，その者が，施行日から1年以内であって厚生労働省令で定める期間内に新自立支援法第51条の19第1項の申請をしないときは，新自立支援法第51条の21第1項の規定にかかわらず，当該期間の経過によって，その効力を失う。

概要　一般相談支援事業者に関する経過措置を定めるものである。

解説
○ 今般の見直しにより，施行日以降は，現行の一般的な相談とサービス利用計画の作成双方を行う「相談支援」事業者を，一般的な相談と地域移行及び地域定着に係る支援を行う「一般相談支援」事業者に再編することとしている。

○ これに伴い，施行日に旧障法第32条第1項の指定相談支援事業者の指定を受けている者については，施行日に，一般相談支援事業者の指定を受けたものとみなす旨の規定を設ける。

※ 併せて，別条に施行日に相談支援事業を行っている事業者が障害者自立支援法第79条第1項の事業の開始の届出を行っている場合には，施行日に，同項の一般相談支援事業の開始の届出を行ったものとみなす規定を設けることとする。

○ ただし，厚生労働省令の定める期間（平成25年3月31日まで）の範囲内において新障法に基づく事業者指定の申請を行わない場合については，当該期間の到来とともに，みなしの効力は消滅することを併せて規定する。

第16条 前条第1項の規定により新自立支援法第51条の14第1項の指定を受けたものとみなされた者であって，旧自立支援法第51条の2第2項の規定による届出をしているものは，施行日に，新自立支援法第51条の31第2項の規定による届出をしたものとみなす。

概要 業務管理体制の届出を定めるものである。

解説
○ 現行の相談支援事業を再編することに伴い，施行日以降に相談支援事業者が一般相談支援事業者になる場合には，平成22年整備法第2条の規定による改正後の障害者自立支援法（以下「新障法」という）第51条の31第2項に基づく業務管理体制についての届出が必要となる。

○ 一方で，例えば施行日の前月に当該届出を提出していた事業者などについては，

（指定みなし一覧）

みなし前の指定 （施行日前の障害者自立支援法，児童福祉法）	みなし後の指定 （施行日後の障害者自立支援法，児童福祉法）	条項
【障害者自立支援法】 第51条の2第2項に規定する相談支援に係る同項の届出	【障害者自立支援法】 第51条の31に規定する地域相談支援に係る同項の届出	附則第16条
【障害者自立支援法】 第51条の2第2項に規定する障害福祉サービス（児童デイサービス）に係る同項の届出	【児童福祉法】 第21条の5の24第2項に規定する障害児通所支援に係る同項の届出	附則第24条
【児童福祉法】 第24条の19の2第2項に規定する障害児施設支援（通所）に係る同項の届出	【児童福祉法】 第21条の5の24第2項に規定する障害児通所支援に係る同項の届出	附則第24条
【児童福祉法】 第24条の19の2第2項に規定する障害児施設支援（入所）に係る同項の届出	【児童福祉法】 第24条の19の2第2項に規定する障害児入所支援に係る同項の届出	附則第28条

○ このため，前条第1項において，施行日に一般相談支援事業者の指定を受けたものとみなされた事業者が，旧障法第51条の2第2項に基づく業務管理体制に関する届出を行っていた場合には，施行日に新障法に基づく業務管理体制の届出を行ったものとみなす規定を設ける。

第17条 施行日前に行われた旧自立支援法第5条第8項に規定する児童デイサービスに係る旧自立支援法第76条の2第1項の規定による高額障害福祉サービス等給付費の支給については，なお従前の例による。

概要 高額障害福祉サービス等給付費の支給に関する経過措置を定めるものである。

解説 施行日前に行われた児童デイサービスに係る給付費のうち高額障害福祉サービス等給付費の支給について，なお従前の例によることを規定する。

第18条 この法律の施行の際現に旧自立支援法第5条第18項に規定する相談支援事業に係る旧自立支援法第79条第2項の届出をしているものは，施行日に，新自立支援法第5条第17項に規定する一般相談支援事業に係る新自立支援法第79条第2項の規定による届出をしたものとみなす。

概要 事業の開始の届出に関する経過措置を定めるものである。

解説 相談支援事業について，一般相談支援事業及び特定相談支援事業に再編することに伴い，施行日に現に事業の開始の届出を行っている場合は，同日に一般相談支援事業の届出を行ったものとみなす規定を設ける。

第22条 この法律の施行の際現に旧自立支援法第5条第8項に規定する児童デイサービスに係る旧自立支援法第29条第1項の指定を受けている者は，施行日に，第5条の規定による改正後の児童福祉法（以下「新児童福祉法」という。）第6条の2第2項に規定する児童発達支援及び同条第4項に規定する放課後等デイサービスに係る新児童福祉法第21条の5の3第1項の指定を受けたものとみなす。

2 この法律の施行の際現に第5条の規定による改正前の児童福祉法（以下「旧児

童福祉法」という。）第43条に規定する知的障害児通園施設又は旧児童福祉法第43条の2に規定する盲ろうあ児施設（通所のみにより利用されるものに限る。）に係る旧児童福祉法第24条の2第1項の指定を受けている施設の設置者は，施行日に，当該施設における新児童福祉法第6条の2第2項に規定する児童発達支援に係る新児童福祉法第21条の5の3第1項の指定を受けたものとみなす。

3　この法律の施行の際現に旧児童福祉法第43条の3に規定する肢体不自由児施設（通所のみにより利用されるものに限る。）に係る旧児童福祉法第24条の2第1項の指定を受けている施設の設置者は，施行日に，新児童福祉法第6条の2第3項に規定する医療型児童発達支援に係る新児童福祉法第21条の5の3第1項の指定を受けたものとみなす。

4　前3項の規定により新児童福祉法第21条の5の3第1項の指定を受けたものとみなされた者に係る同項の指定は，その者が，施行日から1年以内であって厚生労働省令で定める期間内に新児童福祉法第21条の5の15第1項の申請をしないときは，新児童福祉法第21条の5の16第1項の規定にかかわらず，当該期間の経過によって，その効力を失う。

概要　障害児通所支援に係る事業者指定に関する経過措置を定めるものである。

解説
○　児童デイサービス及び障害児施設（通所）の事業を再編し，障害児通所支援を創設することに伴い，それぞれ旧障法，平成22年整備法第5条の規定による改正前の児童福祉法（以下「旧児法」という）の規定により指定を受けていた者について，施行日に，平成22年整備法第5条の規定による改正後の児童福祉法（以下「新児法」という）第21条の5の3第1項の事業者指定を受けたものとみなす規定を設ける。

○　平成22年整備法附則第23条における給付決定のみなしについては，みなすサービスとみなされるサービスを特段特定することなく規定しているが，事業者指定については，障害者自立支援法制定時においても，みなすサービスとみなされるサービスが特定されて法律に規定されていることから，当該取扱いに倣い規定することとする。

○　具体的には，
①　旧障法の児童デイサービスに係る指定を受けていた者については，新児法の児童発達支援及び放課後等デイサービスに係る指定を受けたものと，
②　旧児法の知的障害児通園施設及び盲ろうあ児施設（通所のみにより利用される場合に限る）に係る指定を受けていた者については，新児法の児童発達支援に係る指定を受けたものと，
③　旧児法の肢体不自由児施設（通所のみにより利用される場合に限る）に係る指定を受けていた者については，新児法の医療型児童発達支援に係る指定を受けた

ものと,
それぞれみなすこととしている。
○　なお，③は肢体不自由児通園施設を想定しており，②は知的障害児通園施設及び難聴幼児通園施設を想定している。
○　これらのみなし指定の効力については，厚生労働省令の定める期間（平成25年3月31日まで）の範囲内とし，この間に必要な申請を行わない場合は，その期間の到来をもって効力が消滅するものとしている。

第23条　この法律の施行の際現に旧自立支援法第5条第8項に規定する児童デイサービスに係る旧自立支援法第19条第1項に規定する支給決定を受けている障害児の保護者については，政令で定めるところにより，施行日に，新児童福祉法第21条の5の5第1項の規定による同項に規定する通所給付決定を受けたものとみなす。

2　この法律の施行の際現に旧自立支援法第31条の2第2項の規定により読み替えて適用する旧自立支援法第19条第1項に規定する支給決定を受けている旧自立支援法第31条の2第1項に規定する児童デイサービス利用障害児であって，満20歳未満であるものについては，政令で定めるところにより，施行日に，新児童福祉法第21条の5の13第2項の規定により読み替えて適用する新児童福祉法第21条の5の5第1項の規定による同項に規定する通所給付決定を受けたものとみなす。

3　この法律の施行の際現に旧児童福祉法第24条の3第4項に規定する施設給付決定（通所のみによる利用に係るものに限る。）を受けている障害児の保護者については，政令で定めるところにより，施行日に，新児童福祉法第21条の5の5第1項の規定による同項に規定する通所給付決定を受けたものとみなす。

概要　障害児通所支援に関する経過措置を定めるものである。

解説
○　施行日をもって，旧障法の児童デイサービスは，新児法の障害児通所支援に再編されることとなる。
　このため，施行日において児童デイサービスに係る支給決定を受けている障害児の保護者については，施行日に新児法の給付決定を受けたものとみなす規定を設ける。
○　また，施行日をもって，児童福祉法の入所施設は「障害児支援施設」に，通所施設は「児童発達支援センター」において障害児通所事業を行う者に再編されることとなる。
　このため，施行日前に旧児法の施設給付決定（通所のみにより利用される場合に限る）を受けている障害児の保護者については，施行日に新児法第21条の5の5第

1項の給付決定を受けたものとみなす規定を設ける。

第24条 附則第22条第1項から第3項までの規定により新児童福祉法第21条の5の3第1項の指定を受けたものとみなされた者であって，旧自立支援法第51条の2第2項又は旧児童福祉法第24条の19の2第2項の規定による届出をしているものは，施行日に，新児童福祉法第21条の5の25第2項の規定による届出をしたものとみなす。

概要 障害児通所支援に係る業務管理体制に関する経過措置を定めるものである。

解説 児童デイサービス及び障害児施設（通所）の事業を再編し，障害児通所支援を創設することに伴い，平成22年整備法附則第22条第1項から第3項までの規定により，施行日に障害児通所支援事業者の指定を受けたものとみなされた事業者が，旧障法第51条の2第2項に基づく業務管理体制に関する届出又は旧児法第24条の19の2第2項の届出を行っていた場合には，施行日に，新児法第21条の5の25第2項に基づく業務管理体制の届出を行ったものとみなす規定を設ける。

第25条 施行日前に行われた旧児童福祉法第21条の6の規定による旧自立支援法第5条第8項に規定する児童デイサービスに係る措置に要する費用についての市町村の支弁及び本人又はその扶養義務者（民法（明治29年法律第89号）に定める扶養義務者をいう。附則第32条第3項において同じ。）からの費用の徴収については，なお従前の例による。
2 施行日前に行われた旧児童福祉法第24条の2第1項に規定する指定施設支援に係る同項，旧児童福祉法第24条の5，第24条の6第1項及び第24条の7第1項の規定（これらの規定を旧児童福祉法第63条の3の2第3項において読み替えて適用する場合を含む。）による障害児施設給付費，高額障害児施設給付費及び特定入所障害児食費等給付費の支給については，なお従前の例による。

概要 障害児施設給付費の支給に関する経過措置を定めるものである。

解説 施行日前に行われた児童デイサービスに係る児童福祉法上の行政措置に係る市町村の費用の支弁及び一部負担金の徴収について，なお従前の例によることを規定する。
また，施行日前に行われた指定施設支援に係る障害児施設給付費（災害時の特例を含む），高額障害児施設給付費，特定入所障害児食費等給付費の支給について，なお従前の例によることを規定する。なお，この際，旧児法第63条の3の2第3項において

読み替えて適用する場合（加齢児に係る規定）を含む旨を規定する。

> **第30条** この法律の施行の際現に旧児童福祉法第63条の3の2第3項の規定により読み替えて適用する旧児童福祉法第24条の3第4項に規定する施設給付決定を受けている者であって，満20歳未満であるものについては，施行日に，新児童福祉法第24条の24第2項の規定により読み替えて適用する新児童福祉法第24条の3第4項に規定する入所給付決定を受けた者とみなす。

概要 18歳以上20歳未満入所者に関する経過措置を定めるものである。

解説 改正前は，満18歳に到達した者であっても必要があると認められる場合には，障害児施設に引き続き入所することが可能となっており，旧児法第63条の3の2第1項及び第2項の規定により，これらの者に対して障害児施設給付費等を支給することができるとされている。

今般の見直しにより，20歳に到達した場合には障害者自立支援法のサービスに移行することとなるため，旧児法第63条の3の2の規定は削除し，一方で新児法第24条の24において満18歳から満20歳に到達するまでの給付費の支給に係る根拠規定を設けることとなる。

今般の見直しにより旧児法第63条の3の2の規定を削除することとしているが，現在，旧児法第63条の3の2の規定により障害児施設給付費等の支給を受けている者のうち満18歳から満20歳に到達するまでの者については，新児法第24条の24第2項の規定により読み替えて適用する新児法第24条の3第4項に規定する入所給付決定を受けた者とみなすこととしている。

> **第31条** 施行日前に旧児童福祉法第26条第1項第2号又は第27条第1項第2号の規定により委託を受けてこれらの規定により行われる指導の事務に従事する者又は従事していた者に係る旧児童福祉法第27条の4の規定によるその事務に関して知り得た秘密を漏らしてはならない義務については，施行日以後も，なお従前の例による。

概要 守秘義務の継続を定めるものである。

解説 今般の見直しにより，相談支援事業者が一般相談支援事業者となることに伴い，旧児法第26条第1項第2号又は第27条第1項第2号の委託を受けて同号の指導の事務に従事する相談支援事業者の従業者に課せられていた守秘義務について，なお従前の例によることを定めたもの。

第33条 この法律の施行の際現に旧自立支援法第5条第8項に規定する児童デイサービスに係る旧自立支援法第79条第2項の届出をしているものは，施行日に，新児童福祉法第6条の2第2項に規定する児童発達支援及び同条第4項に規定する放課後等デイサービスに係る新児童福祉法第34条の3第2項の規定による届出をしたものとみなす。

2 この法律の施行の際現に新児童福祉法第6条の2第1項に規定する障害児通所支援事業を行っている国及び都道府県以外の者であって，当該障害児通所支援事業に相当する事業に供する施設に係る旧児童福祉法第35条第3項の届出をしているもの又は同条第4項の認可を得ているものは，施行日に，新児童福祉法第34条の3第2項の規定による届出をしたものとみなす。

概要 障害児通所施設事業の届出に関する経過措置を定めるものである。

解説 児童デイサービス及び障害児施設（通所）による支援について，障害児通所支援事業に再編することに伴い，施行日に現に旧障法の事業の開始の届出を行っている場合若しくは旧児法の届出を行い，又は認可を得ている場合は，同日に障害児通所支援事業の届出を行ったものとみなす規定を設ける。

（施行前の準備）
第37条 この法律（附則第1条第3号に掲げる規定については，当該規定。以下この条において同じ。）を施行するために必要な条例の制定又は改正，新自立支援法第51条の19の規定による新自立支援法第51条の14第1項の指定の手続，新自立支援法第51条の20第1項の規定による新自立支援法第51条の17第1項第1号の指定の手続，新児童福祉法第21条の5の15の規定による新児童福祉法第21条の5の3第1項の指定の手続，新児童福祉法第24条の28第1項の規定による新児童福祉法第24条の26第1項第1号の指定の手続，新児童福祉法第34条の3第2項の届出その他の行為は，この法律の施行前においても行うことができる。

概要 施行前の準備に関して定めるものである。

解説 今般の見直しにより，支給決定プロセスを見直すこととし，また，新規の事業を創設することから，新たな事業の指定等を行う必要が想定される。
このため，障害者自立支援法制定時の附則第24条の規定と同様に，施行前の準備に関する規定を設け，これらの手続きに関して施行日前から準備を行うことができる規

定を設ける。

> （罰則の適用に関する経過措置）
> **第38条** この法律の施行前にした行為並びに附則第13条及び第31条の規定によりなお従前の例によることとされる場合におけるこの法律の施行後にした行為に対する罰則の適用については，なお従前の例による。

概要 罰則の適用に関する経過措置を定めるものである。

解説 ①この法律の施行前にした行為，②この附則の規定によりなお従前の例によることとされる場合におけるこの法律の施行後にした行為，に対する罰則の適用については，なお従前の例による旨を規定する。
　②には，平成22年整備法附則第13条及び第31条の規定（相談支援事業者の守秘義務）が該当する。

> （その他経過措置の政令への委任）
> **第39条** この附則に規定するもののほか，この法律の施行に伴い必要な経過措置（罰則に関する経過措置を含む。）は，政令で定める。

概要 政令への委任を定めるものである。

解説 この附則に規定するもののほか，この法律の施行に伴い必要な経過措置は，政令で定めることとするもの。具体的には，事業者に対して行った調査，勧告等の処分の効力が施行日以降も継続する旨の規定等を設けている。

平成22年整備法による他法改正について

第1　児童福祉法

1　障害児支援の強化（平成24年4月施行）
(1) 障害児支援体系の再編
　障害児支援については，支援が障害種別に分かれているうえに，施設の数も限られている等，身近な地域で支援が受けられない状況であった。このことについては，平成19年12月の社会保障審議会障害者部会の報告書でも，
　①　障害児の通所施設について，「障害児にとって身近な地域で支援を受けられるようにする

図2-11 障害児施設・事業の一元化 イメージ

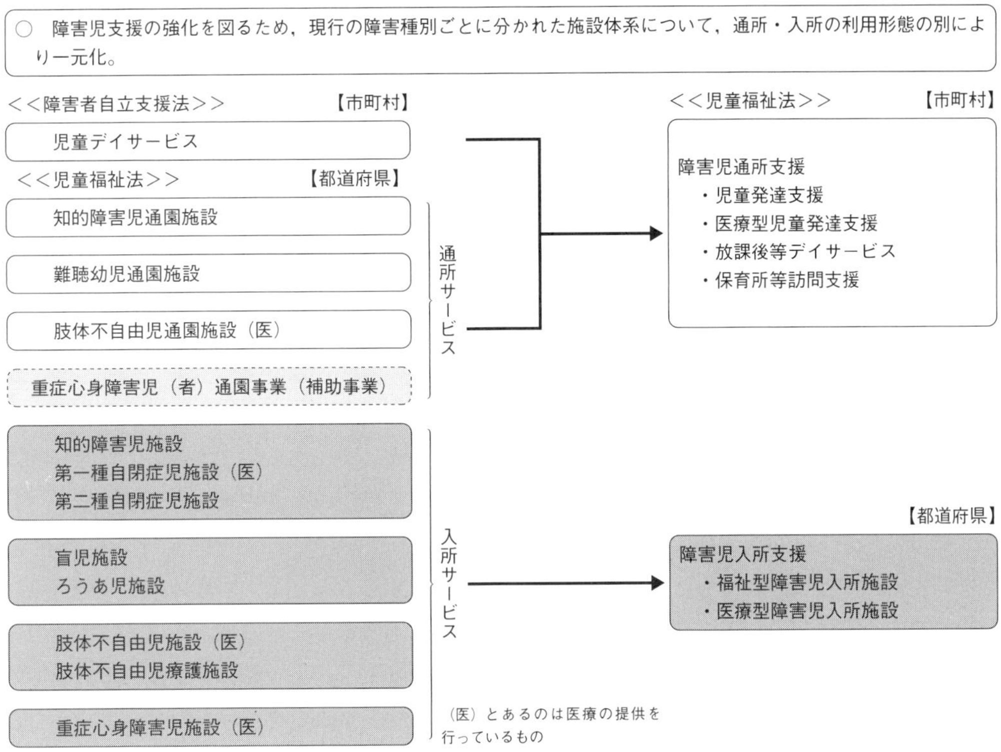

○ 障害児支援の強化を図るため，現行の障害種別ごとに分かれた施設体系について，通所・入所の利用形態の別により一元化。

＜＜障害者自立支援法＞＞　【市町村】
- 児童デイサービス

＜＜児童福祉法＞＞　【都道府県】
- 知的障害児通園施設
- 難聴幼児通園施設
- 肢体不自由児通園施設（医）
- 重症心身障害児（者）通園事業（補助事業）

- 知的障害児施設
  第一種自閉症児施設（医）
  第二種自閉症児施設
- 盲児施設
  ろうあ児施設
- 肢体不自由児施設（医）
  肢体不自由児療護施設
- 重症心身障害児施設（医）

通所サービス

入所サービス

＜＜児童福祉法＞＞　【市町村】
- 障害児通所支援
  ・児童発達支援
  ・医療型児童発達支援
  ・放課後等デイサービス
  ・保育所等訪問支援

【都道府県】
- 障害児入所支援
  ・福祉型障害児入所施設
  ・医療型障害児入所施設

（医）とあるのは医療の提供を行っているもの

　　ため，障害種別による区分をなくし，多様な障害の子どもを受け入れられるようにするため，障害種別による区分をなくし，多様な障害の子どもを受け入れられるよう，一元化の方向で検討していくべきである」とされ，
② 入所施設についても，「障害児の入所施設について，障害種別等により7類型となっているが，障害の重複化等を踏まえ，複数の障害に対応できるよう一元化を図っていくべきである」
とされていた。
　　このようなことを背景に，障害児が身近な地域で支援を受けられるようにするため，従来の知的障害児施設，知的障害児通園施設，盲ろうあ児施設，肢体不自由児施設，重症心身障害児施設などの障害種別に分かれた施設体系について，通所による支援を「障害児通所支援（児童発達支援等）」に，入所による支援を「障害児入所支援（障害児入所施設）」にそれぞれ一元化することとした（図2-11）。
(2) 障害児の通所による支援の見直し
　　障害児の通所支援については，従来，児童福祉法に基づく知的障害児通園施設などの通所支援に加えて，障害者自立支援法に基づく児童デイサービスが存在していた。このような体系を見直し，障害種別による区分をなくし，多様な障害の子どもを受け入れられるようにする観点から，障害児通所支援として，児童発達支援，医療型児童発達支援，放課後等デイサービス及び保育所等訪問支援を創設することとした。

また，障害児の通所支援に係る給付についても，従来は，児童福祉法に基づく給付については都道府県，障害者自立支援法に基づく児童デイサービスに係る給付については市町村と分かれていたが，障害児通所支援給付費とし，より身近な市町村に一元化することとした。なお，給付については，都道府県知事の指定を受けた指定通所支援事業者から支援を受けた場合に支給される（障害者の給付と同様，指定基準を満たさない事業所であっても一定の基準を満たすものから支援を受けた場合などには，特例障害児通所支援給付費を支給）。

(3) 障害児の入所による支援の見直し

　知的障害児施設支援，知的障害児通園施設支援，盲ろうあ児施設支援，肢体不自由児施設支援及び重症心身障害児施設支援とされている障害児施設支援について，入所による支援については，障害児入所支援に再編することとした。

　障害児の入所に係る給付については，障害児入所給付費とすることとしたが，障害児の入所施設については，施設数も少なく，広域調整の観点が必要であること等から，引き続き，都道府県が実施することとした（施設の指定についても都道府県が実施）。

(4) 障害児相談支援事業の創設

　障害児の支援についても，ケアマネジメントを導入することとし，市町村は，通所支給要否決定を行うに当たって必要と認められる場合には，通所給付決定の申請に係る障害児の保護者に対し，障害児支援利用計画案の提出を求めることとし，当該障害児支援利用計画案の提出があった場合には，当該計画案を勘案して通所支給要否決定を行うものとすることとした。

　この場合に，障害児相談支援費を支給することとし，実施主体は市町村とした。また，障害児相談支援事業を行う者の指定については，障害者自立支援法で計画相談支援を行う者の指定を市町村長が行うこととしたことから，市町村長が実施することとした。

2　障害児の範囲の見直し（平成24年4月施行）

　従来，児童福祉法では，障害児を「身体に障害のある児童又は知的障害のある児童」とされていた。平成22年整備法による児童福祉法の改正により，障害種別に関わりなく障害児を対象とした支援体系に再編することとしており，これまで児童福祉法の支援の対象になっていなかった精神障害のある児童についても，障害児の定義に追加し，支援の対象とすることとした。

　また，これと併せて，精神障害者に含まれるが，一般的には認識されておらず，支援が適切に行われていない可能性があることなどから，障害者自立支援法で，精神障害者に発達障害者が含まれることが明確化されたことを受けて，児童福祉法でも，精神障害のある児童に発達障害児を含むこととした。

3　利用者負担の見直し（平成24年4月施行）

　障害児支援を利用した際の利用者負担については，障害者自立支援法に基づく支援同様，累次の対策により，その負担を軽減してきていたが，法律上も応能負担であることが明確となるよう，障害者自立支援法と同様の見直しを行うこととした。

4　その他
(1)　業務管理体制の整備（平成24年4月施行）

　　障害者自立支援法と同様，障害児の支援に係る事業の運営を適正化する観点から，事業者における法令遵守のための業務管理体制の整備等を規定することとした。

(2)　在園期間延長措置の見直し（平成24年4月施行）

　　従来の児童福祉法では，障害の程度が非常に重いため在宅で生活を送ることが困難な場合，その者に合った障害者サービスがない場合等に，18歳以上も引き続き，重症心身障害児施設に入所することが可能となっていた。一方で，18歳以上の障害児施設入所者について，障害者施策として対応すべきとの意見が『障害児支援の見直しに関する検討会』で出されたこと等から，18歳以上の障害児施設入所者については障害者施策（障害者自立支援法）で対応するよう見直すこととした。

　　ただし，この見直しに当たって，必要な支援の継続措置に関する規定や，現に入所している者が退所させられることがないようにするための必要な規定を設けるとともに，特に重症心身障害者については十分に配慮することとしている。

第2　精神保健及び精神障害者福祉に関する法律

1　精神科救急医療体制の整備

　精神科救急医療については，夜間・休日の電話相談件数や受診件数，入院件数の増加傾向がみられ，必要性が高まっていたが，その一方で，精神科救急医療の提供のあり方は都道府県によって大きく異なっている状況にあった。このため，地域の実情を踏まえつつ，どの地域でも精神科救急医療が受けられる体制を整える必要があることから，休日又は夜間の相談への対応等について，都道府県が必要な体制を整備する旨の規定を設けることとした。

2　関係機関の連携の強化

　平成22年整備法による障害者自立支援法の改正で，地域生活への移行を進めるための支援が創設されたことと併せて，精神障害者について，精神科病院から地域社会へと社会復帰の流れをより進めるため，医療施設の設置者に対して，医療施設で医療を受ける精神障害者が障害福祉サービス等を円滑に利用できるように配慮し，必要に応じて，これらのサービスを提供する者と連携するよう努めることを規定した。

　また，精神障害者が地域生活に移行するためには，福祉関係者の協力が重要であることから，医療施設の管理者に対して，医師，看護師等の関係者の有機的な連携の確保に配慮するとともに，必要に応じて障害者自立支援法の一般相談支援事業者との連携を図りながら，必要な援助を行わなければならない旨を規定することとした。

第3　精神保健福祉士法

　平成22年整備法による障害者自立支援法の改正により，地域移行支援や地域定着支援といっ

たサービスが創設されたことを踏まえ，精神保健福祉士の業務として，精神障害者の地域生活における相談支援を担っていることを明確化した。

第4　社会福祉法

　平成22年整備法による児童福祉法の改正により，障害児支援に係るサービス体系が大幅に再編されることに伴い，再編後のサービス等について，社会福祉法での位置づけも見直した。

　具体的には，障害児入所施設については，入所サービスを提供するものであり，障害児の生命や身体への影響が大きいと考えられることから，従前の知的障害児施設等と同様に実施主体を規制する等比較的強い規制が必要であり，第1種社会福祉事業として規定することとした。また，障害児通所支援や障害児相談支援事業については，障害児入所支援と比べ，通所サービスや相談支援であり，障害児への生命，身体への影響が比較的少ないと考えられるとともに，サービス提供主体を拡げ，障害児が身近な地域で必要な支援を受けられるようにする必要があることから，第2種社会福祉事業として規定することとした。

第5　その他

　平成22年整備法による障害者自立支援法や児童福祉法の改正で，新たなサービスが創設されたことや支援体系が再編されたことを受けて，これらのサービスに対して，税制上の措置や法律の特例などを定めている消費税法などの関係法律について，規定の整備を行うこととした。

地域社会における共生の実現に向けて新たな障害保健福祉施策を講ずるための関係法律の整備に関する法律（平成24年整備法）の附則について

附　則（平成24年6月27日法律第51号）

（施行期日）
第1条　この法律は，平成25年4月1日から施行する。ただし，次の各号に掲げる規定は，当該各号に定める日から施行する。
一　附則第10条及び第28条の規定　公布の日
二　第2条，第4条，第6条及び第8条並びに附則第5条から第8条まで，第12条から第16条まで及び第18条から第26条までの規定　平成26年4月1日

概要　施行日を定める規定である。

解説　平成24年整備法の施行期日を平成25年4月1日と規定するものである。
　これは，平成24年整備法では，障害者自立支援法を障害者総合支援法とするほか，新たな障害保健福祉施策を講ずることとし，一定の難病等の者を障害者総合支援法や児童福祉法の対象とすること等も盛り込まれている。このような内容はできる限り早期に施行することが望まれるが，難病等の者に係る介護給付費の支給決定等市町村に一定の準備期間が必要であること等から，平成25年4月1日とするものである。また，重度訪問介護の対象拡大や共同生活介護の共同生活援助への一元化等，従業者の研修や事業者の準備等さらに時間を要するものについては，平成26年4月1日を施行期日としている。

（適切な障害支援区分の認定のための措置）
第2条　政府は，障害者支援区分（第2条の規定による改正後の障害者の日常生活及び社会生活を総合的に支援するための法律（以下「平成26年改正後障害者総合支援法」という。）第4条第4項に規定する障害支援区分をいう。次条第1項において同じ。）の認定が知的障害者福祉法にいう知的障害者及び精神障害者（平成26年改正後障害者総合支援法第4条第1項に規定する精神障害者をいう。）の特性に応じて適切に行われるよう，同条第4項に規定する厚生労働省令で定める区分の制定に当たっての適切な配慮その他の必要な措置を講ずるものとする。

第2編　障害者総合支援法逐条解説

概要　適切な障害支援区分の認定のための措置について定めるものである。

解説　障害者総合支援法では，従前の「障害程度区分」が知的障害，精神障害の状態を適切に反映できていなかったことから，障害等の多様な特性等に応じて標準的な支援の度合いを示すものとなるよう，「障害支援区分」とすることとしている。

　本条は，この見直しに当たって，新たに設定される「障害支援区分」が知的障害者や精神障害者の特性に応じて適切に実施されるものとなるよう，政府に対して，必要な措置を講ずることを明示的に求めるものである。

　なお，本条は衆議院の修正で加えられた部分である。

（検討）

第3条　政府は，全ての国民が，障害の有無によって分け隔てられることなく，相互に人格と個性を尊重し合いながら共生する社会の実現に向けて，障害者等の支援に係る施策を段階的に講ずるため，この法律の施行後3年を目途として，第1条の規定による改正後の障害者の日常生活及び社会生活を総合的に支援するための法律第1条の2に規定する基本理念を勘案し，常時介護を要する障害者等に対する支援，障害者等の移動の支援，障害者の就労の支援その他の障害福祉サービスの在り方，障害支援区分の認定を含めた支給決定の在り方，障害者の意思決定支援の在り方，障害福祉サービスの利用の観点からの成年後見制度の利用促進の在り方，手話通訳等を行う者の派遣その他の聴覚，言語機能，音声機能その他の障害のため意思疎通を図ることに支障がある障害者等に対する支援の在り方，精神障害者及び高齢の障害者に対する支援の在り方等について検討を加え，その結果に基づいて，所要の措置を講ずるものとする。

2　政府は，前項の規定により検討を加えようとするときは，障害者等及びその家族その他の関係者の意見を反映させるために必要な措置を講ずるものとする。

概要　法の見直しの検討を定めるものである。

解説　＜基本理念を勘案した検討等について＞

　○　骨格提言において記載されているいわゆるパーソナルアシスタンス制度や就労支援，移動の支援等のサービス体系に係る意見については，段階的に実現していくべきものであるが，

　　①　旧体系から障害者自立支援法の新体系への移行が完全施行されるのが平成24年4月であり，サービス体系の見直しは，現場の混乱にも配慮しつつ，サービス提供実態に係るデータや課題を整理したうえで検討すべきであること，

　　②　契約関係の在り方，財源や人材などさまざまな角度からさらに検討すべき課題

があること，

等から，引き続き検討する必要がある。

○ また，障害程度区分に関しては，知的障害や精神障害の方では，一次判定で低く判定され，二次判定でより高く判定し直される方が多い等課題がある。このため，より障害者特性を踏まえた判定が行えるよう見直す必要がある。

しかし，障害程度区分も含めた支給決定の仕組みについては，試行事業による検証等，十分な準備を経るべきであることから，直ちに見直すことは困難であり，引き続き検討する必要がある。

○ 聴覚，言語機能，音声機能その他の障害のため意思疎通を図ることに支障がある障害者等の支援（コミュニケーション支援）については，柔軟性のある支援を行うため，地域生活支援事業として実施されているところであるが，当該支援を個別給付とすべきとの意見が多く出されているところである。今回の改正により手話通訳等を行う者を養成する事業が新たに地域生活支援事業に追加されたことから，その施行状況を踏まえて検討をする必要がある。

○ このため，すべての国民が，障害の有無によって分け隔てられることなく，相互に人格と個性を尊重し合いながら共生する社会の実現に向けて，今回の法律により講ずる新たな障害保健福祉施策に限らず，今後，総合福祉部会の骨格提言の内容も含め，障害保健福祉施策を段階的に講ずるため，この法律の施行後3年を目途として，第1条の2に規定する基本理念を勘案し，

① 常時介護を要する障害者等に対する支援，障害者等の移動の支援，障害者の就労の支援その他障害福祉サービスの在り方，

② 障害程度区分の認定を含めた支給決定の在り方，

③ 聴覚，言語機能，音声機能その他の障害のため意思疎通を図ることに支障がある障害者等の支援の在り方，

等について検討を加え，その結果に基づいて所要の措置を講ずるものとする検討規定を設けることとする。

＜検討における障害当事者等からの意見尊重について＞

○ 障害者自立支援法については，立法過程において十分な実態調査の実施や，障害者の意見を十分に踏まえることなく，拙速に制度を施行するとともに，応益負担の導入等を行ったことにより，障害者，家族，関係者に対する多大な混乱と生活への悪影響を招き，障害者の人間としての尊厳を深く傷つけた等の批判を受けることとなった。

○ この反省を踏まえ，平成22年4月に，この障がい者制度改革推進会議の下に，障害者，障害者の家族，事業者，自治体首長，学識経験者等，55名からなる「障がい者制度改革推進会議総合福祉部会」を設け，障害者自立支援法に代わる新たな法律の制定に向けて検討を進めていた。同部会において，平成23年8月には「骨格提言」が取りまとめられ，それを踏まえて本法案が作成されたところである。

○ このような経緯も踏まえ，本法案の施行後の状況等を踏まえて検討する際には，

障害者やその家族等から検討に係る事項についての意見をいただき，その意見を尊重して検討を進めていくことが明記された。

> （障害者自立支援法の一部改正に伴う経過措置）
> **第4条** この法律の施行の日（以下「施行日」という。）前に行われた第1条の規定による改正前の障害者自立支援法（以下この条において「旧自立支援法」という。）第36条第1項（旧自立支援法第41条第4項において準用する場合を含む。），第37条第1項，第38条第1項（旧自立支援法第41条第4項において準用する場合を含む。），第39条第1項，第51条の19第1項（旧自立支援法第51条の21第2項において準用する場合を含む。）又は第51条の20第1項（旧自立支援法第51条の21第2項において準用する場合を含む。）の指定，指定の変更又は指定の更新の申請であって，この法律の施行の際，指定，指定の変更又は指定の更新がなされていないものについてのこれらの処分については，なお従前の例による。

概要 指定要件に係る経過措置を定めるものである。

解説 今般の改正では，障害者自立支援法に規定する事業者の指定要件を追加することに伴い，改正法の施行前後で指定要件が変化することとなった。このため，施行前にされた指定又は指定の更新の申請であって施行の際に処分がなされていないものについては，施行前の指定要件を適用するのか，施行後の指定要件を適用するのかという点について明確にする必要があることから，施行前の規定に沿って処分がなされるようにするための経過措置をおくこととする。

> **第5条** 附則第1条第2号に掲げる規定の施行の日（以下「一部施行日」という。）において現に第2条の規定による改正前の障害者の日常生活及び社会生活を総合的に支援するための法律（以下「平成26年改正前障害者総合支援法」という。）第5条第10項に規定する共同生活介護に係る平成26年改正前障害者総合支援法第19条第1項に規定する支給決定を受けている障害者については，一部施行日に，平成26年改正後障害者総合支援法第5条第15項に規定する共同生活援助に係る平成26年改正後障害者総合支援法第19条第1項の規定による支給決定を受けたものとみなす。この場合において，当該支給決定を受けたものとみなされた者に係る平成26年改正後障害者総合支援法第23条に規定する支給決定の有効期間は，同条の規定にかかわらず，同号に掲げる規定の施行の際現にその者が受けている平成26年改正前障害者総合支援法第19条第1項に規定する支給決定に係る平成26年改正

前障害者総合支援法第23条に規定する支給決定の有効期間の残存期間と同一の期間とする。

第6条 平成26年改正後障害者総合支援法第20条から第22条まで及び第24条の規定は，一部施行日以後に行われた平成26年改正後障害者総合支援法第20条第1項又は第24条第1項の申請について適用し，一部施行日前に行われた平成26年改正前障害者総合支援法第20条第1項又は第24条第1項の申請については，なお従前の例による。

2 平成26年改正後障害者総合支援法第20条から第22条まで及び第24条の規定にかかわらず，一部施行日前に行われた平成26年改正前障害者総合支援法第19条第1項に規定する支給決定の効力を有する期間は，なお従前の例による。

第7条 附則第1条第2号に掲げる規定の施行の際現に平成26年改正前障害者総合支援法第5条第10項に規定する共同生活介護に係る平成26年改正前障害者総合支援法第29条第1項の指定を受けている者は，一部施行日に，平成26年改正後障害者総合支援法第5条第15項に規定する共同生活援助に係る平成26年改正後障害者総合支援法第29条第1項の指定を受けたものとみなす。この場合において，当該指定を受けたものとみなされた者に係る平成26年改正後障害者総合支援法第41条第2項に規定する指定の有効期間は，同号に掲げる規定の施行の際現にその者が受けている平成26年改正前障害者総合支援法第29条第1項の指定に係る平成26年改正前障害者総合支援法第41条第2項に規定する指定の有効期間の残存期間と同一の期間とする。

第8条 一部施行日前に行われた平成26年改正前障害者総合支援法第29条第1項に規定する指定障害福祉サービス等（次項において「指定障害福祉サービス等」という。）であって，平成26年改正前障害者総合支援法第5条第10項に規定する共同生活介護に係るものについての平成26年改正前障害者総合支援法第29条第1項及び第31条の規定による介護給付費の支給については，なお従前の例による。

2 一部施行日前に行われた平成26年改正前障害者総合支援法第30条第1項第1号の規定による指定障害福祉サービス等又は同項第2号に規定する基準該当障害福祉サービスであって，平成26年改正前障害者総合支援法第5条第10項に規定する共同生活介護に係るものについての平成26年改正前障害者総合支援法第30条第1項及び第31条の規定による特例介護給付費の支給については，なお従前の例による。

概要 共同生活介護と共同生活援助の統合に伴う経過措置を定めるものである。

解説 給付費の支給や施設の措置等に係る経過措置について，規定したもの。

> **（政令への委任）**
> **第10条** 附則第4条から前条まで，第16条及び第25条に規定するもののほか，この法律の施行に伴い必要な経過措置は，政令で定める。

概要 政令への委任を定めるものである。

解説 この附則に規定するもののほか，この法律の施行に伴い必要な経緯措置は，政令で定めることとするもの。具体的に定められたものはない。

平成24年整備法による他法改正について

第1 児童福祉法

1 障害児の範囲の見直し（第4条第2項）
○ 平成23年の障害者基本法の改正で同法の障害者の範囲に難病等による機能障害がある者が含まれることとなり，障害者総合支援法の障害者の範囲にも難病等による機能障害がある者が追加されることとなった。
○ 児童福祉法でも同様の観点から，障害児の定義に難病等の児童も追加するものである。
○ なお，難病等の範囲については，障害者総合支援法に基づき定められる政令に規定する疾病と規定しており，児童福祉法と障害者総合支援法の難病等の範囲は同じ範囲となる。

2 基準該当障害児通所支援に係る規定の見直し（第21条の5の4）
○ 平成24年度から，児童福祉法に基づくサービスについて，事業者の指定等に係る基準を都道府県が条例で定めることとされた。その際，都道府県は厚生労働省令で定める基準（従うべき基準，標準たる基準又は参酌する基準）を踏まえ，条例を制定することとされた。
○ また，離島等に設置するため，指定を受けるためのすべての基準を受けることが難しい事業所で行われるサービスに対し，特例の給付費が支給される基準該当のサービスについても，その基準を都道府県が条例で定めることとされた。しかしながら，このうち，基準該当通所支援については，都道府県が踏まえる厚生労働省令で定める基準を制定する規定が置かれていなかった。
○ このため，都道府県が踏まえる厚生労働省令を定めるための規定を整備するものである。

3 事業者の欠格要件の見直し（第21条の5の15）
○ 障害者や障害児に対するサービスの利用者は，障害者自立支援法の施行後大幅に増加しており，これらの事業に従事する職員の確保が重要な課題となっている。一方で，福祉サービ

スを提供する事業者については，労働時間，割増賃金，就業規則等に係る法違反が多く認められる等，労働条件の基本的な枠組みが確立していない事業者が多いことが問題となっている。こうした労働条件の悪さは，離職理由の一つにもなっており，サービスの質の確保にも支障をきたす状況となっている。
○ このため，福祉サービスに従事する職員を確保し，質の高いサービスを提供するためには，事業者に労働法規の順守を徹底させることが効果的であるため，労働法規に違反して罰金刑に処せられている場合は事業者の指定を受けることができないこととした。なお，このような規定は，介護保険法など他の福祉関係法律にも定められており，今回，障害者総合支援法でも同様の観点から規定することとしている。

4 障害児やその保護者の意思決定支援（第21条の5の17など）

○ 平成23年の障害者基本法の改正で支援する側の判断のみで相談等の支援を行うのではなく，当事者の意思決定を支援することにも配慮しながら支援を行う必要があるとの観点から，障害者の意思決定支援への配慮が規定された。
○ この考え方は，障害者や障害児の地域生活などを支援する障害者総合支援法や児童福祉法でも取り入れることが適当であることから，障害者総合支援法には事業者の責務として，障害者の意思決定支援に配慮することを規定することとした。
○ 一方，未成年である障害児については，意思決定が困難な場合も想定されることから，障害者総合支援法とは異なり，障害児及びその保護者の意思をできる限り尊重することを事業者の責務として規定するとともに，事業者等が行う支援は，常に障害児やその保護者の立場に立って行うことも併せて事業者の責務に規定することとした。

第2 身体障害者福祉法

　障害者総合支援法では，相談支援を効果的に実施し，適切なサービス等の提供につなげるため，地域の相談支援の中核となる基幹相談支援センターが，関係する事業者，医療機関，身体障害者相談員，知的障害者相談員と連携することが規定された。
　これを受けて，身体障害者にとって身近な相談先である身体障害者相談員についても，常日頃から障害福祉サービスの関係者と連携を図り，適切な支援につなげることができるよう，これらの関係者との連携を新たに役割として規定することとした。

第3 知的障害者福祉法

1 知的障害者相談員の役割の見直し

○ 第2の身体障害者福祉法の見直しと同様の観点から，知的障害者相談員についても，相談を受けてから，適切な支援につなげることができるよう，障害福祉サービスの関係者との連携を新たに役割として規定することとした。

2　成年後見制度の利用促進のための体制整備

○　知的障害者福祉法では，成年後見制度の利用を確保する観点から，知的障害者の実情を把握しうる立場にある市町村長に対して，成年後見制度の開始等に係る審判請求の権利を与えている。

○　障害者の親の高齢化や障害者の地域生活への移行等に伴い，地域で暮らす単身の知的障害者などが増加していくことが見込まれるなか，成年後見制度の利用を促し，身近な地域で支援を行う環境を整えるため，弁護士や司法書士などの専門的な後見人に加えて，一般の市民や法人を後見人として積極的に活用していくことが重要となってくる。

○　このような体制を市町村のなかで構築することを促すため，市町村に対して，後見等の業務を適切に行うことができる者の家庭裁判所への推薦などの援助を行うことを努力義務として課すこととした。

第4　その他

障害者自立支援法が障害者総合支援法になることや共同生活介護を共同生活援助に一元化すること等に伴い，社会福祉法等関係法律について，規定の整備を行っている。

資料編

資料編

第1章　法令・通知

●障害者の日常生活及び社会生活を総合的に支援するための法律施行令

（平成18年1月25日政令第10号）

最終改正　平成30年7月27日政令第231号

目次　　　　　　　　　　　　　　　　　　　頁
- 第1章　総則（第1条・第1条の2）……… 364
- 第2章　自立支援給付
  - 第1節　通則（第2条—第3条の7）……… 365
  - 第2節　介護給付費，特例介護給付費，訓練等給付費，特例訓練等給付費，特定障害者特別給付費及び特例特定障害者特別給付費の支給
    - 第1款　市町村審査会（第4条—第9条）……………………… 369
    - 第2款　支給決定等（第10条—第16条）……………………… 369
    - 第3款　介護給付費，特例介護給付費，訓練等給付費及び特例訓練等給付費の支給（第17条—第19条）……………… 370
    - 第4款　特定障害者特別給付費及び特例特定障害者特別給付費の支給（第20条—第21条の3）…………………… 373
    - 第5款　指定障害福祉サービス事業者及び指定障害者支援施設等（第22条—第26条の2）………………………… 375
  - 第3節　地域相談支援給付費，特例地域相談支援給付費，計画相談支援給付費及び特例計画相談支援給付費の支給
    - 第1款　地域相談支援給付費及び特例地域相談支援給付費の支給（第26条の3—第26条の8）……………… 379
    - 第2款　指定一般相談支援事業者及び指定特定相談支援事業者（第26条の9—第26条の17）………………… 380
  - 第4節　自立支援医療費，療養介護医療費及び基準該当療養介護医療費の支給（第27条—第43条）…………………………… 384
  - 第5節　補装具費の支給（第43条の2・第43条の3）…………… 390
  - 第6節　高額障害福祉サービス等給付費の支給（第43条の4—第43条の6）……………………… 391
- 第3章　障害者支援施設（第43条の7）…… 395
- 第4章　費用（第44条—第45条の3）…… 395
- 第5章　審査請求（第46条—第50条）…… 397
- 第6章　雑則（第51条・第52条）………… 397

附則

第1章　総則

（法第4条第1項の政令で定める特殊の疾病）

第1条　障害者の日常生活及び社会生活を総合的に支援するための法律（平成17年法律第123号。以下「法」という。）第4条第1項の政令で定める特殊の疾病は，治療方法が確立しておらず，その診断に関し客観的な指標による一定の基準が定まっており，かつ，当該疾病にかかることにより長期にわたり療養を必要とすることとなるものであって，当該疾病の患者の置かれている状況からみて当該疾病の患者が日常生活又は

社会生活を営むための支援を行うことが特に必要なものとして厚生労働大臣が定めるものとする。

（自立支援医療の種類）

第1条の2 法第5条第24項の政令で定める医療は，次に掲げるものとする。

一　障害児のうち厚生労働省令で定める身体障害のある者の健全な育成を図るため，当該障害児に対し行われる生活の能力を得るために必要な医療（以下「育成医療」という。）

二　身体障害者福祉法（昭和24年法律第283号）第4条に規定する身体障害者のうち厚生労働省令で定める身体障害のある者の自立と社会経済活動への参加の促進を図るため，当該身体障害者に対し行われるその更生のために必要な医療（第41条において「更生医療」という。）

三　精神障害の適正な医療の普及を図るため，精神保健及び精神障害者福祉に関する法律（昭和25年法律第123号）第5条に規定する精神障害者（附則第3条において「精神障害者」という。）のうち厚生労働省令で定める精神障害のある者に対し，当該精神障害者が病院又は診療所へ入院することなく行われる精神障害の医療（以下「精神通院医療」という。）

第2章　自立支援給付

第1節　通則

（法第7条の政令で定める給付等）

第2条　法第7条の政令で定める給付又は事業は，次の表の上欄に掲げるものとし，同条の政令で定める限度は，同表の上欄に掲げる給付又は事業につき，それぞれ，同表の下欄に掲げる限度とする。

	受けることができる給付
健康保険法（大正11年法律第70号）の規定による療養の給付並びに入院時食事療養費，入院時生活療養費，保険外併用療養費，療養費，訪問看護療養費，移送費，家族療養費，家族訪問看護療養費，家族移送費，特別療養費及び高額療養費	
船員保険法（昭和14年法律第73号）の規定による療養の給付並びに入院時食事療養費，入院時生活療養費，保険外併用療養費，療養費，訪問看護療養費，移送費，家族療養費，家族訪問看護療養費，家族移送費及び高額療養費	
労働基準法（昭和22年法律第49号。他の法律において例による場合を含む。）の規定による療養補償	
労働者災害補償保険法（昭和22年法律第50号）の規定による療養補償給付及び療養給付	
船員法（昭和22年法律第100号）の規定による療養補償	
災害救助法（昭和22年法律第118号）の規定による扶助金（災害救助法施行令（昭和22年政令第225号）の規定による療養扶助金に限る。）	
消防組織法（昭和22年法律第226号）の規定による損害の補償（非常勤消防団員等に係る損害補償の基準を定める政令（昭和31年政令第335号）の規定による療養補償に限る。）	
消防法（昭和23年法律第186号）の規定による損害の補償（非常勤消防団員等に係る損害補償の基準を定める政令の規定による療養補償に限る。）	
水防法（昭和24年法律第193号）の規定による損害の補償（非常勤消防団員等に係る損害補償の基準を定める政令の規定による療養補償に限る。）	
国家公務員災害補償法（昭和26年法律第191号。他の法律において準用し，又は例による場合を含む。以下この表において同じ。）の規定による療養補償	
警察官の職務に協力援助した者の災害給付に関する法律（昭和27年法律第245号）の規定による療養給付	
海上保安官に協力援助した者等の災害給付に関する法律（昭和28年法律第33号）の規定による療養給付	
公立学校の学校医，学校歯科医及び学校薬剤師の公務災害補償	

に関する法律（昭和32年法律第143号）の規定による療養補償	介護保険法（平成9年法律第123号）の規定による介護給付，予防給付及び市町村特別給付	受けることができる給付（介護に要する費用を支出して介護を受けた部分に限る。）
証人等の被害についての給付に関する法律（昭和33年法律第109号）の規定による療養給付	武力攻撃事態等における国民の保護のための措置に関する法律（平成16年法律第112号）の規定による損害の補償（非常勤消防団員等に係る損害補償の基準を定める政令の規定による療養補償に相当するもの又は災害救助法施行令の規定による療養扶助金に相当するものに限る。）	
国家公務員共済組合法（昭和33年法律第128号。他の法律において準用し，又は例による場合を含む。）の規定による療養の給付並びに入院時食事療養費，入院時生活療養費，保険外併用療養費，療養費，訪問看護療養費，移送費，家族療養費，家族訪問看護療養費，家族移送費及び高額療養費	新型インフルエンザ等対策特別措置法（平成24年法律第31号）の規定による損害の補償（災害救助法施行令の規定による療養扶助金に相当するものに限る。）	
国民健康保険法（昭和33年法律第192号）の規定による療養の給付並びに入院時食事療養費，入院時生活療養費，保険外併用療養費，療養費，訪問看護療養費，特別療養費，移送費及び高額療養費	労働者災害補償保険法の規定による介護補償給付及び介護給付	
	消防組織法の規定による損害の補償（非常勤消防団員等に係る損害補償の基準を定める政令の規定による介護補償に限る。）	
災害対策基本法（昭和36年法律第223号）の規定による損害の補償（非常勤消防団員等に係る損害補償の基準を定める政令の規定による療養補償に相当するもの又は災害救助法施行令の規定による療養扶助金に相当するものに限る。）	消防法の規定による損害の補償（非常勤消防団員等に係る損害補償の基準を定める政令の規定による介護補償に限る。）	
	水防法の規定による損害の補償（非常勤消防団員等に係る損害補償の基準を定める政令の規定による介護補償に限る。）	
地方公務員等共済組合法（昭和37年法律第152号）の規定による療養の給付並びに入院時食事療養費，入院時生活療養費，保険外併用療養費，療養費，訪問看護療養費，移送費，家族療養費，家族訪問看護療養費，家族移送費及び高額療養費	国家公務員災害補償法の規定による介護補償	
	警察官の職務に協力援助した者の災害給付に関する法律の規定による介護給付	
	海上保安官に協力援助した者等の災害給付に関する法律の規定による介護給付	
地方公務員災害補償法（昭和42年法律第121号）の規定による療養補償	公立学校の学校医，学校歯科医及び学校薬剤師の公務災害補償に関する法律の規定による介護補償	
高齢者の医療の確保に関する法律（昭和57年法律第80号）の規定による療養の給付並びに入院時食事療養費，入院時生活療養費，保険外併用療養費，療養費，訪問看護療養費，特別療養費，移送費及び高額療養費	証人等の被害についての給付に関する法律の規定による介護給付	
原子爆弾被爆者に対する援護に関する法律（平成6年法律第117号）の規定による医療の給付及び一般疾病医療費	災害対策基本法の規定による損害の補償（非常勤消防団員等に係る損害補償の基準を定める政令の規定による介護補償に相当	

するものに限る。)	
労働者災害補償保険法等の一部を改正する法律（平成7年法律第35号）附則第8条の規定によりなおその効力を有するものとされる同法附則第7条の規定による改正前の炭鉱災害による一酸化炭素中毒症に関する特別措置法（昭和42年法律第92号）第8条の規定による介護料	
地方公務員災害補償法の規定による介護補償	
武力攻撃事態等における国民の保護のための措置に関する法律の規定による損害の補償（非常勤消防団員等に係る損害補償の基準を定める政令の規定による介護補償に相当するものに限る。)	
介護保険法の規定による地域支援事業（第1号事業に限る。）	利用することができる事業

（法第8条第1項の政令で定める医療）

第3条 法第8条第1項の政令で定める医療は，精神通院医療とする。

（指定事務受託法人）

第3条の2 法第11条の2第1項の指定は，同項各号に掲げる事務（以下「市町村等事務」という。）を行う事務所ごとに行う。

2 法第11条の2第1項の指定を受けようとする者は，当該指定に係る市町村等事務を行う事務所の名称及び所在地その他の厚生労働省令で定める事項を記載した申請書に，厚生労働省令で定める書類を添付して，これを当該事務所の所在地の都道府県知事に提出しなければならない。

3 都道府県知事は，前項の申請があった場合において，次のいずれかに該当するときは，法第11条の2第1項の指定をしてはならない。

一 申請者が，次条に規定する市町村等事務の運営に関する基準に従って適正な市町村等事務の運営をすることができないと認められるとき。

二 申請者が，自立支援給付対象サービス等（法第10条第1項に規定する自立支援給付対象サービス等をいう。第6号及び第3条の6第1項第8号において同じ。）を提供しているとき。

三 申請者が，法及び第22条第1項各号又は第2項各号（第10号を除く。）に掲げる法律の規定により罰金の刑に処せられ，その執行を終わり，又は執行を受けることがなくなるまでの者であるとき。

四 申請者が，第3条の6第1項の規定により指定を取り消され，その取消しの日から起算して5年を経過しない者であるとき。

五 申請者が，第3条の6第1項の規定による指定の取消しの処分に係る行政手続法（平成5年法律第88号）第15条の規定による通知があった日から当該処分をする日又は処分をしないことを決定する日までの間に第3条の4第1項の規定による市町村等事務の廃止の届出をした者（当該市町村等事務の廃止について相当の理由がある者を除く。）で，当該届出の日から起算して5年を経過しないものであるとき。

六 申請者が，指定の申請前5年以内に自立支援給付対象サービス等又は市町村等事務に関し不正又は著しく不当な行為をした者であるとき。

七 申請者の役員等（法第36条第3項第6号に規定する役員等をいう。ハ及びニ並びに第3条の6第1項第8号において同じ。）のうちに次のいずれかに該当する者があるとき。

イ 禁錮以上の刑に処せられ，その執行を終わり，又は執行を受けることがなくなるまでの者

ロ 第3号又は前号に該当する者

ハ 第3条の6第1項の規定により指定を取り消された法人において，その取消しの処分に係る行政手続法第15条の規定による通知があった日前60日以内にその役員等であった者で当該取消しの日から起算して5年を経過しないもの

ニ 第5号に規定する期間内に第3条の4第1項の規定による市町村等事務の廃止の届出をした法人（当該市町村等事務の廃止に

ついて相当の理由がある法人を除く。）において，同号の通知の日前60日以内にその役員等であった者で当該届出の日から起算して５年を経過しないもの

（市町村等事務の運営に関する基準）

第３条の３　法第11条の２第１項に規定する指定事務受託法人（以下「指定事務受託法人」という。）は，厚生労働省令で定める市町村等事務の運営に関する基準に従い，市町村等事務を行わなければならない。

（指定事務受託法人の名称等の変更の届出等）

第３条の４　指定事務受託法人は，当該指定に係る市町村等事務を行う事務所の名称及び所在地その他厚生労働省令で定める事項を変更しようとするとき，又は当該市町村等事務を廃止し，休止し，若しくは再開しようとするときは，厚生労働省令で定めるところにより，その30日前までに，その旨を都道府県知事に届け出なければならない。

２　都道府県知事は，前項の規定による届出があったときは，その旨を，指定事務受託法人に事務を委託している市町村長に通知しなければならない。

（指定事務受託法人による報告）

第３条の５　都道府県知事は，市町村等事務の適正な実施を確保するため必要があると認めるときは，その必要な限度で，指定事務受託法人に対し，報告を求めることができる。

（指定事務受託法人の指定の取消し等）

第３条の６　都道府県知事は，指定事務受託法人が次のいずれかに該当する場合には，その指定を取り消し，又は期間を定めてその指定の全部若しくは一部の効力を停止することができる。

一　指定事務受託法人が，法第11条の２第１項に規定する厚生労働省令で定める要件に該当しなくなったとき。

二　指定事務受託法人が，第３条の３に規定する市町村等事務の運営に関する基準に従って適正な市町村等事務の運営をすることができなくなったとき。

三　指定事務受託法人が，第３条の２第３項第２号，第３号又は第７号のいずれかに該当するに至ったとき。

四　指定事務受託法人が，前条の規定により報告を求められて報告をせず，又は虚偽の報告をしたとき。

五　指定事務受託法人が，不正の手段により法第11条の２第１項の指定を受けたことが判明したとき。

六　指定事務受託法人が，法及び第26条第１項各号若しくは第２項各号（第３号を除く。）に掲げる法律又はこれらの法律に基づく命令若しくは処分に違反したとき。

七　指定事務受託法人が，市町村等事務に関し不正又は著しく不当な行為をしたとき。

八　指定事務受託法人の役員等のうちに，その指定の取消し又はその指定の全部若しくは一部の効力の停止をしようとするとき前５年以内に自立支援給付対象サービス等又は市町村等事務に関し不正又は著しく不当な行為をした者があるとき。

２　市町村は，市町村等事務を委託した指定事務受託法人について，前項各号のいずれかに該当すると認めるときは，その旨を都道府県知事に通知しなければならない。

（指定事務受託法人の指定等の公示）

第３条の７　都道府県知事は，次に掲げる場合には，その旨を公示しなければならない。

一　法第11条の２第１項の指定をしたとき。

二　第３条の４第１項の規定による届出（同項の厚生労働省令で定める事項の変更に係るものを除く。）があったとき。

三　前条第１項の規定により法第11条の２第１項の指定を取り消し，又は指定の全部若しくは一部の効力を停止したとき。

２　市町村又は都道府県は，法第11条の２第１項の規定による委託の全部又は一部を解除したときは，厚生労働省令で定めるところにより，その旨を公示しなければならない。

　　　第２節　介護給付費，特例介護給付費，訓練等給付費，特例訓練等給付費，特定障害者特別給付費及び特例特定障害者特別給付費の支給

第1款　市町村審査会

（市町村審査会の委員の定数の基準）

第4条　法第16条第1項に規定する市町村審査会（以下「市町村審査会」という。）の委員の定数に係る同項に規定する政令で定める基準は，市町村審査会の障害支援区分の審査及び判定の件数その他の事情を勘案して，各市町村（特別区を含む。以下同じ。）が必要と認める数の第8条第1項に規定する合議体を市町村審査会に設置することができる数であることとする。

（委員の任期）

第5条　委員の任期は，2年（委員の任期を2年を超え3年以下の期間で市町村が条例で定める場合にあっては，当該条例で定める期間）とする。ただし，補欠の委員の任期は，前任者の残任期間とする。

2　委員は，再任されることができる。

（会長）

第6条　市町村審査会に会長1人を置き，委員の互選によってこれを定める。

2　会長は，会務を総理し，市町村審査会を代表する。

3　会長に事故があるときは，あらかじめその指名する委員が，その職務を代理する。

（会議）

第7条　市町村審査会は，会長が招集する。

2　市町村審査会は，会長及び過半数の委員の出席がなければ，これを開き，議決をすることができない。

3　市町村審査会の議事は，出席した委員の過半数をもって決し，可否同数のときは，会長の決するところによる。

（合議体）

第8条　市町村審査会は，委員のうちから会長が指名する者をもって構成する合議体（以下この条において「合議体」という。）で，審査判定業務（法第26条第2項に規定する審査判定業務をいう。）を取り扱う。

2　合議体に長を1人置き，当該合議体を構成する委員の互選によってこれを定める。

3　合議体を構成する委員の定数は，5人を標準として市町村が定める数とする。

4　合議体は，これを構成する委員の過半数が出席しなければ，会議を開き，議決をすることができない。

5　合議体の議事は，出席した委員の過半数をもって決し，可否同数のときは，長の決するところによる。

6　市町村審査会において別段の定めをした場合のほかは，合議体の議決をもって市町村審査会の議決とする。

（都道府県審査会に関する準用）

第9条　第4条から前条までの規定は，法第26条第2項に規定する都道府県審査会について準用する。この場合において，第4条中「各市町村（特別区を含む。以下同じ。）」とあるのは「各都道府県」と，第5条第1項及び前条第3項中「市町村」とあるのは「都道府県」と読み替えるものとする。

第2款　支給決定等

（障害支援区分の認定手続）

第10条　市町村は，介護給付費，特例介護給付費，訓練等給付費（共同生活援助に係るものに限る。）又は特例訓練等給付費（共同生活援助に係るものに限る。）の支給決定（法第19条第1項に規定する支給決定をいう。以下同じ。）を受けようとする障害者から法第20条第1項の申請があったときは，同条第2項の調査（同条第6項の規定により嘱託された場合にあっては，当該嘱託に係る調査を含む。）の結果その他厚生労働省令で定める事項を市町村審査会に通知し，当該障害者について，その該当する障害支援区分に関し審査及び判定を求めるものとする。

2　市町村審査会は，前項の規定により審査及び判定を求められたときは，厚生労働大臣が定める基準に従い，当該審査及び判定に係る障害者について，障害支援区分に関する審査及び判定を行い，その結果を市町村に通知するものとする。

3　市町村は，前項の規定により通知された市町村審査会の審査及び判定の結果に基づき，障害支援区分の認定をしたときは，その結果を当該認定に係る障害者に通知しなければならない。

(支給決定の変更の決定に関する読替え)
第11条 法第24条第3項の規定による技術的読替えは,次の表のとおりとする。

法の規定中読み替える規定	読み替えられる字句	読み替える字句
第20条第2項	前項の申請があったときは,次条第1項及び第22条第1項の規定により障害支援区分の認定及び同項に規定する支給要否決定を行うため	第24条第2項の支給決定の変更の決定(同条第4項の障害支援区分の変更の認定を含む。)のために必要があると認めるときは
	当該申請	当該決定
第22条第4項	第20条第1項の申請に係る障害者又は障害児の保護者	支給決定障害者等
第22条第5項	障害者又は障害児の保護者	支給決定障害者等
第22条第8項	交付し	返還し

(障害支援区分の変更の認定に関する読替え)
第12条 法第24条第5項の規定による技術的読替えは,次の表のとおりとする。

法の規定中読み替える規定	読み替えられる字句	読み替える字句
第21条第1項	前条第1項の申請があった	第24条第2項の支給決定の変更の決定を行うに当たり,必要があると認める
	当該申請	当該決定

(準用)
第13条 第10条の規定は,法第24条第4項の障害支援区分の変更の認定について準用する。この場合において,第10条第1項中「受けようとする障害者から法第20条第1項の申請があった」とあるのは「受けた障害者につき,法第24条第2項の支給決定の変更の決定を行うに当たり,必要があると認める」と,「同条第2項の調査」 とあるのは「同条第3項において準用する法第20条第2項の調査」と,「同条第6項」とあるのは「法第24条第3項において準用する法第20条第6項」と読み替えるものとする。

(支給決定を取り消す場合)
第14条 法第25条第1項第4号の政令で定めるときは,支給決定障害者等(法第5条第23項に規定する支給決定障害者等をいう。以下同じ。)が法第20条第1項又は第24条第1項の規定による申請に関し虚偽の申請をしたときとする。

(申請内容の変更の届出)
第15条 支給決定障害者等は,支給決定の有効期間(法第23条に規定する支給決定の有効期間をいう。次条において同じ。)内において,当該支給決定障害者等の氏名その他の厚生労働省令で定める事項を変更したときは,厚生労働省令で定めるところにより,速やかに,当該支給決定障害者等に対し支給決定を行った市町村に当該事項を届け出なければならない。

(受給者証の再交付)
第16条 市町村は,受給者証(法第22条第8項に規定する受給者証をいう。以下この条において同じ。)を破り,汚し,又は失った支給決定障害者等から,支給決定の有効期間内において,受給者証の再交付の申請があったときは,厚生労働省令で定めるところにより,受給者証を交付しなければならない。

　　　　第3款　介護給付費,特例介護給付費,訓練等給付費及び特例訓練等給付費の支給

(指定障害福祉サービス等に係る負担上限月額)
第17条 法第29条第3項第2号に規定する当該支給決定障害者等の家計の負担能力その他の事情をしん酌して政令で定める額(第43条の5第3項及び第5項において「負担上限月額」という。)は,次の各号に掲げる支給決定障害者等の区分に応じ,当該各号に定める額とする。
一　次号から第4号までに掲げる者以外の者 3万7200円
二　支給決定障害者等(共同生活援助に係る支給決定を受けた者及び自立訓練又は就労移行支援に係る支給決定を受けた者(厚生労働大

臣が定める者に限る。）を除く。以下この号及び次号並びに第19条第2号ロ及びハにおいて同じ。）であって，次に掲げる者に該当するもの（第4号に掲げる者を除く。） 9300円

イ　指定障害者支援施設等（法第34条第1項に規定する指定障害者支援施設等をいう。以下同じ。）に入所する者（20歳未満の者に限る。）及び療養介護に係る支給決定を受けた者（20歳未満の者に限る。）であって，当該支給決定障害者等及び当該支給決定障害者等と同一の世帯に属する者について指定障害福祉サービス等（法第29条第1項に規定する指定障害福祉サービス等をいう。以下同じ。）のあった月の属する年度（指定障害福祉サービス等のあった月が4月から6月までの場合にあっては，前年度）分の地方税法（昭和25年法律第226号）の規定による市町村民税（同法の規定による特別区民税を含む。以下同じ。）の同法第292条第1項第2号に掲げる所得割（同法第328条の規定によって課する所得割を除く。以下同じ。）の額（同法附則第5条の4第6項その他の厚生労働省令で定める規定による控除をされるべき金額があるときは，当該金額を加算した額とする。以下同じ。）を合算した額が28万円未満であるもの

ロ　指定障害者支援施設等に入所する者及び療養介護に係る支給決定を受けた者以外の者（法第19条第1項の規定により同項に規定する支給決定を受けた障害者に限る。）であって，当該支給決定障害者等及び当該支給決定障害者等と同一の世帯に属するその配偶者について指定障害福祉サービス等のあった月の属する年度（指定障害福祉サービス等のあった月が4月から6月までの場合にあっては，前年度）分の地方税法の規定による市町村民税の同法第292条第1項第2号に掲げる所得割の額を合算した額が16万円未満であるもの

三　支給決定障害者等のうち，指定障害者支援施設等に入所する者及び療養介護に係る支給決定を受けた者以外のもの（法第19条第1項の規定により同項に規定する支給決定を受けた障害児の保護者に限る。）であって，当該支給決定障害者等及び当該支給決定障害者等と同一の世帯に属する者について指定障害福祉サービス等のあった月の属する年度（指定障害福祉サービス等のあった月が4月から6月までの場合にあっては，前年度）分の地方税法の規定による市町村民税の同法第292条第1項第2号に掲げる所得割の額を合算した額が28万円未満であるもの（前号及び次号に掲げる者を除く。） 4600円

四　支給決定障害者等及び当該支給決定障害者等と同一の世帯に属する者（支給決定障害者等（法第19条第1項の規定により同項に規定する支給決定を受けた障害者に限り，指定障害者支援施設等に入所する者（20歳未満の者に限る。）及び療養介護に係る支給決定を受けた者（20歳未満の者に限る。）を除く。以下「特定支給決定障害者」という。）にあっては，その配偶者に限る。）が指定障害福祉サービス等のあった月の属する年度（指定障害福祉サービス等のあった月が4月から6月までの場合にあっては，前年度）分の地方税法の規定による市町村民税（同法第328条の規定によって課する所得割を除く。以下この号，第19条第2号ニ，第35条第3号，第42条の4第1項第2号，第43条の3第2号，第43条の4第5項第2号及び第43条の5第6項において同じ。）を課されない者（市町村の条例で定めるところにより当該市町村民税を免除された者並びに同法第292条第1項第11号イ中「夫と死別し，若しくは夫と離婚した後婚姻をしていない者又は夫の生死の明らかでない者で政令で定めるもの」とあるのを「婚姻によらないで母となった女子であって，現に婚姻をしていないもの」と読み替えた場合に同法第295条第1項（第2号に係る部分に限る。以下この号において同じ。）の規定により当該市町村民税が課されないこととなる者及び同法第292条第1項第12号中「妻と死別し，若しくは妻と離婚した後婚姻をしていない者又は妻の生死の明らかでない者で政令で定めるも

の」とあるのを「婚姻によらないで父となった男子であって,現に婚姻をしていないもの」と読み替えた場合に同法第295条第1項の規定により当該市町村民税が課されないこととなる者を含むものとし,当該市町村民税の賦課期日において同法の施行地に住所を有しない者を除く。)である場合における当該支給決定障害者等又は支給決定障害者等及び当該支給決定障害者等と同一の世帯に属する者が指定障害福祉サービス等のあった月において被保護者(生活保護法(昭和25年法律第144号)第6条第1項に規定する被保護者をいう。以下同じ。)若しくは要保護者(同条第2項に規定する要保護者をいう。以下同じ。)である者であって厚生労働省令で定めるものに該当する場合における当該支給決定障害者等 零

(法第30条第1項第3号の政令で定めるとき)

第18条 法第30条第1項第3号に規定する政令で定めるときは,支給決定障害者等が,法第20条第1項の申請をした日から当該支給決定の効力が生じた日の前日までの間に,緊急その他やむを得ない理由により法第30条第1項第2号の基準該当障害福祉サービス(次条第2号において「基準該当障害福祉サービス」という。)を受けたときとする。

(法第30条第3項の障害福祉サービスに係る負担上限月額)

第19条 法第30条第3項に規定する当該支給決定障害者等の家計の負担能力その他の事情をしん酌して政令で定める額は,次の各号に掲げる支給決定障害者等の区分に応じ,当該各号に定める額とする。

一 指定障害福祉サービス等を受けた支給決定障害者等 次のイからニまでに掲げる支給決定障害者等の区分に応じ,それぞれイからニまでに定める額

イ 第17条第1号に掲げる支給決定障害者等 3万7200円

ロ 第17条第2号に掲げる支給決定障害者等 9300円

ハ 第17条第3号に掲げる支給決定障害者等 4600円

ニ 第17条第4号に掲げる支給決定障害者等 零

二 基準該当障害福祉サービスを受けた支給決定障害者等 次のイからニまでに掲げる支給決定障害者等の区分に応じ,それぞれイからニまでに定める額

イ ロからニまでに掲げる者以外の者 3万7200円

ロ 支給決定障害者等であって,次に掲げる者に該当するもの(ニに掲げる者を除く。) 9300円

(1) 基準該当施設(法第30条第1項第2号ロに規定する基準該当施設をいう。以下この号及び第42条の4第1項第2号において同じ。)に入所する者(20歳未満の者に限る。)及び療養介護に係る支給決定を受けた者(20歳未満の者に限る。)であって,当該支給決定障害者等及び当該支給決定障害者等と同一の世帯に属する者について基準該当障害福祉サービスのあった月の属する年度(基準該当障害福祉サービスのあった月が4月から6月までの場合にあっては,前年度)分の地方税法の規定による市町村民税の同法第292条第1項第2号に掲げる所得割の額を合算した額が28万円未満であるもの

(2) 基準該当施設に入所する者及び療養介護に係る支給決定を受けた者以外の者(法第19条第1項の規定により同項に規定する支給決定を受けた障害者に限る。)であって,当該支給決定障害者等及び当該支給決定障害者等と同一の世帯に属するその配偶者について基準該当障害福祉サービスのあった月の属する年度(基準該当障害福祉サービスのあった月が4月から6月までの場合にあっては,前年度)分の地方税法の規定による市町村民税の同法第292条第1項第2号に掲げる所得割の額を合算した額が16万円未満であるもの

ハ 支給決定障害者等のうち,基準該当施設

に入所する者及び療養介護に係る支給決定を受けた者以外のもの（法第19条第1項の規定により同項に規定する支給決定を受けた障害児の保護者に限る。）であって，当該支給決定障害者等及び当該支給決定障害者等と同一の世帯に属する者について基準該当障害福祉サービスのあった月の属する年度（基準該当障害福祉サービスのあった月が4月から6月までの場合にあっては，前年度）分の地方税法の規定による市町村民税の同法第292条第1項第2号に掲げる所得割の額を合算した額が28万円未満であるもの（ロ及びニに掲げる者を除く。）4600円

ニ 支給決定障害者等及び当該支給決定障害者等と同一の世帯に属する者（特定支給決定障害者にあっては，その配偶者に限る。）が基準該当障害福祉サービスのあった月の属する年度（基準該当障害福祉サービスのあった月が4月から6月までの場合にあっては，前年度）分の地方税法の規定による市町村民税を課されない者（市町村の条例で定めるところにより当該市町村民税を免除された者並びに同法第292条第1項第11号イ中「夫と死別し，若しくは夫と離婚した後婚姻をしていない者又は夫の生死の明らかでない者で政令で定めるもの」とあるのを「婚姻によらないで母となった女子であって，現に婚姻をしていないもの」と読み替えた場合に同法第295条第1項（第2号に係る部分に限る。以下この号において同じ。）の規定により当該市町村民税が課されないこととなる者及び同法第292条第1項第12号中「妻と死別し，若しくは妻と離婚した後婚姻をしていない者又は妻の生死の明らかでない者で政令で定めるもの」とあるのを「婚姻によらないで父となった男子であって，現に婚姻をしていないもの」と読み替えた場合に同法第295条第1項の規定により当該市町村民税が課されないこととなる者を含むものとし，当該市町村民税の賦課期日において同法の施行地に住所を有しない者を除く。）である場合における当該支給決定障害者等又は支給決定障害者等及び当該支給決定障害者等と同一の世帯に属する者が基準該当障害福祉サービスのあった月において被保護者若しくは要保護者である者であって厚生労働省令で定めるものに該当する場合における当該支給決定障害者等　零

第4款 特定障害者特別給付費及び特例特定障害者特別給付費の支給

（特定障害者特別給付費の対象となる障害福祉サービス）

第20条 法第34条第1項に規定する政令で定める障害福祉サービスは，施設入所支援，共同生活援助その他これらに類するものとして厚生労働省令で定めるものとする。

（特定障害者特別給付費の支給）

第21条 特定障害者特別給付費は，次の各号に掲げる特定障害者（法第34条第1項に規定する特定障害者をいう。以下この条において同じ。）の区分に応じ，当該各号に定める額とする。

一 指定障害者支援施設等から特定入所等サービス（法第34条第1項に規定する「特定入所等サービス」をいう。次号において同じ。）を受けた特定障害者　指定障害者支援施設等における食事の提供及び居住に要する平均的な費用の額を勘案して厚生労働大臣が定める費用の額（以下この条において「食費等の基準費用額」という。）から平均的な家計における食費及び居住に要する費用の状況並びに特定障害者の所得の状況その他の事情を勘案して厚生労働大臣が定める方法により算定する額（以下この条において「食費等の負担限度額」という。）を控除して得た額（その額が現に食事の提供及び居住に要した費用の額を超えるときは，当該現に食事の提供及び居住に要した費用の額）

二 指定障害福祉サービス事業者（法第29条第1項に規定する指定障害福祉サービス事業者をいう。以下同じ。）から特定入所等サービスを受けた特定障害者　共同生活援助を行う

住居における居住に要する平均的な費用の額を勘案して厚生労働大臣が定める費用の額（次項において「居住費の基準費用額」という。）に相当する額（その額が現に居住に要した費用の額を超えるときは，当該現に居住に要した費用の額）

2　厚生労働大臣は，前項の規定により食費等の基準費用額若しくは食費等の負担限度額を算定する方法又は居住費の基準費用額を定めた後に，指定障害者支援施設等における食事の提供若しくは居住に要する費用又は共同生活援助を行う住居における居住に要する費用の状況その他の事情が著しく変動したときは，速やかにこれらを改定しなければならない。

3　第1項の規定にかかわらず，特定障害者が指定障害者支援施設等に対し，食事の提供及び居住に要する費用として，食費等の基準費用額（法第34条第2項において準用する法第29条第5項の規定により特定障害者特別給付費の支給があったものとみなされた特定障害者にあっては，食費等の負担限度額）を超える金額を支払った場合には，特定障害者特別給付費を支給しない。

（特定障害者特別給付費の支給に関する読替え）

第21条の2　法第34条第2項の規定による技術的読替えは，次の表のとおりとする。

法の規定中読み替える規定	読み替えられる字句	読み替える字句
第29条第2項	指定障害福祉サービス等を受けようとする支給決定障害者等	特定入所等サービス（第34条第1項に規定する特定入所等サービスをいう。以下この条において同じ。）を受けようとする特定障害者（同項に規定する特定障害者をいう。以下この条において同じ。）
	指定障害福祉サービス事業者，指定障	指定障害者支援施設等（同項に規定する
	者支援施設又はのぞみの園（以下「指定障害福祉サービス事業者等」という。）	指定障害者支援施設等をいう。以下この条において同じ。）又は指定障害福祉サービス事業者
	当該指定障害福祉サービス等	当該特定入所等サービス
第29条第4項	支給決定障害者等	特定障害者
	指定障害福祉サービス事業者等	指定障害者支援施設等又は指定障害福祉サービス事業者
	指定障害福祉サービス等を	特定入所等サービスを
	当該指定障害福祉サービス等に要した費用（特定費用を除く。）	特定入所等費用（第34条第1項に規定する特定入所費用をいう。）
第29条第5項	前項	第34条第2項において準用する前項
	支給決定障害者等	特定障害者
第29条第6項	指定障害福祉サービス事業者等	指定障害者支援施設等又は指定障害福祉サービス事業者
	第3項第1号の厚生労働大臣が定める基準及び第43条第2項の都道府県の条例で定める指定障害福祉サービスの事業の設備及び運営に関する基準（指定障害福祉サービスの取扱いに関する部分に限る。）又は第44条第2項の都道府県の条例	障害者の日常生活及び社会生活を総合的に支援するための法律施行令第21条第1項及び第3項の定め

	で定める指定障害者支援施設等の設備及び運営に関する基準（施設障害福祉サービスの取扱いに関する部分に限る。）	
第29条第7項	前項	第34条第2項において準用する前項

（特例特定障害者特別給付費の支給）

第21条の3 第21条の規定は，特例特定障害者特別給付費について準用する。この場合において，同条第3項中「に対し」とあるのは「又は基準該当施設（法第30条第1項第2号ロに規定する基準該当施設をいう。）に対し」と，「食費等の基準費用額（法第34条第2項において準用する法第29条第5項の規定により特定障害者特別給付費の支給があったものとみなされた特定障害者にあっては，食費等の負担限度額）」とあるのは「食費等の基準費用額」と読み替えるものとする。

第5款 指定障害福祉サービス事業者及び指定障害者支援施設等

（法第36条第3項第5号の政令で定める法律）

第22条 指定障害福祉サービス事業者（療養介護を提供するものを除く。）又は指定障害者支援施設（法第29条第1項に規定する指定障害者支援施設をいう。以下同じ。）に係る法第36条第3項第5号（法第37条第2項，第38条第3項（法第39条第2項及び第41条第4項において準用する場合を含む。）及び第41条第4項において準用する場合を含む。）の政令で定める法律は，次のとおりとする。

一 児童福祉法（昭和22年法律第164号）
二 身体障害者福祉法
三 精神保健及び精神障害者福祉に関する法律
四 生活保護法
五 社会福祉法（昭和26年法律第45号）
六 老人福祉法（昭和38年法律第133号）
七 社会福祉士及び介護福祉士法（昭和62年法律第30号）
八 介護保険法
九 精神保健福祉士法（平成9年法律第131号）
十 児童買春，児童ポルノに係る行為等の規制及び処罰並びに児童の保護等に関する法律（平成11年法律第52号）
十一 児童虐待の防止等に関する法律（平成12年法律第82号）
十二 就学前の子どもに関する教育，保育等の総合的な提供の推進に関する法律（平成18年法律第77号）
十三 障害者虐待の防止，障害者の養護者に対する支援等に関する法律（平成23年法律第79号）
十四 子ども・子育て支援法（平成24年法律第65号）
十五 国家戦略特別区域法（平成25年法律第107号。第12条の5第15項及び第17項から第19項までの規定に限る。）
十六 公認心理師法（平成27年法律第68号）
十七 民間あっせん機関による養子縁組のあっせんに係る児童の保護等に関する法律（平成28年法律第110号）

2 指定障害福祉サービス事業者のうち療養介護を提供するものに係る法第36条第3項第5号（法第37条第2項及び第41条第4項において準用する場合を含む。）の政令で定める法律は，次のとおりとする。

一 医師法（昭和23年法律第201号）
二 歯科医師法（昭和23年法律第202号）
三 保健師助産師看護師法（昭和23年法律第203号）
四 医療法（昭和23年法律第205号）
五 医薬品，医療機器等の品質，有効性及び安全性の確保等に関する法律（昭和35年法律第145号）
六 薬剤師法（昭和35年法律第146号）
七 再生医療等の安全性の確保等に関する法律（平成25年法律第85号）
八 難病の患者に対する医療等に関する法律（平成26年法律第50号）
九 臨床研究法（平成29年法律第16号）
十 前項各号に掲げる法律

（法第36条第3項第5号の2の政令で定める労働に関する法律の規定）

第22条の2 指定障害福祉サービス事業者又は指定障害者支援施設に係る法第36条第3項第5号の2（法第37条第2項，第38条第3項（法第39条第2項及び第41条第4項において準用する場合を含む。）及び第41条第4項において準用する場合を含む。）の政令で定める労働に関する法律の規定は，次のとおりとする。

一　労働基準法第117条，第118条第1項（同法第6条及び第56条の規定に係る部分に限る。），第119条（同法第16条，第17条，第18条第1項及び第37条の規定に係る部分に限る。）及び第120条（同法第18条第7項及び第23条から第27条までの規定に係る部分に限る。）の規定並びにこれらの規定に係る同法第121条の規定（これらの規定が労働者派遣事業の適正な運営の確保及び派遣労働者の保護等に関する法律（昭和60年法律第88号）第44条（第4項を除く。）の規定により適用される場合を含む。）

二　最低賃金法（昭和34年法律第137号）第40条の規定及び同条の規定に係る同法第42条の規定

三　賃金の支払の確保等に関する法律（昭和51年法律第34号）第18条の規定及び同条の規定に係る同法第20条の規定

（指定障害福祉サービス事業者に係る法第36条第3項第6号の政令で定める使用人）

第23条 法第36条第3項第6号（法第37条第2項及び第41条第4項において準用する場合を含む。）の政令で定める使用人は，サービス事業所（法第36条第1項に規定するサービス事業所をいう。）を管理する者とする。

（指定障害福祉サービス事業者の指定の変更の申請に関する読替え）

第24条 法第37条第2項の規定による技術的読替えは，次の表のとおりとする。

法の規定中読み替える規定	読み替えられる字句	読み替える字句
第36条第3項及び第5項	第1項の申請	第37条第1項の指定障害福祉サービス事業者に係る第29条第1項の指定の変更の申請

（指定障害者支援施設の指定の申請に関する読替え）

第24条の2 法第38条第3項の規定による技術的読替えは，次の表のとおりとする。

法の規定中読み替える規定	読み替えられる字句	読み替える字句
第36条第3項	第1項の申請	第38条第1項の指定障害者支援施設に係る第29条第1項の指定の申請
第36条第3項	次の各号（療養介護に係る指定の申請にあっては，第7号を除く。）	第1号から第6号まで又は第8号から第13号まで
第36条第3項第2号	サービス事業所	障害者支援施設
第36条第3項第3号	第43条第1項	第44条第1項
第36条第3項第3号	第43条第2項	第44条第2項
	指定障害福祉サービスの事業の設備及び運営に関する基準	指定障害者支援施設等の設備及び運営に関する基準
	障害福祉サービス事業	障害者支援施設
第36条第3項第6号	サービス事業所	障害者支援施設
	指定障害福祉サービス事業者の	指定障害者支援施設の
	当該指定障害福祉サービス事業者	当該指定障害者支援施設の設置者
第36条第3項第8号及び第9号	第46条第2項	第47条の規定による指定の辞退
	当該事業の廃	当該指定の辞

		止	退又は事業の廃止
		当該届出	当該辞退又は届出
第36条第3項第10号	第46条第2項		第47条の規定による指定の辞退
	当該届出に係る		当該辞退若しくは届出に係る
	当該事業の廃止		当該指定の辞退又は事業の廃止
	当該届出の		当該辞退又は届出の

（指定障害者支援施設に係る法第36条第3項第6号の政令で定める使用人）

第24条の3 法第38条第3項（法第39条第2項及び第41条第4項において準用する場合を含む。）において準用する法第36条第3項第6号の政令で定める使用人は，障害者支援施設を管理する者とする。

（指定障害者支援施設の指定の変更の申請に関する読替え）

第24条の4 法第39条第2項の規定による技術的読替えは，次の表のとおりとする。

法の規定中読み替える規定	読み替えられる字句	読み替える字句
第38条第2項	前項	第39条第1項の指定障害者支援施設に係る第29条第1項の指定の変更
第38条第3項において準用する第36条第3項	第1項の申請	第39条第1項の指定障害者支援施設に係る第29条第1項の指定の変更の申請
	次の各号（療養介護に係る指定の申請にあっては，第7号を除く。）	第1号から第6号まで又は第8号から第13号まで
第38条第3項において準用する第36条第3項第2号	サービス事業所	障害者支援施設
	第43条第1項	第44条第1項
第38条第3項において準用する第36条第3項第3号	第43条第2項	第44条第2項
	指定障害福祉サービスの事業の設備及び運営に関する基準	指定障害者支援施設等の設備及び運営に関する基準
	障害福祉サービス事業	障害者支援施設
第38条第3項において準用する第36条第3項第6号	サービス事業所	障害者支援施設
	指定障害福祉サービス事業者の	指定障害者支援施設の
	当該指定障害福祉サービス事業者	当該指定障害者支援施設の設置者
第38条第3項において準用する第36条第3項第8号及び第9号	第46条第2項	第47条の規定による指定の辞退
	当該事業の廃止	当該指定の辞退又は事業の廃止
	当該届出	当該辞退又は届出
第38条第3項において準用する第36条第3項第10号	第46条第2項	第47条の規定による指定の辞退
	当該届出に係る	当該辞退若しくは届出に係る
	当該事業の廃止	当該指定の辞退又は事業の廃止
	当該届出の	当該辞退又は届出の

（指定障害福祉サービス事業者及び指定障害者支援施設の指定の更新に関する読替え）

第25条 指定障害福祉サービス事業者の指定の更新に関する法第41条第4項の規定による技術的読替えは，次の表のとおりとする。

法の規定中読み替える規定	読み替えられる字句	読み替える字句
第36条第1項	障害福祉サービス事業を行う者	指定障害福祉サービス事業者

2　指定障害者支援施設の指定の更新に関する法第41条第4項の規定による技術的読替えは、次の表のとおりとする。

法の規定中読み替える規定	読み替えられる字句	読み替える字句
第38条第1項	，障害者支援施設	，指定障害者支援施設
	当該障害者支援施設	当該指定障害者支援施設
第38条第3項において準用する第36条第3項	第1項の申請	第41条第1項の指定障害者支援施設に係る第29条第1項の指定の更新の申請
	次の各号（療養介護に係る指定の申請にあっては、第7号を除く。）	第1号から第6号まで又は第8号から第13号まで
第38条第3項において準用する第36条第3項第2号	サービス事業所	障害者支援施設
	第43条第1項	第44条第1項
第38条第3項において準用する第36条第3項第3号	第43条第2項	第44条第2項
	指定障害福祉サービスの事業の設備及び運営に関する基準	指定障害者支援施設等の設備及び運営に関する基準
	障害福祉サービス事業	障害者支援施設
第38条第3項において準用する第36条第3項第6号	サービス事業所	障害者支援施設
	指定障害福祉サービス事業者の	指定障害者支援施設の
	当該指定障害福祉サービス事業者	当該指定障害者支援施設の設置者
第38条第3項において準用する第36条第3項第8号及び第9号	第46条第2項	第47条の規定による指定の辞退
	当該事業の廃止	当該指定の辞退又は事業の廃止
	当該届出	当該辞退又は届出
第38条第3項において準用する第36条第3項第10号	第46条第2項	第47条の規定による指定の辞退
	当該届出に係る	当該辞退若しくは届出に係る
	当該事業の廃止	当該指定の辞退又は事業の廃止
	当該届出の	当該辞退又は届出の

（指定障害者支援施設等の報告等に関する読替え）

第25条の2　法第48条第3項の規定による技術的読替えは、次の表のとおりとする。

法の規定中読み替える規定	読み替えられる字句	読み替える字句
第48条第1項	指定障害福祉サービス事業者であった者等	指定障害者支援施設等の設置者であった者等
	指定障害福祉サービスの事業	指定障害者支援施設等の運営
第48条第2項	前項	次項において準用する前項

（法第50条第1項第9号の政令で定める法律）

第26条　指定障害福祉サービス事業者（療養介護を提供するものを除く。）又は指定障害者支援施設に係る法第50条第1項第9号（同条第3項において準用する場合を含む。）の政令で定める法律は、次のとおりとする。

一　知的障害者福祉法（昭和35年法律第37号）
二　発達障害者支援法（平成16年法律第167号）
三　国家戦略特別区域法（第12条の5第7項の規定に限る。）
四　国家戦略特別区域法第12条の5第8項にお

いて準用する児童福祉法
　五　第22条第1項各号（第15号を除く。）に掲げる法律
2　指定障害福祉サービス事業者のうち療養介護を提供するものに係る法第50条第1項第9号の政令で定める法律は，次のとおりとする。
　一　健康保険法
　二　第22条第1項各号（第15号を除く。）及び第2項各号（第10号を除く。）に掲げる法律
　三　前項各号（第5号を除く。）に掲げる法律
（指定障害者支援施設の指定の取消し等に関する読替え）

第26条の2　法第50条第3項の規定による技術的読替えは，次の表のとおりとする。

法の規定中読み替える規定	読み替えられる字句	読み替える字句
第50条第1項第1号	指定障害福祉サービス事業者	指定障害者支援施設の設置者
	第36条第3項第4号から第5号の2まで，第12号又は第13号	第38条第3項において準用する第36条第3項第4号から第5号の2まで，第12号又は第13号
第50条第1項第2号	指定障害福祉サービス事業者	指定障害者支援施設の設置者
第50条第1項第3号	サービス事業所	障害者支援施設
	第43条第1項	第44条第1項
第50条第1項第4号	第43条第2項	第44条第2項
	指定障害福祉サービスの事業の設備及び運営に関する基準	指定障害者支援施設等の設備及び運営に関する基準
	指定障害福祉サービスの事業	指定障害者支援施設
第50条第1項第5号	若しくは訓練等給付費又は療養介護医療費	又は訓練等給付費
第50条第1項第6号	指定障害福祉サービス事業者	指定障害者支援施設の設置者
	第48条第1項	第48条第3項において準用する同条第1項
第50条第1項第7号	指定障害福祉サービス事業者	指定障害者支援施設の設置者
	サービス事業所	障害者支援施設
	第48条第1項	第48条第3項において準用する同条第1項
第50条第1項第8号から第12号まで	指定障害福祉サービス事業者	指定障害者支援施設の設置者
第50条第2項	サービス事業所	障害者支援施設

　　第3節　地域相談支援給付費，特例地域相談支援給付費，計画相談支援給付費及び特例計画相談支援給付費の支給
　　　第1款　地域相談支援給付費及び特例地域相談支援給付費の支給
（地域相談支援給付決定に関する読替え）

第26条の3　法第51条の5第2項の規定による技術的読替えは，次の表のとおりとする。

法の規定中読み替える規定	読み替えられる字句	読み替える字句
第19条第2項	障害者又は障害児の保護者	障害者
第19条第4項及び第5項	障害者等	障害者

（地域相談支援給付決定の申請に関する読替え）

第26条の4　法第51条の6第2項の規定による技術的読替えは，次の表のとおりとする。

法の規定中読み替える規定	読み替えられる字句	読み替える字句
第20条第2項	前項	第51条の6第1項
	次条第1項及び第22条第1項の規定により障害支援区分の認定及び同項に規定する支給要否決定	第51条の7第1項に規定する給付要否決定
	障害者等又は障害児の保護者	障害者
第20条第6項	障害者等又は障害児の保護者	障害者

（地域相談支援給付決定の変更の決定に関する読替え）

第26条の5 法第51条の9第3項の規定による技術的読替えは，次の表のとおりとする。

法の規定中読み替える規定	読み替えられる字句	読み替える字句
第19条第2項	障害者又は障害児の保護者	障害者
第19条第4項及び第5項	障害者等	障害者
第20条第2項	前項の申請があったときは，次条第1項及び第22条第1項の規定により障害支援区分の認定及び同項に規定する支給要否決定を行うため	第51条の9第2項の地域相談支援給付決定の変更の決定のために必要があると認めるときは
	当該申請	当該決定
	障害者等又は障害児の保護者	障害者
第20条第6項	障害者等又は障害児の保護者	障害者
第51条の7第4項	前条第1項の申請に係る障害者	地域相談支援給付決定障害者
第51条の7第5項	障害者	地域相談支援給付決定障害者
第51条の7第8項	交付し	返還し

（地域相談支援給付決定を取り消す場合）

第26条の6 法第51条の10第1項第4号の政令で定めるときは，地域相談支援給付決定障害者（法第5条第23項に規定する地域相談支援給付決定障害者をいう。次条及び第26条の8において同じ。）が法第51条の6第1項又は第51条の9第1項の規定による申請に関し虚偽の申請をしたときとする。

（申請内容の変更の届出）

第26条の7 地域相談支援給付決定障害者は，地域相談支援給付決定の有効期間（法第51条の8に規定する地域相談支援給付決定の有効期間をいう。次条において同じ。）内において，当該地域相談支援給付決定障害者の氏名その他の厚生労働省令で定める事項を変更したときは，厚生労働省令で定めるところにより，速やかに，当該地域相談支援給付決定障害者に対し地域相談支援給付決定（法第51条の5第1項に規定する地域相談支援給付決定をいう。第45条の3において同じ。）を行った市町村に当該事項を届け出なければならない。

（地域相談支援受給者証の再交付）

第26条の8 市町村は，地域相談支援受給者証（法第51条の7第8項に規定する地域相談支援受給者証をいう。以下この条において同じ。）を破り，汚し，又は失った地域相談支援給付決定障害者から，地域相談支援給付決定の有効期間内において，地域相談支援受給者証の再交付の申請があったときは，厚生労働省令で定めるところにより，地域相談支援受給者証を交付しなければならない。

第2款 指定一般相談支援事業者及び指定特定相談支援事業者

（指定一般相談支援事業者の指定に関する読替え）

第26条の9　法第51条の19第2項の規定による技術的読替えは，次の表のとおりとする。

法の規定中読み替える規定	読み替えられる字句	読み替える字句
第36条第3項	第1項の申請	第51条の19第1項の申請
	次の各号（療養介護に係る指定の申請にあっては，第7号を除く。）	第1号から第3号まで，第5号から第9号まで，第11号又は第12号
第36条第3項第2号	サービス事業所	一般相談支援事業所（第51条の19第1項に規定する一般相談支援事業所をいう。以下この項において同じ。）
	第43条第1項の都道府県の条例	第51条の23第1項の厚生労働省令
第36条第3項第3号	第43条第2項の都道府県の条例で定める指定障害福祉サービスの事業の設備及び運営に関する基準	第51条の23第2項の厚生労働省令で定める指定地域相談支援の事業の運営に関する基準
	障害福祉サービス事業	一般相談支援事業
第36条第3項第6号	サービス事業所	一般相談支援事業所
	指定障害福祉サービス事業者の	指定一般相談支援事業者（第51条の14第1項に規定する指定一般相談支援事業者をいう。以下この項において同じ。）の
	当該指定障害福祉サービス事業者	当該指定一般相談支援事業者
第36条第3項第7号	指定障害福祉サービス事業者	指定一般相談支援事業者
第36条第3項第11号	障害福祉サービス	相談支援
第36条第3項第12号	第4号から第6号まで又は第8号から前号まで	第5号から第6号まで，第8号，第9号又は前号

（法第51条の19第2項等において準用する法第36条第3項第5号の政令で定める法律）

第26条の10　法第51条の19第2項（法第51条の21第2項において準用する場合を含む。）及び第51条の20第2項（法第51条の21第2項において準用する場合を含む。）において準用する法第36条第3項第5号の政令で定める法律は，第22条第1項各号に掲げる法律とする。

（法第51条の19第2項等において準用する法第36条第3項第5号の2の政令で定める労働に関する法律の規定）

第26条の11　法第51条の19第2項（法第51条の21第2項において準用する場合を含む。）及び第51条の20第2項（法第51条の21第2項において準用する場合を含む。）において準用する法第36条第3項第5号の2の政令で定める労働に関する法律の規定は，第22条の2各号に掲げる法律の規定とする。

（指定一般相談支援事業者に係る法第36条第3項第6号の政令で定める使用人）

第26条の12　法第51条の19第2項（法第51条の21第2項において準用する場合を含む。）において準用する法第36条第3項第6号の政令で定める使用人は，一般相談支援事業所（法第51条の19第1項に規定する一般相談支援事業所をいう。第26条の17第1項において同じ。）を管理する者とする。

（指定特定相談支援事業者の指定に関する読替え）

第26条の13　法第51条の20第2項の規定による技術的読替えは，次の表のとおりとする。

法の規定中読み替える規定	読み替えられる字句	読み替える字句
第36条第3項	都道府県知事は	市町村長は

		第1項の申請	第51条の20第1項の申請
		次の各号（療養介護に係る指定の申請にあっては，第7号を除く。）	第1号から第3号まで，第5号から第9号まで，第11号又は第12号
第36条第3項第2号	サービス事業所	特定相談支援事業所（第51条の20第1項に規定する特定相談支援事業所をいう。以下この項において同じ。）
	第43条第1項の都道府県の条例	第51条の24第1項の厚生労働省令
第36条第3項第3号	第43条第2項の都道府県の条例で定める指定障害福祉サービスの事業の設備及び運営に関する基準	第51条の24第2項の厚生労働省令で定める指定計画相談支援の事業の運営に関する基準
	障害福祉サービス事業	特定相談支援事業
第36条第3項第6号	サービス事業所	特定相談支援事業所
	指定障害福祉サービス事業者の	指定特定相談支援事業者（第51条の17第1項第1号に規定する指定特定相談支援事業者をいう。以下この項において同じ。）の
	当該指定障害福祉サービス事業者	当該指定特定相談支援事業者
第36条第3項第7号	指定障害福祉サービス事業者	指定特定相談支援事業者
第36条第3項第9号	都道府県知事	都道府県知事又は市町村長
第36条第3項第11号	障害福祉サービス	相談支援
第36条第3項第12号	第4号から第6号まで又は第8号から前号まで	第5号から第6号まで，第8号，第9号又は前号

（指定特定相談支援事業者に係る法第36条第3項第6号の政令で定める使用人）

第26条の14 法第51条の20第2項（法第51条の21第2項において準用する場合を含む。）において準用する法第36条第3項第6号の政令で定める使用人は，特定相談支援事業所（法第51条の20第1項に規定する特定相談支援事業所をいう。第26条の17第2項において同じ。）を管理する者とする。

（指定一般相談支援事業者及び指定特定相談支援事業者の指定の更新に関する読替え）

第26条の15 指定一般相談支援事業者（法第51条の14第1項に規定する指定一般相談支援事業者をいう。次条において同じ。）の指定の更新に関する法第51条の21第2項の規定による技術的読替えは，次の表のとおりとする。

法の規定中読み替える規定	読み替えられる字句	読み替える字句
第41条第2項	前項	第51条の21第1項
第51条の19第2項において準用する第36条第3項	第1項の申請	第51条の21第1項の指定の更新の申請
	次の各号（療養介護に係る指定の申請にあっては，第7号を除く。）	第1号から第3号まで，第5号から第9号まで，第11号又は第12号
第51条の19第2項において準用する第36条第3項第2号	サービス事業所	一般相談支援事業所（第51条の19第1項に規定する一般相談支援事業所をいう。以下この項において同じ。）
	第43条第1項の都道府県の条例	第51条の23第1項の厚生労働省令
第51条の19第2項において準用する第36	第43条第2項の都道府県の条例で定める	第51条の23第2項の厚生労働省令で定め

条第3項第3号	指定障害福祉サービスの事業の設備及び運営に関する基準	る指定地域相談支援の事業の運営に関する基準
	障害福祉サービス事業	一般相談支援事業
第51条の19第2項において準用する第36条第3項第6号	サービス事業所	一般相談支援事業所
	指定障害福祉サービス事業者の	指定一般相談支援事業者（第51条の14第1項に規定する指定一般相談支援事業者をいう。以下この項において同じ。）の
	当該指定障害福祉サービス事業者	当該指定一般相談支援事業者
第51条の19第2項において準用する第36条第3項第7号	指定障害福祉サービス事業者	指定一般相談支援事業者
第51条の19第2項において準用する第36条第3項第11号	障害福祉サービス	相談支援
第51条の19第2項において準用する第36条第3項第12号	第4号から第6号まで又は第8号から前号まで	第5号から第6号まで，第8号，第9号又は前号

2　指定特定相談支援事業者（法第51条の17第1項第1号に規定する指定特定相談支援事業者をいう。次条において同じ。）の指定の更新に関する法第51条の21第2項の規定による技術的読替えは，次の表のとおりとする。

法の規定中読み替える規定	読み替えられる字句	読み替える字句
第41条第2項	前項	第51条の21第1項
第51条の20第2項において準用する第36条第3項	都道府県知事は	市町村長は
第51条の20第2項において準用する第36条第3項	第1項の申請	第51条の21第1項の指定の更新の申請
	次の各号（療養介護に係る指定の申請にあっては，第7号を除く。）	第1号から第3号まで，第5号から第9号まで，第11号又は第12号
第51条の20第2項において準用する第36条第3項第2号	サービス事業所	特定相談支援事業所（第51条の20第1項に規定する特定相談支援事業所をいう。以下この項において同じ。）
	第43条第1項の都道府県の条例	第51条の24第1項の厚生労働省令
第51条の20第2項において準用する第36条第3項第3号	第43条第2項の都道府県の条例で定める指定障害福祉サービスの事業の設備及び運営に関する基準	第51条の24第2項の厚生労働省令で定める指定計画相談支援の事業の運営に関する基準
	障害福祉サービス事業	特定相談支援事業
第51条の20第2項において準用する第36条第3項第6号	サービス事業所	特定相談支援事業所
	指定障害福祉サービス事業者の	指定特定相談支援事業者（第51条の17第1項第1号に規定する指定特定相談支援事業者をいう。以下この項において同じ。）の
	当該指定障害福祉サービス事業者	当該指定特定相談支援事業者
第51条の20第2項において準用する第36条第3項第7号	指定障害福祉サービス事業者	指定特定相談支援事業者
第51条の20第2項において	都道府県知事	都道府県知事又は市町村長

準用する第36条第3項第9号		
第51条の20第2項において準用する第36条第3項第11号	障害福祉サービス	相談支援
第51条の20第2項において準用する第36条第3項第12号	第4号から第6号まで又は第8号から前号まで	第5号から第6号まで，第8号，第9号又は前号

（法第51条の29第1項第9号及び第2項第9号の政令で定める法律）

第26条の16 指定一般相談支援事業者に係る法第51条の29第1項第9号の政令で定める法律及び指定特定相談支援事業者に係る同条第2項第9号の政令で定める法律は，次のとおりとする。
一　第22条第1項各号（第15号を除く。）に掲げる法律
二　第26条第1項各号（第5号を除く。）に掲げる法律

（法第51条の29第1項第11号及び第2項第11号の政令で定める使用人）

第26条の17　法第51条の29第1項第11号の政令で定める使用人は，一般相談支援事業所を管理する者とする。
2　法第51条の29第2項第11号の政令で定める使用人は，特定相談支援事業所を管理する者とする。

第4節　自立支援医療費，療養介護医療費及び基準該当療養介護医療費の支給

（支給認定に関する読替え）

第27条　法第52条第2項の規定による技術的読替えは，次の表のとおりとする。

法の規定中読み替える規定	読み替えられる字句	読み替える字句
第19条第2項	市町村	市町村等

（市町村を経由して行う支給認定の申請）

第28条　法第53条第1項の申請のうち精神通院医療に係るものについては，厚生労働省令で定めるところにより，市町村を経由して行うことができる。

（支給認定に係る政令で定める基準）

第29条　法第54条第1項の政令で定める基準は，支給認定（法第52条第1項に規定する支給認定をいう。以下同じ。）に係る障害者等（法第2条第1項第1号に規定する障害者等をいう。以下同じ。）及び当該障害者等と生計を一にする者として厚生労働省令で定めるもの（以下「支給認定基準世帯員」という。）について指定自立支援医療（法第58条第1項に規定する指定自立支援医療をいう。以下同じ。）のあった月の属する年度（指定自立支援医療のあった月が4月から6月までの場合にあっては，前年度）分の地方税法の規定による市町村民税の同法第292条第1項第2号に掲げる所得割の額を厚生労働省令で定めるところにより合算した額が23万5000円未満であることとする。

2　支給認定に係る障害者が，支給認定基準世帯員（当該障害者の配偶者を除く。）の扶養親族（地方税法第23条第1項第9号に規定する扶養親族をいう。）及び被扶養者（健康保険法，船員保険法，国家公務員共済組合法（他の法律において準用する場合を含む。）又は地方公務員等共済組合法の規定による被扶養者をいう。）に該当しないときは，前項及び第35条第2号から第4号までの規定の適用（同条第3号及び第4号に規定する厚生労働省令で定める者に該当するものに係る適用を除く。）については，支給認定基準世帯員を，当該障害者の配偶者のみであるものとすることができる。

（医療受給者証の交付）

第30条　精神通院医療に係る法第54条第3項の医療受給者証（同項に規定する医療受給者証をいう。以下同じ。）の交付は，厚生労働省令で定めるところにより，市町村を経由して行うことができる。

（支給認定の変更の認定に関する読替え）

第31条　法第56条第3項の規定による技術的読替えは，次の表のとおりとする。

法の規定中読み替える規定	読み替えられる字句	読み替える字句
第19条第2項	市町村	市町村等

（申請内容の変更の届出）

第32条 支給認定障害者等（法第54条第3項に規定する支給認定障害者等をいう。以下同じ。）は、支給認定の有効期間（法第55条に規定する支給認定の有効期間をいう。次条において同じ。）内において、当該支給認定障害者等の氏名その他の厚生労働省令で定める事項を変更したときは、厚生労働省令で定めるところにより、速やかに、当該支給認定障害者等に対し支給認定を行った市町村等（法第8条第1項に規定する市町村等をいう。以下同じ。）に当該事項を届け出なければならない。

2 精神通院医療に係る前項の届出は、厚生労働省令で定めるところにより、市町村を経由して行うことができる。

（医療受給者証の再交付）

第33条 市町村等は、医療受給者証を破り、汚し、又は失った支給認定障害者等から、支給認定の有効期間内において、医療受給者証の再交付の申請があったときは、厚生労働省令で定めるところにより、医療受給者証を交付しなければならない。

2 精神通院医療に係る前項の申請は、厚生労働省令で定めるところにより、市町村を経由して行うことができる。

（支給認定を取り消す場合）

第34条 法第57条第1項第4号の政令で定めるときは、次に掲げるときとする。

一 支給認定を受けた障害児の保護者、障害者等の配偶者又は障害者等の属する世帯の世帯主その他その世帯に属する者が、正当な理由なしに法第9条第1項の規定による命令に応じないとき。

二 支給認定障害者等が法第53条第1項の規定又は第56条第1項の規定による申請に関し虚偽の申請をしたとき。

（指定自立支援医療に係る負担上限月額）

第35条 法第58条第3項第1号の当該支給認定障害者等の家計の負担能力、障害の状態その他の事情をしん酌して政令で定める額（附則第13条において「負担上限月額」という。）は、法第54条第1項に規定する厚生労働省令で定める医療の種類ごとに、次の各号に掲げる支給認定障害者等の区分に応じ、当該各号に定める額とする。

一 その支給認定に係る障害者等が、当該支給認定に係る自立支援医療について、費用が高額な治療を長期間にわたり継続しなければならない者として厚生労働大臣が定めるものに該当する旨の市町村等による認定を厚生労働省令で定めるところにより受けた者（以下「高額治療継続者」という。）である場合における当該支給認定障害者等（次号から第5号までに掲げる者を除く。） 1万円

二 その支給認定に係る障害者等が高額治療継続者であって、当該支給認定に係る障害者等及び支給認定基準世帯員について指定自立支援医療のあった月の属する年度（指定自立支援医療のあった月が4月から6月までの場合にあっては、前年度）分の地方税法の規定による市町村民税の所得割の額を厚生労働省令で定めるところにより合算した額が3万3000円未満である場合における当該支給認定障害者等（次号から第5号までに掲げる者を除く。） 5000円

三 市町村民税世帯非課税者（その支給認定に係る障害者等及び支給認定基準世帯員が、指定自立支援医療のあった月の属する年度（指定自立支援医療のあった月が4月から6月までの場合にあっては、前年度）分の地方税法の規定による市町村民税を課されない者（市町村の条例で定めるところにより当該市町村民税を免除された者並びに同法第292条第1項第11号イ中「夫と死別し、若しくは夫と離婚した後婚姻をしていない者又は夫の生死の明らかでない者で政令で定めるもの」とあるのを「婚姻によらないで母となった女子であって、現に婚姻をしていないもの」と読み替えた場合に同法第295条第1項（第2号に係る部分に限る。以下この号において同じ。）

の規定により当該市町村民税が課されないこととなる者及び同法第292条第1項第12号中「妻と死別し，若しくは妻と離婚した後婚姻をしていない者又は妻の生死の明らかでない者で政令で定めるもの」とあるのを「婚姻によらないで父となった男子であって，現に婚姻をしていないもの」と読み替えた場合に同法第295条第1項の規定により当該市町村民税が課されないこととなる者を含むものとし，当該市町村民税の賦課期日において同法の施行地に住所を有しない者を除く。）である場合における当該支給認定障害者等をいう。次号において同じ。）又はその支給認定に係る障害者等及び支給認定基準世帯員が指定自立支援医療のあった月において要保護者である者であって厚生労働省令で定めるものに該当する場合における当該支給認定障害者等（次号及び第5号に掲げる者を除く。） 5000円

四 市町村民税世帯非課税者であり，かつ，指定自立支援医療のあった月の属する年の前年（指定自立支援医療のあった月が1月から6月までの場合にあっては，前々年とする。以下この号において同じ。）中の公的年金等の収入金額（所得税法（昭和40年法律第33号）第35条第2項第1号に規定する公的年金等の収入金額をいう。以下同じ。），当該指定自立支援医療のあった月の属する年の前年の合計所得金額（地方税法第292条第1項第13号に規定する合計所得金額をいい，その額が零を下回る場合には，零とする。以下同じ。）及び当該指定自立支援医療のあった月の属する年の前年に支給された国民年金法（昭和34年法律第141号）に基づく障害基礎年金その他の厚生労働省令で定める給付を合計した金額の合計額が80万円以下である者又はその支給認定に係る障害者等及び支給認定基準世帯員が指定自立支援医療のあった月において要保護者である者であって厚生労働省令で定めるものに該当する場合における当該支給認定障害者等（次号に掲げる者を除く。） 2500円

五 その支給認定に係る障害者等及び支給認定基準世帯員が，指定自立支援医療のあった月において，被保護者又は要保護者である者であって厚生労働省令で定めるものに該当する場合における当該支給認定障害者等 零

（病院又は診療所に準ずる医療機関）

第36条 法第59条第1項の病院又は診療所に準ずるものとして政令で定めるものは，次の各号に掲げるものとする。

一 健康保険法第88条第1項に規定する指定訪問看護事業者

二 介護保険法第41条第1項に規定する指定居宅サービス事業者（同法第8条第4項に規定する訪問看護を行う者に限る。）又は同法第53条第1項に規定する指定介護予防サービス事業者（同法第8条の2第3項に規定する介護予防訪問看護を行う者に限る。）

（指定自立支援医療機関の指定に関する読替え）

第37条 法第59条第3項の規定による技術的読替えは，次の表のとおりとする。

法の規定中読み替える規定	読み替えられる字句	読み替える字句
第36条第3項各号列記以外の部分	第1項	第59条第1項
	次の各号（療養介護に係る指定の申請にあっては，第7号を除く。）	第4号から第6号まで又は第8号から第13号まで
第36条第3項第6号	第50条第1項（同条第3項において準用する場合を含む。以下この項において同じ。），第51条の29第1項若しくは第2項又は第76条の3第6項	第68条第1項
	サービス事業所を管理する者その他の政令で定める使用人	医療機関の管理者
	指定障害福祉サービス事業者の	指定自立支援医療機関（第54条第2項に規定する指定

		自立支援医療機関をいう。）の
	当該指定障害福祉サービス事業者	当該指定自立支援医療機関の開設者
第36条第3項第8号	第50条第1項，第51条の29第1項若しくは第2項又は第76条の3第6項	第68条第1項
	第46条第2項又は第51条の25第2項若しくは第4項の規定による事業の廃止の届出	障害者の日常生活及び社会生活を総合的に支援するための法律施行令第40条の規定による指定の辞退の申出
	当該事業の廃止	当該指定の辞退
	当該届出	当該申出
第36条第3項第9号	第48条第1項（同条第3項において準用する場合を含む。）又は第51条の27第1項若しくは第2項	第66条第1項
	第50条第1項又は第51条の29第1項若しくは第2項	第68条第1項
	第46条第2項又は第51条の25第2項若しくは第4項の規定による事業の廃止の届出	障害者の日常生活及び社会生活を総合的に支援するための法律施行令第40条の規定による指定の辞退の申出
	当該事業の廃止	当該指定の辞退
	当該届出	当該申出
第36条第3項第10号	第46条第2項又は第51条の25第2項若しくは第4項の規定による事業の廃止の届出	障害者の日常生活及び社会生活を総合的に支援するための法律施行令第40条の規定による指定の辞退の申出
	当該届出	当該申出
	当該事業の廃止	当該指定の辞退
第36条第3項第11号	障害福祉サービス	自立支援医療

（法第59条第3項において準用する法第36条第3項第5号の政令で定める法律）

第38条 法第59条第3項において準用する法第36条第3項第5号の政令で定める法律は，第22条第1項第1号から第4号まで，第8号，第13号及び第15号並びに第2項各号（第10号を除く。）に掲げる法律とする。

（法第59条第3項において準用する法第36条第3項第5号の2の政令で定める労働に関する法律の規定）

第38条の2 法第59条第3項において準用する法第36条第3項第5号の2の政令で定める労働に関する法律の規定は，第22条の2各号に掲げる法律の規定とする。

（指定自立支援医療機関の指定の更新に関する読替え）

第39条 法第60条第2項の規定により健康保険法第68条第2項の規定を準用する場合においては，同項中「保険医療機関（第65条第2項の病院及び診療所を除く。）又は保険薬局」とあるのは「障害者の日常生活及び社会生活を総合的に支援するための法律（平成17年法律第123号）第54条第2項に規定する指定自立支援医療機関」と，「前項」とあるのは「同法第60条第1項」と，「同条第1項」とあるのは「同法第59条第1項」と読み替えるものとする。

（指定自立支援医療機関の指定の辞退の申出）

第40条 法第65条の規定により指定を辞退しようとする指定自立支援医療機関の開設者は，その旨を，当該指定自立支援医療機関の所在地の都道府県知事に申し出なければならない。

（指定自立支援医療機関の指定の取消し又は効力の停止に関する読替え）

第41条　法第68条第2項の規定による技術的読替えは，次の表のとおりとする。

法の規定中読み替える規定	読み替えられる字句	読み替える字句
第50条第1項第8号	第29条第1項	第54条第2項
第50条第1項第9号	前各号	前号
第50条第1項第10号	前各号	前2号
	障害福祉サービスに	自立支援医療に
第50条第1項第11号及び第12号	障害福祉サービスに	自立支援医療に
第50条第2項	市町村	更生医療に係る自立支援医療費を支給する市町村
	指定障害福祉サービスを	指定自立支援医療を
	サービス事業所	医療機関

（法第68条第2項において準用する法第50条第1項第9号の政令で定める法律）

第42条　法第68条第2項において準用する法第50条第1項第9号の政令で定める法律は，次のとおりとする。
　一　第22条第1項第1号から第4号まで，第8号及び第13号並びに第2項各号（第10号を除く。）に掲げる法律
　二　第26条第1項各号（第5号を除く。）及び第2項第1号に掲げる法律

（療養介護医療費の支給に関する読替え）

第42条の2　法第70条第2項の規定による技術的読替えは，次の表のとおりとする。

法の規定中読み替える規定	読み替えられる字句	読み替える字句
第58条第3項	（当該指定自立支援医療	（当該指定療養介護医療（指定障害福祉サービス事業者から受けた当該指定に係る療養介護医療をいう。以下この条において同じ。）
第58条第3項第1号	指定自立支援医療	指定療養介護医療
	支給認定障害者等の家計の負担能力，障害の状態	支給決定障害者（第70条第1項に規定する介護給付費（療養介護に係るものに限る。）に係る支給決定を受けた障害者をいう。以下この条において同じ。）の家計の負担能力
第58条第3項第2号及び第3号	指定自立支援医療	指定療養介護医療
	支給認定障害者等	支給決定障害者
第58条第4項	前項	第70条第2項において準用する前項
	自立支援医療	療養介護医療
第58条第5項	支給認定に係る障害者等が指定自立支援医療機関から指定自立支援医療	支給決定障害者が指定障害福祉サービス事業者から指定療養介護医療
	市町村等	市町村
	支給認定障害者等	支給決定障害者
	当該指定自立支援医療機関	当該指定障害福祉サービス事業者
	当該指定自立支援医療に	当該指定療養介護医療に
第58条第6項	前項	第70条第2項において準用する前項
	支給認定障害者等	支給決定障害者

（基準該当療養介護医療費の支給に関する読替え）

第42条の3　法第71条第2項の規定による技術的読替えは，次の表のとおりとする。

法の規定中読み替える規定	読み替えられる字句	読み替える字句
第58条第3項	（当該指定自立支援医療	（当該基準該当療養介護医療（第71条第1項に規定する基準該当療養介護医療をいう。以下この条において同じ。）
第58条第3項第1号	指定自立支援医療	基準該当療養介護医療
	支給認定障害者等の家計の負担能力，障害の状態	支給決定障害者（第71条第1項に規定する特例介護給付費（療養介護に係るものに限る。）に係る支給決定を受けた障害者をいう。以下この条において同じ。）の家計の負担能力
第58条第3項第2号及び第3号	指定自立支援医療	基準該当療養介護医療
	支給認定障害者等	支給決定障害者
第58条第4項	前項	第71条第2項において準用する前項
	自立支援医療	基準該当療養介護医療

（指定療養介護医療等に係る負担上限月額）

第42条の4　法第70条第2項又は第71条第2項において準用する法第58条第3項第1号の当該支給決定障害者の家計の負担能力その他の事情をしん酌して政令で定める額（次項及び附則第13条の2において「負担上限月額」という。）は，次の各号に掲げる支給決定障害者（法第70条第2項又は第71条第2項において準用する法第58条第3項第1号に規定する支給決定障害者をいう。以下この条及び附則第13条の2において同じ。）の区分に応じ，当該各号に定める額とする。

一　次号から第4号までに掲げる者以外の者
　4万200円

二　市町村民税世帯非課税者（支給決定障害者及び当該支給決定障害者と同一の世帯に属する者（特定支給決定障害者にあっては，その配偶者に限る。）が指定療養介護医療等（指定障害福祉サービス事業者等（法第29条第2項に規定する指定障害福祉サービス事業者等をいう。）から受けた当該指定に係る療養介護医療又は基準該当事業所（法第30条第1項第2号イに規定する基準該当事業所をいう。）若しくは基準該当施設から受けた法第71条第1項に規定する基準該当療養介護医療をいう。以下同じ。）のあった月の属する年度（指定療養介護医療等のあった月が4月から6月までの場合にあっては，前年度）分の地方税法の規定による市町村民税を課されない者（市町村の条例で定めるところにより当該市町村民税を免除された者並びに同法第292条第1項第11号イ中「夫と死別し，若しくは夫と離婚した後婚姻をしていない者又は夫の生死の明らかでない者で政令で定めるもの」とあるのを「婚姻によらないで母となった女子であって，現に婚姻をしていないもの」と読み替えた場合に同法第295条第1項（第2号に係る部分に限る。以下この号において同じ。）の規定により当該市町村民税が課されないこととなる者及び同法第292条第1項第12号中「妻と死別し，若しくは妻と離婚した後婚姻をしていない者又は妻の生死の明らかでない者で政令で定めるもの」とあるのを「婚姻によらないで父となった男子であって，現に婚姻をしていないもの」と読み替えた場合に同法第295条第1項の規定により当該市町村民税が課されないこととなる者を含むものとし，当該市町村民税の賦課期日において同法の施行地に住所を有しない者を除く。）である場合における当該支給決定障害者をいう。次号において同じ。）又は支給決定障害者及び当該支給決定障害者と同一の世帯に属する者が指定療養介護医療等のあった月において要保

護者である者であって厚生労働省令で定めるものに該当する場合における当該支給決定障害者（次号及び第4号に掲げる者を除く。）　2万4600円

三　市町村民税世帯非課税者であり，かつ，指定療養介護医療等のあった月の属する年の前年（指定療養介護医療等のあった月が1月から6月までの場合にあっては，前々年とする。以下この号において同じ。）中の公的年金等の収入金額，当該指定療養介護医療等のあった月の属する年の前年の合計所得金額及び当該指定療養介護医療等のあった月の属する年の前年に支給された国民年金法に基づく障害基礎年金その他の厚生労働省令で定める給付を合計した金額の合計額が80万円以下である者又は支給決定障害者及び当該支給決定障害者と同一の世帯に属する者が指定療養介護医療等のあった月において要保護者である者であって厚生労働省令で定めるものに該当する場合における当該支給決定障害者（次号に掲げる者を除く。）　1万5000円

四　支給決定障害者及び当該支給決定障害者と同一の世帯に属する者が，指定療養介護医療等のあった月において，被保護者又は要保護者である者であって厚生労働省令で定めるものに該当する場合における当該支給決定障害者　零

2　次に掲げる額の合計額が家計における1人当たりの平均的な支出額として支給決定障害者の所得の状況等を勘案して厚生労働大臣が定める額を上回る支給決定障害者（20歳未満の者に限る。以下この項において同じ。）の指定療養介護医療等に係る負担上限月額は，前項の規定にかかわらず，同項第1号中「4万200円」とあるのは「零以上4万200円以下の範囲内で支給決定障害者の所得の状況等を勘案して厚生労働省令で定めるところにより算定した額」と，同項第2号中「2万4600円」とあるのは「零以上2万4600円以下の範囲内で支給決定障害者の所得の状況等を勘案して厚生労働省令で定めるところにより算定した額」と，同項第3号中「1万5000円」とあるのは「零以上1万5000円以下の範囲内で支給決定障害者の所得の状況等を勘案して厚生労働省令で定めるところにより算定した額」とする。

一　支給決定障害者が同一の月に受けた療養介護に係る法第29条第3項第1号に掲げる額又は法第30条第3項第1号及び第2号に定める額を合計した額に100分の10を乗じて得た額（次のイからニまでに掲げる区分に応じ，それぞれイからニまでに定める額を超える場合は当該額とする。）

　イ　前項第1号に掲げる者　3万7200円
　ロ　前項第2号に掲げる者　2万4600円
　ハ　前項第3号に掲げる者　1万5000円
　ニ　前項第4号に掲げる者　零

二　支給決定障害者が同一の月に受けた法第70条第2項又は第71条第2項において準用する法第58条第3項第1号に規定する指定療養介護医療等に係る健康保険の療養に要する費用の額の算定方法の例により算定した額の100分の10に相当する額（前項各号に掲げる区分に応じ，それぞれ当該各号に定める額を超える場合は当該額とする。）並びに支給決定障害者が同一の月に受けた指定療養介護医療等に係る健康保険法第85条第2項に規定する食事療養標準負担額及び同法第85条の2第2項に規定する生活療養標準負担額の合計額

三　食事及び居住に要する費用以外のその他日常生活に要する費用の額として厚生労働大臣が定める額

（医療に関する審査機関）

第43条　法第73条第3項の政令で定める医療に関する審査機関は，社会保険診療報酬支払基金法（昭和23年法律第129号）に定める特別審査委員会，国民健康保険法第45条第6項に規定する厚生労働大臣が指定する法人に設置される診療報酬の審査に関する組織及び介護保険法第179条に規定する介護給付費等審査委員会とする。

第5節　補装具費の支給

（補装具費の支給に係る政令で定める者等）

第43条の2　法第76条第1項ただし書の政令で定める者は，同項の申請に係る障害者等の属する世帯の他の世帯員（障害者である場合にあって

は，その配偶者に限る。次項において同じ。）とする。

2　法第76条第1項ただし書の政令で定める基準は，同項の申請に係る障害者等及びその属する世帯の他の世帯員のうちいずれかの者について，補装具の購入等（同項本文に規定する購入等をいう。以下この項，次条第2号及び第43条の5第1項において同じ。）のあった月の属する年度（補装具の購入等のあった月が4月から6月までの間にあっては，前年度）分の地方税法の規定による市町村民税の同法第292条第1項第2号に掲げる所得割の額が46万円であることとする。

（補装具費に係る負担上限月額）

第43条の3　法第76条第2項に規定する当該補装具費支給対象障害者等の家計の負担能力その他の事情をしん酌して政令で定める額は，次の各号に掲げる補装具費支給対象障害者等（同条第1項に規定する補装具費支給対象障害者等をいう。以下この条及び第43条の5第1項第2号において同じ。）の区分に応じ，当該各号に定める額とする。

一　次号に掲げる者以外の者　3万7200円

二　市町村民税世帯非課税者（補装具費支給対象障害者等及び当該補装具費支給対象障害者等と同一の世帯に属する者（補装具費支給対象障害者等（法第76条第1項の申請に係る障害者に限る。）にあっては，その配偶者に限る。）が補装具の購入等のあった月の属する年度（補装具の購入等のあった月が4月から6月までの場合にあっては，前年度）分の地方税法の規定による市町村民税を課されない者（市町村の条例で定めるところにより当該市町村民税を免除された者並びに同法第292条第1項第11号イ中「夫と死別し，若しくは夫と離婚した後婚姻をしていない者又は夫の生死の明らかでない者で政令で定めるもの」とあるのを「婚姻によらないで母となった女子であって，現に婚姻をしていないもの」と読み替えた場合に同法第295条第1項（第2号に係る部分に限る。以下この号において同じ。）の規定により当該市町村民税が課されないこ

ととなる者及び同法第292条第1項第12号中「妻と死別し，若しくは妻と離婚した後婚姻をしていない者又は妻の生死の明らかでない者で政令で定めるもの」とあるのを「婚姻によらないで父となった男子であって，現に婚姻をしていないもの」と読み替えた場合に同法第295条第1項の規定により当該市町村民税が課されないこととなる者を含むものとし，当該市町村民税の賦課期日において同法の施行地に住所を有しない者を除く。）である場合における当該補装具費支給対象障害者等をいう。）又は補装具費支給対象障害者等及び当該補装具費支給対象障害者等と同一の世帯に属する者が補装具の購入等のあった月において被保護者若しくは要保護者である者であって厚生労働省令で定めるものに該当する場合における当該補装具費支給対象障害者等　零

第6節　高額障害福祉サービス等給付費の支給

（高額障害福祉サービス等給付費の対象となるサービス及び介護給付費等）

第43条の4　法第76条の2第1項に規定する障害福祉サービスのうち政令で定めるものは，法第5条第1項に規定する障害福祉サービス（以下「障害福祉サービス」という。）とし，法第76条の2第1項に規定する介護給付等対象サービスのうち政令で定めるものは，介護保険法第51条に規定する居宅サービス（これに相当するサービスを含む。），地域密着型サービス（これに相当するサービスを含む。）及び施設サービス並びに同法第61条に規定する介護予防サービス（これに相当するサービスを含む。）及び地域密着型介護予防サービス（これに相当するサービスを含む。）（次条第1項第3号において「居宅サービス等」と総称する。）とする。

2　法第76条の2第1項に規定する介護給付費等のうち政令で定めるものは，法第19条第1項に規定する介護給付費等（以下「介護給付費等」という。）とし，法第76条の2第1項に規定する介護給付等のうち政令で定めるものは，介護保険法第51条に規定する居宅介護サービス費，

特例居宅介護サービス費，地域密着型介護サービス費，特例地域密着型介護サービス費，施設介護サービス費，特例施設介護サービス費及び高額介護サービス費並びに同法第51条の2に規定する高額医療合算介護サービス費並びに同法第61条に規定する介護予防サービス費，特例介護予防サービス費，地域密着型介護予防サービス費，特例地域密着型介護予防サービス費及び高額介護予防サービス費並びに同法第61条の2に規定する高額医療合算介護予防サービス費（次条第1項第3号及び第7項において「介護サービス費等」と総称する。）とする。

3　法第76条の2第1項第2号に規定する介護給付等対象サービスに相当する障害福祉サービスとして政令で定めるものは，居宅介護，重度訪問介護，生活介護及び短期入所（第5項第1号において「介護保険相当障害福祉サービス」という。）とする。

4　法第76条の2第1項第2号に規定する障害福祉サービスに相当する介護給付費等対象サービスとして政令で定めるものは，介護保険法第8条第2項に規定する訪問介護，同条第7項に規定する通所介護，同条第9項に規定する短期入所生活介護，同条第17項に規定する地域密着型通所介護及び同条第19項に規定する小規模多機能型居宅介護並びにこれらに相当するサービス（次条第6項において「障害福祉相当介護保険サービス」という。）とする。

5　法第76条の2第1項第2号に規定する当該障害者の所得の状況及び障害の程度その他の事情を勘案して政令で定める障害者は，次に掲げる要件のいずれにも該当する者とする。

一　65歳に達する日前5年間（入院その他やむを得ない事由により介護保険相当障害福祉サービスに係る支給決定を受けていなかった期間を除く。）引き続き介護保険相当障害福祉サービスに係る支給決定を受けていたこと。

二　障害者及び当該障害者と同一の世帯に属するその配偶者が，当該障害者が65歳に達する日の前日の属する年度（当該障害者が65歳に達する日の前日の属する月が4月から6月までの場合にあっては，前年度）分の地方税法の規定による市町村民税を課されない者（市町村の条例で定めるところにより当該市町村民税を免除された者を含むものとし，当該市町村民税の賦課期日において同法の施行地に住所を有しない者を除く。）であったこと又は障害者及び当該障害者と同一の世帯に属するその配偶者が，当該障害者が65歳に達する日の前日の属する月において被保護者若しくは要保護者であって厚生労働省令で定めるものに該当していたこと。

三　65歳に達する日の前日において障害の程度が厚生労働省令で定めるものに該当していたこと。

四　65歳に達するまでに介護保険法による保険給付を受けていなかったこと。

（高額障害福祉サービス等給付費の支給要件及び支給額等）

第43条の5　高額障害福祉サービス等給付費は，支給決定障害者等（前条第5項各号に掲げる要件のいずれにも該当する者を除く。以下この条において同じ。）については，次に掲げる額を合算した額（以下この条において「利用者負担世帯合算額」という。）が高額障害福祉サービス等給付費算定基準額を超える場合に支給するものとし，その額は，利用者負担世帯合算額から高額障害福祉サービス等給付費算定基準額を控除して得た額に支給決定障害者等按分率（支給決定障害者等が同一の月に受けたサービスに係る第1号及び第3号に掲げる額並びに購入等をした補装具に係る第2号に掲げる額を合算した額を利用者負担世帯合算額で除して得た率をいう。第3項第2号において同じ。）を乗じて得た額とする。

一　同一の世帯に属する支給決定障害者等（特定支給決定障害者にあっては，当該特定支給決定障害者及びその配偶者である支給決定障害者等に限る。第3号において同じ。）が同一の月に受けた障害福祉サービスに係る法第29条第3項第1号に掲げる額及び法第30条第3項各号に定める額の合計額から当該障害福祉サービスにつき支給された介護給付費等の合計額を控除して得た額

二　同一の世帯に属する補装具費支給対象障害者等（補装具費支給対象障害者等が特定支給決定障害者である場合にあっては，当該特定支給決定障害者及びその配偶者である補装具費支給対象障害者等に限る。）が同一の月に購入等をした補装具に係る法第76条第2項に規定する基準額の合計額から当該購入等をした補装具につき支給された同条第1項に規定する補装具費の合計額を控除して得た額

三　同一の世帯に属する支給決定障害者等（法第19条第1項の規定により同項に規定する支給決定を受けた障害者に限る。）が同一の月に受けた居宅サービス等に係る介護サービス費等（高額介護サービス費，高額医療合算介護サービス費，高額介護予防サービス費及び高額医療合算介護予防サービス費を除く。）の合計額に90分の100（介護保険法第49条の2第1項又は第59条の2第1項の規定が適用される場合にあっては80分の100，同法第49条の2第2項又は第59条の2第2項の規定が適用される場合にあっては70分の100，同法第50条第1項又は第60条第1項の規定が適用される場合にあっては100分の100をこれらの規定に規定する100分の90を超え100分の100以下の範囲内において市町村が定めた割合で除して得た割合，同法第50条第2項又は第60条第2項の規定が適用される場合にあっては100分の100をこれらの規定に規定する100分の80を超え100分の100以下の範囲内において市町村が定めた割合で除して得た割合，同法第50条第3項又は第60条第3項の規定が適用される場合にあっては100分の100をこれらの規定に規定する100分の70を超え100分の100以下の範囲内において市町村が定めた割合で除して得た割合）を乗じて得た額から当該居宅サービス等につき支給された介護サービス費等の合計額を控除して得た額

四　同一の世帯に属する児童福祉法第6条の2の2第9項に規定する通所給付決定保護者（同項に規定する通所給付決定保護者が特定支給決定障害者である場合にあっては，当該特定支給決定障害者及びその配偶者である同項に規定する通所給付決定保護者に限る。）が同一の月に受けた同条第1項に規定する障害児通所支援に係る同法第21条の5の3第2項第1号に掲げる額及び同法第21条の5の4第3項各号に定める額の合計額から当該障害児通所支援につき支給された同法第21条の5の5第1項に規定する障害児通所給付費等の合計額を控除して得た額

五　同一の世帯に属する児童福祉法第24条の3第6項に規定する入所給付決定保護者（同項に規定する入所給付決定保護者が特定支給決定障害者である場合にあっては，当該特定支給決定障害者及びその配偶者である同項に規定する入所給付決定保護者に限る。）が同一の月に受けた同法第24条の2第1項に規定する指定入所支援に係る同条第2項第1号に掲げる額の合計額から当該指定入所支援につき支給された同条第1項に規定する障害児入所給付費の合計額を控除して得た額

2　支給決定障害者等が，次条第2号に掲げる者であるときは，前項第3号に掲げる額は零とする。

3　第17条第2号又は第3号に掲げる支給決定障害者等が同一の月に受けたサービスに係る第1項第1号に掲げる額，同項第4号に掲げる額（当該支給決定障害者等（法第19条第1項の規定により同項に規定する支給決定を受けた障害児の保護者に限る。）が通所給付決定保護者（児童福祉法第6条の2の2第9項に規定する通所給付決定保護者をいう。以下この条において同じ。）である場合における当該通所給付決定保護者が同一の月に受けたサービスに係るものとする。以下この項及び第5項において同じ。）及び第1項第5号に掲げる額（当該支給決定障害者等（法第19条第1項の規定により同項に規定する支給決定を受けた障害児の保護者に限る。）が入所給付決定保護者（児童福祉法第24条の3第6項に規定する入所給付決定保護者をいう。以下この条において同じ。）である場合における当該入所給付決定保護者が同一の月に受けたサービスに係るものとする。以下この項及び第5項において同じ。）を合算した額が負担上限月

額（当該支給決定障害者等（法第19条第1項の規定により同項に規定する支給決定を受けた障害児の保護者に限る。）が通所給付決定保護者又は入所給付決定保護者である場合にあっては，当該負担上限月額と特定保護者負担上限月額のいずれか高い額とする。以下この項及び第5項において同じ。）を超えるときは，第1項の規定にかかわらず，当該支給決定障害者等に対して高額障害福祉サービス等給付費を支給するものとし，その額は，次に掲げる額を合算した額とする。

一　当該支給決定障害者等に係る第1項第1号，第4号及び第5号に掲げる額を合算した額から負担上限月額を控除して得た額（当該支給決定障害者等（法第19条第1項の規定により同項に規定する支給決定を受けた障害児の保護者に限る。）が通所給付決定保護者又は入所給付決定保護者である場合にあっては，その額に障害児保護者按分率（通所給付決定保護者又は入所給付決定保護者である支給決定障害者等が同一の月に受けたサービスに係る第1項第1号に掲げる額を同号，同項第4号及び同項第5号に掲げる額を合算した額で除して得た率をいう。）を乗じて得た額とする。）

二　調整後利用者負担世帯合算額から第1項の高額障害福祉サービス等給付費算定基準額を控除して得た額（その額が零を下回る場合には，零とする。）に支給決定障害者等按分率を乗じて得た額

4　前項の「特定保護者負担上限月額」とは，次の各号に掲げる支給決定障害者等の区分に応じ，当該各号に定める額とする。ただし，当該支給決定障害者等が次の各号のいずれにも該当するときは，いずれか高い額とする。

一　通所給付決定保護者である支給決定障害者等　当該通所給付決定保護者に係る児童福祉法施行令（昭和23年政令第74号）第24条に規定する障害児通所支援負担上限月額に相当する額

二　入所給付決定保護者である支給決定障害者等　当該入所給付決定保護者に係る児童福祉法施行令第27条の2に規定する障害児入所支援負担上限月額に相当する額

5　第3項第2号の「調整後利用者負担世帯合算額」とは，利用者負担世帯合算額から同一の世帯に属する支給決定障害者等（特定支給決定障害者にあっては，当該特定支給決定障害者及びその配偶者である支給決定障害者等に限る。）に係る第1項第1号，第4号及び第5号に掲げる額を合算した額から負担上限月額を控除して得た額を控除して得た額をいう。

6　高額障害福祉サービス等給付費は，支給決定障害者（前条第5項各号に掲げる要件のいずれにも該当する者に限る。）及び法第76条の2第1項第2号に掲げる障害者（以下この項及び次項において「特定給付対象者」という。）については，当該特定給付対象者及び当該特定給付対象者と同一の世帯に属するその配偶者が障害福祉相当介護保険サービスのあった月の属する年度（障害福祉相当介護保険サービスのあった月が4月から6月までの場合にあっては，前年度）分の地方税法の規定による市町村民税を課されない者（市町村の条例で定めるところにより当該市町村民税を免除された者を含むものとし，当該市町村民税の賦課期日において同法の施行地に住所を有しない者を除く。）である場合又は当該特定給付対象者及び当該特定給付対象者と同一の世帯に属するその配偶者が障害福祉相当介護保険サービスのあった月において被保護者若しくは要保護者であって厚生労働省令で定めるものに該当する場合に支給するものとし，その額は，第1号に掲げる額から第2号に掲げる額を控除して得た額とする。

一　当該特定給付対象者が同一の月に受けた障害福祉相当介護保険サービスに係る介護保険法第51条に規定する居宅介護サービス費，特例居宅介護サービス費，地域密着型介護サービス費及び特例地域密着型介護サービス費（次号イにおいて「居宅介護サービス費等」という。）の合計額に90分の100（同法第49条の2第1項の規定が適用される場合にあっては80分の100，同条第2項の規定が適用される場合にあっては70分の100，同法第50条第1項

の規定が適用される場合にあっては100分の100をこれらの規定に規定する100分の90を超え100分の100以下の範囲内において市町村が定めた割合で除して得た割合，同条第2項の規定が適用される場合にあっては100分の100をこれらの規定に規定する100分の80を超え100分の100以下の範囲内において市町村が定めた割合で除して得た割合，同条第3項の規定が適用される場合にあっては100分の100をこれらの規定に規定する100分の70を超え100分の100以下の範囲内において市町村が定めた割合で除して得た場合）を乗じて得た額（次項において「障害福祉相当介護保険サービス費用」という。）

二　イ及びロに掲げる額の合計額

　　イ　当該特定給付対象者が同一の月に受けた障害福祉相当介護保険サービスにつき支給された居宅介護サービス費等

　　ロ　当該特定給付対象者に対して支給された高額介護サービス費及び高額医療合算介護サービス費の合計額に障害福祉相当按分率を乗じて得た額

7　前項第2号ロの「障害福祉相当按分率」とは，特定給付対象者が同一の月に受けた居宅サービス等に係る介護サービス費等（高額介護サービス費，高額医療合算介護サービス費，高額介護予防サービス費及び高額医療合算介護予防サービス費を除く。）の合計額に90分の100（介護保険法第49条の2第1項又は第59条の2第1項の規定が適用される場合にあっては80分の100，同法第49条の2第2項又は第59条の2第2項の規定が適用される場合にあっては70分の100，同法第50条第1項又は第60条第1項の規定が適用される場合にあっては100分の100をこれらの規定に規定する100分の90を超え100分の100以下の範囲内において市町村が定めた割合で除して得た割合，同法第50条第2項又は第60条第2項の規定が適用される場合にあっては100分の100をこれらの規定に規定する100分の80を超え100分の100以下の範囲内において市町村が定めた割合で除して得た割合，同法第50条第3項又は第60条第3項の規定が適用される場合にあっては100分の100をこれらの規定に規定する100分の70を超え100分の100以下の範囲内において市町村が定めた割合で除して得た割合）を乗じて得た額をもって障害福祉相当介護保険サービス費用を除して得た率をいう。

8　高額障害福祉サービス等給付費の支給に関する手続に関して必要な事項は，厚生労働省令で定める。

（高額障害福祉サービス等給付費算定基準額）

第43条の6　前条第1項の高額障害福祉サービス等給付費算定基準額は，次の各号に掲げる者の区分に応じ，当該各号に定める額とする。

一　第17条第1号から第3号までに掲げる者　3万7200円

二　第17条第4号に掲げる者　零

第3章　障害者支援施設

第43条の7　市町村は，その設置した障害者支援施設を休止し，又は廃止しようとするときは，あらかじめ，都道府県知事に届け出なければならない。

2　市町村長（特別区の区長を含む。）は，当該市町村において，その設置した障害者支援施設の名称若しくは所在地を変更し，又は当該施設の建物，設備若しくは事業内容に重大な変更を加えたときは，速やかに，都道府県知事に報告しなければならない。

第4章　費用

（障害福祉サービス費等負担対象額に係る都道府県及び国の負担）

第44条　都道府県は，法第94条第1項の規定により，毎年度，障害福祉サービス費等負担対象額（同項第1号に規定する障害福祉サービス費等負担対象額をいう。以下この条において同じ。）の100分の25を負担する。

2　国は，法第95条第1項の規定により，毎年度，障害福祉サービス費等負担対象額の100分の50を負担する。

3　障害福祉サービス費等負担対象額は，各市町村につき，その支弁する次の各号に掲げる費用の区分に応じ，当該各号に定める額の合算額とする。

一　障害福祉サービス費等（法第92条第1号に

規定する障害福祉サービス費等をいう。）の支給に要する費用　次のイ又はロに掲げる費用の区分に応じ，当該イ又はロに定める額を合算して得た額
- イ　介護給付費等（居宅介護，重度訪問介護，同行援護，行動援護，重度障害者等包括支援及び常時介護を要する障害者等であって，その介護の必要の程度が著しく高いものとして厚生労働大臣が定める者が利用する障害福祉サービスに係るものに限る。）の支給に要する費用　当該介護給付費等について障害者等の障害支援区分，他の法律の規定により受けることができるサービスの量その他の事情を勘案して厚生労働大臣が定める基準に基づき当該介護給付費等の支給に係る障害福祉サービスを受けた障害者等の人数に応じ算定した額又は当該介護給付費等の支給に要した費用の額（その費用のための寄附金その他の収入があるときは，当該収入の額を控除した額）のいずれか低い額
- ロ　介護給付費等（イに掲げるものを除く。），特定障害者特別給付費及び特例特定障害者特別給付費の支給に要する費用　当該介護給付費等，特定障害者特別給付費及び特例特定障害者特別給付費の支給に要した費用の額（その費用のための寄附金その他の収入があるときは，当該収入の額を控除した額）

二　相談支援給付費等（法第92条第2号に規定する相談支援給付費等をいう。）の支給に要する費用　当該相談支援給付費等の支給に要した費用の額（その費用のための寄附金その他の収入があるときは，当該収入の額を控除した額）

三　高額障害福祉サービス等給付費の支給に要する費用　当該高額障害福祉サービス等給付費の支給に要した費用の額（その費用のための寄附金その他の収入があるときは，当該収入の額を控除した額）

（自立支援医療費等に係る都道府県及び国の負担）

第45条　法第94条第1項の規定により，毎年度都道府県が市町村に対して負担する同項第2号の額は，自立支援医療費，療養介護医療費，基準該当療養介護医療費及び補装具費（次項において「自立支援医療費等」という。）の支給に要する費用の額から，その年度におけるその費用のための寄附金その他の収入の額を控除した額につき，厚生労働大臣が定める基準によって算定した額とする。

2　法第95条第1項の規定により，毎年度国が市町村又は都道府県に対して負担する同項第2号又は第3号の額は，自立支援医療費等の支給に要する費用の額から，その年度におけるその費用のための寄附金その他の収入の額を控除した額につき，厚生労働大臣が定める基準によって算定した額とする。

（地域生活支援事業に係る都道府県及び国の補助）

第45条の2　法第94条第2項の規定により，毎年度都道府県が市町村に対して補助する同項の額は，市町村が行う地域生活支援事業に要する費用の額から，その年度におけるその費用のための寄附金その他の収入の額を控除した額につき，厚生労働大臣が定める基準によって算定した額とする。

2　法第95条第2項の規定により，毎年度国が市町村又は都道府県に対して補助する同項第2号の額は，市町村又は都道府県が行う地域生活支援事業に要する費用の額から，その年度におけるそれらの費用のための寄附金その他の収入の額を控除した額につき，厚生労働大臣が定める基準によって算定した額とする。

（市町村が行う支給決定に係る事務の処理に要する費用に係る国の補助）

第45条の3　法第95条第2項の規定により，毎年度国が市町村に対して補助する同項第1号の額は，市町村が行う支給決定に係る事務の処理に要する費用（地方自治法（昭和22年法律第67号）第252条の14第1項の規定により市町村が審査判定業務を都道府県審査会に委託している場合にあっては，当該委託に係る費用を含む。）の額及び市町村が行う地域相談支援給付決定に係

る事務の額の合計額から，その年度におけるその費用のための寄附金その他の収入の額を控除した額につき，厚生労働大臣が定める基準によって算定した額とする。

第5章　審査請求

（不服審査会の委員の定数の基準）

第46条　法第98条第1項に規定する不服審査会（以下「不服審査会」という。）の委員の定数に係る同条第2項に規定する政令で定める基準は，不服審査会の介護給付費等又は地域相談支援給付費等（法第51条の5第1項に規定する地域相談支援給付費等をいう。）に係る処分に関する審査請求の事件の件数その他の事情を勘案して，各都道府県が必要と認める数の第48条第1項に規定する合議体を不服審査会に設置することができる数であることとする。

（会議）

第47条　不服審査会は，会長が招集する。

2　不服審査会は，会長及び過半数の委員の出席がなければ，これを開き，議決をすることができない。

3　不服審査会の議事は，出席した委員の過半数をもって決し，可否同数のときは，会長の決するところによる。

（合議体）

第48条　不服審査会は，委員のうちから不服審査会が指名する者をもって構成する合議体（以下この条において「合議体」という。）で，審査請求の事件を取り扱う。

2　合議体のうち，会長がその構成に加わるものにあっては，会長が長となり，その他のものにあっては，不服審査会の指名する委員が長となる。

3　合議体を構成する委員の定数は，5人を標準として都道府県が定める数とする。

4　合議体は，これを構成する委員の過半数が出席しなければ，会議を開き，議決をすることができない。

5　合議体の議事は，出席した委員の過半数をもって決し，可否同数のときは，長の決するところによる。

6　不服審査会において別段の定めをした場合のほかは，合議体の議決をもって不服審査会の議決とする。

（市町村等に対する通知）

第49条　法第102条の規定による通知は，審査請求書の副本若しくは写し又は行政不服審査法（平成26年法律第68号）第21条第2項に規定する審査請求録取書の写しを送付することにより行わなければならない。

（関係人に対する旅費等）

第50条　都道府県が法第103条第2項の規定により支給すべき旅費，日当及び宿泊料については，地方自治法第207条の規定に基づく条例による実費弁償の例によるものとし，報酬については，条例の定めるところによる。

第6章　雑則

（大都市等の特例）

第51条　地方自治法第252条の19第1項の指定都市（以下「指定都市」という。）において，法第106条の規定により，指定都市が処理する事務については，地方自治法施行令（昭和22年政令第16号）第174条の32第1項から第3項までに定めるところによる。

2　地方自治法第252条の22第1項の中核市（以下「中核市」という。）において，法第106条の規定により，中核市が処理する事務については，地方自治法施行令第174条の49の12に定めるところによる。

（厚生労働省令への委任）

第52条　この政令で定めるもののほか，この政令の実施のため必要な手続その他の事項は，厚生労働省令で定める。

　　　附　則　抄

（施行期日）

第1条　この政令は，平成18年4月1日から施行する。〔後略〕

（18歳未満の精神障害者の障害福祉サービスの利用の特例）

第3条　当分の間，法附則第2条の規定の適用については，同条中「児童は，」とあるのは，「児童又は第22条第2項の規定による精神保健福祉センターの意見その他の事情を勘案して障害福祉サービス（障害者のみを対象とするものに限

る。）を利用することが適当であると市町村が認めた精神障害者である児童は，」とする。

（法附則第48条の政令で定める精神障害者社会復帰施設）

第8条の2　法附則第48条の政令で定める精神障害者社会復帰施設は，法附則第46条の規定による改正前の精神保健及び精神障害者福祉に関する法律第50条の2第4項に規定する精神障害者福祉ホーム（厚生労働大臣が定めるものに限る。）及び同条第6項に規定する精神障害者地域生活支援センターとする。

（支給認定に係る政令で定める基準の経過的特例）

第12条　法第54条第1項の政令で定める基準は，第29条に規定するもののほか，平成33年3月31日までの間は，支給認定に係る障害者等及び支給認定基準世帯員について指定自立支援医療のあった月の属する年度（指定自立支援医療のあった月が4月から6月までの場合にあっては，前年度）分の地方税法の規定による市町村民税の所得割の額を厚生労働省令で定めるところにより合算した額が23万5000円以上であり，かつ，当該支給認定に係る障害者等が高額治療継続者であることとする。

（指定自立支援医療に係る負担上限月額の経過的特例）

第13条　指定自立支援医療（育成医療を除く。）に係る負担上限月額は，第35条第1項に規定するもののほか，平成33年3月31日までの間は，前条で規定する基準の経過的特例に該当する支給認定障害者等については，2万円とする。

2　育成医療に係る負担上限月額は，第35条第1項に規定するもののほか，平成33年3月31日までの間は，次の各号に掲げる支給認定障害者等の区分に応じ，当該各号に定める額とする。

一　前条で規定する基準の経過的特例に該当する者　2万円

二　その支給認定に係る障害児及び支給認定基準世帯員について，指定自立支援医療のあった月の属する年度（指定自立支援医療のあった月が4月から6月までの場合にあっては，前年度）分の地方税法の規定による市町村民税の所得割の額を厚生労働省令で定めるところにより合算した額が23万5000円未満であって，当該支給認定に係る障害児が高額治療継続者以外のものである場合における当該支給認定障害者等（次号に掲げる者を除く。）　1万円

三　その支給認定に係る障害児及び支給認定基準世帯員について，指定自立支援医療のあった月の属する年度（指定自立支援医療のあった月が4月から6月までの場合にあっては，前年度）分の地方税法の規定による市町村民税の所得割の額を厚生労働省令で定めるところにより合算した額が3万3000円未満であって，当該支給認定に係る障害児が高額治療継続者以外のものである場合における当該支給認定障害者等　5000円

（指定療養介護医療等に係る負担上限月額の経過措置）

第13条の2　平成18年10月1日から平成33年3月31日までの間，第42条の4第1項第2号又は第3号に掲げる支給決定障害者（20歳未満の者を除く。）の指定療養介護医療等に係る負担上限月額は，同条の規定にかかわらず，同項第2号中「2万4600円」とあるのは「零以上2万4600円以下の範囲内で支給決定障害者の所得の状況を勘案して厚生労働省令で定めるところにより算定した額」と，同項第3号中「1万5000円」とあるのは「零以上1万5000円以下の範囲内で支給決定障害者の所得の状況を勘案して厚生労働省令で定めるところにより算定した額」とする。

　　　附　則　（平成21年12月24日政令第296号）
　　　　　　　（抄）

（施行期日）

第1条　この政令は，平成22年1月1日から施行する。〔後略〕

注　第2章は本則中の条文

第2章　経過措置

（障害者の日常生活及び社会生活を総合的に支援するための法律第7条の政令で定める給付等に関する経過措置）

第64条　障害者の日常生活及び社会生活を総合的に支援するための法律（平成17年法律第123号）

第7条の政令で定める給付は，障害者の日常生活及び社会生活を総合的に支援するための法律施行令第2条に定めるもののほか，次の表の上欄に掲げるものとし，同法第7条の政令で定める限度は，同表の上欄に掲げる給付につき，それぞれ，同表の下欄に掲げる限度とする。

平成19年改正法附則第39条の規定によりなお従前の例によるものとされた平成22年改正前船員保険法の規定による療養の給付並びに入院時食事療養費，入院時生活療養費，保険外併用療養費，療養費，訪問看護療養費及び移送費（船員法の規定による療養補償に相当するものに限る。）	受けることができる給付
平成19年改正法附則第39条の規定によりなお従前の例によるものとされた平成22年改正前船員保険法に基づく介護料	受けることができる給付（介護に要する費用を支出して介護を受けた部分に限る。）

附　則　（平成30年7月19日政令第213号）
（抄）

（施行期日）

第1条　この政令は，平成30年8月1日から施行する。

（経過措置）

第5条　第4条の規定による改正後の障害者の日常生活及び社会生活を総合的に支援するための法律施行令（以下「新障害者総合支援法施行令」という。）第43条の5の規定は，施行日以後に同条第1項に規定する支給決定障害者等が受けた居宅サービス等（障害者の日常生活及び社会生活を総合的に支援するための法律施行令（以下「障害者総合支援法施行令」という。）第43条の4第1項に規定する居宅サービス等をいう。以下同じ。）又は新障害者総合支援法施行令第43条の5第6項に規定する特定給付対象者が受けた障害福祉相当介護保険サービス（障害者総合支援法施行令第43条の4第4項に規定する障害福祉相当介護保険サービスをいう。以下同じ。）に係る障害者の日常生活及び社会生活を総合的に支援するための法律（平成17年法律第123号）の規定による高額障害福祉サービス等給付費の支給について適用し，施行日前に第4条の規定による改正前の障害者総合支援法施行令第43条の5第1項に規定する支給決定障害者等が受けた居宅サービス等又は同条第6項に規定する特定給付対象者が受けた障害福祉相当介護保険サービスに係る同法の規定による高額障害福祉サービス等給付費の支給については，なお従前の例による。

附　則　（平成30年7月27日政令第231号）
（抄）

（施行期日）

1　この政令は，平成30年9月1日から施行する。

（障害者の日常生活及び社会生活を総合的に支援するための法律施行令の一部改正に伴う経過措置）

3　この政令による改正後の障害者の日常生活及び社会生活を総合的に支援するための法律施行令の規定は，施行日以後に行われる障害者の日常生活及び社会生活を総合的に支援するための法律第5条第1項に規定する障害福祉サービス，同条第24項に規定する自立支援医療又は同条第25項に規定する補装具の購入，借受け若しくは修理に係る同法の規定による自立支援給付の支給について適用し，施行日前に行われた同条第1項に規定する障害福祉サービス，同条第24項に規定する自立支援医療又は同条第25項に規定する補装具の購入，借受け若しくは修理に係る同法の規定による自立支援給付の支給については，なお従前の例による。

●障害者の日常生活及び社会生活を総合的に支援するための法律及び児童福祉法の一部を改正する法律の施行に伴う関係政令の整備及び経過措置に関する政令（抄）

(平成30年3月22日)
(政　令　第　54　号)

第2章　経過措置
（就労定着支援又は自立生活援助に係る指定障害福祉サービス事業者に関する経過措置）

第17条　障害者の日常生活及び社会生活を総合的に支援するための法律及び児童福祉法の一部を改正する法律〔平成28年法律第65号〕（以下「改正法」という。）第1条の規定による改正後の障害者の日常生活及び社会生活を総合的に支援するための法律（平成17年法律第123号）第5条第15項に規定する就労定着支援又は同条第16項に規定する自立生活援助については、同法第43条第1項及び第2項に規定する都道府県の条例が制定施行される日又は平成31年3月31日のいずれか早い日までの間は、同条第3項に規定する厚生労働省令で定める基準を、当該都道府県の条例で定められた基準とみなす。

（自立支援給付に関する経過措置）

第19条　この政令の施行の日前に行われた障害者の日常生活及び社会生活を総合的に支援するための法律第5条第1項に規定する障害福祉サービスに係る同法第6条に規定する自立支援給付については、第1条の規定による改正後の障害者の日常生活及び社会生活を総合的に支援するための法律施行令第2条の規定にかかわらず、なお従前の例による。

附　則
この政令は、平成30年4月1日から施行する。

… # ◉障害者の日常生活及び社会生活を総合的に支援するための法律施行規則

（平成18年2月28日）
（厚生労働省令第19号）

最終改正　平成30年8月9日厚生労働省令第107号

目次

第1章　総則（第1条―第6条の21）………401
第2章　自立支援給付
　第1節　通則（第6条の22―第6条の29）………407
　第2節　介護給付費，特例介護給付費，訓練等給付費及び特例訓練等給付費の支給
　　第1款　支給決定等（第7条―第23条）………409
　　第2款　介護給付費，特例介護給付費，訓練等給付費及び特例訓練等給付費の支給（第24条―第32条）………413
　　第3款　特定障害者特別給付費及び特例特定障害者特別給付費の支給（第33条―第34条の6）………416
　　第4款　指定障害福祉サービス事業者及び指定障害者支援施設（第34条の7―第34条の26の10）………417
　　第5款　業務管理体制の整備等（第34条の27―第34条の30）………435
　第3節　地域相談支援給付費，特例地域相談支援給付費，計画相談支援給付費及び特例計画相談支援給付費の支給
　　第1款　地域相談支援給付決定等（第34条の31―第34条の50）………435
　　第2款　地域相談支援給付費，特例地域相談支援給付費，計画相談支援給付費及び特例計画相談支援給付費の支給（第34条の51―第34条の56）………438
　　第3款　指定一般相談支援事業者及び指定特定相談支援事業者（第34条の57―第34条の60）………440
　　第4款　業務管理体制の整備等（第34条の61―第34条の64）………442
　第4節　自立支援医療費，療養介護医療費及び基準該当療養介護医療費の支給（第35条―第65条の2）………443
　第5節　補装具費の支給（第65条の3―第65条の9）………452
　第6節　高額障害福祉サービス等給付費の支給（第65条の9の2―第65条の9の5）………453
　第7節　情報公表対象サービス等の利用に資する情報の報告及び公表（第65条の9の6―第65条の9の10）………454
第3章　地域生活支援事業（第65条の9の11―第65条の15）………455
第4章　事業及び施設（第66条―第68条の3）………456
第5章　国民健康保険団体連合会の障害者総合支援法関係業務（第68条の4）………457
第6章　雑則（第69条―第72条）………458
附則

第1章　総則

（法第5条第1項に規定する厚生労働省令で定める施設）

第1条　障害者の日常生活及び社会生活を総合的に支援するための法律（平成17年法律第123号。以下「法」という。）第5条第1項に規定する厚生労働省令で定める施設は，児童福祉法（昭和22年法律第164号）第7条第1項に規定する児童福祉施設とする。

（法第5条第1項に規定する厚生労働省令で定める障害福祉サービス）

第1条の2　法第5条第1項に規定する厚生労働省令で定める障害福祉サービスは，生活介護，自立訓練，就労移行支援及び第6条の10第2号の就労継続支援B型とする。

（法第5条第2項及び第3項に規定する厚生労働省令で定める便宜）

第1条の3　法第5条第2項及び第3項に規定する厚生労働省令で定める便宜は，入浴，排せつ及び食事等の介護，調理，洗濯及び掃除等の家事並びに生活等に関する相談及び助言その他の生活全般にわたる援助とする。

（法第5条第3項に規定する厚生労働省令で定めるもの）

第1条の4　法第5条第3項に規定する厚生労働省令で定めるものは，重度の肢体不自由者又は重度の知的障害若しくは精神障害により行動上著しい困難を有する障害者であって，常時介護を要するものとする。

（法第5条第3項に規定する厚生労働省令で定める場所）

第1条の4の2　法第5条第3項に規定する厚生労働省令で定める場所は，重度訪問介護を受ける障害者が入院又は入所をしている医療法（昭和23年法律第205号）第1条の5第1項に規定する病院，同条第2項に規定する診療所及び同法第2条第1項に規定する助産所並びに介護保険法（平成9年法律第123号）第8条第28項に規定する介護老人保健施設及び同条第29項に規定する介護医療院とする。

（法第5条第4項に規定する厚生労働省令で定める便宜）

第1条の5　法第5条第4項に規定する厚生労働省令で定める便宜は，視覚障害により，移動に著しい困難を有する障害者等（法第2条第1項第1号に規定する障害者等をいう。以下同じ。）につき，外出時において，当該障害者等に同行して行う移動の援護，排せつ及び食事等の介護その他の当該障害者等の外出時に必要な援助とする。

（法第5条第5項に規定する厚生労働省令で定める便宜）

第2条　法第5条第5項に規定する厚生労働省令で定める便宜は，知的障害又は精神障害により行動上著しい困難を有する障害者等であって常時介護を要するものにつき，当該障害者等が行動する際に生じ得る危険を回避するために必要な援護，外出時における移動中の介護，排せつ及び食事等の介護その他の当該障害者等が行動する際に必要な援助とする。

（法第5条第6項に規定する厚生労働省令で定める障害者）

第2条の2　法第5条第6項に規定する厚生労働省令で定める障害者は，次条に規定する施設において，機能訓練，療養上の管理，看護及び医学的管理の下における介護その他必要な医療並びに日常生活上の世話を要する障害者であって，常時介護を要するものとする。

（法第5条第6項に規定する厚生労働省令で定める施設）

第2条の3　法第5条第6項に規定する厚生労働省令で定める施設は，病院とする。

（法第5条第7項に規定する厚生労働省令で定める障害者）

第2条の4　法第5条第7項に規定する厚生労働省令で定める障害者は，次条に規定する施設において，入浴，排せつ及び食事等の介護，創作的活動及び生産活動の機会の提供その他の支援を要する障害者であって，常時介護を要するものとする。

（法第5条第7項に規定する厚生労働省令で定める施設）

第2条の5　法第5条第7項に規定する厚生労働省令で定める施設は，障害者支援施設その他の次条に定める便宜を適切に供与することができる施設とする。

（法第5条第7項に規定する厚生労働省令で定

める便宜）

第2条の6　法第5条第7項に規定する厚生労働省令で定める便宜は，入浴，排せつ及び食事等の介護，調理，洗濯及び掃除等の家事，生活等に関する相談及び助言その他の必要な日常生活上の支援並びに創作的活動及び生産活動の機会の提供その他の身体機能又は生活能力の向上のために必要な支援とする。

第3条及び第4条　削除

（法第5条第8項に規定する厚生労働省令で定める施設）

第5条　法第5条第8項に規定する厚生労働省令で定める施設は，障害者支援施設，児童福祉法第7条第1項に規定する児童福祉施設その他の次条に定める便宜の供与を適切に行うことができる施設とする。

（法第5条第8項に規定する厚生労働省令で定める便宜）

第6条　法第5条第8項に規定する厚生労働省令で定める便宜は，入浴，排せつ及び食事の介護その他の必要な支援とする。

（法第5条第9項に規定する厚生労働省令で定める障害者等）

第6条の2　法第5条第9項に規定する厚生労働省令で定める障害者等は，常時介護を要する障害者等であって，意思疎通を図ることに著しい支障があるもののうち，四肢の麻痺及び寝たきりの状態にあるもの並びに知的障害又は精神障害により行動上著しい困難を有するものとする。

（法第5条第9項に規定する厚生労働省令で定める障害福祉サービス）

第6条の3　法第5条第9項に規定する厚生労働省令で定める障害福祉サービスは，居宅介護，重度訪問介護，同行援護，行動援護，生活介護，短期入所，自立訓練，就労移行支援，就労継続支援，就労定着支援，自立生活援助及び共同生活援助とする。

第6条の4　削除

（法第5条第10項に規定する厚生労働省令で定める便宜）

第6条の5　法第5条第10項に規定する厚生労働省令で定める便宜は，次の各号のいずれかに該当する障害者に対して行う入浴，排せつ及び食事等の介護，生活等に関する相談及び助言その他の必要な日常生活上の支援とする。

一　生活介護を受けている者

二　自立訓練，就労移行支援又は第6条の10第2号の就労継続支援B型（以下この号において「訓練等」という。）を受けている者であって，入所させながら訓練等を実施することが必要かつ効果的であると認められるもの又は地域における障害福祉サービスの提供体制の状況その他やむを得ない事情により，通所によって訓練等を受けることが困難なもの

（法第5条第12項に規定する厚生労働省令で定める期間）

第6条の6　法第5条第12項に規定する厚生労働省令で定める期間は，次の各号に掲げる訓練の区分に応じ，当該各号に定める期間とする。

一　自立訓練のうち身体機能の向上に係るもの（以下「自立訓練（機能訓練）」という。）
　1年6月間（頸髄損傷による四肢の麻痺その他これに類する状態にある障害者にあっては，3年間）

二　自立訓練のうち生活能力の向上に係るもの（以下「自立訓練（生活訓練）」という。）
　2年間（長期間入院していたその他これに類する事由のある障害者にあっては，3年間）

（法第5条第12項に規定する厚生労働省令で定める便宜）

第6条の7　法第5条第12項に規定する厚生労働省令で定める便宜は，次の各号に掲げる訓練の区分に応じ，当該各号に定める便宜とする。

一　自立訓練（機能訓練）　障害者支援施設若しくはサービス事業所（法第36条第1項に規定するサービス事業所をいう。以下同じ。）又は障害者の居宅において行う理学療法，作業療法その他必要なリハビリテーション，生活等に関する相談及び助言その他の必要な支援

二　自立訓練（生活訓練）　障害者支援施設若しくはサービス事業所又は障害者の居宅において行う入浴，排せつ及び食事等に関する自立した日常生活を営むために必要な訓練，生活

等に関する相談及び助言その他の必要な支援
（法第5条第13項に規定する厚生労働省令で定める期間）

第6条の8 法第5条第13項に規定する厚生労働省令で定める期間は，2年間とする。ただし，専らあん摩マッサージ指圧師，はり師又はきゅう師の資格を取得させることを目的として次条に規定する便宜を供与する場合にあっては，3年又は5年とする。
（法第5条第13項に規定する厚生労働省令で定める便宜）

第6条の9 法第5条第13項に規定する厚生労働省令で定める便宜は，就労を希望する65歳未満の障害者又は65歳以上の障害者（65歳に達する前5年間（入院その他やむを得ない事由により障害福祉サービスに係る支給決定を受けていなかった期間を除く。）引き続き障害福祉サービスに係る支給決定を受けていたものであって，65歳に達する前日において就労移行支援に係る支給決定を受けていたものに限る。）であって，通常の事業所に雇用されることが可能と見込まれるものにつき，生産活動，職場体験その他の活動の機会の提供その他の就労に必要な知識及び能力の向上のために必要な訓練，求職活動に関する支援，その適性に応じた職場の開拓，就職後における職場への定着のために必要な相談その他の必要な支援とする。
（法第5条第14項に規定する厚生労働省令で定める便宜）

第6条の10 法第5条第14項に規定する厚生労働省令で定める便宜は，次の各号に掲げる区分に応じ，当該各号に定める便宜とする。
一　就労継続支援A型　通常の事業所に雇用されることが困難であって，雇用契約に基づく就労が可能である者に対して行う雇用契約の締結等による就労の機会の提供及び生産活動の機会の提供その他の就労に必要な知識及び能力の向上のために必要な訓練その他の必要な支援
二　就労継続支援B型　通常の事業所に雇用されることが困難であって，雇用契約に基づく就労が困難である者に対して行う就労の機会の提供及び生産活動の機会の提供その他の就労に必要な知識及び能力の向上のために必要な訓練その他の必要な支援
（法第5条第15項に規定する厚生労働省令で定めるもの）

第6条の10の2 法第5条第15項に規定する厚生労働省令で定めるものは，生活介護，自立訓練，就労移行支援及び就労継続支援とする。
（法第5条第15項に規定する厚生労働省令で定める期間）

第6条の10の3 法第5条第15項に規定する厚生労働省令で定める期間は，3年間とする。
（法第5条第15項に規定する厚生労働省令で定める便宜）

第6条の10の4 法第5条第15項に規定する厚生労働省令で定める便宜は，障害者が新たに雇用された通常の事業所での就労の継続を図るために必要な当該事業所の事業主，障害福祉サービス事業を行う者，医療機関その他の者との連絡調整，障害者が雇用されることに伴い生ずる日常生活又は社会生活を営む上での各般の問題に関する相談，指導及び助言その他の必要な支援とする。
（法第5条第16項に規定する厚生労働省令で定める障害者）

第6条の10の5 法第5条第16項に規定する厚生労働省令で定める障害者は，居宅における自立した日常生活を営むために自立生活援助において提供される援助を要する障害者であって，居宅において単身であるため又はその家族と同居している場合であっても当該家族等が障害，疾病等のため，障害者に対し，当該障害者の家族等による居宅における自立した日常生活を営む上での各般の問題に対する支援が見込めない状況にあるものとする。
（法第5条第16項に規定する厚生労働省令で定める期間）

第6条の10の6 法第5条第16項に規定する厚生労働省令で定める期間は，1年間とする。
（法第5条第16項に規定する厚生労働省令で定める援助）

第6条の10の7 法第5条第16項に規定する厚生

労働省令で定める援助は，定期的な巡回訪問又は随時通報を受けて行う訪問等の方法による障害者等に係る状況の把握，必要な情報の提供及び助言並びに相談，指定障害福祉サービス事業者等（法第29条第2項に規定する指定障害福祉サービス事業者等をいう。以下同じ。），指定特定相談支援事業者（法第51条の17第1項第1号に規定する指定特定相談支援事業者をいう。以下同じ。），医療機関等との連絡調整その他の障害者が居宅における自立した日常生活を営むために必要な援助とする。

（法第5条第19項に規定する厚生労働省令で定める便宜）

第6条の11 法第5条第19項に規定する厚生労働省令で定める便宜は，訪問等の方法による障害者等，障害児の保護者又は障害者等の介護を行う者（以下この条及び第65条の10において「介護者」という。）に係る状況の把握，必要な情報の提供及び助言並びに相談及び指導，障害者等，障害児の保護者又は介護者と市町村，指定障害福祉サービス事業者等，医療機関等との連絡調整その他の障害者等，障害児の保護者又は介護者に必要な支援とする。

（法第5条第20項に規定する厚生労働省令で定めるもの）

第6条の11の2 法第5条第20項に規定する厚生労働省令で定めるものは，障害者支援施設，のぞみの園（法第5条第1項に規定するのぞみの園をいう。以下同じ。）若しくは第1条若しくは第2条の3に規定する施設に入所している障害者，精神科病院（法第5条第20項に規定する精神科病院をいう。）に入院している精神障害者，生活保護法（昭和25年法律第144号）第38条第2項に規定する救護施設若しくは同条第3項に規定する更生施設に入所している障害者，刑事収容施設及び被収容者等の処遇に関する法律（平成17年法律第50号）第3条に規定する刑事施設，少年院法（平成26年法律第58号）第3条に規定する少年院若しくは更生保護事業法（平成7年法律第86号）第2条第7項に規定する更生保護施設（以下この条において「更生保護施設」という。）に収容されている障害者又は法務省設置法（平成11年法律第93号）第15条に規定する保護観察所に設置若しくは併設された宿泊施設若しくは更生保護法（平成19年法律第88号）第62条第3項若しくは第85条第3項の規定による委託を受けた者が当該委託に係る同法第62条第2項の救護若しくは同法第85条第1項の更生緊急保護として利用させる宿泊施設（更生保護施設を除く。）に宿泊している障害者とする。

（法第5条第20項に規定する厚生労働省令で定める便宜）

第6条の12 法第5条第20項に規定する厚生労働省令で定める便宜は，住居の確保その他の地域における生活に移行するための活動に関する相談，外出の際の同行，障害福祉サービス（生活介護，自立訓練，就労移行支援及び就労継続支援に限る。）の体験的な利用支援，体験的な宿泊支援その他の必要な支援とする。

（法第5条第21項に規定する厚生労働省令で定める状況）

第6条の13 法第5条第21項に規定する厚生労働省令で定める状況は，居宅において単身であるため又はその家族と同居している場合であっても当該家族等が障害，疾病等のため，障害者に対し，当該障害者の家族等による緊急時の支援が見込めない状況とする。

（法第5条第21項に規定する厚生労働省令で定める場合）

第6条の14 法第5条第21項に規定する厚生労働省令で定める場合は，障害の特性に起因して生じた緊急の事態その他の緊急に支援が必要な事態が生じた場合とする。

（法第5条第22項に規定する厚生労働省令で定める事項）

第6条の15 法第5条第22項に規定するサービス等利用計画案（以下「サービス等利用計画案」という。）に係る同項に規定する厚生労働省令で定める事項は，法第20条第1項若しくは第24条第1項の申請に係る障害者等若しくは障害児の保護者又は法第51条の6第1項若しくは第51条の9第1項の申請に係る障害者及びその家族の生活に対する意向，当該障害者等の総合的な援

助の方針及び生活全般の解決すべき課題，提供される障害福祉サービス又は地域相談支援の目標及びその達成時期，障害福祉サービス又は地域相談支援の種類，内容，量及び日時並びに障害福祉サービス又は地域相談支援を提供する上での留意事項とする。

2　法第5条第22項に規定するサービス等利用計画に係る同項に規定する厚生労働省令で定める事項は，支給決定（法第19条第1項に規定する支給決定をいう。以下同じ。）に係る障害者等又は地域相談支援給付決定障害者（法第5条第23項に規定する地域相談支援給付決定障害者をいう。以下同じ。）及びその家族の生活に対する意向，当該障害者等又は地域相談支援給付決定障害者の総合的な援助の方針及び生活全般の解決すべき課題，提供される障害福祉サービス又は地域相談支援の目標及びその達成時期，障害福祉サービス又は地域相談支援の種類，内容，量，日時，利用料及びこれを担当する者並びに障害福祉サービス又は地域相談支援を提供する上での留意事項とする。

（法第5条第23項に規定する厚生労働省令で定める期間）

第6条の16　法第5条第23項に規定する厚生労働省令で定める期間は，障害者等の心身の状況，その置かれている環境，支給決定に係る障害者等又は地域相談支援給付決定障害者の総合的な援助の方針及び生活全般の解決すべき課題，提供される障害福祉サービス又は地域相談支援の目標及びその達成時期，障害福祉サービス又は地域相談支援の種類，内容及び量，障害福祉サービス又は地域相談支援を提供する上での留意事項並びに次の各号に掲げる者の区分に応じ当該各号に定める期間を勘案して，市町村が必要と認める期間とする。ただし，第1号に定める期間については，当該支給決定又は支給決定の変更に係る障害福祉サービスの利用開始日から起算して3月を経過するまでの間に限る。

一　支給決定又は支給決定の変更によりサービスの種類，内容又は量に著しく変動があった者　1月間

二　療養介護，重度障害者等包括支援及び施設入所支援を除く障害福祉サービスを利用する者又は地域定着支援を利用する者（いずれも前号に掲げる者を除く。）のうち次に掲げるもの　1月間

イ　障害者支援施設からの退所等に伴い，一定期間，集中的に支援を行うことが必要である者

ロ　単身の世帯に属するため又はその同居している家族等の障害，疾病等のため，自ら指定障害福祉サービス事業者等との連絡調整を行うことが困難である者

ハ　重度障害者等包括支援に係る支給決定を受けることができる者

三　療養介護，重度障害者等包括支援及び施設入所支援を除く障害福祉サービスを利用する者（前2号に掲げる者を除く。）のうち次に掲げるもの　3月間

イ　居宅介護，重度訪問介護，同行援護，行動援護，短期入所，就労移行支援，自立訓練，就労定着支援，自立生活援助又は共同生活援助（障害者の日常生活及び社会生活を総合的に支援するための法律に基づく指定障害福祉サービスの事業等の人員，設備及び運営に関する基準（平成18年厚生労働省令第171号。以下「指定障害福祉サービス基準」という。）第213条の2に規定する日中サービス支援型指定共同生活援助に限る。）を利用する者

ロ　イに掲げる者以外の者であって，65歳以上のもの（介護保険法の規定による保険給付に係る居宅介護支援（同法第8条第24項に規定する居宅介護支援をいう。）又は介護予防支援（同法第8条の2第16項に規定する介護予防支援をいう。）を利用する者を除く。）

四　療養介護，重度障害者等包括支援若しくは施設入所支援を利用する者（第1号に掲げる者を除く。），療養介護，重度障害者等包括支援及び施設入所支援を除く障害福祉サービスを利用する者若しくは地域定着支援を利用する者（いずれも前3号に掲げる者を除く。）又は地域移行支援を利用する者（第1号に掲

げる者を除く。) 6月間
（令第1条の2第1号に規定する厚生労働省令で定める身体障害）

第6条の17 障害者の日常生活及び社会生活を総合的に支援するための法律施行令（平成18年政令第10号。以下「令」という。）第1条の2第1号に規定する厚生労働省令で定める身体障害は，次に掲げるものであって，これらの障害に係る医療を行わないときは，将来において身体障害者福祉法（昭和24年法律第283号）別表に掲げる障害と同程度の障害を残すと認められ，及び確実な治療の効果が期待できる状態のもの（内臓の機能の障害によるものについては，手術により，将来，生活能力を維持できる状態のものに限る。）とする。

一 視覚障害
二 聴覚又は平衡機能の障害
三 音声機能，言語機能又はそしゃく機能の障害
四 肢体不自由
五 心臓，腎臓，呼吸器，ぼうこう若しくは直腸，小腸又は肝臓の機能の障害
六 先天性の内臓の機能の障害（前号に掲げるものを除く。）
七 ヒト免疫不全ウイルスによる免疫の機能の障害

（令第1条の2第2号に規定する厚生労働省令で定める身体障害）

第6条の18 令第1条の2第2号に規定する厚生労働省令で定める身体障害は，次に掲げるものであって，確実な治療の効果が期待できる状態のもの（内臓の機能の障害によるものについては，手術により障害が補われ，又は障害の程度が軽減することが見込まれる状態のものに限る。）とする。

一 視覚障害
二 聴覚又は平衡機能の障害
三 音声機能，言語機能又はそしゃく機能の障害
四 肢体不自由
五 心臓，腎臓，小腸又は肝臓の機能の障害（日常生活が著しい制限を受ける程度であると認められるものに限る。）
六 ヒト免疫不全ウイルスによる免疫の機能の障害（日常生活が著しい制限を受ける程度であると認められるものに限る。）

（令第1条の2第3号に規定する厚生労働省令で定める精神障害）

第6条の19 令第1条の2第3号に規定する厚生労働省令で定める精神障害は，通院による治療を継続的に必要とする程度の状態の精神障害（てんかんを含む。）とする。

（法第5条第25項に規定する厚生労働省令で定める基準）

第6条の20 法第5条第25項に規定する厚生労働省令で定める基準は，次の各号のいずれにも該当することとする。

一 障害者等の身体機能を補完し，又は代替し，かつ，その身体への適合を図るように製作されたものであること。
二 障害者等の身体に装着することにより，その日常生活において又は就労若しくは就学のために，同一の製品につき長期間にわたり継続して使用されるものであること。
三 医師等による専門的な知識に基づく意見又は診断に基づき使用されることが必要とされるものであること。

（法第5条第27項に規定する厚生労働省令で定める便宜）

第6条の21 法第5条第27項に規定する厚生労働省令で定める便宜は，創作的活動又は生産活動の機会の提供，社会との交流の促進その他障害者等が自立した日常生活及び社会生活を営むために必要な支援とする。

第2章　自立支援給付

第1節　通則

（指定事務受託法人の指定の要件）

第6条の22 法第11条の2第1項の厚生労働省令で定める要件は，同項第1号に規定する事務（以下この条において「質問等事務」という。）については，次のとおりとする。

一 質問等事務を適確に実施するに足りる経理的及び技術的な基礎を有するものであること。

二　法人の役員又は職員の構成が，質問等事務の公正な実施に支障を及ぼすおそれがないものであること。

三　質問等事務以外の業務を行っている場合には，その業務を行うことによって質問等事務の公正な実施に支障を及ぼすおそれがないものであること。

四　前3号に定めるもののほか，質問等事務を行うにつき十分な適格性を有するものであること。

（指定事務受託法人に係る指定の申請等）

第6条の23　令第3条の2第2項の厚生労働省令で定める事項は，次のとおりとする。

一　当該指定に係る市町村等事務（令第3条の2第1項に規定する市町村等事務をいう。以下同じ。）を行う事務所（以下「市町村等事務受託事務所」という。）の名称及び所在地

二　申請者の名称及び主たる事務所の所在地並びにその代表者の氏名，生年月日，住所及び職名

三　当該申請に係る市町村等事務の種類

四　当該申請に係る市町村等事務の開始の予定年月日

五　市町村等事務受託事務所の管理者の氏名，生年月日，住所及び経歴

六　市町村等事務に係る障害者等，障害児の保護者，障害者等の配偶者若しくは障害者等の属する世帯の世帯主その他その世帯に属する者若しくはこれらの者であった者又は自立支援給付対象サービス等（法第10条第1項に規定する自立支援給付対象サービス等をいう。）を行う者若しくはこれを使用する者若しくはこれらの者であった者（第6条の28第1項において「質問等対象者」という。）からの苦情を処理するために講ずる措置の概要

七　当該申請に係る市町村等事務に係る職員の勤務の体制及び勤務形態

八　当該申請に係る市町村等事務に係る資産の状況

九　役員の氏名，生年月日及び住所

十　その他指定に関し必要と認める事項

2　令第3条の2第2項の厚生労働省令で定める書類は，次のとおりとする。

一　申請者の定款，寄附行為等及びその登記事項証明書等

二　市町村等事務受託事務所の平面図

三　令第3条の2第3項各号に該当しないことを誓約する書面（次条第1項において「誓約書」という。）

（指定事務受託法人の名称等の変更の届出等）

第6条の24　指定事務受託法人は，前条第1項第2号，第5号若しくは第9号に掲げる事項又は同条第2項第1号若しくは第2号に掲げる書類の記載事項（第1号については，当該指定に係る事務に関するものに限る。）に変更があったときは，当該変更に係る事項について当該指定事務受託法人の市町村等事務受託事務所の所在地を管轄する都道府県知事に届け出なければならない。この場合において，管理者及び役員の変更に伴うものは，誓約書を添付して行うものとする。

2　市町村等事務の廃止，休止又は再開については，第34条の23第3項及び第4項（第3号を除く。）の規定を準用する。

（市町村等事務の委託の公示等）

第6条の25　市町村又は都道府県は，法第11条の2第4項の規定により公示するときは，次に掲げる事項について行うものとする。

一　当該委託に係る市町村等事務受託事務所の名称及び所在地

二　委託する指定事務受託法人の名称及び主たる事務所の所在地並びにその代表者の氏名

三　委託開始の予定年月日

四　委託する市町村等事務の内容

2　市町村又は都道府県は，令第3条の7第2項の規定により公示するときは，次に掲げる事項について行うものとする。

一　当該委託に係る市町村等事務受託事務所の名称及び所在地

二　委託している指定事務受託法人の名称及び主たる事務所の所在地並びにその代表者の氏名

三　委託終了の年月日

四　委託している市町村等事務の内容

（管理者）

第6条の26　指定事務受託法人は，市町村等事務受託事務所ごとに管理者を置かなければならない。

（身分を証する書類の携行）

第6条の27　指定事務受託法人は，市町村等事務を行う場合においては，当該職員に身分を証する書類を携行させ，これを提示すべき旨を指導しなければならない。

（苦情処理）

第6条の28　指定事務受託法人は，自ら実施した市町村等事務に対する質問等対象者からの苦情に迅速かつ適切に対応しなければならない。

2　指定事務受託法人は，前項の苦情を受け付けた場合は，当該苦情の内容等を記録しなければならない。

（記録の整備）

第6条の29　指定事務受託法人は，職員及び会計に関する諸記録を整備しておかなければならない。

2　指定事務受託法人は，市町村等事務の実施に関する次に掲げる記録を整備し，その完結の日から2年間保存しなければならない。

　一　実施した市町村等事務の内容等の記録
　二　前条第2項に規定する苦情の内容等の記録

　　　第2節　介護給付費，特例介護給付費，訓練等給付費及び特例訓練等給付費の支給

　　　　第1款　支給決定等

（支給決定の申請）

第7条　法第20条第1項の規定に基づき支給決定の申請をしようとする障害者又は障害児の保護者は，次の各号に掲げる事項を記載した申請書を，市町村（特別区を含む。以下同じ。）に提出しなければならない。

　一　当該申請を行う障害者又は障害児の保護者の氏名，居住地，生年月日，個人番号（行政手続における特定の個人を識別するための番号の利用等に関する法律（平成25年法律第27号）第2条第5項に規定する個人番号をいう。以下同じ。）及び連絡先
　二　当該申請に係る障害者等が障害児である場合においては，当該障害児の氏名，生年月日，個人番号及び当該障害児の保護者との続柄
　三　当該申請に係る障害者等に関する介護給付費等（法第19条第1項に規定する介護給付費等をいう。第12条第3号及び第17条第3号において同じ。）及び地域相談支援給付費等（法第51条の5第1項に規定する地域相談支援給付費等をいう。第34条の31第1項第2号，第34条の35第2号及び第34条の44第2号において同じ。）の受給の状況
　四　当該申請に係る障害児が現に児童福祉法第6条の2の2第1項に規定する障害児通所支援又は同法第24条の2第1項に規定する指定入所支援を利用している場合には，その利用の状況
　五　当該申請に係る障害者が現に介護保険法の規定による保険給付に係る居宅サービス（同法第8条第1項に規定する居宅サービスをいい，同条第2項に規定する訪問介護，同条第7項に規定する通所介護及び同条第9項に規定する短期入所生活介護に限る。第12条第7号及び第17条第7号において同じ。）を利用している場合には，その利用の状況
　六　当該申請に係る障害福祉サービスの具体的内容
　七　主治の医師があるときは，当該医師の氏名並びに当該医師が現に病院若しくは診療所を開設し，若しくは管理し，又は病院若しくは診療所に勤務するものであるときは当該病院又は診療所の名称及び所在地

2　前項の申請書には，次の各号に掲げる書類を添付しなければならない。ただし，市町村は，当該書類により証明すべき事実を公簿等によって確認することができるときは，当該書類を省略させることができる。

　一　負担上限月額（令第17条に規定する負担上限月額をいう。以下この節において同じ。）並びに療養介護に係る介護給付費又は特例介護給付費の支給決定の申請をしようする障害者にあっては，療養介護医療費に係る負担上限月額（令第42条の4第1項に規定する負担上限月額をいう。）並びに法第70条第2項及び

第71条第2項において準用する法第58条第3項第2号及び第3号の厚生労働大臣が定める額（第21条において「負担上限月額等」と総称する。）の算定のために必要な事項に関する書類

二　当該申請を行う障害者又は障害児の保護者が現に支給決定を受けている場合には，当該支給決定に係る受給者証（法第22条第8項に規定する受給者証をいう。以下同じ。）

三　介護給付費，特例介護給付費，訓練等給付費（共同生活援助に係るものに限る。）又は特例訓練等給付費（共同生活援助に係るものに限る。）の支給決定に係る申請をしようとする障害者にあっては，医師の診断書

3　支給決定障害者等（法第5条第23項に規定する支給決定障害者等をいう。以下同じ。）は毎年，前項第1号に掲げる書類を市町村に提出しなければならない。ただし，市町村は，当該書類により証明すべき事実を公簿等によって確認できるときは，当該書類を省略させることができる。

（法第20条第2項に規定する厚生労働省令で定める事項）

第8条　法第20条第2項に規定する厚生労働省令で定める事項は，次の各号に掲げる事項とする。

一　法第20条第1項の申請に係る障害者等の介護を行う者の状況

二　当該障害者等に関する保健医療サービス又は福祉サービス等（前条第1項第3号から第5号までに掲げるものに係るものを除く。）の利用の状況

三　当該障害者等又は障害児の保護者の障害福祉サービスの利用に関する意向の具体的内容

（法第20条第2項に規定する厚生労働省令で定める者）

第9条　法第20条第2項に規定する厚生労働省令で定める者は，次の各号に定める者とする。

一　法第34条第1項に規定する指定障害者支援施設等（以下「指定障害者支援施設等」という。）（法第21条第1項の障害支援区分の認定を受けている支給決定障害者等が引き続き当該指定障害者支援施設等を利用する場合に必要となる障害支援区分の認定に限る。）

二　法第51条の14第1項に規定する指定一般相談支援事業者（以下「指定一般相談支援事業者」という。）又は指定特定相談支援事業者のうち当該市町村から委託を受けて法第77条第1項第3号に規定する事業を行うもの

三　介護保険法第24条の2第1項に規定する指定市町村事務受託法人

（法第20条第3項に規定する厚生労働省令で定める者）

第10条　法第20条第3項に規定する厚生労働省令で定める者は，厚生労働大臣が定める研修を修了した者とする。

（令第10条第1項に規定する厚生労働省令で定める事項）

第11条　令第10条第1項に規定する厚生労働省令で定める事項は，介護給付費，特例介護給付費，訓練等給付費（共同生活援助に係るものに限る。）又は特例訓練等給付費（共同生活援助に係るものに限る。）の支給決定を受けようとする障害者に係る医師の診断の結果とする。

（法第22条第1項に規定する厚生労働省令で定める事項）

第12条　法第22条第1項に規定する厚生労働省令で定める事項は，次の各号に掲げる事項とする。

一　法第20条第1項の申請に係る障害者等の障害支援区分又は障害の種類及び程度その他の心身の状況

二　当該申請に係る障害者等の介護を行う者の状況

三　当該申請に係る障害者等に関する介護給付費等の受給の状況

四　当該申請に係る障害児が現に児童福祉法第6条の2の2第1項に規定する障害児通所支援又は同法第24条の2第1項に規定する指定入所支援を利用している場合には，その利用の状況

五　当該申請に係る障害者が現に介護保険法の規定による保険給付に係る居宅サービスを利用している場合には，その利用の状況

六　当該申請に係る障害者等に関する保健医療サービス又は福祉サービス等（第3号から前号までに掲げるものに係るものを除く。）の利

用の状況
七　当該申請に係る障害者等又は障害児の保護者の障害福祉サービスの利用に関する意向の具体的内容
八　当該申請に係る障害者等の置かれている環境
九　当該申請に係る障害福祉サービスの提供体制の整備の状況

（法第22条第4項に規定する厚生労働省令で定める場合）

第12条の2　法第22条第4項に規定する厚生労働省令で定める場合は，障害者又は障害児の保護者が法第20条第1項の申請をした場合とする。ただし，当該障害者が介護保険法第8条第24項に規定する居宅介護支援又は同法第8条の2第16項に規定する介護予防支援の対象となる場合には，市町村が必要と認める場合とする。

（サービス等利用計画案の提出を求める場合の手続）

第12条の3　市町村は，法第22条第4項の規定に基づきサービス等利用計画案の提出を求めるときは，次の各号に掲げる事項を書面により法第20条第1項の申請に係る障害者又は障害児の保護者に対し通知するものとする。
一　法第22条第4項の規定に基づき支給要否決定を行うに当たって当該サービス等利用計画案を提出する必要がある旨
二　当該サービス等利用計画案の提出先及び提出期限

（法第22条第5項に規定する厚生労働省令で定める場合）

第12条の4　法第22条第5項に規定する厚生労働省令で定める場合は，身近な地域に指定特定相談支援事業者がない場合又は法第20条第1項の申請に係る障害者又は障害児の保護者が次条に規定するサービス等利用計画案の提出を希望する場合とする。

（法第22条第5項に規定する厚生労働省令で定めるサービス等利用計画案）

第12条の5　法第22条第5項に規定する厚生労働省令で定めるサービス等利用計画案は，指定特定相談支援事業者以外の者が作成するサービス等利用計画案とする。

（法第22条第7項に規定する厚生労働省令で定める期間）

第13条　法第22条第7項に規定する厚生労働省令で定める期間は，1月間とする。

（法第22条第8項に規定する厚生労働省令で定める事項）

第14条　法第22条第8項に規定する厚生労働省令で定める事項は，次の各号に掲げる事項とする。
一　支給決定障害者等の氏名，居住地及び生年月日
二　当該支給決定に係る障害者等が障害児である場合においては，当該障害児の氏名及び生年月日
三　交付の年月日及び受給者証番号
四　支給量（法第22条第7項に規定する支給量をいう。第16条及び第19条第2項において同じ。）
五　支給決定の有効期間（法第23条に規定する支給決定の有効期間をいう。以下同じ。）
六　障害支援区分
七　負担上限月額に関する事項
八　その他必要な事項

（法第23条に規定する厚生労働省令で定める期間）

第15条　法第23条に規定する厚生労働省令で定める期間は，支給決定を行った日から当該日が属する月の末日までの期間と次の各号に掲げる障害福祉サービスの種類の区分に応じ，当該各号に規定する期間を合算して得た期間とする。
一　居宅介護，重度訪問介護，同行援護，行動援護，短期入所，重度障害者等包括支援，自立訓練，就労移行支援（第3号に掲げるものを除く。），就労定着支援及び自立生活援助　1月間から12月間までの範囲内で月を単位として市町村が定める期間
二　療養介護，生活介護，施設入所支援，就労継続支援及び共同生活援助　1月間から36月間までの範囲内で月を単位として市町村が定める期間
三　就労移行支援（第6条の8ただし書に規定する場合に限る。）　1月間から60月間までの

範囲内で月を単位として市町村が定める期間
2 支給決定を行った日が月の初日である場合にあっては，前項の規定にかかわらず，同項各号の期間を支給決定の有効期間とする。
（法第24条第1項に規定する厚生労働省令で定める事項）

第16条 法第24条第1項に規定する厚生労働省令で定める事項は，支給量とする。
（支給決定の変更の申請）

第17条 法第24条第1項の規定に基づき支給決定の変更の申請をしようとする支給決定障害者等は，次の各号に掲げる事項を記載した申請書を市町村に提出しなければならない。
一 当該申請を行う支給決定障害者等の氏名，居住地，生年月日，個人番号及び連絡先
二 当該申請に係る障害者等が障害児である場合においては，当該障害児の氏名，生年月日，個人番号及び支給決定障害者等との続柄
三 当該申請に係る障害者等に関する介護給付費等の受給の状況
四 当該申請に係る障害児が現に児童福祉法第6条の2の2第1項に規定する障害児通所支援又は同法第24条の2第1項に規定する指定入所支援を利用している場合には，その利用の状況
五 当該申請に係る障害者が現に介護保険法の規定による保険給付に係る居宅サービスを利用している場合には，その利用の状況
六 当該申請に係る障害福祉サービスの具体的内容
七 心身の状況の変化その他の当該申請を行う原因となった事由
八 その他必要な事項
（支給決定の変更の決定により受給者証の提出を求める場合の手続）

第18条 市町村は，法第24条第2項の規定に基づき支給決定の変更の決定を行ったときは，次の各号に掲げる事項を書面により支給決定障害者等に通知し，受給者証の提出を求めるものとする。
一 法第24条第2項の規定により支給決定の変更の決定を行った旨
二 受給者証を提出する必要がある旨
三 受給者証の提出先及び提出期限
2 前項の支給決定障害者等の受給者証が既に市町村に提出されているときは，市町村は，同項の規定にかかわらず，同項の通知に同項第2号及び第3号に掲げる事項を記載することを要しない。
（準用）

第19条 第8条及び第9条の規定は，法第24条第3項において準用する法第20条第2項の調査について準用する。この場合において，第8条第1号中「法第20条第1項」とあるのは，「法第24条第1項」と読み替えるものとする。
2 第10条の規定は法第24条第3項において準用する法第20条第3項の調査について，第11条の規定は令第13条において準用する令第10条第1項の市町村審査会に対する通知について，第12条の2及び第12条の3の規定は法第24条第3項において準用する法第22条第4項のサービス等利用計画案の提出について，第12条の4及び第12条の5の規定は法第24条第3項において準用する法第22条第5項のサービス等利用計画案の提出について，第13条の規定は法第24条第3項において準用する法第22条第7項の支給量について，第14条（第4号及び第6号に限る。）の規定は法第24条第3項において準用する法第22条第8項の受給者証の交付について準用する。
（支給決定の取消しにより受給者証の返還を求める場合の手続）

第20条 市町村は，法第25条第1項の規定に基づき支給決定の取消しを行ったときは，次の各号に掲げる事項を書面により支給決定障害者等に通知し，受給者証の返還を求めるものとする。
一 法第25条第1項の規定に基づき支給決定の取消しを行った旨
二 受給者証を返還する必要がある旨
三 受給者証の返還先及び返還期限
2 前項の支給決定障害者等の受給者証が既に市町村に提出されているときは，市町村は，同項の規定にかかわらず，同項の通知に同項第2号及び第3号に掲げる事項を記載することを要しない。

（令第15条に規定する厚生労働省令で定める事項）

第21条 令第15条に規定する厚生労働省令で定める事項は，第7条第1項第1号及び第2号に掲げる事項並びに負担上限月額等の算定のために必要な事項とする。

（申請内容の変更の届出）

第22条 令第15条の規定に基づき届出をしようとする支給決定障害者等は，次の各号に掲げる事項を記載した届出書に受給者証を添えて市町村に提出しなければならない。

一　当該届出を行う支給決定障害者等の氏名，居住地，生年月日，個人番号及び連絡先

二　当該届出に係る障害者等が障害児である場合においては，当該障害児の氏名，生年月日，個人番号及び支給決定障害者等との続柄

三　前条に規定する事項のうち，変更した事項とその変更内容

四　その他必要な事項

2　前項の届出書には，同項第3号の事項を証する書類を添付しなければならない。ただし，市町村は，当該書類により証明すべき事実を公簿等によって確認することができるときは，当該書類を省略させることができる。

（受給者証の再交付の申請）

第23条 令第16条の規定に基づき申請をしようとする支給決定障害者等は，次の各号に掲げる事項を記載した申請書を，市町村に提出しなければならない。

一　当該申請を行う支給決定障害者等の氏名，居住地，生年月日，個人番号及び連絡先

二　当該申請に係る障害者等が障害児である場合においては，当該障害児の氏名，生年月日，個人番号及び支給決定障害者等との続柄

三　申請の理由

2　受給者証を破り，又は汚した場合の前項の申請には，同項の申請書に，その受給者証を添えなければならない。

3　受給者証の再交付を受けた後，失った受給者証を発見したときは，速やかにこれを市町村に返還しなければならない。

　　　　第2款　介護給付費，特例介護給付費，訓練等給付費及び特例訓練等給付費の支給

（介護給付費又は訓練等給付費の支給）

第24条 市町村は，法第29条第1項の規定に基づき，毎月，介護給付費又は訓練等給付費を支給するものとする。

（特定費用）

第25条 法第29条第1項に規定する厚生労働省令で定める費用は，次の各号に掲げる障害福祉サービスの種類の区分に応じ，当該各号に定める費用とする。

一　療養介護　次に掲げる費用

　イ　日用品費

　ロ　その他療養介護において提供される便宜に要する費用のうち，日常生活においても通常必要となるものに係る費用であって，その利用者に負担させることが適当と認められるもの

二　生活介護　次に掲げる費用

　イ　食事の提供に要する費用

　ロ　創作的活動に係る材料費

　ハ　生産活動に係る材料費

　ニ　日用品費

　ホ　その他生活介護において提供される便宜に要する費用のうち，日常生活においても通常必要となるものに係る費用であって，その利用者に負担させることが適当と認められるもの

三　短期入所　次に掲げる費用

　イ　食事の提供に要する費用

　ロ　光熱水費

　ハ　日用品費

　ニ　その他短期入所において提供される便宜に要する費用のうち，日常生活においても通常必要となるものに係る費用であって，その利用者に負担させることが適当と認められるもの

四　共同生活援助　次に掲げる費用

　イ　食材料費

　ロ　家賃

　ハ　光熱水費

　ニ　日用品費

ホ　その他共同生活援助において提供される便宜に要する費用のうち，日常生活においても通常必要となるものに係る費用であって，その利用者に負担させることが適当と認められるもの

五　施設入所支援　次に掲げる費用
　イ　食事の提供に要する費用
　ロ　光熱水費
　ハ　被服費
　ニ　日用品費
　ホ　その他施設入所支援において提供される便宜に要する費用のうち，日常生活においても通常必要となるものに係る費用であって，その利用者に負担させることが適当と認められるもの

六　自立訓練（宿泊型自立訓練（自立訓練（生活訓練）のうち利用者に対して居室その他の設備において，家事等の日常生活能力を向上するための支援を行うものをいう。以下同じ。）を除く。以下この号において同じ。）次に掲げる費用
　イ　食事の提供に要する費用
　ロ　日用品費
　ハ　その他自立訓練において提供される便宜に要する費用のうち，日常生活においても通常必要となるものに係る費用であって，その利用者に負担させることが適当と認められるもの

七　宿泊型自立訓練　次に掲げる費用
　イ　食事の提供に要する費用
　ロ　光熱水費
　ハ　日用品費
　ニ　その他宿泊型自立訓練において提供される便宜に要する費用のうち，日常生活においても通常必要となるものに係る費用であって，その利用者に負担させることが適当と認められるもの

八　就労移行支援又は就労継続支援　次に掲げる費用
　イ　食事の提供に要する費用
　ロ　生産活動に係る材料費
　ハ　日用品費

　ニ　その他就労移行支援又は就労継続支援において提供される便宜に要する費用のうち，日常生活においても通常必要となるものに係る費用であって，その利用者に負担させることが適当と認められるもの

（受給者証の提示）

第26条　支給決定障害者等は，法第29条第2項の規定に基づき，指定障害福祉サービス等（同条第1項に規定する指定障害福祉サービス等をいう。）を受けるに当たっては，その都度，指定障害福祉サービス事業者等に対して受給者証を提示しなければならない。

（令第17条第2号イに規定する厚生労働省令で定める規定）

第26条の2　令第17条第2号イに規定する厚生労働省令で定める規定は，地方税法（昭和25年法律第226号）第314条の7並びに附則第5条の4第6項及び第5条の4の2第6項とする。

（令第17条第2号イ及びロ並びに同条第3号に規定する額の算定方法）

第26条の3　所得割（令第17条第2号イ及びロ並びに同条第3号に規定する所得割をいう。次項及び第3項において同じ。）の額を算定する場合には，地方税法等の一部を改正する法律（平成22年法律第4号）第1条の規定による改正前の地方税法第292条第1項第8号に規定する扶養親族（16歳未満の者に限る。以下この条において「扶養親族」という。）及び同法第314条の2第1項第11号に規定する特定扶養親族（19歳未満の者に限る。以下この条において「特定扶養親族」という。）があるときは，同号に規定する額（扶養親族に係るもの及び特定扶養親族に係るもの（扶養親族に係る額に相当するものを除く。）に限る。）に同法第314条の3第1項に規定する所得割の税率を乗じて得た額を控除するものとする。

2　所得割の額を算定する場合には，支給決定障害者等又は当該支給決定障害者等と同一の世帯に属する者が指定都市（地方自治法（昭和22年法律第67号）第252条の19第1項の指定都市をいう。以下同じ。）の区域内に住所を有する者であるときは，これらの者を指定都市以外の市町

村の区域内に住所を有する者とみなして，所得割の額を算定するものとする。

3　所得割の額を算定する場合には，支給決定障害者等又は当該支給決定障害者等と同一の世帯に属する者が地方税法第292条第1項第11号イ中「夫と死別し，若しくは夫と離婚した後婚姻をしていない者又は夫の生死の明らかでない者で政令で定めるもの」とあるのを「婚姻によらないで母となった女子であって，現に婚姻をしていないもの」と読み替えた場合に同号イに該当する所得割の納税義務者又は同項第12号中「妻と死別し，若しくは妻と離婚した後婚姻をしていない者又は妻の生死の明らかでない者で政令で定めるもの」とあるのを「婚姻によらないで父となった男子であって，現に婚姻をしていないもの」と読み替えた場合に同号に該当する所得割の納税義務者であるときは，同法第314条の2第1項第8号に規定する額（当該者が同法第292条第1項第11号イ中「夫と死別し，若しくは夫と離婚した後婚姻をしていない者又は夫の生死の明らかでない者で政令で定めるもの」とあるのを「婚姻によらないで母となった女子であって，現に婚姻をしていないもの」と読み替えた場合に同法第314条の2第3項に該当する者であるときは，同項に規定する額）に同法第314条の3第1項に規定する率を乗じて得た額を控除するものとする。

（令第17条第4号に規定する厚生労働省令で定める者）

第27条　令第17条第4号に規定する厚生労働省令で定める者は，同条第1号から第3号までに掲げる区分に応じ，それぞれ当該各号に定める額を負担上限月額としたならば保護（生活保護法第2条に規定する保護をいう。以下同じ。）を必要とする状態となる者であって，同条第4号に定める額を負担上限月額としたならば保護を必要としない状態となるものとする。

第28条から第30条まで　削除

（特例介護給付費又は特例訓練等給付費の支給の申請）

第31条　特例介護給付費又は特例訓練等給付費の支給を受けようとする支給決定障害者等は，法第30条第1項の規定に基づき，次の各号に掲げる事項を記載した申請書を，市町村に提出しなければならない。

一　当該申請を行う支給決定障害者等の氏名，居住地，生年月日，個人番号，連絡先及び受給者証番号（第14条第3号に規定する受給者証番号をいう。以下同じ。）

二　当該申請に係る障害者等が障害児である場合においては，当該障害児の氏名，生年月日，個人番号及び支給決定障害者等との続柄

三　支給を受けようとする特例介護給付費又は特例訓練等給付費の額

2　前項の申請書には，同項第3号に掲げる額を証する書類を添付しなければならない。

（令第19条第2号ロ(1)及び(2)並びにハに規定する額の算定方法）

第31条の2　令第19条第2号ロ(1)及び(2)並びにハに規定する所得割の額を算定する場合には，第26条の3の規定を準用する。

（令第19条第2号ニに規定する厚生労働省令で定める者）

第31条の3　令第19条第2号ニに規定する厚生労働省令で定める者は，同号イからハまでに掲げる区分に応じ，それぞれ同号イからハまでに定める額を負担上限月額としたならば保護を必要とする状態となる者であって，同号ニに定める額を負担上限月額としたならば保護を必要としない状態となるものとする。

（法第31条に規定する厚生労働省令で定める特別の事情）

第32条　法第31条に規定する厚生労働省令で定める特別の事情は，次の各号に掲げる事情とする。

一　支給決定障害者等又はその属する世帯（特定支給決定障害者（令第17条第4号に規定する特定支給決定障害者をいう。以下同じ。）にあっては，当該特定支給決定障害者及びその配偶者に限る。）の生計を主として維持する者が，震災，風水害，火災その他これらに類する災害により，住宅，家財又はその財産について著しい損害を受けたこと。

二　支給決定障害者等の属する世帯（特定支給決定障害者にあっては，当該特定支給決定障

害者及びその配偶者に限る。以下同じ。）の生計を主として維持する者が死亡したこと，又はその者が心身に重大な障害を受け，若しくは長期間入院したことにより，その者の収入が著しく減少したこと。
三　支給決定障害者等の属する世帯の生計を主として維持する者の収入が，事業又は業務の休廃止，事業における著しい損失，失業等により著しく減少したこと。
四　支給決定障害者等の属する世帯の生計を主として維持する者の収入が，干ばつ，冷害，凍霜害等による農作物の不作，不漁その他これに類する理由により著しく減少したこと。

第3款　特定障害者特別給付費及び特例特定障害者特別給付費の支給

第33条　削除

（法第34条第1項に規定する厚生労働省令で定める障害者）

第34条　法第34条第1項の厚生労働省令で定める障害者は，次の各号に掲げる障害者の区分に応じ，当該各号に定める者とする。
一　施設入所支援に係る支給決定を受けた障害者　20歳未満である者及び20歳以上であって，令第17条第4号に掲げる者に該当するもの
二　共同生活援助又は令第20条に規定する厚生労働省令で定めるものに係る支給決定を受けた障害者　令第17条第4号に掲げる者に該当するもの

（令第20条に規定する厚生労働省令で定めるもの）

第34条の2　令第20条に規定する厚生労働省令で定めるものは，重度障害者等包括支援とする。

（特定障害者特別給付費の支給の申請等）

第34条の3　特定障害者特別給付費の支給を受けようとする特定障害者（法第34条第1項に規定する特定障害者をいう。以下同じ。）は，次の各号に掲げる事項を記載した申請書を市町村に提出しなければならない。
一　当該申請に係る特定障害者の氏名，居住地，生年月日，個人番号及び連絡先
二　特定入所等サービス（法第34条第1項に規定する特定入所等サービスをいう。）を受けている指定障害者支援施設等又は指定障害者福祉サービス事業者の名称
三　令第17条第4号に該当する旨
2　前項の申請書には，次の各号に掲げる書類を添付しなければならない。ただし，第1号に掲げる書類については，市町村は，当該書類により証明すべき事実を公簿等によって確認することができるときは，当該書類を省略させることができる。
一　令第17条第4号に該当する者であることを証する書類
二　受給者証
三　令第21条第1項第1号に規定する食費等の負担限度額の算定のために必要な事項に関する書類（施設入所支援に係る支給決定を受けた特定障害者に限る。）
四　入居している共同生活援助を行う住居に係る居住に要する費用の額を証する書類（共同生活援助又は令第20条に規定する厚生労働省令で定めるものに係る支給決定を受けた特定障害者に限る。）
3　市町村は，第1項の申請に基づき特定障害者特別給付費の支給の決定を行ったときは，次の各号に掲げる事項を受給者証に記載することとする。
一　特定障害者特別給付費の額
二　特定障害者特別給付費を支給する期間
4　特定障害者は，前項第2号に定める期間内において，第1項各号に掲げる事項又は前項第1号の特定障害者特別給付費の額の算定のために必要な事項について変更があったときは，次の各号に掲げる事項を記載した届出書に受給者証を添えて市町村に提出しなければならない。
一　当該届出を行う特定障害者の氏名，居住地，生年月日，個人番号及び連絡先
二　第1項各号に掲げる事項又は特定障害者特別給付費の額の算定のために必要な事項のうち変更があった事項とその変更内容
三　その他必要な事項
5　前項の届出書には，同項第2号の事項を証す

（特例特定障害者特別給付費の支給の申請）

第34条の4 特例特定障害者特別給付費の支給を受けようとする特定障害者は，次の各号に掲げる事項を記載した申請書を，市町村に提出しなければならない。
一　当該申請を行う特定障害者の氏名，居住地，生年月日，個人番号，連絡先及び受給者証番号
二　支給を受けようとする特例特定障害者特別給付費の額

2　前項の申請書には，同項第2号の特例特定障害者特別給付費の額を証する書類を添付しなければならない。

（特定障害者特別給付費の額の変更）

第34条の5　市町村は，特定障害者の所得の状況等に変更があったときは，第34条の3第3項第1号に掲げる事項の変更を行うことができる。この場合において，同号に掲げる事項について変更を行った市町村は，次の各号に掲げる事項を書面により特定障害者に通知し，受給者証の提出を求めるものとする。
一　第34条の3第3項第1号に掲げる事項を変更した旨
二　受給者証を提出する必要がある旨
三　受給者証の提出先及び提出期限

2　前項の特定障害者の受給者証が既に市町村に提出されているときは，市町村は，同項の規定にかかわらず，同項の通知に同項第2号及び第3号に掲げる事項を記載することを要しない。

3　市町村は，第34条の3第3項第1号に掲げる事項に変更を行った場合には，受給者証にその旨を記載し，これを返還するものとする。

（特定障害者特別給付費等の支給の取消し）

第34条の6　市町村は，次の各号に掲げる場合には，特定障害者特別給付費及び特例特定障害者特別給付費（以下この条において「特定障害者特別給付費等」という。）の支給を行わないことができる。

一　特定障害者が，法第34条第1項及び第35条第1項の規定に基づき特定障害者特別給付費等の支給を受ける必要がなくなったと認めるとき。
二　特定障害者が，第34条の3第3項第2号に規定する期間内に，当該市町村以外の市町村の区域内に居住地を有するに至ったと認めるとき。

2　前項の規定により特定障害者特別給付費等の支給を行わないこととした市町村は，次の各号に掲げる事項を書面により当該特定障害者特別給付費等に係る特定障害者に通知し，受給者証の提出を求めるものとする。
一　特定障害者特別給付費等の支給を行わないこととした旨
二　受給者証を提出する必要がある旨
三　受給者証の提出先及び提出期限

3　前項の特定障害者の受給者証が既に市町村に提出されているときは，市町村は，同項の規定にかかわらず，同項の通知に同項第2号及び第3号に掲げる事項を記載することを要しない。

4　市町村は，第1項の特定障害者特別給付費等の支給を行わないこととした場合には，受給者証にその旨を記載し，これを返還するものとする。

第4款　指定障害福祉サービス事業者及び指定障害者支援施設

（居宅介護，重度訪問介護，同行援護又は行動援護に係る指定の申請等）

第34条の7　法第36条第1項の規定に基づき居宅介護，重度訪問介護，同行援護又は行動援護に係る指定障害福祉サービス事業者（法第29条第1項に規定する指定障害福祉サービス事業者をいう。以下同じ。）の指定を受けようとする者は，次に掲げる事項を記載した申請書又は書類を，当該申請に係る事業所の所在地を管轄する都道府県知事に提出しなければならない。ただし，第4号に掲げる事項を記載した申請書又は書類（登記事項証明書を除く。）については，都道府県知事が，インターネットを利用して当該事項を閲覧することができる場合は，この限りでない。

一　事業所（当該事業所の所在地以外の場所に当該事業所の一部として使用される事務所を有するときは，当該事務所を含む。）の名称及び所在地

二　申請者の名称及び主たる事務所の所在地並びにその代表者の氏名，生年月日，住所及び職名

三　当該申請に係る事業の開始の予定年月日

四　申請者の登記事項証明書又は条例等

五　事業所の平面図

六　事業所の管理者及びサービス提供責任者（指定障害福祉サービス基準第5条第2項に規定するサービス提供責任者をいう。以下この款において同じ。）の氏名，生年月日，住所及び経歴

七　運営規程

八　利用者又はその家族からの苦情を解決するために講ずる措置の概要

九　当該申請に係る事業に係る従業者の勤務の体制及び勤務形態

十　法第36条第3項各号に該当しないことを誓約する書面（次条を除き，以下この節において「誓約書」という。）

十一　その他指定に関し必要と認める事項

2　居宅介護に係る法第29条第1項に規定する指定障害福祉サービス（以下この項において「指定居宅介護」という。）の事業を行う事業所であって重度訪問介護に係る法第43条第1項の都道府県の条例で定める基準及び同条第2項の都道府県の条例で定める指定障害福祉サービスの事業の設備及び運営に関する基準を満たすものについては，重度訪問介護に係る法第29条第1項の指定を受けたものとする。ただし，指定居宅介護の事業を行う事業者が，別段の申出をしたときは，この限りでない。

3　法第41条第1項の規定に基づき居宅介護，重度訪問介護，同行援護又は行動援護に係る指定障害福祉サービス事業者の指定の更新を受けようとする者は，第1項各号（第3号及び第10号を除く。）に掲げる事項及び次に掲げる事項を記載した申請書又は書類を，当該指定に係る事業所の所在地を管轄する都道府県知事に提出しなければならない。ただし，第1項第4号に掲げる事項を記載した申請書又は書類（登記事項証明書を除く。）については，都道府県知事が，インターネットを利用して当該事項を閲覧することができる場合は，この限りでない。

一　現に受けている指定の有効期間満了日

二　誓約書

4　前項の規定にかかわらず，都道府県知事は，当該申請に係る事業者が既に当該都道府県知事に提出している第1項第4号から第9号までに掲げる事項に変更がないときは，これらの事項に係る申請書の記載又は書類の提出を省略させることができる。

5　第1項及び第3項本文の規定にかかわらず，都道府県知事は，当該指定又は当該指定の更新（居宅介護又は重度訪問介護に係るものに限る。）を受けようとする者が介護保険法第70条第1項の規定に基づき第34条の26の4第1号に定める種類の居宅サービスに係る指定居宅サービス事業者の指定を受けている場合において，次の各号に掲げる規定に掲げる事項に係る申請書又は書類を既に都道府県知事に提出しているときは，当該各号に定める規定に掲げる事項に係る申請書の記載又は書類の提出を省略させることができる。

一　介護保険法施行規則（平成11年厚生省令第36号）第114条第1項第4号　第1項第4号

二　介護保険法施行規則第114条第1項第5号　第1項第5号

三　介護保険法施行規則第114条第1項第8号　第1項第8号

（療養介護に係る指定の申請等）

第34条の8　法第36条第1項の規定に基づき療養介護に係る指定障害福祉サービス事業者の指定を受けようとする者は，次に掲げる事項を記載した申請書又は書類を，当該申請に係る事業所の所在地を管轄する都道府県知事に提出しなければならない。ただし，第4号に掲げる事項を記載した申請書又は書類（登記事項証明書を除く。）については，都道府県知事が，インターネットを利用して当該事項を閲覧することができる場合は，この限りでない。

一　事業所の名称及び所在地
二　申請者の名称及び主たる事務所の所在地並びにその代表者の氏名，生年月日，住所及び職名
三　当該申請に係る事業の開始の予定年月日
四　申請者の登記事項証明書又は条例等
五　医療法第7条の許可を受けた病院であることを証する書類
六　建物の構造概要及び平面図（各室の用途を明示するものとする。）並びに設備の概要
七　利用者の推定数
八　事業所の管理者及びサービス管理責任者（指定障害福祉サービス基準第50条第1項第4号に規定するサービス管理責任者をいう。以下この款において同じ。）の氏名，生年月日，住所及び経歴
九　運営規程
十　利用者又はその家族からの苦情を解決するために講ずる措置の概要
十一　当該申請に係る事業に係る従業者の勤務の体制及び勤務形態
十二　法第36条第3項各号（同項第7号を除く。）に該当しないことを誓約する書面（以下この条において「誓約書」という。）
十三　その他指定に関し必要と認める事項
2　法第41条第1項の規定に基づき療養介護に係る指定障害福祉サービス事業者の指定の更新を受けようとする者は，前項各号（第3号及び第12号を除く。）に掲げる事項及び次に掲げる事項を記載した申請書又は書類を，当該指定に係る事業所の所在地を管轄する都道府県知事に提出しなければならない。ただし，前項第4号に掲げる事項を記載した申請書又は書類（登記事項証明書を除く。）については，都道府県知事が，インターネットを利用して当該事項を閲覧することができる場合は，この限りでない。
一　現に受けている指定の有効期間満了日
二　誓約書
3　前項の規定にかかわらず，都道府県知事は，当該申請に係る事業者が既に当該都道府県知事に提出している第1項第4号から第11号までに掲げる事項に変更がないときは，これらの事項に係る申請書の記載又は書類の提出を省略させることができる。

（生活介護に係る指定の申請等）

第34条の9　法第36条第1項の規定に基づき生活介護に係る指定障害福祉サービス事業者の指定を受けようとする者は，次に掲げる事項を記載した申請書又は書類を，当該申請に係る事業所の所在地を管轄する都道府県知事に提出しなければならない。ただし，第4号に掲げる事項を記載した申請書又は書類（登記事項証明書を除く。）については，都道府県知事が，インターネットを利用して当該事項を閲覧することができる場合は，この限りでない。
一　事業所の名称及び所在地
二　申請者の名称及び主たる事務所の所在地並びにその代表者の氏名，生年月日，住所及び職名
三　当該申請に係る事業の開始の予定年月日
四　申請者の登記事項証明書又は条例等
五　事業所の平面図（各室の用途を明示するものとする。）及び設備の概要
六　利用者の推定数
七　事業所の管理者及びサービス管理責任者の氏名，生年月日，住所及び経歴
八　運営規程
九　利用者又はその家族からの苦情を解決するために講ずる措置の概要
十　当該申請に係る事業に係る従業者の勤務の体制及び勤務形態
十一　指定障害福祉サービス基準第91条の協力医療機関の名称及び診療科名並びに当該協力医療機関との契約の内容
十二　誓約書
十三　その他指定に関し必要と認める事項
2　法第41条第1項の規定に基づき生活介護に係る指定障害福祉サービス事業者の指定の更新を受けようとする者は，前項各号（第3号及び第12号を除く。）に掲げる事項及び次に掲げる事項を記載した申請書又は書類を，当該指定に係る事業所の所在地を管轄する都道府県知事に提出しなければならない。ただし，前項第4号に掲げる事項を記載した申請書又は書類（登記事項

証明書を除く。）については，都道府県知事が，インターネットを利用して当該事項を閲覧することができる場合は，この限りでない。
　一　現に受けている指定の有効期間満了日
　二　誓約書
3　前項の規定にかかわらず，都道府県知事は，当該申請に係る事業者が既に当該都道府県知事に提出している第1項第4号から第11号までに掲げる事項に変更がないときは，これらの事項に係る申請書の記載又は書類の提出を省略させることができる。
4　第1項及び第2項本文の規定にかかわらず，都道府県知事は，当該指定又は当該指定の更新を受けようとする者が児童福祉法第21条の5の15第1項の規定に基づき第34条の26の3に定める種類の障害児通所支援に係る指定障害児通所支援事業者の指定を受けている場合又は介護保険法第70条第1項の規定に基づき第34条の26の4第2号に定める種類の居宅サービスに係る指定居宅サービス事業者の指定を受けている場合において，次の各号に掲げる規定に掲げる事項に係る申請書又は書類を既に都道府県知事に提出しているときは，当該各号に定める規定に掲げる事項に係る申請書の記載又は書類の提出を省略させることができる。
　一　児童福祉法施行規則第18条の27第1項第4号若しくは第18条の29第1項第4号又は介護保険法施行規則第119条第1項第4号　第1項第4号
　二　児童福祉法施行規則第18条の27第1項第5号若しくは第18条の29第1項第5号又は介護保険法施行規則第119条第1項第5号　第1項第5号
　三　児童福祉法施行規則第18条の27第1項第7号又は第18条の29第1項第7号　第1項第7号
　四　児童福祉法施行規則第18条の27第1項第9号若しくは第18条の29第1項第9号又は介護保険法施行規則第119条第1項第8号　第1項第9号
5　第1項及び第2項本文の規定にかかわらず，都道府県知事は，当該指定又は当該指定の更新を受けようとする者が介護保険法第78条の2第1項の規定に基づき第34条の26の5第1号に定める種類の地域密着型サービスに係る指定地域密着型サービス事業者の指定を受けている場合又は同法115条の12第1項の規定に基づき第34条の26の7に定める種類の地域密着型介護予防サービスに係る指定地域密着型介護予防サービス事業者の指定を受けている場合において，次の各号に掲げる規定に掲げる事項に係る申請書又は書類を既に市町村長に提出しているときは，当該各号に定める規定に掲げる事項に係る申請書の記載又は書類の提出は，これらの指定に係る申請の書類の写しを提出することにより行わせることができる。
　一　介護保険法施行規則第131条の3の2第1項第4号，第131条の五第1項第4号，第131条の8の2第1項第4号又は第140条の25第1項第4号　第1項第4号
　二　介護保険法施行規則第131条の3の2第1項第5号，第131条の5第1項第5号，第131条の8の2第1項第6号又は第140条の25第1項第5号　第1項第5号
　三　介護保険法施行規則第131条の5第1項第7号，第131条の8の2第1項第8号又は第140条の25第1項第7号　第1項第7号
　四　介護保険法施行規則第131条の3の2第1項第8号，第131条の5第1項第9号，第131条の8の2第1項第10号又は第140条の25第1項第9号　第1項第9号
　五　介護保険法施行規則第131条の5第1項第11号，第131条の8の2第1項第12号又は第140条の25第1項第11号　第1項第11号

第34条の10　削除

（短期入所に係る指定の申請等）

第34条の11　法第36条第1項の規定に基づき短期入所に係る指定障害福祉サービス事業者の指定を受けようとする者は，次に掲げる事項を記載した申請書又は書類を，当該申請に係る事業所の所在地を管轄する都道府県知事に提出しなければならない。ただし，第4号に掲げる事項を記載した申請書又は書類（登記事項証明書を除く。）については，都道府県知事が，インターネッ

トを利用して当該事項を閲覧することができる場合は，この限りでない。
一　事業所の名称及び所在地
二　申請者の名称及び主たる事務所の所在地並びにその代表者の氏名，生年月日，住所及び職名
三　当該申請に係る事業の開始の予定年月日
四　申請者の登記事項証明書又は条例等
五　事業所の種別（指定障害福祉サービス基準第115条第1項に規定する併設事業所（次号及び第7号において「併設事業所」という。）又は同条第2項の規定の適用を受ける施設の別をいう。）
六　建物の構造概要及び平面図（当該申請に係る事業を併設事業所において行う場合にあっては，指定障害福祉サービス基準第117条第2項に規定する併設本体施設の平面図を含む。）（各室の用途を明示するものとする。）並びに設備の概要
七　当該申請に係る事業を併設事業所において行うときは利用者の推定数，指定障害福祉サービス基準第115条第2項の規定の適用を受ける施設において行うときは当該施設の入所定員
八　事業所の管理者の氏名，生年月日，住所及び経歴
九　運営規程
十　利用者又はその家族からの苦情を解決するために講ずる措置の概要
十一　当該申請に係る事業に係る従業者の勤務の体制及び勤務形態
十二　指定障害福祉サービス基準第125条において準用する指定障害福祉サービス基準第91条の協力医療機関の名称及び診療科名並びに当該協力医療機関との契約の内容
十三　誓約書
十四　その他指定に関し必要と認める事項
2　法第41条第1項の規定に基づき短期入所に係る指定障害福祉サービス事業者の指定の更新を受けようとする者は，前項各号（第3号及び第13号を除く。）に掲げる事項及び次に掲げる事項を記載した申請書又は書類を，当該指定に係る事業所の所在地を管轄する都道府県知事に提出しなければならない。ただし，前項第4号に掲げる事項を記載した申請書又は書類（登記事項証明書を除く。）については，都道府県知事が，インターネットを利用して当該事項を閲覧することができる場合は，この限りでない。
一　現に受けている指定の有効期間満了日
二　誓約書
3　前項の規定にかかわらず，都道府県知事は，当該申請に係る事業者が既に当該都道府県知事に提出している第1項第4号から第12号までに掲げる事項に変更がないときは，これらの事項に係る申請書の記載又は書類の提出を省略させることができる。
4　第1項及び第2項本文の規定にかかわらず，都道府県知事は，当該指定又は当該指定の更新を受けようとする者が介護保険法第70条第1項の規定に基づき第34条の26の4第3号に定める種類の居宅サービスに係る指定居宅サービス事業者の指定を受けている場合又は同法第115条の2第1項の規定に基づき第34条の26の6に定める種類の介護予防サービスに係る指定介護予防サービス事業者の指定を受けている場合において，次の各号に掲げる規定に掲げる事項に係る申請書又は書類を既に都道府県知事に提出しているときは，当該各号に定める規定に掲げる事項に係る申請書の記載又は書類の提出を省略させることができる。
一　介護保険法施行規則第121条第1項第4号又は第140条の10第1項第4号　第1項第4号
二　介護保険法施行規則第121条第1項第6号又は第140条の10第1項第6号　第1項第6号
三　介護保険法施行規則第121条第1項第10号又は第140条の10第1項第10号　第1項第10号
四　介護保険法施行規則第121条第1項第12号又は第140条の10第1項第12号　第1項第12号
5　第1項及び第2項本文の規定にかかわらず，都道府県知事は，当該指定を受けようとする者

が介護保険法第78条の2第1項の規定に基づき第34条の26の5第2号に定める種類の地域密着型サービスに係る指定地域密着型サービス事業者の指定を受けている場合又は同法115条の12第1項の規定に基づき第34条の26の7に定める種類の地域密着型介護予防サービスに係る指定地域密着型介護予防サービス事業者の指定を受けている場合において，次の各号に掲げる規定に掲げる事項に係る申請書又は書類を既に市町村長に提出しているときは，当該各号に定める規定に掲げる事項に係る申請書の記載又は書類の提出は，これらの指定に係る申請の書類の写しを提出することにより行わせることができる。

一 介護保険法施行規則第131条の5第1項第4号，第131条の8の2第1項第4号又は第140条の25第1項第4号 第1項第4号
二 介護保険法施行規則第131条の5第1項第5号，第131条の8の2第1項第6号又は第140条の25第1項第5号 第1項第6号
三 介護保険法施行規則第131条の5第1項第7号，第131条の8の2第1項第8号又は第140条の25第1項第7号 第1項第8号
四 介護保険法施行規則第131条の5第1項第9号，第131条の8の2第1項第10号又は第140条の25第1項第9号 第1項第10号
五 介護保険法施行規則第131条の5第1項第11号，第131条の8の2第1項第12号又は第140条の25第1項第11号 第1項第12号

（重度障害者等包括支援に係る指定の申請等）

第34条の12 法第36条第1項の規定に基づき重度障害者等包括支援に係る指定障害福祉サービス事業者の指定を受けようとする者は，次に掲げる事項を記載した申請書又は書類を，当該申請に係る事業所の所在地を管轄する都道府県知事に提出しなければならない。ただし，第4号に掲げる事項を記載した申請書又は書類（登記事項証明書を除く。）については，都道府県知事が，インターネットを利用して当該事項を閲覧することができる場合は，この限りでない。

一 事業所（当該事業所の所在地以外の場所に当該事業所の一部として使用される事務所を有するときは，当該事務所を含む。）の名称及び所在地
二 申請者の名称及び主たる事務所の所在地並びにその代表者の氏名，生年月日，住所及び職名
三 当該申請に係る事業の開始の予定年月日
四 申請者の登記事項証明書又は条例等
五 提供する障害福祉サービスの種類
六 第三者に委託することにより提供する障害福祉サービスがあるときは，当該障害福祉サービスの種類並びに当該第三者の事業所の名称及び所在地
七 事業所の平面図
八 事業所の管理者及びサービス提供責任者の氏名，生年月日，住所及び経歴
九 運営規程
十 利用者又はその家族からの苦情を解決するために講ずる措置の概要
十一 当該申請に係る事業に係る従業者の勤務の体制及び勤務形態
十二 指定障害福祉サービス基準第131条第3項の医療機関との協力体制の概要
十三 誓約書
十四 その他指定に関し必要と認める事項

2 法第41条第1項の規定に基づき重度障害者等包括支援に係る指定障害福祉サービス事業者の指定の更新を受けようとする者は，前項各号（第3号及び第13号を除く。）に掲げる事項及び次に掲げる事項を記載した申請書又は書類を，当該指定に係る事業所の所在地を管轄する都道府県知事に提出しなければならない。ただし，前項第4号に掲げる事項を記載した申請書又は書類（登記事項証明書を除く。）については，都道府県知事が，インターネットを利用して当該事項を閲覧することができる場合は，この限りでない。

一 現に受けている指定の有効期間満了日
二 誓約書

3 前項の規定にかかわらず，都道府県知事は，当該申請に係る事業者が既に当該都道府県知事に提出している第1項第4号から第12号までに掲げる事項に変更がないときは，これらの事項

に係る申請書の記載又は書類の提出を省略させることができる。

第34条の13 削除

（自立訓練（機能訓練）に係る指定の申請等）

第34条の14 法第36条第1項の規定に基づき自立訓練（機能訓練）に係る指定障害福祉サービス事業者の指定を受けようとする者は，次に掲げる事項を記載した申請書又は書類を，当該申請に係る事業所の所在地を管轄する都道府県知事に提出しなければならない。ただし，第4号に掲げる事項を記載した申請書又は書類（登記事項証明書を除く。）については，都道府県知事が，インターネットを利用して当該事項を閲覧することができる場合は，この限りでない。

一　事業所の名称及び所在地
二　申請者の名称及び主たる事務所の所在地並びにその代表者の氏名，生年月日，住所及び職名
三　当該申請に係る事業の開始の予定年月日
四　申請者の登記事項証明書又は条例等
五　事業所の平面図（各室の用途を明示するものとする。）及び設備の概要
六　利用者の推定数
七　事業所の管理者及びサービス管理責任者の氏名，生年月日，住所及び経歴
八　運営規程
九　利用者又はその家族からの苦情を解決するために講ずる措置の概要
十　当該申請に係る事業に係る従業者の勤務の体制及び勤務形態
十一　指定障害福祉サービス基準第162条において準用する指定障害福祉サービス基準第91条の協力医療機関の名称及び診療科名並びに当該協力医療機関との契約の内容
十二　誓約書
十三　その他指定に関し必要と認める事項

2　法第41条第1項の規定に基づき自立訓練（機能訓練）に係る指定障害福祉サービス事業者の指定の更新を受けようとする者は，前項各号（第3号及び第12号を除く。）に掲げる事項及び次に掲げる事項を記載した申請書又は書類を，当該指定に係る事業所の所在地を管轄する都道府県知事に提出しなければならない。ただし，前項第4号に掲げる事項を記載した申請書又は書類（登記事項証明書を除く。）については，都道府県知事が，インターネットを利用して当該事項を閲覧することができる場合は，この限りでない。

一　現に受けている指定の有効期間満了日
二　誓約書

3　前項の規定にかかわらず，都道府県知事は，当該申請に係る事業者が既に当該都道府県知事に提出している第1項第4号から第11号までに掲げる事項に変更がないときは，これらの事項に係る申請書の記載又は書類の提出を省略させることができる。

4　第34条の9第4項（指定居宅サービス事業者に係る部分に限る。）及び第5項の規定は，自立訓練（機能訓練）に係る指定障害福祉サービス事業者の指定の申請に準用する。

（自立訓練（生活訓練）に係る指定の申請等）

第34条の15 法第36条第1項の規定に基づき自立訓練（生活訓練）に係る指定障害福祉サービス事業者の指定を受けようとする者は，次に掲げる事項を記載した申請書又は書類を，当該申請に係る事業所の所在地を管轄する都道府県知事に提出しなければならない。ただし，第4号に掲げる事項を記載した申請書又は書類（登記事項証明書を除く。）については，都道府県知事が，インターネットを利用して当該事項を閲覧することができる場合は，この限りでない。

一　事業所の名称及び所在地
二　申請者の名称及び主たる事務所の所在地並びにその代表者の氏名，生年月日，住所及び職名
三　当該申請に係る事業の開始の予定年月日
四　申請者の登記事項証明書又は条例等
五　事業所の平面図（各室の用途を明示するものとする。）及び設備の概要
六　利用者の推定数
七　事業所の管理者及びサービス管理責任者の氏名，生年月日，住所及び経歴
八　運営規程
九　利用者又はその家族からの苦情を解決する

ために講ずる措置の概要
十　当該申請に係る事業に係る従業者の勤務の体制及び勤務形態
十一　指定障害福祉サービス基準第171条において準用する指定障害福祉サービス基準第91条の協力医療機関の名称及び診療科名並びに当該協力医療機関との契約の内容
十二　誓約書
十三　その他指定に関し必要と認める事項

2　法第41条第1項の規定に基づき自立訓練（生活訓練）に係る指定障害福祉サービス事業者の指定の更新を受けようとする者は，前項各号（第3号及び第12号を除く。）に掲げる事項及び次に掲げる事項を記載した申請書又は書類を，当該指定に係る事業所の所在地を管轄する都道府県知事に提出しなければならない。ただし，前項第4号に掲げる事項を記載した申請書又は書類（登記事項証明書を除く。）については，都道府県知事が，インターネットを利用して当該事項を閲覧することができる場合は，この限りでない。
一　現に受けている指定の有効期間満了日
二　誓約書

3　前項の規定にかかわらず，都道府県知事は，当該申請に係る事業者が既に当該都道府県知事に提出している第1項第4号から第11号までに掲げる事項に変更がないときは，これらの事項に係る申請書の記載又は書類の提出を省略させることができる。

4　第34条の9第4項（指定居宅サービス事業者に係る部分に限る。）及び第5項の規定は，自立訓練（生活訓練）に係る指定障害福祉サービス事業者の指定の申請に準用する。

（就労移行支援に係る指定の申請等）

第34条の16　法第36条第1項の規定に基づき就労移行支援に係る指定障害福祉サービス事業者の指定を受けようとする者は，次に掲げる事項を記載した申請書又は書類を，当該申請に係る事業所の所在地を管轄する都道府県知事に提出しなければならない。ただし，第4号に掲げる事項を記載した申請書又は書類（登記事項証明書を除く。）については，都道府県知事が，インターネットを利用して当該事項を閲覧することができる場合は，この限りでない。
一　事業所の名称及び所在地
二　申請者の名称及び主たる事務所の所在地並びにその代表者の氏名，生年月日，住所及び職名
三　当該申請に係る事業の開始の予定年月日
四　申請者の登記事項証明書又は条例等
五　事業所の平面図（各室の用途を明示するものとする。）及び設備の概要
六　利用者の推定数
七　事業所の管理者及びサービス管理責任者の氏名，生年月日，住所及び経歴
八　運営規程
九　利用者又はその家族からの苦情を解決するために講ずる措置の概要
十　当該申請に係る事業に係る従業者の勤務の体制及び勤務形態
十一　指定障害福祉サービス基準第184条において準用する指定障害福祉サービス基準第91条の協力医療機関の名称及び診療科名並びに当該協力医療機関との契約の内容
十二　指定障害福祉サービス基準第180条第2項，第181条第2項及び第182条の規定により連携する公共職業安定所その他関係機関の名称
十三　誓約書
十四　その他指定に関し必要と認める事項

2　法第41条第1項の規定に基づき就労移行支援に係る指定障害福祉サービス事業者の指定の更新を受けようとする者は，前項各号（第3号及び第13号を除く。）に掲げる事項及び次に掲げる事項を記載した申請書又は書類を，当該指定に係る事業所の所在地を管轄する都道府県知事に提出しなければならない。ただし，前項第4号に掲げる事項を記載した申請書又は書類（登記事項証明書を除く。）については，都道府県知事が，インターネットを利用して当該事項を閲覧することができる場合は，この限りでない。
一　現に受けている指定の有効期間満了日
二　誓約書

3　前項の規定にかかわらず，都道府県知事は，

当該申請に係る事業者が既に当該都道府県知事に提出している第1項第4号から第12号までに掲げる事項に変更がないときは，これらの事項に係る申請書の記載又は書類の提出を省略させることができる。

（就労継続支援A型に係る指定の申請等）

第34条の17 法第36条第1項の規定に基づき第6条の10第1号の就労継続支援A型（以下「就労継続支援A型」という。）に係る指定障害福祉サービス事業者の指定を受けようとする者は，次に掲げる事項を記載した申請書又は書類を，当該申請に係る事業所の所在地を管轄する都道府県知事に提出しなければならない。ただし，第4号に掲げる事項を記載した申請書又は書類（登記事項証明書を除く。）については，都道府県知事が，インターネットを利用して当該事項を閲覧することができる場合は，この限りでない。

一　事業所の名称及び所在地
二　申請者の名称及び主たる事務所の所在地並びにその代表者の氏名，生年月日，住所及び職名
三　当該申請に係る事業の開始の予定年月日
四　申請者の定款，寄附行為等及びその登記事項証明書又は条例等
五　事業所の平面図（各室の用途を明示するものとする。）及び設備の概要
六　利用者の推定数
七　事業所の管理者及びサービス管理責任者の氏名，生年月日，住所及び経歴
八　運営規程
九　利用者又はその家族からの苦情を解決するために講ずる措置の概要
十　当該申請に係る事業に係る従業者の勤務の体制及び勤務形態
十一　指定障害福祉サービス基準第197条において準用する指定障害福祉サービス基準第91条の協力医療機関の名称及び診療科名並びに当該協力医療機関との契約の内容
十二　誓約書
十三　その他指定に関し必要と認める事項

2　法第41条第1項の規定に基づき就労継続支援A型に係る指定障害福祉サービス事業者の指定の更新を受けようとする者は，前項各号（第3号及び第12号を除く。）に掲げる事項及び次に掲げる事項を記載した申請書又は書類を，当該指定に係る事業所の所在地を管轄する都道府県知事に提出しなければならない。ただし，前項第4号に掲げる事項を記載した申請書又は書類（登記事項証明書を除く。）については，都道府県知事が，インターネットを利用して当該事項を閲覧することができる場合は，この限りでない。

一　現に受けている指定の有効期間満了日
二　誓約書

3　前項の規定にかかわらず，都道府県知事は，当該申請に係る事業者が既に当該都道府県知事に提出している第1項第4号から第11号までに掲げる事項に変更がないときは，これらの事項に係る申請書の記載又は書類の提出を省略させることができる。

（就労継続支援B型に係る指定の申請等）

第34条の18　法第36条第1項の規定に基づき第6条の10第2号の就労継続支援B型（以下「就労継続支援B型」という。）に係る指定障害福祉サービス事業者の指定を受けようとする者は，次に掲げる事項を記載した申請書又は書類を，当該申請に係る事業所の所在地を管轄する都道府県知事に提出しなければならない。ただし，第4号に掲げる事項を記載した申請書又は書類（登記事項証明書を除く。）については，都道府県知事が，インターネットを利用して当該事項を閲覧することができる場合は，この限りでない。

一　事業所の名称及び所在地
二　申請者の名称及び主たる事務所の所在地並びにその代表者の氏名，生年月日，住所及び職名
三　当該申請に係る事業の開始の予定年月日
四　申請者の登記事項証明書又は条例等
五　事業所の平面図（各室の用途を明示するものとする。）及び設備の概要
六　利用者の推定数
七　事業所の管理者及びサービス管理責任者の

氏名，生年月日，住所及び経歴
八　運営規程
九　利用者又はその家族からの苦情を解決するために講ずる措置の概要
十　当該申請に係る事業に係る従業者の勤務の体制及び勤務形態
十一　指定障害福祉サービス基準第202条において準用する指定障害福祉サービス基準第91条の協力医療機関の名称及び診療科名並びに当該協力医療機関との契約の内容
十二　誓約書
十三　その他指定に関し必要と認める事項
2　法第41条第1項の規定に基づき就労継続支援B型に係る指定障害福祉サービス事業者の指定の更新を受けようとする者は，前項各号（第3号及び第12号を除く。）に掲げる事項及び次に掲げる事項を記載した申請書又は書類を，当該指定に係る事業所の所在地を管轄する都道府県知事に提出しなければならない。ただし，前項第4号に掲げる事項を記載した申請書又は書類（登記事項証明書を除く。）については，都道府県知事が，インターネットを利用して当該事項を閲覧することができる場合は，この限りでない。
一　現に受けている指定の有効期間満了日
二　誓約書
3　前項の規定にかかわらず，都道府県知事は，当該申請に係る事業者が既に当該都道府県知事に提出している第1項第4号から第11号までに掲げる事項に変更がないときは，これらの事項に係る申請書の記載又は書類の提出を省略させることができる。
（就労定着支援に係る指定の申請等）
第34条の18の2　法第36条第1項の規定に基づき就労定着支援に係る指定障害福祉サービス事業者の指定を受けようとする者は，次に掲げる事項を記載した申請書又は書類を，当該申請に係る事業所の所在地を管轄する都道府県知事に提出しなければならない。ただし，第4号に掲げる事項を記載した申請書又は書類（登記事項証明書を除く。）については，都道府県知事が，インターネットを利用して当該事項を閲覧することができる場合は，この限りでない。
一　事業所の名称及び所在地
二　申請者の名称及び主たる事務所の所在地並びにその代表者の氏名，生年月日，住所及び職名
三　当該申請に係る事業の開始の予定年月日
四　申請者の登記事項証明書又は条例等
五　指定を受けようとする事業者が提供する指定障害福祉サービスの種類並びに当該事業所の名称及び所在地
六　事業所の平面図
七　利用者の推定数
八　事業所の管理者及びサービス管理責任者の氏名，生年月日，住所及び経歴
九　運営規程
十　利用者又はその家族からの苦情を解決するために講ずる措置の概要
十一　当該申請に係る事業に係る従業者の勤務の体制及び勤務形態
十二　誓約書
十三　その他指定に関し必要と認める事項
2　法第41条第1項の規定に基づき就労定着支援に係る指定障害福祉サービス事業者の指定の更新を受けようとする者は，前項各号（第3号及び第12号を除く。）に掲げる事項及び次に掲げる事項を記載した申請書又は書類を，当該指定に係る事業所の所在地を管轄する都道府県知事に提出しなければならない。ただし，前項第4号に掲げる事項を記載した申請書又は書類（登記事項証明書を除く。）については，都道府県知事が，インターネットを利用して当該事項を閲覧することができる場合は，この限りでない。
一　現に受けている指定の有効期間満了日
二　誓約書
3　前項の規定にかかわらず，都道府県知事は，当該申請に係る事業者が既に当該都道府県知事に提出している第1項第4号から第11号までに掲げる事項に変更がないときは，これらの事項に係る申請書の記載又は書類の提出を省略させることができる。
（自立生活援助に係る指定の申請等）
第34条の18の3　法第36条第1項の規定に基づき

自立生活援助に係る指定障害福祉サービス事業者の指定を受けようとする者は，次に掲げる事項を記載した申請書又は書類を，当該申請に係る事業所の所在地を管轄する都道府県知事に提出しなければならない。ただし，第4号に掲げる事項を記載した申請書又は書類（登記事項証明書を除く。）については，都道府県知事が，インターネットを利用して当該事項を閲覧することができる場合は，この限りでない。

一　事業所の名称及び所在地
二　申請者の名称及び主たる事務所の所在地並びにその代表者の氏名，生年月日，住所及び職名
三　当該申請に係る事業の開始の予定年月日
四　申請者の登記事項証明書又は条例等
五　指定を受けようとする者の指定障害福祉サービス事業者，指定障害者支援施設又は指定相談支援事業者の別，提供している指定障害福祉サービスの種類並びに当該事業所又は施設の名称及び所在地
六　事業所の平面図
七　利用者の推定数
八　事業所の管理者及びサービス管理責任者の氏名，生年月日，住所及び経歴
九　運営規程
十　利用者又はその家族からの苦情を解決するために講ずる措置の概要
十一　当該申請に係る事業に係る従業者の勤務の体制及び勤務形態
十二　誓約書
十三　その他指定に関し必要と認める事項

2　法第41条第1項の規定に基づき自立生活援助に係る指定障害福祉サービス事業者の指定の更新を受けようとする者は，前項各号（第3号及び第12号を除く。）に掲げる事項及び次に掲げる事項を記載した申請書又は書類を，当該指定に係る事業所の所在地を管轄する都道府県知事に提出しなければならない。ただし，前項第4号に掲げる事項を記載した申請書又は書類（登記事項証明書を除く。）については，都道府県知事が，インターネットを利用して当該事項を閲覧することができる場合は，この限りでない。

一　現に受けている指定の有効期間満了日
二　誓約書

3　前項の規定にかかわらず，都道府県知事は，当該申請に係る事業者が既に当該都道府県知事に提出している第1項第4号から第11号までに掲げる事項に変更がないときは，これらの事項に係る申請書の記載又は書類の提出を省略させることができる。

（共同生活援助に係る指定の申請等）

第34条の19　法第36条第1項の規定に基づき共同生活援助に係る指定障害福祉サービス事業者の指定を受けようとする者は，次に掲げる事項を記載した申請書又は書類を，当該申請に係る事業所の所在地を管轄する都道府県知事に提出しなければならない。ただし，第4号に掲げる事項を記載した申請書又は書類（登記事項証明書を除く。）については，都道府県知事が，インターネットを利用して当該事項を閲覧することができる場合は，この限りでない。

一　事業所の名称及び所在地
二　申請者の名称及び主たる事務所の所在地並びにその代表者の氏名，生年月日，住所及び職名
三　当該申請に係る事業の開始の予定年月日
四　申請者の登記事項証明書又は条例等
五　建物の構造概要及び平面図（各室の用途を明示するものとする。）並びに設備の概要
六　利用者の推定数
七　事業所の管理者及びサービス管理責任者の氏名，生年月日，住所及び経歴
八　運営規程
九　利用者又はその家族からの苦情を解決するために講ずる措置の概要
十　当該申請に係る事業に係る従業者の勤務の体制及び勤務形態
十一　指定障害福祉サービス基準第213条の12に規定する受託居宅介護サービス事業者が事業を行う事業所の名称及び所在地並びに当該事業者の名称及び所在地
十二　指定障害福祉サービス基準第212条の4第1項(指定障害福祉サービス基準第213条の11及び第213条の22において準用する場合を

含む。)の協力医療機関の名称及び診療科名並びに当該協力医療機関との契約の内容(同条第2項に規定する協力歯科医療機関があるときは，その名称及び当該協力歯科医療機関との契約の内容を含む。)
  十三　指定障害福祉サービス基準第212条の2(指定障害福祉サービス基準第213条の11及び第213条の22において準用する場合を含む。)の関係機関との連携その他の適切な支援体制の概要
  十四　誓約書
  十五　その他指定に関し必要と認める事項
 2　法第41条第1項の規定に基づき共同生活援助に係る指定障害福祉サービス事業者の指定の更新を受けようとする者は，前項各号(第3号及び第14号を除く。)に掲げる事項及び次に掲げる事項を記載した申請書又は書類を，当該指定に係る事業所の所在地を管轄する都道府県知事に提出しなければならない。ただし，前項第4号に掲げる事項を記載した申請書又は書類(登記事項証明書を除く。)については，都道府県知事が，インターネットを利用して当該事項を閲覧することができる場合は，この限りでない。
  一　現に受けている指定の有効期間満了日
  二　誓約書
 3　前項の規定にかかわらず，都道府県知事は，当該申請に係る事業者が既に当該都道府県知事に提出している第1項第4号から第13号までに掲げる事項に変更がないときは，これらの事項に係る申請書の記載又は書類の提出を省略させることができる。

 (法第36条第2項に規定する厚生労働省令で定める障害福祉サービス)
第34条の20　法第36条第2項に規定する厚生労働省令で定める障害福祉サービス(第34条の22において「特定障害福祉サービス」という。)は，生活介護，就労継続支援A型及び就労継続支援B型とする。

 (法第36条第3項第6号の厚生労働省令で定める同号本文に規定する指定の取消しに該当しないこととすることが相当であると認められるもの)
第34条の20の2　法第36条第3項第6号(法第37条第2項，第38条第3項(法第39条第2項において準用する場合を含む。)，第41条第4項，第51条の19第2項(法第51条の21第2項において準用する場合を含む。)，第51条の20第2項(法第51条の21第2項において準用する場合を含む。)及び第59条第3項において準用する場合を含む。)の厚生労働省令で定める同号本文に規定する指定の取消しに該当しないこととすることが相当であると認められるものは，厚生労働大臣，都道府県知事又は市町村長が法第51条の3第1項その他の規定による報告等の権限を適切に行使し，当該指定の取消しの処分の理由となった事実及び当該事実の発生を防止するための当該指定事業者等(法第42条第1項に規定する指定事業者等をいう。以下同じ。)による業務管理体制の整備についての取組の状況その他の当該事実に関して当該指定事業者等が有していた責任の程度を確認した結果，当該指定事業者等が当該指定の取消しの理由となった事実について組織的に関与していると認められない場合に係るものとする。
 2　前項の規定は，法第36条第3項第7号の厚生労働省令で定める同号本文に規定する指定の取消しに該当しないこととすることが相当であると認められるものについて準用する。

 (法第36条第3項第7号の申請者の親会社等)
第34条の20の3　法第36条第3項第7号(法第37条第2項，第38条第3項(法第39条第2項において準用する場合を含む。)，第41条第4項，第51条の19第2項(法第51条の21第2項において準用する場合を含む。)及び第51条の20第2項(法第51条の21第2項において準用する場合を含む。)において準用する場合を含む。以下この条において同じ。)に規定する申請者の親会社等(以下この条において「申請者の親会社等」という。)は，次に掲げる者とする。
  一　申請者(株式会社である場合に限る。)の議決権の過半数を所有している者
  二　申請者(持分会社(会社法(平成17年法律第86号)第575条第1項に規定する持分会社をいう。以下この条において同じ。)である場

合に限る。)の資本金の過半数を出資している者
　三　申請者の事業の方針の決定に関して、前2号に掲げる者と同等以上の支配力を有すると認められる者
2　法第36条第3項第7号の厚生労働省令で定める申請者の親会社等がその事業を実質的に支配し、又はその事業に重要な影響を与える関係にある者は、次に掲げる者とする。
　一　申請者の親会社等（株式会社である場合に限る。）が議決権の過半数を所有している者
　二　申請者の親会社等（持分会社である場合に限る。）が資本金の過半数を出資している者
　三　事業の方針の決定に関する申請者の親会社等の支配力が前2号に掲げる者と同等以上と認められる者
3　法第36条第3項第7号の厚生労働省令で定める申請者がその事業を実質的に支配し、又はその事業に重要な影響を与える関係にある者は、次に掲げる者とする。
　一　申請者（株式会社である場合に限る。）が議決権の過半数を所有している者
　二　申請者（持分会社である場合に限る。）が資本金の過半数を出資している者
　三　事業の方針の決定に関する申請者の支配力が前2号に掲げる者と同等以上と認められる者
4　法第36条第3項第7号の厚生労働省令で定める密接な関係を有する法人は、次の各号のいずれにも該当する法人とする。
　一　申請者の重要な事項に係る意思決定に関与し、又は申請者若しくは申請者の親会社等が重要な事項に係る意思決定に関与している者であること。
　二　法第29条第1項、第51条の14第1項又は第51条の17第1項第1号の規定により都道府県知事又は市町村長の指定を受けた者であること。
　三　次のイからチまでに掲げる指定の申請者の区分に応じ、それぞれイからホまでに定める障害福祉サービスを行っていた者、ヘに定める障害者支援施設を設置していた者又はト若しくはチに定める地域相談支援若しくは計画相談支援を行っていた者であること。
　　イ　障害福祉サービス（居宅介護、重度訪問介護、同行援護及び行動援護に限る。以下このイにおいて同じ。）に係る指定の申請者　法第29条第1項に規定する指定障害福祉サービス（以下この号において「指定障害福祉サービス」という。）に該当する障害福祉サービスのうちいずれか1以上のサービス
　　ロ　障害福祉サービス（生活介護（法第5条第1項に規定する施設障害福祉サービスとして提供される場合を除く。）及び短期入所に限る。以下このロにおいて同じ。）に係る指定の申請者　指定障害福祉サービスに該当する障害福祉サービスのうちいずれか1以上のサービス
　　ハ　重度障害者等包括支援に係る指定の申請者　指定障害福祉サービスに該当する重度障害者等包括支援
　　ニ　障害福祉サービス（自立生活援助及び共同生活援助に限る。以下このニにおいて同じ。）に係る指定の申請者　指定障害福祉サービスに該当する障害福祉サービスのうちいずれか1以上のサービス
　　ホ　障害福祉サービス（自立訓練、就労移行支援、就労継続支援及び就労定着支援に限り、法第5条第1項に規定する施設障害福祉サービスとして提供される場合を除く。以下このホにおいて同じ。）に係る指定の申請者　指定障害福祉サービスに該当する障害福祉サービスのうちいずれか1以上のサービス
　　ヘ　障害者支援施設に係る指定の申請者　指定障害者支援施設
　　ト　地域相談支援に係る指定の申請者　法第51条の14第1項に規定する指定地域相談支援（以下「指定地域相談支援」という。）
　　チ　計画相談支援に係る指定の申請者　法第51条の17第2項に規定する指定計画相談支援（以下「指定計画相談支援」という。）

（聴聞決定予定日の通知）

第34条の20の4　法第36条第3項第9号（法第37条第2項，第38条第3項（法第39条第2項において準用する場合を含む。），第41条第4項，第51条の19第2項（法第51条の21第2項において準用する場合を含む。），第51条の20第2項（法第51条の21第2項において準用する場合を含む。）及び第59条第3項において準用する場合を含む。）の規定による通知をするときは，法第48条第1項（同条第3項において準用する場合を含む。）又は第51条の27の規定による検査が行われた日（以下この条において「検査日」という。）から10日以内に，検査日から起算して60日以内の特定の日を通知するものとする。

（法第36条第4項の厚生労働省令で定める基準）

第34条の21　法第36条第4項（法第37条第2項において準用する場合を含む。）厚生労働省令で定める基準は，法人であることとする。ただし，療養介護に係る指定又は短期入所（病院又は診療所により行われるものに限る。）に係る指定の申請についてはこの限りでない。

2　前項の規定は，法第41条第1項の指定障害福祉サービス事業者の指定の更新について準用する。

（指定障害福祉サービス事業者の指定の変更の申請）

第34条の22　法第37条第1項の規定に基づき指定障害福祉サービス事業者（特定障害福祉サービスに係るものに限る。以下この条において同じ。）の指定の変更を受けようとする者は，次の各号に掲げる指定障害福祉サービス事業者が行う特定障害福祉サービスの種類に応じ，当該各号に掲げる事項を記載した申請書又は書類を，当該変更の申請に係る事業所の所在地を管轄する都道府県知事に提出しなければならない。

　一　生活介護　第34条の9第1項第1号，第2号，第5号及び第10号に掲げる事項並びに利用定員

　二　就労継続支援A型　第34条の17第1項第1号，第2号，第5号及び第10号に掲げる事項並びに利用定員

　三　就労継続支援B型　第34条の18第1項第1号，第2号，第5号及び第10号に掲げる事項並びに利用定員

（指定障害福祉サービス事業者の名称等の変更の届出等）

第34条の23　指定障害福祉サービス事業者は，次の各号に掲げる指定障害福祉サービス事業者が行う指定障害福祉サービスの種類に応じ，当該各号に定める事項に変更があったときは，当該変更に係る事項について当該指定障害福祉サービス事業者の事業所の所在地を管轄する都道府県知事に届け出なければならない。ただし，第34条の7第1項第4号，第34条の8第1項第4号，第34条の9第1項第4号，第34条の11第1項第4号，第34条の12第1項第4号，第34条の14第1項第4号，第34条の15第1項第4号，第34条の16第1項第4号，第34条の17第1項第4号，第34条の18第1項第4号，第34条の18の2第1項第4号，第34条の18の3第1項第4号及び第34条の19第1項第4号に掲げる事項を記載した申請書又は書類（登記事項証明書を除く。）については，都道府県知事が，インターネットを利用して当該事項を閲覧することができる場合は，この限りでない。

　一　居宅介護，重度訪問介護，同行援護又は行動援護　第34条の7第1項第1号，第2号，第4号（当該指定に係る事業に関するものに限る。）及び第5号から第7号までに掲げる事項

　二　療養介護　第34条の8第1項第1号，第2号，第4号（当該指定に係る事業に関するものに限る。），第6号，第8号及び第9号に掲げる事項

　三　生活介護　第34条の9第1項第1号，第2号，第4号（当該指定に係る事業に関するものに限る。），第5号，第7号，第8号及び第11号に掲げる事項

　四　短期入所　第34条の11第1項第1号，第2号，第4号（当該指定に係る事業に関するものに限る。），第5号，第6号，第7号（指定障害福祉サービス基準第115条第1項又は第2項の規定の適用を受ける施設において行うときに係るものに限る。），第8号，第9号及

び第12号に掲げる事項
五　重度障害者等包括支援　第34条の12第1項第1号、第2号、第4号（当該指定に係る事業に関するものに限る。）、第5号から第9号まで及び第12号に掲げる事項
六　自立訓練（機能訓練）　第34条の14第1項第1号、第2号、第4号（当該指定に係る事業に関するものに限る。）、第5号、第7号、第8号及び第11号に掲げる事項
七　自立訓練（生活訓練）　第34条の15第1項第1号、第2号、第4号（当該指定に係る事業に関するものに限る。）、第5号、第7号、第8号及び第11号に掲げる事項
八　就労移行支援　第34条の16第1項第1号、第2号、第4号（当該指定に係る事業に関するものに限る。）、第5号、第7号、第8号、第11号及び第12号に掲げる事項
九　就労継続支援A型　第34条の17第1項第1号、第2号、第4号（当該指定に係る事業に関するものに限る。）、第5号、第7号、第8号及び第11号に掲げる事項
十　就労継続支援B型　第34条の18第1項第1号、第2号、第4号（当該指定に係る事業に関するものに限る。）、第5号、第7号、第8号及び第11号に掲げる事項
十一　就労定着支援　第34条の18の2第1項第1号、第2号、第4号（当該指定に係る事業に関するものに限る。）、第5号、第6号、第8号及び第9号に掲げる事項
十二　自立生活援助　第34条の18の3第1項第1号、第2号、第4号（当該指定に係る事業に関するものに限る。）、第5号、第6号、第8号及び第9号に掲げる事項
十三　共同生活援助　第34条の19第1項第1号、第2号、第4号（当該指定に係る事業に関するものに限る。）、第5号、第7号、第8号、第12号及び第13号に掲げる事項

2　前項の届出であって、同項第2号、第4号から第9号まで及び第13号に掲げる障害福祉サービスの利用者の定員の増加に伴うものは、それぞれ当該障害福祉サービスに係る従業者の勤務の体制及び勤務形態を記載した書類を添付して行うものとする。

3　指定障害福祉サービス事業者は、休止した当該指定障害福祉サービスの事業を再開したときは、再開した年月日を当該指定障害福祉サービス事業者の事業所の所在地を管轄する都道府県知事に届け出なければならない。

4　指定障害福祉サービス事業者は、当該指定障害福祉サービスの事業を廃止し、又は休止しようとするときは、その廃止又は休止の日の1月前までに、次に掲げる事項を当該指定障害福祉サービス事業者の事業所の所在地を管轄する都道府県知事に届け出なければならない。
一　廃止し、又は休止しようとする年月日
二　廃止し、又は休止しようとする理由
三　現に当該指定障害福祉サービスを受けている者に関する次に掲げる事項
　イ　現に当該指定障害福祉サービスを受けている者に対する措置
　ロ　現に当該指定障害福祉サービスを受けている者の氏名、連絡先、受給者証番号及び引き続き当該指定障害福祉サービスに相当するサービスの提供を希望する旨の申出の有無
　ハ　引き続き当該指定障害福祉サービスに相当するサービスの提供を希望する者に対し、必要な障害福祉サービスを継続的に提供する他の指定障害福祉サービス事業者の名称
四　休止しようとする場合にあっては、休止の予定期間

（指定障害者支援施設の指定の申請等）

第34条の24　法第38条第1項の規定に基づき法第29条第1項に規定する指定障害者支援施設（以下「指定障害者支援施設」という。）の指定を受けようとする者は、次に掲げる事項を記載した申請書又は書類を、当該申請に係る施設の設置の場所を管轄する都道府県知事に提出しなければならない。ただし、第4号に掲げる事項を記載した申請書又は書類（登記事項証明書を除く。）については、都道府県知事が、インターネットを利用して当該事項を閲覧することができる場合は、この限りでない。

一　施設の名称及び設置の場所
二　設置者の名称及び主たる事務所の所在地並びにその代表者の氏名，生年月日，住所及び職名
三　当該申請に係る事業の開始の予定年月日
四　設置者の登記事項証明書又は条例等
五　提供する法第5条第1項に規定する施設障害福祉サービス（施設入所支援を除く。以下この条，次条及び第68条の2において同じ。）の種類
六　建物の構造概要及び平面図（各室の用途を明示するものとする。）並びに設備の概要
七　利用者の推定数
八　施設の管理者及びサービス管理責任者の氏名，生年月日，住所及び経歴
九　運営規程
十　利用者又はその家族からの苦情を解決するために講ずる措置の概要
十一　当該申請に係る事業に係る従業者の勤務の体制及び勤務形態（提供する施設障害福祉サービスの種類ごとの従業者の勤務の体制及び勤務形態を明示するものとする。）
十二　障害者の日常生活及び社会生活を総合的に支援するための法律に基づく指定障害者支援施設等の人員，設備及び運営に関する基準（平成18年厚生労働省令第172号。以下この款において「指定障害者支援施設基準」という。）第46条第1項の協力医療機関の名称及び診療科名並びに当該協力医療機関との契約の内容（同条第2項に規定する協力歯科医療機関があるときは，その名称及び当該協力歯科医療機関との契約の内容を含む。）
十三　指定障害者支援施設基準第30条第2項，第31条第2項及び第32条の規定により連携する公共職業安定所その他関係機関の名称（就労移行支援を行う場合に限る。）
十四　誓約書
十五　その他指定に関し必要と認める事項
2　法第41条第1項の規定に基づき指定障害者支援施設の指定の更新を受けようとする者は，前項各号（第3号及び第14号を除く。）に掲げる事項及び次に掲げる事項を記載した申請書又は書類を，当該指定に係る施設の所在地を管轄する都道府県知事に提出しなければならない。ただし，前項第4号に掲げる事項を記載した申請書又は書類（登記事項証明書を除く。）については，都道府県知事が，インターネットを利用して当該事項を閲覧することができる場合は，この限りでない。
一　現に受けている指定の有効期間満了日
二　誓約書
3　前項の規定にかかわらず，都道府県知事は，当該申請に係る施設が既に当該都道府県知事に提出している第1項第4号から第13号までに掲げる事項に変更がないときは，これらの事項に係る申請書の記載又は書類の提出を省略させることができる。
（法第38条第3項において準用する法第36条第4項の厚生労働省令で定める基準）
第34条の24の2　法第38条第3項（法第39条第2項において準用する場合を含む。）において準用する法第36条第4項の厚生労働省令で定める基準は，法人であることとする。
2　前項の規定は，法第41条第1項の指定障害者支援施設の指定の更新について準用する。
（指定障害者支援施設の指定の変更の申請）
第34条の25　法第39条第1項の規定に基づき法第29条第1項の指定に係る施設障害福祉サービスの種類を変更するために指定障害者支援施設の指定の変更を受けようとする者は，第34条の24第1項第1号，第2号，第5号から第7号まで及び第11号に掲げる事項を記載した申請書又は書類を，当該指定に係る入所定員（生活介護に係るものに限る。以下この条において同じ。）を増加するために指定障害者支援施設の指定の変更を受けようとする者は，同項第1号，第2号，第6号，第7号及び第11号に掲げる事項並びに入所定員を記載した申請書又は書類を，当該申請に係る施設の設置の場所を管轄する都道府県知事に提出しなければならない。
（指定障害者支援施設の設置者の住所等の変更の届出等）
第34条の26　指定障害者支援施設の設置者は，第34条の24第1項第1号，第2号，第4号（当該

指定に係る事業に関するものに限る。），第6号，第8号，第9号，第12号及び第13号に掲げる事項に変更があったときは，当該変更に係る事項について当該指定障害者支援施設の設置の場所を管轄する都道府県知事に届け出なければならない。ただし，同項第4号に掲げる事項を記載した申請書又は書類（登記事項証明書を除く。）については，都道府県知事が，インターネットを利用して当該事項を閲覧することができる場合は，この限りでない。
2 法第47条の規定に基づき指定を辞退しようとする指定障害者支援施設の設置者は，次に掲げる事項を当該指定障害者支援施設の所在地の都道府県知事に申し出なければならない。
一 指定を辞退しようとする年月日
二 指定を辞退しようとする理由
三 現に入所している者に関する次に掲げる事項
　イ 現に入所している者に対する措置
　ロ 現に当該施設障害福祉サービスを受けている者の氏名，連絡先，受給者証番号及び引き続き当該施設障害福祉サービスに相当するサービスの提供を希望する旨の申出の有無
　ハ 引き続き当該施設障害福祉サービスに相当するサービスの提供を希望する者に対し，必要な施設障害福祉サービスを継続的に提供する他の指定障害者支援施設等の名称

　（共生型障害福祉サービス事業者の特例に係るサービスの種類）

第34条の26の2 法第41条の2第1項の厚生労働省令で定める障害福祉サービスは，重度訪問介護，短期入所及び自立訓練とする。

第34条の26の3 生活介護について法第41条の2第1項の厚生労働省令で定める障害児通所支援の種類は，児童発達支援（児童福祉法第6条の2の2第2項に規定する児童発達支援をいう。）及び放課後等デイサービス（同条第4項に規定する放課後等デイサービスをいう。）とする。

第34条の26の4 法第41条の2第1項の厚生労働省令で定める居宅サービスの種類は，次の各号に掲げる障害福祉サービスの種類に応じて当該各号に定める種類とする。
一 居宅介護又は重度訪問介護　訪問介護（介護保険法第8条第2項に規定する訪問介護をいう。）
二 生活介護又は自立訓練　通所介護（介護保険法第8条第7項に規定する通所介護をいう。）
三 短期入所　短期入所生活介護（介護保険法第8条第9項に規定する短期入所生活介護をいう。）

第34条の26の5 法第41条の2第1項の厚生労働省令で定める地域密着型サービスの種類は，次の各号に掲げる障害福祉サービスの種類に応じて当該各号に定める種類とする。
一 生活介護又は自立訓練　地域密着型通所介護（介護保険法第8条第17項に規定する地域密着型通所介護をいう。），小規模多機能型居宅介護（介護保険法第8条第19項に規定する小規模多機能型居宅介護をいう。次号において同じ。）及び指定地域密着型サービスに該当する複合型サービス（介護保険法第8条第23項に規定する複合型サービスをいい，介護保険法施行規則第17条の12に規定する看護小規模多機能型居宅介護に限る。次号において同じ。）
二 短期入所　小規模多機能型居宅介護及び指定地域密着型サービスに該当する複合型サービス

第34条の26の6 短期入所について法第41条の2第1項の厚生労働省令で定める介護予防サービスの種類は，介護予防短期入所生活介護（介護保険法第8条の2第7項に規定する介護予防短期入所生活介護をいう。）とする。

第34条の26の7 生活介護，短期入所又は自立訓練について法第41条の2第1項の厚生労働省令で定める地域密着型介護予防サービスの種類は，介護予防小規模多機能型居宅介護（介護保険法第8条の2第14項に規定する介護予防小規模多機能型居宅介護をいう。）とする。

　（共生型障害福祉サービス事業者の特例に係る別段の申出）

第34条の26の8　法第41条の2第1項ただし書の規定による別段の申出は，次の事項を記載した申出書を当該申出に係る事業所の所在地を管轄する都道府県知事に提出して行うものとする。
一　当該申出に係る事業所の名称及び所在地並びに申請者及び事業所の管理者の氏名及び住所
二　当該申出に係る障害福祉サービスの種類
三　前号に係る障害福祉サービスについて法第41条の2第1項に規定する特例による指定を不要とする旨
（事業の廃止又は休止）

第34条の26の9　法第41条の2第1項に規定する者であって，介護保険法第42条の2第1項に規定する指定地域密着型サービス（第34条の26の6に定める種類の地域密着型サービスに係るものに限る。）の事業又は同法第54条の2第1項に規定する指定地域密着型介護予防サービス（第34条の26の7に定める種類の地域密着型介護予防サービスに係るものに限る。）の事業（当該指定に係る事業所において行うものに限る。）を廃止し，又は休止しようとするときは，その廃止又は休止の日の1月前までに，次に掲げる事項を当該指定を行った都道府県知事に届け出なければならない。
一　廃止し，又は休止しようとする年月日
二　廃止し，又は休止しようとする理由
三　現に指定障害福祉サービスを受けている者に関する次に掲げる事項
　イ　現に当該指定障害福祉サービスを受けている者に対する措置
　ロ　現に当該指定障害福祉サービスを受けている者の氏名，連絡先，受給者証番号及び引き続き当該指定障害福祉サービスに相当するサービスの提供を希望する旨の申出の有無
　ハ　引き続き当該指定障害福祉サービスに相当するサービスの提供を希望する者に対し，必要な障害福祉サービスを継続的に提供する他の指定障害福祉サービス事業者名
四　休止しようとする場合にあっては，休止の予定期間

2　前項の届出は，介護保険法第131条の13第4項又は第140条の30第4項の規定による届出の書類の写しを提出することにより行うことができる。
（事業の廃止又は休止）

第34条の26の10　法第41条の2第1項に規定する者であって，同項の申請に係る法第36条第1項の指定を受けたものは，児童福祉法第21条の5の3第1項に規定する指定通所支援（第34条の26の3に定める種類の通所支援に係るものに限る。）の事業又は介護保険法第41条第1項に規定する指定居宅サービス（第34条の26の4に定める種類の居宅サービスに係るものに限る。）の事業，同法第53条第1項に規定する指定介護予防サービス（第34条の26の5に定める種類の介護予防サービスに係るものに限る。）の事業，同法第42条の2第1項に規定する指定地域密着型サービス（第34条の26の6に定める種類の地域密着型サービスに係るものに限る。）の事業若しくは同法第54条の2第1項に規定する指定地域密着型介護予防サービス（第34条の26の7に定める種類の地域密着型介護予防サービスに係るものに限る。）の事業（当該指定に係る事業所において行うものに限る。）を廃止し，又は休止しようとするときは，その廃止又は休止の日の1月前までに，次に掲げる事項を当該指定を行った都道府県知事に届け出なければならない。
一　廃止し，又は休止しようとする年月日
二　廃止し，又は休止しようとする理由
三　現に指定障害福祉サービスを受けている者に関する次に掲げる事項
　イ　現に当該指定障害福祉サービスを受けている者に対する措置
　ロ　現に当該指定障害福祉サービスを受けている者の氏名，連絡先，受給者証番号及び引き続き当該指定障害福祉サービスに相当するサービスの提供を希望する旨の申出の有無
　ハ　引き続き当該指定障害福祉サービスに相当するサービスの提供を希望する者に対し，必要な障害福祉サービスを継続的に提

供する他の指定障害福祉サービス事業者名
四　休止しようとする場合にあっては，休止の予定期間
2　前項の届出は，児童福祉法第21条の5の19第2項又は介護保険法第75条第2項，第78条の5第2項若しくは第115条の15第2項の規定による届出の書類の写しを提出することにより行うことができる。

　　　　　第5款　業務管理体制の整備等
（法第51条の2第1項の厚生労働省令で定める基準）

第34条の27　法第51条の2第1項の厚生労働省令で定める基準は，次の各号に掲げる者の区分に応じ，当該各号に定めるところによる。
一　指定を受けている事業所及び施設の数が1以上20未満の指定事業者等（のぞみの園の設置者を除く。以下この条において同じ。）　法令を遵守するための体制の確保に係る責任者（以下「法令遵守責任者」という。）の選任をすること。
二　指定を受けている事業所及び施設の数が20以上100未満の指定事業者等　法令遵守責任者の選任をすること及び業務が法令に適合することを確保するための規程を整備すること。
三　指定を受けている事業所及び施設の数が100以上の指定事業者等並びにのぞみの園の設置者　法令遵守責任者の選任をすること，業務が法令に適合することを確保するための規程を整備すること及び業務執行の状況の監査を定期的に行うこと。

（業務管理体制の整備に関する事項の届出）

第34条の28　指定事業者等は，法第51条の2第1項の規定による業務管理体制の整備について，遅滞なく，次に掲げる事項を記載した届出書を，同条第2項各号に掲げる区分に応じ，厚生労働大臣，都道府県知事又は指定都市の長（以下この条において「厚生労働大臣等」という。）に届け出なければならない。
一　指定事業者等の名称又は氏名，主たる事務所の所在地並びにその代表者の氏名，生年月日，住所及び職名
二　法令遵守責任者の氏名及び生年月日
三　業務が法令に適合することを確保するための規程の概要（前条第2号及び第3号に掲げる者である場合に限る。）
四　業務執行の状況の監査の方法の概要（前条第3号に掲げる者である場合に限る。）
2　指定事業者等は，前項の規定により届け出た事項に変更があったときは，遅滞なく，当該変更に係る事項について，法第51条の2第2項各号に掲げる区分に応じ，厚生労働大臣等に届け出なければならない。
3　指定事業者等は，法第51条の2第2項各号に掲げる区分に変更があったときは，変更後の届出書を，変更後の区分により届け出るべき厚生労働大臣等及び変更前の区分により届け出るべき厚生労働大臣等の双方に届け出なければならない。

（都道府県知事の求めに応じて法第51条の3第1項の権限を行った場合における厚生労働大臣による通知）

第34条の29　法第51条の3第4項の規定により厚生労働大臣が同条第1項の権限を行った結果を通知するときは，当該権限を行使した年月日，結果の概要その他必要な事項を示さなければならない。

（法第51条の4第3項の規定による命令に違反した場合における厚生労働大臣による通知）

第34条の30　厚生労働大臣は，指定事業者等が法第51条の4第3項の規定による命令に違反したときは，その旨を当該指定事業者等の指定を行った都道府県知事に通知しなければならない。

　　　　第3節　地域相談支援給付費，特例地域相談支援給付費，計画相談支援給付費及び特例計画相談支援給付費の支給
　　　　　第1款　地域相談支援給付決定等
（地域相談支援給付決定の申請）

第34条の31　法第51条の6第1項の規定に基づき地域相談支援給付決定（法第51条の5第1項に規定する地域相談支援給付決定をいう。以下同じ。）の申請をしようとする障害者は，次の各

号に掲げる事項を記載した申請書を，市町村に提出しなければならない。

一　当該申請を行う障害者の氏名，居住地，生年月日，個人番号及び連絡先
二　当該申請に係る障害者に関する介護給付費等及び地域相談支援給付費等の受給の状況
三　当該申請に係る地域相談支援の具体的内容
四　主治の医師があるときは，当該医師の氏名並びに当該医師が現に病院若しくは診療所を開設し，若しくは管理し，又は病院若しくは診療所に勤務するものであるときは当該病院又は診療所の名称及び所在地

2　当該申請を行う障害者が現に地域相談支援給付決定を受けている場合には，前項の申請書に当該地域相談支援給付決定に係る地域相談支援受給者証（法第51条の7第8項に規定する地域相談支援受給者証をいう。以下同じ。）を添付しなければならない。

（法第51条の6第2項において準用する法第20条第2項に規定する厚生労働省令で定める事項）

第34条の32　法第51条の6第2項において準用する法第20条第2項に規定する厚生労働省令で定める事項は，次の各号に掲げる事項とする。

一　当該障害者に関する保健医療サービス又は福祉サービス等（前条第1項第2号に掲げるものに係るものを除く。）の利用の状況
二　当該障害者の地域相談支援の利用に関する意向の具体的内容

（法第51条の6第2項において準用する法第20条第2項に規定する厚生労働省令で定める者）

第34条の33　法第51条の6第2項において準用する法第20条第2項に規定する厚生労働省令で定める者は，次の各号に定める者とする。

一　指定一般相談支援事業者又は指定特定相談支援事業者のうち当該市町村から委託を受けて法第77条第1項第3号に規定する事業を行うもの
二　介護保険法第24条の2第1項に規定する指定市町村事務受託法人

（法第51条の6第2項において準用する法第20条第3項に規定する厚生労働省令で定める者）

第34条の34　法第51条の6第2項において準用する法第20条第3項に規定する厚生労働省令で定める者は，厚生労働大臣が定める研修を修了した者とする。

（法第51条の7第1項に規定する厚生労働省令で定める事項）

第34条の35　法第51条の7第1項に規定する厚生労働省令で定める事項は，次の各号に掲げる事項とする。

一　法第51条の6第1項の申請に係る障害者の障害の種類及び程度その他の心身の状況
二　当該申請に係る障害者に関する地域相談支援給付費等の受給の状況
三　当該申請に係る障害者に関する保健医療サービス又は福祉サービス等（前号に係るものを除く。）の利用の状況
四　当該申請に係る障害者の地域相談支援の利用に関する意向の具体的内容
五　当該申請に係る障害者の置かれている環境
六　当該申請に係る地域相談支援の提供体制の整備の状況

（法第51条の7第4項に規定する厚生労働省令で定める場合）

第34条の36　法第51条の7第4項に規定する厚生労働省令で定める場合は，障害者が法第51条の6第1項の申請をした場合とする。ただし，当該障害者が介護保険法第8条第24項に規定する居宅介護支援又は同法第8条の2第16項に規定する介護予防支援の対象となる場合には，市町村が必要と認める場合とする。

（サービス等利用計画案の提出を求める場合の手続）

第34条の37　市町村は，法第51条の7第4項の規定に基づきサービス等利用計画案の提出を求めるときは，次の各号に掲げる事項を書面により法第51条の6第1項の申請に係る障害者に対し通知するものとする。

一　法第51条の7第4項の規定に基づき，給付要否決定を行うに当たって当該サービス等利用計画案を提出する必要がある旨
二　当該サービス等利用計画案の提出先及び提出期限

（法第51条の7第5項に規定する厚生労働省令

第34条の38　法第51条の7第5項に規定する厚生労働省令で定める場合は，身近な地域に指定特定相談支援事業者がない場合又は法第51条の6第1項の申請に係る障害者が次条に規定するサービス等利用計画案の提出を希望する場合とする。

（法第51条の7第5項に規定する厚生労働省令で定めるサービス等利用計画案）

第34条の39　法第51条の7第5項に規定する厚生労働省令で定めるサービス等利用計画案は，指定特定相談支援事業者以外の者が作成するサービス等利用計画案とする。

（法第51条の7第7項に規定する厚生労働省令で定める期間）

第34条の40　法第51条の7第7項に規定する厚生労働省令で定める期間は，1月間とする。

（法第51条の7第8項に規定する厚生労働省令で定める事項）

第34条の41　法第51条の7第8項に規定する厚生労働省令で定める事項は，次の各号に掲げる事項とする。

一　地域相談支援給付決定障害者の氏名，居住地及び生年月日
二　交付の年月日及び地域相談支援受給者証番号
三　地域相談支援給付量（法第51条の7第7項に規定する地域相談支援給付量をいう。第34条の43において同じ。）
四　地域相談支援給付決定の有効期間（法第51条の8に規定する地域相談支援給付決定の有効期間をいう。以下同じ。）
五　その他必要な事項

（法第51条の8に規定する厚生労働省令で定める期間）

第34条の42　法第51条の8に規定する厚生労働省令で定める期間は，地域相談支援給付決定を行った日から当該日が属する月の末日までの期間と次の各号に掲げる地域相談支援の種類の区分に応じ，当該各号に規定する期間を合算して得た期間とする。

一　地域移行支援　1月間から6月間までの範囲内で月を単位として市町村が定める期間
二　地域定着支援　1月間から12月間までの範囲内で月を単位として市町村が定める期間

2　地域相談支援給付決定を行った日が月の初日である場合にあっては，前項の規定にかかわらず，同項各号の期間を地域相談支援給付決定の有効期間とする。

（法第51条の9第1項に規定する厚生労働省令で定める事項）

第34条の43　法第51条の9第1項に規定する厚生労働省令で定める事項は，地域相談支援給付量とする。

（地域相談支援給付決定の変更の申請）

第34条の44　法第51条の9第1項の規定に基づき地域相談支援給付決定の変更の申請をしようとする地域相談支援給付決定障害者は，次の各号に掲げる事項を記載した申請書を市町村に提出しなければならない。

一　当該申請を行う地域相談支援給付決定障害者の氏名，居住地，生年月日，個人番号及び連絡先
二　当該申請に係る障害者に関する地域相談支援給付費等の受給の状況
三　当該申請に係る地域相談支援の具体的内容
四　心身の状況の変化その他の当該申請を行う原因となった事由
五　その他必要な事項

（地域相談支援給付決定の変更の決定により地域相談支援受給者証の提出を求める場合の手続）

第34条の45　市町村は，法第51条の9第2項の規定に基づき地域相談支援給付決定の変更の決定を行ったときは，次の各号に掲げる事項を書面により地域相談支援給付決定障害者に通知し，地域相談支援受給者証の提出を求めるものとする。

一　法第51条の9第2項の規定により地域相談支援給付決定の変更の決定を行った旨
二　地域相談支援受給者証を提出する必要がある旨
三　地域相談支援受給者証の提出先及び提出期限

2　前項の地域相談支援給付決定障害者の地域相

談支援受給者証が既に市町村に提出されているときは，市町村は，同項の規定にかかわらず，同項の通知に同項第2号及び第3号に掲げる事項を記載することを要しない。

（準用）

第34条の46 第8条及び第9条の規定は，法第51条の9第3項において準用する法第20条第2項の調査について準用する。この場合において，第8条第1号中「第20条第1項」とあるのは，「第51条の9第1項」と読み替えるものとする。

2 第10条の規定は法第51条の9第3項において準用する法第20条第3項の調査について，第34条の36の規定は法第51条の9第3項において準用する法第51条の7第4項のサービス等利用計画案の提出について，第34条の38及び第34条の39の規定は法第51条の9第3項において準用する法第51条の7第5項のサービス等利用計画案の提出について，第34条の40の規定は法第51条の9第3項において準用する法第51条の7第7項の地域相談支援給付量について，第34条の41（第3号に限る。）の規定は法第51条の9第3項において準用する法第51条の7第8項の地域相談支援受給者証の交付について準用する。

（令第26条の7に規定する厚生労働省令で定める事項）

第34条の47 令第26条の7に規定する厚生労働省令で定める事項は，第34条の31第1号に掲げる事項とする。

（申請内容の変更の届出）

第34条の48 令第26条の7の規定に基づき申請内容の変更の届出をしようとする地域相談支援給付決定障害者は，次の各号に掲げる事項を記載した届出書に地域相談支援受給者証を添えて市町村に提出しなければならない。

一 当該届出を行う地域相談支援給付決定障害者の氏名，居住地，生年月日，個人番号及び連絡先

二 前条に規定する事項のうち，変更した事項とその変更内容

三 その他必要な事項

2 前項の届出書には，同項第2号の事項を証する書類を添付しなければならない。ただし，市町村は，当該書類により証明すべき事実を公簿等によって確認することができるときは，当該書類を省略させることができる。

（地域相談支援給付決定の取消しにより地域相談支援受給者証の返還を求める場合の手続）

第34条の49 市町村は，法第51条の10第1項の規定に基づき地域相談支援給付決定の取消しを行ったときは，次の各号に掲げる事項を書面により地域相談支援給付決定障害者に通知し，地域相談支援受給者証の返還を求めるものとする。

一 法第51条の10第1項の規定に基づき地域相談支援給付決定の取消しを行った旨

二 地域相談支援受給者証を返還する必要がある旨

三 地域相談支援受給者証の返還先及び返還期限

2 前項の地域相談支援給付決定障害者の地域相談支援受給者証が既に市町村に提出されているときは，市町村は，同項の規定にかかわらず，同項の通知に同項第2号及び第3号に掲げる事項を記載することを要しない。

（地域相談支援受給者証の再交付の申請）

第34条の50 令第26条の8の規定に基づき地域相談支援受給者証の再交付の申請をしようとする地域相談支援給付決定障害者は，次の各号に掲げる事項を記載した申請書を，市町村に提出しなければならない。

一 当該申請を行う地域相談支援給付決定障害者の氏名，居住地，生年月日，個人番号及び連絡先

二 当該申請の理由

2 地域相談支援受給者証を破り，又は汚した場合の前項の申請には，同項の申請書に，その地域相談支援受給者証を添えなければならない。

3 地域相談支援受給者証の再交付を受けた後，失った地域相談支援受給者証を発見したときは，速やかにこれを市町村に返還しなければならない。

第2款 地域相談支援給付費，特例地域相談支援給付費，計画相談支援給付費及び特例計画相談

支援給付費の支給

（地域相談支援給付費の支給）

第34条の51 市町村は，法第51条の14第1項の規定に基づき，毎月，地域相談支援給付費を支給するものとする。

（地域相談支援受給者証の提示）

第34条の52 地域相談支援給付決定障害者は，法第51条の14第2項の規定に基づき，指定地域相談支援を受けるに当たっては，その都度，指定一般相談支援事業者に対して地域相談支援受給者証を提示しなければならない。

（特例地域相談支援給付費の支給の申請）

第34条の53 特例地域相談支援給付費の支給を受けようとする地域相談支援給付決定障害者は，法第51条の15第1項の規定に基づき，次の各号に掲げる事項を記載した申請書を，市町村に提出しなければならない。

一 当該申請を行う地域相談支援給付決定障害者の氏名，居住地，生年月日，個人番号，連絡先及び地域相談支援受給者証番号（第34条の41第2号に規定する地域相談支援受給者証番号をいう。以下同じ。）

二 支給を受けようとする特例地域相談支援給付費の額

2 前項の申請書には，同項第2号に掲げる額を証する書類を添付しなければならない。

（計画相談支援給付費の支給の申請）

第34条の54 法第51条の17第1項の規定に基づき計画相談支援給付費の支給を受けようとする計画相談支援対象障害者等（同項に規定する計画相談支援対象障害者等をいう。以下同じ。）は，次の各号に掲げる事項を記載した申請書を市町村に提出しなければならない。

一 当該申請を行う計画相談支援対象障害者等の氏名，居住地，生年月日，個人番号及び連絡先

二 当該申請に係る計画相談支援対象障害者等が障害児である場合においては，当該障害児の氏名，生年月日及び個人番号

2 市町村は，前項の申請を行った計画相談支援対象障害者等が法第51条の17第1項各号に規定する計画相談支援を受けたと認めるときは，計画相談支援給付費を支給する期間（以下この条及び次条において「支給期間」という。）及び法第5条第23項に規定する厚生労働省令で定める期間等を定めて当該計画相談支援対象障害者等に通知するとともに，支給期間及び同項に規定する厚生労働省令で定める期間等を受給者証又は地域相談支援受給者証に記載することとする。

3 支給期間は，サービス利用支援を実施する月から支給決定障害者等に係る支給決定の有効期間又は地域相談支援給付決定障害者に係る地域相談支援給付決定の有効期間のうち最も長いものの終期の月までの範囲内で月を単位として市町村が定める期間とする。

（計画相談支援給付費の支給の取消し）

第34条の55 市町村は，次の各号に掲げる場合には，計画相談支援給付費の支給を行わないことができる。

一 計画相談支援対象障害者等が，法第51条の17第1項の規定に基づき計画相談支援給付費の支給を受ける必要がなくなったと認めるとき。

二 計画相談支援対象障害者等が，支給期間内に，当該市町村以外の市町村の区域内に居住地を有するに至ったと認めるとき。

2 前項の規定により計画相談支援給付費の支給を行わないこととした市町村は，次の各号に掲げる事項を書面により当該計画相談支援給付費に係る計画相談支援対象障害者等に通知し，受給者証又は地域相談支援受給者証の提出を求めるものとする。

一 計画相談支援給付費の支給を行わないこととした旨

二 受給者証又は地域相談支援受給者証を提出する必要がある旨

三 受給者証又は地域相談支援受給者証の提出先及び提出期限

3 前項の計画相談支援対象障害者等の受給者証又は地域相談支援受給者証が既に市町村に提出されているときは，市町村は，同項の規定にかかわらず，同項の通知に同項第2号及び第3号に掲げる事項を記載することを要しない。

4　市町村は，第1項の規定に基づき計画相談支援給付費の支給を行わないこととした場合には，受給者証又は地域相談支援受給者証にその旨を記載し，これを返還するものとする。

（計画相談支援給付費の支給）

第34条の56　市町村は，法第51条の17第1項の規定に基づき，毎月，計画相談支援給付費を支給するものとする。

　　　　　第3款　指定一般相談支援事業者及び指定特定相談支援事業者

（指定一般相談支援事業者の指定の申請等）

第34条の57　法第51条の19第1項の規定に基づき指定一般相談支援事業者の指定を受けようとする者は，次に掲げる事項を記載した申請書又は書類を，当該申請に係る事業所の所在地を管轄する都道府県知事に提出しなければならない。ただし，第4号に掲げる事項を記載した申請書又は書類（登記事項証明書を除く。）については，都道府県知事が，インターネットを利用して当該事項を閲覧することができる場合は，この限りでない。

一　事業所の名称及び所在地
二　申請者の名称及び主たる事務所の所在地並びにその代表者の氏名，生年月日，住所及び職名
三　当該申請に係る事業の開始の予定年月日
四　申請者の登記事項証明書又は条例等
五　事業所の平面図
六　事業所の管理者，指定地域相談支援の提供に当たる者の氏名，生年月日，住所及び経歴
七　運営規程
八　利用者又はその家族からの苦情を解決するために講ずる措置の概要
九　当該申請に係る事業に係る従業者の勤務の体制及び勤務形態
十　法第51条の19第2項において準用する法第36条第3項各号（同項第4号，第10号及び第13号を除く。）に該当しないことを誓約する書面（以下この条において「誓約書」という。）
十一　その他指定に関し必要と認める事項

2　法第51条の21第1項の規定に基づき指定一般相談支援事業者の指定の更新を受けようとする者は，前項各号（第3号及び第10号を除く。）に掲げる事項及び次に掲げる事項を記載した申請書又は書類を，当該指定に係る事業所の所在地を管轄する都道府県知事に提出しなければならない。ただし，前項第4号に掲げる事項を記載した申請書又は書類（登記事項証明書を除く。）については，都道府県知事が，インターネットを利用して当該事項を閲覧することができる場合は，この限りでない。

一　現に受けている指定の有効期間満了日
二　誓約書

3　前項の規定にかかわらず，都道府県知事は，当該申請に係る事業者が既に当該都道府県知事に提出している第1項第4号から第9号までに掲げる事項に変更がないときは，これらの事項に係る申請書の記載又は書類の提出を省略させることができる。

（指定一般相談支援事業者の名称等の変更の届出等）

第34条の58　指定一般相談支援事業者は，前条第1項第1号，第2号，第4号（当該指定に係る事業に関するものに限る。）及び第5号から第7号までに掲げる事項に変更があったときは，当該変更に係る事項について指定一般相談支援事業者の事業所の所在地を管轄する都道府県知事に届け出なければならない。ただし，同項第4号に掲げる事項を記載した申請書又は書類（登記事項証明書を除く。）については，都道府県知事が，インターネットを利用して当該事項を閲覧することができる場合は，この限りでない。

2　指定一般相談支援事業者は，休止した当該指定一般相談支援の事業を再開したときは，再開した年月日を当該指定一般相談支援事業者の事業所の所在地を管轄する都道府県知事に届け出なければならない。

3　指定一般相談支援事業者は，当該指定地域相談支援の事業を廃止し，又は休止しようとするときは，その廃止又は休止の日の1月前までに，次に掲げる事項を当該指定一般相談支援事業者の事業所の所在地を管轄する都道府県知事に届け出なければならない。

一　廃止し，又は休止しようとする年月日

二　廃止し，又は休止しようとする理由
三　現に当該指定地域相談支援を受けている者に関する次に掲げる事項
　　イ　現に当該指定地域相談支援を受けている者に対する措置
　　ロ　現に当該指定地域相談支援を受けている者の氏名，連絡先，受給者証番号及び引き続き当該指定地域相談支援に相当するサービスの提供を希望する旨の申出の有無
　　ハ　引き続き当該指定地域相談支援に相当するサービスの提供を希望する者に対し，必要な地域相談支援を継続的に提供する他の指定一般相談支援事業者の名称
四　休止しようとする場合にあっては，休止の予定期間
　　（指定特定相談支援事業者の指定の申請等）
第34条の59　法第51条の20第1項の規定に基づき指定特定相談支援事業者の指定を受けようとする者は，次に掲げる事項を記載した申請書又は書類を，当該申請に係る事業所の所在地を管轄する市町村長に提出しなければならない。ただし，第4号に掲げる事項を記載した申請書又は書類（登記事項証明書を除く。）については，市町村長が，インターネットを利用して当該事項を閲覧することができる場合は，この限りでない。
一　事業所の名称及び所在地
二　申請者の名称及び主たる事務所の所在地並びにその代表者の氏名，生年月日，住所及び職名
三　当該申請に係る事業の開始の予定年月日
四　申請者の登記事項証明書又は条例等
五　事業所の平面図
六　事業所の管理者及び相談支援専門員（障害者の日常生活及び社会生活を総合的に支援するための法律に基づく指定計画相談支援の事業の人員及び運営に関する基準（平成24年厚生労働省令第28号）第3条第1項に規定する相談支援専門員をいう。以下同じ。）の氏名，生年月日，住所及び経歴
七　運営規程
八　利用者又はその家族からの苦情を解決するために講ずる措置の概要
九　当該申請に係る事業に係る従業者の勤務の体制及び勤務形態
十　法第51条の20第2項において準用する法第36条第3項各号（同項第4号，第10号及び第13号を除く。）に該当しないことを誓約する書面（以下この条において「誓約書」という。）
十一　その他指定に関し必要と認める事項
2　法第51条の20第1項に規定する厚生労働省令で定める基準は，次の各号に定めるところによる。
一　障害者の日常生活及び社会生活を総合的に支援するための法律に基づく指定計画相談支援の事業の人員及び運営に関する基準第19条に規定する運営規程において，事業の主たる対象とする障害の種類を定めていないこと（事業の主たる対象とする障害の種類を定めている場合であって，他の指定特定相談支援事業者と連携することにより事業の主たる対象としていない種類の障害についても対応できる体制を確保している場合又は身近な地域に指定特定相談支援事業者がない場合に該当することを含む。）。
二　法第89条の3第1項に規定する協議会に定期的に参加する等医療機関や行政機関等の関係機関との連携体制を確保していること。
三　特定相談支援事業所（法第51条の20第1項に規定する特定相談支援事業所をいう。以下同じ。）において，相談支援専門員に対し，計画的な研修又は当該特定相談支援事業所における事例の検討等を行う体制を整えていること。
3　法第51条の21第1項の規定に基づき指定特定相談支援事業者の指定の更新を受けようとする者は，第1項各号（第3号及び第10号を除く。）に掲げる事項及び次に掲げる事項を記載した申請書又は書類を，当該指定に係る事業所の所在地を管轄する市町村長に提出しなければならない。ただし，第1項第4号に掲げる事項を記載した申請書又は書類（登記事項証明書を除く。）については，市町村長が，インターネットを利用して当該事項を閲覧することができる場合

一　現に受けている指定の有効期間満了日
二　誓約書
4　前項の規定にかかわらず，市町村長は，当該申請に係る事業者が既に当該市町村長に提出している第1項第4号から第9号までに掲げる事項に変更がないときは，これらの事項に係る申請書の記載又は書類の提出を省略させることができる。

（指定特定相談支援事業者の名称等の変更の届出等）

第34条の60　指定特定相談支援事業者は，前条第1項第1号，第2号，第4号（当該指定に係る事業に関するものに限る。）及び第5号から第7号までに掲げる事項に変更があったときは，当該変更に係る事項について指定特定相談支援事業者の事業所の所在地を管轄する市町村長に届け出なければならない。ただし，同項第4号に掲げる事項を記載した申請書又は書類（登記事項証明書を除く。）については，市町村長が，インターネットを利用して当該事項を閲覧することができる場合は，この限りでない。

2　指定特定相談支援事業者は，休止した当該指定計画相談支援の事業を再開したときは，再開した年月日を当該指定特定相談支援事業者の事業所の所在地を管轄する市町村長に届け出なければならない。

3　指定特定相談支援事業者は，当該指定計画相談支援の事業を廃止し，又は休止しようとするときは，その廃止又は休止の日の1月前までに，次に掲げる事項を当該指定特定相談支援事業者の事業所の所在地を管轄する市町村長に届け出なければならない。

一　廃止し，又は休止しようとする年月日
二　廃止し，又は休止しようとする理由
三　現に当該指定計画相談支援を受けている者に関する次に掲げる事項
　イ　現に当該指定計画相談支援を受けている者に対する措置
　ロ　現に当該指定計画相談支援を受けている者の氏名，連絡先，受給者証番号及び引き続き当該指定計画相談支援に相当するサービスの提供を希望する旨の申出の有無
　ハ　引き続き当該指定計画相談支援に相当するサービスの提供を希望する者に対し，必要な計画相談支援を継続的に提供する他の指定特定相談支援事業者の名称

四　休止しようとする場合にあっては，休止の予定期間

第4款　業務管理体制の整備等

（法第51条の31第1項の厚生労働省令で定める基準）

第34条の61　法第51条の31第1項の厚生労働省令で定める基準は，次の各号に掲げる者の区分に応じ，当該各号に定めるところによる。

一　指定を受けている事業所の数が1以上20未満の指定相談支援事業者（法第51条の22第1項に規定する指定相談支援事業者をいう。以下同じ。）　法令遵守責任者の選任をすること。
二　指定を受けている事業所の数が20以上100未満の指定相談支援事業者　法令遵守責任者の選任をすること及び業務が法令に適合することを確保するための規程を整備すること。
三　指定を受けている事業所の数が100以上の指定相談支援事業者　法令遵守責任者の選任をすること，業務が法令に適合することを確保するための規程を整備すること及び業務執行の状況の監査を定期的に行うこと。

（業務管理体制の整備に関する事項の届出）

第34条の62　指定相談支援事業者は，法第51条の31第1項の規定による業務管理体制の整備について，遅滞なく，次に掲げる事項を記載した届出書を，同条第2項各号に掲げる区分に応じ，厚生労働大臣，都道府県知事，指定都市の長又は市町村長（以下この条において「厚生労働大臣等」という。）に届け出なければならない。

一　事業者の名称，主たる事務所の所在地並びにその代表者の氏名，生年月日，住所及び職名
二　法令遵守責任者の氏名及び生年月日
三　業務が法令に適合することを確保するための規程の概要（指定を受けている事業所の数が20以上の指定相談支援事業者である場合に

限る。）

四　業務執行の状況の監査の方法の概要（指定を受けている事業所の数が100以上の指定相談支援事業者である場合に限る。）

2　指定相談支援事業者は、前項の規定により届け出た事項に変更があったときは、遅滞なく、当該変更に係る事項について、法第51条の31第2項各号に掲げる区分に応じ、厚生労働大臣等に届け出なければならない。

3　指定相談支援事業者は、法第51条の31第2項各号に掲げる区分に変更があったときは、変更後の届出書を、変更後の区分により届け出るべき厚生労働大臣等及び変更前の区分により届け出るべき厚生労働大臣等の双方に届け出なければならない。

（都道府県知事又は市町村長の求めに応じて法第51条の32第1項の権限を行った場合における厚生労働大臣又は都道府県知事による通知）

第34条の63　法第51条の32第4項の規定により厚生労働大臣又は都道府県知事が同条第1項の権限を行った結果を通知するときは、当該権限を行使した年月日、結果の概要その他必要な事項を示さなければならない。

（法第51条の33第3項の規定による命令に違反した場合における厚生労働大臣又は都道府県知事による通知）

第34条の64　厚生労働大臣又は都道府県知事は、指定相談支援事業者が法第51条の33第3項の規定による命令に違反したときは、その旨を当該指定相談支援事業者の指定を行った都道府県知事又は市町村長に通知しなければならない。

第4節　自立支援医療費、療養介護医療費及び基準該当療養介護医療費の支給

（支給認定の申請等）

第35条　法第53条第1項の規定に基づき支給認定（法第52条第1項に規定する支給認定をいう。以下同じ。）の申請をしようとする障害者又は障害児の保護者は、次の各号に掲げる事項を記載した申請書を、市町村（精神通院医療（令第1条の2第3号に規定する精神通院医療をいう。以下同じ。）に係る自立支援医療費の支給に関しては、都道府県とする。以下「市町村等」という。）に提出しなければならない。

一　当該申請に係る障害者等の氏名、性別、居住地、生年月日、個人番号及び連絡先

二　当該申請に係る障害者等が障害児である場合においては、当該障害児の保護者の氏名、居住地、個人番号、連絡先及び当該障害児との続柄

三　当該申請に係る障害者等が受けることを希望する自立支援医療の種類

四　当該申請に係る障害者等の医療保険各法（健康保険法（大正11年法律第70号）、船員保険法（昭和14年法律第73号）、国民健康保険法（昭和33年法律第192号）、国家公務員共済組合法（昭和33年法律第128号）、地方公務員等共済組合法（昭和37年法律第152号）、私立学校教職員共済法（昭和28年法律第245号）及び高齢者の医療の確保に関する法律（昭和57年法律第80号。以下「高齢者医療確保法」という。）をいう。以下同じ。）による被保険者証（日雇特例被保険者手帳（健康保険印紙をはり付けるべき余白があるものに限る。）及び被扶養者証を含む。附則第8条において同じ。）、組合員証又は加入者証に記載されている記号、番号及び保険者名称

五　支給認定基準世帯員（令第29条第1項に規定する支給認定基準世帯員をいう。以下同じ。）の氏名及び個人番号

六　身体障害者福祉法第15条第4項の規定に基づき交付を受けた身体障害者手帳又は精神保健及び精神障害者福祉に関する法律（昭和25年法律第123号）第45条第2項の規定に基づき交付を受けた精神障害者保健福祉手帳を所持している当該申請に係る障害者等にあっては、その番号

七　当該申請に係る障害者等が自立支援医療を受ける指定自立支援医療機関（法第54条第2項に規定する指定自立支援医療機関をいう。以下同じ。）として希望するものの名称、所在地及び連絡先

八　令第29条第1項の基準に該当していることその他所得の状況に関する事項

九 高額治療継続者（令第35条第1号に規定する高額治療継続者をいう。以下同じ。）に該当するかの別

十 精神通院医療に係る支給認定を受けた障害者又は障害児の保護者が，当該支給認定の有効期間（法第55条に規定する支給認定の有効期間をいう。以下同じ。）満了後に引き続き当該精神通院医療に係る自立支援医療費の支給を受けるための支給認定の申請（以下この条において「継続申請」という。）をしようとする場合にあっては，当該支給認定に係る障害者等の病状の変化及び治療方針の変更の有無並びに直近の支給認定に係る申請書への診断書の添付の有無

2 前項の申請書には，次の各号に掲げる書類を添付しなければならない。ただし，市町村等は，当該書類により証明すべき事実を公簿等によって確認することができるときは，当該書類を省略させることができる。

一 医師の意見書又は診断書

二 前項第8号及び第9号の事項を証する書類その他負担上限月額（令第35条に規定する負担上限月額をいう。第41条第6号，第44条第2号，第46条，第53条，第55条及び第56条において同じ。）の算定のために必要な事項に関する書類

三 当該申請を行う障害者又は障害児の保護者が現に支給認定を受けている場合には，当該支給認定に係る医療受給者証（法第54条第3項に規定する医療受給者証をいう。以下同じ。）

3 精神通院医療に係る第1項の申請は，同項の障害者又は障害児の保護者の居住地の市町村（当該障害者又は障害児の保護者が居住地を有しないか，又はその居住地が明らかでないときは，その障害者又は障害児の保護者の現在地の市町村）を経由して行うものとする。

4 第2項の規定にかかわらず障害者又は障害児の保護者が継続申請をしようとする場合において，当該申請に係る障害者等に病状の変化及び治療方針の変更がないときであって，直近の支給認定に係る申請において第2項第1号に掲げる医師の診断書（高額治療継続者に該当する者にあっては，第2項第1号に掲げる医師の診断書及び同項第2号に掲げる第1項第9号の事項を証する書類）を添付しているときは，これを添付することを要しないものとする。ただし，都道府県知事が必要があると認めるときは，当該継続申請をしようとする障害者又は障害児の保護者に対して，第2項第1号に掲げる診断書及び同項第2号に掲げる第1項第9号の事項を証する書類の提出を求めることができる。

（法第54条第1項本文に規定する厚生労働省令で定める自立支援医療の種類）

第36条 法第54条第1項本文に規定する厚生労働省令で定める自立支援医療の種類は，次の各号に掲げるものとする。

一 育成医療（令第1条の2第1号に規定する育成医療をいう。以下同じ。）

二 更生医療（令第1条の2第2号に規定する更生医療をいう。以下同じ。）

三 精神通院医療

（法第54条第1項ただし書に規定する厚生労働省令で定める種類の医療）

第37条 法第54条第1項ただし書に規定する厚生労働省令で定める種類の医療は，更生医療及び精神通院医療とする。

（支給認定基準世帯員）

第38条 令第29条第1項に規定する厚生労働省令で定める者は，次の各号に掲げる支給認定に係る障害者等の区分に応じ，当該各号に定める者とする。ただし，支給認定に係る障害児の保護者が後期高齢者医療の被保険者である場合（第2号に掲げる場合に限る。）は，当該障害児の保護者及び当該支給認定に係る障害児の加入している国民健康保険の被保険者（当該支給認定に係る障害児以外の者であって，かつ，当該支給認定に係る障害児と同一の世帯に属するものに限る。）とする。

一 支給認定に係る障害者等の加入している医療保険が国民健康保険及び後期高齢者医療以外である場合　当該支給認定に係る障害者等の加入している医療保険各法（国民健康保険法及び高齢者医療確保法を除く。）の規定によ

る被保険者（当該支給認定に係る障害者等以外の者であって，かつ，健康保険法の規定による被保険者（同法第3条第2項の規定による日雇特例被保険者を除く。），船員保険法の規定による被保険者，国家公務員共済組合法若しくは地方公務員等共済組合法に基づく共済組合の組合員，私立学校教職員共済法の規定による私立学校教職員共済制度の加入者又は健康保険法第126条の規定に基づき日雇特例被保険者手帳の交付を受けその手帳に健康保険印紙をはり付けるべき余白がなくなるに至るまでの間にある者をいう。）

二　支給認定に係る障害者等の加入している医療保険が国民健康保険である場合　当該支給認定に係る障害者等の加入している国民健康保険の被保険者（当該支給認定に係る障害者等以外の者であって，かつ，当該支給認定に係る障害者等と同一の世帯に属する者に限る。）

三　支給認定に係る障害者の加入している医療保険が後期高齢者医療である場合　当該支給認定に係る障害者の加入している後期高齢者医療の被保険者（当該支給認定に係る障害者以外の者であって，かつ，当該支給認定に係る障害者と同一の世帯に属する者に限る。）

（支給認定に係る政令で定める基準の額の算定方法）

第38条の2　令第29条第1項に規定する所得割の額を算定する場合には，第26条の3の規定を準用する。この場合において，これらの規定中「支給決定障害者等又は当該支給決定障害者等と同一の世帯に属する者」とあるのは，「支給認定に係る障害者等又は支給認定基準世帯員」と読み替えるものとする。

第39条　令第29条第1項の合算した額の算定については，次の各号に掲げる支給認定に係る障害者等の区分に応じ，当該各号に定める額を合算するものとする。

一　支給認定に係る障害者等が医療保険各法（国民健康保険法及び高齢者医療確保法を除く。）の規定による被保険者である場合又は被保護者（生活保護法第6条第1項に規定する被保護者をいう。）である場合　当該支給認定に係る障害者等の地方税法の規定による市町村民税（令第17条第2号イに規定する市町村民税をいう。以下この条において同じ。）の同法第292条第1項第2号に掲げる所得割（令第17条第2号イに規定する所得割をいう。以下この条において同じ。）の額

二　第38条ただし書に該当する場合又は同条第2号若しくは第3号に掲げる場合　当該支給認定に係る障害者等の市町村民税の所得割の額及び当該支給認定に係る障害者等に関する支給認定基準世帯員の市町村民税の所得割の額

三　支給認定に係る障害者等が前2号のいずれにも該当しない者である場合　当該支給認定に係る障害者等に関する支給認定基準世帯員の市町村民税の所得割の額

（指定自立支援医療機関の選定）

第40条　市町村等は，法第54条第2項の規定に基づき，支給認定に係る障害者等が受けることを希望する自立支援医療の種類に係る同項の指定を受けている指定自立支援医療機関の中から，当該支給認定に係る第35条第1項の申請における同項第7号の事項に係る記載を参考として，当該支給認定に係る障害者等が自立支援医療を受けることが相当と認められるものを，当該支給認定に係る障害者等が指定自立支援医療（法第58条第1項に規定する指定自立支援医療をいう。以下同じ。）を受ける指定自立支援医療機関として定めるものとする。

（法第54条第3項に規定する厚生労働省令で定める事項）

第41条　法第54条第3項に規定する厚生労働省令で定める事項は，次の各号に掲げる事項とする。

一　支給認定に係る障害者等の氏名，性別，居住地及び生年月日

二　支給認定に係る障害者等が障害児である場合においては，当該障害児の保護者の氏名，居住地及び当該障害児との続柄

三　交付の年月日及び受給者番号

四　支給認定に係る障害者等が受ける指定自立支援医療の種類

五　支給認定に係る障害者等が指定自立支援医療を受ける指定自立支援医療機関の名称，所在地及び連絡先
　六　負担上限月額に関する事項
　七　支給認定の有効期間
　八　支給認定に係る障害者等が受ける指定自立支援医療が育成医療及び更生医療である場合においては，医療の具体的方針
　九　当該支給認定に係る申請書への診断書の添付の有無（精神通院医療に限る。）
　十　その他必要な事項
　（令第30条に基づく医療受給者証の交付）
第42条　精神通院医療に係る医療受給者証の交付は，令第30条の規定に基づき，第35条第１項の申請の際に経由した市町村を経由して行うことができる。
　（法第55条に規定する厚生労働省令で定める期間）
第43条　法第55条に規定する厚生労働省令で定める期間は，１年以内であって，支給認定に係る障害者等の心身の障害の状態からみて指定自立支援医療を受けることが必要な期間とする。
　（法第56条第１項に規定する厚生労働省令で定める事項）
第44条　法第56条第１項に規定する厚生労働省令で定める事項は，次の各号に掲げる事項とする。
　一　法第54条第２項の規定に基づき定められた指定自立支援医療機関
　二　負担上限月額及び負担上限月額に関する事項
　三　支給認定の有効期間（第41条第８号に掲げる医療の具体的方針に変更を伴わない場合に限る。）
　四　第41条第８号に掲げる医療の具体的方針
　（支給認定の変更の申請）
第45条　法第56条第１項の規定に基づき支給認定の変更を申請しようとする支給認定障害者等（法第54条第３項に規定する支給認定障害者等をいう。以下同じ。）は，次の各号に掲げる事項を記載した申請書に医療受給者証を添えて市町村等に提出しなければならない。
　一　当該支給認定に係る障害者等の氏名，性別，居住地，生年月日，個人番号及び連絡先
　二　当該支給認定に係る障害者等が障害児である場合においては，当該障害児の保護者の氏名，居住地，個人番号，連絡先及び当該障害児との続柄
　三　前条各号に掲げる事項のうち変更の必要が生じたもの
　四　その他必要な事項
２　前項の申請書には，同項第３号に掲げる事項を証する書類を添付しなければならない。ただし，市町村等は，当該書類により証明すべき事実を公簿等によって確認することができるときは，当該書類を省略させることができる。
３　精神通院医療に係る第１項の申請については，第35条第３項の規定を準用する。
　（令第32条第１項に規定する厚生労働省令で定める事項）
第46条　令第32条第１項に規定する厚生労働省令で定める事項は，第35条第１項各号（第３号及び第７号を除く。）に掲げる事項及び負担上限月額の算定のために必要な事項とする。
　（申請内容の変更の届出）
第47条　令第32条第１項の規定に基づき届出をしようとする支給認定障害者等は，次の各号に掲げる事項を記載した届出書に医療受給者証を添えて市町村等に提出しなければならない。
　一　当該支給認定に係る障害者等の氏名，性別，居住地，生年月日，個人番号及び連絡先
　二　当該支給認定に係る障害者等が障害児である場合においては，当該障害児の保護者の氏名，居住地，個人番号，連絡先及び当該障害児との続柄
　三　現に当該支給認定障害者等が受けている支給認定に係る自立支援医療の種類
　四　前条に規定する事項のうち，変更した事項とその変更内容
　五　その他必要な事項
２　前項の届出書には，同項第４号に掲げる事項を証する書類を添付しなければならない。ただし，市町村等は，当該書類により証明すべき事実を公簿等によって確認することができるときは，当該書類を省略させることができる。

3　精神通院医療に係る第1項の届出については，第35条第3項の規定を準用する。
（医療受給者証の再交付の申請）
第48条　令第33条第1項の規定に基づき申請をしようとする支給認定障害者等は，次の各号に掲げる事項を記載した申請書を，市町村等に提出しなければならない。
　一　当該支給認定に係る障害者等の氏名，性別，居住地，生年月日，個人番号及び連絡先
　二　当該支給認定に係る障害者等が障害児である場合においては，当該障害児の保護者の氏名，居住地，個人番号，連絡先及び当該障害児との続柄
　三　申請の理由
2　医療受給者証を破り，又は汚した場合の前項の申請には，同項の申請書に，その医療受給者証を添えなければならない。
3　医療受給者証の再交付を受けた後，失った医療受給者証を発見したときは，速やかにこれを市町村等に返還しなければならない。
4　精神通院医療に係る第1項の申請及び前項の返還については，第35条第3項の規定を準用する。
5　精神通院医療に係る医療受給者証の再交付については，第42条の規定を準用する。
（医療受給者証の返還を求める場合の手続）
第49条　市町村等は，法第57条第1項の規定に基づき支給認定の取消しを行ったときは，同条第2項の規定により次の各号に掲げる事項を書面により支給認定障害者等に通知し，医療受給者証の返還を求めるものとする。
　一　法第57条第1項の規定に基づき支給認定の取消しを行った旨
　二　医療受給者証を返還する必要がある旨
　三　医療受給者証の返還先及び返還期限
2　前項の支給認定障害者等の医療受給者証が既に市町村等に提出されているときは，市町村等は，同項の規定にかかわらず，同項の通知に同項第2号及び第3号に掲げる事項を記載することを要しない。
（自立支援医療費の支給）
第50条　市町村等は，法第58条第1項の規定に基づき，毎月，自立支援医療費を支給するものとする。
2　支給認定に係る障害者等が指定自立支援医療機関から指定自立支援医療を受けたときは，法第58条第5項の規定により当該支給認定障害者等に支給すべき自立支援医療費は当該指定自立支援医療機関に対して支払うものとする。
（医療受給者証の提示）
第51条　支給認定に係る障害者等は，法第58条第2項の規定に基づき指定自立支援医療を受けるに当たっては，その都度，指定自立支援医療機関に対して医療受給者証を提示しなければならない。
（令第35条第2号に規定する額の算定方法）
第51条の2　令第35条第2号に規定する所得割の額を算定する場合には，第26条の3の規定を準用する。この場合において，これらの規定中「支給決定障害者等又は当該支給決定障害者等と同一の世帯に属する者」とあるのは，「支給認定に係る障害者等又は支給認定基準世帯員」と読み替えるものとする。
第52条　令第35条第2号に規定する合算した額を算定する場合は，第39条の規定を準用する。
（令第35条第3号に規定する厚生労働省令で定める者）
第53条　令第35条第3号に規定する厚生労働省令で定める者は，同条第2号に定める額を負担上限月額としたならば保護を必要とする状態となる者であって，同条第3号に定める額を負担上限月額としたならば保護を必要としない状態となるものとする。
（令第35条第4号に規定する厚生労働省令で定める給付）
第54条　令第35条第4号に規定する厚生労働省令で定める給付は，次の各号に掲げるものとする。
　一　国民年金法（昭和34年法律第141号）に基づく障害基礎年金，遺族基礎年金及び寡婦年金並びに国民年金法等の一部を改正する法律（昭和60年法律第34号。以下この条において「法律第34号」という。）第1条の規定による改正前の国民年金法に基づく障害年金
　二　厚生年金保険法（昭和29年法律第115号）

に基づく障害厚生年金，障害手当金及び遺族厚生年金並びに法律第34号第3条の規定による改正前の厚生年金保険法に基づく障害年金

三　船員保険法に基づく障害年金及び障害手当金並びに法律第34号第5条の規定による改正前の船員保険法に基づく障害年金

四　被用者年金制度の一元化等を図るための厚生年金保険法等の一部を改正する法律（平成24年法律第63号。以下この条において「平成24年一元化法」という。）附則第36条第5項に規定する改正前国共済法による職域加算額のうち障害又は死亡を給付事由とするもの並びに平成24年一元化法附則第37条第1項に規定する改正前国共済法による年金である給付のうち障害又は死亡を給付事由とするもの及び同項に規定する旧国共済法による年金である給付のうち障害を給付事由とするもの

四の二　平成24年一元化法附則第32条第1項の規定による障害一時金

四の三　平成24年一元化法附則第41条第1項の規定による障害共済年金及び遺族共済年金

五　平成24年一元化法附則第60条第5項に規定する改正前地共済法による職域加算額のうち障害又は死亡を給付事由とするもの並びに平成24年一元化法附則第61条第1項に規定する改正前地共済法による年金である給付のうち障害又は死亡を給付事由とするもの及び同項に規定する旧地共済法による年金である給付のうち障害を給付事由とするもの

五の二　平成24年一元化法附則第56条第1項の規定による障害一時金

五の三　平成24年一元化法附則第65条第1項の規定による障害共済年金及び遺族共済年金

六　平成24年一元化法附則第78条第3項に規定する改正前私学共済法による年金である給付のうち障害又は死亡を給付事由とするもの並びに平成24年一元化法附則第79条に規定する改正前私学共済法による年金である給付のうち障害又は死亡を給付事由とするもの及び同項に規定する旧私学共済法による年金である給付のうち障害を給付事由とするもの

七　移行農林共済年金（厚生年金保険制度及び農林漁業団体職員共済組合制度の統合を図るための農林漁業団体職員共済組合法等を廃止する等の法律（平成13年法律第101号）附則第16条第4項に規定する移行農林共済年金をいう。）のうち障害共済年金及び移行農林年金（同条第6項に規定する移行農林年金をいう。）のうち障害年金並びに特例年金給付（同法附則第25条第4項各号に掲げる特例年金給付をいう。）のうち障害を支給事由とするもの

八　特定障害者に対する特別障害給付金の支給に関する法律（平成16年法律第166号）に基づく特別障害給付金

九　労働者災害補償保険法（昭和22年法律第50号）に基づく障害補償給付及び障害給付

十　国家公務員災害補償法（昭和26年法律第191号。他の法律において準用する場合を含む。）に基づく障害補償

十一　地方公務員災害補償法（昭和42年法律第121号）に基づく障害補償及び同法に基づく条例の規定に基づく補償で障害を支給事由とするもの

十二　特別児童扶養手当等の支給に関する法律（昭和39年法律第134号）に基づく特別児童扶養手当，障害児福祉手当及び特別障害者手当並びに法律第34号附則第97条第1項の規定による福祉手当

（令第35条第4号に規定する厚生労働省令で定める者）

第55条　令第35条第4号に規定する厚生労働省令で定める者は，同条第3号に定める額を負担上限月額としたならば保護を必要とする状態となる者であって，同条第4号に定める額を負担上限月額としたならば保護を必要としない状態となるものとする。

（令第35条第5号に規定する厚生労働省令で定める者）

第56条　令第35条第5号に規定する厚生労働省令で定める者は，同条第4号に定める額を負担上限月額としたならば保護を必要とする状態となる者であって，同条第5号に定める額を負担上限月額としたならば保護を必要としない状態となるものとする。

（指定自立支援医療機関の指定の申請）

第57条 法第59条第1項の規定に基づき指定自立支援医療機関の指定を受けようとする病院又は診療所の開設者は，次に掲げる事項を記載した申請書を，当該病院又は診療所の所在地の都道府県知事に提出しなければならない。

一 病院又は診療所の名称及び所在地

二 開設者の住所，氏名，生年月日及び職名又は名称

三 保険医療機関（健康保険法第63条第3項第1号に規定する保険医療機関をいう。第59条において同じ。）である旨

四 標ぼうしている診療科名（担当しようとする自立支援医療の種類に関係があるものに限る。）

五 担当しようとする自立支援医療の種類

六 指定自立支援医療を主として担当する医師又は歯科医師の氏名，生年月日，住所及び経歴

七 指定自立支援医療（育成医療又は更生医療に限る。）を行うために必要な設備の概要

八 診療所（育成医療又は更生医療を行うものに限る。）にあっては，患者を収容する施設の有無及び有するときはその収容定員

九 法第59条第3項において準用する法第36条第3項各号（同項第1号から第3号まで及び第7号を除く。）に該当しないことを誓約する書面（以下この条において「誓約書」という。）

十 その他必要な事項

2 法第59条第1項の規定に基づき指定自立支援医療機関の指定を受けようとする薬局の開設者は，次に掲げる事項を記載した申請書を，当該薬局の所在地の都道府県知事に提出しなければならない。

一 薬局の名称及び所在地

二 開設者の住所，氏名，生年月日及び職名又は名称

三 保険薬局（健康保険法第63条第3項第1号に規定する保険薬局をいう。第59条において同じ。）である旨

四 調剤のために必要な設備及び施設の概要

五 担当しようとする自立支援医療の種類

六 誓約書

七 その他必要な事項

3 法第59条第1項の規定に基づき指定自立支援医療機関の指定を受けようとする指定訪問看護事業者等（令第36条第1号及び第2号に掲げる事業者をいう。以下同じ。）は，次に掲げる事項を記載した申請書を，当該申請に係る訪問看護ステーション等（指定訪問看護事業者等が当該指定に係る訪問看護事業（健康保険法第88条第1項に規定する訪問看護事業をいう。）又は訪問看護（介護保険法第8条第4項に規定する訪問看護をいう。以下この条において同じ。）に係る居宅サービス事業（同条第1項に規定する居宅サービス事業をいう。）若しくは介護予防訪問看護（同法第8条の2第3項に規定する介護予防訪問看護をいう。以下この条において同じ。）に係る介護予防サービス事業（同条第1項に規定する介護予防サービス事業をいう。）を行う事業所をいう。以下同じ。）の所在地の都道府県知事に提出しなければならない。

一 指定訪問看護事業者等の名称及び主たる事務所の所在地並びにその代表者の氏名，生年月日，住所及び職名

二 当該申請に係る訪問看護ステーション等の名称及び所在地

三 指定訪問看護事業者等である旨

四 当該訪問看護ステーション等において指定訪問看護（健康保険法第88条第1項又は高齢者医療確保法第78条第1項に規定する指定訪問看護をいう。）又は訪問看護に係る指定居宅サービス（介護保険法第41条第1項に規定する指定居宅サービスをいう。）若しくは介護予防訪問看護に係る指定介護予防サービス（同法第53条第1項に規定する指定介護予防サービスをいう。）に従事する職員の定数

五 担当しようとする自立支援医療の種類

六 誓約書

七 その他必要な事項

（法第59条第2項第1号に規定する厚生労働省令で定める事業所又は施設）

第58条 法第59条第2項第1号に規定する厚生労働省令で定める事業所又は施設は，訪問看護ス

テーション等とする。
　（厚生労働省令で定める指定自立支援医療機関）
第59条　法第60条第2項で準用する健康保険法第68条第2項の厚生労働省令で定める指定自立支援医療機関は，保険医（健康保険法第64条に規定する保険医をいう。）である医師若しくは歯科医師の開設する診療所である保険医療機関又は保険薬剤師（健康保険法第64条に規定する保険薬剤師をいう。）である薬剤師の開設する保険薬局であって，その指定を受けた日からおおむね引き続き当該開設者である保険医若しくは保険薬剤師のみが診療若しくは調剤に従事しているもの又はその指定を受けた日からおおむね引き続き当該開設者である保険医若しくは保険薬剤師及びその者と同一の世帯に属する配偶者，直系血族若しくは兄弟姉妹である保険医若しくは保険薬剤師のみが診療若しくは調剤に従事しているものとする。
　（良質かつ適切な医療の提供）
第60条　指定自立支援医療機関は，指定自立支援医療を提供するに当たっては，支給認定に係る障害者等の心身の障害の状態の軽減を図り自立した日常生活又は社会生活を営むために良質かつ適切な医療を厚生労働大臣が定めるところにより提供しなければならない。
　（変更の届出を行うべき事項）
第61条　法第64条に規定する厚生労働省令で定める事項は，指定自立支援医療機関が病院又は診療所であるときは第57条第1項各号（第1号，第5号及び第9号を除く。）に掲げる事項とし，薬局であるときは同条第2項各号（第1号，第5号及び第6号を除く。）に掲げる事項とし，指定訪問看護事業者等であるときは同条第3項各号（第1号，第5号及び第6号を除く。）に掲げる事項とする。
　（変更の届出）
第62条　指定自立支援医療機関の開設者等（法第59条第1項の規定に基づき指定を受けた病院若しくは診療所若しくは薬局の開設者又は指定訪問看護事業者等をいう。次条及び第64条において同じ。）は，前条の事項に変更があったときは，法第64条の規定に基づき，変更のあった事項及びその年月日を，速やかに当該指定自立支援医療機関の所在地（当該指定自立支援医療機関が指定訪問看護事業者等であるときは，当該指定に係る訪問看護ステーション等の所在地をいう。以下同じ。）の都道府県知事に届け出なければならない。
　（届出）
第63条　指定自立支援医療機関の開設者等は，次の各号に掲げる場合には，速やかに当該指定自立支援医療機関の所在地の都道府県知事に届け出るものとする。
　一　当該医療機関の業務を休止し，廃止し，又は再開したとき。
　二　医療法第24条，第28条若しくは第29条，健康保険法第95条，介護保険法第77条第1項，医薬品，医療機器等の品質，有効性及び安全性の確保等に関する法律（昭和35年法律第145号）第72条第4項，第75条第1項若しくは第75条の2第1項，再生医療等の安全性の確保等に関する法律（平成25年法律第85号）第23条，第48条若しくは第49条又は臨床研究法（平成29年法律第16号）第20条に規定する処分を受けたとき。
　（指定辞退の申出）
第64条　法第65条の規定に基づき指定を辞退しようとする指定自立支援医療機関の開設者等は，その旨を，当該指定自立支援医療機関の所在地の都道府県知事に申し出なければならない。
　（療養介護医療費の支給）
第64条の2　市町村は，法第70条第1項の規定に基づき，毎月，療養介護医療費を支給するものとする。
2　支給決定を受けた障害者が指定障害福祉サービス事業者から当該指定に係る療養介護医療を受けたときは，法第70条第2項において準用する法第58条第5項の規定により当該支給決定を受けた障害者に支給すべき療養介護医療費は当該指定障害福祉サービス事業者に対して支払うものとする。
　（基準該当療養介護医療費の支給の申請）
第64条の3　基準該当療養介護医療費の支給を受けようとする特例介護給付費（療養介護に係る

ものに限る。）に係る支給決定を受けた障害者は，法第71条第１項の規定に基づき，第31条第１項各号に掲げる事項のほか，支給を受けようとする基準該当療養介護医療費の額を記載した申請書を，市町村に提出しなければならない。

２　前項の申請書には，同項の基準該当療養介護医療費の額を証する書類を添付しなければならない。

（令第42条の４第１項第２号に規定する厚生労働省令で定める者）

第64条の３の２　令第42条の４第１項第２号に規定する厚生労働省令で定める者は，同項第１号に定める額を負担上限月額（同項に規定する負担上限月額をいう。以下この条，第64条の３の４及び第64条の３の５において同じ。）としたならば保護を必要とする状態となる者であって，同項第２号に定める額を負担上限月額としたならば保護を必要としない状態となるものとする。

（令第42条の４第１項第３号に規定する厚生労働省令で定める給付）

第64条の３の３　令第42条の４第１項第３号に規定する厚生労働省令で定める給付は，第54条各号に掲げる給付とする。

（令第42条の４第１項第３号に規定する厚生労働省令で定める者）

第64条の３の４　令第42条の４第１項第３号に規定する厚生労働省令で定める者は，同項第２号に定める額を負担上限月額としたならば保護を必要とする状態となる者であって，同項第３号に定める額を負担上限月額としたならば保護を必要としない状態となるものとする。

（令第42条の４第１項第４号に規定する厚生労働省令で定める者）

第64条の３の５　令第42条の４第１項第４号に規定する厚生労働省令で定める者は，同項第３号に定める額を負担上限月額としたならば保護を必要とする状態となる者であって，同項第４号に定める額を負担上限月額としたならば保護を必要としない状態となるものとする。

（令第42条の４第２項の規定により読み替えて適用する同条第１項第１号から第３号までに規定する支給決定障害者の所得の状況等を勘案して定める額の算定方法）

第64条の４　令第42条の４第２項の規定により読み替えて適用する同項第１号から第３号までに規定する支給決定障害者の所得の状況等を勘案して定める額は，同条第２項に規定する厚生労働大臣が定める額から同項第１号に掲げる額と同項第３号に掲げる額の合計額を控除して得た額（その額が１万円を下回る場合には１万円とする。）とする。ただし，令第42条の４第１項第１号に掲げる者については，その額が４万200円を超えるときは，４万200円とし，同項第２号に掲げる者については，その額が２万4600円を超えるときは，２万4600円とし，同項第３号に掲げる者については，その額が１万5000円を超えるときは，１万5000円とする。

２　前項の規定にかかわらず，要保護者（生活保護法第６条第２項に規定する要保護者をいう。）である者であって，令第42条の４第２項第２号の食事療養標準負担額を負担することとしたならば保護を必要とする状態となる者であって，同条第２項の規定により読み替えて適用する同項第１号から第３号までに規定する支給決定障害者の所得の状況等を勘案して定める額を１万円としたならば保護を必要としない状態となるものに係る当該額は，１万円とする。

（診療報酬の請求，支払等）

第65条　市町村等が法第73条第１項の規定に基づき医療費の審査を行うこととしている場合においては，指定自立支援医療機関，指定療養介護医療を行う指定障害福祉サービス事業者又は基準該当療養介護医療を行う基準該当事業所（法第30条第１項第２号イに規定する基準該当事業所をいう。）（以下この条において「指定自立支援医療機関等」と総称する。）は，療養の給付及び公費負担医療に関する費用の請求に関する省令（昭和51年厚生省令第36号），訪問看護療養費及び公費負担医療に関する費用の請求に関する省令（平成４年厚生省令第５号）又は介護給付費及び公費負担医療等に関する費用等の請求に関する省令（平成12年厚生省令第20号）の定めるところにより，当該指定自立支援医療機

関等が行った医療に係る診療報酬を請求するものとする。

2　前項の場合において，市町村等は，当該指定自立支援医療機関等に対し，都道府県知事が当該指定自立支援医療機関等の所在地の都道府県の社会保険診療報酬支払基金事務所に置かれた審査委員会，社会保険診療報酬支払基金法（昭和23年法律第129号）に定める特別審査委員会，国民健康保険法に定める国民健康保険診療報酬審査委員会，同法第45条第6項に規定する厚生労働大臣が指定する法人に設置される診療報酬の審査に関する組織，高齢者医療確保法に定める後期高齢者医療診療報酬審査委員会又は介護保険法第179条に規定する介護給付費等審査委員会の意見を聴いて決定した額に基づいて，その診療報酬を支払うものとする。

3　法第73条第4項に規定する厚生労働省令で定める者は，国民健康保険法第45条第6項に規定する厚生労働大臣が指定する法人とする。

　　（法第74条第2項に規定する厚生労働省令で定める機関）

第65条の2　法第74条第2項に規定する厚生労働省令で定める機関は，知的障害者福祉法（昭和35年法律第37号）第9条第5項に規定する知的障害者更生相談所及び児童相談所とする。

　　　　　　第5節　補装具費の支給
　　（令第43条の2第2項に規定する額の算定方法）

第65条の3　令第43条の2第2項に規定する所得割の額を算定する場合には，第26条の3の規定を準用する。この場合において，これらの規定中「支給決定障害者等又は当該支給決定障害者等と同一の世帯に属する者」とあるのは，「法第76条第1項の申請に係る障害者等又はその属する世帯の他の世帯員（障害者である場合にあっては，その配偶者に限る。）」と読み替えるものとする。

　　（令第43条の3第2号に規定する厚生労働省令で定める者）

第65条の4　令第43条の3第2号に規定する厚生労働省令で定める者は，同条第1号に定める額を負担上限月額（同条に規定する政令で定める額をいう。以下この節において同じ。）としたならば保護を必要とする状態となる者であって，同条第2号に定める額を負担上限月額としたならば保護を必要としない状態となるものとする。

第65条の5及び第65条の6　削除

　　（補装具費の支給の申請）

第65条の7　法第76条第1項の規定に基づき補装具費の支給を受けようとする障害者又は障害児の保護者は，補装具の購入等（法第76条第1項に規定する購入等をいう。以下同じ。）を行おうとするときには，市町村に対し，あらかじめ，第1号から第5号までに掲げる事項を記載した申請書及び第6号から第8号までに掲げる添付書類を提出し，補装具の購入等が完了した後に第9号及び第10号に掲げる書類を市町村に提出しなければならない。ただし，市町村は，当該添付書類により証明すべき事項を公簿等によって確認することができるときは，当該添付書類を，身体障害者福祉法第15条第4項の規定に基づき交付を受けた身体障害者手帳によって当該申請に係る障害者等が補装具の購入等を必要とする者であることを確認することができるときは，第6号に掲げる添付書類を，それぞれ省略させることができる。

一　当該申請を行う障害者又は障害児の保護者の氏名，居住地，生年月日，個人番号及び連絡先

二　当該申請に係る障害者等が障害児である場合においては，当該障害児の氏名，生年月日，個人番号及び当該障害児の保護者との続柄

三　当該申請に係る補装具の種目，名称，製造事業者名及び販売事業者名，貸付け事業者名又は修理事業者名

四　身体障害者福祉法第15条第4項の規定に基づき交付を受けた身体障害者手帳を所持している当該申請に係る障害者等にあっては，その番号

五　当該申請に係る障害者等又はその属する世帯の他の世帯員のうち令第43条の2第1項に規定する者の所得が同条第2項の基準未満であることその他所得の状況に関する事項

六　医師の意見書又は診断書

七 第5号の事項を証する書類その他負担上限月額の算定のために必要な事項に関する書類

八 当該申請に係る補装具の購入等に要する費用の見積り

九 当該申請に係る補装具の購入等に要した費用に係る領収証

十 当該申請に係る補装具の購入等の完了後の当該申請に係る障害者等の身体への適合の状態を確認できる書類等

2 前項の規定にかかわらず，やむを得ない事情がある場合には，補装具の購入等が完了した後に，同項第1号から第5号までに掲げる事項を記載した申請書並びに同項第6号及び第7号に掲げる添付書類を提出することができる。

（法第76条第1項に規定する厚生労働省令で定める場合）

第65条の7の2 法第76条第1項に規定する厚生労働省令で定める場合は，次に掲げる場合とする。

一 身体の成長に伴い，短期間で補装具等の交換が必要であると認められる場合

二 障害の進行により，補装具の短期間の利用が想定される場合

三 補装具の購入に先立ち，複数の補装具等の比較検討が必要であると認められる場合

（身体障害者更生相談所等の意見聴取等）

第65条の8 市町村は，補装具費の支給に当たって必要があると認めるときは，身体障害者福祉法第9条第7項に規定する身体障害者更生相談所及び次条に定める機関（次項において「身体障害者更生相談所等」という。）の意見を聴くことができる。

2 身体障害者更生相談所等は，補装具費の支給に係る補装具に関し，当該支給に係る障害者等の身体に適合したものとなるよう，当該補装具の販売事業者，貸付け事業者又は修理事業者に対し，必要な助言及び指導を行うことができる。

（法第76条第3項に規定する厚生労働省令で定める機関）

第65条の9 法第76条第3項に規定する厚生労働省令で定める機関は，指定自立支援医療機関（精神通院医療に係るものを除く。）及び保健所とする。

第6節　高額障害福祉サービス等給付費の支給

（高額障害福祉サービス等給付費の支給申請）

第65条の9の2 高額障害福祉サービス等給付費の支給を受けようとする支給決定障害者等（令第43条の4第5項各号に掲げる要件のいずれにも該当する者を除く。）は，次に掲げる事項を記載した申請書を市町村に提出しなければならない。

一 当該申請を行う支給決定障害者等の氏名，居住地，生年月日，個人番号，連絡先及び受給者証番号

二 当該申請を行う支給決定障害者等に係る利用者負担世帯合算額（令第43条の5第1項に規定する利用者負担世帯合算額をいう。）

三 当該申請を行う支給決定障害者等が同一の月に受けたサービスに係る令第43条の5第1項第1号及び第3号に掲げる額並びに当該購入等をした補装具に係る同項第2号に掲げる額を合算した額

四 当該申請を行う支給決定障害者等と同一の世帯に属する当該支給決定障害者等以外の支給決定障害者等，補装具費支給対象障害者等（法第76条第1項に規定する補装具費支給対象障害者等をいう。），通所給付決定保護者（児童福祉法第6条の2の2第9項に規定する通所給付決定保護者をいう。）又は入所給付決定保護者（同法第24条の3第6項に規定する入所給付決定保護者をいう。）であって，同一の月に障害福祉サービス若しくは児童福祉法第6条の2の2第1項に規定する障害児通所支援若しくは同法第24条の2第1項に規定する指定入所支援を受けた又は補装具を購入等をしたものの氏名，生年月日，個人番号及び受給者証番号，通所受給者証番号（児童福祉法施行規則（昭和23年厚生省令第11号）第18条の5第1項第1号に規定する通所受給者証番号をいう。），入所受給者証番号（同令第25条の11第3号に規定する入所受給者証番号をいう。）又は介護保険法による被保険者証の番号（介護保険法施行規則第25条第1項第4号

に規定する被保険者証の番号をいう。第3項第1号において同じ。）

2 前項の申請書には，同項第2号及び第3号に掲げる額を証する書類を添付しなければならない。ただし，市町村は，当該書類により証明すべき事実を公簿等によって確認することができるときは，当該書類を省略させることができる。

3 高額障害福祉サービス等給付費の支給を受けようとする支給決定障害者（令第43条の4第5項各号に掲げる要件のいずれにも該当する者に限る。）及び法第76条の2第1項第2号に掲げる障害者は，次に掲げる事項を記載した申請書を市町村に提出しなければならない。

一 当該申請を行う障害者の氏名，居住地，生年月日，個人番号，連絡先，受給者証番号及び被保険者証の番号

二 当該申請を行う障害者が同一の月に受けた障害福祉相当介護保険サービス（令第43条の4第4項に規定する障害福祉相当介護保険サービスをいう。次項及び第65条の9の5において同じ。）に係る令第43条の5第6項に定める額

4 前項の申請書には，同項第2号に掲げる額を証する書類及び令第43条の4第5項各号（第4号を除く。）に掲げる要件に該当することを証する書類並びに申請者及び当該申請者と同一の世帯に属するその配偶者が障害福祉相当介護保険サービスのあった月の属する年度（障害福祉相当介護保険サービスのあった月が4月から6月までの場合にあっては，前年度）分の地方税法の規定による市町村民税を課されない者（市町村の条例で定めるところにより当該市町村民税を免除された者を含むものとし，当該市町村民税の賦課期日において同法の施行地に住所を有しない者を除く。）であること又は申請者及び当該申請者と同一の世帯に属するその配偶者が障害福祉相当介護保険サービスのあった月において被保護者若しくは要保護者であって次条に規定するものに該当することを証する書類を添付しなければならない。ただし，市町村は，当該書類により証明すべき事実を公簿等によって確認することができるときは，当該書類を省略させることができる。

（令第43条の4第5項第2号に規定する厚生労働省令で定める者）

第65条の9の3 令第43条の4第5項第2号に規定する厚生労働省令で定める者は，65歳に達する日の前日の属する月において，令第17条第1号から第3号までに掲げる区分に応じ，それぞれ当該各号に定める額を負担上限月額としたならば保護を必要とする状態となった者であって，同条第4号に定める額を負担上限月額としたならば保護を必要としない状態となったものとする。

（令第43条の4第5項第3号に規定する厚生労働省令で定める障害の程度）

第65条の9の4 令第43条の4第5項第3号に規定する厚生労働省令で定める障害の程度は，次の各号に掲げる場合に応じ，それぞれ当該各号に定める区分に属するものとする。

一 65歳に達する日の前日が平成26年4月1日以後である場合 障害支援区分に係る市町村審査会による審査及び判定の基準等に関する省令（平成26年厚生労働省令第5号）第1条第3号から第7号までに掲げる区分

二 65歳に達する日の前日が平成26年4月1日前である場合 障害程度区分に係る市町村審査会による審査及び判定の基準等に関する省令の全部を改正する省令（平成26年厚生労働省令第5号）の規定による改正前の障害程度区分に係る市町村審査会による審査及び判定の基準等に関する省令（平成18年厚生労働省令第40号）第2条第2号から第6号までに掲げる区分

（令第43条の5第6項に規定する厚生労働省令で定める者）

第65条の9の5 令第43条の5第6項に規定する厚生労働省令で定める者は，障害福祉相当介護保険サービスのあった月において当該障害福祉相当介護保険サービスに係る同項に規定する高額障害福祉サービス等給付費が支給されたとすれば，保護を必要としない状態となるものとする。

第7節 情報公表対象サービス等の利用

に資する情報の報告及び公表）

（法第76条の3第1項に規定する厚生労働省令で定めるとき）

第65条の9の6 法第76条の3第1項に規定する厚生労働省令で定めるときは，災害その他都道府県知事に対し同項の規定による情報公表対象サービス等（同項に規定する情報公表対象サービス等をいう。以下同じ。）の報告（次条及び第65条の9の9において単に「報告」という。）を行うことができないことにつき正当な理由がある対象事業者（同項に規定する対象事業者をいう。以下同じ。）以外のものについて，都道府県知事が定めるときとする。

（報告の方法）

第65条の9の7 報告は，都道府県知事が定めるところにより行うものとする。

（法第76条の3第1項に規定する厚生労働省令で定める情報）

第65条の9の8 法第76条の3第1項に規定する厚生労働省令で定める情報は，情報公表対象サービス等の提供を開始しようとするときにあっては別表第1号に掲げる項目に関するものとし，同項の厚生労働省令で定めるときにあっては別表第1号及び別表第2号に掲げる項目に関するものとする。

（法第76条の3第2項の規定による公表の方法）

第65条の9の9 都道府県知事は，報告を受けた後，当該報告の内容を公表するものとする。ただし，都道府県知事は，当該報告を受けた後に法第76条の3第3項の調査を行ったときは，当該調査の結果を公表することをもって，当該報告の内容を公表したものとすることができる。

（法第76条の3第8項に規定する厚生労働省令で定める情報）

第65条の9の10 法第76条の3第8項に規定する厚生労働省令で定める情報は，情報公表対象サービス等の質及び情報公表対象サービス等に従事する従業者に関する情報（情報公表対象サービス等情報に該当するものを除く。）として都道府県知事が定めるものとする。

第3章　地域生活支援事業

（市町村の地域生活支援事業）

第65条の9の11 市町村は，法第77条第1項各号に掲げる事業のうち，次の各号に掲げるものについては，当該各号に掲げる事業の区分に応じ，当該各号に定めるところにより行うものとする。

一　法第77条第1項第6号に掲げる事業　当該事業において意思疎通支援を行う者の派遣を行うに当たっては，少なくとも手話及び要約筆記に係るものを行うこと。

二　法第77条第1項第7号に掲げる事業　当該事業において意思疎通支援を行う者の養成を行うに当たっては，少なくとも手話（特に専門性の高いものを除く。）に係るものを行うこと。

（法第77条第1項第3号に規定する厚生労働省令で定める便宜）

第65条の10 法第77条第1項第3号に規定する厚生労働省令で定める便宜は，訪問等の方法による障害者等，障害児の保護者又は介護者に係る状況の把握，必要な情報の提供及び助言並びに相談及び指導，障害者等，障害児の保護者又は介護者と市町村，指定障害福祉サービス事業者等，医療機関等との連絡調整その他の障害者等，障害児の保護者又は介護者に必要な支援とする。

（法第77条第1項第4号に規定する厚生労働省令で定める費用）

第65条の10の2 法第77条第1項第4号に規定する厚生労働省令で定める費用は，次に掲げる費用の全部又は一部とする。

一　民法（明治29年法律第89号）第7条，第11条，第13条第2項，第15条第1項，第17条第1項，第876条の4第1項及び第876条の9第1項に規定する審判の請求に要する費用

二　前号の審判に基づく登記の嘱託及び申請についての手数料

三　民法第862条（同法第852条，第876条の3第2項，第876条の5第2項，第876条の8第2項及び第876条の10第2項において準用する場合を含む。）の規定に基づく報酬

四　前3号に掲げる費用のほか，成年後見制度の利用に関し必要となる費用であって，市町

村において支給することが適当であると認めたもの

（法第77条第1項第6号に規定する厚生労働省令で定める方法）

第65条の11 法第77条第1項第6号に規定する厚生労働省令で定める方法は，要約筆記，触手話，指点字等とする。

（法第77条第1項第6号に規定する厚生労働省令で定める便宜）

第65条の12 法第77条第1項第6号に規定する厚生労働省令で定める便宜は，同号に規定する意思疎通支援を行う者の派遣及び設置その他障害のために意思疎通を図ることに支障がある障害者等に必要な支援並びに日常生活上の便宜を図るための用具であって同号の厚生労働大臣が定めるものの給付及び貸与とする。

（法第77条第1項第9号に規定する厚生労働省令で定める施設）

第65条の13 法第77条第1項第9号に規定する厚生労働省令で定める施設は，地域活動支援センターとする。

（法第77条第1項第9号に規定する厚生労働省令で定める便宜）

第65条の14 法第77条第1項第9号に規定する厚生労働省令で定める便宜は，創作的活動又は生産活動の機会の提供，社会との交流の促進その他障害者等が自立した日常生活及び社会生活を営むために必要な支援とする。

（法第77条の2第3項に規定する厚生労働省令で定める者）

第65条の14の2 法第77条の2第3項に規定する厚生労働省令で定める者は，一般相談支援事業又は特定相談支援事業を行う者とする。

（基幹相談支援センターの設置の届出）

第65条の14の3 法第77条の2第4項の厚生労働省令で定める事項は，次のとおりとする。

一　基幹相談支援センター（法第77条の2第1項の基幹相談支援センターをいう。以下同じ。）の名称及び所在地

二　法第77条の2第3項の委託を受けた者（以下この条において「受託者」という。）であって，同条第4項の届出を行うものの名称及び主たる事務所の所在地並びにその代表者の氏名，生年月日，住所及び職名

三　基幹相談支援センターの設置の予定年月日

四　受託者の定款，寄附行為等及びその登記事項証明書

五　基幹相談支援センターの平面図

六　職員の職種及び員数

七　職員の氏名，生年月日，住所及び経歴

八　営業日及び営業時間

九　担当する区域

十　その他必要と認める事項

2　受託者は，収支予算書及び事業計画書並びに適切，公正かつ中立な業務の運営を確保するための措置について記載した文書を市町村長に提出しなければならない。

（都道府県の地域生活支援事業）

第65条の14の4 都道府県は，法第78条第1項の規定による事業において特に専門性の高い意思疎通支援を行う者の養成及び派遣並びに意思疎通支援を行う者の派遣に係る市町村相互間の連絡調整を行うに当たっては，当該養成及び派遣については少なくとも手話，要約筆記，触手話及び指点字に係るもの，当該派遣に係る市町村相互間の連絡調整については少なくとも手話及び要約筆記に係るものを行うものとする。

（法第78条第1項に規定する厚生労働省令で定める事業）

第65条の15 法第78条第1項に規定する厚生労働省令で定める事業は，主として居宅において日常生活を営む障害児に係る療育指導，発達障害者支援センター（発達障害者支援法（平成16年法律第167号）第14条第1項に規定する発達障害者支援センターをいう。）の設置運営その他特に専門性の高い相談支援事業，都道府県の区域内における相談支援の体制に関する協議を行うための会議の設置，特に専門性の高い意思疎通支援を行う者の養成及び派遣，意思疎通支援を行う者の派遣に係る市町村相互間の連絡調整その他障害者等が自立した日常生活及び社会生活を営むために必要な事業であって広域的な対応が必要なものとする。

第4章　事業及び施設

（障害福祉サービス事業等に関する届出）

第66条　法第79条第2項に規定する厚生労働省令で定める事項は、次の各号に掲げる事項とする。
一　事業の種類（障害福祉サービス事業を行おうとする者にあっては、障害福祉サービスの種類を含む。）及び内容
二　経営者の氏名及び住所（法人であるときは、その名称及び主たる事務所の所在地）
三　条例、定款その他の基本約款
四　職員の定数及び職務の内容
五　主な職員の氏名及び経歴
六　事業を行おうとする区域（市町村の委託を受けて事業を行おうとする者にあっては、当該市町村の名称を含む。）
七　障害福祉サービス事業（療養介護、生活介護、短期入所、重度障害者等包括支援（施設を必要とする障害福祉サービスに係るものに限る。）、自立訓練、就労移行支援又は就労継続支援に限る。）、地域活動支援センターを経営する事業又は福祉ホームを経営する事業を行おうとする者にあっては、当該事業の用に供する施設の名称、種類（短期入所を行おうとする場合に限る。）、所在地及び利用定員
八　事業開始の予定年月日

2　法第79条第2項の規定による届出は、収支予算書及び事業計画書を提出することにより行うものとする。ただし、都道府県知事が、インターネットを利用してこれらの内容を閲覧することができる場合は、この限りでない。

第67条　法第79条第3項に規定する厚生労働省令で定める事項は、前条第1項各号に掲げる事項とする。

第68条　法第79条第4項に規定する厚生労働省令で定める事項は、次の各号に掲げる事項とする。
一　廃止し、又は休止しようとする年月日
二　廃止又は休止の理由
三　現に便宜を受け、又は入所している者に対する措置
四　休止しようとする場合にあっては、休止の予定期間

（障害者支援施設に関する届出）

第68条の2　法第83条第3項に規定する厚生労働省令で定める事項は、次の各号に掲げる事項とする。
一　施設の名称及び所在地
二　施設障害福祉サービスの種類及び内容
三　建物の規模及び構造並びにその図面及び設備の概要
四　事業内容及び運営の方法
五　利用定員
六　職員の定員及び主な職員の履歴書
七　収支予算書
八　事業の開始の予定年月日

第68条の3　令第43条の7第1項の規定により障害者支援施設を休止し、又は廃止しようとするときは、市町村は、次に掲げる事項を都道府県知事に届け出なければならない。
一　施設の休止又は廃止の理由及びその予定期日
二　現に便宜を受け、又は入所している者に対する措置
三　施設の建物及び設備の処分

第5章　国民健康保険団体連合会の障害者総合支援法関係業務

（国民健康保険団体連合会の議決権の特例）

第68条の4　国民健康保険団体連合会は、法第96条の2の規定により行う業務に関する国民健康保険法第86条において準用する同法第29条の規定による議決権を有する者について、規約の定めるところにより、総会又は代議員会の議員のうち、同法第3条第2項に規定する国民健康保険組合を代表する者を除くことができる。

2　国民健康保険団体連合会は、法第96条の2の規定により行う業務に関する国民健康保険法第86条において準用する同法第29条の規定による議決権を有する者について、規約の定めるところにより、市町村が法第29条第7項（法第34条第2項において準用する場合を含む。）、法第51条の14第7項及び法第51条の17第6項の規定により国民健康保険団体連合会に委託する事務に関して地方自治法第284条第1項に規定する一部事務組合又は広域連合を設けた場合には、総会又は代議員会の議員を、会員たる保険者（国民健康保険組合を除く。）を代表する者に代え

て，当該一部事務組合又は広域連合を代表する者とすることができる。

第6章　雑則

（身分を示す証明書の様式）

第69条　法第9条第2項及び法第10条第2項において準用する法第9条第2項の規定により当該職員が携帯すべき証明書の様式は，別表第3号のとおりとする。

2　法第11条第3項において準用する法第9条第2項の規定により当該職員が携帯すべき証明書の様式は，別表第4号のとおりとする。

3　法第48条第2項及び第51条の3第5項において準用する法第9条第2項の規定により当該職員が携帯すべき証明書の様式は，別表第5号のとおりとする。

4　法第51条の27第3項及び第51条の32第5項において準用する法第9条第2項の規定により当該職員が携帯すべき証明書の様式は，別表第6号のとおりとする。

5　法第66条第2項において準用する法第9条第2項の規定により当該職員が携帯すべき証明書の様式は，別表第7号のとおりとする。

6　法第81条第2項において準用する法第9条第2項の規定により当該職員が携帯すべき証明書の様式は，別表第8号のとおりとする。

7　法第85条第2項において準用する法第9条第2項の規定により当該職員が携帯すべき証明書の様式は，別表第9号のとおりとする。

（大都市の特例）

第70条　令第51条第1項の規定に基づき，指定都市が障害者の自立支援に関する事務を処理する場合においては，次の表の上欄に掲げるこの省令の規定中の字句で，同表中欄に掲げるものは，それぞれ同表下欄の字句と読み替えるものとする。

第34条の29 第34条の30	厚生労働大臣	厚生労働大臣又は都道府県知事
第35条第1項及び第2項	市町村等	指定都市
第40条 第45条第1項及び第2項 第47条第1項及び第2項 第48条第1項及び第3項 第49条 第50条第1項 第65条第1項及び第2項		
第34条の7 第34条の8 第34条の9第1項から第4項まで 第34条の11第1項から第4項まで 第34条の12 第34条の14 第34条の15 第34条の16 第34条の17 第34条の18 第34条の18の2 第34条の18の3 第34条の19	都道府県知事	指定都市の市長

第34条の20の3第4項				第34条の9第5項	都道府県知事	指定都市の市長
第34条の22				第34条の11第5項	市町村長	指定都市の市長
第34条の23					は，これらの指定に係る申請の書類の写しを提出することにより行わせる	を省略させる
第34条の24						
第34条の25				第34条の64	都道府県知事又は	指定都市の市長又は
第34条の26				第65条の14の4	都道府県	指定都市
第34条の26の8					派遣並びに意思疎通支援を行う者の派遣に係る市町村相互間の連絡調整	派遣
第34条の30					当たっては，当該養成及び派遣については	当たっては，
第34条の57					，当該派遣に係る市町村相互間の連絡調整については少なくとも手話及び要約筆記に係るものを行う	を行う
第34条の58						
第35条第4項				第65条の15	主として居宅において日常生活を営む障害児に係る療育指導，発達障害者支援センター（発達障害者支援法（平成16年法律第167号）第14条第1項に規定する発達障害者支援センターをいう。）の設置運営その他特に専門性の高い相談支援事業，都道府県の区域内における相談支援の体制に関する協議を行うための会議の設置，特に専門性の高い意思疎通支援を行う者の養成及び派遣，意思疎通支援を行う者の派遣に係る市町村相互間の連絡調整その他障害者等が自立した日常生活及	主として居宅において日常生活を営む障害児に係る療育指導及び発達障害者支援センター（発達障害者支援法（平成16年法律第167号）第14条第1項に規定する発達障害者支援センターをいう。）の設置運営その他特に専門性の高い相談支援事業並びに特に専門性の高い意思疎通支援を行う者の養成及び派遣
第57条						
第62条						
第63条						
第64条						
第65条第2項						
第65条の9の6						
第65条の9の7						
第65条の9の9						
第65条の9の10						
第66条第2項						
別表第8号						
別表第9号						

	び社会生活を営むために必要な事業であって広域的な対応が必要なもの	
第68条の3	市町村	指定都市以外の市町村
別表第8号	都道府県	指定都市

（中核市の特例）

第71条 令第51条第2項の規定により，地方自治法第252条の22第1項の中核市（以下「中核市」という。）が障害者の自立支援に関する事務を処理する場合においては，次の表の上欄に掲げるこの省令の規定中の字句で，同表中欄に掲げるものは，それぞれ同表下欄の字句と読み替えるものとする。

第34条の7	都道府県知事	中核市の市長
第34条の8		
第34条の9第1項から第3項まで		
第34条の11第1項から第4項まで		
第34条の12		
第34条の14		
第34条の15		
第34条の16		
第34条の17		
第34条の18		
第34条の18の2		
第34条の18の3		
第34条の19		
第34条の20の3第4項		
第34条の22		
第34条の23		
第34条の24		
第34条の25		
第34条の26		
第34条の26の8		
第34条の30		
第34条の57		
第34条の58		
第57条		
第62条		
第63条		
第64条		
第65条第2項		
第65条の9の6		
第65条の9の7		
第65条の9の9		
第65条の9の10		
第66条第2項		
別表第8号		
別表第9号		

第34条の9第4項	都道府県知事	中核市の市長
	場合又は	場合において，次の各号に掲げる規定に掲げる事項に係る申請書又は書類を既に都道府県知事に提出しているときは，当該各号に定める規定に掲げる事項に係る申請書の記載又は書類の提出は，これらの指定に係る申請の書類の写しを提出することにより行わせることができ，
第34条の9第5項	都道府県知事	中核市の市長
	市町村長	中核市の市長
第34条の11第5項	は，これらの指定に係る申請の書類の写しを提出することにより行わせる	を省略させる
第34条の64	都道府県知事又は	中核市の市長又は
第65条の14の4	都道府県	中核市
	派遣並びに意思疎通支援を行う者の派遣に係る市町村相互間の連絡調整	派遣
	当たっては，当該養成及び派遣については	当たっては，
	，当該派遣に係る市町村相互間の連絡調整については少なくとも手話及び要約筆記に係るものを行う	を行う
第65条の15	主として居宅において日常生活を営む障害児に係る療育指導，発達障害者支援センター（発達障害者支援法（平成16年法律第167号）第14条第1項に規定する発達障害者支援センターをいう。）の設置運営その他特に専門性の高い相談支援事業，都道府県の区域内における相談支援の体制に関する協議を行うための会議の設置，特に専門性の高い意思疎通支援を行う者の養成及び派遣，意思疎通支援を行う者の派遣に係る市町村相互間の連絡調整その他障害者等が自立した日常生活及び社会生活を営むために必要な事業であって広域的な対応が必要なもの	主として居宅において日常生活を営む障害児に係る療育指導その他特に専門性の高い相談支援事業並びに特に専門性の高い意思疎通支援を行う者の養成及び派遣
第68条の3	市町村	中核市以外の市町村
別表第8号	都道府県	中核市

（権限の委任）

第72条 法第107条第1項の規定により，法第51条の3第1項及び第4項，第51条の4，第51条の32第1項及び第4項並びに第51条の33に規定する厚生労働大臣の権限は，地方厚生局長に委任する。

　　　附　則　抄

（施行期日）

第1条 この省令は，平成18年4月1日から施行する。

（法第5条第1項に規定する厚生労働省令で定める障害福祉サービスに関する経過措置）

第1条の2 平成24年3月31日において法附則第21条第1項に規定する特定旧法指定施設に入所していた者であって，同年4月1日以後引き続き当該特定旧法指定施設であった施設に入所しているものに対する第1条の2の規定の適用については，当分の間，同条中「第6条の10第2号の就労継続支援B型」とあるのは，「就労継

続支援」とする。

（法第23条に規定する厚生労働省令で定める期間に関する経過措置）

第1条の4 法附則第19条第1項の規定により支給決定を受けたものとみなされた障害者に係る法第23条に規定する厚生労働省令で定める期間は，平成18年10月1日におけるその者に係る法附則第35条の規定による改正前の身体障害者福祉法第17条の11第3項第1号又は法附則第52条の規定による改正前の知的障害者福祉法第15条の12第3項第1号に規定する施設訓練等支援費を支給する期間の残存期間と同一の期間とする。

2　平成18年10月1日以降に旧法施設支援（法附則第20条に規定する旧法施設支援をいう。）の支給決定をされた者に係る法第23条に規定する厚生労働省令で定める期間は，支給決定を行った日から当該日が属する月の末日までの期間と1月間から36月間までの範囲内で月を単位として市町村が定める期間を合算して得た期間とする。ただし，支給決定を行った日が月の初日である場合にあっては，1月間から36月間までの範囲内で月を単位として市町村が定める期間とする。

第1条の5　平成18年10月1日になされた支給決定（前条各項に規定するものを除く。）に係る第15条の規定の適用については，同条第1項第1号中「12月間」とあるのは「18月間」と，同項第2号中「36月間」とあるのは「42月間」とする。

第1条の6　平成23年10月1日になされた支給決定（同行援護に係るものに限る。）に係る第15条の規定の適用については，同条第1項第1号中「12月間」とあるのは「18月間」とする。

（支給認定に係る経過的特例）

第9条の2　令附則第12条に規定する所得割の額を算定する場合には，第38条の2の規定を準用する。

2　令附則第13条第2項第2号及び第3号に規定する所得割の額を算定する場合には，第51条の2の規定を準用する。

第10条　令附則第12条の合算した額の算定については，第39条の規定を準用する。

2　令附則第13条第2項第2号及び第3号の合算した額を算定する場合には，第52条の規定を準用する。

（令附則第13条の2の規定により読み替えて適用する令第42条の4第1項第2号及び第3号に規定する支給決定障害者の所得の状況を勘案して定める額の算定方法）

第11条の2　令附則第13条の2の規定により読み替えて適用する令第42条の4第1項第2号及び第3号に規定する支給決定障害者の所得の状況を勘案して定める額は，次の各号に掲げる支給決定障害者の区分に応じ，当該各号に定める額（令第42条の4第1項第2号に掲げる者については，その額が2万4600円を超えるときは，2万4600円とし，同項第3号に掲げる者については，その額が1万5000円を超えるときは，1万5000円とする。）とする。

一　障害福祉サービス（療養介護に限る。以下この号において同じ。）のあった月の属する年の前年（障害福祉サービスのあった月が1月から6月までの場合にあっては，前々年。以下この号において同じ。）に得た収入の額（国又は地方公共団体から特定の使途に充てることを目的として支給され，当該使途に費消される金銭その他障害福祉サービスに要する費用に充てることができない収入として市町村が認めた収入を除く。）を12で除して得た額（その額に1円未満の端数があるときは，これを切り捨てるものとする。）から当該障害福祉サービスのあった月の属する年の前年の租税及び社会保険料（所得税法（昭和40年法律第33号）第74条第1項の規定による社会保険料をいう。）の費用を12で除して得た額（その額に1円未満の端数があるときは，これを切り捨てるものとする。）を控除して得た額として市町村が認定した額（次号において「認定月収額」という。）が令第42条の4第2項第1号に掲げる額と同項第2号に掲げる額（同号に規定する食事療養標準負担額及び生活療養標準負担額の合計額に限る。次号において同じ。）と同項第3号に掲げる額の合計額

を下回る支給決定障害者　零
二　認定月収額が令第42条の4第2項第1号に掲げる額と同項第2号に掲げる額と同項第3号に掲げる額の合計額を超える支給決定障害者　認定月収額から同項第1号に掲げる額と同項第2号に掲げる額と同項第3号に掲げる額の合計額を控除して得た額

　　　附　則　（平成30年3月22日厚生労働省令第28号）

（施行期日）

1　この省令は，平成30年4月1日から施行する。

（就労定着支援に関する経過措置）

2　この省令の施行の際現に第1条の規定による改正後の障害者の日常生活及び社会生活を総合的に支援するための法律施行規則（以下この項において「新規則」という。）第6条の10の2に規定する就労に向けた支援を受けて通常の事業所に雇用されている者にあっては，新規則第6条の10の3の期間は，同条の規定にかかわらず，同条の期間から当該事業所に雇用されている期間（当該期間が3年を超えるときは，3年間とする。）を除いた期間（その期間に1月未満の端数があるときには，これを切り捨てるものとする。）とする。

（様式の経過措置）

3　この省令の施行の際現にある旧様式による用紙については，当分の間，これを取り繕って使用することができる。

　　　附　則　（平成30年3月22日厚生労働省令第31号）（抄）

（施行期日）

第1条　この省令は，平成30年4月1日から施行する。ただし，次条の規定は，公布の日から施行する。

（準備行為）

第2条　第1条の規定による改正後の障害者の日常生活及び社会生活を総合的に支援するための法律施行規則（次条及び附則第4条において「新規則」という。）第34条の18の2から第34条の19までの規定による申請書（日中サービス支援型指定共同生活援助（障害者の日常生活及び社会生活を総合的に支援するための法律に基づく指定障害福祉サービスの事業等の人員，設備及び運営に関する基準（平成18年厚生労働省令第171号）第213条の2に規定する日中サービス支援型指定共同生活援助をいう。附則第4条において同じ。）に係るものに限る。）の提出及び第2条の規定による改正後の児童福祉法施行規則第18条の29の2の規定による申請書の提出は，この省令の施行前においても行うことができる。

（経過措置）

第3条　この省令の施行の際現に障害者の日常生活及び社会生活を総合的に支援するための法律（平成17年法律第123号。以下「法」という。）第19条第1項の規定により支給決定を受けている障害者若しくは障害児の保護者又は法第51条の5第1項の規定により地域相談支援給付決定を受けている障害者に係る法第5条第23項に規定する厚生労働省令で定める期間（当該支給決定に係る支給決定の有効期間（法第23条に規定する支給決定の有効期間をいう。次条において同じ。）又は当該地域相談支援給付決定に係る地域相談支援給付決定の有効期間（法第51条の8に規定する地域相談支援給付決定の有効期間をいう。次条において同じ。）に限る。）については，新規則第6条の16の規定にかかわらず，なお従前の例による。

第4条　この省令の施行の日から平成31年3月31日までの間に法第19条第1項の規定により支給決定（法第5条第15項に規定する就労定着支援，同条第16項に規定する自立生活援助又は同条第17項に規定する共同生活援助（日中サービス支援型指定共同生活援助に限る。）に係るものを除く。）を受ける障害者若しくは障害児の保護者又は法第51条の5第1項の規定により地域相談支援給付決定を受ける障害者に係る法第5条第23項に規定する厚生労働省令で定める期間（当該支給決定に係る支給決定の有効期間又は当該地域相談支援給付決定に係る地域相談支援給付決定の有効期間に限る。）に係る新規則第6条の16第1項第3号の規定の適用については，同号中「3月間」とあるのは，「6月間」とする。

　　　附　則　（平成30年6月27日厚生労働省令

第78号）（抄）

（施行期日）
1　この省令は，平成30年7月1日から施行する。

　　　附　則　（平成30年6月29日厚生労働省令第80号）

　この省令は，平成30年10月1日から施行する。ただし，〔中略〕第4条中障害者の日常生活及び社会生活を総合的に支援するための法律施行規則目次の改正規定，同令第34条の7第5項第1号の改正規定，同令第34条の11第4項各号列記以外の部分の改正規定，同条第5項各号列記以外の部分の改正規定，同項第1号の改正規定，同項第2号の改正規定，同項第3号の改正規定，同項第4号の改正規定，同項第6号の改正規定（「第1項第12号」を「第1項第13号」に改める部分に限る。），同令第34条の14第4項の改正規定，同令第34条の15第4項の改正規定，同令第34条の26の4第2号の改正規定及び同令第65条の9の2第1項第4号の改正規定は，公布の日から施行する。

　　　附　則　（平成30年7月26日厚生労働省令第92号）（抄）

（施行期日）
1　この省令は，平成30年10月1日から施行する。

　　　附　則　（平成30年8月9日厚生労働省令第107号）（抄）

（施行期日）
1　この省令は，平成30年9月1日から施行する。
　（障害者の日常生活及び社会生活を総合的に支援するための法律施行規則の一部改正に伴う経過措置）
3　この省令による改正後の障害者の日常生活及び社会生活を総合的に支援するための法律施行規則の規定は，施行日以後に行われる障害者の日常生活及び社会生活を総合的に支援するための法律（平成17年法律第123号）第5条第1項に規定する障害福祉サービス，同条第24項に規定する自立支援医療又は同条第25項に規定する補装具の購入，借受け若しくは修理に係る同法の規定による自立支援給付の支給について適用し，施行日前に行われた同条第1項に規定する障害福祉サービス，同条第24項に規定する自立支援医療又は同条第25項に規定する補装具の購入，借受け若しくは修理に係る同法の規定による自立支援給付の支給については，なお従前の例による。

別表第1号　（第65条の9の8関係）
一　事業所又は施設（以下この表及び次表において「事業所等」という。）を運営する法人又は法人でない病院若しくは診療所（以下この号において「法人等」という。）に関する事項
　イ　法人等の名称，主たる事務所の所在地及び電話番号その他の連絡先
　ロ　法人等の代表者の氏名及び職名
　ハ　法人等の設立年月日
　ニ　法人等が情報公表対象サービス等を提供し，又は提供しようとする事業所等の所在地を管轄する都道府県の区域内において提供する情報公表対象サービス等
　ホ　その他情報公表対象サービス等の種類に応じて必要な事項
二　当該報告に係る情報公表対象サービス等を提供し，又は提供しようとする事業所等に関する事項
　イ　事業所等の名称，所在地及び電話番号その他の連絡先
　ロ　指定事業所番号
　ハ　事業所等の管理者の氏名及び職名
　ニ　当該報告に係る事業の開始年月日若しくは開始予定年月日及び指定を受けた年月日（指定の更新を受けた場合にはその直近の年月日）
　ホ　事業所等までの主な利用交通手段
　ヘ　事業所等の財務状況
　ト　その他情報公表対象サービス等の種類に応じて必要な事項
三　事業所等において情報公表対象サービス等に従事する従業者（以下この号において「従業者」という。）に関する事項
　イ　職種別の従業者の数
　ロ　従業者の勤務形態，労働時間，従業者1人当たりの利用者数等
　ハ　従業者の当該報告に係る情報公表対象サービス等の業務に従事した経験年数等

ニ　従業者の健康診断の実施状況
　　ホ　従業者の教育訓練，研修その他の従業者の資質向上に向けた取組の実施状況
　　ヘ　その他情報公表対象サービス等の種類に応じて必要な事項
　四　情報公表対象サービス等の内容に関する事項
　　イ　事業所等の運営に関する方針
　　ロ　当該報告に係る情報公表対象サービス等の内容等
　　ハ　当該報告に係る情報公表対象サービス等の利用者への提供実績
　　ニ　利用者等（利用者又はその家族をいう。以下この表及び次表において同じ。）からの苦情に対応する窓口等の状況
　　ホ　当該報告に係る情報公表対象サービス等の提供により賠償すべき事故が発生したときの対応に関する事項
　　ヘ　事業所等の情報公表対象サービス等の提供内容に関する特色等
　　ト　利用者等の意見を把握する体制，第三者による評価の実施状況等
　　チ　その他情報公表対象サービス等の種類に応じて必要な事項
　五　当該報告に係る情報公表対象サービス等を利用するに当たっての利用料等に関する事項
　六　その他都道府県知事が必要と認める事項

別表第2号（第65条の9の8関係）
第一　情報公表対象サービス等の内容に関する事項
　一　情報公表対象サービス等の提供開始時における利用者等に対する説明及び契約等に当たり，利用者等の権利擁護等のために講じている措置
　　イ　利用者の状態に応じた当該情報公表対象サービス等に係る計画の作成及び利用者の同意の取得の状況
　　ロ　情報公表対象サービス等の提供開始時における利用者等に対する説明及び利用者等の同意の取得の状況
　　ハ　利用者等に対する利用者が負担する利用料に関する説明の実施の状況
　　ニ　利用者等に関する情報の把握及び課題の分析の実施状況
　二　利用者本位の情報公表対象サービス等の質の確保のために講じている措置
　　イ　重度の肢体不自由等の常時介護を要する利用者に対する情報公表対象サービス等の質の確保のための取組の状況
　　ロ　利用者のプライバシーの保護のための取組の状況
　三　相談，苦情等の対応のために講じている措置
　　相談，苦情等の対応のための取組の状況
　四　情報公表対象サービス等の内容の評価，改善等のために講じている措置
　　イ　情報公表対象サービス等の提供状況の把握のための取組の状況
　　ロ　情報公表対象サービス等に係る計画等の見直しの実施の状況
　五　情報公表対象サービス等の質の確保，透明性の確保等のために実施している外部の者等との連携
　　イ　相談支援専門員等との連携の状況
　　ロ　主治の医師等との連携の状況
第二　情報公表対象サービス等を提供する事業所等の運営状況に関する事項
　一　適切な事業運営の確保のために講じている措置
　　イ　従業者等に対する従業者等が守るべき倫理，法令等の周知等の実施の状況
　　ロ　計画的な事業運営のための取組の状況
　　ハ　事業運営の透明性の確保のための取組の状況
　　ニ　情報公表対象サービス等の提供に当たって改善すべき課題に対する取組の状況
　二　事業運営を行う事業所等の運営管理，業務分担，情報の共有等のために講じている措置
　　イ　事業所等における役割分担等の明確化のための取組の状況
　　ロ　情報公表対象サービス等の提供のために必要な情報について従業者間で共有するための取組の状況
　　ハ　従業者からの相談に対する対応及び従業

者に対する指導の実施の状況
　三　安全管理及び衛生管理のために講じている措置
　　安全管理及び衛生管理のための取組の状況
　四　情報の管理，個人情報保護等のために講じている措置
　　イ　個人情報の保護の確保のための取組の状況
　　ロ　情報公表対象サービス等の提供記録の開示の実施の状況
　五　情報公表対象サービス等の質の確保のために総合的に講じている措置
　　イ　従業者等の計画的な教育，研修等の実施の状況
　　ロ　利用者等の意向等も踏まえた情報公表対象サービス等の提供内容の改善の実施の状況
　　ハ　情報公表対象サービス等の提供のためのマニュアル等の活用及び見直しの実施の状況
第三　都道府県知事が必要と認めた事項

別表第3号　（第69条第1項関係）

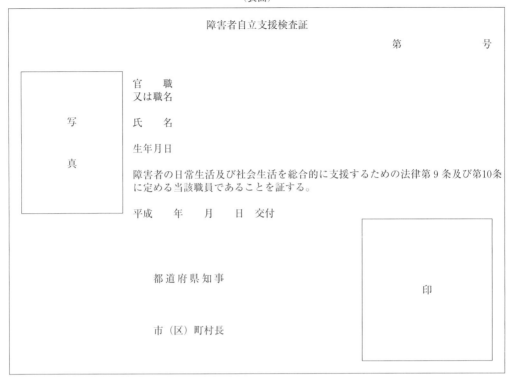

（表面）

障害者自立支援検査証

第　　　　号

官職又は職名

氏　名

生年月日

障害者の日常生活及び社会生活を総合的に支援するための法律第9条及び第10条に定める当該職員であることを証する。

平成　　年　　月　　日　交付

都道府県知事

市（区）町村長

印

写真

（裏面）

障害者の日常生活及び社会生活を総合的に支援するための法律（抄）
（不正利得の徴収）
第8条　市町村（政令で定める医療に係る自立支援医療費の支給に関しては、都道府県とする。以下「市町村等」という。）は、（以下略）
2・3　（略）
（報告等）
第9条　市町村等は、自立支援給付に関して必要があると認めるときは、障害者等、障害児の保護者、障害者等の配偶者若しくは障害者等の属する世帯の世帯主その他その世帯に属する者又はこれらの者であった者に対し、報告若しくは文書その他の物件の提出若しくは提示を命じ、又は当該職員に質問させることができる。
2　前項の規定による質問を行う場合においては、当該職員は、その身分を示す証明書を携帯し、かつ、関係人の請求があるときは、これを提示しなければならない。
3　第1項の規定による権限は、犯罪捜査のために認められたものと解釈してはならない。
第10条　市町村等は、自立支援給付に関して必要があると認めるときは、当該自立支援給付に係る障害福祉サービス、相談支援、自立支援医療、療養介護医療若しくは補装具の販売、貸与若しくは修理（以下「自立支援給付対象サービス等」という。）を行う者若しくはこれらを使用する者若しくはこれらの者であった者に対し、報告若しくは文書その他の物件の提出若しくは提示を命じ、又は当該職員に関係者に対して質問させ、若しくは当該自立支援給付対象サービス等の事業を行う事業所若しくは施設に立ち入り、その設備若しくは帳簿書類その他の物件を検査させることができる。
2　前条第2項の規定は前項の規定による質問又は検査について、同条第3項の規定は前項の規定による権限について準用する。
第115条　市町村等は、条例で、正当な理由なしに、第9条第1項の規定による報告若しくは物件の提出若しくは提示をせず、若しくは虚偽の報告若しくは虚偽の物件の提出若しくは提示をし、又は同項の規定による当該職員の質問若しくは第11条の2第1項の規定により委託を受けた指定事務受託法人の職員の第9条第1項の規定による質問に対して、答弁せず、若しくは虚偽の答弁をした者に対し10万円以下の過料を科する規定を設けることができる。
2　市町村等は、条例で、正当な理由なしに、第10条第1項の規定による報告若しくは物件の提出若しくは提示をせず、若しくは虚偽の報告若しくは虚偽の物件の提出若しくは提示をし、又は同項の規定による当該職員の質問若しくは第11条の2第1項の規定により委託を受けた指定事務受託法人の職員の第10条第1項の規定による質問に対して、答弁せず、若しくは虚偽の答弁をし、若しくは同項の規定による検査を拒み、妨げ、若しくは忌避した者に対し10万円以下の過料を科する規定を設けることができる。
3　（略）
障害者の日常生活及び社会生活を総合的に支援するための法律施行令（抄）
（法第8条第1項の政令で定める医療）
第3条　法第8条第1項の政令で定める医療は、精神通院医療とする。
注意
1　この検査証は、他人に貸与し、又は譲渡してはならない。
2　この検査証は、職名の異動を生じ、又は不用となったときは、速やかに、返還しなければならない。

1．厚紙その他の材料を用い、使用に十分耐えうるものとする。
2．大きさは、縦54ミリメートル、横86ミリメートルとする。

資料編

別表第4号（第69条第2項関係）

（表面）

障害者自立支援検査証

第　　　号

写　真

官　職
又は職名

氏　名

生年月日

障害者の日常生活及び社会生活を総合的に支援するための法律第11条に定める当該職員であることを証する。

平成　　年　　月　　日　交付

厚生労働大臣

都道府県知事

印

（裏面）

障害者の日常生活及び社会生活を総合的に支援するための法律（抄）

（報告等）
第9条　（略）
2　前項の規定による質問を行う場合においては、当該職員は、その身分を示す証明書を携帯し、かつ、関係人の請求があるときは、これを提示しなければならない。
3　第1項の規定による権限は、犯罪捜査のために認められたものと解釈してはならない。
第11条　厚生労働大臣又は都道府県知事は、自立支援給付に関して必要があると認めるときは、自立支援給付に係る障害者等若しくは障害児の保護者又はこれらの者であった者に対し、当該自立支援給付に係る自立支援給付対象サービス等の内容に関し、報告若しくは文書その他の物件の提出若しくは提示を命じ、又は当該職員に質問させることができる。
2　厚生労働大臣又は都道府県知事は、自立支援給付に関して必要があると認めるときは、自立支援給付対象サービス等を行った者若しくはこれらを使用した者に対し、その行った自立支援給付対象サービス等に関し、報告若しくは当該自立支援給付対象サービス等の提供の記録、帳簿書類その他の物件の提出若しくは提示を命じ、又は当該職員に関係者に対して質問させることができる。
3　第9条第2項の規定は前2項の規定による質問について、同条第3項の規定は前2項の規定による権限について準用する。
第110条　第11条第1項の規定による報告若しくは物件の提出若しくは提示をせず、若しくは虚偽の報告若しくは虚偽の物件の提出若しくは提示をし、又は同項の規定による当該職員の質問若しくは第11条の2第1項の規定により委託を受けた指定事務受託法人の職員の第9条第1項の規定による質問に対して、答弁せず、若しくは虚偽の答弁をした者は、30万円以下の罰金に処する。
注意
1　この検査証は、他人に貸与し、又は譲渡してはならない。
2　この検査証は、職名の異動を生じ、又は不用となったときは、速やかに、返還しなければならない。

1．厚紙その他の材料を用い、使用に十分耐えうるものとする。
2．大きさは、縦54ミリメートル、横86ミリメートルとする。

障害者の日常生活及び社会生活を総合的に支援するための法律施行規則

別表第5号 （第69条第3項関係）

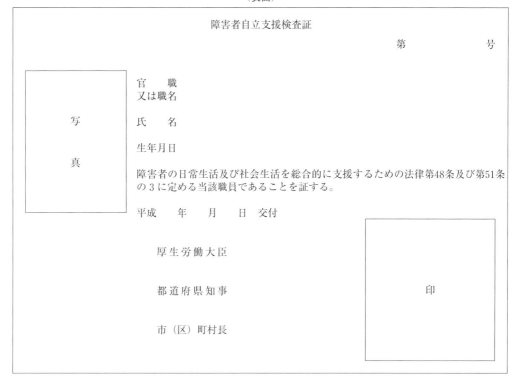

（裏面）

障害者の日常生活及び社会生活を総合的に支援するための法律（抄）
　（報告等）
第9条　（略）
2　前項の規定による質問を行う場合においては，当該職員は，その身分を示す証明書を携帯し，かつ，関係人の請求があるときは，これを提示しなければならない。
3　第1項の規定による権限は，犯罪捜査のために認められたものと解釈してはならない。
　（報告等）
第48条　都道府県知事又は市町村長は，必要があると認めるときは，指定障害福祉サービス事業者若しくは指定障害福祉サービス事業者であった者若しくは当該指定に係るサービス事業所の従業者であった者（以下この項において「指定障害福祉サービス事業者であった者等」という。）に対し，報告若しくは帳簿書類その他の物件の提出若しくは提示を命じ，指定障害福祉サービス事業者若しくは当該指定に係るサービス事業所の従業者若しくは指定障害福祉サービス事業者であった者等に対し出頭を求め，又は当該職員に関係者に対して質問させ，若しくは当該指定障害福祉サービス事業者の当該指定に係るサービス事業所，事務所その他当該指定障害福祉サービスの事業に関係のある場所に立ち入り，その設備若しくは帳簿書類その他の物件を検査させることができる。
2　第9条第2項の規定は前項の規定による質問又は検査について，同条第3項の規定は前項の規定による権限について準用する。
3　（略）
　（報告等）
第51条の3　前条第2項の規定による届出を受けた厚生労働大臣等は，当該届出をした指定事業者等（同条第4項の規定による届出を受けた厚生労働大臣等にあっては，同項の規定による届出をした指定事業者等を除く。）における同条第1項の規定による業務管理体制の整備に関して必要があると認めるときは，当該指定事業者等に対し，報告若しくは帳簿書類その他の物件の提出若しくは提示を命じ，当該指定事業者等若しくは当該指定事業者等の従業者に対し出頭を求め，又は当該職員に関係者に対して質問させ，若しくは当該指定事業者等の当該指定に係る事業所若しくは施設，事務所その他の指定障害福祉サービス等の提供に関係のある場所に立ち入り，その設備若しくは帳簿書類その他の物件を検査させることができる。
2～4　（略）
5　第9条第2項の規定は第1項の規定による質問又は検査について，同条第3項の規定は第1項の規定による権限について準用する。
第111条　第48条第1項（同条第3項において準用する場合を含む。），第51条の3第1項，第51条の27第1項若しくは第2項若しくは第51条の32第1項の規定による報告若しくは物件の提出若しくは提示をせず，若しくは虚偽の報告若しくは虚偽の物件の提出若しくは提示をし，又はこれらの規定による当該職員の質問に対して，答弁せず，若しくは虚偽の答弁をし，若しくはこれらの規定による検査を拒み，妨げ，若しくは忌避した者は，30万円以下の罰金に処する。
　注意
1　この検査証は，他人に貸与し，又は譲渡してはならない。
2　この検査証は，職名の異動を生じ，又は不用となったときは，速やかに，返還しなければならない。

1．厚紙その他の材料を用い，使用に十分耐えうるものとする。
2．大きさは，縦54ミリメートル，横86ミリメートルとする。

資料編

別表第6号（第69条第4項関係）

（表面）

障害者自立支援検査証

第　　　　号

写　真

官職又は職名

氏　名

生年月日

障害者の日常生活及び社会生活を総合的に支援するための法律第51条の27及び第51条の32に定める当該職員であることを証する。

平成　　年　　月　　日　交付

厚生労働大臣

都道府県知事　　　　　　　　　　　　　印

市（区）町村長

（裏面）

障害者の日常生活及び社会生活を総合的に支援するための法律（抄）
（報告等）
第9条　（略）
2　前項の規定による質問を行う場合においては、当該職員は、その身分を示す証明書を携帯し、かつ、関係人の請求があるときは、これを提示しなければならない。
3　第1項の規定による権限は、犯罪捜査のために認められたものと解釈してはならない。
（報告等）
第51条の27　都道府県知事又は市町村長は、必要があると認めるときは、指定一般相談支援事業者若しくは指定一般相談支援事業者であった者若しくは当該指定に係る一般相談支援事業所の従業者であった者（以下この項において「指定一般相談支援事業者であった者等」という。）に対し、報告若しくは帳簿書類その他の物件の提出若しくは提示を命じ、指定一般相談支援事業者若しくは当該指定に係る一般相談支援事業所の従業者若しくは指定一般相談支援事業者であった者等に対し出頭を求め、又は当該職員に関係者に対して質問させ、若しくは当該指定一般相談支援事業者の当該指定に係る一般相談支援事業所、事務所その他当該指定地域相談支援の事業に関係のある場所に立ち入り、その設備若しくは帳簿書類その他の物件を検査させることができる。
2　市町村長は、必要があると認めるときは、指定特定相談支援事業者若しくは指定特定相談支援事業者であった者若しくは当該指定に係る特定相談支援事業所の従業者であった者（以下この項において「指定特定相談支援事業者であった者等」という。）に対し、報告若しくは帳簿書類その他の物件の提出若しくは提示を命じ、指定特定相談支援事業者若しくは当該指定に係る特定相談支援事業所の従業者若しくは指定特定相談支援事業者であった者等に対し出頭を求め、又は当該職員に関係者に対して質問させ、若しくは当該指定特定相談支援事業者の当該指定に係る特定相談支援事業所、事務所その他当該指定計画相談支援の事業に関係のある場所に立ち入り、その設備若しくは帳簿書類その他の物件を検査させることができる。
3　第9条第2項の規定は前2項の規定による質問又は検査について、同条第3項の規定は前2項の規定による権限について準用する。
（報告等）
第51条の32　前条第2項の規定による届出を受けた厚生労働大臣等は、当該届出をした指定相談支援事業者（同条第4項の規定による届出を受けた厚生労働大臣等にあっては、同項の規定による届出をした指定相談支援事業者を除く。）における同条第1項の規定による業務管理体制の整備に関して必要があると認めるときは、当該指定相談支援事業者に対し、報告若しくは帳簿書類その他の物件の提出若しくは提示を命じ、当該指定相談支援事業者若しくは当該指定相談支援事業者の従業者に対し出頭を求め、又は当該職員に関係者に対して質問させ、若しくは当該指定相談支援事業者の当該指定に係る事業所、事務所その他当該指定地域相談支援若しくは指定計画相談支援の提供に関係のある場所に立ち入り、その設備若しくは帳簿書類その他の物件を検査させることができる。
2～4　（略）
5　第9条第2項の規定は第1項の規定による質問又は検査について、同条第3項の規定は第1項の規定による権限について準用する。
第111条　第48条第1項（同条第3項において準用する場合を含む。）、第51条の3第1項、第51条の27第1項若しくは第2項若しくは第51条の32第1項の規定による報告若しくは物件の提出若しくは提示をせず、若しくは虚偽の報告若しくは虚偽の物件の提出若しくは提示をし、又はこれらの規定による当該職員の質問に対して、答弁せず、若しくは虚偽の答弁をし、若しくはこれらの規定による検査を拒み、妨げ、若しくは忌避した者は、30万円以下の罰金に処する。
注意
1　この検査証は、他人に貸与し、又は譲渡してはならない。
2　この検査証は、職名の異動を生じ、又は不用となったときは、速やかに、返還しなければならない。

1．厚紙その他の材料を用い、使用に十分耐えうるものとする。
2．大きさは、縦54ミリメートル、横86ミリメートルとする。

障害者の日常生活及び社会生活を総合的に支援するための法律施行規則

別表第7号　（第69条第4項関係）

（表面）

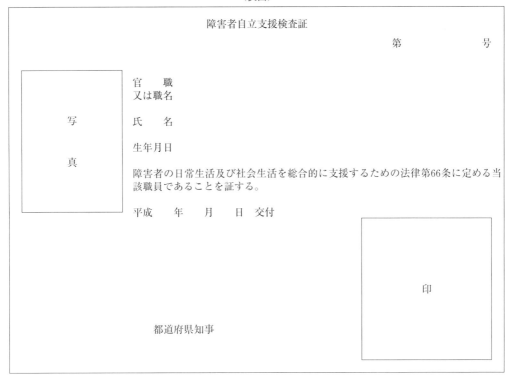

（裏面）

障害者の日常生活及び社会生活を総合的に支援するための法律（抄）
（報告等）
第9条　（略）
2　前項の規定による質問を行う場合においては，当該職員は，その身分を示す証明書を携帯し，かつ，関係人の請求があるときは，これを提示しなければならない。
3　第1項の規定による権限は，犯罪捜査のために認められたものと解釈してはならない。
（報告等）
第66条　都道府県知事は，自立支援医療の実施に関して必要があると認めるときは，指定自立支援医療機関若しくは指定自立支援医療機関の開設者若しくは管理者，医師，薬剤師その他の従業者であった者（以下この項において「開設者であった者等」という。）に対し報告若しくは診療録，帳簿書類その他の物件の提出若しくは提示を命じ，指定自立支援医療機関の開設者若しくは管理者，医師，薬剤師その他の従業者（開設者であった者等を含む。）に対し出頭を求め，又は当該職員に関係者に対して質問させ，若しくは指定自立支援医療機関について設備若しくは診療録，帳簿書類その他の物件を検査させることができる。
2　第9条第2項の規定は前項の規定による質問又は検査について，同条第3項の規定は前項の規定による権限について準用する。
3　指定自立支援医療機関が，正当な理由がなく，第1項の規定による報告若しくは提出若しくは提示をせず，若しくは虚偽の報告をし，又は同項の規定による検査を拒み，妨げ，若しくは忌避したときは，都道府県知事は，当該指定自立支援医療機関に対する市町村等の自立支援医療費の支払を一時差し止めることを指示し，又は差し止めることができる。
注意
1　この検査証は，他人に貸与し，又は譲渡してはならない。
2　この検査証は，職名の異動を生じ，又は不用となったときは，速やかに，返還しなければならない。

1．厚紙その他の材料を用い，使用に十分耐えうるものとする。
2．大きさは，縦54ミリメートル，横86ミリメートルとする。

別表第8号（第69条第5項関係）

（表面）

障害者自立支援検査証

第　　　号

写真

官職又は職名

氏　名

生年月日

障害者の日常生活及び社会生活を総合的に支援するための法律第81条に定める当該職員であることを証する。

平成　　年　　月　　日　交付

都道府県知事

印

（裏面）

障害者の日常生活及び社会生活を総合的に支援するための法律（抄）

（報告等）
第9条　（略）
2　前項の規定による質問を行う場合においては，当該職員は，その身分を示す証明書を携帯し，かつ，関係人の請求があるときは，これを提示しなければならない。
3　第1項の規定による権限は，犯罪捜査のために認められたものと解釈してはならない。

（報告の徴収等）
第81条　都道府県知事は，障害者等の福祉のために必要があると認めるときは，障害福祉サービス事業，一般相談支援事業，特定相談支援事業若しくは移動支援事業を行う者若しくは地域活動支援センター若しくは福祉ホームの設置者に対して，報告若しくは帳簿書類その他の物件の提出若しくは提示を求め，又は当該職員に関係者に対して質問させ，若しくはその事業所若しくは施設に立ち入り，その設備若しくは帳簿書類その他の物件を検査させることができる。
2　第9条第2項の規定は前項の規定による質問又は検査について，同条第3項の規定は前項の規定による権限について準用する。

注意
1　この検査証は，他人に貸与し，又は譲渡してはならない。
2　この検査証は，職名の異動を生じ，又は不用となったときは，速やかに，返還しなければならない。

1．厚紙その他の材料を用い，使用に十分耐えうるものとする。
2．大きさは，縦54ミリメートル，横86ミリメートルとする。

別表第9号 （第69条第7項関係）

(表面)

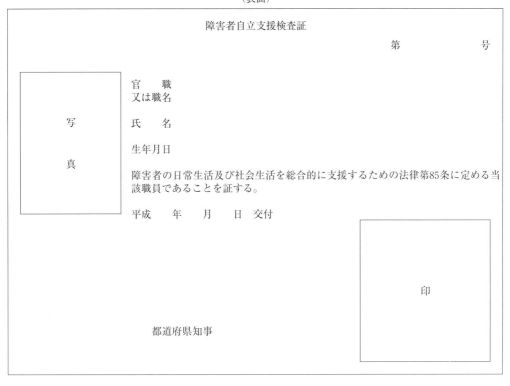

障害者自立支援検査証

第　　　号

官　　職
又は職名

氏　　名

生年月日

障害者の日常生活及び社会生活を総合的に支援するための法律第85条に定める当該職員であることを証する。

平成　　年　　月　　日　交付

印

都道府県知事

(裏面)

障害者の日常生活及び社会生活を総合的に支援するための法律（抄）
　（報告等）
第9条　（略）
2　前項の規定による質問を行う場合においては、当該職員は、その身分を示す証明書を携帯し、かつ、関係人の請求があるときは、これを提示しなければならない。
3　第1項の規定による権限は、犯罪捜査のために認められたものと解釈してはならない。
　（報告の徴収等）
第85条　都道府県知事は、市町村が設置した障害者支援施設の運営を適切にさせるため、必要があると認めるときは、当該施設の長に対して、必要と認める事項の報告若しくは帳簿書類その他の物件の提出若しくは提示を求め、又は当該職員に関係者に対して質問させ、若しくはその施設に立ち入り、設備若しくは帳簿書類その他の物件を検査させることができる。
2　第9条第2項の規定は前項の規定による質問又は検査について、同条第3項の規定は前項の規定による権限について準用する。
　注意
1　この検査証は、他人に貸与し、又は譲渡してはならない。
2　この検査証は、職名の異動を生じ、又は不用となったときは、速やかに、返還しなければならない。

1．厚紙その他の材料を用い、使用に十分耐えうるものとする。
2．大きさは、縦54ミリメートル、横86ミリメートルとする。

◉障害福祉サービス等及び障害児通所支援等の円滑な実施を確保するための基本的な指針

(平成29年3月31日)
(厚生労働省告示第116号)

　障害者の日常生活及び社会生活を総合的に支援するための法律（平成17年法律第123号）第87条第1項及び障害者の日常生活及び社会生活を総合的に支援するための法律及び児童福祉法の一部を改正する法律（平成28年法律第65号）による改正後の児童福祉法（昭和22年法律第164号）第33条の19第1項の規定に基づき、障害福祉サービス及び相談支援並びに市町村及び都道府県の地域生活支援事業の提供体制の整備並びに自立支援給付及び地域生活支援事業の円滑な実施を確保するための基本的な指針（平成18年厚生労働省告示第395号）の全部を次のように改正し、平成30年4月1日から適用する。

　我が国の障害保健福祉施策においては、障害者及び障害児（以下「障害者等」という。）が、基本的人権の享有主体である個人の尊厳にふさわしい日常生活又は社会生活を営むことができるよう必要な支援を行うことにより、全ての国民が、障害の有無によって分け隔てられることなく、相互に人格と個性を尊重し合いながら共生する社会（以下「共生社会」という。）の実現に寄与することを目指して、制度を整備してきたところである。

　平成18年度の障害者自立支援法（平成17年法律第123号）の施行により、市町村及び都道府県に対して障害福祉計画（市町村障害福祉計画（同法第88条第1項に規定する市町村障害福祉計画をいう。以下同じ。）及び都道府県障害福祉計画（同法第89条第1項に規定する都道府県障害福祉計画をいう。以下同じ。）をいう。以下同じ。）の作成を義務付け、サービスの提供体制を計画的に整備する仕組みを導入して以降、これまで四期にわたって障害福祉計画の作成又は変更に当たって即すべき事項について定めてきた。

　今般、障害者の日常生活及び社会生活を総合的に支援するための法律及び児童福祉法の一部を改正する法律（平成28年法律第65号。以下「障害者総合支援法等一部改正法」という。）を平成30年度から施行することとし、市町村及び都道府県に対して障害児福祉計画（市町村障害児福祉計画（児童福祉法（昭和22年法律第164号）第33条の20第1項に規定する市町村障害児福祉計画をいう。以下同じ。）及び都道府県障害児福祉計画（同法第33条の22第1項に規定する都道府県障害児福祉計画をいう。以下同じ。）をいう。以下同じ。）の作成を義務付け、障害児通所支援（同法第6条の2の2第1項に規定する障害児通所支援をいう。以下同じ。）及び障害児入所支援（同法第7条第2項に規定する障害児入所支援をいう。以下同じ。）並びに障害児相談支援（同法第6条の2の2第7項に規定する障害児相談支援をいう。以下同じ。）（以下「障害児通所支援等」という。）の提供体制を整備し、障害児通所支援等の円滑な実施を確保するための仕組みを導入した。

　この指針は、障害者の日常生活及び社会生活を総合的に支援するための法律（平成17年法律第123号。以下「障害者総合支援法」という。）及び児童福祉法の趣旨等を踏まえ、障害者等の地域生活を支援するためのサービス基盤整備等に係る平成32年度末の目標を設定するとともに、平成30年度から平成32年度までの第5期障害福祉計画及び第1期障害児福祉計画の作成又は変更に当たって即すべき事項を定め、障害福祉サービス及び相談支援並びに市町村及び都道府県の地域生活支援事業（障害者総合支援法第77条に規定する市町村の地域生活支援事業及び障害者総合支援法第78条に規定する都道府県の地域生活支援事業をいう。以下同じ。）（以下「障害福祉サービス等」という。）及び障害児通所支援等を提供するための体制の確保が総合的かつ計画的に図られるようにすること

を目的とするものである。

第一 障害福祉サービス等及び障害児通所支援等の提供体制の確保に関する基本的事項

一 基本的理念

市町村及び都道府県は，障害者総合支援法や児童福祉法の基本理念を踏まえつつ，次に掲げる点に配慮して，総合的な障害福祉計画及び障害児福祉計画（以下「障害福祉計画等」という。）を作成することが必要である。

1 障害者等の自己決定の尊重と意思決定の支援

共生社会を実現するため，障害者等の自己決定を尊重し，その意思決定の支援に配慮するとともに，障害者等が必要とする障害福祉サービスその他の支援を受けつつ，その自立と社会参加の実現を図っていくことを基本として，障害福祉サービス等及び障害児通所支援等の提供体制の整備を進める。

2 市町村を基本とした身近な実施主体と障害種別によらない一元的な障害福祉サービスの実施等

障害者等が地域で障害福祉サービスを受けることができるよう市町村を実施主体の基本とする。また，障害福祉サービスの対象となる障害者等の範囲を身体障害者，知的障害者及び精神障害者（発達障害者及び高次脳機能障害者を含む。以下同じ。）並びに難病患者等（障害者の日常生活及び社会生活を総合的に支援するための法律施行令第1条に基づき厚生労働大臣が定める特殊の疾病（平成27年厚生労働省告示第292号）に掲げる疾病による障害の程度が，当該障害により継続的に日常生活又は社会生活に相当な制限を受ける程度である者をいう。以下同じ。）であって18歳以上の者並びに障害児とし，サービスの充実を図り，都道府県の適切な支援等を通じて引き続き障害福祉サービスの均てん化を図る。また，発達障害者及び高次脳機能障害者については，従来から精神障害者に含まれるものとして障害者総合支援法に基づく給付の対象となっているところであり，引き続きその旨の周知を図る。さらに，難病患者等についても，引き続き障害者総合支援法に基づく給付の対象となっている旨の周知を図るため，難病の患者に対する医療等に関する法律（平成26年法律第50号）に基づき特定医療費の支給認定を行う都道府県や難病患者等の相談に応じる難病相談支援センター等において，それぞれの業務を通じて難病患者等本人に対して必要な情報提供を行う等の取組により，障害福祉サービスの活用が促されるようにする。

3 入所等から地域生活への移行，地域生活の継続の支援，就労支援等の課題に対応したサービス提供体制の整備

障害者等の自立支援の観点から，入所等（福祉施設への入所又は病院への入院をいう。以下同じ。）から地域生活への移行，地域生活の継続の支援，就労支援といった課題に対応したサービス提供体制を整え，障害者等の生活を地域全体で支えるシステムを実現するため，地域生活支援の拠点づくり，ＮＰＯ等によるインフォーマルサービス（法律や制度に基づかない形で提供されるサービスをいう。）の提供等，地域の社会資源を最大限に活用し，提供体制の整備を進める。

特に，地域生活支援の拠点等の整備に当たっては，地域での暮らしの安心感を担保し，親元からの自立を希望する者に対する支援等を進めるために，地域生活への移行，親元からの自立等に係る相談，一人暮らし，グループホームへの入居等の体験の機会及び場の提供，ショートステイの利便性・対応力の向上等による緊急時の受入対応体制の確保，人材の確保・養成・連携等による専門性の確保並びにサービス拠点の整備及びコーディネーターの配置等による地域の体制づくりを行う機能が求められており，今後，障害者等の高齢化・重度化や「親亡き後」を見据えて，これらの機能をさらに強化する必要がある。また，こうした拠点

等の整備にあわせて，相談支援を中心として，学校からの卒業，就職，親元からの自立等の生活環境が変化する節目を見据えて，中長期的視点に立った継続した支援を行う必要がある。

また，精神病床（病院の病床のうち，精神疾患を有する者を入院させるためのものをいう。以下同じ。）における長期入院患者の地域生活への移行を進めるに当たっては，精神科病院や地域援助事業者による努力だけでは限界があり，自治体を中心とした地域精神保健医療福祉の一体的な取組の推進に加え，差別や偏見のない，あらゆる人が共生できる包摂的（インクルーシブ）な社会の実現に向けた取組の推進が必要である。これを踏まえ，精神障害者が，地域の一員として安心して自分らしい暮らしをすることができるよう，精神障害（発達障害及び高次脳機能障害を含む。以下同じ。）にも対応した地域包括ケアシステムの構築を進める。

4　地域共生社会の実現に向けた取組

地域のあらゆる住民が，「支え手」と「受け手」に分かれるのではなく，地域，暮らし，生きがいをともに創り，高め合うことができる地域共生社会の実現に向け，次のような取組等を計画的に推進する。

㈠　地域住民が主体的に地域づくりに取り組むための仕組み作り

㈡　地域の実情に応じた，制度の縦割りを超えた柔軟なサービスの確保等に係る取組

㈢　人工呼吸器を装着している障害児その他の日常生活を営むために医療を要する状態にある障害児（以下「医療的ケア児」という。）が保健，医療，障害福祉，保育，教育等の支援を円滑に受けられるようにする等，専門的な支援を要する者に対して，各関連分野が共通の理解に基づき協働する包括的な支援体制の構築

5　障害児の健やかな育成のための発達支援

障害児支援を行うに当たっては，障害児本人の最善の利益を考慮しながら，障害児の健やかな育成を支援することが必要である。このため，障害児及びその家族に対し，障害の疑いがある段階から身近な地域で支援できるように，障害児通所支援及び障害児相談支援については市町村を，障害児入所支援については都道府県を実施主体の基本とし，障害種別にかかわらず，質の高い専門的な発達支援を行う障害児通所支援等の充実を図るとともに，都道府県の適切な支援等を通じて引き続き障害児支援の均てん化を図ることにより，地域支援体制の構築を図る。

また，障害児のライフステージに沿って，地域の保健，医療，障害福祉，保育，教育，就労支援等の関係機関が連携を図り，切れ目の無い一貫した支援を提供する体制の構築を図る。

さらに，障害児が障害児支援を利用することにより，地域の保育，教育等の支援を受けられるようにすることで，障害の有無にかかわらず，全ての児童が共に成長できるよう，地域社会への参加や包容（インクルージョン）を推進する。

こうしたサービス提供体制の整備等については，個別の状況に応じて，関係者や障害者等本人が参画して行う議論を踏まえた上で，市町村及び都道府県が定める障害保健福祉圏域（以下「圏域」という。）ごとの整備の在り方を障害福祉計画等に位置づけ，計画的に推進する。

二　障害福祉サービスの提供体制の確保に関する基本的考え方

障害福祉サービスの提供体制の確保に当たっては，一の基本的理念を踏まえ，次に掲げる点に配慮して，目標を設定し，計画的な整備を行う。

1　全国で必要とされる訪問系サービスの保障

訪問系サービス（居宅介護（障害者総合支援法第5条第2項に規定する居宅介護をいう。以下同じ。），重度訪問介護（同条第

3項に規定する重度訪問介護をいう。以下同じ。），同行援護（同条第4項に規定する同行援護をいう。以下同じ。），行動援護（同条第5項に規定する行動援護をいう。以下同じ。）及び重度障害者等包括支援（同条第九項に規定する重度障害者等包括支援をいう。以下同じ。）をいう。以下同じ。）の充実を図り，全国どこでも必要な訪問系サービスを保障する。

2 希望する障害者等への日中活動系サービスの保障

　希望する障害者等に日中活動系サービス（療養介護（障害者総合支援法第5条第6項に規定する療養介護をいう。以下同じ。），生活介護（同条第七項に規定する生活介護をいう。以下同じ。），短期入所（同条第8項に規定する短期入所をいう。以下同じ。），自立訓練（同条第12項に規定する自立訓練をいう。以下同じ。），就労移行支援（同条第13項に規定する就労移行支援をいう。以下同じ。），就労継続支援（同条第14項に規定する就労継続支援をいう。以下同じ。），就労定着支援（同条第15項に規定する就労定着支援をいう。以下同じ。）及び地域活動支援センター（同条第27項に規定する地域活動支援センターをいう。）で提供されるサービスをいう。以下同じ。）を保障する。

3 グループホーム等の充実及び地域生活支援拠点等の整備

　地域における居住の場としてのグループホーム（障害者総合支援法第5条第17項に規定する共同生活援助を行う住居をいう。以下同じ。）の充実を図るとともに，自立生活援助（同条第16項に規定する自立生活援助をいう。以下同じ。），地域移行支援（同条第20項に規定する地域移行支援をいう。以下同じ。）及び地域定着支援（同条第21項に規定する地域定着支援をいう。以下同じ。），自立訓練事業等の推進により，入所等から地域生活への移行を進める。

　また，必要な訪問系サービスや日中活動系サービスを保障することによって，障害者等の地域における生活の維持及び継続が図られるようにする。

　さらに，一の3に掲げる体制の整備による地域生活支援の機能をさらに強化するため，各地域内で，それらの機能を集約し，グループホーム又は障害者支援施設（同条第11項に規定する障害者支援施設をいう。以下同じ。）に付加した拠点（以下「地域生活支援拠点」という。）の整備を図る。なお，障害者支援施設を地域生活支援拠点とする際には，当該障害者支援施設については，小規模化等を進めるとともに，地域における関係機関との連携により，施設入所者の地域生活への移行，地域との交流機会の確保，地域の障害者等に対する支援を行うことなど，地域に開かれたものとすることが必要である。また，地域生活支援拠点の整備としてではなく，地域における複数の機関が分担して機能を担う体制（以下「面的な体制」という。）の整備を行う場合には，個々の機関が有機的な連携の下に障害者等に対する支援を確保していることが必要である。

4 福祉施設から一般就労への移行等の推進

　就労移行支援事業及び就労定着支援事業等の推進により，障害者の福祉施設から一般就労への移行及びその定着を進める。

三 相談支援の提供体制の確保に関する基本的考え方

1 相談支援体制の構築

　障害者等，とりわけ，重度の障害者等が地域において自立した日常生活又は社会生活を営むためには，障害福祉サービスの提供体制の確保とともに，これらのサービスの適切な利用を支え，また，各種ニーズに対応する相談支援体制の構築が不可欠である。また，相談支援事業者等は，障害者等及びその家族が抱える複合的な課題を把握し，適切な保健，医療，福祉サービスにつなげる等行政機関その他関係機関との連携に努めることが必要である。

　障害福祉サービスの利用に当たって作成

されるサービス等利用計画（障害者総合支援法第5条第22項に規定するサービス等利用計画をいう。以下同じ。）については，まずは，支給決定に先立ち必ず作成されるよう体制を確保し，維持することが重要である。その上で，個別のサービス等利用計画の作成に当たっては，利用者の状態像や希望を勘案し，連続性及び一貫性を持った障害福祉サービス又は地域相談支援（障害者総合支援法第5条第18項に規定する地域相談支援をいう。以下同じ。）等が提供されるよう総合的な調整を行うとともに，利用者の生活状況を定期的に確認の上，必要に応じた見直しを行わなければならない。このため，都道府県及び市町村は，福祉に関する各般の問題について障害者等からの相談に応じる体制の整備に加えて，サービス等利用計画の作成を含めた相談支援を行う人材の育成支援，個別事例における専門的な指導や助言を行うほか，利用者及び地域の障害福祉サービスや地域相談支援等の社会的基盤の整備の実情を的確に把握し，特定相談支援事業所（障害者総合支援法第51条の20第1項に規定する特定相談支援事業所をいう。）の充実のため，必要な施策を確保していかなければならない。なお，これらの取組を効果的に進めるため，市町村においては，地域における相談支援の中核機関である基幹相談支援センター（障害者総合支援法第77条の2第1項に規定する基幹相談支援センターをいう。以下同じ。）を設置し，相談支援に関して指導的役割を担う人材を計画的に確保するとともに，その機能を有効に活用することが重要である。また，都道府県においては，同センターが設置されていない市町村に対し，その設置に向けた積極的な働きかけを行うことが必要である。

2　地域生活への移行や地域定着のための支援体制の確保

相談支援体制の構築が進むことに伴い，障害者支援施設の入所者へのサービス等利用計画の作成や当該計画の実施状況の把握（利用者についての継続的な評価を含む。）を行うことを通じて，地域生活への移行のための支援に係るニーズが顕在化することも考えられることから，障害者支援施設等（障害者支援施設，のぞみの園（独立行政法人国立重度知的障害者総合施設のぞみの園法（平成14年法律第167号）第11条第1号の規定により独立行政法人国立重度知的障害者総合施設のぞみの園が設置する施設をいう。），児童福祉施設（児童福祉法第7条第1項の児童福祉施設をいう。）又は療養介護を行う病院（障害者総合支援法第5条第六項に規定する療養介護を行う施設である病院をいう。）をいう。以下同じ。）に入所又は精神科病院（精神科病院以外の病院で精神病室が設けられているものを含む。以下同じ。）に入院している障害者等の数等を勘案した上で，計画的に地域移行支援に係るサービスの提供体制の確保を図る必要がある。

さらに，障害者支援施設等又は精神科病院から地域生活へ移行した後の地域への定着はもとより，現に地域で生活している障害者等がそのまま住み慣れた地域で生活できるようにするため，地域移行支援と併せて，自立生活援助や地域定着支援に係るサービスの提供体制の充実を図っていくことが重要である。

3　発達障害者等に対する支援

発達障害者又は発達障害児（以下「発達障害者等」という。）が可能な限り身近な場所において必要な支援を受けられるよう，都道府県及び指定都市（地方自治法（昭和22年法律第67号）第252条の19第1項の指定都市をいう。以下同じ。）は，地域の実情を踏まえつつ，発達障害者支援センター（発達障害者支援法（平成16年法律第167号）第14条第1項に規定する発達障害者支援センターをいう。以下同じ。）の複数設置や発達障害者地域支援マネジャーの配置等を適切に進めることが重要である。ま

た,これらの発達障害者等に対する支援については,別表第1の七の表各項に掲げる事項を指標として設定して取り組むことが適当である。

4 協議会の設置等

障害者等への支援体制の整備を図るため,都道府県及び市町村は,関係機関,関係団体,障害者等及びその家族,障害者等の福祉,医療,教育又は雇用に関連する職務に従事する者その他の関係者(以下「関係機関等」という。)により構成される協議会(以下単に「協議会」という。)を置くように努めなければならない。

協議会は,関係機関等の有機的な連携の下で地域の課題の改善に取り組むとともに,都道府県又は市町村が障害福祉計画等を定め,又は変更しようとする際に,意見を求められた場合には,地域の課題の解決に向けた積極的な提言を行うことが重要である。

協議会の運営においては,協議会の下に部会を設置し,当該部会を積極的に開催する等の協議会の活性化を図ることが重要である。例えば,医療を必要とする者が地域で安心・安全に生活できるようにするため,精神科病院その他の医療機関や保健所と連携の上,障害者等の実態把握,障害者等の支援に係る地域資源の評価,必要な支援体制の構築及びその運営状況に対する評価,支援体制の改善等を行うことが望ましい。また,障害者等が安心して地域に住むことができるよう,都道府県及び市町村においては,協議会と居住支援協議会(住宅確保要配慮者に対する賃貸住宅の供給の促進に関する法律(平成19年法律第112号)第10条第1項の居住支援協議会をいう。)との連携に努めることが求められる。さらに,発達障害者等や重症心身障害児者,医療的ケア児,高次脳機能障害者及び難病患者等への支援体制の整備が重要な課題となってきていることを踏まえ,都道府県及び指定都市が設置する協議会においては,発達障害者支援センターや高次脳機能障害支援拠点,難病相談支援センター等の専門機関との連携を確保することが必要である。また,これらの支援体制の整備について検討を行うに当たっては,都道府県(発達障害者等に関する事案にあっては指定都市を含む。)が設置する協議会において,当該専門機関の出席を求め,協力を得ることが望ましい。

さらに,発達障害者支援法の一部を改正する法律(平成28年法律第64号)の施行を踏まえ,都道府県及び指定都市は,地域における発達障害者等の課題について情報共有を図るとともに,支援体制の整備状況や発達障害者支援センターの活動状況等について検証し,地域の実情に応じた体制整備について協議を行う発達障害者支援地域協議会(発達障害者支援法第19条の2に規定する発達障害者支援地域協議会をいう。)を設置し,活用することも重要である。

四 障害児支援の提供体制の確保に関する基本的考え方

障害児については,子ども・子育て支援法(平成24年法律第65号)第2条第2項において,「子ども・子育て支援の内容及び水準は,全ての子どもが健やかに成長するように支援するものであって,良質かつ適切なものでなければならない」と規定されていること及び同法に基づく教育,保育等の利用状況を踏まえ,居宅介護や短期入所等の障害福祉サービス,障害児通所支援等の専門的な支援の確保及び共生社会の形成促進の観点から,保健,医療,保育,教育,就労支援等の関係機関とも連携を図った上で,障害児及びその家族に対して,乳幼児期から学校卒業まで一貫した効果的な支援を身近な場所で提供する体制の構築を図ることが重要である。

1 地域支援体制の構築

障害児通所支援等における障害児及びその家族に対する支援について,障害児の障害種別や年齢別等のニーズに応じて,身近な場所で提供できるように,地域における支援体制の整備が必要である。

児童発達支援センター（児童福祉法第43条に規定する児童発達支援センターをいう。以下同じ。）については，障害の重度化・重複化や多様化に対応する専門的機能の強化を図った上で，地域における中核的な支援施設として位置づけ，障害児通所支援等を実施する事業所と緊密な連携を図り，重層的な障害児通所支援の体制整備を図ることが必要である。

　また，障害児入所施設についても同様に，専門的機能の強化を図った上で，地域において，虐待を受けた障害児等への対応を含め，様々なニーズに対応する機関としての役割を担う必要がある。特に，短期入所や親子入所等の実施体制の整備に努める必要がある。

　これらの障害児通所支援及び障害児入所支援は，障害児支援の両輪として，相互に連携しながら進める必要があるため，都道府県は，障害児通所支援の広域的な調整及び障害児入所支援の体制整備の双方の観点から一体的な方針を策定することが必要である。

　さらに，障害児通所支援や障害児入所支援から障害福祉サービスへ円滑に支援の移行が図られるよう，都道府県と市町村は緊密な連携を図る必要がある。

　加えて，障害児通所支援事業所及び障害児入所施設（以下「障害児通所支援事業所等」という。）は，障害児に対し，質の高い専門的な発達支援を行う機関であることから，常に支援の質の向上と支援内容の適正化を図る必要がある。

2　保育，保健医療，教育，就労支援等の関係機関と連携した支援

　障害児通所支援の体制整備に当たっては，保育所や認定こども園，放課後児童健全育成事業（放課後児童クラブ）等の子育て支援施策との緊密な連携を図ることが重要である。

　また，障害児の早期の発見及び支援並びに健全な育成を進めるため，母子保健施策や小児慢性特定疾病施策との緊密な連携を図るとともに，都道府県及び市町村の障害児支援を担当する部局においては，それぞれの子育て支援担当部局や保健医療担当部局との連携体制を確保することが必要である。

　さらに，障害児支援が適切に行われるために，就学時及び卒業時において，支援が円滑に引き継がれることも含め，学校，障害児通所支援事業所，障害児入所施設，障害児相談支援事業所，就労移行支援等の障害福祉サービスを提供する事業所等が緊密な連携を図るとともに，都道府県及び市町村の障害児支援を担当する部局においては，教育委員会等との連携体制を確保することが必要である。

3　地域社会への参加・包容の推進

　保育所等訪問支援（児童福祉法第6条の2の2第6項に規定する保育所等訪問支援をいう。以下同じ。）を活用し，障害児通所支援事業所等が保育所や認定こども園，放課後児童健全育成事業（放課後児童クラブ），幼稚園，小学校及び特別支援学校等の育ちの場での支援に協力できるような体制を構築することにより，障害児の地域社会への参加・包容（インクルージョン）の推進を図る必要がある。

4　特別な支援が必要な障害児に対する支援体制の整備

㈠　重症心身障害児に対する支援体制の充実

　重症心身障害児が身近な地域にある児童発達支援や放課後等デイサービス等を受けられるように，地域における課題の整理や地域資源の開発等を行いながら，支援体制の充実を図る。

㈡　医療的ケア児に対する支援体制の充実

　医療的ケア児が身近な地域で必要な支援が受けられるように，障害児支援等の充実を図る。さらに，心身の状況に応じた保健，医療，障害福祉，保育，教育等の各関連分野の支援が受けられるよう，

保健所，病院・診療所，訪問看護ステーション，障害児通所支援事業所，障害児入所施設，障害児相談支援事業所，保育所，学校等の関係者が連携を図るための協議の場を設けること等により，各関連分野が共通の理解に基づき協働する総合的な支援体制を構築することが重要である。なお，この場においては，医療的ケア児の支援が学齢期から成人期に円滑に引き継がれるよう，協議していくことが必要である。

加えて，医療的ケア児に対する総合的な支援体制の構築に向けて，市町村においては，関連分野の支援を調整するコーディネーターとして養成された相談支援専門員等の配置を促進することが必要である。このコーディネーターは，医療的ケア児が必要とする多分野にまたがる支援の利用を調整し，総合的かつ包括的な支援の提供につなげるとともに，協議の場に参画し，地域における課題の整理や地域資源の開発等を行いながら，医療的ケア児に対する支援のための地域づくりを推進するといった役割を担っている。なお，市町村単独での配置が困難な場合には，圏域での配置であっても差し支えない。

㈢ 強度行動障害や高次脳機能障害を有する障害児に対する支援体制の充実

強度行動障害や高次脳機能障害を有する障害児に対して，障害児通所支援等において適切な支援ができるよう，人材育成等を通じて支援体制の整備を図る必要がある。

㈣ 虐待を受けた障害児等に対する支援体制の整備

虐待を受けた障害児等に対しては，障害児入所施設において小規模なグループによる支援や心理的ケアを提供することにより，障害児の状況等に応じたきめ細やかな支援を行うよう努めることが必要である。

5 障害児相談支援の提供体制の確保

障害児相談支援は，障害の疑いがある段階から障害児本人や家族に対する継続的な相談支援を行うとともに，支援を行うに当たって関係機関をつなぐ中心となる重要な役割を担っている。このため，障害者に対する相談支援と同様に，障害児相談支援についても質の確保及びその向上を図りながら，支援の提供体制の構築を図る必要がある。

第二 障害福祉サービス等及び障害児通所支援等の提供体制の確保に係る目標

障害者等の自立支援の観点から，地域生活への移行や就労支援といった課題に対応するため，平成32年度を目標年度とする障害福祉計画等において必要な障害福祉サービス等及び障害児通所支援等の提供体制の確保に係る目標として，次に掲げる事項に係る目標（以下「成果目標」という。）を設定することが適当である。また，これらの成果目標を達成するため，活動指標（別表第１の上欄に掲げる事項ごとの，成果目標を達成するために必要な量等をいう。以下同じ。）を計画に見込むことが適当である。なお，市町村及び都道府県においては，成果目標及び活動指標に加えて，独自に目標及び指標を設定することができるものとする。

一 福祉施設の入所者の地域生活への移行

地域生活への移行を進める観点から，平成28年度末時点の福祉施設に入所している障害者（以下「施設入所者」という。）のうち，今後，自立訓練事業等を利用し，グループホーム，一般住宅等に移行する者の数を見込み，その上で，平成32年度末における地域生活に移行する者の目標値を設定する。当該目標値の設定に当たっては，平成28年度末時点の施設入所者数の９％以上が地域生活へ移行することとするとともに，これに合わせて平成32年度末の施設入所者数を平成28年度末時点の施設入所者数から２％以上削減することを基本とする。

また，当該目標値の設定に当たり，平成29年度末において，障害福祉計画で定めた平成

29年度までの数値目標が達成されないと見込まれる場合は，未達成割合を平成32年度末における地域生活に移行する者及び施設入所者の削減割合の目標値に加えた割合以上を目標値とする。

なお，施設入所者数の設定に当たっては，新たに施設へ入所する者の数は，グループホーム等での対応が困難な者等，施設入所が真に必要と判断される者の数を踏まえて設定すべきものであることに留意する必要がある。また，障がい者制度改革推進本部等における検討を踏まえて障害保健福祉施策を見直すまでの間において障害者等の地域生活を支援するための関係法律の整備に関する法律（平成22年法律第71号。以下「整備法」という。）による改正前の児童福祉法に規定する指定知的障害児施設等（以下「旧指定施設等」という。）に入所していた者（18歳以上の者に限る。）であって，整備法による改正後の障害者総合支援法に基づく指定障害者支援施設等の指定を受けた当該旧指定施設等に引き続き入所しているもの（以下「継続入所者」という。）の数を除いて設定するものとする。

また，障害者支援施設においては，地域における関係機関との連携により，施設入所者の地域生活への移行に取り組むことと併せて，できる限り入所者等の生活の質の向上を図る観点から，一層の小規模化等を進めること，障害者の高齢化・重度化に対応した専門的なケアを行うこと及び地域との交流を確保するとともに地域の障害者等に対する支援を行う等地域に開かれていることが望ましい。

二 精神障害にも対応した地域包括ケアシステムの構築

精神障害にも対応した地域包括ケアシステムの構築を目指す新たな政策理念を踏まえ，圏域ごとの保健，医療，福祉関係者による協議の場の設置状況，市町村ごとの保健，医療，福祉関係者による協議の場の設置状況，精神病床における1年以上長期入院患者数（65歳以上の1年以上長期入院患者数，65歳未満の1年以上長期入院患者数），精神病床における早期退院率（入院後3か月時点の退院率，入院後6か月時点の退院率，入院後1年時点の退院率）に関する目標値を次に掲げるとおり設定することとする。

なお，精神障害にも対応した地域包括ケアシステムの構築に係る目標の達成に当たっては，地域の医療サービスに係る体制の整備が重要であることから，特に医療計画（医療法（昭和23年法律第205号）第30条の4第1項に規定する医療計画をいう。以下同じ。）との関係に留意すること。

1 圏域ごとの保健，医療，福祉関係者による協議の場の設置状況

平成32年度末までに全ての圏域ごとに，精神障害者地域移行・地域定着推進協議会などの保健，医療，福祉関係者による協議の場を設置することを基本とする。なお，この際，都道府県単位で解決すべき課題にも対応できるよう，都道府県ごとに，協議会やその専門部会など保健，医療，福祉関係者による協議の場を設置することが望ましい。

2 市町村ごとの保健，医療，福祉関係者による協議の場の設置状況

平成32年度末までに全ての市町村ごとに協議会やその専門部会など保健，医療，福祉関係者による協議の場を設置することを基本とする。医療関係者としては，病院，診療所，訪問看護ステーション等において精神科医療に携わる関係者が参加することが望ましい。市町村単独での設置が困難な場合には，複数市町村による共同設置であっても差し支えない。

3 精神病床における1年以上長期入院患者数（65歳以上，65歳未満）

地域の精神保健医療福祉体制の基盤を整備することによって，1年以上長期入院患者のうち一定数は地域生活への移行が可能になることから，別表第4の一の項に掲げる式により算定した平成32年度末の精神病床における65歳以上の1年以上長期入院患者数及び別表第4の二の項に掲げる式によ

り算定した平成32年度末の精神病床における65歳未満の1年以上長期入院患者数を，目標値として設定する。

また，これと併せ，医療計画における基準病床数の見直しを進める。

4 精神病床における早期退院率（入院後3か月時点，入院後六か月時点，入院後1年時点）

地域における保健，医療，福祉の連携支援体制が強化されることによって，早期退院が可能になることを踏まえて，入院中の精神障害者の退院に関する目標値として，入院後3か月時点の退院率，入院後6か月時点の退院率及び入院後1年時点の退院率に関する平成32年度における目標値を設定する。

目標値の設定に当たっては，入院後3か月時点の退院率については69％以上とし，入院後六か月時点の退院率については84％以上とし，入院後1年時点の退院率については90％以上とすることを基本とする。

三 地域生活支援拠点等の整備

地域生活支援拠点等（地域生活支援拠点又は面的な体制をいう。以下同じ。）について，平成32年度末までに各市町村又は各圏域に少なくとも一つを整備することを基本とする。

四 福祉施設から一般就労への移行等

福祉施設の利用者のうち，就労移行支援事業等（生活介護，自立訓練，就労移行支援，就労継続支援を行う事業をいう。）を通じて，平成32年度中に一般就労に移行する者の目標値を設定する。当該目標値の設定に当たっては，平成28年度の一般就労への移行実績の1.5倍以上とすることを基本とする。

また，当該目標値を達成するため，就労移行支援事業の利用者数及び事業所ごとの就労移行率に係る目標値を設定することとし，就労移行支援事業の利用者数については，平成32年度末における利用者数が平成28年度末における利用者数の2割以上増加すること，事業所ごとの就労移行率については，就労移行支援事業所のうち，就労移行率が3割以上の事業所を全体の5割以上とすることを目指すものとする。なお，これらの目標設定に必要となる利用者数については，サービス等利用計画案を踏まえて，暫定支給決定期間を設定し，利用者の最終的な意向確認をしたものに限られることに留意して行うこととする。さらに，障害者の一般就労への定着も重要であることから，就労定着支援事業による支援を開始した時点から1年後の職場定着率に係る目標値を設定することとし，当該目標値の設定に当たっては，就労定着支援事業による支援を開始した時点から1年後の職場定着率を8割以上とすることを基本とする。

なお，一般就労に移行する者の数及び就労移行支援事業の利用者数に係る目標値の設定に当たり，平成29年度末において，障害福祉計画で定めた平成29年度までの数値目標が達成されないと見込まれる場合は，未達成割合を平成32年度末における各々の目標値に加えた割合以上を目標値とする。

これらの目標値を達成するため，市町村及び都道府県の障害保健福祉担当部局は，都道府県の労働担当部局，教育委員会等の教育担当部局，都道府県労働局等の関係機関との連携体制を整備することが必要である。その際，都道府県ごとに，就労支援の関係者からなる障害者雇用支援合同会議を設け，障害福祉計画の目標値の達成に向けた取組の推進等，統一的に施策を進めていくことが考えられる。なお，将来的には，圏域ごとに同様の取組を行うことが望ましい。

また，これらに加えて，就労支援について，障害保健福祉施策と労働施策の双方から重層的に取り組むため，都道府県の障害保健福祉担当部局は，都道府県の労働担当部局及び都道府県労働局と連携して，別表第1の一の表各項に掲げる事項を平成32年度の活動指標として設定して取り組むことが適当である。

なお，福祉施設から一般就労への移行等のみならず，離職者や特別支援学校卒業者に対する就職の支援，障害者に対して一般就労や雇用支援策に関する理解の促進を図ること

等，障害者雇用全体についての取組を併せて進めることが望ましい。

さらに，都道府県が工賃の向上に関する計画を作成した場合は，目標工賃等の概要について都道府県障害福祉計画上に記載し，周知を図ることが適当である。

加えて，国等による障害者就労施設等からの物品等の調達の推進等に関する法律（平成24年法律第50号）において，都道府県及び市町村は障害者就労施設等からの物品等の調達の推進を図るための方針を作成することとされており，障害福祉計画においては，当該方針との整合性を図りながら，官公需に係る障害者就労施設等の受注機会の拡大や調達目標金額等について記載し，取組を進めることが望ましい。

五　障害児支援の提供体制の整備等
1　重層的な地域支援体制の構築を目指すための児童発達支援センターの設置及び保育所等訪問支援の充実

児童発達支援センターを中核とした重層的な地域支援体制の構築を目指すため，平成32年度末までに，児童発達支援センターを各市町村に少なくとも1カ所以上設置することを基本とする。なお，市町村単独での設置が困難な場合には，圏域での設置であっても差し支えない。

また，障害児の地域社会への参加・包容（インクルージョン）を推進するため，各市町村又は各圏域に設置された児童発達支援センターが保育所等訪問支援を実施するなどにより，平成32年度末までに，全ての市町村において，保育所等訪問支援を利用できる体制を構築することを基本とする。

2　主に重症心身障害児を支援する児童発達支援事業所及び放課後等デイサービス事業所の確保

重症心身障害児が身近な地域で支援を受けられるように，平成32年度末までに，主に重症心身障害児を支援する児童発達支援事業所（児童福祉法第6条の2の2第2項に規定する児童発達支援を行う事業所をい

う。）及び放課後等デイサービス事業所（同条第4項に規定する放課後等デイサービスを行う事業所をいう。）を各市町村に少なくとも1カ所以上確保することを基本とする。なお，市町村単独での確保が困難な場合には，圏域での確保であっても差し支えない。

3　医療的ケア児支援のための関係機関の協議の場の設置

医療的ケア児が適切な支援を受けられるように，平成30年度末までに，各都道府県，各圏域及び各市町村において，保健，医療，障害福祉，保育，教育等の関係機関等が連携を図るための協議の場を設けることを基本とする。なお，市町村単独での設置が困難な場合には，都道府県が関与した上での，圏域での設置であっても差し支えない。

第三　計画の作成に関する事項
一　計画の作成に関する基本的事項
1　作成に当たって留意すべき基本的事項

第一の一の基本的理念を踏まえるとともに，第二に定める成果目標の達成に向けて実効性のあるものとするため，次に掲げる点に配慮して作成を進めることが適当である。

㈠　障害者等の参加

障害福祉計画等の作成に当たっては，サービスを利用する障害者等のニーズの把握に努めるほか，障害者等の意見を反映させるために必要な措置を講ずるよう努めることが必要である。

㈡　地域社会の理解の促進

グループホーム等の設置等サービスの基盤整備に当たっては，障害及び障害者等に対する地域社会の理解が不可欠であり，障害福祉計画等の作成に当たっては，協議会を活用するとともに，障害者等をはじめ，地域住民，企業等の参加を幅広く求めるほか，啓発・広報活動を積極的に進める。

㈢　総合的な取組

障害福祉計画等の作成に当たっては，

障害者総合支援法及び児童福祉法の基本理念を踏まえ，自立支援給付及び地域生活支援事業並びに障害児支援について保健，医療，介護，児童福祉，教育，文化芸術，雇用等の関係機関と連携しながら総合的に取り組むものとなることが必要である。

2 計画の作成のための体制の整備

障害福祉計画等の作成に当たっては，障害者等をはじめ幅広い関係者の参加を求めて意見の集約の場を設けるとともに，①市町村及び都道府県の関係部局相互間の連携，②市町村，都道府県相互間の連携を図るための体制の整備を図ることが必要である。

㈠ 作成委員会等の開催

障害福祉計画等を地域の実情に即した実効性のある内容のものとするためには，サービスを利用する障害者等をはじめ，事業者，雇用，保健，介護，児童福祉，教育，医療等の幅広い関係者の意見を反映することが必要である。このため，こうした幅広い分野の関係者から構成される障害福祉計画等作成委員会（以下「作成委員会」という。）等意見集約の場を設けることが考えられる。この場合において，障害者総合支援法第88条第9項及び第89条第7項並びに児童福祉法第33条の20第9項及び第33条の22第6項においては，協議会を設置している場合には，その意見を聴くよう努めなければならないとされていることから，協議会を活用することも考えられる。また，障害者総合支援法第88条第10項及び第89条第8項並びに児童福祉法第33条の20第10項及び第33条の22第7項においては，障害者基本法（昭和45年法律第84号）第36条第1項及び第4項の合議制の機関を設置している場合には，その意見を聴かなければならないとされていることから，当該機関を活用することも考えられる。

㈡ 市町村及び都道府県の関係部局相互間の連携

障害福祉計画等の作成に当たっては，介護保険担当部局，子育て支援や母子保健等の児童福祉担当部局，労働担当部局，保健医療担当部局，地域振興担当部局，住宅政策担当部局等の関係部局及び教育委員会等の教育担当部局並びに都道府県労働局等の関係機関と連携して作業に取り組む体制を整備し，協力して作成することが必要である。

㈢ 市町村と都道府県との間の連携

市町村は，住民に最も身近な基礎的な自治体として，障害福祉サービス等（都道府県の地域生活支援事業に係る部分を除く。）並びに障害児通所支援及び障害児相談支援の実施に関して，また，都道府県は，障害児入所支援の実施に関して，一義的な責任を負っている。これに伴って，都道府県は，市町村の方針を尊重しつつ，市町村の行う事業が適正かつ円滑に実施されるよう，市町村に対する支援を行うことが求められる。特に，障害福祉サービス並びに障害児通所支援及び障害児入所支援を提供するための福祉施設の整備等に関しては，広域的調整を図る役割を有している。

このため，障害福祉計画等の作成に当たっては，市町村と都道府県との間で密接な連携を図ることが必要であり，市町村は，都道府県による広域的調整との整合性を図るため，都道府県と意見を交換することが必要である。また，都道府県は，地域の実情に応じた障害福祉サービス並びに障害児通所支援及び障害児入所支援の提供体制の整備を進める観点から，都道府県としての基本的考え方を示すとともに，圏域を単位として広域的な調整を進めるために，関係市町村との協議の場を設ける等，適切な支援を行うことが望ましい。

3 障害者等のサービスの利用実態及びニーズの把握

障害福祉サービス並びに障害児通所支援

及び障害児入所支援の必要な量を見込む等の際は，地域における障害者等の心身の状況，その置かれている環境その他の事情を正確に把握しつつニーズを把握するよう努めることが必要である。

　このため，現在のサービスの利用実態について分析を行うとともに，地域の実情に応じ，アンケート，ヒアリング等によるニーズ調査等を行うことが適当である。なお，ニーズ調査等については，郵送によるアンケート，障害種別・年齢別に対象者を選択してのヒアリング，障害者関係団体からのヒアリング等様々な方法が考えられるが，地域の実情，作業日程等を勘案しつつ，適切な方法により実施することが考えられる。

4　障害児の子ども・子育て支援等の利用ニーズの把握及びその提供体制の整備

　都道府県及び市町村は，障害児の子ども・子育て支援等の利用ニーズについて，障害児通所支援等を利用する障害児の保護者に調査を行う等により把握し，都道府県及び市町村において利用ニーズを満たせる定量的な目標を示した上で，子ども・子育て支援等の利用を希望する障害児が希望に沿った利用ができるよう，保育所や認定こども園，放課後児童健全育成事業（放課後児童クラブ）等における障害児の受入れの体制整備を行うものとする。

5　区域の設定

　都道府県障害福祉計画及び都道府県障害児福祉計画（以下「都道府県障害福祉計画等」という。）においては，指定障害福祉サービス（障害者総合支援法第29条第1項に規定する指定障害福祉サービスをいう。以下同じ。），指定地域相談支援（障害者総合支援法第51条の14第1項に規定する指定地域相談支援をいう。以下同じ。），指定計画相談支援（障害者総合支援法第51条の17第2項に規定する指定計画相談支援をいう。以下同じ。），指定通所支援（児童福祉法第21条の5の3第1項に規定する指定通所支援をいう。以下同じ。）及び指定障害児相談支援（児童福祉法第24条の26第2項に規定する指定障害児相談支援をいう。以下同じ。）の種類ごとの量の見込みを定める単位となる区域（障害者総合支援法第89条第2項第2号及び児童福祉法第33条の22第2項第2号に規定する都道府県が定める区域をいう。別表第2の三（一）の項⑤及び別表第4を除き，以下同じ。）を定めるものとされており，各都道府県は，他のサービスとの連携を図る観点から，圏域を標準として当該区域を定めることが必要である。

6　住民の意見の反映

　障害福祉計画等を定め，又は変更しようとするときは，あらかじめ，障害者等を含む地域住民の意見を反映させるために必要な措置を講ずるよう努めることが必要である。この場合，作成委員会等の設置に際して，公募その他の適切な方法による地域住民の参画，インターネット等の活用によるパブリックコメントの実施，公聴会（タウンミーティング）の開催，アンケートの実施等様々な手段により実施することが考えられる。

7　他の計画との関係

　障害福祉計画等は，障害者計画（障害者基本法第11条第2項に規定する都道府県障害者計画及び同条第3項に規定する市町村障害者計画をいう。），地域福祉計画（社会福祉法（昭和26年法律第45号）第107条に規定する市町村地域福祉計画及び同法第108条に規定する都道府県地域福祉支援計画をいう。），医療計画，介護保険事業計画（介護保険法（平成9年法律第123号）第117条第1項に規定する市町村介護保険事業計画及び同法第118条第1項に規定する都道府県介護保険事業支援計画をいう。），子ども・子育て支援事業計画（子ども・子育て支援法第61条第1項に規定する市町村子ども・子育て支援事業計画及び同法第62条第1項に規定する都道府県子ども・子育て支援事業支援計画をいう。）その他の法律の規

定による計画であって障害者等の福祉に関する事項を定めるものと調和が保たれたものとすることが必要である。

8 定期的な調査，分析及び評価並びに必要な措置

障害福祉計画等に盛り込んだ事項について，定期的に調査，分析及び評価を行い，必要があると認めるときは，障害福祉計画等を変更することその他の必要な措置を講ずる。

そのため，成果目標及び活動指標については，少なくとも年1回は実績を把握し，障害者施策及び障害児施策並びに関連施策の動向も踏まえながら，障害福祉計画等の中間評価として分析及び評価を行い，必要があると認めるときは，障害福祉計画等の変更，事業の見直し等の措置を講じることが適当である。中間評価の際には，協議会，合議制の機関等の意見を聴くとともに，その結果について公表するよう努めることが望ましい。

これに加え，活動指標については，より高い頻度で障害種別ごとに実績を把握し，設定した見込量等の達成状況等の分析及び評価を行うことが望ましい。

二 市町村障害福祉計画及び市町村障害児福祉計画の作成に関する事項

市町村障害福祉計画及び市町村障害児福祉計画（以下「市町村障害福祉計画等」という。）においては，別表第2の二の項に掲げる事項，同表の三の項中各年度における指定障害福祉サービス，指定地域相談支援又は指定計画相談支援（以下「指定障害福祉サービス等」という。）並びに指定通所支援又は指定障害児相談支援（以下「指定通所支援等」という。）の種類ごとの必要な量の見込みに関する事項及び同表の四の項に掲げる事項は定めなければならない事項とし，同表の三の項中各年度における指定障害福祉サービス等及び指定通所支援等の種類ごとの必要な見込量の確保のための方策に関する事項及び同表の五の項に掲げる事項は定めるよう努めなければならない事項とし，同表の一の項に掲げる事項，同表の六の項に掲げる事項及び同表の七の項に掲げる事項は盛り込むことが望ましい事項とする。また，次に掲げる点を考慮して作成を進めることが適当である。

1 障害福祉サービス，相談支援及び地域生活支援事業並びに障害児通所支援及び障害児相談支援の提供体制の確保に係る目標に関する事項

障害福祉サービス，相談支援及び地域生活支援事業並びに障害児通所支援及び障害児相談支援の提供体制を確保するため，第二に即して成果目標を設定する。また，当該成果目標については，これまでの取組を更に推進するものとなるよう，障害福祉計画の実績及び地域の実情を踏まえて設定することが適当である。

2 各年度における指定障害福祉サービス等及び指定通所支援等の種類ごとの必要な量の見込み及びその見込量の確保のための方策

(一) 各年度における指定障害福祉サービス等及び指定通所支援等の種類ごとの必要な量の見込み

平成32年度までの各年度における指定障害福祉サービス等及び指定通所支援等の種類ごとの実施に関する考え方及び必要な量の見込みを定める。

その際には，別表第1を参考としつつ，現在の利用実績等に関する分析，障害者等のサービスの利用に関する意向，心身の状況等を勘案しつつ，地域の実情を踏まえて設定することが適当である。また，指定障害福祉サービスのうち生活介護，就労継続支援（B型）（障害者の日常生活及び社会生活を総合的に支援するための法律施行規則（平成18年厚生労働省令第19号。以下「規則」という。）第6条の10第2号の就労継続支援B型をいう。以下同じ。）及び施設入所支援の必要な量の見込みについては，継続入所者の数を除いて設定するものとする。

さらに、指定障害福祉サービスの種類ごとの必要な量の見込みの設定にあたっては、障害児通所支援や障害児入所支援から障害福祉サービスへ円滑に支援の移行を図ることを考慮しながら設定することが必要である。

特に、障害児入所支援から障害福祉サービスへの支援の移行に当たっては、市町村は都道府県と連携し、障害児入所施設や障害福祉サービス事業所等と協力しながら、障害児が指定障害児入所施設等（児童福祉法第24条の2第1項に規定する指定障害児入所施設等をいう。以下同じ。）へ入所した後から、退所後の支援を見据え、連絡調整を図っていくことが必要である。

㈡　指定障害福祉サービス等及び指定通所支援等の種類ごとの必要な見込量の確保のための方策

指定障害福祉サービス等及び指定通所支援等の事業を行う者の確保に関する方策を定める。

この場合において、指定障害福祉サービス等及び指定通所支援等の事業を行う意向を有する事業者の把握に努めた上で、広く情報提供を行う等により多様な事業者の参入を促進する等の工夫を図ることが適当である。

特に、訪問系サービス及び指定通所支援については、障害者等の地域生活を支える基本事業であるため、各市町村において事業を実施する事業所を最低1カ所確保できるよう努める必要がある。また、指定通所支援等については、指定通所支援等の事業を行う者に対して、障害児に対する質の高い専門的な発達支援を行うことを徹底した上で、事業者の確保に努めることが必要である。さらに、指定計画相談支援及び指定障害児相談支援の事業を行う事業所についてもその確保に努める必要がある。なお、小規模町村等において訪問系サービスを行う事業所を確保できない場合は、介護保険制度における訪問介護事業所や居宅介護支援事業所に対して、障害者総合支援法に基づく居宅介護事業所としての指定を取るよう促すなどの工夫が必要である。加えて、障害者等が地域で安心して暮らしていくためには、介護者が病気等になったとき等に対応できる短期入所サービスの充実を図っていくことが重要であり、医療機関が実施する短期入所事業所を含めた指定短期入所事業所の確保に努める必要がある。

㈢　地域生活支援拠点等の整備

地域生活支援拠点等の整備については、地域レベルでの取組の基礎とするため、障害者等の高齢化・重度化や「親亡き後」を見据え、課題に応じてどのような機能をどれだけ整備していくかについて、利用者の障害福祉サービスや相談支援等のニーズ、既存の障害福祉サービスや相談支援等の整備状況、基幹相談支援センターの設置の有無等各地域における個別の状況に応じ、各地域においてどのような体制を構築するか等、目指すべき地域生活支援拠点等の整備方針を検討するため、協議会等を十分に活用することが必要である。

また、当該整備方針を踏まえ、障害者等の生活を地域全体で支える核として地域生活支援拠点等を機能させるためには、運営上の課題の共有や関係者への研修の実施等、地域生活支援拠点等に関与する全ての機関及び人材の有機的な結びつきを強化するとともに、整備方針や必要な機能が各地域の実情に適しているかといった観点や、地域における課題に対応できるかという観点から、中長期的に必要な機能を見直し、その強化を図るため、十分に検証及び検討を行うことが必要である。当該検証及び検討に当たっては、都道府県障害福祉計画とも調和が保たれたものとすることが必要である。

なお，第4期障害福祉計画の期間中に地域生活支援拠点等の整備を行わなかった市町村又は圏域においては，既に整備が進んでいる地域の事例等も参考とし，地域におけるニーズの把握や課題の整理を早期に行い，積極的な整備に努める必要がある。

(四) 圏域単位を標準とした指定障害福祉サービス及び指定通所支援の見通し並びに計画的な基盤整備の方策

施設入所者の地域生活への移行や精神障害にも対応した地域包括ケアシステムの構築，障害児支援の提供体制の整備その他地域における課題を踏まえ，これらの課題への対応が立ち後れている市町村においては，必要となる指定障害福祉サービス及び指定通所支援の基盤整備を着実に行うために都道府県との協働により計画的に指定障害福祉サービス及び指定通所支援の基盤整備を行うことが必要である。

このため，このような市町村においては，都道府県が三の2の(四)によりサービスの種類及び量の見通し並びに整備計画を作成する際には，協働により作成作業を行うとともに，当該整備計画等において関連する内容を市町村障害福祉計画等に反映することが必要である。

3 市町村の地域生活支援事業の実施に関する事項

市町村の地域生活支援事業の実施に関して，第二に定める成果目標の達成に資するよう地域の実情に応じて，次の事項を定める。

(一) 実施する事業の内容
(二) 各年度における事業の種類ごとの実施に関する考え方及び量の見込み
(三) 各事業の見込量の確保のための方策
(四) その他実施に必要な事項

4 関係機関との連携に関する事項

(一) 指定障害福祉サービス等及び地域生活支援事業の提供体制の確保に係る関係機関との連携に関する事項

第二に定める成果目標の達成に向けて，障害保健福祉の観点からのみならず，医療，教育，雇用等の分野を超えた総合的な取組が不可欠であり，医療機関，教育機関，公共職業安定所その他の職業リハビリテーションの措置を実施する機関その他の関係機関と連携することが必要である。

(二) 指定通所支援等の提供体制の確保に係る関係機関との連携に関する事項

第二に定める成果目標の達成に向けて，障害保健福祉の観点からのみならず，保健，医療，児童福祉，教育等の分野を超えた総合的な取組が不可欠であり，医療機関，教育機関その他の関係機関と連携することが必要である。

三 都道府県障害福祉計画及び都道府県障害児福祉計画の作成に関する事項

都道府県障害福祉計画等においては，別表第3の三の項に掲げる事項，同表四の項中各年度における指定障害福祉サービス等及び指定通所支援等の種類ごとの必要な量の見込みに関する事項，同表の六の項に掲げる事項及び同表の七の項に掲げる事項は定めなければならない事項とし，同表の四の項中各年度における指定障害福祉サービス等及び指定通所支援等の種類ごとの必要な見込量の確保のための方策に関する事項，同表の八の項に掲げる事項及び同表の九の項に掲げる事項は定めるよう努めなければならない事項とし，同表の一の項に掲げる事項，同表の二の項に掲げる事項，同表の五の項に掲げる事項，同表の十の項に掲げる事項及び同表の十一の項に掲げる事項は盛り込むことが望ましい事項とする。また，次に掲げる点を考慮して作成を進めることが適当である。

1 障害福祉サービス，相談支援及び地域生活支援事業並びに障害児通所支援等の提供体制の確保に係る目標に関する事項

障害福祉サービス，相談支援及び地域生活支援事業並びに障害児通所支援等の提供

体制を確保するため，第二に即して成果目標を設定する。また，成果目標については，これまでの取組を更に推進するものとなるよう，障害福祉計画の実績及び地域の実情を踏まえて設定することが適当である。

2 区域ごとの各年度の指定障害福祉サービス等及び指定通所支援等の種類ごとの必要な量の見込み並びにその見込量の確保のための方策

㈠ 各年度における指定障害福祉サービス等及び指定通所支援等の種類ごとの必要な量の見込み

区域ごとに平成32年度までの各年度における指定障害福祉サービス等及び指定通所支援等の種類ごとの実施に関する考え方及び必要な量の見込みを定める。

その際には，市町村障害福祉計画等における数値を区域ごとに集計したものを基本として，これを更に都道府県全域で集計した結果が，都道府県障害福祉計画等における見込みの数値と整合性がとれるよう，都道府県は，市町村と調整することが必要である。また，指定障害福祉サービスのうち生活介護，就労継続支援（B型）及び施設入所支援の必要な量の見込みについては，継続入所者の数を除いて設定するものとする。

また，障害者総合支援法及び整備法による改正後の児童福祉法施行以前に，障害福祉サービス又は障害児通所支援が未実施であった市町村におけるサービスの確保や，指定地域相談支援若しくは指定計画相談支援又は指定障害児相談支援等の確保に留意することが必要である。

㈡ 指定障害福祉サービス等及び指定通所支援等の種類ごとの必要な見込量の確保のための方策

指定障害福祉サービス等及び指定通所支援等の事業を行う者の確保に関する方策を定める。

この場合において，指定障害福祉サービス等及び指定通所支援等の事業を行う意向を有する事業者の把握に努めた上で，広く情報提供を行う等により多様な事業者の参入を促進する等の工夫を図ることが適当である。

ただし，指定通所支援等については，指定通所支援等の事業を行う者に対して，障害児に対する質の高い専門的な発達支援を行うことを徹底した上で，事業者の確保に努めることが必要である。

㈢ 地域生活支援拠点等の整備及び市町村の支援等

地域生活支援拠点等の整備については，都道府県は二の2の㈢における検証及び検討の際に，都道府県内の市町村を包括する広域的な見地から，施設入所支援の利用者数の見込み等を集約するとともに，各市町村から地域生活支援拠点等の整備に関する検証及び検討状況等の聞き取りを行い，市町村障害福祉計画との調整を図るものとする。また，都道府県は，市町村又は圏域における地域生活支援拠点等の整備を進めるに当たって必要な支援を行うとともに，第4期障害福祉計画の期間中に地域生活支援拠点等の整備を行わなかった市町村及び圏域に対して，整備に向けた検討を早期に行うよう促す必要がある。

㈣ 圏域単位を標準とした指定障害福祉サービス及び指定通所支援の見通し及び計画的な基盤整備の方策

施設入所者の地域生活への移行や精神障害にも対応した地域包括ケアシステムの構築，障害児通所支援の地域支援体制の整備その他地域における課題を踏まえ，これらの課題への対応が立ち後れている地域においては，必要となる指定障害福祉サービス及び指定通所支援の基盤整備を着実に行うために都道府県と市町村が協働により計画的に指定障害福祉サービス及び指定通所支援の基盤整備を行うことが必要である。

このため，このような地域においては，

圏域単位を標準として，地域における課題を整理した上で，平成32年度において障害者等の支援に必要となる指定障害福祉サービス及び指定通所支援の種類及び量の見通しを明らかにすることが必要である。加えて，当該見通しを達成するために新たに必要となる指定障害福祉サービス及び指定通所支援を実施する事業所数（訪問系サービスを実施する事業所数を除く。以下同じ。）を見込むとともに，年次ごとの事業所の整備計画（以下「整備計画」という。）を作成することが必要である。なお，サービスの種類及び量の見通し並びに整備計画の作成に当たっては，別表第3に掲げる事項に留意しつつ作成することが必要である。また，作成された整備計画等の内容は，関係する市町村障害福祉計画等に反映し，都道府県と市町村が一体的に取り組むことが必要である。

3　各年度の指定障害者支援施設及び指定障害児入所施設等の必要入所定員総数

平成32年度までの各年度における指定障害者支援施設（障害者総合支援法第29条第1項に規定する指定障害者支援施設をいう。以下同じ。）及び指定障害児入所施設等の必要入所定員総数については，別表第1を参考としつつ，設定することが適当である。なお，それらの必要入所定員総数については，継続入所者の数を除いて設定するものとする。

また，指定障害児入所施設等の必要入所定員総数については，障害児入所支援から障害福祉サービスへ円滑に支援の移行を図ることを考慮しながら設定することが必要である。

このため，都道府県は市町村と連携し，障害児入所施設や障害福祉サービス事業所等と協力しながら，指定障害児入所施設等に入所が必要な障害児のニーズを把握し，地域の実情を踏まえて設定するとともに，障害児が指定障害児入所施設等へ入所した後から，退所後の支援を見据え，連絡調整を図っていくことが必要である。

4　指定障害福祉サービス等及び指定通所支援等に従事する者の確保又は資質の向上並びに指定障害者支援施設及び指定障害児入所施設等の施設障害福祉サービスの質の向上のために講ずる措置

指定障害福祉サービス等及び指定通所支援等並びに指定障害者支援施設及び指定障害児入所施設等の施設障害福祉サービス（以下「指定障害福祉サービス等支援」という。）の提供に当たって基本となるのは人材であり，国，都道府県，市町村及び指定障害福祉サービス等支援の事業者は，指定障害福祉サービス等支援に係る人材の養成，提供されるサービスに対する第三者による評価等を総合的に推進することが重要である。

㈠　サービスの提供に係る人材の研修

人材の養成については，サービス提供に係る責任者及び専門職員の養成のみならず，サービス提供に直接必要な担い手の確保を含め，指定障害福祉サービス等支援に係る人材を質量ともに確保することが重要である。

障害者総合支援法及び児童福祉法の下では，サービス提供に係る専門職員として，サービス管理責任者，児童発達支援管理責任者及び相談支援専門員を，指定障害福祉サービス，指定通所支援，指定障害児入所支援，指定地域相談支援，指定計画相談支援及び指定障害児相談支援の事業者ごとに配置することとしており，都道府県は，これらの者に対して，サービス管理責任者養成研修や，児童発達支援管理責任者研修，相談支援従事者研修等を十分に実施することが必要である。また，サービスの直接の担い手である居宅介護従事者の養成等についても，障害者等の特性に応じた支援を提供可能な人材を確保できるよう，居宅介護職員初任者研修に加え，重度訪問介護従業者

養成研修や，同行援護従業者養成研修，行動援護従業者養成研修等を十分に実施することが必要である。

　行動障害を有する障害者等の特性に応じた支援については，当該支援を一貫性を持って実施できるよう，施設従事者，居宅介護従事者等に対し，強度行動障害支援者養成研修を実施することとしている。また，精神障害者の特性に応じた適切な支援が実施できるよう，保健所，精神保健福祉センター（精神保健及び精神障害者福祉に関する法律（昭和25年法律第123号）第6条第1項の精神保健福祉センターをいう。以下同じ。），高次脳機能障害支援拠点等との連携による専門分野別の研修等地域の実情に応じた研修に取り組むことが望ましい。また，罪を犯した障害者等の特性に応じた適切な支援についても，保健所，精神保健福祉センター，地域生活定着支援センター等との連携による専門分野別の研修等地域の実情に応じた研修に取り組むことが望ましい。

　都道府県は，それぞれの研修をサービス種別ごとに計画的に実施し，指定障害福祉サービス等支援に係る人材の確保又は資質の向上に関する総合的な施策に取り組むことが必要である。このため，都道府県は，研修の実施方法，実施回数等を定めた研修計画を作成するとともに，研修受講者の記録の管理等を行うことが必要である。なお，相談支援専門員に向けた研修を行うに当たっては，難病患者等や重症心身障害児者，医療的ケア児等の特性に応じた適切な支援についても十分に理解が図られるようなものとすることが重要である。さらに，適切な支援の提供が障害者等の自立及び社会参加に資することも踏まえ，地域生活支援事業における障害者相談支援事業及び介護給付費等の支給決定事務に係る業務を適切かつ主体的に実施するため，市町村職員に対して相談支援従事者研修の受講を促すことが望ましい。

　また，喀痰（かくたん）吸引等の業務を行うことができる人材の育成に努めることが必要である。

　さらに，都道府県は，教育委員会等の教育担当部局と連携し，例えば，学校訪問を行い障害福祉に係る仕事を紹介する等により，若年層における障害福祉サービスに係る理解を促進する取組や，都道府県福祉人材センター（社会福祉法第93条第1項に規定する都道府県福祉人材センターをいう。）と連携し，福祉人材の無料職業紹介を行う等の取組を通じ，障害福祉サービス等支援に係る人材の確保を支援することが望ましい。

㈡　指定障害福祉サービス等支援の事業者に対する第三者の評価

　指定障害福祉サービス等支援の質の向上のための方策として，事業者から提供されるサービスについて，第三者による評価を行うことも考えられる。社会福祉法第78条において，社会福祉事業の経営者は，自らその提供する福祉サービスの質の評価を行うことその他の措置を講ずることにより，常に福祉サービスを受ける者の立場に立って良質かつ適切な福祉サービスを提供するよう努めなければならないこととされているところであり，都道府県は，事業者の求めに応じて，適切な第三者評価が実施できるような体制の整備を行い，第三者評価の制度を積極的に活用するよう支援することが望ましい。

　また，障害者総合支援法等一部改正法により，障害福祉サービス等情報公表制度が創設されたことを踏まえ，当該制度の活用により，障害福祉サービス等又は障害児通所支援等を利用する障害者等が個々のニーズに応じて良質なサービスを選択できるようにするとともに，事業者によるサービスの質の向上を図ることが

重要である。このため，都道府県においては，事業者に対して制度の周知を図るとともに，より多くの利用者や相談支援専門員等が当該制度を活用できるよう，利活用しやすい仕組み作りや普及及び啓発に向けた取組を実施していくことが必要である。

5 都道府県の地域生活支援事業の実施に関する事項

都道府県の地域生活支援事業の実施に関して，第二に定める成果目標の達成に資するよう地域の実情に応じて，次の事項を定める。

㈠ 実施する事業の内容
㈡ 各年度における事業の種類ごとの実施に関する考え方及び量の見込み
㈢ 各事業の見込量の確保のための方策
㈣ その他実施に必要な事項

6 関係機関との連携に関する事項

㈠ 区域ごとの指定障害福祉サービス又は指定地域相談支援及び地域生活支援事業の提供体制の確保に係る関係機関との連携に関する事項

第二に定める成果目標の達成に向けて，障害保健福祉の観点からのみならず，医療，教育，雇用等の分野を超えた総合的な取組が不可欠であり，医療機関，教育機関，公共職業安定所その他の職業リハビリテーションの措置を実施する機関その他の関係機関と連携することが必要である。

㈡ 区域ごとの指定通所支援の提供体制の確保に係る関係機関との連携に関する事項

第二に定める成果目標の達成に向けて，障害保健福祉の観点からのみならず，保健，医療，児童福祉，保育，教育等の分野を超えた総合的な取組が不可欠であり，医療機関，教育機関その他の関係機関と連携することが必要である。

四 その他

1 計画の作成の時期

第5期障害福祉計画及び第1期障害児福祉計画は，平成30年度から平成32年度までの3年間における指定障害福祉サービス等及び指定通所支援等の量の見込み等について定めるものである。

なお，東日本大震災により甚大な被害を受けた市町村及び都道府県（以下「被災市町村等」という。）においては，障害者等の実態把握のための十分な体制の整備及び障害福祉計画等の作成に向けた準備作業が困難な場合があるため，被災市町村等の実情に応じて弾力的な取扱いを行っても差し支えないこととする。

2 計画の期間

障害福祉計画等は，3年を1期として作成することとする。

3 計画の公表

市町村は，市町村障害福祉計画等を作成するときは，二の2の㈠に掲げる事項については，あらかじめ都道府県の意見を聴くこととし，併せて，その他の事項についても，都道府県と市町村が一体的に取り組むことができるよう都道府県と調整を行うことが望ましい。また，市町村障害福祉計画等を定めた際には，遅滞なく，公表するとともにこれを都道府県知事に提出することが必要である。

都道府県は，都道府県障害福祉計画等を作成したときは，遅滞なく，公表するとともに，これを厚生労働大臣に提出することが必要である。

第四 その他自立支援給付及び地域生活支援事業並びに障害児通所支援等の円滑な実施を確保するために必要な事項

一 障害者等に対する虐待の防止

障害者虐待の防止，障害者の養護者に対する支援等に関する法律（平成23年法律第79号。以下「障害者虐待防止法」という。）を踏まえ，指定障害福祉サービス等及び指定通所支援等の事業者は，利用者の人権の擁護，虐待の防止等のため，責任者を置く等の必要な体制を整備し，従業者に対して，研修を実施す

る等の措置を講じなければならない。

　都道府県及び市町村においては，「市町村・都道府県における障害者虐待の防止と対応」（平成24年12月厚生労働省社会・援護局障害保健福祉部障害福祉課地域移行・障害児支援室作成）に沿って，都道府県障害者権利擁護センター（障害者虐待防止法第36条第1項の都道府県障害者権利擁護センターをいう。），市町村障害者虐待防止センター（障害者虐待防止法第32条第1項の市町村障害者虐待防止センターをいう。）を中心として，福祉事務所，児童相談所，精神保健福祉センター，障害者及び障害児団体，学校，警察，法務局，司法関係者，民生委員，児童委員，人権擁護委員等から成るネットワークの活用，障害者等に対する虐待の未然の防止，虐待が発生した場合の迅速かつ適切な対応，再発の防止等に取り組むとともに，それらの体制や取組については，定期的に検証を行い，必要に応じてマニュアルの見直し等を行うことが重要である。さらに，地域の実情に応じて高齢者や児童の虐待防止に対する取組を行う機関とも連携しながら，効果的な体制を構築することが望ましい。

　なお，市町村においては，引き続き，住民等からの虐待に関する通報があった場合に，速やかに障害者等の安全の確認や虐待の事実確認を行うとともに，市町村障害者虐待対応協力者（障害者虐待防止法第9条第1項に規定する市町村障害者虐待対応協力者をいう。）と協議の上，今後の援助方針や支援者の役割を決定する体制を取ることが必要である。

　また，次に掲げる点に配慮し，障害者等に対する虐待事案を効果的に防止することが必要である。

1　相談支援専門員及びサービス管理責任者等による虐待事案の未然防止及び早期発見

　都道府県及び市町村においては，虐待事案を未然に防止する観点から，相談支援専門員，サービス管理責任者又は児童発達支援管理責任者等に対し，常日頃から虐待防止に関する高い意識を持ち，障害者等及びその養護者の支援に当たるとともに，虐待の早期発見及び虐待と疑われる事案を発見した場合の速やかな通報を求めることが必要である。また，指定障害福祉サービス事業所等及び指定通所支援事業所等の設置者・管理者に対し，障害者等虐待防止研修受講の徹底及び虐待を防止するための委員会の設置を促すなど，各種研修や指導監査などあらゆる機会を通じて指導助言を継続的に行うことが重要である。特に，継続サービス利用支援（障害者総合支援法第5条第23項に規定する継続サービス利用支援をいう。）により，居宅や施設等への訪問を通じて障害者等やその世帯の状況等を把握することが可能であることに鑑み，相談支援事業者に対し，訪問による相談支援の機会等を通じた虐待の早期発見及び市町村との連携の重要性について周知を図る必要がある。

2　一時保護に必要な居室の確保

　市町村においては，虐待を受けた障害者等の保護及び自立支援を図るため，一時保護に必要な居室を確保する観点から地域生活支援拠点を活用するとともに，都道府県においては，必要に応じて，一時保護のために必要な居室の確保について市町村域を超えた広域的な調整を行うこととする。

3　指定障害児入所支援の従業者への研修

　指定障害児入所支援については，児童福祉法に基づき，被措置児童等虐待対応が図られるが，指定障害福祉サービス事業所等及び指定通所支援事業所等と同様に，入所児童に対する人権の擁護，虐待の防止等のため，従業者に対する研修等の実施が必要である。

4　権利擁護の取組

　障害者等の権利擁護の取組については，障害福祉サービスの利用の観点から成年後見制度を利用することが有用であると認められる利用者に対して支援を行うとともに，後見等の業務を適正に行うことができる人材の育成及び活用を図るための研修を

行い，当該制度の利用を促進する必要がある。また，これらの取組を行うに当たっては，成年後見制度の利用の促進に関する法律（平成28年法律第29号）を踏まえ，各市町村において作成に努めることとされている市町村成年後見制度利用促進基本計画との整合性が保たれるようにすることが望ましい。

二　意思決定支援の促進

都道府県は，意思決定支援の質の向上を図るため，相談支援専門員やサービス管理責任者の研修等の機会を通じて，意思決定支援ガイドライン等を活用した研修を実施するとともに，事業者や成年後見の担い手を含めた関係者に対して普及を図るように努める必要がある。

三　障害者等の芸術文化活動支援による社会参加等の促進

都道府県及び市町村においては，国との連携を図りながら，障害者の芸術文化活動の振興を図ることにより，障害者等の社会参加や障害者等に対する理解を促進していくことが重要である。このため，相談支援や人材育成，発表の機会，住民の参加機会の確保等の芸術文化活動の支援を行うことが望ましい。

四　障害を理由とする差別の解消の推進

共生社会を実現するためには，日常生活や社会生活における障害者等の活動を制限し，社会への参加を制約している社会的障壁を取り除くことが重要であり，障害を理由とする差別の解消の推進に関する法律（平成25年法律第65号）では，障害者等に対する不当な差別的取扱い及び合理的配慮の不提供を差別と規定するとともに，対象となる障害者等は，いわゆる障害者手帳の所持者に限られるものではないこととしている。

都道府県及び市町村は，障害を理由とする差別の解消を妨げている諸要因の解消を図るための啓発活動などを行う必要があるとともに，指定障害福祉サービス等支援の事業者をはじめとする福祉分野の事業者は，障害を理由とする差別を解消するための取組を行うに当たり，厚生労働省が作成した「福祉分野における事業者が講ずべき障害を理由とする差別を解消するための措置に関する対応指針」（平成27年11月厚生労働大臣決定）を踏まえ，必要かつ合理的な配慮などについて，具体的場面や状況に応じて柔軟に対応することが期待される。

五　障害福祉サービス等及び障害児通所支援等を提供する事業所における利用者の安全確保に向けた取組や事業所における研修等の充実

障害福祉サービス事業所等及び障害児通所支援等を提供する事業所においては，地域共生社会の考え方に基づき，地域に開かれた施設となるべきというこれまでの方向性を堅持し，平常時からの地域住民や関係機関との緊密な関係性の構築等を通じ，利用者の安全確保に向けた取組を進めることが重要であり，都道府県及び市町村はその支援を行うことが必要である。また，それらの取組の際には，日常的な地域とのつながりが発災時における障害者等の安全確保につながるとともに，一方で，障害福祉サービス事業所等及び障害児通所支援等を提供する事業所が発災時には福祉避難所として地域の安全提供の拠点となることも踏まえた上で，防災対策とともに考えていくことも必要である。

さらに，障害福祉サービス等及び障害児通所支援等を利用する障害者等が安心して生活できるように，権利擁護の視点を含めた職員への研修を充実することや，職員が過重な労働負担等により精神的に孤立することなく，いきいきと障害者等への支援に従事できるようにするため，職員の処遇改善等により職場環境の改善を進めていくことが必要である。

別表第1

一 福祉施設から一般就労への移行等

事項	内容
就労移行支援事業（就労移行支援を行う事業をいう。以下同じ。）及び就労継続支援事業（就労継続支援を行う事業をいう。以下同じ。）の利用者の一般就労への移行	都道府県の障害保健福祉担当部局は，平成32年度において，就労移行支援事業及び就労継続支援事業の利用者のうち，一般就労への移行者数の見込みを設定する。
障害者に対する職業訓練の受講	都道府県の障害保健福祉担当部局は，都道府県の労働担当部局及び都道府県労働局と連携して，福祉施設から一般就労への移行を促進するため，平成32年度において，福祉施設から一般就労へ移行する者のうち，必要な者が職業訓練を受講することができるよう，受講者数の見込みを設定する。
福祉施設から公共職業安定所への誘導	都道府県の障害保健福祉担当部局は，都道府県労働局と連携して，就労移行支援事業者等と公共職業安定所との円滑な連携を促し，平成32年度において，福祉施設の利用者のうち，必要な者が公共職業安定所の支援を受けることができるよう，福祉施設から公共職業安定所へ誘導する福祉施設利用者数の見込みを設定する。
福祉施設から障害者就業・生活支援センターへの誘導	都道府県の労働担当部局及び障害保健福祉担当部局は，都道府県労働局と連携して，福祉施設から一般就労に移行した者の職場定着を支援するため，平成32年度において，福祉施設から一般就労に移行する利用者のうち，必要な者が就労移行支援事業者等と連携した障害者就業・生活支援センターによる支援を受けることができるよう，福祉施設から障害者就業・生活支援センターへ誘導する福祉施設利用者数の見込みを設定する。
公共職業安定所における福祉施設利用者の支援	都道府県の障害保健福祉担当部局は，都道府県労働局と連携して，就労移行支援事業者等と公共職業安定所との円滑な連携を促すとともに，就労移行支援事業者等が適切かつ必要な就労支援を支援者に対して行い，平成32年度において，福祉施設の利用者のうち，必要な者が公共職業安定所の支援を受けることで，一定割合の者が就職に結びつくよう，公共職業安定所の支援を受けて就職する者の数の見込みを設定する。

二 居宅介護，重度訪問介護，同行援護，行動援護，重度障害者等包括支援

居宅介護 重度訪問介護 同行援護 行動援護 重度障害者等包括支援	現に利用している者の数，障害者等のニーズ，施設入所者の地域生活への移行者数，入院中の精神障害者のうち地域生活への移行後に訪問系サービスの利用が見込まれる者の数，平均的な一人当たり利用量等を勘案して，利用者数及び量の見込みを設定する。

三 生活介護，自立訓練（機能訓練），自立訓練（生活訓練），就労移行支援，就労継続支援（A型），就労継続支援（B型），就労定着支援，療養介護，短期入所（福祉型），短期入所（医療型）

生活介護	現に利用している者の数，障害者等のニーズ，施設入所者の地域生活への移行者数，入院中の精神障害者のうち地域生活への移行後に生活介護の利用が見込まれる者の数，平均的な1人当たり利用量等を勘案して，利用者数及び量の見込みを設定する。
自立訓練（機能訓練）(規則第6条の7第1号の自立訓練（機能訓練）をいう。)	現に利用している者の数，障害者等のニーズ，施設入所者の地域生活への移行者数，平均的な1人当たり利用量等を勘案して，利用者数及び量の見込みを設定する。

自立訓練（生活訓練）（規則第6条の7第2号の自立訓練（生活訓練）をいう。以下同じ。）	現に利用している者の数，障害者等のニーズ，施設入所者の地域生活への移行者数，入院中の精神障害者のうち地域生活への移行後に自立訓練（生活訓練）の利用が見込まれる者の数，平均的な1人当たり利用量等を勘案して，利用者数及び量の見込みを設定する。
就労移行支援	現に利用している者の数，障害者等のニーズ，施設入所者の地域生活への移行者数，入院中の精神障害者のうち地域生活への移行後に就労移行支援事業の利用が見込まれる者の数，福祉施設の利用者の一般就労への移行者数，特別支援学校卒業者等新たに就労移行支援事業の対象者と見込まれる者の数，平均的な1人当たり利用量等を勘案して，利用者数及び量の見込みを設定する。
就労継続支援（A型）（規則第6条の10第1号の就労継続支援A型をいう。以下同じ。）	現に利用している者の数，障害者等のニーズ，施設入所者の地域生活への移行者数，入院中の精神障害者のうち地域生活への移行後に就労継続支援（A型）の利用が見込まれる者の数，就労継続支援（A型）の利用者の一般就労への移行者数，平均的な1人当たり利用量，地域の雇用情勢等を勘案して，利用者数及び量の見込みを設定する。
就労継続支援（B型）	現に利用している者の数，障害者等のニーズ，施設入所者の地域生活への移行者数，入院中の精神障害者のうち地域生活への移行後に就労継続支援（B型）の利用が見込まれる者の数，就労継続支援（B型）の利用者の一般就労への移行者数，平均的な一人当たり利用量等を勘案して，利用者数及び量の見込みを設定する。 設定に当たっては，区域内の就労継続支援（B型）事業所における工賃（事業所が，利用者に対して，事業収入から事業に必要な経費を控除して支払う金額をいう。）の平均額について，区域ごとの目標水準を設定することが望ましい。
就労定着支援	障害者等のニーズ，福祉施設の利用者の一般就労への移行者数等を勘案して，利用者数の見込みを設定する。
療養介護	現に利用している者の数，障害者等のニーズ等を勘案して，利用者数の見込みを設定する。
短期入所（福祉型，医療型）	現に利用している者の数，障害者等のニーズ，施設入所者の地域生活への移行者数，入院中の精神障害者のうち地域生活への移行後に短期入所の利用が見込まれる者の数，平均的な一人当たり利用量等を勘案して，利用者数及び量の見込みを設定する。

四　自立生活援助，共同生活援助，施設入所支援

自立生活援助	単身世帯である障害者の数，同居している家族による支援を受けられない障害者の数，施設入所者の地域生活への移行者数，入院中の精神障害者のうち地域生活への移行後に自立生活援助の利用が見込まれる者の数等を勘案して，利用者数の見込みを設定する。
共同生活援助	現に利用している者の数，障害者等のニーズ，施設入所者の地域生活への移行者数，入院中の精神障害者のうち地域生活への移行後に共同生活援助の利用が見込まれる者の数，一人暮らしや家庭からグループホームに入所する者の数，グループホームから退所する者の数等を勘案して，利用者数の見込みを設定する。 また，グループホームに第一の一の3の機能を付加的に集約して整備する場合

	においては，当該地域生活支援拠点等の設置箇所数の見込みを設定する。
施設入所支援	平成28年度末時点の施設入所者数を基礎として，施設入所者の地域生活への移行者数を控除した上で，グループホーム等での対応が困難な者の利用といった真に必要と判断される数を加えた数を勘案して，利用者数の見込みを設定する。 当該利用者数の見込みの設定に当たっては，平成32年度末において，平成28年度末時点の施設入所者数の2％以上を削減することとし，平成29年度末において，障害福祉計画で定めた平成29年度までの数値目標が達成されないと見込まれる場合は，未達成割合を平成32年度末における施設入所者の削減割合の目標値に加えた割合以上を目標値とすることを基本としつつ，地域の実情に応じて設定することが望ましい。

五　相談支援

計画相談支援（障害者総合支援法第5条第18項に規定する計画相談支援をいう。）	現に利用している者の数，障害者等のニーズ，入院中の精神障害者のうち地域生活への移行後に計画相談支援の利用が見込まれる者の数等を勘案して，利用者数の見込みを設定する。
地域移行支援	現に利用している者の数，障害者等のニーズ，施設入所者の地域生活への移行者数，入院中の精神障害者のうち地域生活への移行後に地域移行支援の利用が見込まれる者の数等を勘案して，利用者数の見込みを設定する。 設定に当たっては，入所又は入院前の居住地を有する市町村が対象者数の見込みを設定する。
地域定着支援	現に利用している者の数，単身世帯である障害者の数，同居している家族による支援を受けられない障害者の数，施設入所者の地域生活への移行者数，入院中の精神障害者のうち地域生活への移行後に地域定着支援の利用が見込まれる者の数等を勘案して，利用者数の見込みを設定する。

六　障害児通所支援，障害児入所支援，障害児相談支援等

児童発達支援	地域における児童の数の推移，現に利用している障害児の数，障害児等のニーズ，医療的ケア児のニーズ，保育所や認定こども園，幼稚園等での障害児の受入状況，入所施設から退所した後に児童発達支援の利用が見込まれる障害児の数，平均的な1人当たり利用量等を勘案して，利用児童数及び量の見込みを設定する。
医療型児童発達支援（児童福祉法第6条の2の2第3項に規定する医療型児童発達支援をいう。以下同じ。）	地域における児童の数の推移，現に利用している障害児の数，障害児等のニーズ，医療的ケア児のニーズ，保育所や認定こども園，幼稚園等での障害児の受入状況，入所施設から退所した後に医療型児童発達支援の利用が見込まれる障害児の数，平均的な1人当たり利用量等を勘案して，利用児童数及び量の見込みを設定する。
放課後等デイサービス	地域における児童の数の推移，現に利用している障害児の数，障害児等のニーズ，医療的ケア児のニーズ，放課後児童健全育成事業等での障害児の受入状況，入所施設から退所した後に放課後等デイサービスの利用が見込まれる障害児の数，平均的な1人当たり利用量等を勘案して，利用児童数及び量の見込みを設定する。
保育所等訪問支援	地域における児童の数の推移，現に利用している障害児の数，障害児等のニーズ，医療的ケア児のニーズ，保育所，認定こども園，幼稚園，小学校，特別支援学校等での障害児の受入又は

		援マネジャーの外部機関や地域住民への研修，啓発	れるために必要な研修，啓発件数の見込みを設定する。
居宅訪問型児童発達支援	地域における児童の数の推移，障害児等のニーズ，医療的ケア児のニーズ，平均的な1人当たり利用量等を勘案して，利用児童数及び量の見込みを設定する。		
福祉型障害児入所施設 医療型障害児入所施設	地域における児童の数の推移，現に利用している障害児の数，障害児等のニーズ，医療的ケア児のニーズ等を勘案して，利用児童数の見込みを設定する。		
障害児相談支援	地域における児童数の推移，現に利用している障害児の数，障害児等のニーズ，医療的ケア児のニーズ等を勘案して，利用児童数の見込みを設定する。		
医療的ケア児に対する関連分野の支援を調整するコーディネーターの配置人数	地域における医療的ケア児のニーズ等を勘案して，必要となる配置人数の見込みを設定する。		

七　発達障害者等に対する支援

発達障害者支援地域協議会の開催	地域の支援体制の課題の把握及び対応についての検討を行うために必要な開催回数の見込みを設定する。
発達障害者支援センターによる相談支援	現状の相談件数，発達障害者等のニーズのうち，市町村等での対応が困難であり発達障害者支援センターによる相談支援が真に必要と判断される数を勘案して，相談件数の見込みを設定する。
発達障害者支援センター及び発達障害者地域支援マネジャーの関係機関への助言	現状の助言件数，発達障害者等のニーズのうち，市町村等での対応が困難であり発達障害者支援センターあるいは発達障害者地域支援マネジャーの助言を必要とする数を勘案して，助言件数の見込みを設定する。
発達障害者支援センター及び発達障害者地域支	現状の研修及び啓発件数を勘案し，個々の発達障害の特性に関する理解が図ら

別表第2

事　項	内　　容
一　市町村障害福祉計画等の基本的理念等	市町村障害福祉計画等に係る法令の根拠，趣旨，基本的理念，目的及び特色等を定めること。
二　提供体制の確保に係る目標	
（一）障害福祉サービス，相談支援及び地域生活支援事業の提供体制の確保に係る目標	障害者について，施設入所者の地域生活への移行，精神障害にも対応した地域包括ケアシステムの構築，地域生活支援拠点等の整備，福祉施設の利用者の一般就労への移行等を進めるため，この基本指針に即して，地域の実情に応じて，平成32年度における成果目標を設定すること。
（二）障害児通所支援及び障害児相談支援の提供体制の確保に係る目標	障害児支援の体制整備を推進するため，この基本指針に則して，地域の実情に応じて，平成32年度における成果目標を設定すること。
三　支援の種類ごとの必要な量の見込み及びその見込量の確保のための方策	
（一）各年度における指定障害福祉サービス等の種類ごとの必要な量の見込み及びその見込量の確保のための方策	①　別表第1を参考として，⑤の平成32年度末の長期入院患者の地域生活への移行に伴う地域の精神保健医療福祉体制の基盤整備量（利用者数）を勘案しながら，地域の実情を踏まえて，平成32年度までの各年度における市町村ごとの指定障害福祉サービス等の種類ごとの実施に関する考え方及び必要な量の見込みを定めること。

			考え方及び量の見込み ③ 各年度の見込量の確保のための方策 ④ その他実施に必要な事項
		② 指定障害福祉サービス等の種類ごとの必要な見込量の確保のための方策を定めること。 ③ 各地域の個別の状況に応じた地域生活支援拠点等の整備の方策を定めること。 ④ 圏域単位を標準とした指定障害福祉サービスの見通し及び計画的な基盤整備の方策を定めること。 ⑤ 当該市町村が属する都道府県が別表第4の三の項に掲げる式により算定した，当該都道府県の区域（地方自治法第5条第1項の区域をいう。以下この⑤及び別表第4において同じ。）における平成32年度末の長期入院患者の地域生活への移行に伴う地域の精神保健医療福祉体制の基盤整備量（利用者数）を勘案して，当該市町村の区域における平成32年度末の長期入院患者の地域生活への移行に伴う地域の精神保健医療福祉体制の基盤整備量（利用者数）を定めること。	五 関係機関との連携に関する事項	
			(一) 指定障害福祉サービス等及び地域生活支援事業の提供体制の確保に係る医療機関，教育機関，公共職業安定所その他の職業リハビリテーションの措置を実施する機関その他の関係機関との連携に関する事項	市町村の障害保健福祉部局と医療機関，教育機関等関係機関との連携方法等を定めること。
	(二) 各年度における指定通所支援等の種類ごとの必要な量の見込み及びその見込量の確保のための方策	① 別表第1を参考として，平成32年度までの各年度における市町村ごとの指定通所支援等の種類ごとの実施に関する考え方及び必要な量の見込みを定めること。 ② 指定通所支援等の種類ごとの必要な見込量の確保のための方策を定めること。 ③ 圏域単位を標準とした指定通所支援の見通し及び計画的な基盤整備の方策を定めること。	(二) 指定通所支援等の提供体制の確保に係る医療機関，教育機関その他の関係機関との連携に関する事項	市町村の障害保健福祉部局と医療機関，教育機関等関係機関との連携方法等を定めること。
			六 市町村障害福祉計画等の期間	市町村障害福祉計画等の期間を定めること。
			七 市町村障害福祉計画等の達成状況の点検及び評価	各年度における市町村障害福祉計画等の達成状況を点検及び評価する方法等を定めること。
四 市町村の地域生活支援事業の種類ごとの実施に関する事項		市町村が実施する地域生活支援事業について，第2に定める成果目標の達成に資するよう地域の実情に応じて，次の事項を定めること。 ① 実施する事業の内容 ② 各年度における事業の種類ごとの実施に関する		

別表第3

事項	内容
一 都道府県障害福祉計画等の基本的理念等	都道府県障害福祉計画等に係る法令の根拠，趣旨，基本的理念，目的及び特色等を定めること。

二 区域の設定	指定障害福祉サービス等又は指定通所支援等の種類ごとの量の見込みを定める単位となる区域を定めた場合に，その趣旨，内容等を定めること。	
三 提供体制の確保に係る目標		
（一）障害福祉サービス，相談支援及び地域生活支援事業の提供体制の確保に係る目標	障害者について，施設入所者の地域生活への移行，精神障害にも対応した地域包括ケアシステムの構築，地域生活支援拠点等の整備，福祉施設の利用者の一般就労への移行等を進めるため，この基本指針に即して，地域の実情に応じて，平成32年度における成果目標を設定すること。 特に福祉施設の利用者の一般就労への移行等の数値目標を達成するため，労働担当部局，教育委員会等の教育担当部局，都道府県労働局等の関係機関と連携して，次に掲げる事項について障害者雇用の推進に関する活動指標を設定して，実現に向けた取組を定めること。 ① 就労移行支援事業及び就労継続支援事業の利用者の一般就労への移行 ② 障害者に対する職業訓練の受講 ③ 福祉施設から公共職業安定所への誘導 ④ 福祉施設から障害者就業・生活支援センターへの誘導 ⑤ 公共職業安定所における福祉施設利用者の支援	
（二）障害児通所支援等の提供体制の確保に係る目標	障害児支援の体制整備を進めるため，この基本指針に即して，地域の実情に応じて，平成32年度における成果目標を設定すること。	
四 支援の種類ごとの必要な量の見込み及びその見込量の確保のための方策		
（一）各年度における指定障害福祉サービス等の種類ごとの必要な量の見込み及びその見込量の確保のための方策	① 市町村障害福祉計画を基礎として，④の平成32年度末の長期入院患者の地域生活への移行に伴う地域の精神保健医療福祉体制の基盤整備量（利用者数）を勘案しながら，地域の実情を踏まえて，平成32年度までの各年度における指定障害福祉サービス等の種類ごとの実施に関する考え方及び必要な量の見込みについて，区域及び都道府県全域で定めること。 ② 指定障害福祉サービス等の種類ごとの必要な見込量の確保のための方策を定めること。 ③ 市町村障害福祉計画を基礎として，地域生活支援拠点等の整備の方策について，圏域及び都道府県全域で定めること。 ④ 別表第4の三の項に掲げる式により算定した，平成32年度末の長期入院患者の地域移行に伴う地域の精神保健医療福祉体制の基盤整備量（利用者数）を定めること。	
（二）各年度における指定通所支援等の種類ごとの必要な量の見込み及びその見込量の確保のための方策	① 市町村障害児福祉計画を基礎として，平成32年度までの各年度における指定通所支援等の種類ごとの実施に関する考え方及び必要な量の見込みについて，区域及び都道府県全域で定めること。 ② 指定通所支援等の種類ごとの必要な見込量の確保のための方策を定めること。	
五 圏域単位を標準とした指定障害福祉サービス及び指定通所支援の見通し及び計画的な基盤整備の方策	① 障害福祉サービス及び障害児通所支援の利用状況や供給体制について，国民健康保険団体連合会へ委託する自立支援給付の支払に関するデータの分析等により的確に把握すること。 ② 障害者等のニーズを踏まえ，必要な住まい，訪問系サービス，日中活動の拠点及び障害児支援の提供体制が適切に整備されているかという視点から課題を整理すること。	

		③ ①及び②を踏まえ，障害者等の支援に必要となる指定障害福祉サービス及び障害児通所支援の種類及び量の見通しを作成すること。加えて，当該見通しを達成するために新たに必要となる指定障害福祉サービス及び障害児通所支援を実施する事業所数を見込むとともに，年次ごとの事業所の整備計画を作成すること。
六 各年度の指定障害者支援施設及び指定障害児入所施設等の必要入所定員総数	平成32年度までの各年度における指定障害者支援施設及び指定障害児入所施設等の必要入所定員総数を定めること。	
七 都道府県の地域生活支援事業の種類ごとの実施に関する事項	都道府県が実施する地域生活支援事業について，第二に定める成果目標の達成に資するよう地域の実情に応じて，次の事項を定めること。 ① 実施する事業の内容 ② 各年度における事業の種類ごとの実施に関する考え方及び量の見込み ③ 各事業の見込量の確保のための方策 ④ その他実施に必要な事項	
八 指定障害福祉サービス等支援に従事する者の確保又は資質の向上のために講ずる措置	指定障害福祉サービス等支援に従事する者及び相談支援専門員等の確保又は資質の向上のために実施する措置に関する事項を定めること。	
九 関係機関との連携に関する事項		
(一) 区域ごとの指定障害福祉サービス又は指定地域相談支援及び地域生活支援事業の提供体制の確保に係る医療機関，教育機関，公共職業安定所その他の職業リハビリテーションの措置を実施する機関その他の関係機関との連携に関する事項	都道府県の障害保健福祉部局と医療機関，教育機関等関係機関との連携方法等を定めること。	
(二) 区域ごとの指定通所支援の提供体制の確保に係る医療機関，教育機関その他の関係機関との連携に関する事項	都道府県の障害保健福祉部局と医療機関，教育機関等関係機関との連携方法等を定めること。	
十 都道府県障害福祉計画等の期間	都道府県障害福祉計画等の期間を定めること。	
十一 都道府県障害福祉計画等の達成状況の点検及び評価	各年度における都道府県障害福祉計画等の達成状況を点検及び評価する方法等を定めること。	

別表第4

項	式
一	$\Sigma A_1 B_1 \times \alpha \times \beta + \Sigma A_2 B_1 \times \gamma$
二	$\Sigma C_1 B_2 \times \alpha \times \beta + \Sigma C_2 B_2 \times \gamma$
三	$\Sigma A_3 B_3 \times (1 - \alpha \times \beta) + \Sigma A_4 B_3 \times (1 - \gamma)$

備考

この表における式において，A_1, A_2, A_3, A_4, B_1, B_2, B_3, C_1, C_2, α, β, γは，それぞれ次の値を表すものとする。

A_1 精神病床における入院期間が1年以上である65歳以上の入院患者のうち，当該都道府県の区域に住所を有する者（認知症である者を除く。）に係る平成26年における性別及び年齢階級別の入院受療率

A_2 精神病床における入院期間が1年以上である65歳以上の入院患者のうち，当該都道府県の区域に住所を有する者（認

知症である者に限る。）に係る平成26年における性別及び年齢階級別の入院受療率
A_3　精神病床における入院期間が1年以上である入院患者のうち，当該都道府県の区域に住所を有する者（認知症である者を除く。）に係る平成26年における性別及び年齢階級別の入院受療率
A_4　精神病床における入院期間が1年以上である入院患者のうち，当該都道府県の区域に住所を有する者（認知症である者に限る。）に係る平成26年における性別及び年齢階級別の入院受療率
B_1　当該都道府県の区域における，平成32年における65歳以上の性別及び年齢階級別の推計人口
B_2　当該都道府県の区域における，平成32年における65歳未満の性別及び年齢階級別の推計人口
B_3　当該都道府県の区域における，平成32年における性別及び年齢階級別の推計人口
C_1　精神病床における入院期間が1年以上である65歳未満の入院患者のうち，当該都道府県の区域に住所を有する者（認知症である者を除く。）に係る平成26年における性別及び年齢階級別の入院受療率
C_2　精神病床における入院期間が1年以上である65歳未満の入院患者のうち，当該都道府県の区域に住所を有する者（認知症である者に限る。）に係る平成26年における性別及び年齢階級別の入院受療率
a　精神病床における入院期間が1年以上である入院患者のうち継続的な入院治療を必要とする者の割合として，原則として0.80から0.85までの間で都道府県知事が定める値
β　1年当たりの治療抵抗性統合失調症治療薬の普及等による効果を勘案した地域精神保健医療体制の高度化による影響値として，原則として0.95から0.96までの間で都道府県知事が定める値を3乗した値を，調整係数0.95で除した数
γ　1年当たりのこれまでの認知症施策の実績を勘案した地域精神保健医療体制の高度化による影響値として，原則として0.97から0.98までの間で都道府県知事が定める値を3乗した値

【附帯決議・通知】

障害者自立支援法案に対する附帯決議

（平成17年 7 月13日
衆議院厚生労働委員会）

政府は，本法の施行に当たり，次の事項について適切な措置を講ずるべきである。

一　附則第 3 条第 1 項に規定する障害者の範囲の検討については，障害者などの福祉に関する他の法律の施行状況を踏まえ，発達障害・難病などを含め，サービスを必要とするすべての障害者が適切に利用できる普遍的な仕組みにするよう検討を行うこと。

二　附則第 3 条第 3 項に規定する検討については，就労の支援も含め，障害者の生活の安定を図ることを目的とし，社会保障に関する制度全般についての一体的な見直しと併せて，障害者の所得の確保に係る施策の在り方の検討を速やかに開始し，3 年以内にその結論を得ること。

三　障害福祉サービス及び自立支援医療の自己負担の上限を決める際の所得の認定に当たっては，障害者自立の観点から，税制及び医療保険において親・子・兄弟の被扶養者でない場合には，生計を一にする世帯の所得ではなく，障害者本人及び配偶者の所得に基づくことも選択可能な仕組みとすること。また，今回設けられる負担軽減の措置が必要な者に確実に適用されるよう，障害者及び障害児の保護者に周知徹底すること。

四　市町村の審査会は，障害者の実情に通じた者が委員として選ばれるようにすること。特に障害保健福祉の学識経験を有する者であって，中立かつ公正な立場で審査が行える者であれば，障害者を委員に加えることが望ましいことを市町村に周知すること。また，市町村が支給決定を行うに当たっては，障害者の実情がよりよく反映されたものとなるよう，市町村職員による面接調査の結果や福祉サービスの利用に関する意向を十分踏まえるとともに，不服がある場合には都道府県知事に申立てを行い，自ら意見を述べる機会が与えられることを障害者及び障害児の保護者に十分周知すること。

五　国及び地方自治体は，障害者が居住する地域において，円滑にサービスを利用できるよう，サービス提供体制の整備を図ることを障害福祉計画に十分に盛り込むとともに，地域生活支援事業として位置付けられる移動支援事業，コミュニケーション支援事業，相談支援事業，地域活動支援センター事業などについては，障害者の社会参加と自立生活を維持，向上することを目的として，障害福祉計画の中に地域の実情に応じてこれらサービスの数値目標を記載することとするとともに，これらの水準がこれまでの水準を下回らないための十分な予算の確保を図ること。

六　自立支援医療については，医療上の必要性から継続的に相当額医療費負担が発生することを理由に，月ごとの利用者負担の上限を設ける者の範囲については，速やかに検討を進め，施行前において適切に対応するとともに，施行後も必要な見直しを図ること。

　自立支援医療のうち，児童の健全育成を目的としたものについては，その趣旨にかんがみ，施行までに利用者負担の適切な水準について十分検討すること。

七　精神病院におけるいわゆる7.2万人の社会的入院患者の解消を図るとともに，それらの者の地域における生活が円滑に行われるよう，必要な措置を講ずること。

八　居住支援サービスの実施に当たっては，サービスの質の確保を前提に，障害程度別に入居の振り分けが行われない仕組みや，重度障害者が入居可能なサービス基準の確保，グループホームの事業者の責任においてホームヘルパーの利用を可能とすることなどについて必要な措置を

講ずること。
九　良質なサービスを提供する小規模作業所については，新たな障害福祉サービス体系において，その柔軟な機能が発揮出来るよう位置付けるとともに，新たな施設体系への移行がスムーズに行えるよう，必要な措置を講ずること。
十　障害者の虐待防止のための取組み，障害を理由とする差別禁止に係わる取組み，成年後見制度その他障害者の権利擁護のための取組みについて，より実効的なものとなるよう検討し必要な措置を講ずること。
十一　本法の施行状況の定期的な検証に資するため，本委員会の求めに応じ，施行後の状況，検討規定に係る進捗状況について，報告を行うこと。

障害者自立支援法案に対する附帯決議

〔平成17年10月13日　参議院厚生労働委員会〕

政府は，次の事項について，適切な措置を講ずるべきである。

一　附則第3条第1項に規定する障害者の範囲の検討については，障害者などの福祉に関する他の法律の施行状況を踏まえ，発達障害・難病などを含め，サービスを必要とするすべての障害者が適切に利用できる普遍的な仕組みにするよう検討を行うこと。また，現在，個別の法律で規定されている障害者の定義を整合性のあるものに見直すこと。

二　附則第3条第3項に規定する検討については，就労の支援を含め，障害者の生活の安定を図ることを目的とし，社会保障に関する制度全般についての一体的な見直しと併せて，障害者の所得の確保に係る施策の在り方の検討を速やかに開始し，3年以内にその結論を得ること。

三　障害福祉サービス及び自立支援医療の利用者負担の上限を決める際の所得の認定に当たっては，障害者の自立の観点から，税制及び医療保険において親・子・兄弟の被扶養者でない場合，生計を一にする世帯の所得ではなく，障害者本人及び配偶者の所得に基づくことも選択可能な仕組みとすること。また，今回設けられる障害福祉サービス及び自立支援医療の負担軽減の措置が必要な者に確実に適用されるよう，障害者及び障害児の保護者に周知徹底すること。

四　障害福祉サービスの利用者に対しては，社会福祉法人による利用者負担減免制度の導入等により，きめ細かな低所得者対策を講ずること。また，この場合においては，実施主体に過重な負担とならないよう，適切な措置を検討すること。

五　自立支援医療については，これまでの更生医療，育成医療及び精神通院医療の趣旨を継承した公費負担医療制度としての位置付けを明確にすること。また，医療上の必要性から継続的に相当額の医療費負担が発生することを理由に，月ごとの利用者負担の上限を設ける者の範囲については，速やかに検討を進め，施行前において適切に対応するとともに，施行後も必要な見直しを図ること。さらに，自立支援医療の「重度かつ継続」の範囲の検討に当たっては，関係患者団体の意見にも配慮すること。

六　自立支援医療のうち育成医療については，国会答弁を踏まえて，適切な水準を制度化すること。

七　介護給付における障害程度区分について介護サービスの必要度が適切に反映されるよう，障害の特性を考慮した基準を設定するとともに，主治医の意見書を踏まえるなど審査の在り方についての適正な措置を講ずること。また，支給決定に係る基準や手続きについては，生活機能

や支援の状況，本人の就労意欲等利用者の主体性を重視したものとなるよう必要に応じて適宜見直しを行い，関係団体とも十分協議した上で策定すること．さらに，障害程度区分認定を行わないこととなる障害児については，障害児に対する福祉サービスが障害児の成長過程において生活機能を向上させる重要な意義を持つものであることにかんがみ，市町村が適切なサービスを提供できるように体制を整備するとともに，障害程度の評価手法の開発を速やかに進め，勘案事項についても必要な措置を講ずること．

八　市町村審査会の委員については，障害者の実情に通じた者が選ばれるようにすること．特に，障害保健福祉の経験を広く有する者であって，地域生活に相当の実績を持ち，中立かつ公正な立場で審査が行える者であれば，障害者を委員に加えることが望ましいことを市町村に周知すること．また，市町村審査会の求めに応じ，サービス利用申請者が意見を述べることができることを市町村に周知すること．

九　介護給付や訓練等給付の支給決定については，障害者の実情をよりよく反映したものとなるよう，市町村職員による面接調査の結果や福祉サービスの利用に関する意向を十分踏まえることを市町村に周知するとともに，決定に不服がある場合には都道府県知事に申立てを行い，自ら意見を述べる機会が与えられていることを障害者及び障害児の保護者に十分周知すること．

十　基本指針の策定に当たっては，現行のサービス水準の低下を招くことなく，障害者が居住する地域において円滑にサービスを利用できるよう，サービス提供体制の整備を図ることを障害福祉計画に盛り込むこと，計画の策定の際に，障害当事者等の関係者の意見を聴く機会を設けることについて明記すること．また，移動支援事業，コミュニケーション支援事業，相談支援事業，地域活動支援センター事業などについては，障害者の社会参加と自立生活を維持，向上することを目的として，障害福祉計画の中に地域の実情に応じてこれらサービスの計画期間における数値目標を記載することについて明記すること．さらに，これら障害福祉計画に定めた事項が確実に実施できるよう予算を十分に確保すること．

十一　ALS，進行性筋ジストロフィー等の長時間サービスを必要とする重度障害者については，受け入れる事業者が少ない現状にもかんがみ，その居住する地域において必要なサービス提供が遅滞なく行われるよう，社会資源の基盤整備などの措置を早急に講ずること．また，現行のサービス水準の低下を招くことのないよう重度障害者等包括支援や重度訪問介護の対象者の範囲については，重度の障害のある者のサービスの利用実態やニーズ等を把握した上で設定することとし，そのサービス内容や国庫負担基準については，適切な水準となるよう措置すること．

十二　重症心身障害児施設の入所者に対する福祉サービスについては，現行のサービス水準を後退させることなく，継続して受けられるよう配慮すること．

十三　介護給付等において特別な栄養管理を必要とする場合には，サービス提供に係る報酬面での配慮の必要性について十分検討すること．

十四　居住支援サービスの実施に当たっては，重度障害者であっても入居可能なサービス水準を確保するとともに，利用者が希望していないにもかかわらず障害程度別に入居の振り分けが行われることがないような仕組みの構築や，グループホームの事業者の責任においてホームヘルパーの利用を可能とすることなど必要な措置を講ずること．

十五　障害者の雇用の促進に当たっては，障害者雇用促進法に盛り込まれている内容等を踏まえ，障害者雇用の場の創出・拡大に一層努めるとともに，雇用促進のための就労支援サービスと福祉サイドの生活支援サービス等が相互にかつ適切に利用できるためのマネジメント体制の充実を図ること．また，就労移行支援については，障害の特性を踏まえた就労訓練期間等が設定されるよう必要な措置を講ずること．

十六　障害者の地域生活の充実及びその働く能力を十分に発揮できるような社会の実現に向け，非雇用型の就労継続支援の実施に当たっては，

目標工賃水準の設定や官公需の発注促進など，工賃収入の改善のための取組のより一層の推進を図ること。
十七　良質なサービスを提供する小規模作業所については，新たな障害福祉サービス体系において，その柔軟な機能が発揮できるよう位置付けるとともに，新たな施設体系への移行がスムーズに行えるよう必要な措置を講ずること。
十八　障害者の自立と社会参加に欠かせないサービスである移動支援については，地域生活支援事業の実施状況を踏まえ，必要な措置を講ずるための検討を行うこと。
十九　医療法に基づく医療計画とあいまって，精神病院におけるいわゆる7.2万人の社会的入院の解消を図るとともに，それらの者の地域における生活が円滑に行われるよう必要な措置を講ずること。また，精神保健福祉法に基づく医療保護入院の適切な運用について，精神医療審査会の機能の在り方，保護者の制度の在り方等，同法に係る課題について引き続き検討を行い，その結果に基づいて所要の措置を速やかに講ずること。
二十　障害者が地域社会で必要な支援を活用しつつ自立した生活を送ることができるようにするため，障害を理由とする差別を禁止するための取組，障害者の虐待防止のための取組及び成年後見制度その他障害者の権利擁護のための取組については，実施状況を踏まえてより実効的なものとなるよう検討し，必要な見直しを行うこと。
二十一　地域生活支援事業に盛り込まれたコミュニケーション支援事業を充実する観点から，国及び地方公共団体において手話通訳者の育成と人的確保に取り組むとともに，聴覚障害者情報提供施設の設置の推進や点字図書館の機能の充実を図ること。また，視聴覚障害者の通信ネットワークを利用した情報コミュニケーション支援を進めるため，日常生活用具給付事業の対象の見直しの検討など必要な方策を講じ，視聴覚障害者の社会参加を促進すること。
二十二　市町村の相談支援事業が適切に実施されるようにするため，在宅介護支援センターなど，高齢者に係る相談支援を行う事業者を含め，専門性と中立・公平性が確保されている相談支援事業者に対し，委託が可能であることを市町村に周知すること。
二十三　本法の施行状況の定期的な検証に資するため，施行後の状況及び附則規定に係る検討の状況について，本委員会の求めに応じ，国会に報告を行うこと。
　右決議する。

資料編

○障害者自立支援法の施行について

平成18年3月31日　社援発第0331006号
各都道府県知事・各指定都市市長・各中核市市長宛
厚生労働省社会・援護局長通知

　障害者自立支援法（平成17年法律第123号）については、平成17年9月30日に第163回特別国会に提出され、10月31日に可決成立し、11月7日に公布されたところである。
　この法律の施行は、平成18年4月1日（一部は平成18年10月）であり、必要な政省令等について順次制定しているところであるが、今般、法制定の趣旨及び主な内容を以下のとおり通知するので、十分御了知の上、管内市町村（特別区を含む。以下同じ。）を始め関係者、関係団体等に対し、その周知徹底を図るとともに、適正な指導を行い、市町村における体制の確保をはじめ、本法の円滑な施行について特段の御配意をお願いする。

記

第1　法律制定の趣旨等
　1　法律制定の趣旨
　　　障害保健福祉施策については、平成15年度から、ノーマライゼーションの理念の下、障害者及び障害児（以下「障害者等」という。）の自己決定を尊重し、サービス事業者との対等な関係を確立するため、行政が福祉施設やホームヘルパーなどのサービスを決定する仕組み（措置制度）を改め、利用者自らがサービスを選択し、事業者と直接に契約する新しい利用制度（以下「支援費制度」という。）を導入した。
　　　支援費制度の施行により、新たにサービスの利用者が増えるなど、障害者等が、地域生活を進める上での支援が大きく前進したが、今後も利用者の増加が見込まれる中で、制度をより安定的かつ効率的なものとすること、精神障害者が支援費制度の対象となっていないなど現在、障害種別によって異なっている障害福祉サービスの体系や、公費負担医療の利用の仕組み等を一元的なものとすること、など障害者等が必要なサービスを安定的に利用できるよう、障害保健福祉施策の各般にわたる抜本的な改革が求められてきたところである。
　　　この法律は、これらの課題に対応し、障害者等がその有する能力及び適性に応じ、自立した日常生活又は社会生活を営むことができるよう、必要な障害福祉サービスに係る給付その他の支援の仕組みを定めることにより、障害者等の福祉の増進を図り、障害の有無にかかわらず国民が相互に人格と個性を尊重し安心して暮らすことのできる地域社会の実現に寄与することを目指すものである。
　2　障害保健福祉施策の改革の要点
　　　この法律の内容は第2に示すとおりであるが、この法律による改革の要点は以下のとおりである。
　⑴　市町村を基本とする仕組みへの統一と三障害の制度の一元化
　　　障害福祉サービスに関し、実施主体を住民に最も身近な市町村を基本とする仕組みに一元化するとともに、従来、身体障害、知的障害、精神障害と障害種別ごとに分かれていた制度を一元化することにより、現在支援費制度の対象外となっており今後の支援が必要な精神障害者などに対するサービスの充実を図り、都道府県の適切な支援等を通じて地域間で格差のあるサービス水準の均てん化を図ること。
　⑵　利用者本位のサービス体系に再編
　　　障害者等の状態やニーズに応じた適切な支援を行うため、これまでの施設・事業体系を、障害種別にかかわらない共通の「事業」の単位に見直し、全体のサービス体系を、介護給付、訓練等給付及び地域生活支援事業の三つに再編したこと。
　　　事業の再編に当たっては、特に「地域生

活支援」，「就労支援」といった新たな課題に対応する事業を制度化するとともに，入所施設や病院で24時間暮らす従来のサービス提供の在り方を見直し，「日中活動の場」と「生活の場」を区分することにより，障害者等が地域社会で生活できるような基盤整備の推進を図ること。

また，以上を推進し，障害者等が身近なところで障害福祉サービスを利用することができるよう，運営主体に係る規制を緩和し，空き教室，空き店舗等の地域の社会資源の活用を図ることができるようにすること。

(3) 障害者に対する就労支援の強化

働く意欲のある障害者がその適性に応じて能力を十分に発揮し，地域で自立して暮らすことができるよう，就労移行支援事業等の新しい事業を創設し，福祉施策と雇用施策の連携を図りつつ，企業への雇用などの就労の実現を積極的に支援していくこと。

(4) 障害福祉サービスの支給決定の透明化及び明確化

障害福祉サービスの支給決定に当たって，様々な状態の障害者等が支援の必要度に応じて公平にサービスを受けられるよう，障害の程度に関する尺度（「障害程度区分」）や障害保健福祉の有識者などから成る審査会の意見聴取の仕組みを導入するとともに，支給決定のプロセスの中で，障害者等や家族からの相談に応じて，障害者等の一人一人の心身の状況，サービス利用の意向等を踏まえ，様々な種類のサービスを適切かつ計画的に利用されるようにするための仕組み（ケアマネジメント）を制度化することにより，障害福祉サービスの支給決定の透明化及び明確化を図ること。

(5) 障害福祉サービス等の費用を皆で負担し支え合う仕組みの強化

今後，障害福祉サービス等を新たに利用する障害者等が急速に増えると予想される中で，障害者等が必要とする障害福祉サービスを利用できるよう，制度をより安定的で持続可能なものとすることが必要であることから，利用者負担について，従来の所得に応じて負担額を定める仕組みを改め，障害福祉サービス等の利用量と所得に着目した仕組みを導入すること。この場合，負担能力に乏しい障害者等に対しては，負担を軽減する仕組みを導入すること。

また，制度の安定性・継続性を強化するため，利用者負担の見直しにあわせて，在宅サービスに関する国及び都道府県の負担を義務的なものとし，国等の費用負担の責任を強化するとともに，都道府県及び市町村に障害福祉計画の作成を義務付け，障害福祉サービス等の計画的な基盤整備を図ること。

第2　法律の内容
1　総則事項
(1) 障害者自立支援法の目的

この法律は，障害者基本法（昭和45年法律第84号）の基本的理念にのっとり，身体障害者福祉法，知的障害者福祉法，精神保健及び精神障害者福祉に関する法律（昭和25年法律第123号），児童福祉法（昭和22年法律第164号）その他障害者等の福祉に関する法律と相まって，障害者等がその有する能力及び適性に応じ，自立した日常生活又は社会生活を営むことができるよう，必要な障害福祉サービスに係る給付その他の支援を行い，もって障害者等の福祉の増進を図るとともに，障害の有無にかかわらず国民が相互に人格と個性を尊重し安心して暮らすことのできる地域社会の実現に寄与することを目的とすることとしたこと。

(2) 市町村等の責務

ア　市町村は，障害者が自ら選択した場所に居住し，又は障害者等がその有する能力及び適性に応じ，自立した日常生活又は社会生活を営むことができるよう，障害者等の生活の実態を把握した上で，公共職業安定所その他の関係機関との緊密な連携を図りつつ，必要な自立支援給付

及び地域生活支援事業を総合的かつ計画的に行うとともに，障害者等の権利の擁護のために必要な援助を行うこと等の責務を有することとしたこと。

イ　都道府県は，自立支援給付等が適正かつ円滑に行われるよう，市町村に対する必要な助言，情報の提供その他の援助を行うとともに，市町村と協力して障害者等の権利の擁護のための必要な援助等を行うこと等の責務を有することとしたこと。

ウ　国は，市町村及び都道府県に対する必要な助言，情報の提供その他の援助を行う責務を有することとしたこと。

(3)　国民の責務

すべての国民は，その障害の有無にかかわらず，障害者等がその有する能力及び適性に応じ，自立した日常生活又は社会生活を営めるような地域社会の実現に協力するよう努めなければならないこととしたこと。

2　介護給付費等の支給決定に関する事項

(1)　趣旨

障害者等が支援の必要度に応じて障害福祉サービスを公平に利用できるよう，支給決定の透明化，明確化を図る観点から，市町村に障害保健福祉の学識経験者からなる介護給付費等の支給に関する審査会（以下「市町村審査会」という。）を置くこととするとともに，障害者等の障害福祉サービスの必要性を明らかにするため障害者等の心身の状態を総合的に示す「障害程度区分」を新たに設けることとしたこと。

(2)　市町村審査会

障害程度区分及び支給要否決定に関する審査判定業務を行わせるため，市町村に介護給付費等の支給に関する審査会(以下「市町村審査会」という。）を置くこととしたこと。都道府県は，市町村審査会について地方自治法（昭和22年法律第67号）第252条の7第1項の規定による共同設置をしようとする市町村の求めに応じ，市町村相互間における必要な調整を行うことができるとともに，市町村審査会を共同設置した市町村に対し，その円滑な運営が確保されるように必要な助言その他の援助をすることができることとしたこと。また，都道府県は，同法第252条の14第1項の規定により市町村の委託を受けて審査判定業務等を行うため，都道府県に介護給付費等の支給に関する審査会を置くこととされたこと。

(3)　支給決定等

ア　介護給付費等の支給を受けようとする障害者又は障害児の保護者は，市町村の介護給付費等を支給する旨の決定を受けなければならないこととしたこと。支給決定を受けようとする障害者又は障害児の保護者の申請を受けた市町村は，障害程度区分の認定及び支給要否決定を行うため，当該申請に係る障害者等又は障害児の保護者について，心身の状況，置かれている環境等について調査することとしたこと。なお，市町村は当該調査を指定相談支援事業者等に委託することができることとしたこと。

イ　市町村は，市町村審査会が行う障害程度区分に関する審査及び判定の結果に基づき，障害程度区分の認定を行うこととしたこと。

ウ　市町村は，障害者等の障害程度区分，介護者の状況，障害福祉サービスの利用に関する意向その他の事項を勘案して支給要否決定を行うこととし，支給要否決定を行うに当たって必要があると認めるときは，市町村審査会等の意見を聴くことができることとしたこと。

エ　市町村は，支給決定を行う場合には，障害福祉サービスの種類ごとに月を単位とする期間において介護給付費等を支給する障害福祉サービスの量を定めることとするとともに，支給決定は，有効期間内に限り，その効力を有することとしたこと。

3　介護給付費，特例介護給付費，訓練等給付

費及び特例訓練等給付費に関する事項
(1) 給付の種類

介護給付費及び特例介護給付費の支給は，居宅介護，重度訪問介護，行動援護，療養介護（医療に係るものを除く。），生活介護，児童デイサービス，短期入所，重度障害者等包括支援，共同生活介護又は施設入所支援に関する費用の給付とし，訓練等給付及び特例訓練等給付費は，自立訓練，就労移行支援，就労継続支援又は共同生活援助に関する費用の給付とすることとしたこと。

(2) 介護給付費又は訓練等給付費の支給
ア 市町村は，支給決定を受けた障害者又は障害児の保護者（以下「支給決定障害者等」という。）が，都道府県知事が指定する指定障害福祉サービス事業者又は指定障害者支援施設等から指定障害者福祉サービス等を受けたときは，介護給付費又は訓練等給付費を支給することとしたこと。
イ 支給決定障害者等が指定障害福祉サービス事業者から指定障害福祉サービス等を受けたときは，市町村は，介護給付費又は訓練等給付費について，当該支給決定障害者等に代わり，当該指定障害福祉サービス事業者等に支払うことができることとしたこと。

(3) 給付費の額

現行の支援費制度においては，サービスに通常要する費用の額から，障害者又はその扶養義務者の負担能力に応じて定める額を控除して得た額を支給するとされ，いわゆる応能負担の仕組みとなっているところであるが，今回の改革では，サービスに通常要する費用の額の100分の90に相当する額を支給することに改め，いわゆる定率負担を導入するとともに，家計に与える影響その他の事情をしん酌して，所得に応じた月額負担上限の仕組みを導入したこと。また，給付対象とならない特定費用の範囲として，食事の提供に要する費用及び居住等に要する費用を含めることとしたこと。

ア 介護給付費又は訓練等給付費の額は，障害福祉サービスの種類ごとに指定障害福祉サービス等に通常要する費用（食事の提供に要する費用，居住又は滞在に要する費用等のうち厚生労働省令で定める特定費用を除く。）につき，厚生労働大臣が定める基準により算定した費用の額の100分の90に相当する額としたこと。
イ 支給決定障害者等が同一の月に受けた指定障害福祉サービス等に要した額の合計額から介護給付費及び訓練等給付費の合計額を控除して得た額が，家計に与える影響その他の事情をしん酌して政令で定める額を超えるときは，当該同一の月における介護給付費又は訓練等給付費の額は，アにより算定した額の100分の90に相当する額を超え100分の100に相当する額以下の範囲内において政令で定める額としたこと。

(4) 特例介護給付費又は特例訓練等給付費

市町村は，支給決定障害者等が基準該当障害福祉サービスを受けたときその他必要があると認めるときは，特例介護給付費又は特例訓練等給付費を支給することができることとしたこと。

4 サービス利用計画作成費，高額障害福祉サービス費，特定障害者特別給付費及び特例特定障害者特別給付費に関する事項
(1) サービス利用計画作成費の支給

市町村は，支給決定障害者等であって市町村が必要と認めたものが，都道府県知事が指定する相談支援事業者から指定相談支援を受けたときは，サービス利用計画作成費を支給することとしたこと。

(2) 高額障害福祉サービス費の支給

市町村は，支給決定障害者等が受けた障害福祉サービス及び介護保険の介護給付等対象サービスに要した費用の合計額から当該費用につき支給された介護給付費等及び介護保険の介護給付等の合計額を控除して得た額が，著しく高額であるときは，高額

障害福祉サービス費を支給することとしたこと。
(3) 特定障害者特別給付費の支給

食事の提供及び居住に要した費用については，特定費用として介護給付費等の給付対象となっていないが，低所得者に配慮する観点から，市町村は，施設入所支援等に係る支給決定を受けた障害者のうち所得の状況その他の事情をしん酌して厚生労働省令で定める特定障害者が，障害者支援施設等から特定入所サービスを受けたときは，当該障害者支援施設等における食事の提供及び居住に要した費用について，特定障害者特別給付費を支給することとしたこと。

(4) 特例特定障害者特別給付費の支給

市町村は，特定障害者が，基準該当障害福祉サービスを受けた場合等において必要があると認めるときは，基準該当施設等における食事の提供及び居住に要した費用について，特例特定障害者特別給付費を支給することができることとしたこと。

5 指定障害福祉サービス事業者，指定障害者支援施設等及び指定相談支援事業者に関する事項
(1) 指定障害福祉サービス事業者，指定障害者支援施設等及び指定相談支援事業者の指定

ア 指定障害福祉サービス事業者，指定障害者支援施設及び指定相談支援事業者の指定は，申請により，障害福祉サービスの種類等ごとに都道府県知事が行うこととし，申請に係る事業所等が人員，設備及び運営に関する基準を満たしていないとき，申請者及び役員等が指定を取り消されてから5年を経過していないとき等に該当するときは指定をしてはならないこととしたこと。また，指定は，6年ごとに更新を受けなければ，その期間の経過によって，その効力を失うこととしたこと。

イ 申請に係る指定障害者支援施設の入所定員の総数又は就労継続支援その他の厚生労働省令で定める特定障害福祉サービスのサービス量が，都道府県障害福祉計画において定める必要入所定員総数又は必要な量に既に達している場合等は，都道府県知事は指定をしないことができることとしたこと。

(2) 指定障害福祉サービス事業者，指定障害者支援施設等及び指定相談支援事業者の責務

指定障害福祉サービス事業者，指定障害者支援施設等の設置者及び指定相談支援事業者（以下「指定事業者等」という。）は，市町村その他の関係機関との緊密な連携を図りつつ，障害福祉サービス又は相談支援を，障害者等の意向，適性その他の事情に応じ，効果的に行うように努めなければならないこと等の責務を有することとしたこと。

(3) 指定障害福祉サービスの事業，指定障害者支援施設等及び指定相談支援の基準

指定事業者等は，人員，設備及び運営に関する基準に従って，指定障害福祉サービス等又は指定相談支援を提供しなければならないこと。

(4) 指定の取消し等

都道府県知事は，指定事業者等が人員，設備及び運営に関する基準に従って適正な事業の運営をしていないと認めるとき等は，勧告，公表，命令等を行うことができることとするとともに，指定の取消し，指定の効力の停止を行うことができることとしたこと。

6 自立支援医療費，療養介護医療費及び基準該当療養介護医療費の支給
(1) 趣旨

現行の障害に係る公費負担医療三制度（精神障害者に対する精神通院医療，身体障害者に対する更生医療及び障害児に対する育成医療）について，将来にわたり持続可能な制度とするため，自立支援医療として統合し，支給認定の手続の共通化，費用を皆で支え合う仕組みとするための利用者

負担の見直し等を行うものであること。
(2) 自立支援費の支給認定

　自立支援医療費の支給を受けようとする障害者又は障害児の保護者は，市町村又は都道府県（現行の三制度と同じ。以下「市町村等」という。）の自立支援医療を支給する旨の認定を受けなければならないこととしたこと。支給認定を受けようとする障害者又は障害児の保護者の申請を受けた市町村等は，障害者等の心身の障害の状態からみて自立支援医療を受ける必要があり，かつ，当該障害者等又はその属する世帯の他の世帯員の所得の状況，治療状況その他の事情を勘案して政令で定める基準に該当する場合には，自立支援医療の種類ごとに支給認定を行うものとすることとしたこと。

(3) 自立支援医療費の支給

　市町村等は，支給認定に係る障害者等が，都道府県知事により指定された指定自立支援医療機関から指定自立支援医療を受けたときは，自立支援医療費を支給すること。

(4) 指定自立支援医療機関の指定

　指定自立支援医療機関の指定は，病院若しくは診療所又は薬局の開設者の申請により，自立支援医療の種類ごとに都道府県知事が行うこととしたこと。また，指定は，原則として6年ごとにその更新を受けなければ，その期間の経過によって，効力を失うこととしたこと。

(5) 指定自立支援医療機関の責務等

　指定自立支援医療機関は，良質かつ適切な指定自立支援医療を行わなければならないこととしたこと。都道府県知事は，指定自立支援医療機関がこれに従っていないと認めるとき等は，勧告，公表，命令等を行うことができることとするとともに，指定の取消し，指定の効力の停止を行うことができることとしたこと。

(6) 療養介護医療費の支給

　市町村は，療養介護に係る支給決定を受けた障害者が，指定障害福祉サービス事業者等から療養介護医療を受けたときは，当該療養介護医療に要した費用について，療養介護医療費を支給することとしたこと。

(7) 基準該当療養介護医療費の支給

　市町村は，療養介護に係る支給決定を受けた障害者が，基準該当施設等から療養介護医療を受けたときは，基準該当療養介護医療費を支給することとしたこと。

7　補装具費の支給に関する事項

　市町村は，障害者等の障害の状態から見て，補装具の購入又は修理を必要とする者であると認めるとき（障害者等又はその世帯員の所得が政令で定める基準以上であるときを除く。）は，当該補装具の購入又は修理に要した費用について，補装具費を支給することとしたこと。

8　地域生活支援事業に関する事項

(1) 趣旨

　地域の実情や利用者の特性に応じて，地方自治体の裁量により柔軟に実施されることが望ましい各般の事業について市町村等の地域生活支援事業として法定化したこと。

(2) 市町村の地域生活支援事業

　市町村が必ず行わなければならない義務的な事業として，障害者，障害児の保護者等からの相談に応じ，必要な情報の提供及び助言等を供与するとともに，障害者等の権利の擁護のために必要な援助を行う事業，手話通訳者等の派遣，日常生活用具の給付又は貸与，障害者等の移動を支援する事業等を位置づけることとしたほか，現に住居を求めている障害者につき低額な料金で福祉ホーム等の施設において当該施設の居室その他の設備を利用させ，日常生活に必要な便宜を供与する事業等を行うことができることとしたこと。

　なお，都道府県は，市町村の実施体制の整備状況等を勘案し，市町村の意見を聴いて，市町村の地域生活支援事業の一部を市町村に代わって行うことができることとしたこと。

(3) 都道府県の地域生活支援事業

都道府県が必ず行わなければならない義務的な事業として，特に専門性の高い相談支援事業その他の広域的な対応が必要な事業等を位置付けることとしたほか，サービスの質の向上のための従事者育成等の事業を行うことができることとしたこと。

9 事業及び施設に関する事項
(1) 事業
ア 国及び都道府県以外の者は，あらかじめ，都道府県知事に届け出て，障害福祉サービス事業，相談支援事業，移動支援事業，地域活動支援センターを経営する事業及び福祉ホームを経営する事業を行うことができることとしたこと。
イ 厚生労働大臣は，地域活動支援センター，福祉ホーム等の設備及び運営について，基準を定めることとしたこと。
(2) 施設
ア 国，都道府県及び市町村以外の者は，社会福祉法の定めるところにより，障害者支援施設を設置することができることとしたこと。
イ 厚生労働大臣は，障害者支援施設の設備及び運営について，基準を定めることとしたこと。

10 障害福祉計画に関する事項
(1) 基本指針
厚生労働大臣は，障害福祉サービス及び相談支援並びに地域生活支援事業の提供体制を整備し，自立支援給付等の円滑な実施を確保するための基本的な指針を定めることとしたこと。
(2) 市町村障害福祉計画
市町村は，基本指針に則して，障害福祉サービス，相談支援及び地域生活支援事業の提供体制の確保に関する計画を定めること。当該計画においては，各年度における指定障害福祉サービスの種類ごとの必要な量の見込み，見込量の確保のための方策等を定めることとしたこと。
(3) 都道府県障害福祉計画

都道府県は，基本指針に則して，市町村障害福祉計画の達成に資するため，各市町村を通ずる広域的な見地から，障害福祉サービス，相談支援及び地域生活支援事業の提供体制の確保に関する計画を定めること。当該計画においては，区域ごとの各年度における指定障害福祉サービスの種類ごとの必要な量の見込み，見込量の確保のための方策，従事者の確保等のための措置，各年度の指定障害者支援施設の必要入所員総数等を定めることとしたこと。

11 費用に関する事項
(1) 趣旨
障害福祉サービスに係る給付費は，支援費制度が施行されて以降，急速に増大しており，今後も新たにサービスを利用する障害者等が増えることが見込まれる中で，必要なサービスを確保しながら，制度を安定的に運営することができるよう，利用者負担の見直しと併せて，在宅サービスに関する国及び都道府県の負担を義務的なものとすること。
(2) 都道府県の負担及び補助
ア 都道府県は，市町村が支弁する費用について，次に掲げるものを負担することとしたこと。
(ア) 市町村が支弁する障害福祉サービスに係る給付費の支給に要する費用のうち，国及び都道府県が負担すべきものとして当該支給に係る障害者等の障害程度区分ごとの人数その他の事情を勘案して算定した額（以下「障害福祉サービス費等負担対象額」という。）の100分の25
(イ) 市町村が支弁する自立支援医療費等及び補装具費の100分の25
イ 都道府県は，予算の範囲内において，市町村の地域生活支援事業に要する費用の100分の25以内を補助することができることとしたこと。
(3) 国の負担及び補助
ア 国は，次に掲げるものを負担すること

としたこと。
- (ア) 障害福祉サービス費等負担対象額の100分の50
- (イ) 市町村が支弁する自立支援医療費等及び補装具費の100分の50
- (ウ) 都道府県が支弁する自立支援医療費の100分の50

イ 国は、予算の範囲内において、次に掲げるものを補助することができることとしたこと。
- (ア) 市町村が行う介護給付費等の支給決定に係る事務の処理等に要する費用の100分の50以内
- (イ) 市町村及び都道府県の地域生活支援事業に要する費用の100分の50以内

12 審査請求に関する事項

市町村長の介護給付費等に係る処分に不服がある障害者又は障害児の保護者は、都道府県知事に対し審査請求をすることができることとしたこと。都道府県知事は、障害保健福祉の学識経験者からなる障害者介護給付費等不服審査会を置くことができることとしたこと。

13 施行期日に関する事項

この法律は、一部を除き平成18年4月1日から施行すること。

14 経過措置に関する事項

(1) 旧法施設等に関する経過措置

ア 施行日において現に身体障害者福祉法により指定を受けた医療機関及び精神障害者通院医療を担当するものとして一定の基準に該当する医療機関は、同日に指定自立支援医療機関の指定があったものとみなすこととしたこと。

イ 平成18年10月1日において現に存する身体障害者厚生援護施設又は知的障害者援護施設であって、旧身体障害者福祉法又は知的障害者福祉法に基づく指定を受けている旧法指定施設については、平成24年3月31日までの日で政令で定める日の前日までの間は、当該施設で行われるサービス（旧法施設支援）については障害福祉サービスとみなし、当該施設については、平成18年10月1日に指定があったものとみなし、支給決定障害者等が旧法指定施設から旧法施設支援を受けたときは介護給付費を支給することとしたこと。

(2) 旧法に基づく受給者に関する経過措置

ア 施行日において現に旧身体障害者福祉法等に基づき更生医療の費用の支給等を受けている障害者等については、同日に、自立支援医療費の支給認定を受けたものとみなすこととしたこと。

イ 施行日において現に旧身体障害者福祉法等に基づき居宅生活支援費の支給決定を受けている障害者等については、同日に、介護給付費等の支給決定を受けたものとみなすこととしたこと。

ウ 平成18年10月1日において現に旧法指定施設に入所し旧身体障害者福祉法等に基づき施設訓練等支援費を受けていた特定旧法受給者については、平成24年3月31日までの日で政令で定める日までの間に限り、引き続き当該施設等に入所している間（指定の取消しその他やむを得ない理由により継続して他の施設等に入所している間を含む。）は、支給決定を受けた障害者とみなして、旧法指定施設から受けた指定旧法施設支援又は指定障害福祉サービス等に要した費用について、別に厚生労働大臣が定める基準により算定した額により、介護給付費又は訓練等給付費を支給すること。

(3) その他

(1)及び(2)に掲げるもののほか、この法律の施行に伴い必要な経過措置を定めることとしたこと。

15 関係法律の一部改正に関する事項

(1) 児童福祉法の一部改正

ア 育成医療に関する事項

この法律による自立支援医療費の施行に伴い、育成医療に係る規定を削除することとしたこと。

イ 居宅生活支援費に関する事項
　この法律による介護給付費の施行に伴い，居宅生活支援費及び指定居宅支援事業者等に係る規定を削除することとしたこと。
ウ 障害児施設給付費等に関する事項
　都道府県知事は，給付決定に係る障害児が，都道府県が指定する指定知的障害児施設等から障害児施設支援を受けたときは，障害児施設給付費を支給することとしたほか，障害児施設支援の費用の負担が著しく高額となる場合に，高額障害児施設給付費を支給するとともに，保護者の所得の状況その他の事情をしん酌して，当該保護者に対して特定入所障害児食費等給付費を支給することとしたこと。
エ 指定障害児施設等に関する事項
　指定知的障害児施設等の指定は，設置者の申請により都道府県知事が行うこととし，人員，設備及び運営に関する基準，指定の取消し等について必要な事項を定めること。
オ 障害児施設医療費に関する事項
　都道府県は，給付決定に係る障害児が，指定知的障害児施設等（病院に限る。）において，障害児施設支援のうち治療に係るものを受けたときは，障害児施設医療費を支給すること。

(2) 身体障害者福祉法の一部改正
ア 更生医療に関する事項
　この法律による自立支援医療費の施行に伴い，更生医療に係る規定を削除することとしたこと。
イ 居宅生活支援費に関する事項
　この法律による介護給付費等の施行に伴い，居宅生活支援費及び指定居宅支援事業者等に係る規定を削除することとしたこと。
ウ 身体障害者施設支援に関する事項
　この法律による介護給付費等の施行に伴い，施設訓練等支援費及び身体障害者更生施設等に係る規定を削除するとともに，平成18年10月1日において現に存する身体障害者更生援護施設（身体障害者更生施設，身体障害者療護施設及び身体障害者授産施設に限る。）については，平成24年3月31日までの政令で定める日の前日までの間は，なお従前の例により運営できることとしたこと。
エ 補装具に関する事項
　この法律による補装具費の施行に伴い，補装具に係る規定を削除することとしたこと。

(3) 精神保健及び精神障害者福祉に関する法律の一部改正
ア 精神分裂病の呼称を統合失調症へ変更することとしたこと。
イ 通院医療に関する事項
　この法律による自立支援医療費の施行に伴い，通院医療に係る規定を削除することとしたこと。
ウ 精神病院等に対する指導監督体制の見直しに関する事項
　精神医療審査会は，その合議体を構成する5名の委員を一定の条件の範囲で定めることができるものとしたこと。
　また，厚生労働大臣又は都道府県知事は，精神病院の管理者が改善命令等に従わない場合において，その旨を公表することができること等としたこと。
エ 緊急時における入院等に係る診察の特例措置に関する事項
　一定の要件を満たす医療機関における医療保護入院，応急入院等について，緊急その他やむを得ない場合において，精神保健指定医以外の一定の要件を満たす医師の診察により，その適否を判断し，一定時間を限り入院等をさせることができるものとしたこと。
オ 任意入院者の適切な処遇の確保に関する事項
　都道府県知事は，条例で定めるところにより，改善命令を受けたことがある等

の精神病院の管理者に対し，一定の基準に該当する任意入院者について，その病状等の報告を求めることができるものとしたこと。

カ　市町村における相談体制の強化に関する事項

市町村は，精神障害者の福祉に関する相談等に応じなければならないものとするとともに，精神保健福祉に関する相談等を行う精神保健福祉相談員を置くことができるものとすることとしたこと。

キ　精神障害者居宅生活支援事業及び精神障害者社会復帰施設に関する事項

この法律による介護給付費等の施行に伴い，精神障害者居宅生活支援事業及び精神障害者社会復帰施設に係る規定を削除するとともに，平成18年10月1日において，現に存する精神障害者社会復帰施設（政令で定めるものを除く。）については，平成24年3月31日までの政令で定める日の前日までの間は，なお従前の例により運営できることとしたこと。

(4)　知的障害者福祉法の一部改正

ア　居宅生活支援費に関する事項

この法律による介護給付費等の施行に伴い，居宅生活支援費及び指定居宅支援事業者等に係る規定を削除することとしたこと。

イ　知的障害者施設支援に関する事項

この法律による介護給付費等の施行に伴い，施設訓練等支援費及び知的障害者更生施設等に係る規定を削除するとともに，平成18年10月1日において現に存する知的障害者援護施設（知的障害者更生施設，知的障害者授産施設及び知的障害者通勤寮に限る。）については，平成24年3月31日までの政令で定める日までの間は，なお従前の例により運営できることとしたこと。

(5)　社会福祉法の一部改正

障害者支援施設及び地域活動支援センター等を経営する事業並びに障害福祉サービス事業を社会福祉事業とすることとしたこと。

(6)　その他

(1)から(5)までに掲げるもののほか，関係法律について所要の改正を行うこととしたこと。

16　検討

以下の検討規定が設けられていること。

(1)　この法律の施行後3年を目途として，この法律及び障害者等の福祉に関する他の法律の規定の施行の状況，障害児の児童福祉施設への入所に係る実施主体の在り方等を勘案し，この法律の規定について，障害者等の範囲を含め検討を加え，その結果に基づいて必要な措置を講ずるものとしたこと。

(2)　障害者等の福祉に関する施策の実施の状況，障害者等の経済的な状況等を踏まえ，就労の支援を含めた障害者等の所得の確保に係る施策の在り方について検討を加え，その結果に基づいて必要な措置を講ずるものとしたこと。

第3　施行に当たっての留意事項

1　この法律は，市町村を中心に，障害種別にかかわらない一元的な体制を整備するとともに，施設事業体系を機能に着目して再編するほか，サービスの利用量と所得に着目した費用負担の仕組みを導入する等，障害保健福祉施策の抜本的な見直しを行うものであることから，この法律の趣旨及び内容について，市町村，障害者その他関係者の十分な理解を得ることが極めて重要であり，その周知徹底に努められたいこと。

2　この法律の施行に当たっては，住民に最も身近な基礎的自治体である市町村と都道府県が密接に連携して事務を処理することが必要であり，特に，従来，都道府県において実施されてきた事務の多くが市町村に移管されることになることから，この点について，円滑な移行を図るよう，十分な準備に努められたいこと。

○障がい者制度改革推進本部等における検討を踏まえて障害保健福祉施策を見直すまでの間において障害者等の地域生活を支援するための関係法律の整備に関する法律の公布及び一部の施行について

(平成22年12月10日　社援発1210第4号
各都道府県知事・各指定都市市長・各中核市市長宛
厚生労働省社会・援護局長通知)

障がい者制度改革推進本部等における検討を踏まえて障害保健福祉施策を見直すまでの間において障害者等の地域生活を支援するための関係法律の整備に関する法律（平成22年法律第71号）については、平成22年11月17日に衆議院厚生労働委員長から提出され、12月3日に可決成立し、本日公布されたところである。（別紙）

この法律の施行は、平成24年4月1日（一部は公布の日、平成24年4月1日までの間において政令で定める日等）であり、必要な政省令等については今後順次その内容を検討することとしているが、今般、法律の趣旨及び主な内容を以下のとおり通知するので、十分御了知の上、管内市町村（特別区を含む。以下同じ。）をはじめ、関係者、関係団体等に対し、その周知徹底を図るとともに、適正な指導を行い、市町村における体制の確保をはじめ、本法の円滑な施行について特段の御配慮をお願いする。

記

第一　法律の趣旨（公布の日から施行）

この法律は、障がい者制度改革推進本部等における検討を踏まえて障害保健福祉施策を見直すまでの間において、障害者及び障害児の地域生活を支援するため、関係法律の整備について定めるものである。

第二　法律の内容

1　障害者自立支援法の一部改正関係

(1)　利用者負担の見直し（平成24年4月1日までの間において政令で定める日から施行）

ア　支給決定障害者等が指定障害福祉サービス等を利用した場合の負担については、当該支給決定障害者等の家計の負担能力に応じたものとすることを原則とすることとしたこと。また、自立支援医療費及び補装具費の支給について、同様の見直しを行うこととしたこと。

イ　障害福祉サービス及び介護保険法に規定する介護給付等対象サービスのうち政令で定めるもの並びに補装具の購入又は修理に要した費用の負担の合計額が著しく高額である場合には、当該支給決定障害者等に対し、高額障害福祉サービス等給付費を支給することとしたこと。

(2)　障害者に関する定義規定の見直し（公布の日から施行）

障害者の定義について、「発達障害者支援法第二条第二項に規定する発達障害者」を含むことを明確化することとしたこと。

(3)　相談支援の充実（平成24年4月1日（ただし、イについては、平成24年4月1日までの間において政令で定める日）から施行）

ア　基幹相談支援センターは、地域における相談支援の中核的な役割を担う機関として、相談支援に関する業務を総合的に行うことを目的とする施設とすることとし、市町村又は当該業務の実施の委託を受けた者が設置することができることとしたこと。

イ　地方公共団体は、関係機関、関係団体及び障害者等の福祉、医療、教育又は雇用に関連する職務に従事する者その他の

関係者により構成される自立支援協議会を置くことができることとしたこと。
ウ 市町村は，支給要否決定を行うに当たって必要と認められる場合には，支給決定の申請に係る障害者又は障害児の保護者に対し，サービス等利用計画案の提出を求めることとし，当該サービス等利用計画案の提出があった場合には，当該計画案を勘案して支給要否決定を行うものとすることとしたこと。
エ 地域移行及び地域定着のための相談支援として，障害者支援施設等の施設に入所している障害者又は精神科病院に入院している精神障害者につき，住居の確保その他の地域における生活に移行するための活動に関する相談その他の便宜を供与する「地域移行支援」及び居宅において単身等の状況において生活する障害者につき，当該障害者との常時の連絡体制を確保し，障害の特性に起因して生じた緊急の事態において相談その他の便宜を供与する「地域定着支援」を創設することとしたこと。
(4) 地域における自立した生活のための支援の充実（平成24年4月1日までの間において政令で定める日から施行）
ア 共同生活介護又は共同生活援助を利用する支給決定障害者のうち所得の状況その他の事情をしん酌して必要と認める者について，特定障害者特別給付費を支給することとしたこと。
イ 障害福祉サービスについて，視覚障害により，移動に著しい困難を有する障害者等につき，外出時において，当該障害者等に同行し，移動に必要な情報を提供するとともに，移動の援護等の便宜を供与する「同行援護」を創設することとしたこと。
(5) その他（公布の日（ただし，イ及びエについては，平成24年4月1日までの間において政令で定める日）から施行）
ア 目的規定等にある「その有する能力及び適性に応じ」との文言を削除することとしたこと。
イ 成年後見制度利用支援事業を市町村の地域生活支援事業の必須事業に格上げすることとしたこと。
ウ 市町村は，児童デイサービスを受けている障害児について，引き続き児童デイサービスを受けなければその福祉を損なうおそれがあると認めるときは，当該障害児が満18歳に達した後においても，当該障害児からの申請により，当該障害児が満20歳に達するまで，引き続き，児童デイサービスに係る介護給付費等を支給することができることとしたこと。
エ 指定事業者等の指定の欠格事由の見直し，業務管理体制の整備その他所要の規定の整備を行うこととしたこと。
2 児童福祉法の一部改正関係
(1) 障害児施設の見直し（平成24年4月1日から施行）
児童福祉施設とされている知的障害児施設，知的障害児通園施設，盲ろうあ児施設，肢体不自由児施設及び重症心身障害児施設について，入所による支援を行う施設を障害児入所施設に，通所による支援を行う施設を児童発達支援センターにそれぞれ一元化することとしたこと。
(2) 障害児の通所による支援の見直し（平成24年4月1日から施行）
ア 障害児通所支援として，児童発達支援，医療型児童発達支援，放課後等デイサービス及び保育所等訪問支援を創設し，障害児通所支援事業とは，障害児通所支援を行う事業とすることとしたこと。
イ 市町村は，通所給付決定を受けた障害児の保護者が，都道府県知事が指定する指定障害児通所支援事業者等から指定通所支援を受けたときは，障害児通所給付費を支給することとしたこと。
ウ 市町村は，通所給付決定に係る障害児が，指定障害児通所支援事業者等から医療型児童発達支援のうち治療に係るもの

を受けたときは，肢体不自由児通所医療費を支給することとしたこと。

(3) 障害児の入所による支援の見直し（平成24年4月1日から施行）

知的障害児施設支援，知的障害児通園施設支援，盲ろうあ児施設支援，肢体不自由児施設支援及び重症心身障害児施設支援とされている障害児施設支援について，入所による支援については，障害児入所支援に再編することとしたこと。

(4) 障害児相談支援事業の創設（平成24年4月1日から施行）

市町村は，通所支給要否決定を行うに当たって必要と認められる場合には，通所給付決定の申請に係る障害児の保護者に対し，障害児支援利用計画案の提出を求めることとし，当該障害児支援利用計画案の提出があった場合には，当該計画案を勘案して通所支給要否決定を行うものとすることとしたこと。

3　精神保健及び精神障害者福祉に関する法律の一部改正関係（平成24年4月1日までの間において政令で定める日（一部は平成24年4月1日）から施行）

都道府県は，夜間又は休日において精神障害の救急医療を必要とする精神障害者等からの相談に応ずる等，地域の実情に応じた体制の整備を図るよう努めるものとし，都道府県知事は，当該体制の整備に当たって，医療施設の管理者，精神保健指定医等に対し，必要な協力を求めることができることとしたこと。

4　その他

1から3までに掲げるもののほか，関係法律について所要の改正を行うこととしたこと。

5　施行期日

この法律は，一部の規定を除き，平成24年4月1日から施行することとしたこと。

6　検討

政府は，障害保健福祉施策を見直すに当たって，難病の者等に対する支援及び障害者等に対する移動支援の在り方について必要な検討を加え，その結果に基づいて必要な措置を講ずることとしたこと。

第三　一部施行に当たっての留意事項

この法律の一部は公布の日から施行されることとなっており，その改正内容に係る主な留意事項については，以下のとおりである。

1　障害者に関する定義規定の見直し

発達障害者については，障害者自立支援法に基づく支援の対象となっているところであるが，その取扱いが十分に徹底されていないという指摘や発達障害者支援法（平成16年法律第167号）において定義規定が設けられたこと等を踏まえ，障害者自立支援法の対象となることを明確にすることとしたところであり，この趣旨について，市町村，関係者等の十分な理解を得ることが極めて重要であり，その周知徹底に努められたいこと。

2　児童デイサービスの利用年齢に関する特例

児童デイサービスを受けている障害児について，満18歳に達した後において，生活介護等のその他の支援を受けることができない等，引き続き児童デイサービスを受けなければ当該障害児の福祉を損なうおそれがあると認められるときには，満20歳に達するまで，引き続き児童デイサービスを利用することができることとしたところであり，この趣旨について，市町村，関係者等への周知徹底に努められたいこと。

第四　その他

この法律の制定と併せて，衆議院厚生労働委員会において「障害保健福祉の推進の件」（参考1），参議院厚生労働委員会において附帯決議（参考2）が決議されたところであるが，内容は以下のとおりである。

1　平成25年8月までの実施を目指して，障がい者制度改革推進本部等における検討を踏まえて，障害保健福祉施策を見直すなど検討すること。

2　指定特定相談支援事業者がサービス等利用計画案を作成する際に，障がい者等の希望等を踏まえて作成するよう努めるようにするこ

施行通知

と。　　　　　　　　|別紙・参考1・2　略

○障がい者制度改革推進本部等における検討を踏まえて障害保健福祉施策を見直すまでの間において障害者等の地域生活を支援するための関係法律の整備に関する法律等の一部の施行について

(平成23年9月28日　社援発0928第4号
各都道府県知事・各指定都市市長・各中核市市長宛
厚生労働省社会・援護局長通知)

障がい者制度改革推進本部等における検討を踏まえて障害保健福祉施策を見直すまでの間において障害者等の地域生活を支援するための関係法律の整備に関する法律（平成22年法律第71号。以下「整備法」という。）については，平成22年11月17日に衆議院厚生労働委員長から提出され，同年12月3日に可決成立し，同月10日に公布されたところである。

この法律の一部の規定について，「平成24年4月1日までの間において政令で定める日」から施行されることとされていたところであるが，障がい者制度改革推進本部等における検討を踏まえて障害保健福祉施策を見直すまでの間において障害者等の地域生活を支援するための関係法律の整備に関する法律の一部の施行期日を定める政令（平成23年政令第295号。別添1参照。）が本年9月22日に公布され，その施行期日が平成24年4月1日（一部は平成23年10月1日）とされたところである。
　また，平成23年10月1日から施行される内容について，関係する政令，省令及び告示が同年9月22日に公布されたところである。

整備法の改正の趣旨については，平成22年12月10日付け社援発1210第4号当職通知「障がい者制度改革推進本部等における検討を踏まえて障害保健福祉施策を見直すまでの間において障害者等の地域生活を支援するための関係法律の整備に関する法律の公布及び一部の施行について（通知）」においてお示ししたところであるが，このうち，平成23年10月1日施行に係る主な内容は下記のとおりであるので，十分御了知の上，管内市町村（特別区を含む。）を始め，関係者，関係団体等に対し，その周知徹底を図るとともに，その運用に遺漏のないようにされたい。

記

第一　整備法の内容（「平成24年4月1日までの間において政令で定める日」から施行される部分に限る。）

第1　障害者自立支援法の一部改正関係
(1)　利用者負担の見直し
　ア　支給決定障害者等が指定障害福祉サービス等を利用した場合の負担については，当該支給決定障害者等の家計の負担能力に応じたものとすることを原則とすることとしたこと。また，自立支援医療費及び補装具費の支給について，同様の見直しを行うこととしたこと。
　イ　障害福祉サービス及び介護保険法に規定する介護給付等対象サービスのうち政令で定めるもの並びに補装具の購入又は修理に要した費用の負担の合計額が著しく高額で

ある場合には，当該支給決定障害者等に対し，高額障害福祉サービス等給付費を支給することとしたこと。
(2) 相談支援の充実
　地方公共団体は，関係機関，関係団体及び障害者等の福祉，医療，教育又は雇用に関連する職務に従事する者その他の関係者により構成される自立支援協議会を置くことができることとしたこと。
(3) 地域における自立した生活のための支援の充実
　ア　共同生活援助又は共同生活介護を利用する支給決定障害者のうち所得の状況その他の事情をしん酌して必要と認める者について，特定障害者特別給付費を支給することとしたこと。
　イ　障害福祉サービスについて，視覚障害により，移動に著しい困難を有する障害者等につき，外出時において，当該障害者等に同行し，移動に必要な情報を提供するとともに，移動の援護等の便宜を供与する「同行援護」を創設することとしたこと。
(4) その他
　ア　成年後見制度利用支援事業を市町村の地域生活支援事業の必須事業に格上げすること。
　イ　指定事業者等の指定の欠格事由の見直し，業務管理体制の整備その他所要の規定の整備を行うこととしたこと。
第2　精神保健及び精神障害者福祉に関する法律の一部改正関係
　都道府県は，夜間又は休日において精神障害の救急医療を必要とする精神障害者等からの相談に応ずる等，地域の実情に応じた体制の整備をはかる施設の管理者，精神保健指定医等に対し，必要な協力を求めることができることとしたこと。
第3　その他
　第1及び第2に掲げるもののほか，関係法律について所要の改正を行うこととしたこと。
第二　障がい者制度改革推進本部等における検討を踏まえて障害保健福祉施策を見直すまでの間において障害者等の地域生活を支援するための関係法律の整備に関する法律の一部の施行期日を定める政令の内容
　第一に掲げる事項の施行期日について，平成24年4月1日とすることとしたこと。ただし，第一の第1(3)に掲げる事項については平成23年10月1日とすることとしたこと。
第三　障がい者制度改革推進本部等における検討を踏まえて障害保健福祉施策を見直すまでの間において障害者等の地域生活を支援するための関係法律の整備に関する法律の一部の施行に伴う関係政令の整備に関する政令（平成23年政令第296号。別添1参照。）の内容
第1　障害者自立法施行令の一部改正関係
(1) 特定障害者特別給付費の対象拡大関係
　特定障害者特別給付費の支給の対象となる障害福祉サービスに共同生活介護，共同生活援助その他これらに類するものとして厚生労働省令で定めるものを加えるとともに，これらのサービスを行う指定障害福祉サービス事業者から特定入所等サービスを受けた特定障害者に対し，共同生活住居における居住に要する平均的な費用の額を勘案して厚生労働大臣が定める費用の額に相当する額（その額が現に居住に要した費用の額を超えるときは，当該現に居住に要した費用の額）を支給することとしたこと。（障害者自立支援法施行令（平成18年政令第10号。以下「令」という。）第21条の2及び第21条の3関係）
(2) 同行援護の創設関係
　同行援護について，国及び都道府県が負担する障害福祉サービス費等負担対象額算定に当たっては，居宅介護や行動援護と同様，障害者等の障害程度区分等を勘案して厚生労働大臣が定める基準にサービスを受けた人数を乗じて算定した額に限ることとしたこと。（令第44条第3項関係）
(3) その他
　上記に加え，条項ずれの修正等所要の改正を行うこととしたこと。
第2　児童福祉法施行令及び身体障害者福祉法施行令の一部改正関係

やむを得ない理由により，市町村が行う措置の対象となる障害福祉サービスに同行援護を追加することとしたこと。(児童福祉法施行令(昭和23年政令第74号)第26条第1項及び身体障害者福祉法施行令(昭和25年政令第78号)第18条関係)

第3 その他関係政令の一部改正関係

消費税法施行令(昭和63年政令第360号)その他関係政令につき，整備法の施行に伴い必要となる条項ずれの修正等所要の改正を行うこととしたこと。

第四 障がい者制度改革推進本部等における検討を踏まえて障害保健福祉施策を見直すまでの間において障害者等の地域生活を支援するための関係法律の整備に関する法律の一部の施行に伴う関係省令の整備に関する省令(平成23年厚生労働省令第116号。別添2参照。)の内容

第1 障害者自立支援法施行規則の一部改正関係

(1) 同行援護の創設関係

ア 同行援護として供与される厚生労働省令で定める便宜は，視覚障害により，移動に著しい困難を有する障害者等(障害者自立支援法(平成17年法律第123号。以下「法」という。)第2条第1項第1号に規定する障害者等をいう。)につき，外出時において，当該障害者等に同行して行う移動の援護，排せつ及び食事等の介護その他の当該障害者等が外出する際に必要な援助とすることとしたこと。(障害者自立支援法施行規則(平成18年厚生労働省令第19号。以下「規則」という。)第1条の4関係)

イ 整備法による改正後の法第5条第10項に規定する厚生労働省令で定める障害福祉サービスに同行援護を追加することとしたこと。(規則第6条の3関係)

ウ 法第23条に規定する厚生労働省令で定める期間に係る規定に同行援護に係る規定を追加することとしたこと。(規則第15条第1項第1号関係)

エ 指定障害福祉サービス事業者(法第29条第1項に規定する指定障害福祉サービス事業者をいう。オにおいて同じ。)の指定の申請方法に係る規定に同行援護に係る規定を追加することとしたこと。(規則第34条の7第1項関係)

オ 指定障害者福祉サービス事業者の名称等の変更の届出等に係る規定に同行援護に係る規定を追加することとしたこと。(規則第34条の23第1項第1号関係)

(2) 特定障害者特別給付費の対象拡大関係

ア 特定障害者特別給付費の支給対象となる共同生活介護，共同生活援助又は改正後の令第21条の2に規定する厚生労働省令で定めるものに係る支給決定を受けた障害者は，令第17条第1項第4号に掲げる者に該当するものとすることとしたこと。(規則第34条の2関係)

イ 令第21条の2に規定する厚生労働省令で定めるもの(第三の第1⑴)は，重度障害者等包括支援とすることとしたこと。(規則第34条の2の2関係)

ウ 共同生活介護，共同生活援助又は改正後の令第21条の2に規定する厚生労働省令で定めるものに係る支給決定を受けた障害者は，特定障害者特別給付費の支給の申請に当たり，受給者証等に加え，入居している共同生活住居に係る居住に要する費用の額を証する書類(家賃の額を証する書類)を添付するものとすることとしたこと。(規則第34条の3第2項関係)

第2 介護給付費等の請求に関する省令の一部改正関係

同行援護の創設及び特定障害者特別給付費の対象拡大に伴い，介護給付費等の請求に関する省令(平成18年厚生労働省令第170号)に規定する介護給付費・訓練等給付費明細書の様式等の一部改正を行うこととしたこと。

第3 障害者自立支援法に基づく指定障害福祉サービスの事業等の人員，設備及び運営に関する基準の一部改正関係

(1) 同行援護の創設関係

ア 同行援護に係る指定障害福祉サービスの事業は，視覚障害により，移動に著しい困難を有する障害者等が居宅において自立し

た日常生活又は社会生活を営むことができるよう，当該障害者等の身体その他の状況及びその置かれている環境に応じて，外出時において，当該障害者等に同行し，移動に必要な情報の提供，移動の援護，排せつ及び食事等の介護その他の当該障害者等の外出時に必要な援助を適切かつ効果的に行うものでなければならないものとすることとしたこと。(障害者自立支援法に基づく指定障害福祉サービスの事業等の人員，設備及び運営に関する基準(平成18年厚生労働省令第171号。以下「基準省令」という。)第4条関係)

イ　同行援護に係る指定障害福祉サービスの事業の従業員の員数，管理者等に係る基準については，指定居宅介護事業者に係る基準を準用するものとすることとしたこと。
　　(基準省令第7条，第8条第2項，第43条第2項及び第48条第2項関係)

ウ　指定重度障害者等包括支援事業者が，従業者に，その同居の家族である利用者に対して提供をさせてはならない障害福祉サービスとして同行援護を追加することとしたこと。(基準省令第132条第2項関係)

エ　指定共同生活介護事業所において個人単位で居宅介護等を利用する場合の特例に係る規定に，同行援護に係る規定を追加することとしたこと。(基準省令附則第18条の2第1項関係)

(2)　特定障害者特別給付費の対象拡大関係
　　　指定共同生活介護事業者又は指定共同生活援助事業者が支給決定障害者から受けることができる居住に要する費用について，特定障害者特別給付費が利用者に支給された場合（特定障害者特別給付費が利用者に代わり当該指定共同生活介護事業者又は指定共同生活援助事業者に支払われた場合に限る。）は，当該利用者に係る居住に要する費用の額から当該利用者に支給があったものとみなされた特定障害者特別給付費の額を控除した額を限度とするものとしたこと。(基準省令第143条第3項第2号及び第213条関係)

第4　介護保険法施行規則の一部改正関係
　　介護保険法(平成9年法律第123号)第69条の2第1項の厚生労働省令で定める実務の経験に係る規定に同行援護に係る規定を追加することとしたこと。(介護保険法施行規則(平成11年厚生省令第36号)第113条の2第3号ロ関係)

第5　その他関係省令の一部改正関係
　　児童福祉法施行規則(昭和23年厚生省令第11号)その他の関係省令につき，整備法の一部の施行に伴い必要となる条項ずれの改正等所要の改正を行うこととしたこと。

第五　公営住宅法第四十五条第一項の事業等を定める省令の一部を改正する省令(平成23年厚生労働省・国土交通省令第3号。別添2参照。)の内容
　　整備法の一部の施行に伴い，条項ずれの改正を行うこととしたこと。

第六　整備法の一部の施行に伴う告示改正等(別添2参照)の内容

第1　障害者自立支援法に基づく指定障害福祉サービス等及び基準該当障害福祉サービスに要する費用の額の算定に関する基準の一部を改正する件(平成23年厚生労働省告示第331号)
　　同行援護に係る報酬については，居宅介護における通院等介助と同様に設定することとしたこと。(障害者自立支援法に基づく指定障害福祉サービス等及び基準該当障害福祉サービスに要する費用の額の算定に関する基準(平成18年厚生労働省告示第523号)の一部改正関係)

第2　厚生労働大臣が定める障害福祉サービス費等負担対象額に関する基準等の一部を改正する件(平成23年厚生労働省告示第333号)
　　同行援護に係る国庫負担基準については，9,890単位(ただし，共同生活介護サービス費を算定される者及び経過的居宅介護利用型共同生活介護費を算定される者については2,700単位)とすることとしたこと。(厚生労働大臣が定める障害福祉サービス費等負担対象額に関する基準等(平成18年厚生労働省告示第530号)の一部改正関係)

第3　障害者自立支援法施行令第21条の3第1項第2号の規定に基づき共同生活住居費の基準額

として厚生労働大臣が定める費用の額を定める件（平成23年厚生労働省告示第354号）

令第21条の3第1項第2号の規定に基づき共同生活住居費の基準額として厚生労働大臣が定める費用の額は1万円とすることとしたこと。

第4　その他

第1から第3までに掲げるもののほか，以下の厚生労働省告示について，整備法の一部の施行に伴い必要となる条項ずれの改正等所要の改正を行うこととしたこと。

① 国立障害者リハビリテーションセンター学院養成訓練規程（昭和55年厚生労働省告示第4号）

② 厚生労働大臣が定める基準（平成18年厚生労働省告示第236号）

③ 障害福祉サービス及び相談支援並びに市町村及び都道府県の地域生活支援事業の提供体制の整備並びに自立支援給付及び地域生活支援事業の円滑な実施を確保するための基本的な指針（平成18年厚生労働省告示第395号）

④ 障害者自立支援法に基づく指定旧法施設支援に要する費用の額の算定に関する基準（平成18年厚生労働省告示第522号）

⑤ 補装具の種目，購入又は修理に要する費用の額の算定等に関する基準（平成18年厚生労働省告示第528号）

⑥ 障害者自立支援法施行令第二十一条の三第一項の規定に基づき食費等の基準費用額として厚生労働大臣が定める費用の額（平成18年厚生労働省告示第531号）

⑦ 指定居宅介護等の提供に当たる者として厚生労働大臣が定めるもの（平成18年厚生労働省告示第538号）

⑧ 厚生労働大臣が定める一単位の単価（平成18年厚生労働省告示第539号）

⑨ 厚生労働大臣が定める基準（平成18年厚生労働省告示第543号）

⑩ 食事の提供に要する費用，光熱水費及び居室の提供に要する費用に係る利用料等に関する指針（平成18年厚生労働省告示第545号）

⑪ 厚生労働大臣が定める要件（平成18年厚生労働省告示第546号）

⑫ 指定重度障害者等包括支援の提供に係るサービス管理を行う者として厚生労働大臣が定めるもの（平成18年厚生労働省告示第547号）

⑬ 厚生労働大臣が定める者（平成18年厚生労働省告示第548号）

⑭ 厚生労働大臣が定める利用者の数の基準及び従業者の員数の基準並びに所定単位数に乗じる割合（平成18年厚生労働省告示第550号）

⑮ 厚生労働大臣が定める施設基準（平成18年厚生労働省告示第551号）

⑯ 厚生労働大臣が定めるところにより算定した単位数等（平成18年厚生労働省告示第552号）

⑰ 障害者自立支援法に基づく指定障害福祉サービスの事業等の人員，設備及び運営に関する基準第百七十一条並びに第百八十四条において準用する同令第二十二条及び第百四十四条に規定する厚生労働大臣が定める者等（平成18年厚生労働省告示第553号）

⑱ 厚生労働大臣が定める者（平成18年厚生労働省告示第556号）

⑲ 児童福祉法に基づく指定施設支援に要する費用の額の算定に関する基準（平成18年厚生労働省告示第557号）

⑳ 障害児に係る厚生労働大臣が定める区分（平成18年厚生労働省告示第572号）

㉑ 障害者自立支援法施行令第二十一条の三第一項の規定に基づき厚生労働大臣が定める食費等の負担限度額の算定方法（平成19年厚生労働省告示第133号）

㉒ 障害者自立支援法に基づく指定障害福祉サービス等及び基準該当障害福祉サービスに要する費用の額の算定に関する基準等に基づき厚生労働大臣が定める地域（平成21年厚生労働省告示第176号）

㉓ 障害者自立支援法に基づく指定障害福祉サービス等及び基準該当障害福祉サービスに要する費用の額の算定に関する基準に基づき厚生労働大臣が定める療養食（平成21年厚生労働省告示第177号）

㉔ 障害者自立支援法に基づく指定障害福祉

資料編

サービス等及び基準該当障害福祉サービスに要する費用の額の算定に関する基準に基づき厚生労働大臣が定める研修（平成21年厚生労働省告示第178号）

㉕　障害者自立支援法施行令第十七条第一項第二号に規定する厚生労働大臣が定める者（平成22年厚生労働省告示第177号）

第七　施行に当たっての留意事項

同行援護について，障害者自立支援法に基づく指定障害福祉サービス等及び基準該当障害福祉サービスに要する費用の額の算定に関する基準に規定する身体介護を伴わない場合については，障害程度区分を勘案せずに支給決定を受けることが可能であること。詳細については事務連絡等において追ってお示しする予定であること。

別添1・2　略

○障がい者制度改革推進本部等における検討を踏まえて障害保健福祉施策を見直すまでの間において障害者等の地域生活を支援するための関係法律の整備に関する法律等の施行について

（平成24年3月30日　社援発0330第41号
各都道府県知事・各指定都市市長・各中核市市長宛
厚生労働省社会・援護局長通知）

障がい者制度改革推進本部等における検討を踏まえて障害保健福祉施策を見直すまでの間において障害者等の地域生活を支援するための関係法律の整備に関する法律（平成22年法律第71号。以下「整備法」という。）については，平成22年11月17日に衆議院厚生労働委員長から提出され，同年12月3日に可決成立し，同月10日に公布されたところである。

この法律の施行期日については，障がい者制度改革推進本部等における検討を踏まえて障害保健福祉施策を見直すまでの間において障害者等の地域生活を支援するための関係法律の整備に関する法律の一部の施行期日を定める政令（平成23年政令第295号）等により，一部を除き，本年4月1日とされているところであり，同日から施行される内容については，関係する政令が本年2月3日，省令が同年3月28日，告示が本日公布されたところである。

整備法の改正の趣旨については，平成22年12月10日付け社援発1210第4号当職通知「障がい者制度改革推進本部等における検討を踏まえて障害保健福祉施策を見直すまでの間において障害者等の地域生活を支援するための関係法律の整備に関する法律の公布及び一部の施行について（通知）」においてお示ししたところであるが，このうち，本年4月1日施行に係る主な内容は下記のとおりであるので，十分御了知の上，管内市町村（特別区を含む。）を始め，関係者，関係団体等に対し，その周知徹底を図るとともに，その運用に遺漏のないようにされたい。

記

第一　整備法の内容（本年4月1日から施行される部分に限る。）

第1　障害者自立支援法（平成17年法律第123号。

以下「法」という。）の一部改正関係
(1) 利用者負担の見直し関係
　ア　支給決定障害者等が指定障害福祉サービス等を利用した場合の負担については，当該支給決定障害者等の家計の負担能力に応じたものとすることを原則とすることとしたこと。また，自立支援医療費及び補装具費の支給について，同様の見直しを行うこととしたこと。
　イ　障害福祉サービス及び介護保険法に規定する介護給付等対象サービスのうち政令で定めるもの並びに補装具の購入又は修理に要した費用の負担の合計額が著しく高額である場合には，当該支給決定障害者等に対し，高額障害福祉サービス等給付費を支給することとしたこと。
(2) 相談支援の充実関係
　ア　市町村は，支給要否決定を行うに当たって必要と認められる場合には，支給決定の申請に係る障害者又は障害児の保護者に対し，サービス等利用計画案の提出を求めることとし，当該サービス等利用計画案の提出があった場合には，当該サービス等利用計画案を勘案して支給要否決定を行うものとすることとしたこと。
　イ　障害者の地域移行及び地域定着のための相談支援として，障害者支援施設等に入所している障害者又は精神科病院に入院している精神障害者につき，住居の確保その他の地域における生活に移行するための活動に関する相談その他の便宜を供与する「地域移行支援」及び居宅において単身等の状況において生活する障害者につき，当該障害者との常時の連絡体制を確保し，障害の特性に起因して生じた緊急の事態において相談その他の便宜を供与する「地域定着支援」を創設することとしたこと。
　ウ　基幹相談支援センターは，地域における相談支援の中核的な役割を担う機関として，相談支援に関する業務を総合的に行うことを目的とする施設とすることとし，市町村又は当該業務の実施の委託を受けた者が設置することができることとしたこと。
　エ　地方公共団体は，関係機関，関係団体及び障害者等の福祉，医療，教育又は雇用に関連する職務に従事する者その他の関係者により構成される自立支援協議会を置くことができることとしたこと。
(3) 指定障害福祉サービス事業者及び指定障害者支援施設等の設置者（以下「指定事業者等」という。）並びに指定相談支援事業者の事業運営の適正化に係る見直し
　ア　指定事業者等及び指定相談支援事業者による法令遵守の義務の履行を確保し，指定取消事案等の不正行為を未然に防止するとともに，利用者の保護と事業運営の適正化を図るため，指定事業者等及び指定相談支援事業者に対し，業務管理体制の整備を義務付けることとしたこと。
　イ　業務管理体制の整備状況，不正行為への組織的関与の有無等を確認するため，厚生労働大臣，都道府県知事又は市町村長に対して，指定事業者等及び指定相談支援事業者に対する報告の徴収，当該指定事業者等及び指定相談支援事業者の本部，関係事業所等への立入検査を行うこととしたこと。
　ウ　指定障害福祉サービス事業者及び指定相談支援事業者による指定取消処分等の処分逃れを防止するため，これまで原則として事後届出制であった事業の休廃止届について，事前届出制とする等の対策を講じることとしたこと。
　エ　一事業所等の指定取消処分が，その指定事業者等及び指定相談支援事業者の同一サービス等類型（障害福祉サービス（療養介護を除く。），障害者支援施設，地域相談支援及び計画相談支援）内の他の事業所等の指定等の拒否につながる仕組みについて，一律に適用するのではなく，組織的関与の有無に応じた対応が可能な仕組みとすることとしたこと。
　オ　事業の休廃止時における利用者の継続的なサービス確保のための便宜提供を義務付けることとしたこと。

(4) その他

成年後見制度利用支援事業を市町村の地域生活支援事業の必須事業とすることとしたこと。

第2 児童福祉法（昭和22年法律第164号。以下「児福法」という。）の一部改正関係

(1) 障害児施設の見直し関係

児童福祉施設とされている知的障害児施設，知的障害児通園施設，盲ろうあ児施設，肢体不自由児施設及び重症心身障害児施設について，入所による支援を行う施設を障害児入所施設に，通所による支援を行う施設を児童発達支援センターにそれぞれ一元化することとしたこと。

(2) 障害児の通所による支援の見直し関係

ア 障害児通所支援として，児童発達支援，医療型児童発達支援，放課後等デイサービス及び保育所等訪問支援を創設し，障害児通所支援事業とは，障害児通所支援を行う事業とすることとしたこと。

イ 市町村は，通所給付決定を受けた障害児の保護者が，指定障害児通所支援事業者又は指定医療機関（以下「指定障害児通所支援事業者等」という。）から指定通所支援を受けたときは，障害児通所給付費を支給することとしたこと。

ウ 市町村は，通所給付決定に係る障害児が，指定障害児通所支援事業者等から医療型児童発達支援のうち治療に係るものを受けたときは，肢体不自由児通所医療費を支給することとしたこと。

(3) 障害児の入所による支援の見直し関係

知的障害児施設支援，知的障害児通園施設支援，盲ろうあ児施設支援，肢体不自由児施設支援及び重症心身障害児施設支援とされている障害児施設支援について，入所による支援については，障害児入所支援に再編することとしたこと。

(4) 障害児相談支援事業の創設関係

市町村は，通所支給要否決定を行うに当たって必要と認められる場合には，通所給付決定の申請に係る障害児の保護者に対し，障害児支援利用計画案の提出を求めることとし，当該障害児支援利用計画案の提出があった場合には，当該計画案を勘案して通所支給要否決定を行うものとすることとしたこと。

(5) 指定障害児通所支援事業者，指定障害児入所施設及び指定医療機関の設置者並びに指定障害児相談支援事業者の事業運営の適正化に係る見直し

第1(3)と同様の内容を定めることとしたこと。

第3 精神保健及び精神障害者福祉に関する法律（昭和25年法律第123号）の一部改正関係

都道府県は，夜間又は休日において精神障害の救急医療を必要とする精神障害者等からの相談に応ずる等，地域の実情に応じた体制の整備を図るよう努めるものとし，都道府県知事は，当該体制の整備に当たって，医療施設の管理者，精神保健指定医等に対し，必要な協力を求めることができることとしたこと。

第4 その他

第1から第3までに掲げるもののほか，関係法律について所要の改正を行うこととしたこと。

第二 障がい者制度改革推進本部等における検討を踏まえて障害保健福祉施策を見直すまでの間において障害者等の地域生活を支援するための関係法律の整備に関する法律の施行に伴う関係政令の整備等及び経過措置に関する政令（平成24年政令第26号）の内容

第1 障害者自立支援法施行令（平成18年政令第15号。以下「令」という。）の一部改正関係

(1) 利用者負担の見直し関係

ア 利用者負担について，法律上家計の負担能力その他の事情を斟酌して定めることとなったことに伴い，所要の規定の整備を行うこととしたこと。

なお，令附則第12条及び第13条に定める自立支援医療並びに令附則第13条の2に定める指定療養介護医療等の経過的特例については，平成27年3月31日まで延長することとしたこと。

イ 高額障害福祉サービス等給付費につい

て，合算の対象を障害福祉サービス，補装具，介護保険サービス，障害児通所支援及び指定入所支援とするとともに，一人の障害児の保護者が障害福祉サービス，障害児通所支援又は指定入所支援のうちいずれか2つ以上のサービスを利用する場合には，その負担上限月額は利用するサービスの負担上限月額のうち最も高い額とすることとしたこと。

(2) 地域相談支援給付費，特例地域相談支援給付費，計画相談支援給付費及び特例計画相談支援給付費の支給関係

指定一般相談支援事業者及び指定特定相談支援事業者に係る指定の取消事由となる「国民の保健医療若しくは福祉に関する法律」の範囲及び使用人の範囲に関する事項について，現行の指定相談支援事業者と同様の内容を定めることとしたこと。

(3) その他

上記に加え，条項ずれの修正等所要の改正を行うこととしたこと。

第2 児童福祉法施行令（昭和23年政令第74号）の一部改正関係

(1) 障害児通所支援関係

ア 利用者負担について，法律上家計の負担能力その他の事情を斟酌して定めることとなったことに伴い，所要の規定の整備を行うこととしたこと。

イ 高額障害児通所給付費に係る支給要件，支給額等に関する事項について，高額障害福祉サービス等給付費と同様の内容を定めることとしたこと。

ウ 指定障害児通所支援事業者に係る指定の取消事由となる「国民の保健医療若しくは福祉に関する法律」の範囲及び使用人の範囲に関する事項について，現行の指定障害福祉サービス事業者と同様の内容を定めることとしたこと。

(2) 障害児入所支援関係

ア 利用者負担について，法律上家計の負担能力その他の事情を斟酌して定めることとなったことに伴い，所要の規定の整備を行うこととしたこと。

イ 高額障害児入所給付費に係る支給要件，支給額等に関する事項について，高額障害福祉サービス等給付費と同様の内容を定めることとしたこと。

ウ 指定障害児入所施設の設置者に係る指定の取消事由となる「国民の保健医療若しくは福祉に関する法律」の範囲及び使用人の範囲に関する事項について，指定障害児通所支援事業者と同様の内容を定めることとしたこと。

(3) 障害児相談支援関係

指定障害児相談支援事業者に係る指定の取消事由となる「国民の保健医療若しくは福祉に関する法律」の範囲及び使用人の範囲に関する事項について，指定障害児通所支援事業者と同様の内容を定めることとしたこと。

(4) その他

上記に加え，条項ずれの修正等所要の改正を行うこととしたこと。

第3 その他

社会福祉法施行令（昭和33年政令第185号）その他関係政令につき，整備法の施行による障害児施設の見直し等に伴い必要となる条項ずれの修正等所要の改正を行うとともに，必要な経過措置を定めることとしたこと。

第三 障がい者制度改革推進本部等における検討を踏まえて障害保健福祉施策を見直すまでの間において障害者等の地域生活を支援するための関係法律の整備に関する法律の施行に伴う関係省令の整備等及び経過措置に関する省令（平成24年厚生労働省令第40号。以下「整備省令」という。）の内容

第1 障害者自立支援法施行規則（平成18年厚生労働省令第19号。以下「規則」という。）の一部改正関係

(1) 相談支援の充実関係

ア 地域移行支援として供与される便宜は，住居の確保その他の地域における生活に移行するための活動に関する相談，外出の際の同行，障害福祉サービス（生活介護，自立訓練，就労移行支援及び就労継続支援に

限る。）の体験的な利用支援，体験的な宿泊支援その他の必要な支援とすることとしたこと。

イ 地域定着支援が供与される状況は，居宅において単身であるため又はその家族と同居している場合であっても当該家族等が障害，疾病等のため，障害者に対し，当該障害者の家族等による緊急時の支援が見込めない状況とすることとしたこと。

ウ 地域定着支援が供与される場合は，障害の特性に起因して生じた緊急の事態その他の緊急に支援が必要な事態が生じた場合とすることとしたこと。

エ サービス等利用計画案で定める事項は，法第20条第1項若しくは第24条第1項の申請に係る障害者等若しくは障害児の保護者又は法第51条の6第1項若しくは第51条の9第1項の申請に係る障害者及びその家族の生活に対する意向，当該障害者等の総合的な援助の方針及び生活全般の解決すべき課題，提供される障害福祉サービス又は地域相談支援の目標及びその達成時期，障害福祉サービス又は地域相談支援の種類，内容，量及び日時並びに障害福祉サービス又は地域相談支援を提供する上での留意事項とすることとしたこと。

オ サービス等利用計画で定める事項は，支給決定に係る障害者等又は地域相談支援給付決定障害者及びその家族の生活に対する意向，当該障害者等又は地域相談支援給付決定障害者の総合的な援助の方針及び生活全般の解決すべき課題，提供される障害福祉サービス又は地域相談支援の目標及びその達成時期，障害福祉サービス又は地域相談支援の種類，内容，量，日時，利用料及びこれを担当する者並びに障害福祉サービス又は地域相談支援を提供する上での留意事項とすることとしたこと。

カ サービス等利用計画の見直しの期間は，障害者等の心身の状況，その置かれている環境，支給決定に係る障害者等又は地域相談支援給付決定障害者の総合的な援助の方針及び生活全般の解決すべき課題，提供される障害福祉サービス又は地域相談支援の目標及びその達成時期，障害福祉サービス又は地域相談支援の種類，内容及び量，障害福祉サービス又は地域相談支援を提供する上での留意事項並びに次に掲げる者の区分に応じ当該各号に定める期間を勘案して，市町村が必要と認める期間とすることとしたこと。ただし，①に定める期間については，当該支給決定又は支給決定の変更に係る障害福祉サービスの利用開始日から起算して3月を経過するまでの間に限ることとしたこと。

① 支給決定又は支給決定の変更によりサービスの種類，内容又は量に著しく変動があった者 1月間

② 療養介護，重度障害者等包括支援及び施設入所支援を除く障害福祉サービスを利用する者又は地域定着支援を利用する者（いずれも①に掲げる者を除く。）のうち次に掲げるもの 1月間

イ 障害者支援施設からの退所等に伴い，一定期間，集中的に支援を行うことが必要である者

ロ 単身の世帯に属するため又はその同居している家族等の障害，疾病等のため，自ら指定障害福祉サービス事業者等との連絡調整を行うことが困難である者

ハ 重度障害者等包括支援に係る支給決定を受けることができる者

③ 療養介護，重度障害者等包括支援及び施設入所支援を除く障害福祉サービスを利用する者又は地域定着支援を利用する者（いずれも①及び②に掲げる者を除く。）又は地域移行支援を利用する者（①に掲げる者を除く。） 6月間

④ 療養介護，重度障害者等包括支援又は施設入所支援を利用する者（①に掲げる者及び地域移行支援を利用する者を除く。） 1年間

キ 市町村が，支給要否決定を行うに当たっ

て，法第20条第１項の申請に係る障害者若しくは障害児の保護者又は法第51条の６第１項の申請に係る障害者に対し，指定特定相談支援事業者が作成するサービス等利用計画案の提出を求める場合は，障害者若しくは障害児の保護者が法第20条第１項の申請をした場合又は法第51条の６第１項の申請をした場合（平成27年３月31日までの間は，「申請をした場合」とあるのは，「申請をした場合であって市町村が必要と認めるとき」）とすることとしたこと。ただし，当該障害者が介護保険法（平成９年法律第123号）第８条第23項に規定する居宅介護支援又は同法第８条の２第18項に規定する介護予防支援の対象となる場合には，市町村が必要と認める場合とすることとしたこと。

ク　整備法の施行に伴い必要となる条項ずれの改正等所要の改正を行うこととしたこと。

(2) 指定障害福祉サービス事業者等の指定関係

ア　指定の更新について，介護保険法施行規則（平成11年厚生省令第36号）と同様に，手続の簡素化の規定を定めることとしたこと。

イ　一事業所等の指定取消処分が他の事業所等の指定等の拒否につながる仕組みが適用されない場合の取消については，介護保険法施行規則と同様の内容を定めることとしたこと。

ウ　申請者と密接な関係を有する者が過去５年以内に指定取消を受けた場合に当該申請者に係る指定等の拒否につながる仕組み（以下「連座制」という。）については，原則として，次に掲げる類型内で適用することとしたこと。

① 居宅介護，重度訪問介護，同行援護及び行動援護

② 生活介護（施設障害福祉サービスとして提供される場合を除く。）及び短期入所

③ 重度障害者等包括支援

④ 共同生活介護及び共同生活援助

⑤ 自立訓練，就労移行支援及び就労継続支援（いずれも施設障害福祉サービスとして提供される場合を除く。）

⑥ 障害者支援施設

エ　指定自立支援医療機関の指定申請等の記載事項について，指定障害福祉サービス事業者と同様の内容を追加（開設者の生年月日及び氏名，誓約書，役員の氏名，生年月日及び住所等）することとしたこと。

(3) 業務管理体制の整備等関係

ア　指定事業者等及び指定相談支援事業者が整備すべき業務管理体制の内容は，指定を受けている事業所の数等に応じて，それぞれ以下のとおりとすることとしたこと。なお，指定事業者等と指定相談支援事業者については，それぞれの類型ごとに事業所等の数を数えることとしたこと。

① 指定を受けている事業所等の数が20未満の指定事業者等（のぞみの園の設置者を除く。以下この(3)において同じ。）及び指定相談支援事業者　法令遵守責任者の選任をすることとしたこと。

② 指定を受けている事業所等の数が20以上100未満の指定事業者等及び指定相談支援事業者　法令遵守責任者の選任をすること及び業務が法令に適合することを確保するための規程（以下「法令遵守規程」という。）を整備することとしたこと。

③ 指定を受けている事業所等の数が100以上の指定事業者等及び指定相談支援事業者並びにのぞみの園の設置者　法令遵守責任者の選任をすること，法令遵守規程を整備すること及び業務執行の状況の監査を定期的に行うこととしたこと。

イ　指定事業者等，のぞみの園の設置者及び指定相談支援事業者は，業務管理体制を整備し，遅滞なく（平成24年９月30日までの間は，「遅滞なく」とあるのは「平成24年９月30日までに」），規則第34条の28及び第34条の62に定める事項を記載した届出書を，指定を受けている事業所等の所在地に応じて，それぞれ以下のとおり届け出ることとしたこと。

ととしたこと。また，既に届け出た事項に変更があった場合又は事業所等の新規指定・廃止等により届け出るべき事項に変更があった場合についても，同様とすることとしたこと。

① 指定を受けている事業所の所在地が2以上の都道府県に所在する指定事業者等，のぞみの園の設置者及び指定相談支援事業者　厚生労働大臣

② 特定相談支援事業のみを行う指定特定相談支援事業者であって，当該指定に係る事業所が一の市町村の区域に所在するもの　市町村長

③ ①に該当しない指定事業者等及び指定相談支援事業者　都道府県知事

(4) 地域相談支援給付費，特例地域相談支援給付費及び計画相談支援給付費関係

ア 地域相談支援給付費，特例地域相談支援給付費及び計画相談支援給付費が創設されることに伴い，これらの給付費の支給の手続について，介護給付費等と同様の内容を定めることとしたこと。

イ 指定一般相談支援事業者及び指定特定相談支援事業者の指定について，手続は整備法による改正前の指定相談支援事業者と同様の内容を定めるほか，連座制は，原則として，地域相談支援及び計画相談支援それぞれの類型内で適用することとしたこと。

ウ 業務管理体制の整備等について，指定障害福祉サービス事業者等と同様の内容を定めることとしたこと。

(5) 高額障害福祉サービス等給付費関係

高額障害福祉サービス等給付費の支給の手続について，合算の対象に補装具費を加えることに伴い，必要な規定の整備を行うこととしたこと。

(6) 地域生活支援事業関係

ア 成年後見制度利用支援事業の補助対象費用として民法（明治29年法律第89号）第7条等に規定する審判の請求に要する費用等を定めることとしたこと。

イ 基幹相談支援センターについて，市町村は，一般相談支援事業を行う者又は特定相談支援事業を行う者に委託することができることとするとともに，委託を受けた者が基幹相談支援センターを設置する際の手続を定めることとしたこと。

(7) 国民健康保険団体連合会関係

国民健康保険団体連合会の議決権の特例について，介護保険法施行規則と同様の内容を定めることとしたこと。

(8) その他

施設障害福祉サービスとして施設入所支援と併せて行われるサービスに就労継続支援B型を加えるほか，整備法の施行に伴い必要となる条項ずれの改正等所要の改正を行うこととしたこと。

第2　児童福祉法施行規則（昭和23年厚生省令第11号）の一部改正

(1) 障害児支援の見直し関係

ア 児童発達支援として供与される便宜は，日常生活における基本的な動作の指導，知識技能の付与及び集団生活への適応訓練の実施とし，児童発達支援を行う施設は，当該便宜を適切に供与することができる施設とすることとしたこと。

イ 放課後等デイサービスを行う施設は，児童発達支援センターその他の生活能力の向上のために必要な訓練，社会との交流の促進その他の便宜を適切に供与することができる施設とすることとしたこと。

ウ 保育所等訪問支援の対象は，保育所，学校教育法（昭和22年法律第26号）に規定する幼稚園，小学校及び特別支援学校，就学前の子どもに関する教育，保育等の総合的な提供の推進に関する法律（平成18年法律第77号）に規定する認定こども園その他児童が集団生活を営む施設として，市町村が認めた施設に通う障害児とすることとしたこと。

エ 障害児支援利用計画案で定める事項は，児福法第21条の5の6第1項又は第21条の5の8第1項の申請に係る障害児及びその家族の生活に対する意向，当該障害児の総

合的な援助の方針及び生活全般の解決すべき課題，提供される障害児通所支援の目標及びその達成時期，障害児通所支援の種類，内容，量及び日時並びに障害児通所支援を提供する上での留意事項とすることとしたこと。
オ　障害児支援利用計画で定める事項は，障害児及びその家族の生活に対する意向，当該障害児の総合的な援助の方針及び生活全般の解決すべき課題，提供される障害児通所支援の目標及びその達成時期，障害児通所支援の種類，内容，量，日時，利用料及びこれを担当する者並びに障害児通所支援を提供する上での留意事項とすることとしたこと。
カ　障害児支援利用計画の見直しの期間は，障害児の心身の状況，その置かれている環境，当該障害児の総合的な援助の方針及び生活全般の解決すべき課題，提供される障害児通所支援の目標及びその達成時期，障害児通所支援の種類，内容及び量，障害児通所支援を提供する上での留意事項並びに次の各号に掲げる者の区分に応じ当該各号に定める期間を勘案して，市町村が必要と認める期間とすることとしたこと。ただし，③に定める期間については，当該通所給付決定又は通所給付決定の変更に係る障害児通所支援の利用開始日から起算して3月を経過するまでの間に限るものとすることとしたこと。
①　②及び③に掲げる者以外のもの　6月間
②　②に掲げる者以外のものであって，次に掲げるもの　1月間
　イ　障害児入所施設からの退所等に伴い，一定期間，集中的に支援を行うことが必要である者
　ロ　同居している家族等の障害，疾病等のため，指定障害児通所支援事業者等との連絡調整を行うことが困難である者
③　通所給付決定又は通所給付決定の変更により障害児通所支援の種類，内容又は量に著しく変動があった者　1月間
キ　市町村が通所支給要否決定等を行うに当たって，児福法第21条の5の6第1項の申請に係る障害児の保護者に対し，指定障害児相談支援事業者が作成する障害児支援利用計画案の提出を求める場合は，障害児の保護者が児福法第21条の5の6第1項の申請をした場合（平成27年3月31日までの間は，「申請をした場合」とあるのは，「申請をした場合であって市町村が必要と認めるとき」）とすることとしたこと。
ク　整備法の施行に伴い必要となる条項ずれの改正等所要の改正を行うこととしたこと。
(2)　障害児通所給付費，特例障害児通所給付費及び障害児入所給付費関係
ア　障害児通所給付費及び特例障害児通所給付費が創設されることに伴い，これらの給付費の支給の手続について，介護給付費等と同様の内容を定めることとしたこと。
イ　障害児入所給付費が創設されることに伴い，給付費の支給の手続について，現行の障害児施設給付費と同様の内容を定めることとしたこと。
(3)　指定障害児通所支援事業者及び指定障害児入所施設の指定関係
手続について，指定障害福祉サービス事業者等と同様の内容を定めるほか，連座制は，原則として，障害児通所支援の類型内で適用することとしたこと。
(4)　業務管理体制の整備等関係
児福法第21条の5の25等の業務管理体制の整備等に係る事項については規則と同様の内容を定めることとしたこと。
(5)　障害児相談支援給付費関係
ア　障害児相談支援給付費が創設されることに伴い，これらの給付費の支給の手続について，計画相談支援給付費と同様の内容を定めることとしたこと。
イ　指定障害児相談支援事業者の指定について，手続は現行の指定相談支援事業者と同

様の内容を定めるほか，連座制は，原則として，障害児相談支援の類型内で適用することとしたこと。
　　ウ　業務管理体制の整備等について，指定障害児通所支援事業者及び指定障害児入所施設と同様の内容を定めることとしたこと。
　(6) 高額障害児通所給付費及び高額障害児入所給付費関係
　　　高額障害児通所給付費及び高額障害児入所給付費の支給の手続について，高額障害福祉サービス等給付費と同様に必要な規定の整備を行うこととしたこと。
　(7) 国民健康保険団体連合会関係
　　　国民健康保険団体連合会の議決権の特例について，規則と同様の内容を定めることとしたこと。
　(8) その他
　　　整備法の施行に伴い必要となる条項ずれの改正等所要の改正を行うこととしたこと。
第3　介護給付費等の請求に関する省令（平成18年厚生労働省令第170号）の一部改正
　　整備法の施行による児童デイサービスの削除及び相談支援の充実に伴い，介護給付費・訓練等給付費明細書の様式等の一部改正を行うこととしたこと。
第4　障害者自立支援法に基づく指定障害福祉サービスの事業等の人員，設備及び運営に関する基準（平成18年厚生労働省令第171号。以下「サービス指定基準」という。）の一部改正関係
　(1) 介護報酬改定の動向を踏まえ，サービス提供責任者の配置基準について，サービス提供責任者の主たる業務である居宅介護等計画の作成に応じた適切な人数を配置するため，これまでのサービス提供時間又は従業者の数に応じた基準に，利用者数に応じた基準を新たに追加することとしたこと。
　(2) 宿泊型自立訓練事業所等においても，既存の設備，空床等を活用して短期入所の事業が実施できるよう，指定要件を緩和することとしたこと。
　(3) 宿泊型自立訓練の利用者と就労継続支援B型など日中活動サービスの利用者とを併せて60人以内であれば，宿泊型自立訓練と日中活動サービスのサービス管理責任者との兼務を認めることとしたこと。
　(4) 整備法の施行による児童デイサービスの削除等に伴い，必要な規定の整備等を行うこととしたこと。
第5　障害者自立支援法に基づく指定障害者支援施設等の人員，設備及び運営に関する基準（平成18年厚生労働省令第172号）の一部改正関係
　　規則第1条の2の改正により，施設障害福祉サービスとして施設入所支援と併せて行われるサービスに就労継続支援B型を加えること等に伴い，必要な規定の整備等を行うこととしたこと。
第6　障害者自立支援法に基づく障害福祉サービス事業の設備及び運営に関する基準（平成18年厚生労働省令第174号）の一部改正関係
　　整備法の施行による児童デイサービスの削除等に伴い，必要な規定の整備等を行うこととしたこと。
第7　障害者自立支援法に基づく障害者支援施設の設備及び運営に関する基準（平成18年厚生労働省令第177号）の一部改正関係
　　規則第1条の2の改正により，施設障害福祉サービスとして施設入所支援と併せて行われるサービスに就労継続支援B型を加えること等に伴い，必要な規定の整備等を行うこととしたこと。
第8　障害児施設給付費及び特定入所障害児食費等給付費の請求に関する省令（平成18年厚生労働省令第179号）の一部改正関係
　　整備法の施行に伴い，障害児通所給付費及び障害児入所給付費が創設されたことから，題名を改正するほか，障害児施設給付費等明細書の様式等の一部改正を行うこととしたこと。
第9　医療法施行規則（昭和23年厚生省令第50号）の一部改正関係
　　医療法施行規則第30条の33に規定する病床数の補正の対象に療養介護を行う病院を加えるほか，整備法の施行により，重症心身障害児施設等が医療型障害児入所施設に再編されることに

伴う必要な規定の整備を行うこととしたこと。

第10 その他関係省令の一部改正関係

　整備法の施行に伴い，障害者自立支援法に基づく指定相談支援の事業の人員及び運営に関する基準（平成18年厚生労働省令第173号）及び児童福祉法に基づく指定知的障害児施設等の人員，設備及び運営に関する基準（平成18年厚生労働省令第178号）について廃止するほか，精神保健福祉士法施行規則（平成10年厚生省令第11号）その他の関係省令につき，必要となる条項ずれの改正等所要の改正を行うこととしたこと。

第11 経過措置関係

(1) 整備法の施行に伴う経過措置のうち厚生労働省令で定めることとされているもの

　整備法附則第15条第2項及び第22条第4項に規定する厚生労働省令で定める期間は，平成24年4月1日から平成25年3月31日までとしたこと。

(2) 整備省令の施行に伴う経過措置

ア 厚生労働省関係構造改革特別区域法第二条第三項に規定する省令の特例に関する措置及びその適用を受ける特定事業を定める省令（平成15年厚生労働省令第132号。以下「特区省令」という。）の一部改正に伴い，整備省令による改正前の特区省令第4条第1項の規定により基準該当児童デイサービス事業所とみなされていた指定小規模多機能型居宅介護事業所については，当分の間，整備省令による改正前の特区省令第4条第1項の規定は，なおその効力を有することとしたこと。

イ 整備省令の施行の日から起算して1年を超えない期間内において，地域の自主性及び自立性を高めるための改革の推進を図るための関係法律の整備に関する法律（平成23年法律第37号）第13条の規定による改正後の児福法第21条の5の4第1項第2号に規定する都道府県の条例が制定施行されるまでの間は，整備省令の施行の際現に同令による改正前のサービス指定基準第5章第5節に規定する基準該当障害福祉サービスに関する基準を満たしている事業所については，当該基準を満たしていることをもって，児童福祉法に基づく指定通所支援の事業の人員，設備及び運営に関する基準（平成24年厚生労働省令第15号）第2章に規定する児童発達支援に係る基準及び同令第4章に規定する放課後等デイサービスに係る基準を満たしているものとみなすことができることとしたこと。　　　　　　　　　等

第四 児童福祉法に基づく指定通所支援の事業の人員，設備及び運営に関する基準の一部を改正する省令（平成24年厚生労働省令第42号）の内容

　利用定員について，以下の特例を設けることとしたこと。

(1) 児福法に基づく障害児通所支援と法に基づく日中活動系サービス（指定生活介護，指定自立訓練（機能訓練），指定自立訓練（生活訓練），指定就労移行支援，指定就労継続支援A型及び指定就労継続支援B型）とを一体的に行う場合の利用定員の合計が20人（厚生労働大臣が定める離島等その他の地域のうち，将来的にも利用者の確保の見込みがないと都道府県知事が認める場合は，「20人」を「10人」）以上である場合は，指定通所支援の利用定員は5人以上とすることができることとしたこと。

(2) 主として重度の知的障害と重度の上肢，下肢又は体幹の機能の障害が重複している障害者等に対してサービスを提供する場合は，その利用定員を，全ての事業を通じて5人以上とすることができることとしたこと。

第五 公営住宅法第45条第1項の事業等を定める省令の一部を改正する省令（平成24年厚生労働省・国土交通省令第2号）の内容

　整備法の施行に伴い，条項ずれの改正を行うこととしたこと。

第六 整備法の施行に伴う告示の新設及び改廃の内容

第1 整備法の施行に伴う告示の新設

(1) 児童福祉法第21条の5の12第1項の規定に基づき厚生労働大臣が定める基準（平成24年

厚生労働省告示第222号）

児福法第21条の5の12第1項に規定する厚生労働大臣が定める基準は，児童福祉法に基づく指定通所支援及び基準該当通所支援に要する費用の額の算定に関する基準（平成24年厚生労働省告示第122号）としたこと。

(2) 児童福祉法第24条の6第1項の規定に基づき厚生労働大臣が定める基準（平成24年厚生労働省告示第223号）

児福法第24条の6第1項に規定する厚生労働大臣が定める基準は，児童福祉法に基づく指定入所支援に要する費用の額の算定に関する基準（平成24年厚生労働省告示第123号）としたこと。

(3) 障害者自立支援法第76条の2第1項の規定に基づき厚生労働大臣が定める基準（平成24年厚生労働省告示第224号）

法第76条の2第1項に規定する厚生労働大臣が定める基準は，障害者自立支援法に基づく指定障害福祉サービス等及び基準該当障害福祉サービスに要する費用の額の算定に関する基準（平成18年厚生労働省告示第523号）等としたこと。

(4) 指定障害児相談支援の提供に当たる者として厚生労働大臣が定めるもの（平成24年厚生労働省告示第225号）

指定障害児相談支援の提供に当たる者として厚生労働大臣が定めるものは，相談支援専門員としての実務経験及び研修要件を満たした者としたこと。

(5) 指定地域相談支援の提供に当たる者として厚生労働大臣が定めるもの（平成24年厚生労働省告示第226号）

指定地域相談支援の提供に当たる者として厚生労働大臣が定めるものは，相談支援専門員としての実務経験及び研修要件を満たした者としたこと。

(6) 指定計画相談支援の提供に当たる者として厚生労働大臣が定めるもの（平成24年厚生労働省告示第227号）

指定計画相談支援の提供に当たる者として厚生労働大臣が定めるものは，相談支援専門員としての実務経験及び研修要件を満たした者としたこと。

(7) 児童福祉法施行令第25条の12第2項及び第27条の13第2項の規定に基づき家計における一人当たりの平均的な支出額として厚生労働大臣が定める額（平成24年厚生労働省告示第228号）

障害者自立支援法施行令第42条の4第2項の規定に基づき家計における一人当たりの平均的な支出額として厚生労働大臣が定める額（平成19年厚生労働省告示第134号）と同様の内容を定めることとしたこと。

(8) 児童福祉法施行令第25条の12第2項第3号及び第27条の13第2項第3号の規定に基づき食事及び居住に要する費用以外のその他日常生活に要する費用の額として厚生労働大臣が定める額（平成24年厚生労働省告示第229号）

障害者自立支援法施行令第42条の4第2項第3号の規定に基づき食事及び居住に要する費用以外のその他日常生活に要する費用の額として厚生労働大臣が定める額（平成18年厚生労働省告示第534号）と同様の内容を定めることとしたこと。

(9) 障害児通所支援又は障害児入所支援の提供の管理を行う者として厚生労働大臣が定めるもの（平成24年厚生労働省告示第230号）

指定障害福祉サービスの提供に係るサービス管理を行う者として厚生労働大臣が定めるもの等（平成18年厚生労働省告示第544号）と同様の内容を定めることとしたこと。

(10) 食事の提供に要する費用及び光熱水費に係る利用料等に関する指針（平成24年厚生労働省告示第231号）

児童福祉法に基づく指定通所支援の事業の人員，設備及び運営に関する基準（平成24年厚生労働省令第15号）第23条第4項及び第60条第4項並びに児童福祉法に基づく指定障害児入所施設等の人員，設備及び運営に関する基準（平成24年厚生労働省令第16号）第16条第4項に基づき，食事の提供に要する費用，光熱水費及び居室の提供に要する費用にかかる利用料等に関する指針（平成18年厚生労

省告示第545号）と同様の内容を定めることとしたこと（居室の提供に要する費用に関するものを除く）。

(11) 厚生労働大臣が定める離島その他の地域（平成24年厚生労働省告示第232号）

児童福祉法に基づく指定通所支援の事業の人員，設備及び運営に関する基準（平成24年厚生労働省令第15号）第82条第5項の規定に基づき，厚生労働大臣が定める離島その他の地域（平成18年厚生労働省告示第540号）と同様の内容を定めることとしたこと。

第2　整備法の施行に伴う告示の一部改正

以下の厚生労働省告示について，整備法の施行に伴い必要となる条項ずれの改正等所要の改正を行うこととしたこと。

(1) 国立障害者リハビリテーションセンター学院養成訓練規程（昭和55年厚生省告示第10号）

(2) 補装具の種目，購入又は修理に要する費用の額の算定等に関する基準（平成18年厚生労働省告示第528号）

(3) 障害者自立支援法施行令第21条の3第1項の規定に基づき食費等の基準費用額として厚生労働大臣が定める費用の額（平成18年厚生労働省告示第531号）

(4) 指定居宅介護等の提供に当たる者として厚生労働大臣が定めるもの（平成18年厚生労働省告示第538号）

(5) 精神保健福祉士短期養成施設等及び精神保健福祉士一般養成施設等指定規則第3条第10号及び精神障害者の保健及び福祉に関する科目を定める省令第1条第7項の規定に基づき厚生労働大臣が別に定める施設及び事業（平成10年厚生省告示第10号）

(6) 厚生労働大臣が定める離島その他の地域（平成18年厚生労働省告示第540号）

(7) 児童福祉法第24条の20第2項第2号の規定に基づき厚生労働大臣が定める額（平成18年厚生労働省告示第558号）

(8) 特定非常災害の被害者の権利利益の保全等を図るための特別措置に関する法律第3条第4項の規定に基づき同条第1項の規定による満了日の延長に関し当該延長後の満了日を平成24年8月31日まで延長する措置を指定する件（平成24年厚生労働省告示第62号）

(9) 障害者自立支援法施行令第21条の3第1項第2号の規定に基づき住居費の基準費用額として厚生労働大臣が定める費用の額（平成23年厚生労働省告示第354号）

(10) 障害者自立支援法施行令第35条第1項第1号の支給認定に係る自立支援医療について費用が高額な治療を長期間にわたり継続しなければならない者として厚生労働大臣が定めるもの（平成18年厚生労働省告示第158号）

(11) 指定障害福祉サービスの提供に係るサービス管理を行う者として厚生労働大臣が定めるもの等（平成18年厚生労働省告示第544号）

(12) 食事の提供に要する費用，光熱水費及び居室の提供に要する費用に係る利用料等に関する指針（平成18年厚生労働省告示第545号）

(13) 障害者自立支援法施行令第21条の3第1項第1号の規定に基づき厚生労働大臣が定める食費等の負担限度額の算定方法（平成19年厚生労働省告示第133号）

(14) 障害者自立支援法施行令第42条の4第2項の規定に基づき家計における一人当たりの平均的な支出額として厚生労働大臣が定める額（平成19年厚生労働省告示第134号）

(15) 児童福祉法施行令第27条の6第1項の規定に基づき厚生労働大臣が定める食費等の負担限度額の算定方法（平成19年厚生労働省告示第140号）　等

第3　整備法の施行に伴う告示の廃止

以下の厚生労働省告示について，整備法の施行に伴い廃止することとしたこと。

(1) 指定相談支援の提供に当たる者として厚生労働大臣が定めるもの（平成18年厚生労働省告示第549号）

(2) 児童福祉法第24条の20第3項の規定による障害児施設医療に要する費用の額の算定方法及び同法第24条の21において準用する同法第21条の2第2項の規定による診療方針（平成18年厚生労働省告示第559号）

(3) 児童福祉法施行令第27条の11第2項第3号の規定に基づき食事及び居住に要する費用以

外のその他日常生活に要する費用の額として厚生労働大臣が定める額（平成18年厚生労働省告示第563号）

(4) 食事の提供に要する費用及び光熱水費に係る利用料等に関する指針（平成18年厚生労働省告示第565号）

(5) 児童福祉法施行令第27条の11第2項の規定に基づき家計における一人当たりの平均的な支出額として厚生労働大臣が定める額（平成19年厚生労働省告示第141号）

第七 施行に当たっての留意事項

詳細については，追って事務連絡等においてお示しする予定であること。

地域社会における共生の実現に向けて新たな障害保健福祉施策を講ずるための関係法律の整備に関する法律案に対する附帯決議

〔平成24年4月18日 衆議院厚生労働委員会〕

政府は，本法の施行に当たっては，次の諸点について適切な措置を講ずべきである。

一　意思疎通支援を行う者の派遣及び養成については，利用者が支援を受けやすくする観点から，窓口は市町村を基本としつつ，市町村及び都道府県の必須事業については，支援が抜け落ちることなく，適切な役割分担がなされるようそれぞれの行う事業を具体的に定めること。

二　意思疎通支援を行う者の派遣については，個人利用にとどまらず，複数市町村の居住者が集まる会議での利用など，障害者のニーズに適切に対応できるよう，派遣を行う市町村等への必要な支援を行うこと。

三　障害福祉計画の策定に当たっては，中長期的なビジョンを持ちつつ，障害者の地域生活に対する総合的な支援が計画的に行われるよう配慮すること。

四　障害者の高齢化・重度化や「親亡き後」も見据えつつ，障害児・者の地域生活支援をさらに推進する観点から，ケアホームと統合した後のグループホーム，小規模入所施設等を含め，地域における居住の支援等の在り方について，早急に検討を行うこと。

五　難病患者に対する医療，保健，研究，福祉，就労等の総合的な支援施策について，法整備も含め早急に検討し確立すること。

六　精神障害者の地域生活を支えるため，住まいの場の整備，医療，福祉を包括したサービスの在り方，精神障害者やその家族が行う相談の在り方等の支援施策について，早急に検討を行うこと。

七　障害福祉サービスの利用の観点からの成年後見制度の利用促進の在り方の検討と併せて，成年被後見人の政治参加の在り方について，検討を行うこと。

八　障害者の就労の支援の在り方については，障害者の一般就労をさらに促進するため，就労移行だけでなく就労定着への支援を着実に行えるようなサービスの在り方について検討するとともに，一般就労する障害者を受け入れる企業への雇用率達成に向けた厳正な指導を引き続き行うこと。

九　障害児・者に対する福祉サービスに係る地方税や都市計画制度の取扱いについて，社会福祉事業の円滑で安定的な運営に資するべく所要の配慮が行われるよう，地方自治体に対し周知する等の措置を講ずること。

十　常時介護を要する障害者等に対する支援その他の障害福祉サービスの在り方等の検討に当たっては，国と地方公共団体との役割分担も考慮しつつ，重度訪問介護等，長時間サービスを必要とする者に対して適切な支給決定がなされるよう，市町村に対する支援等の在り方についても，十分に検討を行い，その結果に基づいて，所要の措置を講ずること。

地域社会における共生の実現に向けて新たな障害保健福祉施策を講ずるための関係法律の整備に関する法律案に対する附帯決議

〔平成24年6月19日 参議院厚生労働委員会〕

政府は，本法の施行に当たっては，次の諸点について適切な措置を講ずべきである。

一　意思疎通支援を行う者の派遣及び養成については，利用者が支援を受けやすくする観点から，窓口は市町村を基本としつつ，適切な役割分担がなされるよう市町村及び都道府県の行う事業を具体的に定めるなど，地域生活支援事業について，市町村及び都道府県に対し，必要なサービスが十分に提供されるための支援を行うこと。また，意思疎通支援を行う者の派遣については，個人利用にとどまらず，複数市町村の居住者が集まる会議での利用など，障害者のニーズに適切に対応できるよう，派遣を行う市町村等への必要な支援を行うこと。

二　障害福祉計画の策定に当たっては，中長期的なビジョンを持ちつつ，障害者の地域生活に対する総合的な支援が計画的に行われるよう配慮すること。

三　障害者の高齢化・重度化や「親亡き後」も見据えつつ，障害児・者の地域生活支援を更に推進する観点から，ケアホームと統合した後のグループホーム，小規模入所施設等を含め，地域における居住の支援等の在り方について，早急に検討を行うこと。

四　難病患者に対する医療，保健，研究，福祉，就労等の総合的な支援施策について，法整備も含め早急に検討し確立すること。

五　精神障害者の地域生活を支えるため，住まいの場の整備，医療，福祉を包括したサービスの在り方，精神障害者やその家族が行う相談の在り方等の支援施策について，早急に検討を行うこと。

六　障害福祉サービスの利用の観点からの成年後見制度の利用促進の在り方の検討と併せて，成年被後見人の政治参加の在り方について，検討を行うこと。

七　障害者の就労の支援の在り方については，障害者の一般就労を更に促進するため，就労移行だけでなく就労定着への支援を着実に行えるようなサービスの在り方について検討するとともに，一般就労する障害者を受け入れる企業への雇用率達成に向けた厳正な指導を引き続き行うこと。

八　障害児・者に対する福祉サービスに係る地方税や都市計画制度の取扱いについて，社会福祉事業の円滑で安定的な運営に資するべく所要の配慮が行われるよう，地方自治体に対し周知する等の措置を講ずること。

九　常時介護を要する障害者等に対する支援その他の障害福祉サービスの在り方等の検討に当たっては，国と地方公共団体との役割分担も考慮しつつ，重度訪問介護等，長時間サービスを必要とする者に対して適切な支給決定がなされるよう，市町村に対する支援等の在り方についても，十分に検討を行い，その結果に基づいて，所要の措置を講ずること。

十　障害者政策委員会の運営に当たっては，関係行政機関の間で十分調整するとともに，障害者政策を幅広い国民の理解を得ながら進めていくという観点から，広く国民各層の声を障害者政策に反映できるよう，公平・中立を旨とすること。

右決議する。

施行通知

○地域社会における共生の実現に向けて新たな障害保健福祉施策を講ずるための関係法律の整備に関する法律の公布について

(平成24年6月27日　社援発0627第3号
各都道府県知事・各指定都市市長・各中核市市長宛
厚生労働省社会・援護局長通知)

　地域社会における共生の実現に向けて新たな障害保健福祉施策を講ずるための関係法律の整備に関する法律(平成24年法律第51号)については,平成24年3月13日に第180回通常国会に法案が提出され,同年6月20日に可決成立し,本日公布されたところである。(別紙)

　この法律の施行は,平成25年4月1日(一部は,平成26年4月1日)であり,必要な政省令等については今後順次その内容を検討することとしているが,今般,法律の趣旨及び主な内容を以下のとおり通知するので,十分御了知の上,管内市町村(特別区を含む。以下同じ。)をはじめ,関係者,関係団体等に対し,その周知徹底をお願いする。

記

第一　法律制定の趣旨等
　1　法律制定の趣旨
　　　障害者制度改革については,「障害者制度改革の推進のための基本的な方向について」(平成22年6月29日閣議決定)に基づき,その推進を図っているところである。この中で,「応益負担を原則とする現行の障害者自立支援法(平成17年法律第123号)を廃止し,制度の谷間のない支援の提供,個々のニーズに基づいた地域生活支援体系の整備等を内容とする「障害者総合福祉法」(仮称)の制定に向け,第一次意見に沿って必要な検討を行い,平成24年常会への法案提出,25年8月までの施行を目指す」とされていた。

　　　平成22年4月に,内閣府に設置された障がい者制度改革推進会議の下に障がい者制度改革推進会議総合福祉部会が設けられ,同部会は平成23年8月に「障害者総合福祉法の骨格に関する総合福祉部会の提言－新法の制定を目指して－」(以下「骨格提言」という。)を取りまとめた。

　　　また,この間,利用者負担を応能負担とすること等を盛り込んだ障がい者制度改革推進本部等における検討を踏まえて障害保健福祉施策を見直すまでの間において障害者等の地域生活を支援するための関係法律の整備に関する法律(平成22年法律第71号)が平成22年12月3日に成立し,本年4月から全面施行された。さらに,障害の有無にかかわらず全ての国民が共生する社会を実現するため,個々の障害者等に対する支援に加えて,地域社会での共生や社会的障壁の除去を始めとした基本原則を定めること等を盛り込んだ障害者基本法の一部を改正する法律(平成23年法律第90号。以下「改正障害者基本法」という。)が平成23年7月29日に成立し,同年8月5日から施行された。

　　　この骨格提言や改正障害者基本法等を踏まえ,厚生労働省において,新たな法律の検討を進め,与党での議論も経て,本年3月13日に「地域社会における共生の実現に向けて新たな障害保健福祉施策を講ずるための関係法律の整備に関する法律案」を閣議決定し,同日国会へと提出した。

　　　本法律案は,衆議院において政府案に一部修正を加えた上で,平成24年4月18日に衆議院厚生労働委員会で,同月26日に衆議院本会議でそれぞれ可決され,同年6月19日に参議院厚生労働委員会で,同月20日に参議院本会議で可決され成立した。

　2　新たな障害保健福祉施策の要点
　　　地域社会における共生の実現に向けて新た

な障害保健福祉施策を講ずるための関係法律の整備に関する法律（平成24年法律第51号。以下「整備法」という。）の内容は第二に示すとおりであるが，この法律により講じられる新たな障害保健福祉施策の要点は以下のとおりである。

(1) 障害者自立支援法に代わる障害者総合支援法の制定

障害者自立支援法（平成17年法律第123号。以下「旧法」という。）に規定していた法律の目的を変更し，改正障害者基本法を踏まえた基本理念を新たに設け，法律の名称を障害者の日常生活及び社会生活を総合的に支援するための法律（以下「障害者総合支援法」という。）としたこと。

(2) 制度の谷間のない支援の提供

旧法に規定する「障害者」の範囲は，身体障害者，知的障害者及び精神障害者（発達障害者を含む。）に限られていたが，障害者総合支援法においては，これに加えて，政令で定める難病等により障害がある者を追加することとしたこと。

(3) 個々のニーズに基づいた地域生活支援体系の整備

障害者に対する支援を充実する観点から，障害者総合支援法においては，旧法において重度の肢体不自由者に限られていた重度訪問介護の対象拡大や共同生活介護（ケアホーム）の共同生活援助（グループホーム）への一元化を行うこととしたこと。また，地域社会における共生を実現するため，市町村が行う地域生活支援事業として，新たに障害者等に関する理解を深めるための研修や啓発を行う事業等を追加するとともに，意思疎通支援に係る市町村と都道府県の地域生活支援事業の役割分担を明確化することとしたこと。さらに，障害の特性に応じて支援が適切に行われるものとなるよう障害程度区分を障害支援区分とし，障害の多様な特性その他の心身の状態に応じて必要とされる標準的な支援の度合いを総合的に示すものとしたこと。

(4) サービス基盤の計画的整備

障害福祉サービス等の基盤整備を計画的に行うことができるよう，国が定める基本指針，市町村及び都道府県が定める障害福祉計画に障害福祉サービス等の提供体制の確保に係る目標に関する事項を定めるとともに，障害福祉計画に地域生活支援事業の種類ごとの実施に関する事項を定めることとしたこと。また，基本指針や障害福祉計画について，定期的な検証と見直しを法定化し，適時適切な見直し等を行うこととしたこと。さらに，基本指針や障害福祉計画の策定や見直しに当たっては，障害者やその家族その他の関係者の意見等を反映させる措置を講ずることとしたこと。

(5) 障害者施策の段階的実施

障害者及び障害児の支援に関する施策を段階的に講じるため，この法律の施行後3年を目途として，障害福祉サービスの在り方や障害支援区分を含めた支給決定の在り方等について検討することとし，その検討に当たっては障害者やその家族，その他の関係者の意見を反映させるために必要な措置を講ずることとしたこと。

第二　法律の内容

1　障害者総合支援法関係

(1) 題名（平成25年4月1日施行）

「障害者自立支援法」を「障害者の日常生活及び社会生活を総合的に支援するための法律」とすることとしたこと。

(2) 目的（平成25年4月1日施行）

障害者総合支援法の目的の実現のため，障害福祉サービスに係る給付に加えて，地域生活支援事業その他の必要な支援を総合的に行うものとする旨を明記することとしたこと。

(3) 基本理念（平成25年4月1日施行）

障害者総合支援法の基本理念を，障害者及び障害児が日常生活又は社会生活を営むための支援は，全ての国民が，障害の有無にかかわらず，等しく基本的人権を享有するかけがえのない個人として尊重されるも

のであるとの理念にのっとり，全ての国民が，障害の有無によって分け隔てられることなく，相互に人格と個性を尊重し合いながら共生する社会を実現するため，全ての障害者及び障害児が可能な限りその身近な場所において必要な日常生活又は社会生活を営むための支援を受けられることにより社会参加の機会が確保されること及びどこで誰と生活するかについての選択の機会が確保され，地域社会において他の人々と共生することを妨げられないこと並びに障害者及び障害児にとって日常生活又は社会生活を営む上で障壁となるような社会における事物，制度，慣行，観念その他一切のものの除去に資することを旨として，総合的かつ計画的に行わなければならないこととしたこと。

(4) 障害者の範囲（平成25年4月1日施行）

障害者総合支援法に規定する「障害者」に，治療方法が確立していない疾病その他の特殊の疾病であって政令で定めるものによる障害の程度が厚生労働大臣が定める程度である者であって18歳以上であるものを加えることとしたこと。

(5) 障害支援区分（平成26年4月1日施行）

「障害程度区分」を「障害支援区分」に改めるとともに，「障害支援区分」とは，障害者等の障害の多様な特性その他の心身の状態に応じて必要とされる標準的な支援の度合を総合的に示すものとして厚生労働省令で定める区分をいうものとしたこと。

(6) 重度訪問介護の対象拡大（平成26年4月1日施行）

障害福祉サービスのうち，重度訪問介護の対象となる者を，「重度の肢体不自由者その他の障害者であって常時介護を要するものとして厚生労働省令で定めるもの」とすることとしたこと。

(7) 共同生活介護の共同生活援助への一元化（平成26年4月1日施行）

障害福祉サービスのうち，共同生活介護（ケアホーム）を共同生活援助（グループホーム）に一元化し，共同生活援助において，日常生活上の相談に加えて，入浴，排せつ又は食事の介護その他の日常生活上の援助を行うものとしたこと。

(8) 地域移行支援の対象拡大（平成26年4月1日施行）

地域移行支援の対象に，「地域における生活に移行するために重点的な支援を必要とする者であって厚生労働省令で定めるもの」を加えることとしたこと。

(9) 指定障害福祉サービス事業者等の指定の欠格要件（平成25年4月1日施行）

指定障害福祉サービス事業者，指定障害者支援施設，指定一般相談支援事業者及び指定特定相談支援事業者の指定の欠格要件に，労働に関する法律の規定であって政令で定めるものにより罰金の刑に処せられ，その執行を終わり，又は執行を受けることがなくなるまでの者であるときを加えることとしたこと。

(10) 指定障害福祉サービス事業者等の責務（平成25年4月1日施行）

指定障害福祉サービス事業者及び指定障害者支援施設等の設置者並びに指定一般相談支援事業者及び指定特定相談支援事業者は，障害者等の意思決定の支援に配慮するとともに，常に障害者等の立場に立って支援を行うように努めなければならないこととしたこと。

(11) 地域生活支援事業の追加（平成25年4月1日施行）

ア　市町村が行う地域生活支援事業

市町村が行う地域生活支援事業として，障害者等の自立した日常生活及び社会生活に関する理解を深めるための研修及び啓発を行う事業，障害者等，障害者等の家族，地域住民等により自発的に行われる障害者等が自立した日常生活及び社会生活を営むことができるようにするための活動に対する支援を行う事業，障害者に係る民法に規定する後見，保佐及び補助の業務を適正に行うことができる

人材の育成及び活用を図るための研修を行う事業，意思疎通支援（手話その他厚生労働省令で定める方法により障害者等とその他の者の意思疎通を支援することをいう。以下同じ。）を行う者の派遣その他の厚生労働省令で定める便宜を供与する事業並びに意思疎通支援を行う者を養成する事業を加えることとしたこと。
　　イ　都道府県が行う地域生活支援事業
　　　　都道府県が行う地域生活支援事業として，意思疎通支援を行う者の派遣その他の厚生労働省令で定める便宜を供与する事業及び意思疎通支援を行う者を養成する事業のうち，特に専門性の高い意思疎通支援を行う者を養成し，又は派遣する事業，意思疎通支援を行う者の派遣に係る市町村相互間の連絡調整その他の広域的な対応が必要な事業として厚生労働省令で定める事業を加えることとしたこと。
⑿　相談支援の連携体制の整備（平成25年4月1日施行）
　　　基幹相談支援センターを設置する者は，指定障害福祉サービス事業者等，医療機関，民生委員，身体障害者相談員，知的障害者相談員，意思疎通支援を行う者を養成し，又は派遣する事業の関係者その他の関係者との連携に努めなければならないこととしたこと。
⒀　基本指針の見直し（平成25年4月1日施行）
　　ア　基本指針の内容の見直し
　　　　基本指針に定める事項に，障害福祉サービス，相談支援及び地域生活支援事業の提供体制の確保に係る目標に関する事項を加えることとしたこと。
　　イ　基本指針への障害者をはじめとする関係者の意見の反映
　　　　厚生労働大臣は，基本指針の案を作成し，又は変更しようとするときは，あらかじめ，障害者等及びその家族その他の関係者の意見を反映させるために必要な措置を講ずることとしたこと。
　　ウ　実態を踏まえた基本指針の見直し
　　　　厚生労働大臣は，障害者等の生活の実態等を勘案して，必要があると認めるときは，速やかに基本指針を変更することとしたこと。
⒁　障害福祉計画の見直し（平成25年4月1日施行）
　　ア　障害福祉計画の内容の見直し
　　　　市町村及び都道府県が障害福祉計画に定める事項に，障害福祉サービス，相談支援及び地域生活支援事業の提供体制の確保に係る目標に関する事項並びに地域生活支援事業の種類ごとの実施に関する事項を加えるとともに，市町村及び都道府県が障害福祉計画に定めるよう努める事項に，指定障害福祉サービス等及び地域生活支援事業の提供体制の確保に係る医療機関，教育機関，公共職業安定所その他の職業リハビリテーションの措置を実施する機関その他の関係機関との連携に関する事項を加えることとしたこと。
　　イ　実態を踏まえた障害福祉計画の作成
　　　　市町村は，当該市町村の区域における障害者等の心身の状況，その置かれている環境その他の事情を正確に把握した上で，これらの事情を勘案して，市町村障害福祉計画を作成するよう努めることとしたこと。
　　ウ　障害福祉計画の調査，分析及び評価
　　　　市町村及び都道府県は，定期的に，障害福祉計画について，調査，分析及び評価を行い，必要があると認めるときは，障害福祉計画を変更することその他の必要な措置を講ずることとしたこと。
⒂　自立支援協議会の見直し（平成25年4月1日施行）
　　ア　名称の変更
　　　　自立支援協議会の名称を地方公共団体が地域の実情に応じて変更できるよう，協議会に改めることとしたこと。
　　イ　構成員

　　　　協議会を構成する者に障害者等及びその家族が含まれる旨を明記することとしたこと。
　　ウ　協議会の設置
　　　　協議会の設置をさらに進めるため，地方公共団体は協議会を設置するよう努めなければならないこととしたこと。
　⒃　その他所要の改正を行うこととしたこと。
２　児童福祉法関係
　⑴　障害児の範囲（平成25年４月１日施行）
　　　児童福祉法（昭和22年法律第164号）に規定する「障害児」に，治療方法が確立していない疾病その他の特殊の疾病であって障害者総合支援法第４条第１項の政令で定めるものによる障害の程度が同項の厚生労働大臣が定める程度である児童を加えることとしたこと。
　⑵　指定障害児通所支援事業者等の指定の欠格要件（平成25年４月１日施行）
　　　指定障害児通所支援事業者，指定障害児入所施設及び指定障害児相談支援事業者の欠格要件に，労働に関する法律の規定であって政令で定めるものにより罰金の刑に処せられ，その執行を終わり，又は執行を受けることがなくなるまでの者であるときを加えることとしたこと。
　⑶　指定障害児通所支援事業者等の責務（平成25年４月１日施行）
　　　指定障害児通所支援事業者及び指定医療機関の設置者，指定障害児入所施設等の設置者並びに指定障害児相談支援事業者は，障害児及びその保護者の意思をできる限り尊重するとともに，常に障害児及びその保護者の立場に立って支援を行うように努めなければならないこととしたこと。
　⑷　その他所要の改正を行うこととしたこと。
３　身体障害者福祉法関係
　⑴　身体障害者相談員（平成25年４月１日施行）
　　　身体障害者相談員は，その委託を受けた業務を行うに当たっては，身体に障害のある者が，障害福祉サービス事業，一般相談支援事業その他の身体障害者の福祉に関する事業に係るサービスを円滑に利用することができるように配慮し，これらのサービスを提供する者その他の関係者等との連携を保つよう努めなければならないこととしたこと。
　⑵　その他所要の改正を行うこととしたこと。
４　知的障害者福祉法関係
　⑴　知的障害者相談員（平成25年４月１日施行）
　　　知的障害者相談員は，その委託を受けた業務を行うに当たっては，知的障害者又はその保護者が，障害福祉サービス事業，一般相談支援事業その他の知的障害者の福祉に関する事業に係るサービスを円滑に利用することができるように配慮し，これらのサービスを提供する者その他の関係者等との連携を保つよう努めなければならないこととしたこと。
　⑵　支援体制の整備等（平成25年４月１日施行）
　　　市町村は，知的障害者の意思決定の支援に配慮しつつ，知的障害者の支援体制の整備に努めなければならないこととしたこと。
　⑶　後見等に係る体制の整備（平成25年４月１日施行）
　　　市町村及び都道府県は，後見，保佐及び補助の業務を適正に行うことができる人材の活用を図るため，後見等の業務を適正に行うことができる者の家庭裁判所への推薦その他の必要な措置を講ずるよう努めなければならないこととしたこと。
　⑷　その他所要の改正を行うこととしたこと。
５　施行期日
　　この法律は，平成25年４月１日から施行することとしたこと。ただし，第二の１の⑸（障害支援区分），⑹（重度訪問介護の対象

拡大），(7)（共同生活介護の共同生活援助への一元化）及び(8)（地域移行支援の対象拡大）は，平成26年4月1日から施行することとしたこと。

6 適切な障害支援区分の認定のための措置
　政府は，第二の1の(5)の障害支援区分の認定が，知的障害者及び精神障害者の特性に応じて適切に行われるよう，第二の1の(5)の厚生労働省令で定める区分の制定に当たっての適切な配慮その他の必要な措置を講ずることとしたこと。

7 検討
(1) 政府は，全ての国民が，障害の有無によって分け隔てられることなく，相互に人格と個性を尊重し合いながら共生する社会の実現に向けて，障害者等の支援に係る施策を段階的に講ずるため，この法律の施行後3年を目途として，障害者総合支援法第1条の2に規定する基本理念を勘案し，常時介護を要する障害者等に対する支援，障害者等の移動の支援，障害者の就労の支援その他の障害福祉サービスの在り方，障害支援区分の認定を含めた支給決定の在り方，障害者の意思決定支援の在り方，障害福祉サービスの利用の観点からの成年後見制度の利用促進の在り方，手話通訳等を行う者の派遣その他の聴覚，言語機能，音声機能その他の障害のため意思疎通を図ることに支障がある障害者等に対する支援の在り方，精神障害者及び高齢の障害者に対する支援の在り方等について検討を加え，その結果に基づいて，所要の措置を講ずることとしたこと。

(2) 政府は，(1)の検討を加えようとするときは，障害者等及びその家族その他の関係者の意見を反映させるために必要な措置を講ずることとしたこと。

8 経過措置等
　この法律の施行に関し，必要な経過措置を定めるとともに，関係法律について所要の規定の整備を行うこととしたこと。

第三 その他
　この法律の成立に際して，衆議院厚生労働委員会及び参議院厚生労働委員会において，別添のとおり附帯決議が付されているところであり，留意願いたい。

別紙・別添　略

障害者の日常生活及び社会生活を総合的に支援するための法律及び児童福祉法の一部を改正する法律案に対する附帯決議

（平成28年5月11日 衆議院厚生労働委員会）

政府は，本法の施行に当たり，次の事項について適切な措置を講ずるべきである。

一　障害者の介護保険サービス利用に伴う利用者負担の軽減措置については，その施行状況を踏まえつつ，その在り方について必要な見直しを検討すること。また，軽減措置の実施に当たっては，一時払いへの対応が困難な低所得者への配慮措置を検討すること。

二　障害福祉制度と介護保険制度の趣旨を尊重し，障害者が高齢になってもニーズに即した必要なサービスを円滑に受けられることが重要との観点から，介護保険優先原則の在り方については，障害者の介護保険サービス利用の実態を踏まえつつ，引き続き検討を行うこと。

三　入院中における医療機関での重度訪問介護については，制度の施行状況を踏まえ，個々の障害者の支援のニーズにも配慮しつつ，その利用の在り方について検討すること。また，障害者が入院中に安心して適切な医療を受けることができるよう，看護補助者の配置の充実等，病院におけるケアの充実に向けた方策を検討すること。

四　自立生活援助については，親元等からの一人暮らしを含む，一人暮らしを希望する障害者が個別の必要性に応じて利用できるようにするとともに，関係機関との緊密な連携の下，他の支援策とのつながりなど個々の障害者の特性に応じた適時適切な支援が行われるような仕組みとすること。

五　障害者が自立した生活を実現することができるよう，就労移行支援や就労継続支援について，一般就労への移行促進や工賃・賃金の引上げに向けた取組をより一層促進すること。また，就労定着支援の実施に当たっては，労働施策との連携を十分に図るとともに，事業所や家族との連絡調整等を緊密に行いつつ，個々の障害者の実態に即した適切な支援が実施されるよう指導を徹底すること。

六　通勤・通学を含む移動支援については，障害者等の社会参加の促進や地域での自立した生活を支える上で重要であるとの認識の下，教育施策や労働施策との連携を進めるとともに，「障害を理由とする差別の解消の推進に関する法律」の施行状況等を勘案しつつ，モデル事業を実施するなど利用者のニーズに応じたきめ細かな支援の充実策を検討し，必要な措置を講ずること。

七　障害支援区分の認定を含めた支給決定については，支援を必要とする障害者本人の意向を尊重することが重要との観点から，利用者の意向や状況等をより適切に反映するための支給決定の在り方について，引き続き検討を行い，必要な措置を講ずること。あわせて，障害支援区分の課題を把握した上で必要な改善策を早急に講ずること。

八　障害者の意思決定の選択に必要な情報へのアクセスや選択内容の伝達が適切になされるよう，意思決定に必要な支援の在り方について，引き続き検討を行い,必要な措置を講ずること。また，「親亡き後」への備えを含め，成年後見制度の適切な利用を促進するための取組を推進すること。

九　精神障害者の地域移行や地域定着の推進に向けて，医療保護入院の在り方，地域移行を促進するための措置の在り方，退院等に関する精神障害者の意思決定，意思表明支援の在り方等について早急に検討を行い，必要な措置を講ずること。また，相談支援，アウトリーチ支援，ピアサポートの活用等の取組をより一層推進する

こと。

十 「障害者の日常生活及び社会生活を総合的に支援するための法律」の対象疾病については、指定難病に関する検討状況を踏まえつつ、障害福祉サービスを真に必要とする者が十分なサービスを受けることができるよう、引き続き、必要な見直しを検討すること。

障害者の日常生活及び社会生活を総合的に支援するための法律及び児童福祉法の一部を改正する法律案に対する附帯決議

〔平成28年5月24日〕
〔参議院厚生労働委員会〕

政府は、本法の施行に当たり、次の事項について適切な措置を講ずるべきである。

一 障害者の介護保険サービス利用に伴う利用者負担の軽減措置については、その施行状況を踏まえつつ、障害者が制度の谷間に落ちないために、その在り方について必要な見直しを検討するとともに、軽減措置の実施に当たっては、一時払いへの対応が困難な低所得者への配慮措置を講ずること。また、障害福祉制度と介護保険制度の趣旨を尊重し、障害者が高齢になってもニーズに即した必要なサービスを円滑に受けられることが重要との観点から、介護保険優先原則の在り方については、障害者の介護保険サービス利用の実態を踏まえつつ、引き続き検討すること。

二 入院中における医療機関での重度訪問介護については、制度の施行状況を踏まえ、個々の障害者の支援のニーズにも配慮しつつ、対象者の拡大等も含め、その利用の在り方について検討すること。また、障害者が入院中に安心して適切な医療を受けることができるよう、看護補助者の配置の充実等、病院におけるケアの充実に向けた方策を検討すること。

三 自立生活援助については、親元等からの一人暮らしを含む、一人暮らしを希望する障害者が個別の必要性に応じて利用できるようにするとともに、関係機関との緊密な連携の下、他の支援策とのつながりなど個々の障害者の特性に応じた適時適切な支援が行われるような仕組みとすること。また、既に一人暮らしをしている障害者も対象にすることを検討すること。

四 障害者が自立した生活を実現することができるよう、就労移行支援や就労継続支援について、適切なジョブマッチングを図るための仕組みを講じ、一般就労への移行促進、退職から再就職に向けた支援、工賃及び賃金の引上げに向けた取組をより一層促進すること。また、就労定着支援の実施に当たっては、労働施策との連携を十分に図るとともに、事業所や家族との連絡調整等を緊密に行いつつ、個々の障害者の実態に即した適切な支援が実施されるよう指導を徹底すること。

五 障害者の雇用継続・職場定着において、関係機関を利用したり、協力を求めたりしたことのある事業所の割合を高めるよう、事業所を含めた関係機関同士の連携をより図るための施策について、障害者を中心とした視点から検討を加えること。

六 障害者が事業所において欠くべからざる存在となることが期待されており、そのために重要な役割を担っているジョブコーチや障害者職業生活相談員の質の向上が求められることから、より専門性の高い人材の養成・研修について検討すること。

七 障害者が持つ障害の程度は個人によって異なるため、就労を支援する上では主治医や産業医

等の産業保健スタッフの役割が重要であることに鑑み，障害者の主治医及び産業保健スタッフに対する障害者雇用に関する研修について必要な検討を行うこと。

八　通勤・通学を含む移動支援については，障害者等の社会参加の促進や地域での自立した生活を支える上で重要であるとの認識の下，教育施策や労働施策と連携するとともに，個別給付化を含め検討すること。あわせて，「障害を理由とする差別の解消の推進に関する法律」の施行状況等を勘案しつつ，モデル事業を実施するなど利用者のニーズに応じたきめ細かな支援の充実策を検討し，必要な措置を講ずること。

九　障害支援区分の認定を含めた支給決定については，支援を必要とする障害者本人の意向を尊重することが重要との観点から，利用者の意向や状況等をより適切に反映するための支給決定の在り方について，引き続き検討を行い，必要な措置を講ずること。あわせて，障害支援区分の課題を把握した上で必要な改善策を早急に講ずること。

十　障害者の意思決定の選択に必要な情報へのアクセスや選択内容の伝達が適切になされるよう，意思決定に必要な支援の在り方について，引き続き検討し，必要な措置を講ずること。また，「親亡き後」への備えを含め，成年後見制度の適切な利用を促進するための取組を推進すること。

十一　精神障害者の地域移行や地域定着の推進に向けて，医療保護入院の在り方，地域移行を促進するための措置の在り方，退院等に関する精神障害者の意思決定，意思表明支援の在り方等について早急に検討し，必要な措置を講ずること。また，相談支援，アウトリーチ支援，ピアサポートの活用等の取組をより一層推進すること。

十二　障害児福祉計画の策定に当たっては，保育所，幼稚園等における障害児の受入れ状況や障害福祉計画との整合性に留意しつつ十分な量を確保するとともに，質の向上も含めた総合的な支援が計画的に行われるよう配慮すること。

十三　障害者等の家族を支援するため，専門家等による相談・助言体制の拡充及びレスパイトケア等の支援策の充実を図ること。また，障害児のきょうだい等が孤立することのないよう，心のケアも含めた支援策の充実を図ること。

十四　「障害者の日常生活及び社会生活を総合的に支援するための法律」の対象疾病については，医学や医療の進歩，指定難病に関する検討状況等を踏まえ，更なる拡充を図るなど，障害福祉サービスを必要とする者が十分なサービスを受けることができるよう，引き続き，必要な措置を講ずること。

十五　平成30年度に予定されている障害福祉サービス等報酬改定に当たっては，安定財源を確保しつつ障害福祉従事者の賃金を含めた処遇改善，キャリアパスの確立，労働環境改善，人材の参入及び定着，専門性向上等による人材の質の確保等に十分に配慮して検討すること。

十六　災害発生時において障害者等が安全にかつ安心して避難することができるよう，個々の障害の特性に対応した福祉避難所の拡充及び専門的知識を有する人材の確保，養成を図ること。また，福祉避難所が十分に機能するよう，福祉避難所の周知に努めるとともに，日常からの避難訓練の実施，避難することが困難な障害者等の把握及びその支援方法等について早急に検討すること。さらに，障害者が一般避難所を利用できるよう施設の整備等に努めるとともに，災害で入院した重度障害者等へのヘルパーの付添い，災害時に閉所を余儀なくされた障害福祉事業所に対する支援などの緊急措置を，関係法令にあらかじめ明記することを検討すること。

十七　施行後3年の見直しの議論に当たっては，障害者の権利に関する条約の理念に基づき，障害種別を踏まえた当事者の参画を十分に確保すること。また，同条約に基づき，障害者が障害のない者と平等に地域社会で生活する権利を有することを前提としつつ，社会的入院等を解消し，地域移行を促進するためのプログラムを策定し，その計画的な推進のための施策を講ずること。

右決議する。

○「障害者の日常生活及び社会生活を総合的に支援するための法律及び児童福祉法の一部を改正する法律」の公布及び一部の施行について（通知）

平成28年6月3日　障発0603第1号
各都道府県知事・各指定都市市長・各中核市市長宛
厚生労働省社会・援護局障害保健福祉部長通知

「障害者の日常生活及び社会生活を総合的に支援するための法律及び児童福祉法の一部を改正する法律」（平成28年法律第65号）については，本年3月1日に第190回通常国会に提出され，同年5月25日に可決成立し，本日付けで公布されたところである。

（別紙）

この法律の主な内容は下記のとおりであるので，十分御了知の上，管内市町村（特別区を含む。），関係者，関係団体等に対して周知徹底を図るとともに，その運用に遺漏のないよう御配意願いたい。

なお，この法律は，一部の規定を除き，平成30年4月1日から施行することとされており，今後，必要な政省令等を順次制定していくことになるが，その内容については別途連絡する予定であるので，あらかじめ御承知おき願いたい。

記

第一　障害者の日常生活及び社会生活を総合的に支援するための法律（平成17年法律第123号）の一部改正

1　重度訪問介護の訪問先の拡大について（第5条第3項関係）

重度訪問介護を提供することができる場所として，「居宅に相当する場所として厚生労働省令で定める場所」を加えることとしたこと。

2　就労定着支援の創設について（第5条第15項関係）

就労に向けた一定の支援を受けて通常の事業所に新たに雇用された障害者について，一定の期間にわたり，当該事業所での就労の継続を図るために必要な事業主，障害福祉サービス事業を行う者，医療機関等との連絡調整等の便宜を供与する「就労定着支援」を創設することとしたこと。

3　自立生活援助の創設について（第5条第16項関係）

施設入所支援又は共同生活援助を受けていた障害者等が居宅における自立した日常生活を営む上での問題について，一定の期間にわたり，定期的な巡回訪問により，又は随時通報を受け，当該障害者からの相談に応じ，必要な情報の提供及び助言等の援助を行う「自立生活援助」を創設することとしたこと。

4　指定事務受託法人制度の創設について（第11条の2関係）

障害者等及び障害福祉サービス等を行う者その他の者に対して市町村又は都道府県が行う自立支援給付に関する質問について，都道府県知事が指定する法人に委託することを可能としたこと。

5　国民健康保険団体連合会への給付費の審査の委託について（第29条第7項，第51条の14第7項及び第51条の17第6項関係）

介護給付費，訓練等給付費，地域相談支援給付費及び計画相談支援給付費等の請求があったときに市町村が行う審査について，国民健康保険団体連合会に委託することを可能としたこと。

6　補装具費の支給範囲の拡大について（第76条第1項関係）

補装具の借受けによることが適当である場合に，当該借受けに要する費用についても補装具費を支給するものとしたこと。

7　高額障害福祉サービス等給付費の支給対象

の拡大について（第76条の２第１項関係）

65歳に達する前に長期間にわたり障害福祉サービス（介護保険法（平成９年法律第123号）の介護給付費等対象サービスに相当するものとして政令で定めるものに限る。）に係る支給決定を受けていた障害者であって，同法の介護給付費等対象サービス（障害福祉サービスに相当するものとして政令で定めるものに限る。）を受けているもののうち，当該障害者の所得の状況及び障害の程度その他の事情を勘案して政令で定めるものに対し，高額障害福祉サービス等給付費を支給するものとしたこと。

8 サービス提供者の情報公表制度の創設について（第76条の３関係）

障害福祉サービス等の内容及び障害福祉サービス等を提供する事業者又は施設の運営状況に関する情報であって，障害者等が適切かつ円滑に障害福祉サービス等を利用する機会を確保するために公表されることが適当な情報について，都道府県知事は，事業者又は施設からの報告に基づき，その内容を公表しなければならないものとしたこと。

第二 児童福祉法（昭和22年法律第164号）の一部改正

1 居宅訪問型児童発達支援の創設について（第６条の２の２第５項関係）

重度の障害の状態にある障害児等であって，児童発達支援等を受けるために外出することが著しく困難なものについて，居宅を訪問し，日常生活における基本的な動作の指導等の便宜を供与する「居宅訪問型児童発達支援」を創設することとしたこと。

2 保育所等訪問支援の支援対象の拡大について（第６条の２の２第６項関係）

保育所等訪問支援を利用することができる者として，乳児院等に入所する障害児を加えることとしたこと。

3 障害児福祉計画の作成について（第21条の５の15第２項及び第５項，第24条の９第１項及び第２項並びに第33条の19から第33条の25まで関係）

厚生労働大臣は，障害児通所支援等の円滑な実施を確保するための基本的な指針を定め，市町村及び都道府県は，当該指針に即して，障害児通所支援等の提供体制の確保その他障害児通所支援等の円滑な実施に関する計画（障害児福祉計画）を定めるものとし，当該計画は障害福祉計画と一体のものとして作成することができるものとしたこと。

また，特定の障害児通所支援事業者及び障害児入所施設の指定について，都道府県が定める区域における支援の量が都道府県の障害児福祉計画で定める必要量に達しているとき等は，都道府県知事は，指定申請について指定をしないことができるものとしたこと。

4 医療的ケア児に対する各種支援の連携について（第56条の６第２項関係）

地方公共団体は，人工呼吸器を装着している障害児その他の日常生活を営むために医療を要する状態にある障害児が，その心身の状況に応じた適切な保健，医療，福祉等の支援を受けられるよう，これらの支援を行う機関との連絡調整を行うための体制の整備に関し，必要な措置を講ずるように努めなければならないものとしたこと。

5 その他の改正について

第一の４，５及び８と同様の改正を行うこととしたこと。

第三 施行期日等

1 施行期日について（附則第１条関係）

この法律は，平成30年４月１日から施行するものとしたこと。ただし，第二の４は，公布の日から施行するものとしたこと。

2 検討規定について（附則第２条関係）

政府は，この法律の施行後３年を目途として，改正後の障害者の日常生活及び社会生活を総合的に支援するための法律及び児童福祉法の規定について，その施行の状況等を勘案しつつ検討を加え，必要があると認めるときは，その結果に基づいて必要な措置を講ずるものとしたこと。

3 経過措置等について（附則第３条から附則第９条まで及び附則第12条から附則第19条ま

で関係)
　必要な経過措置を定めるとともに、関係法律について所要の規定の整備を行うこととしたこと。

第2章 参考資料

第1 障害保健福祉施策の経緯

1 障害福祉施策のこれまでの経緯

平成18年	4月	障害者自立支援法の施行（同年10月に完全施行）
	12月	法の円滑な運営のための特別対策 （①利用者負担の更なる軽減，②事業者に対する激変緩和措置，③新法移行のための経過措置）
平成19年	12月	障害者自立支援法の抜本的な見直しに向けた緊急措置 （①利用者負担の見直し，②事業者の経営基盤の強化，③グループホーム等の整備促進）
平成20年	12月	社会保障審議会障害者部会報告のとりまとめ
平成21年	3月	「障害者自立支援法等の一部を改正する法律案」閣議決定・国会提出→ 同年7月，衆議院の解散に伴い廃案
	9月	連立政権合意における障害者自立支援法の廃止の方針
平成22年	1月	厚生労働省と障害者自立支援法違憲訴訟原告団・弁護団との基本合意 障がい者制度改革推進会議において議論開始
	4月	低所得者の障害福祉サービス及び補装具に係る利用者負担を無料化 障がい者制度改革推進会議総合福祉部会において議論開始
	6月	「障害者制度改革の推進のための基本的な方向について」（閣議決定）
	12月	「障がい者制度改革推進本部等における検討を踏まえて障害保健福祉施策を見直すまでの間において障害者等の地域生活を支援するための関係法律の整備に関する法律」（議員立法）が成立
平成23年	6月	「障害者虐待の防止，障害者の養護者に対する支援等に関する法律」（議員立法）が成立
	7月	「障害者基本法の一部を改正する法律」が成立
	8月	「障害者総合福祉法の骨格に関する総合福祉部会の提言」取りまとめ
平成24年	3月	「地域社会における共生の実現に向けて新たな障害保健福祉施策を講ずるための関係法律の整備に関する法律案」閣議決定・国会提出
	6月	同法律及び「国等による障害者就労施設等からの物品等の調達の推進等に関する法律」（議員立法）が成立，公布
平成25年	4月	「障害者の日常生活及び社会生活を総合的に支援するための法律」（障害者総合支援法）の施行
	6月	「障害を理由とする差別の解消の推進に関する法律」が成立，公布
平成26年	1月	「障害者の権利に関する条約」締結
平成27年	12月	社会保障審議会障害者部会報告のとりまとめ
平成28年	3月	「障害者の日常生活及び社会生活を総合的に支援するための法律及び児童福祉法の一部を改正する法律案」閣議決定・国会提出
	5月	同法律が成立（同年6月に公布）
平成29年	5月	「地域包括ケアシステムの強化のための介護保険法等の一部を改正する法律」が成立（同年6月に公布）

2　措置制度から支援費制度へ（平成15年）

支援費制度の意義
■多様化・増大化する障害福祉ニーズへの対応
■利用者の立場に立った制度構築

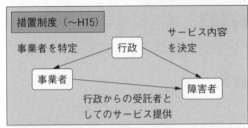

<＜措置制度＞
●行政がサービス内容を決定
●行政が事業者を特定
●事業者行政からの受託者としてサービス提供

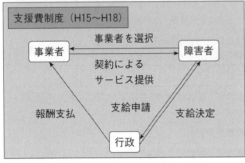

＜支援費制度＞
●障害者の自己決定を尊重
（サービス利用意向）
●事業者と利用者が対等
●契約によるサービス利用

3 「障害者自立支援法」のポイント

―― 法律による改革 ――

障害者施策を3障害一元化

制定前
- 3障害ばらばらの制度体系（精神障害者は支援費制度の対象外）
- 実施主体は都道府県，市町村に二分化

→
- ○3障害の制度格差を解消し，精神障害者を対象に
- ○市町村に実施主体を一元化し，都道府県はこれをバックアップ

利用者本位のサービス体系に再編

制定前
- 障害種別ごとに複雑な施設・事業体系
- 入所期間の長期化などにより，本来の施設目的と利用者の実態とが乖離

→
- ○33種類に分かれた施設体系を再編し，日中活動支援と夜間の居住支援を分離 あわせて，「地域生活支援」「就労支援」のための事業や重度の障害者を対象としたサービスを創設
- ○規制緩和を進め既存の社会資源を活用

就労支援の抜本的強化

制定前
- 養護学校卒業者の55％は福祉施設に入所
- 就労を理由とする施設退所者はわずか1％

→
- ○新たな就労支援事業を創設
- ○雇用施策との連携を強化

支給決定の透明化，明確化

制定前
- 全国共通の利用ルール（支援の必要度を判定する客観的基準）がない
- 支給決定のプロセスが不透明

→
- ○支援の必要度に関する客観的な尺度（障害程度区分）を導入
- ○審査会の意見聴取など支給決定プロセスを透明化

安定的な財源の確保

制定前
- 新規利用者は急増する見込み
- 不確実な国の費用負担の仕組み

→
- ○国の費用負担の責任を強化（費用の1／2を負担）
- ○利用者も応分の費用を負担し，皆で支える仕組みに

→ 自立と共生の社会を実現　障害者が地域で暮らせる社会に

資料編

4　特別対策の概要（平成18年度から3年間で国費1,200億円）

1．利用者負担の更なる軽減　（平成19年度当初，20年度当初：計240億円）

→　負担感の大きい通所・在宅，障害児世帯を中心とした対策を実施

- 通所・在宅　1割負担の上限額の引下げ（1／2　→　1／4）
  　　　　　　　軽減対象の拡大（収入ベースで概ね600万円まで）
  　　　　　　※障害児については通所・在宅のみならず入所にも対象拡大を実施
- 入所　　　　工賃控除の徹底（年間28.8万円まで全額控除）

2．事業者に対する激変緩和措置　（18年度補正：300億円）

→　日割り化に伴い減収している通所事業者を中心とした対策を実施

- 旧体系　　　従前額保障の引上げ（80％　→　90％）
  　　　　　※旧体系から新体系へ移行する場合についても90％保障の創設
- 通所事業者　送迎サービスに対する助成

3．新法への移行等のための緊急的な経過措置　（18年度補正：660億円）

→　直ちには移行できない事業者の支援と法施行に伴う緊急的な支援

- 小規模作業所等に対する助成
- 移行への改修等経費，グループホーム借上げのための初度経費の助成
- 制度改正に伴うかかり増し経費への対応，広報・普及啓発　等

5　障害者自立支援法の抜本的な見直しに向けた緊急措置

○障害者自立支援法は，施行後1年半が経過。平成18年12月，改革に伴う軋みに丁寧に対応するため，国費1,200億円の「特別対策」（平成20年度まで）を決定し，利用者負担の更なる軽減や事業者に対する激変緩和措置などを実施。
○平成20年度予算において，「障害者自立支援法の抜本的な見直し」に向けて，当事者や事業者の置かれている状況を踏まえ，特に必要な事項について緊急措置を実施。

【緊急措置】
　　　　　　　　「特別対策」で造成した基金の活用を含め満年度ベースで総額310億円　＊
　　　　　　　　　　　　　　　　　　　　　〔20年度予算〕　130億円

① 利用者負担の見直し（20年7月実施）･････････････････････････････････････ 70億円
- 低所得世帯を中心とした利用者負担の軽減【障害者・障害児】（満年度ベースで100億円）＊
- 軽減対象となる課税世帯の範囲の拡大　【障害児】
- 個人単位を基本とした所得段階区分への見直し　【障害者】

② 事業者の経営基盤の強化（20年4月実施）･･･････････････････････････････ 30億円
　　　　　　　　　　　　　　　　　（「特別対策」の基金の活用を含め180億円）＊

③ グループホーム等の整備促進（20年度実施）････････････････････････････ 30億円　＊
- グループホーム等の施設整備に対する助成

6 障がい者制度改革推進本部等における検討を踏まえて障害保健福祉施策を見直すまでの間において障害者等の地域生活を支援するための関係法律の整備に関する法律の概要

（平成22年12月3日成立，同12月10日公布）

①趣旨　　公布日施行
――障がい者制度改革推進本部等における検討を踏まえて障害保健福祉施策を見直すまでの間における障害者等の地域生活支援のための法改正であることを明記

②利用者負担の見直し　　平成24年4月1日までの政令で定める日（平成24年4月1日）から施行
――利用者負担について，応能負担を原則に
――障害福祉サービスと補装具の利用者負担を合算し負担を軽減

③障害者の範囲の見直し　　公布日施行
――発達障害が障害者自立支援法の対象となることを明確化

④相談支援の充実　　平成24年4月1日施行
――相談支援体制の強化　　市町村に基幹相談支援センターを設置，「自立支援協議会」を法律上位置付け，地域移行支援・地域定着支援の個別給付化
――支給決定プロセスの見直し（サービス等利用計画案を勘案），サービス等利用計画作成の対象者の大幅な拡大

⑤障害児支援の強化　　平成24年4月1日施行
――児童福祉法を基本として身近な地域での支援を充実
　（障害種別等で分かれている施設の一元化，通所サービスの実施主体を都道府県から市町村へ移行）
――放課後等デイサービス・保育所等訪問支援の創設
――在園期間の延長措置の見直し　　18歳以上の入所者については，障害者自立支援法で対応するよう見直し。その際，現に入所している者が退所させられることのないようにする。

⑥地域における自立した生活のための支援の充実　　平成24年4月1日までの政令で定める日（平成23年10月1日）から施行
――グループホーム・ケアホーム利用の際の助成を創設
――重度の視覚障害者の移動を支援するサービスの創設（同行援護。個別給付化）
（その他）(1)「その有する能力及び適性に応じ」の削除，(2)成年後見制度利用支援事業の必須事業化，(3)児童デイサービスに係る利用年齢の特例，(4)事業者の業務管理体制の整備，(5)精神科救急医療体制の整備等，(6)難病の者等に対する支援・障害者等に対する移動支援についての検討

(1)(3)(6)：公布日施行
(2)(4)(5)：平成24年4月1日までの政令で定める日
　　　　　（平成24年4月1日）から施行

7 障害者総合福祉法の骨格に関する総合福祉部会の提言（概要）

障害者総合福祉法の 6つのポイント	1．障害のない市民との平等と公平 2．谷間や空白の解消 3．格差の是正	4．放置できない社会問題の解決 5．本人のニーズにあった支援サービス 6．安定した予算の確保

I．障害者総合福祉法の骨格提言

1．法の理念・目的・範囲
- 障害の有無によって分け隔てられない共生社会を実現する。
- 保護の対象から権利の主体への転換と、医学モデルから社会モデルへの障害概念の転換。
- 地域で自立した生活を営む権利。

2．障害（者）の範囲
- 障害者総合福祉法が対象とする障害者（障害児を含む）は、障害者基本法に規定する障害者をいう。
- 心身の機能の障害には、慢性疾患に伴う機能障害を含む。

3．選択と決定（支給決定）
- 障害程度区分に代わる新たな支給決定の仕組み。
- サービス利用計画に基づく本人の意向等が尊重される。
- 協議調整により必要十分な支給量が保障される。
- 合議機関の設置と不服申立。

4．支援（サービス）体系
- 障害者権利条約を踏まえ、障害者本人が主体となって、地域生活が可能となる支援体系の構築。
- 「全国共通の仕組みで提供される支援」と「地域の実情に応じて提供される支援」で構成。

5．地域移行
- 国が社会的入院、入所を解消するために地域移行を促進することを法に明記する。
- 地域移行プログラムと地域定着支援を法定施策として策定、実施。
- ピアサポーターの活用。

6．地域生活の基盤整備
- 計画的な推進のため地域基盤整備10ヵ年戦略策定の法定化。
- 市町村と都道府県は障害福祉計画を、国はその基本方針と整備計画を示す。
- 地域生活支援協議会の設置。

7．利用者負担
- 食材費や光熱水費等は自己負担とする。
- 障害に伴う必要な支援は原則無償とするが、高額の収入のある者には応能負担を求める。

8．相談支援
- 対象は障害者と、支援の可能性のある者及びその家族。
- 障害者の抱える問題全体に対応する包括的支援を継続的にコーディネートする。
- 複合的な相談支援体制の整備。

9．権利擁護
- 権利擁護は支援を希望又は利用する障害者の申請から相談、利用、不服申立てのすべてに対応する。
- オンブズパーソン制度の創設。
- 虐待の防止と早期発見。

10．報酬と人材確保
- 利用者への支援に係る報酬は原則日払い、事業運営に係る報酬は原則月払い、在宅系支援に係る報酬は時間割とする。
- 福祉従事者が誇りと展望を持てるよう適切な賃金を支払える水準の報酬とする。

II．障害者総合福祉法の制定と実施への道程

1．障害者自立支援法の事業体系への移行問題
- 自立支援法の事業移行期限終了後も一定の要件の下で移行支援策を継続する。

2．障害者総合福祉法の制定及び実施までに行うべき課題
- 総合福祉法の制定及び実施に当たり地方自治体の意見を踏まえる。
- 総合福祉法の策定及び実施のための実態調査や試行事業を行う。

3．障害者総合福祉法の円滑な実施
- 総合福祉法を補完する、あるいはこれへの移行を支援する基金事業を設けること。

4．財政のあり方
- 国は予算措置に必要な基礎データを把握する。
- 障害関連予算をOECD諸国の平均水準を目標漸進的に拡充する。
- 財政の地域間格差の是正を図る。
- 財政設計にあたり一般施策での予算化を追求。
- 障害者施策の推進は経済効果に波及する。
- 支援ガイドラインに基づく協議調整による支給決定は財政的にも実現可能である。
- 長時間介助等の地域生活支援のための財源措置を講じること。

III．関連する他の法律や分野との関係

1．医療
- 医療は福祉サービス及び保健サービスとの有機的連携の下で提供される必要がある。
- 福祉、保健、医療にわたる総合的な相談支援が必要。

2．障害児
- 障害児を含むすべての子供の基本的権利を保障する仕組みの創設が必要。
- 障害を理由に一般児童施策の利用が制限されるべきではない。

3．労働と雇用
- 障害者雇用促進法を見直し、雇用の質の確保、必要な支援を認定する仕組みの創設、雇用率や納付金制度見直し等を行う。
- 労働と福祉の一体的展開。

8 地域社会における共生の実現に向けて新たな障害保健福祉施策を講ずるための関係法律の整備に関する法律の概要

(平成24年6月20日 成立・同年6月27日 公布)

1．趣旨
障がい者制度改革推進本部等における検討を踏まえて，地域社会における共生の実現に向けて，障害福祉サービスの充実等障害者の日常生活及び社会生活を総合的に支援するため，新たな障害保健福祉施策を講ずるものとする。

2．概要
1．題名
　「障害者自立支援法」を「障害者の日常生活及び社会生活を総合的に支援するための法律（障害者総合支援法）」とする。
2．基本理念
　法に基づく日常生活・社会生活の支援が，共生社会を実現するため，社会参加の機会の確保及び地域社会における共生，社会的障壁の除去に資するよう，総合的かつ計画的に行われることを法律の基本理念として新たに掲げる。
3．障害者の範囲（障害児の範囲も同様に対応。）
　「制度の谷間」を埋めるべく，障害者の範囲に難病等を加える。
4．障害支援区分の創設
　「障害程度区分」について，障害の多様な特性その他の心身の状態に応じて必要とされる標準的な支援の度合いを総合的に示す「障害支援区分」に改める。
　※障害支援区分の認定が知的障害者・精神障害者の特性に応じて行われるよう，区分の制定に当たっては適切な配慮等を行う。
5．障害者に対する支援
　① 重度訪問介護の対象拡大（重度の肢体不自由者等であって常時介護を要する障害者として厚生労働省令で定めるものとする）
　② 共同生活介護（ケアホーム）の共同生活援助（グループホーム）への一元化
　③ 地域移行支援の対象拡大（地域における生活に移行するため重点的な支援を必要とする者であって厚生労働省令で定めるものを加える）
　④ 地域生活支援事業の追加（障害者に対する理解を深めるための研修や啓発を行う事業，意思疎通支援を行う者を養成する事業等）
6．サービス基盤の計画的整備
　① 障害福祉サービス等の提供体制の確保に係る目標に関する事項及び地域生活支援事業の実施に関する事項についての障害福祉計画の策定
　② 基本指針・障害福祉計画に関する定期的な検証と見直しを法定化
　③ 市町村は障害福祉計画を作成するに当たって，障害者等のニーズ把握等を行うことを努力義務化
　④ 自立支援協議会の名称について，地域の実情に応じて定められるよう弾力化するとともに，当事者や家族の参画を明確化

3．施行期日
平成25年4月1日（ただし，4．及び5．①～③については，平成26年4月1日）

4．検討規定（障害者施策を段階的に講じるため，法の施行後3年を目途として，以下について検討）
① 常時介護を要する障害者等に対する支援，障害者等の移動の支援，障害者の就労の支援その他の障害福祉サービスの在り方
② 障害支援区分の認定を含めた支給決定の在り方
③ 障害者の意思決定支援の在り方，障害福祉サービスの利用の観点からの成年後見制度の利用促進の在り方
④ 手話通訳等を行う者の派遣その他の聴覚，言語機能，音声機能その他の障害のため意思疎通を図ることに支障がある障害者等に対する支援の在り方
⑤ 精神障害者及び高齢の障害者に対する支援の在り方
※上記の検討に当たっては，障害者やその家族その他の関係者の意見を反映させる措置を講ずる。

9 障害者の日常生活及び社会生活を総合的に支援するための法律及び児童福祉法の一部を改正する法律（概要）

（平成28年5月25日 成立・同年6月3日 公布）

1．趣旨

障害者が自らの望む地域生活を営むことができるよう，「生活」と「就労」に対する支援の一層の充実や高齢障害者による介護保険サービスの円滑な利用を促進するための見直しを行うとともに，障害児支援のニーズの多様化にきめ細かく対応するための支援の拡充を図るほか，サービスの質の確保・向上を図るための環境整備等を行う。

2．概要

1．障害者の望む地域生活の支援
 (1) 施設入所支援や共同生活援助を利用していた者等を対象として，定期的な巡回訪問や随時の対応により，円滑な地域生活に向けた相談・助言等を行うサービスを新設する（自立生活援助）
 (2) 就業に伴う生活面の課題に対応できるよう，事業所・家族との連絡調整等の支援を行うサービスを新設する（就労定着支援）
 (3) 重度訪問介護について，医療機関への入院時も一定の支援を可能とする
 (4) 65歳に至るまで相当の長期間にわたり障害福祉サービスを利用してきた低所得の高齢障害者が引き続き障害福祉サービスに相当する介護保険サービスを利用する場合に，障害者の所得の状況や障害の程度等の事情を勘案し，当該介護保険サービスの利用者負担を障害福祉制度により軽減（償還）できる仕組みを設ける

2．障害児支援のニーズの多様化へのきめ細かな対応
 (1) 重度の障害等により外出が著しく困難な障害児に対し，居宅を訪問して発達支援を提供するサービスを新設する
 (2) 保育所等の障害児に発達支援を提供する保育所等訪問支援について，乳児院・児童養護施設の障害児に対象を拡大する
 (3) 医療的ケアを要する障害児が適切な支援を受けられるよう，自治体において保健・医療・福祉等の連携促進に努めるものとする
 (4) 障害児のサービスに係る提供体制の計画的な構築を推進するため，自治体において障害児福祉計画を策定するものとする

3．サービスの質の確保・向上に向けた環境整備
 (1) 補装具費について，成長に伴い短期間で取り替える必要のある障害児の場合等に貸与の活用も可能とする
 (2) 都道府県がサービス事業所の事業内容等の情報を公表する制度を設けるとともに，自治体の事務の効率化を図るため，所要の規定を整備する

3．施行期日

平成30年4月1日（2．(3)については公布の日（平成28年6月3日））

第2　障害者総合支援法に基づくサービスの概要

1　居宅介護

○対象者

■障害支援区分1以上の障害者等

○サービス内容

居宅における
- ■入浴，排せつ及び食事等の介護
- ■調理，洗濯及び掃除等の家事
- ■生活等に関する相談及び助言
- ■その他生活全般にわたる援助

※通院等介助や通院等乗降介助を含む。

○主な人員配置

- ■サービス提供責任者：常勤ヘルパーのうち1名以上
  - ・介護福祉士，実務者研修修了者　等
  - ・居宅介護職員初任者研修修了者等であって3年以上の実務経験がある者
- ■ヘルパー：常勤換算2.5人以上
  - ・介護福祉士，介護職員基礎研修修了者，居宅介護職員初任者研修修了者　等

○報酬単価（平成30年4月～）

■基本報酬			
身体介護中心，通院等介助（身体介護有り） 248単位（30分未満）～813単位（3時間未満） 3時間以降，30分を増す毎に81単位加算	家事援助中心 102単位（30分未満）～267単位（1.5時間未満） 1.5時間以降，15分を増す毎に34単位加算	通院等介助（身体介護なし） 102単位（30分未満）～267単位（1.5時間未満） 1.5時間以降，30分を増す毎に68単位加算	通院等乗降介助 1回98単位
■主な加算			
特定事業所加算（5％，10％又は20％加算） →①サービス提供体制の整備，②良質な人材の確保，③重度障害者への対応に積極的に取り組む事業所のサービスを評価	福祉専門職員等連携加算（90日間3回を限度として1回につき564単位加算） →サービス提供責任者と精神障害者等の特性に精通する国家資格を有する者が連携し，利用者の心身の状況等の評価を共同して行うことを評価	喀痰吸引等支援体制加算（1日当たり100単位加算） →特定事業所加算（20％加算）の算定が困難な事業所に対して，喀痰の吸引等が必要な者に対する支援体制を評価	

○事業所数　19,915（国保連平成30年1月実績）　　○利用者数　173,254（国保連平成30年1月実績）

資料編

2 重度訪問介護

○対象者

■重度の肢体不自由者又は重度の知的障害若しくは精神障害により行動上著しい困難を有する者であって，常時介護を要する障害者
　→障害支援区分4以上に該当し，次の（一）又は（二）のいずれかに該当する者
　　（一）二肢以上に麻痺等があって，かつ，障害支援区分の認定調査項目のうち「歩行」，「移乗」，「排尿」，「排便」のいずれもが「支援が不要」以外に認定されていること
　　（二）障害支援区分の認定調査項目のうち行動関連項目等（12項目）の合計点数が10点以上であること

○サービス内容

居宅等における
■入浴，排せつ及び食事等の介護
■調理，洗濯及び掃除等の家事
■その他生活全般にわたる援助
■外出時における移動中の介護
※日常生活に生じる様々な介護の事態に対応するための見守り等の支援を含む。
※平成30年4月より，入院中の病院等におけるコミュニケーション支援等が追加。

○主な人員配置

■サービス提供責任者：常勤ヘルパーのうち1名以上
・介護福祉士，実務者研修修了者　等
・居宅介護職員初任者研修修了者等であって3年以上の実務経験がある者
■ヘルパー：常勤換算2.5人以上
・居宅介護に従事可能な者，重度訪問介護従業者養成研修修了者

○重度訪問介護加算対象者

■15％加算対象者…重度訪問介護の対象者（一）に該当する者であって，重度障害者等包括支援の対象者の要件に該当する者（障害支援区分6）

※重度障害者等包括支援対象者
・重度訪問介護の対象であって，四肢全てに麻痺等があり，寝たきり状態にある障害者であって，人工呼吸器による呼吸管理を行っている身体障害者（Ⅰ類型（筋ジス，脊椎損傷，ALS，遷延性意識障害等を想定）），又は最重度知的障害者（Ⅱ類型（重症心身障害者を想定））
・障害支援区分の認定調査項目のうち行動関連項目等（12項目）の合計点数が10点以上である者（Ⅲ類型（強度行動障害を想定））

■8.5％加算対象者…障害支援区分6の者

○報酬単価（平成30年4月～）

■基本報酬		
184単位（1時間未満）～1,410単位（8時間未満） ※8時間を超える場合は，8時間までの単価の95％を算定		
■主な加算		
特定事業所加算（10％又は20％加算） →①サービス提供体制の整備，②良質な人材の確保，③重度障害者への対応に積極的に取り組む事業所のサービスを評価	行動障害支援連携加算（30日間1回を限度として1回につき584単位加算） →サービス提供責任者と支援計画シート等作成者が連携し，利用者の心身の状況等の評価を共同して行うことを評価	喀痰吸引等支援体制加算（1日当たり100単位加算） →特定事業所加算（20％加算）の算定が困難な事業所に対して，喀痰の吸引等が必要な者に対する支援体制を評価

○事業所数　7,415（国保連平成30年1月実績）　　○利用者数　10,784（国保連平成30年1月実績）

3 同行援護

○対象者

■視覚障害により，移動に著しい困難を有する障害者等
→同行援護アセスメント票の調査項目（視力障害，視野障害，夜盲，移動障害）において，移動障害以外で1点以上かつ移動障害で1点以上である者

○サービス内容

外出時において，
■移動に必要な情報の提供（代筆・代読を含む。）
■移動の援護，排せつ及び食事等の介護
■その他外出時に必要な援助
※外出について
　通勤，営業活動等の経済活動に係る外出，通年かつ長期にわたる外出及び社会通念上適当でない外出を除く。

○主な人員配置

■サービス提供責任者：常勤ヘルパーのうち1名以上
・同行援護従業者養成研修応用課程修了者であり，かつ，介護福祉士，実務者研修修了者，介護職員基礎研修修了者，居宅介護職員初任者研修修了者等であって3年以上の実務経験がある者
■ヘルパー：常勤換算2.5人以上
・同行援護従業者養成研修一般課程修了者（盲ろう者向け・通訳介助員は，平成33年3月31日まで，暫定的な措置として，当該研修を修了したものとみなす。）
・居宅介護職員初任者研修修了者等であって，1年以上の直接処遇経験を有する者　等

○報酬単価（平成30年4月〜）

■基本報酬		
184単位（30分未満）〜610単位（3時間未満）　3時間以降，30分を増す毎に63単位加算		
■主な加算		
盲ろう者支援加算（25％加算） →盲ろう者向け・通訳介助員が，盲ろう者（視覚障害者かつ聴覚障害者）に支援することを評価	区分3の者に提供したときの加算（20％加算） →障害支援区分3の者への支援を評価	区分4以上の者に提供したときの加算（40％加算） →障害支援区分4以上の者への支援を評価
特定事業所加算（5％，10％又は20％加算） →①サービス提供体制の整備，②良質な人材の確保，③重度障害者への対応に積極的に取り組む事業所のサービスを評価	特別地域加算（15％加算） →中山間地域等に居住している者に対して提供されるサービスを評価	喀痰吸引等支援体制加算（1日当たり100単位加算） →特定事業所加算（20％加算）の算定が困難な事業所に対して，喀痰の吸引等が必要な者に対する支援体制を評価

○事業所数　6,281（国保連平成30年1月実績）　　○利用者数　24,611（国保連平成30年1月実績）

資料編

4　行動援護

○対象者

■知的障害又は精神障害により行動上著しい困難を有する障害者等であって，常時介護を有する者
　→障害支援区分3以上であって，障害支援区分の認定調査項目のうち行動関連項目等（12項目）の合計点数が10点以上である者

○サービス内容

■行動する際に生じ得る危険を回避するために必要な援護
■外出時における移動中の介護
■排せつ及び食事等の介護その他の行動をする際に必要な援助
　・予防的対応
　　…行動の予定が分からない等のため，不安定になり，不適切な行動がでないよう，予め行動の順番や，外出する場合の目的地での行動等を理解させる等
　・制御的対応
　　…行動障害を起こしてしまった時の問題行動を適切におさめること等
　・身体介護的対応
　　…便意の認識ができない者の介助等

○主な人員配置

■サービス提供責任者：常勤ヘルパーのうち1名以上
　・行動援護従業者養成研修課程修了者又は強度行動障害支援者養成研修（実践研修）修了者であって3年以上の直接処遇経験（知的障害・精神障害等）
　※介護福祉士，実務者研修修了者，介護職員基礎研修修了者，居宅介護職員初任者研修修了者等であって5年以上の実務経験（平成33年3月31日までの経過措置）
■ヘルパー：常勤換算2.5人以上
　・行動援護従業者養成研修修了者又は強度行動障害支援者養成研修（実践研修）修了者であって1年以上の直接処遇経験（知的障害・精神障害者等）
　※介護福祉士，介護職員基礎研修修了者，居宅介護職員初任者研修修了者等であって2年以上の実務経験（平成33年3月31日までの経過措置）

○報酬単価（平成30年4月～）

■基本報酬
254単位（30分未満）～2,514単位（7.5時間以上）

■主な加算		
特定事業所加算（5％，10％又は20％加算） →①サービス提供体制の整備，②良質な人材の確保，③重度障害者への対応に積極的に取り組む事業所のサービスを評価	行動障害支援指導連携加算（重度訪問介護に移行する月につき1回を限度として1回につき273単位加算） →支援計画シート等作成者と重度訪問介護のサービス提供責任者が連携し，利用者の心身の状況等の評価を共同して行うことを評価	喀痰吸引等支援体制加算（1日当たり100単位加算） →特定事業所加算（20％加算）の算定が困難な事業所に対して，喀痰の吸引等が必要な者に対する支援体制を評価

○事業所数　1,636（国保連平成30年1月実績）　　○利用者数　10,144（国保連平成30年1月実績）

5 重度障害者等包括支援

○対象者

■常時介護を要する障害者等であって,その介護の必要の程度が著しく高い者
　→障害支援区分6であって,意思疎通を図ることに著しい支障がある者であって,下記のいずれかに該当する者

類　型		状態像
重度訪問介護の対象であって,四肢すべてに麻痺等があり,寝たきり状態にある障害者のうち,右のいずれかに該当すること	人工呼吸器による呼吸管理を行っている身体障害者（Ⅰ類型）	・筋ジストロフィー　・脊椎損傷 ・ALS　・遷延性意識障害　等
	最重度知的障害者（Ⅱ類型）	・重症心身障害者　　　　　　等
障害支援区分の認定調査項目のうち行動関連項目等（12項目）の合計点数が10点以上であること（Ⅲ類型）		・強度行動障害　　　　　　　等

○サービス内容

■訪問系サービス（重度障害者等包括支援,重度訪問介護等）や通所サービス（生活介護,短期入所）等を組み合わせて,包括的に提供

○主な人員配置

■サービス提供責任者：1人以上（1人以上は常勤）
（下記のいずれにも該当）
・相談支援専門員の資格を有する者
・重度障害者等包括支援対象者の直接処遇に3年以上従事した者

○運営基準

■利用者と24時間連絡対応可能な体制の確保
■2以上の障害福祉サービスを提供できる体制を確保（第3者への委託も可）
■専門医を有する医療機関との協力体制がある
■提供されるサービスにより,最低基準や指定基準を満たす

○報酬単価（平成30年4月～）

■基本報酬

○居宅介護,重度訪問介護,生活介護等　201単位（1時間未満）～2,401単位（12時間未満）
　※12時間を超える場合は,12時間までの単価の98％を算定
○短期入所　946単位/日
○共同生活介護　997単位/日

■主な加算

特別地域加算（15％加算） →中山間地域等に居住している者に対して提供されるサービスを評価	喀痰吸引等支援体制加算（1日当たり100単位加算） →喀痰の吸引等が必要な者に対する支援体制を評価	短期入所利用者で,低所得である場合は1日当たり（48単位加算）

○事業所数　11（国保連平成30年1月実績）　　○利用者数　37（国保連平成30年1月実績）

6 短期入所

○対象者

> 居宅においてその介護を行う者の疾病その他の理由により，障害者支援施設等への短期間の入所が必要な者
>
> ■福祉型（障害者支援施設等において実施可能）
> ・障害支援区分1以上である障害者及び障害児の障害の程度に応じて厚生労働大臣が定める区分における区分1以上に該当する障害児
>
> ■福祉型強化（障害者支援施設等において実施可能）（※）
> ※看護職員を常勤で1人以上配置
> ・厚生労働大臣が定める状態に該当する医療的ケアが必要な障害者及び障害児
>
> ■医療型（病院，診療所，介護老人保健施設，介護医療院において実施可能）（※）
> ※病院，診療所については，法人格を有さない医療機関を含む。また，宿泊を伴わない場合は無床診療所も実施可能
> ・遷延性意識障害児・者，筋萎縮性側索硬化症等の運動ニューロン疾患の分類に属する疾患を有する者及び重症心身障害児・者等

○サービス内容

> ■当該施設に短期間の入所をさせ，入浴，排せつ及び食事の介護その他の必要な支援
> ■本体施設の利用者とみなした上で，本体施設として必要とされる以上の職員を配置し，これに応じた報酬単価を設定

○主な人員配置

> ■併設型・空床型
> 本体施設の配置基準に準じる
> ■単独型
> 当該利用日の利用者数に対し6人につき1人

○報酬単価（平成30年4月～）

■基本報酬

福祉型短期入所サービス費(Ⅰ)～(Ⅳ)	福祉型強化短期入所サービス費(Ⅰ)～(Ⅳ)	医療型短期入所サービス費(Ⅰ)～(Ⅲ)（宿泊を伴う場合）	医療型特定短期入所サービス費(Ⅰ)～(Ⅲ)（宿泊を伴わない場合）(Ⅳ)～(Ⅵ)（宿泊のみの場合）
→障害者（児）について，障害支援区分に応じた単位の設定	→看護職員を配置し，厚生労働大臣が定める状態に該当する医療的ケアが必要な障害者（児）に対し，支援を行う場合	→区分6の気管切開を伴う人工呼吸器による呼吸管理を行っている者，重症心身障害児・者等に対し，支援を行う場合	→左記と同様の対象者に対し支援を行う場合
167単位～896単位	367単位～1,096単位	1,679単位～2,889単位	1,209単位～2,768単位

■主な加算

単独型加算（320単位）	緊急短期入所受入加算（福祉型180単位，医療型270単位）	特別重度支援加算（120単位／388単位）
→併設型・空床型ではない指定短期入所事業所にて，指定短期入所を行った場合	→空床の確保や緊急時の受入れを行った場合 定員超過特例加算（50単位） →緊急時に定員を超えて受入を行った場合（10日限度で算定）	→医療ニーズの高い障害児・者に対しサービスを提供した場合

○事業所数　4,591（うち福祉型：4,261　医療型：330）（国保連平成30年1月実績）
○利用者数　48,124（国保連平成30年1月実績）

7　療養介護

○対象者

■病院等への長期の入院による医療的ケアに加え，常時の介護を必要とする身体・知的障害者
　① 筋萎縮性側索硬化症（ALS）患者等気管切開を伴う人工呼吸器による呼吸管理を行っている者であって，障害支援区分6の者
　② 筋ジストロフィー患者又は重症心身障害者であって，障害支援区分5以上の者
■平成24年3月31日において現に重症心身障害児施設又は指定医療機関に入院している者であって，平成24年4月1日以降療養介護を利用する者

○サービス内容

■病院等への長期入院による医学的管理の下，食事や入浴，排せつ等の介護や，日常生活上の相談支援等を提供
■利用者の障害程度に応じて，相応しいサービスの提供体制が確保されるよう，事業者ごとの利用者の平均障害支援区分に応じた人員配置の基準を設け，これに応じた報酬単価を設定

○主な人員配置

■サービス管理責任者

■生活支援員　等　4：1～2：1以上

○報酬単価（平成30年4月～）

■基本報酬

利用定員及び別に定める人員配置に応じた単位の設定（定員40人以下の場合）
○療養介護サービス費
　543単位（4：1）～943単位（2：1）　※経過措置利用者等については6：1を設定
※平成24年3月31日において現に重症心身障害児施設等に入院している者であって，平成24年4月1日以降療養介護を利用する者については，経過的なサービス費の適用有り
※医療に要する費用及び食費等については，医療保険より給付

■主な加算

地域移行加算（500単位）
→利用者の退院後の生活についての相談援助を行う場合，退院後30日以内に当該利用者の居宅にて相談援助を行う場合，それぞれ，入院中2回・退院後1回を限度に算定

○事業所数　251（国保連平成30年1月実績）　　○利用者数　20,252（国保連平成30年1月実績）

資料編

8 生活介護

○対象者

■地域や入所施設において，安定した生活を営むため，常時介護等の支援が必要な者
① 障害支援区分が区分3（障害者支援施設等に入所する場合は区分4）以上である者
② 年齢が50歳以上の場合は，障害支援区分が区分2（障害者支援施設等に入所する場合は区分3）以上である者

○サービス内容

■主として昼間において，入浴，排せつ及び食事等の介護や，日常生活上の支援，生産活動の機会等の提供

○主な人員配置

利用者の障害程度に応じて，相応しいサービスの提供体制が確保されるよう，利用者の平均障害支援区分等に応じた人員配置の基準を設定
■サービス管理責任者
■生活支援員等　6：1～3：1

○報酬単価（平成30年4月～）

■基本報酬

基本単位数は，事業者ごとに利用者の①利用定員の合計数及び②障害支援区分に応じ所定単位数を算定
■定員21人以上40人以下の場合

（区分6）	（区分5）	（区分4）	（区分3）	（区分2以下）※未判定の者を含む
1,144単位	854単位	601単位	541単位	493単位

■主な加算

人員配置体制加算（33～265単位）	訪問支援特別加算（187～280単位）	延長支援加算（61～92単位）
→直接処遇職員を加配（1.7：1～2.5：1）した事業所に加算 ※指定生活介護事業所は区分5・6・準ずる者が一定の割合を満たす必要	→連続した5日間以上利用がない利用者に対し，居宅を訪問して相談援助等を行った場合（1月に2回まで加算）	→営業時間である8時間を超えてサービスを提供した場合（通所による利用者に限る）

○事業所数　9,972（国保連平成30年1月実績）　　○利用者数　275,941（国保連平成30年1月実績）

9　施設入所支援

○対象者

■夜間において，介護が必要な者，入所させながら訓練等を実施することが必要かつ効果的であると認められるもの又は通所が困難である自立訓練又は就労移行支援等の利用者
　① 生活介護利用者のうち，区分4以上の者（50歳以上の場合は，区分3以上）
　② 自立訓練，就労移行支援又は就労継続支援B型の利用者のうち，入所させながら訓練等を実施することが必要かつ効果的であると認められる者又は通所によって訓棟を受けることが困難な者
　③ 特定旧法指定施設に入所していた者であって継続して入所している者又は地域における障害福祉サービスの提供体制の状況その他やむを得ない事情により通所によって介護等を受けることが困難な者のうち①若しくは②に該当しない者若しくは就労継続支援A型を利用する者

○サービス内容

■夜間における入浴，排せつ等の介護や日常生活上の相談支援等を実施
■生活介護の利用者は，利用期間の制限なし
　自立訓練及び就労移行支援の利用者は，当該サービスの利用期間に限定

○主な人員配置

■サービス管理責任者
■休日等の職員配置
　→利用者の状況に応じ，必要な支援を行うための勤務体制を確保
■生活支援員　利用者数60人以下の場合，1人以上

○報酬単価（平成30年4月～）

■基本報酬

基本単位数は，事業者ごとに利用者の①利用定員の合計数及び②障害支援区分に応じ所定単位数を算定
■定員40人以下の場合　（区分6）　（区分5）　（区分4）　（区分3）　（区分2以下）※未判定の者を含む
　　　　　　　　　　　455単位　　384単位　　309単位　　233単位　　169単位

■主な加算

重度障害者支援加算	夜勤職員配置体制加算
(I) 特別な医療を受けている利用者［28単位］ 　→区分6であって，次に該当する者が2人以上の場合は更に22単位 　　①気管切開を伴う人工呼吸器による呼吸管理が必要な者 　　②重症心身障害者 (II) 強度行動障害者に対する支援 　→(一)体制を整えた場合［7単位］ 　　(二)夜間支援を行った場合［180単位］	夜勤職員の勤務体制を手厚くしている場合 ・利用定員が21人以上40人以下の場合［60単位］ ・利用定員が41人以上60人以下の場合［48単位］ ・利用定員が61人以上の場合［39単位］

○事業所数　2,594（国保連平成30年1月実績）　　○利用者数　129,717（国保連平成30年1月実績）

10　自立訓練（機能訓練）

○対象者

■地域生活を営む上で，身体機能・生活能力の維持・向上等のため，一定期間の訓練が必要な障害者（具体的には次のような例）
　① 入所施設・病院を退所・退院した者であって，地域生活への移行等を図る上で，身体的リハビリテーションの継続や身体機能の維持・回復などを目的とした訓練が必要な者
　② 特別支援学校を卒業した者であって，地域生活を営む上で，身体機能の維持・回復などを目的とした訓練が必要な者　等

○サービス内容

■理学療法，作業療法その他必要なリハビリテーション，生活等に関する相談及び助言その他の必要な支援を実施
■事業所に通う以外に，居宅を訪問し，運動機能や日常生活動作能力の維持・向上を目的とした訓練等を実施
■標準利用期間（18ヶ月，頸髄損傷による四肢麻痺等の場合は36ヶ月）内で，自立した日常生活又は社会生活を営めるよう支援を実施

○主な人員配置

■サービス管理責任者　60：1以上（1人は常勤）
■看護職員（1人以上（1人は常勤））
■理学療法士又は作業療法士（1人以上）　　　6：1以上
■生活支援員（1人以上（1人は常勤））

○報酬単価（平成30年4月〜）

■基本報酬

通所による訓練
　利用定員20人以下　　791単位
　　〃　21〜40人　　　707単位
　　〃　41〜60人　　　672単位
　　〃　61〜80人　　　644単位
　　〃　81人以上　　　607単位

訪問による訓練
　所要時間1時間未満の場合　　　　　　248単位
　所要時間1時間以上の場合　　　　　　570単位
　視覚障害者に対する専門的訓練の場合　732単位

■主な加算

リハビリテーション加算
（Ⅰ）頸髄損傷による四肢麻痺等の状態にある障害者に対し，個別のリハビリテーションを行った場合
　　　　　　　　　　　　　　　　　　　　48単位
（Ⅱ）その他の障害者に対し，個別のリハビリテーションを行った場合　　　　　20単位

就労移行支援体制加算
　自立訓練を受けた後，就労（一定の条件を満たす復職を含む）し，就労継続期間が6月以上の者が前年度において1人以上いる場合
　利用定員20人以下　　57単位
　　〃　21〜40人　　　25単位
　　〃　41〜60人　　　14単位
　　〃　61〜80人　　　10単位
　　〃　81人以上　　　 7単位

○事業所数　182（国保連平成30年1月実績）　　○利用者数　2,297（国保連平成30年1月実績）

11　自立訓練（生活訓練）

○対象者

■地域生活を営む上で，生活能力の維持・向上等のため，一定期間の訓練が必要な障害者（具体的には次のような例）
① 入所施設・病院を退所・退院した者であって，地域生活への移行を図る上で，生活能力の維持・向上等を目的とした訓練が必要な者
② 特別支援学校を卒業した者，継続した通院により症状が安定している者等であって，地域生活を営む上で，生活能力の維持・向上などを目的とした訓練が必要な者　等

○サービス内容

■入浴，排せつ及び食事等に関する自立した日常生活を営むために必要な訓練，生活等に関する相談及び助言その他の必要な支援を実施
■事業所に通う以外に，居宅を訪問し，日常生活動作能力の維持及び向上を目的とした訓練等を実施
■標準利用期間（24ヶ月，長期入院者等の場合は36ヶ月）内で，自立した日常生活又は社会生活を営めるよう支援を実施

○主な人員配置

■サービス管理責任者　60：1以上（1人は常勤）
■生活支援員　6：1以上（1人は常勤）

○報酬単価（平成30年4月～）

■基本報酬

通所による訓練		訪問による訓練	
利用定員20人以下	744単位	所要時間1時間未満の場合	248単位
〃　21～40人	664単位	所要時間1時間以上の場合	570単位
〃　41～60人	631単位	視覚障害者に対する専門的訓練の場合	732単位
〃　61～80人	606単位		
〃　81人以上	570単位		

■主な加算

個別計画訓練支援加算
　社会福祉士・精神保健福祉士・公認心理師等が作成した個別訓練実施計画に基づいて，障害特性や生活環境等に応じた訓練を行った場合　　　19単位

就労移行支援体制加算
　自立訓練を受けた後，就労（一定の条件を満たす復職を含む）し，就労継続期間が6月以上の者が前年度において1人以上いる場合
　　利用定員20人以下　54単位
　　　〃　21～40人　24単位
　　　〃　41～60人　13単位
　　　〃　61～80人　9単位
　　　〃　81人以上　7単位

○事業所数　1,166（国保連平成30年1月実績）　　○利用者数　12,321（国保連平成30年1月実績）

資料編

12　宿泊型自立訓練

○対象者

■自立訓練（生活訓練）の対象者のうち，日中，一般就労や障害福祉サービスを利用している者であって，地域生活への移行に向けて，一定期間，宿泊によって帰宅後における生活能力等の維持・向上のための訓練が必要な者（具体的には次のような例）
① 特別支援学校を卒業してた者であって，ひとり暮らしを目指して，更なる生活能力の向上を図ろうとしているもの
② 精神科病院を退院後，地域での日中活動が継続的に利用可能となった者であって，更なる生活能力の向上を図ろうとしているもの

○サービス内容

■居室等の設備を提供し，家事等の日常生活能力を向上させるための訓練，生活等に関する相談及び助言その他の必要な支援を実施
■必要に応じて，日中活動サービスの利用とあわせて支援
■標準利用期間（24ヶ月，長期入院者等の場合は36ヶ月）内で，自立した日常生活又は社会生活を営めるよう支援を実施（1年ごとに利用継続の必要性について確認し，支給決定の更新も可能）

○主な人員配置

■サービス管理責任者　60：1以上（1人は常勤）
■生活支援員　10：1以上（1人は常勤）
■地域移行支援員　1人以上

○報酬単価（平成30年4月～）

■基本報酬
標準利用期間中の場合　268単位，　標準利用期間を超える場合　162単位

■主な加算	
夜間支援体制加算(Ⅰ)・(Ⅱ)・(Ⅲ) (Ⅰ) 夜勤を配置し，利用者に対して夜間に介護等を行うための体制等を確保する場合　448単位～46単位 (Ⅱ) 宿直を配置し，利用者に対して夜間に居室の巡回や緊急時の支援等を行うための体制を確保する場合　149単位～15単位 (Ⅲ) 夜間を通じて，利用者の緊急事態等に対応するための常時の連絡体制又は防災体制を確保する場合　10単位	精神障害者地域移行特別加算 　精神科病院等に1年以上入院していた精神障害者に対して，地域で生活するために必要な相談援助等を社会福祉士，精神保健福祉士又は公認心理師等が実施した場合　300単位 強度行動障害者地域移行特別加算 　障害者支援施設等に1年以上入所していた強度行動障害を有する者に対して，地域で生活するために必要な相談援助等を強度行動障害支援者養成研修修了者等が実施した場合　300単位

○事業所数　236（国保連平成30年1月実績）　　○利用者数　3,462（国保連平成30年1月実績）

13　就労移行支援

○対象者

■一般就労等を希望し，知識・能力の向上，実習，職場探し等を通じ，適性に合った職場への就労等が見込まれる障害者
※休職者については，所定の要件を満たす場合に利用が可能であり，復職した場合に一般就労への移行者となる。
※65歳に達する前5年間障害福祉サービスの支給決定を受けていた者で，65歳に達する前日において就労移行支援の支給決定を受けていた者は当該サービスについて引き続き利用することが可能。

○サービス内容

■一般就労等への移行に向けて，事業所内での作業等を通じた就労に必要な訓練，適性に合った職場探し，就労後の職場定着のための支援等を実施
■通所によるサービスを原則としつつ，個別支援計画の進捗状況に応じ，職場実習等によるサービスを組み合わせた支援を実施
■利用者ごとに，標準期間（24ヶ月）内で利用期間を設定
※市町村審査会の個別審査を経て，必要性が認められた場合に限り，最大1年間の更新可能

○主な人員配置

■サービス管理責任者

■職業指導員　｝ 6：1以上
　生活支援員

■就労支援員→15：1以上

○報酬単価（平成30年4月より定員規模別に加え，就職後6月以上定着した割合が高いほど高い基本報酬）

基本報酬 ＜定員20人以下の場合＞

改定前	改定後	
基本報酬	就職後6月以上定着率	基本報酬
804単位	5割以上	1,089単位／日
	4割以上5割未満	935単位／日
	3割以上4割未満	807単位／日
	2割以上3割未満	686単位／日
	1割以上2割未満	564単位／日
	0割超1割未満	524単位／日
	0	500単位／日

※上表以外に，あん摩等養成事業所である場合の設定，定員に応じた設定あり（21人以上40人以下，41人以上60人以下，61人以上80人以下，81人以上）

主な加算

移行準備支援体制加算(Ⅰ),(Ⅱ)　41，100単位
⇒Ⅰ：施設外支援として職員が同行し，企業実習等の支援を行った場合
⇒Ⅱ：施設外就労として，請負契約を結んだ企業内で業務を行った場合

就労支援関係研修修了加算　6単位
⇒就労支援関係の研修修了者を就労支援員として配置した場合
※H30年～見直し

福祉専門職員配置等加算(Ⅰ),(Ⅱ),(Ⅲ)　15，10，6単位
⇒Ⅰ：社会福祉士等資格保有者が常勤職員の35％雇用されている場合
⇒Ⅱ：社会福祉士等資格保有者が常勤職員の25％雇用されている場合
　※H30～資格保有者に公認心理師，作業療法士を追加
⇒Ⅲ：常勤職員が75％以上又は勤続3年以上が30％以上の場合

食事提供体制加算，送迎加算，訪問加算等
⇒他の福祉サービスと共通した加算も一定の条件を満たせば算定可能

○事業所数　3,400（国保連平成30年1月実績）　　○利用者数　33,460（国保連平成30年1月実績）

14 就労継続支援A型

○対象者

■通常の事業所に雇用される事が困難であって，適切な支援により雇用契約に基づく就労が可能な障害者
※65歳に達する前5年間障害福祉サービスの支給決定を受けていた者で，65歳に達する前日において就労継続支援A型の支給決定を受けていた者は当該サービスについて引き続き利用することが可能。

○サービス内容

■通所により，雇用契約に基づく就労の機会を提供するとともに，一般就労に必要な知識，能力が高まった者について，一般就労への移行に向けて支援
■一定の範囲内で障害者以外の雇用が可能
■多様な事業形態により，多くの就労機会を確保できるよう，障害者の利用定員10人からの事業実施が可能
■利用期間の制限なし

○主な人員配置

■サービス管理責任者

■職業指導員 ／ 生活支援員　10：1以上

○報酬単価（平成30年4月より定員規模別，人員配置別に加え，平均労働時間が長いほど高い基本報酬）

基本報酬 ＜定員20人以下，人員配置7.5：1の場合＞

改定前	改定後	
基本報酬	1日の平均労働時間	基本報酬
584単位	7時間以上	615単位／日
	6時間以上7時間未満	603単位／日
	5時間以上6時間未満	594単位／日
	4時間以上5時間未満	586単位／日
	3時間以上4時間未満	498単位／日
	2時間以上3時間未満	410単位／日
	2時間未満	322単位／日

※上表以外に，人員配置10：1である場合の設定，定員に応じた設定あり（21人以上40人以下，41人以上60人以下，61人以上80人以下，81人以上）

主な加算

賃金工賃達成指導員配置加算　15～70単位／日
※定員規模に応じた設定
※平成30年新設

就労移行支援体制加算(Ⅰ)，(Ⅱ)　5～42単位／日
※定員，職員配置，一般就労へ移行し6月以上定着した者の数に応じた設定
※H30～見直し

福祉専門職員配置等加算(Ⅰ)，(Ⅱ)，(Ⅲ)　15, 10, 6単位
⇒Ⅰ：社会福祉士等資格保有者が常勤職員の35％雇用されている場合
⇒Ⅱ：社会福祉士等資格保有者が常勤職員の25％雇用されている場合
　※H30～資格保有者に公認心理師を追加
⇒Ⅲ：常勤職員が75％以上又は勤続3年以上が30％以上の場合

食事提供体制加算，送迎加算，訪問加算等
⇒他の福祉サービスと共通した加算も一定の条件を満たせば算定可能

○事業所数　3,761（国保連平成30年1月実績）　　○利用者数　68,665（国保連平成30年1月実績）

15 就労継続支援B型

○対象者

■就労移行支援事業等を利用したが一般企業等の雇用に結びつかない者や、一定年齢に達している者などであって、就労の機会等を通じ、生産活動にかかる知識及び能力の向上や維持が期待される障害者
① 企業等や就労継続支援事業（A型）での就労経験がある者であって、年齢や体力の面で雇用されることが困難となった者
② 50歳に達している者または障害基礎年金1級受給者
③ ①及び②に該当しない者であって、就労移行支援事業者によるアセスメントにより、就労面に係る課題等の把握が行われている者

○サービス内容

■通所により、就労や生産活動の機会を提供（雇用契約は結ばない）するとともに、一般就労に必要な知識、能力が高まった者は、一般就労等への移行に向けて支援
■平均工賃が工賃控除程度の水準（月額3,000円程度）を上回ることを事業者指定の要件とする
■事業者は、平均工賃の目標水準を設定し、実績と併せて都道府県知事へ報告、公表
■利用期間の制限なし

○主な人員配置

■サービス管理責任者

■職業指導員 ｝ 10：1以上
　生活支援員

○報酬単価（平成30年4月より定員規模別、人員配置別に加え、平均工賃月額が高いほど高い基本報酬）

基本報酬 ＜定員20人以下，人員配置7.5：1の場合＞

改定前	改定後	
基本報酬	平均工賃月額	基本報酬
584単位	4.5万円以上	645単位／日
	3万円以上4.5万円未満	621単位／日
	2.5万円以上3万円未満	609単位／日
	2万円以上2.5万円未満	597単位／日
	1万円以上2万円未満	586単位／日
	5千円以上1万円未満	571単位／日
	5千円未満	562単位／日

※上表以外に、人員配置10：1である場合の設定、定員に応じた設定あり（21人以上40人以下、41人以上60人以下、61人以上80人以下、81人以上）

＋

主な加算

就労移行支援体制加算　5～42単位／日
※定員、職員配置、一般就労へ移行し6月以上定着した者の数に応じた設定
※H30～見直し

施設外就労加算　100単位／日
⇒一定の基準を満たし、企業内等で作業を行った場合

福祉専門職員配置等加算(Ⅰ),(Ⅱ),(Ⅲ)　15,10,6単位
⇒Ⅰ：社会福祉士等資格保有者が常勤職員の35％雇用されている場合
⇒Ⅱ：社会福祉士等資格保有者が常勤職員の25％雇用されている場合
　※H30～資格保有者に公認心理師を追加
⇒Ⅲ：常勤職員が75％以上又は勤続3年以上が30％以上の場合

食事提供体制加算、送迎加算、訪問加算等
⇒他の福祉サービスと共通した加算も一定の条件を満たせば算定可能

○事業所数　11,466（国保連平成30年1月実績）　　○利用者数　236,644（国保連平成30年1月実績）

16 就労定着支援

○対象者

■就労移行支援，就労継続支援，生活介護，自立訓練の利用を経て一般就労へ移行した障害者であって，就労に伴う環境変化により生活面・就業面の課題が生じているもののうち一般就労後6月を経過したもの

○サービス内容

■障害者との相談を通じて日常生活面及び社会生活面の課題を把握するとともに，企業や関係機関等との連絡調整やそれに伴う課題解決に向けて必要となる支援を実施
■利用者の自宅・企業等を訪問することにより，月1回以上は障害者との対面支援
■月1回以上は企業訪問を行うよう努める
■利用期間は3年間（経過後は必要に応じて障害者就業・生活支援センター等へ引き継ぐ）

○主な人員配置

■サービス管理責任者　60：1

■就労定着支援員　40：1
　　　　　　　　　（常勤換算）

○報酬単価（利用者数規模別に加え，就労定着率（（過去3年間の就労定着支援の総利用者数のうち前年度末時点の就労定着者数）が高いほど高い基本報酬）

基本報酬 ＜利用者数20人以下の場合＞

新　設	
就労定着率	基本報酬
9割以上	3,200単位／月
8割以上9割未満	2,640単位／月
7割以上8割未満	2,120単位／月
5割以上7割未満	1,600単位／月
3割以上5割未満	1,360単位／月
1割以上3割未満	1,200単位／月
1割未満	1,040単位／月

※上表以外に，利用者数に応じた設定あり（21人以上40人以下，41人以上）

主な加算

職場適応援助者養成研修修了者配置体制加算
120単位／月
⇒職場適応援助者（ジョブコーチ）養成研修を修了した者を就労定着支援員として配置している場合

特別地域加算　240単位／月
⇒中山間地域等の居住する利用者に支援した場合

初期加算　900単位／月（1回限り）
⇒一体的に運営する移行支援事業所等以外の事業所から利用者を受け入れた場合

企業連携等調整特別加算　240単位／月
⇒支援開始1年以内の利用者に対する評価

就労定着実績体制加算　300単位／月
⇒就労定着支援利用終了者のうち，雇用された事業所に3年6月以上6年6月未満の機関継続して就労している者の割合が7割以上の事業所を評価する

※自立生活援助，自立訓練（生活訓練）との併給調整を行う。
※職場適応援助者に係る助成金との併給調整を行う。

○事業所数　―　　　　　○利用者数　―

17　自立生活援助

○対象者

① 障害者支援施設やグループホーム，精神科病院等から地域での一人暮らしに移行した障害者等で，理解力や生活力等に不安がある者
② 現に，一人で暮らしており，自立生活援助による支援が必要な者（※1）
③ 障害，疾病等の家族と同居しており（障害者同士で結婚している場合を含む），家族による支援が見込めない（※2）ため，実質的に一人暮らしと同様の状況であり，自立生活援助による支援が必要な者

※1の例
- 地域移行支援の対象要件に該当する施設に入所していた者や精神科病院に入院していた者等であり，理解力や生活力を補う観点から支援が必要と認められる場合
- 人間関係や環境の変化等により，一人暮らしや地域生活を継続することが困難と認められる場合（家族の死亡，入退院の繰り返し　等）
- その他，市町村審査会における個別審査を経てその必要性を判断した上で適当と認められる場合

※2の例
- 同居している家族が，障害のため介護や移動支援が必要である等，障害福祉サービスを利用して生活を営んでいる場合
- 同居している家族が，疾病のため入院を繰り返したり，自宅での療養が必要な場合
- 同居している家族が，高齢のため寝たきりの状態である等，介護サービスを利用して生活を営んでいる場合
- その他，同居している家族の状況等を踏まえ，利用者への支援を行うことが困難であると認められる場合

○サービス内容

■一定の期間（原則1年間※）にわたり，自立生活援助事業所の従業者が定期的な居宅訪問や随時の通報を受けて行う訪問，当該利用者からの相談対応等より，当該利用者の日常生活における課題を把握し，必要な情報の提供及び助言，関係機関との連絡調整等を行う。
※市町村審査会における個別審査を経てその必要性を判断した上で適当と認められる場合は更新可能

○主な人員配置

■サービス管理責任者　30：1以上

■地域生活支援員　1以上（25：1が標準）

○報酬単価（平成30年4月～）

■基本報酬

自立生活援助サービス費(Ⅰ)	自立生活援助サービス費(Ⅱ)
(1)　地域生活支援員30：1未満で退所等から1年以内の場合［1,547単位］	(1)　地域生活支援員30：1未満でⅠ以外の場合［1,158単位］
(2)　地域生活支援員30：1以上で退所等から1年以内の場合［1,083単位］	(2)　地域生活支援員30：1以上でⅠ以外の場合［811単位］

■主な加算

初回加算	同行支援加算	特別地域加算
指定自立生活援助の利用を開始した月　　500単位／月	外出する利用者に同行して支援を行った場合　　500単位／月	中山間地域等に居住する利用者に対して，支援を行った場合　　230単位／月

○事業所数　－　　　　○利用者数　－

18 共同生活援助（介護サービス包括型）

○対象者

■地域において自立した日常生活を営む上で，相談，入浴，排泄又は食事の介護その他日常生活上の援助を必要とする障害者（身体障害者にあっては，65歳未満の者又は65歳に達する日の前日までに障害福祉サービス若しくはこれに準ずるものを利用したことがある者に限る。）

○サービス内容

■主として夜間において，共同生活を営むべき住居における相談，入浴，排せつ又は食事の介護その他日常生活上の援助を実施
■利用者の就労先又は日中活動サービス等との連絡調整や余暇活動等の社会生活上の援助を実施

○主な人員配置

■サービス管理責任者　30：1以上
■世話人　6：1以上（4：1～6：1）
■生活支援員　障害支援区分に応じ
　　　　　　　2.5：1～9：1以上

○報酬単価（平成30年4月～）

■基本報酬
世話人4：1，障害支援区分6の場合［661単位］～世話人6：1，障害支援区分1以下の場合［170単位］

■主な加算	
夜間支援体制加算(Ⅰ)・(Ⅱ)・(Ⅲ) (Ⅰ) 夜勤を配置し，利用者に対して夜間に介護等を行うための体制等を確保する場合　672単位～54単位 (Ⅱ) 宿直を配置し，利用者に対して夜間に居室の巡回や緊急時の支援等を行うための体制を確保する場合　112単位～18単位 (Ⅲ) 夜間及び深夜の時間帯において，利用者の緊急事態等に対応するための常時の連絡体制又は防災体制を確保する場合　10単位	日中支援加算 (Ⅰ) 高齢又は重度（65歳以上又は障害支援区分4以上）の利用者が住居の外で過ごすことが困難であるときに，当該利用者に対して日中支援を行った場合　539単位～270単位 (Ⅱ) 利用者が心身の状況等により日中活動サービス等を利用することができないときに，当該利用者に対し，日中に支援を行った場合　539単位～135単位
重度障害者支援加算 　区分6であって重度障害者等包括支援の対象者に対して，より手厚いサービスを提供するため従業者を加配するとともに，一部の従業者が一定の研修を修了した場合　360単位	医療連携体制加算(Ⅴ) 　医療機関との連携等により看護師による，日常的な健康管理を行ったり，医療ニーズが必要となった場合に適切な対応がとれる等の体制を整備している場合　39単位
精神障害者地域移行特別加算 　精神科病院等に1年以上入院していた精神障害者に対して，地域で生活するために必要な相談援助等を社会福祉士，精神保健福祉士又は公認心理師等が実施した場合　300単位	強度行動障害者地域移行特別加算 　障害者支援施設等に1年以上入所していた強度行動障害を有する者に対して，地域で生活するために必要な相談援助等を強度行動障害支援者養成研修修了者等が実施した場合　300単位

○事業所数　6,262（国保連平成30年1月実績）　　○利用者数　96,786（国保連平成30年1月実績）

19 共同生活援助（日中サービス支援型）

○対象者

■地域において自立した日常生活を営む上で，相談，入浴，排泄又は食事の介護その他日常生活上の援助を必要とする障害者（身体障害者にあっては，65歳未満の者又は65歳に達する日の前日までに障害福祉サービス若しくはこれに準ずるものを利用したことがある者に限る。）

○サービス内容

■主として夜間において，共同生活を営むべき住居における相談，入浴，排せつ又は食事の介護その他日常生活上の援助を実施（昼夜を通じて1人以上の職員を配置）
■利用者の就労先又は日中活動サービス等との連絡調整や余暇活動等の社会生活上の援助を実施
■短期入所（定員1〜5人）を併設し，在宅で生活する障害者の緊急一時的な宿泊の場を提供

○主な人員配置

■サービス管理責任者　30：1以上
■世話人　5：1以上（3：1〜5：1）
■生活支援員　障害支援区分に応じ
　　　　　　　2.5：1〜9：1以上

○報酬単価（平成30年4月〜）

■基本報酬

世話人3：1，障害支援区分6，日中支援を実施した場合［1,098単位］〜世話人5：1，障害支援区分1以下，日中活動サービス等を利用した場合［277単位］

■主な加算

夜勤職員加配加算	日中支援加算(Ⅱ)　※障害支援区分2以下の利用者
基準で定める夜間支援従事者に加え，共同生活住居ごとに，夜間支援従事者を1以上追加で配置した場合　149単位	利用者が心身の状況等により日中活動サービス等を利用することができないときに，当該利用者に対し，日中に支援を行った場合　270単位〜135単位
重度障害者支援加算	看護職員配置加算
区分6であって重度障害者等包括支援の対象者に対して，より手厚いサービスを提供するため従業者を加配するとともに，一部の従業者が一定の研修を修了した場合　360単位	基準で定める従事者に加え，看護職員（看護師，准看護師，保健師）を常勤換算方法で1以上配置し，利用者の日常的な健康管理等を実施した場合　70単位
精神障害者地域移行特別加算	強度行動障害者地域移行特別加算
精神科病院等に1年以上入院していた精神障害者に対して，地域で生活するために必要な相談援助等を社会福祉士，精神保健福祉士又は公認心理師等が実施した場合　300単位	障害者支援施設等に1年以上入所していた強度行動障害を有する者に対して，地域で生活するために必要な相談援助等を強度行動障害支援者養成研修修了者等が実施した場合　300単位

○事業所数　—　　　　　　　　　　　　　　○利用者数　—

20　共同生活援助（外部サービス利用型）

○対象者

■地域において自立した日常生活を営む上で，相談等の日常生活上の援助を必要とする障害者（身体障害者にあっては，65歳未満の者又は65歳に達する日の前日までに障害福祉サービス若しくはこれに準ずるものを利用したことがある者に限る。）

○サービス内容

■主として夜間において，共同生活を営むべき住居における相談その他日常生活上の援助を実施
■利用者の状態に応じて，入浴，排せつ又は食事の介護その他日常生活上の援助を実施（外部の居宅介護事業所に委託）
■利用者の就労先又は日中活動サービス等との連絡調整や余暇活動等の社会生活上の援助を実施

○主な人員配置

■サービス管理責任者　30：1以上
■世話人　6：1以上（当面は10：1以上）
　　　　　（4：1～6：1，10：1）
※介護の提供は受託居宅介護事業所が行う。

○報酬単価（平成30年4月～）

■基本報酬

世話人4：1［242単位］　～　世話人10：1［113単位］
※利用者に対し受託居宅介護サービスを行った場合は，サービスに要する標準的な時間に応じて受託介護サービス費を併せて算定［95単位～］

■主な加算

夜間支援体制加算(Ⅰ)・(Ⅱ)・(Ⅲ)	日中支援加算
(Ⅰ)　夜勤を配置し，利用者に対して夜間に介護等を行うための体制等を確保する場合　　672単位～54単位 (Ⅱ)　宿直を配置し，利用者に対して夜間に居室の巡回や緊急時の支援等を行うための体制を確保する場合　　112単位～18単位 (Ⅲ)　夜間及び深夜の時間帯において，利用者の緊急事態等に対応するための常時の連絡体制又は防災体制を確保する場合　　10単位	(Ⅰ)　高齢又は重度（65歳以上又は障害支援区分4以上）の利用者が住居の外で過ごすことが困難であるときに，当該利用者に対して日中に支援を行った場合　　539単位～270単位 (Ⅱ)　利用者が心身の状況等により日中活動サービス等を利用することができないときに，当該利用者に対し，日中に支援を行った場合　　539単位～135単位
精神障害者地域移行特別加算	強度行動障害者地域移行特別加算
精神科病院等に1年以上入院していた精神障害者に対して，地域で生活するために必要な相談援助等を社会福祉士，精神保健福祉士又は公認心理師等が実施した場合　　300単位	障害者支援施設等に1年以上入所していた強度行動障害を有する者に対して，地域で生活するために必要な相談援助等を強度行動障害支援者養成研修修了者等が実施した場合　　300単位

○事業所数　1,459（国保連平成30年1月実績）　　○利用者数　16,818（国保連平成30年1月実績）

第3 相談支援

1 「障害者」の相談支援体系

	障害者自立支援法（制定時）	平成22年整備法による改正後
市町村による相談支援事業	市町村／指定相談支援事業者に委託可 ○障害者・障害児等からの相談（交付税）	市町村／指定特定（計画作成担当）・一般相談支援事業者（地域移行・定着担当）に委託可 ○障害者・障害児等からの相談（交付税）

※市町村が担っている地域生活支援事業の相談支援事業（交付税措置）に係る役割は、変更がないことに留意。
※基幹相談支援センターにおける専門的職員の配置等の取組に係る事業費については、市町村地域生活支援事業の国庫補助対象。

サービス等利用計画	指定相談支援事業者 ※事業者指定は都道府県知事が行う。 ○指定相談支援（個別給付） ・サービス利用計画の作成 ・モニタリング ○障害者・障害児等からの相談	指定特定相談支援事業者（計画作成担当） ※事業者指定は市町村長が行う。 ○計画相談支援（個別給付） ・サービス利用支援 ・継続サービス利用支援 ○基本相談支援（障害者・障害児等からの相談）

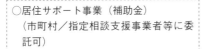
・支給決定の参考
・対象を拡大

地域移行支援・地域定着支援	○精神障害者地域移行・地域定着支援事業（補助金） （都道府県／指定相談支援事業者，精神科病院等に委託可） ○居住サポート事業（補助金） （市町村／指定相談支援事業者等に委託可）	指定一般相談支援事業者（地域移行・定着担当） ※事業者指定は都道府県知事・指定都市市長・中核市市長が行う。 ○地域相談支援（個別給付） ・地域移行支援（地域生活の準備のための外出への同行支援・入居支援等） ・地域定着支援（24時間の相談支援体制等） ○基本相談支援（障害者・障害児等からの相談）

2 介護給付・訓練等給付・地域相談支援給付の支給決定プロセスについて

> 市町村は，必要と認められる場合として省令で定める場合（申請・支給決定の変更）には，指定を受けた特定相談支援事業者が作成するサービス等利用計画案の提出を求め，これを勘案して支給決定を行う。
> * 上記の計画案に代えて，指定特定相談支援事業者以外の者が作成する計画案（セルフプラン）を提出可。
> * 平成24年からサービス等利用計画作成対象者を順次拡大，平成27年からは全ての障害福祉サービス等の利用者を対象。
> 支給決定時のサービス等利用計画の作成，及び支給決定後のサービス等利用計画の見直し（モニタリング）について，計画相談支援給付費を支給する。
> 障害児についても，児童福祉法に基づき，市町村が指定する指定障害児相談支援事業者が，通所サービスの利用に係る障害児支援利用計画（障害者のサービス等利用計画に相当）を作成する。
> * 障害児の居宅介護等の居宅サービスについては，障害者総合支援法に基づき，「指定特定相談支援事業者」がサービス等利用計画を作成。（障害児に係る計画は，同一事業者が一体的（通所・居宅）に作成）

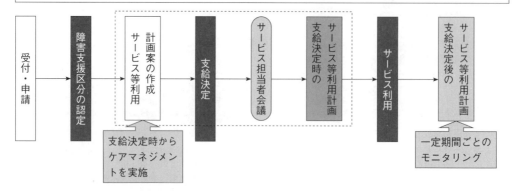

3 指定特定相談支援事業者（計画作成担当）及び障害児相談支援事業者と障害福祉サービス事業者の関係

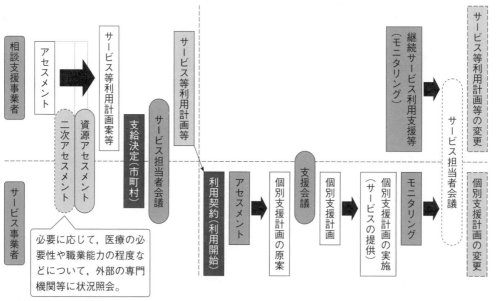

※点線枠部分は，必要により実施

4 サービス等利用計画と個別支援計画の関係

○サービス等利用計画については，相談支援専門員が，総合的な援助方針や解決すべき課題を踏まえ，最も適切なサービスの組み合わせ等について検討し，作成。
○個別支援計画については，サービス管理責任者が，サービス等利用計画における総合的な援助方針等を踏まえ，当該事業所が提供するサービスの適切な支援内容等について検討し，作成。

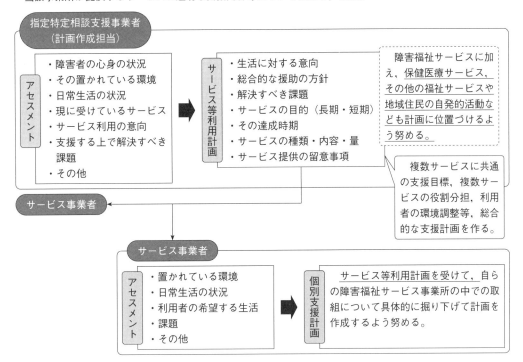

資料編

5 モニタリングの標準期間のイメージ（平成30年4月改定）

※当該期間は、「標準」であり、対象者の状況に応じ「2、3か月」とすることや、在宅サービスの利用者を「1年に1回」とすること、入所サービスの利用者を「1年に1回以上」とすることなどが想定されることに留意。

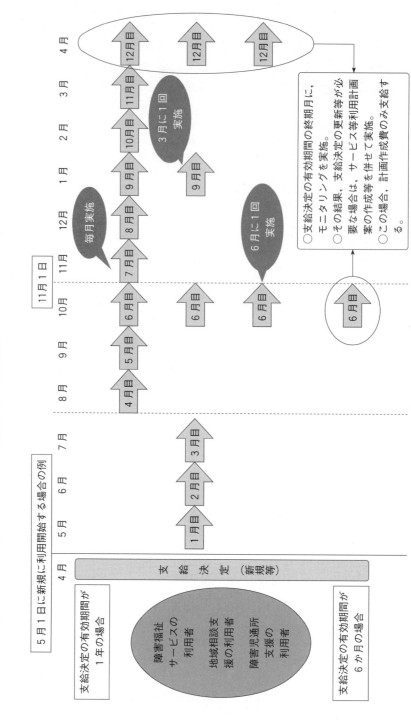

6 基幹相談支援センターの役割のイメージ

　基幹相談支援センターは，地域の相談支援の拠点として総合的な相談業務（身体障害・知的障害・精神障害）及び成年後見制度利用支援事業を実施し，地域の実情に応じて以下の業務を行う。
※　平成24年度予算において，地域生活支援事業費補助金により，基幹相談支援センターの機能強化を図るための，①専門的職員の配置，②地域移行・地域定着の取組，③地域の相談支援体制の強化の取組に係る事業費について，国庫補助対象とした。
　　また，社会福祉施設等施設整備費補助金等により，施設整備について国庫補助対象とした。

平成29年度設置市町村数：518
設置個所数：544
（一部共同設置）

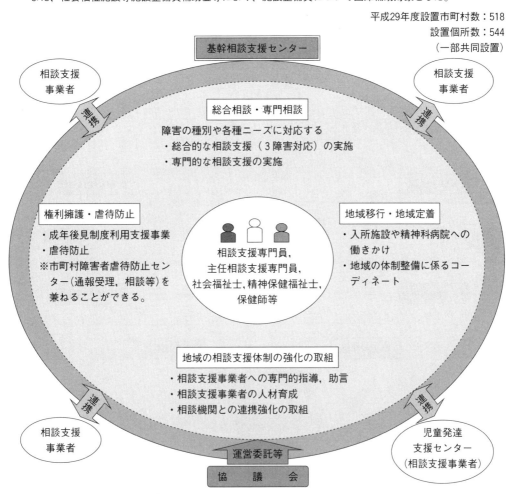

資料編

7 （自立支援）協議会の法定化

○ （自立支援）協議会は，地域の関係者が集まり，地域における課題を共有し，その課題を踏まえて，地域のサービス基盤の整備を進めていく重要な役割を担っているが，（自立支援）協議会の法律上の位置付けが不明確。
○ 障害者自立支援法等の一部改正により，平成24年4月から，自立支援協議会について，設置の促進や運営の活性化を図るため，法定化。
　※ 改正により，都道府県及び市町村は，障害福祉計画を定め，又は変更しようとする場合，あらかじめ，自立支援協議会の意見を聴くよう努めなければならないとされている。
○ 障害者総合支援法の施行（25年4月）により，自立支援協議会の名称について地域の実情に応じて定められるよう弾力化するとともに，当事者家族の参画を明確化

【（自立支援）協議会を構成する関係者（イメージ）】

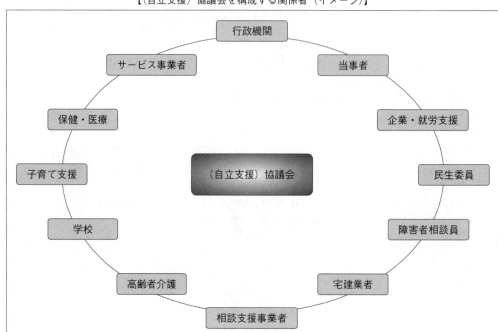

第4 就労支援

1 就労支援施策の対象となる障害者数／地域の流れ

障害者総数約937万人中，18歳～64歳の在宅者数約362万人（内訳：身体101万人，知的58万人，精神203万人）

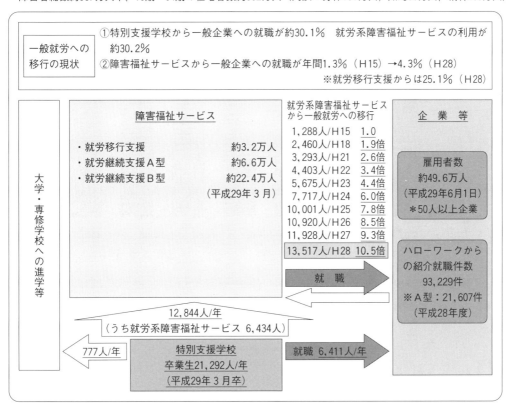

【出典】 社会福祉施設等調査，国保連データ，学校基本調査，障害者雇用状況調査，患者調査，生活のしづらさなどに関する調査 等

資料編

2　一般就労への移行者数・移行率の推移（事業種別）

○　就労系障害福祉サービスから一般就労への移行者数は，毎年増加しており，平成28年度では約1.4万人の障害者が一般企業へ就職している。
○　一方で，一般就労への移行率を見ると，就労移行支援における移行率は大きく上昇しているものの，就労継続支援A型では微増にとどまっており，就労継続支援B型では横ばいとなっている。

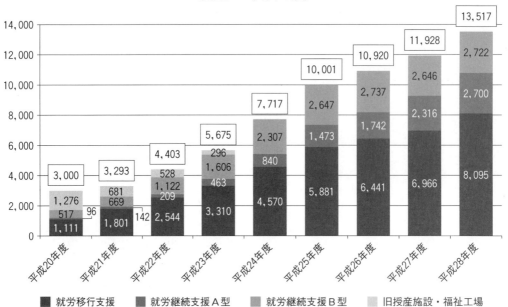

＜一般就労への移行率の推移＞

【出典】　社会福祉施設等調査

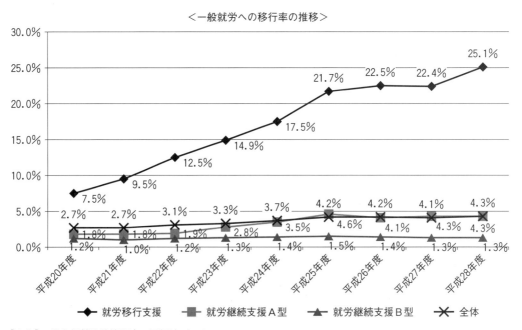

＜一般就労への移行率の推移＞

【出典】　社会福祉施設等調査，国保連データ

3 就労継続支援B型における平均工賃

○ 平成28年度平均工賃(賃金)

施設種別	平均工賃(賃金)		施設数(箇所)	平成27年度(参考)	
	月額	時間額		月額	時間額
就労継続支援B型事業所 (対前年比)	15,295円 (101.7%)	199円 (103.1%)	10,434	15,033円	193円

○ 平成18年度と平成28年度の比較

対象事業所	平均工賃(賃金)〈増減率〉
工賃向上計画の対象施設(※)の平均工賃 ※ 平成18年度は就労継続支援B型事業所,入所・通所授産施設,小規模通所授産施設	(平成18年度) (平成28年度) 12,222円 → 15,295円〈125.1%〉
就労継続支援B型事業所(平成26年度末時点)で,平成18年度から継続して工賃倍増5か年計画・工賃向上計画の対象となっている施設の平均工賃	(平成18年度) (平成28年度) 12,542円 → 17,110円〈136.4%〉

4 「工賃倍増5か年計画」と「工賃向上計画」について

工賃倍増5か年計画の課題

◇工賃倍増5か年計画（平成19～23年度）では，都道府県レベルでの計画作成・関係機関や商工団体等の関係者との連携体制の確立等に力点を置き，工賃向上への取組みが推進されてきたが，個々の事業所のレベルでは，必ずしも全ての事業所で計画の作成がなされておらず，また，この間の景気の低迷等の影響も手伝って，十分な工賃向上となり得ていない。
◇市町村レベル・地域レベルでの関係者の理解や協力関係の確立なども十分とは言えない。

新たな工賃向上計画による今後の取組み

◇全ての都道府県及び事業所において，平成24年度から平成26年度までの3か年を対象とした「工賃向上計画」を策定し，工賃向上に向けた取組みを実施。また，平成27年度から平成29年度も継続的に取組みを実施。
◇工賃向上に当たっては，計画に基づいた継続的な取組みが重要であることから，平成30年度以降についても，「工賃向上計画」を策定し，地域課題の把握と他部局との連携を推進しつつ，引き続き工賃向上の取組みを推進。
◇工賃向上に向けた取組みに当たっては，作業の質を高め，発注元企業の信頼の獲得により安定的な作業の確保，ひいては安定的・継続的な運営に資するような取組みが重要であることから，具体的には，経営力育成・強化や専門家（例：農業の専門家等）による技術指導や経営指導による技術の向上，共同化の推進のための支援の強化・促進を図る。

新たな工賃向上計画の主なポイント

【計画期間】　3か年（平成30～32年度）
【対象事業所】　就労継続支援B型事業所（都道府県の判断で生産活動を行う生活介護事業所を対象とすることも可）

① 工賃倍増5か年計画同様，都道府県，事業所において工賃向上計画を作成する。
　　これまでの計画では個々の事業所の計画作成は自主的な取組みとされていたが，新たな計画では，特別な事情がない限り個々の事業所における工賃向上計画を作成することとし，事業所責任者の意識向上，積極的な取組みを促すこととする。
　　また，都道府県の計画では，官公需による発注促進についても目標値を掲げて取り組むことを推奨する。
② 報告する工賃は，これまでの月額に加え時間額も対象とし，目標とする工賃については月額または時間額により算出する方法のどちらかを事業所が選択する。
③ 工賃向上の目標値については，従来のような一律の目標値（倍増）を設定するのではなく，個々の事業所の実情を考慮しつつも一定以上の工賃向上（例えば時間額が最低賃金の1/4程度の場合に最低賃金の1/3程度）を目指すことを前提に，個々の事業所において設定（法人において意思決定）した目標値の積み上げを，全体の工賃向上の目標値とする。
④ 工賃の状況把握（報告）にあたっては，工賃実態調査等を通じ，毎年の工賃実績を集計・公表し，工賃向上計画の達成状況の評価を行うこと。
⑤ 地域で障害者を支える仕組みを構築することが重要であることから，市町村においても工賃向上への事業所の取組みを積極的に支援していただくよう協力を依頼。
　・市町村における取組みの例：市町村の広報誌や商工団体への協力依頼による企業からの仕事の発注促進，官公需の発注促進など
⑥ 都道府県，事業所，市町村において，地域の事業所の取組みや産業状況，地域課題（農業の担い手不足，高齢者を支える担い手不足等）を把握し，障害福祉部局だけでなく，他部局との連携により障害者の就労機会の拡大を図ることとする。

第5　利用者負担

1　利用者負担の軽減措置について

（居宅・通所サービスの場合【障害者・障害児】）

① 定率負担が過大なものとならないよう、所得に応じて1月当たりの負担限度額を設定（介護保険並び）
② 平成19年4月からの「特別対策」による負担軽減（①の限度額を軽減。平成20年度まで。）
③ 平成20年7月からの緊急措置（対象世帯の拡大とともに②の限度額を更に軽減。）
④ 平成22年4月から、低所得（市町村民税非課税）の利用者負担を無料化
⑤ 平成24年4月から法律上も応能負担となることが明確化（平成22年12月の議員立法による障害者自立支援法等の一部改正法により措置）

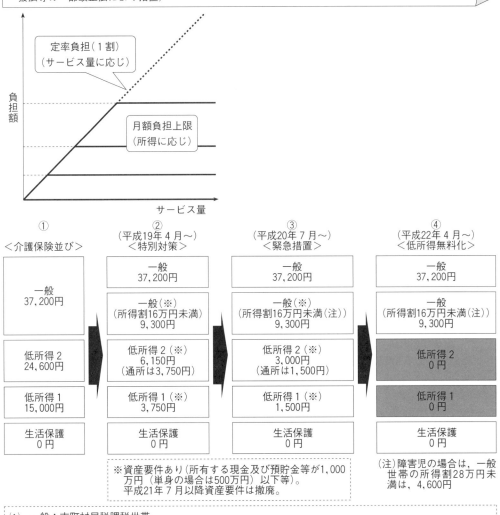

(1) 一般：市町村民税課税世帯
(2) 低所得2：市町村民税非課税世帯（(3)を除く）
(3) 低所得1：市町村民税非課税世帯であって、利用者本人（障害児の場合はその保護者）の年収が80万円以下の方
(4) 生活保護：生活保護世帯
・緊急措置により平成20年7月から障害者の負担限度額については、世帯全体ではなく「本人及び配偶者」のみの所得で判断

（入所サービス等の場合【障害者】）

① 定率負担が過大なものとならないよう，所得に応じて1月当たりの負担限度額を設定（介護保険並び）更に，個別減免，補足給付（手元金制度）を実施。
② 平成22年4月から低所得（市町村民税非課税）の利用者負担を無料化。
③ 平成24年4月から法律上も応能負担となることが明確化（平成22年12月の議員立法による障害者自立支援法等の一部改正法により措置）

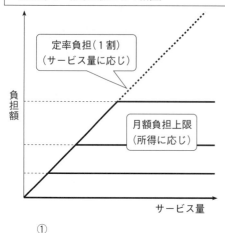

① ＜介護保険並び＞

一般	37,200円
低所得2	24,600円
低所得1	15,000円
生活保護	0円

＋

＜個別減免（※）＞
・収入66,667円までは利用者負担0。
・66,667円を超えるときは，超える額の半額を上限に。

＜補足給付（注）＞
食費等を負担しても手許金25,000円（障害基礎年金1級は28,000円）を残す。（生活保護の場合は食費等の負担額を全額給付）

※資産要件あり（所有する現金及び預貯金等が1,000万円（単身の場合は500万円）以下等）。平成21年7月以降資産要件は撤廃。

② （平成22年4月〜）
＜低所得無料化＞

一般	37,200円
低所得2	0円
低所得1	0円
生活保護	0円

＜補足給付（注）＞
食費等を負担しても手許金25,000円（障害基礎年金1級は28,000円）を残す。（生活保護の場合は食費等の負担額を全額給付）

平成23年10月からグループホーム・ケアホーム入居者に対し，家賃助成を実施。

(1) 一般：市町村民税課税世帯
(2) 低所得2：市町村民税非課税世帯（(3)を除く）
(3) 低所得1：市町村民税非課税世帯であって，利用者本人の年収が80万円以下の方
(4) 生活保護：生活保護世帯
・緊急措置により平成20年7月から障害者の負担限度額については，世帯全体ではなく「本人及び配偶者」のみの所得で判断

2 平成30年6月の利用者負担額等データ（障害者総合支援法に基づく介護給付費等）

○障害福祉サービス

所得区分	平成30年6月				
	利用者数（実数）（万人）	所得区分毎の割合	総費用額（億円）	利用者負担額（億円）	負担率
一般2	1.2	1.5%	20.8	1.7	7.98%
一般1	4.6	5.5%	59.0	2.6	4.35%
低所得者	67.0	79.2%	1,506.1	—	—
生活保護	11.7	13.8%	176.2	—	—
計（平均）	84.6	100.0%	1,762.0	4.2	0.24%

（内訳）
入　　所：15.0万人
GH・CH等：12.1万人
居　　宅：20.3万人
通　　所：37.3万人

（参考）

平成22年3月の負担率	
8.69%	一般2
5.67%	一般1
2.29%	低所得2
0.70%	低所得1
—	生活保護
1.90%	計（平均）

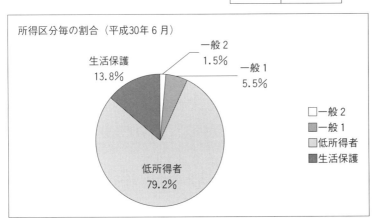

所得区分毎の割合（平成30年6月）
一般2　1.5%
一般1　5.5%
生活保護　13.8%
低所得者　79.2%

※平成24年3月時点では，
①無料でサービスを利用している者の割合は84.8%，
②給付費に対する利用者負担額の割合は0.40%，
であったが，平成24年4月からの制度改正で，障害者自立支援法の児童デイサービスが児童福祉法の障害児通所支援へ移行したこと等により，利用者負担額の割合が減少している。

資料編

3 自立支援医療における利用者負担の基本的な枠組み

① 利用者負担が過大なものとならないよう，所得に応じて1月当たりの負担額を設定。（これに満たない場合は1割）
② 費用が高額な治療を長期にわたり継続しなければならない（重度かつ継続）者，育成医療の中間所得層については，更に軽減措置を実施。

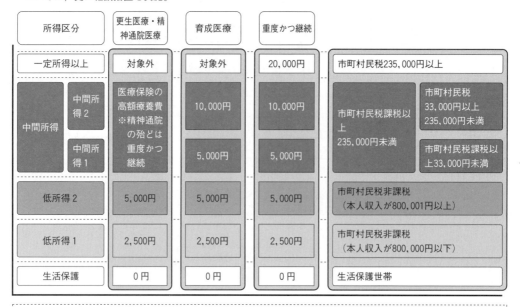

「重度かつ継続」の範囲
○疾病，症状等から対象となる者
　［更生・育成］　腎臓機能・小腸機能・免疫機能・心臓機能障害（心臓移植後の抗免疫療法に限る）・肝臓の機能障害（肝臓移植後の抗免疫療法に限る）の者
　［精神通院］　①統合失調症，躁うつ病・うつ病，てんかん，認知症等の脳機能障害，薬物関連障害（依存症等）の者
　　　　　　　②精神医療に一定以上の経験を有する医師が判断した者
○疾病等に関わらず，高額な費用負担が継続することから対象となる者
　［更生・育成・精神通院］　医療保険の多数該当の者

第6 指定基準・報酬

事業の指定に係る基準について

○障害者総合支援法では,障害福祉サービス,障害者支援施設,相談支援の指定に際しての基準を定めることとされている。
○具体的な基準は,障害福祉サービスと障害者支援施設については,都道府県知事が,相談支援については,厚生労働省令で定めることとされている。
○都道府県は,条例を制定するに当たって,地域の実情等を踏まえつつ,厚生労働省令で定められた基準に沿って制定することとされている。

1. 人員配置基準(都道府県が条例で定めるに当たって厚生労働省令に従うべき基準)
   ○事業を行う事業所に置くべき従業員及びその員数を規定……サービス管理責任者の配置や利用者数に応じた人員配置を規定
2. 設備基準(都道府県が条例を定めるに当たって,居室の設置とその面積は厚生労働省令に従うべき基準,利用定員は厚生労働省令を標準とすべき基準,その他は厚生労働省令を参酌すべき基準)
   ○事業に必要となる設備を規定……居室,作業室,相談室等の設置とその面積等を規定
   ※相談支援は,法律上,人員配置基準と運営基準のみで,設備基準は規定されていない。
3. 運営基準(都道府県が条例を定めるに当たって,サービスの適切な利用の確保,適切な処遇及び安全の確保並びに秘密の保持等に密接に関連するものは厚生労働省令に従うべき基準,その他は厚生労働省令を参酌)
   ○事業の運営に関する事項を規定……個別支援計画の作成,利用者負担の範囲,虐待防止に関する規定等

法律に基づく厚生労働省令は以下の4つが定められている。
- 障害者の日常生活及び社会生活を総合的に支援するための法律に基づく指定障害福祉サービスの事業等の人員,設備及び運営に関する基準
- 障害者の日常生活及び社会生活を総合的に支援するための法律に基づく指定障害者支援施設等の人員,設備及び運営に関する基準
- 障害者の日常生活及び社会生活を総合的に支援するための法律に基づく指定地域相談支援の事業の人員及び運営に関する基準
- 障害者の日常生活及び社会生活を総合的に支援するための法律に基づく指定計画相談支援の事業の人員及び運営に関する基準

障害福祉サービスの報酬について①

○障害福祉サービスの報酬とは，事業者が利用者に障害福祉サービスを提供した場合に，その対価として事業者に支払われるサービス費用をいう。
○障害福祉サービスの報酬は各サービス毎に設定されており，基本的なサービス提供に係る費用に加えて，各事業所のサービス提供体制や利用者の状況等に応じて加算・減算される仕組みとなっている。

【障害福祉サービスの報酬の支払いの流れ（概要）】

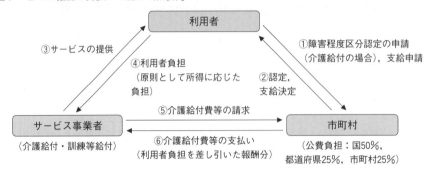

障害福祉サービスの報酬について②

○障害福祉サービスの報酬は，法律上，事業所が所在する地域等も考慮した，サービス提供に要する平均的な費用の額を勘案して設定することとされている。（障害者総合支援法第29条第3項等）
○利用者に直接障害福祉サービスを提供する従業者の賃金は地域によって差があり，この地域差を障害福祉サービスの報酬に反映する為に，「単位」制を採用し，地域ごと，サービスごとに1単位の単価を設定している。

【障害福祉サービスの報酬の算定】

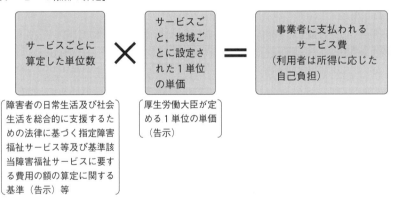

第7 障害福祉計画

第5期障害福祉計画・第1期障害児福祉計画（目標集計）

○ 都道府県・市町村の障害福祉計画及び障害児福祉計画は、3年を一期として定めることとしており、平成30年度から平成32年度を計画期間とした第5期障害福祉計画・第1期障害児福祉計画について、各都道府県が設定した目標値の集計を行った。

○ 障害福祉計画及び障害児福祉計画の策定にあたっては、国の定める基本指針（厚生労働大臣告示）を踏まえることとなっており、同指針では、地域移行や就労に関する成果目標を定めている。

※ 【目標値】国の基本指針で定める成果目標
※ 【集計値】都道府県が設定した目標値を集計したもの

1. 施設入所者の地域生活への移行

■平成32年度末における地域生活に移行する者の目標値

【目標値1】 平成28年度末時点の施設入所者数の9％以上が地域生活へ移行
【目標値2】 平成32年度末の施設入所者数を平成28年度末時点の施設入所者数から2％以上削減

平成28年度末の入所者数（人）(A)	地域生活移行				施設入所者数の削減			
	地域生活移行者数（人）(B)	【目標値1】	【集計値1】(B)/(A)	基本指針を満たす都道府県	平成32年度末の入所者数（人）(C)	削減目標（人）(D=A−C)	【目標値2】	【集計値2】(D)/(A)	基本指針を満たす都道府県
120,726	9,711	9％以上	8.0%	22	118,103	2,623	2％以上	2.2%	36

597

資料編

2. 精神障害にも対応した地域包括ケアシステムの構築

■平成32年度末までにおける保健・医療・福祉関係者による協議の場の設置に関する目標値

[目標値1] 平成32年度末までに協議の場を各圏域ごとに設置
[目標値2] 平成32年度末までに協議の場を各市町村に設置

各圏域に設置

	[目標値1]	基本指針を満たす都道府県
各圏域ごとに設置		44

各市町村に設置

	[目標値2]	基本指針を満たす都道府県
	各市町村ごとに設置	46

■平成32年度における入院中の精神障害者の退院に関する目標値

[目標値3] 平成32年度末の精神病床における1年以上長期入院患者数 14.6万人～15.7万人
[目標値4] 入院後の退院率 3か月：69％以上、6か月：84％以上、1年：90％以上

長期在院者数

平成26年（人）(A)	平成32年（人）[目標値3]（B）	平成32年[集計値3]計
18.5万人	14.6万人～15.7万人	15.9万人

入院後の退院率

	入院後3か月時点の退院率		入院後6か月時点の退院率		入院後1年時点の退院率	
	[目標値4]	基本指針を満たす都道府県	[目標値4]	基本指針を満たす都道府県	[集計値3]（D）	基本指針を満たす都道府県
	69％以上	45	84％以上	45	90％以上	45

3. 地域生活支援拠点等の整備

■地域生活支援拠点等について、平成32年度末までに各市町村又は各圏域に少なくとも1つを整備する

	基本指針を満たす都道府県
	41

○地域生活支援拠点等とは、地域での暮らしの安心感を担保するために、地域における居住支援の機能（相談、緊急時の受入・対応、体験の機会・場、専門性、地域の体制づくり）等の機能の確保やコーディネーターの配置等による地域の体制づくりを集約し、グループホーム又は障害者支援施設に付加した拠点又は地域における複数の機関が分担して機能を担う体制をいう。

4．福祉施設から一般就労への移行

■福祉施設の利用者のうち、就労移行支援事業等（生活介護、自立訓練、就労移行支援、就労継続支援を行う事業をいう。）を通じて、平成32年度中に一般就労に移行する者の目標値

【目標値1】平成28年度の一般就労への移行実績の1.5倍以上

一般就労移行比率

平成28年度の一般就労移行者数（人）(A)	平成32年度の一般就労移行者数（人）(B)	【目標値】	【集計値】(B)／(A)	基本指針を満たす都道府県
15,503	22,625	1.5倍以上	1.5倍	35

【目標値2】平成32年度末における就労移行支援事業の利用者数を平成28年度末における利用者数の2割以上増加
【目標値3】就労移行支援事業所のうち、就労移行率が3割以上の事業所を全体の5割以上とする
【目標値4】就労定着支援事業による1年後の定着率を80％以上とする

就労移行支援利用比率

平成28年度末の就労移行支援事業の利用者数（人）(A)	平成32年度末の就労移行支援事業の利用者数（人）(B)	【目標値2】	【集計値2】(B)／(A)	基本指針を満たす都道府県
38,545	52,831	1.2倍以上	1.4倍	43

就労支援事業所の就労移行率

【目標値3】	基本指針を満たす都道府県
50％以上	42

就労定着支援事業による1年後の定着率

基本指針を満たす都道府県
43

資料編

5. 障害児支援の提供体制の整備等

■ 重層的な地域支援体制の構築を目指すための児童発達支援センターの設置及び保育所等訪問支援の充実

【目標値1】 平成32年度末までに、児童発達支援センターを各市町村に少なくとも1カ所以上設置する。
【目標値2】 平成32年度末までに、全ての市町村において保育所等訪問支援を利用できる体制を構築する。

児童発達支援センターの設置

【目標1】	基本指針を満たす都道府県
各市町村に1カ所以上	38

保育所等訪問支援を利用できる体制を構築

【目標値2】	基本指針を満たす都道府県
全ての市町村で体制の構築	37

【目標値3】 平成32年度末までに主に重症心身障害児を支援する児童発達支援事業所及び放課後等デイサービス事業所を各市町村に少なくとも1カ所以上確保
【目標値4】 平成30年度末までに各都道府県、各圏域及び各市町村において、保健、医療、障害福祉、保育、教育等の関係機関等が連携を図るための協議の場を設置

重症心身障害児を支援する体制

	児童発達支援事業所の確保		放課後等デイサービス事業所の確保	
【目標値3】	基本指針を満たす都道府県	各市町村で1カ所以上確保	基本指針を満たす都道府県	各市町村で1カ所以上確保
各市町村で1カ所以上確保	38		38	

医療的ケア児支援のための関係機関の協議の場の設置

	各都道府県で設置		各圏域で設置		各市町村で設置	
【目標値4】	基本指針を満たす都道府県	各都道府県で設置	基本指針を満たす都道府県	各圏域で設置	基本指針を満たす都道府県	各市町村で設置
	46		34		27	

第8 国庫負担基準

平成29年度国庫負担基準

居宅介護利用者

区分1	2,900単位
区分2	3,750単位
区分3	5,520単位
区分4	10,370単位
区分5	16,600単位
区分6	23,890単位
障害児	9,320単位

※別途通院等介助ありを設ける

重度訪問介護利用者

区分3※	21,220単位
区分4	26,570単位
区分5	33,310単位
区分6	47,490単位

※区分3は経過規定

介護保険対象者	14,490単位

同行援護利用者

区分に関わらず	12,550単位

行動援護利用者

区分3	14,750単位
区分4	19,870単位
区分5	26,420単位
区分6	34,340単位
障害児	18,760単位
介護保険対象者	8,820単位

重度障害者等包括支援利用者

区分6	84,320単位
介護保険対象者	33,830単位

重度障害者等包括支援対象者であって重度障害者等包括支援を利用しておらず、居宅介護、重度訪問介護、同行援護又は行動援護の利用者

区分6	69,070単位
介護保険対象者	34,540単位

※ 各区分の国庫負担基準額(一人当たり月額)は、表の「単位数」に級地区分ごとに設定する「1単位当たり単価」及び「各市町村の給付率」を乗じた額となる。
※ 同行援護の介護保険対象者の単位は、介護保険対象者以外のものと同単位。
※ 訪問系サービス全体の利用者数に占める重度訪問介護及び重度障害者等包括支援利用者数の割合が5%以上の市町村については、市町村全体の国庫負担基準総額の5%嵩上げを行う。

平成30年度国庫負担基準

居宅介護利用者

区分1	2,930単位
区分2	3,790単位
区分3	5,580単位
区分4	10,480単位
区分5	16,780単位
区分6	24,150単位
障害児	9,420単位

※別途通院等介助ありを設ける

重度訪問介護利用者

区分3※	21,500単位
区分4	26,920単位
区分5	33,740単位
区分6	48,110単位

※区分3は経過規定

介護保険対象者	16,020単位

同行援護利用者

区分に関わらず	12,730単位

行動援護利用者

区分3	14,790単位
区分4	19,930単位
区分5	26,500単位
区分6	34,440単位
障害児	18,820単位

重度障害者等包括支援利用者

区分6	85,750単位
介護保険対象者	58,480単位

重度障害者等包括支援対象者であって重度障害者等包括支援を利用しておらず、居宅介護、重度訪問介護、同行援護又は行動援護の利用者

区分6	69,830単位
介護保険対象者	42,560単位

※ 各区分の国庫負担基準額(一人当たり月額)は、表の「単位数」に級地区分ごとに設定する「1単位当たり単価」及び「各市町村の給付率」を乗じた額となる。加えて、特別地域加算の対象地域(離島等)に居住する利用者に係る単位は、さらに15%を乗じた額となる。
※ 同行援護及び行動援護の介護保険対象者の単位は、介護保険対象者以外のものと同単位。
※ 市町村の訪問系サービスの利用者数や、訪問系サービス全体の利用者数に占める重度訪問介護及び重度障害者等包括支援利用者数の割合に応じて、市町村全体の国庫負担基準総額を5%から100%の範囲で嵩上げを行う。

逐条解説　障害者総合支援法　第2版

平成31年3月10日　発行

編　集…………	障害者福祉研究会
発行者…………	荘村明彦
発行所…………	中央法規出版株式会社
	〒110-0016　東京都台東区台東3-29-1　中央法規ビル
	営　　業　TEL 03-3834-5817　FAX 03-3837-8037
	書店窓口　TEL 03-3834-5815　FAX 03-3837-8035
	編　　集　TEL 03-3834-5812　FAX 03-3837-8032
	https://www.chuohoki.co.jp/
印刷・製本………	サンメッセ株式会社

ISBN978-4-8058-5842-4

定価はカバーに表示してあります。

本書のコピー，スキャン，デジタル化等の無断複製は，著作権法上での例外を除き禁じられています。また，本書を代行業者等の第三者に依頼してコピー，スキャン，デジタル化することは，たとえ個人や家庭内での利用であっても著作権法違反です。

落丁本・乱丁本はお取替えいたします。